职务犯罪侦查实务丛书

ZHIWU FANZUI ZHENCHA SHIWU CONGSHU

职务犯罪证据解构

ZHI WU FAN ZUI ZHENG JU JIE GOU

郑广宇 著

中国检察出版社

图书在版编目（CIP）数据

职务犯罪证据解构/郑广宇著. —北京：中国检察出版社，2015.9
（职务犯罪侦查实务丛书）
ISBN 978－7－5102－1496－7

Ⅰ.①职…　Ⅱ.①郑…　Ⅲ.①职务犯罪－证据－研究－中国
Ⅳ.①D924.304

中国版本图书馆 CIP 数据核字（2015）第 211352 号

职务犯罪证据解构

郑广宇　著

出版发行：中国检察出版社
社　　址：北京市石景山区香山南路 111 号（100144）
网　　址：中国检察出版社（www.zgjccbs.com）
编辑电话：（010）88953709
发行电话：（010）68650015　68650016　68650029
经　　销：新华书店
印　　刷：三河市西华印务有限公司
开　　本：720 mm×960 mm　16 开
印　　张：35.75 印张　插页 4
字　　数：681 千字
版　　次：2015 年 9 月第一版　2015 年 9 月第一次印刷
书　　号：ISBN 978－7－5102－1496－7
定　　价：88.00 元

出版说明

职务犯罪是一种严重的犯罪，它不仅侵害国家机关的管理职能，影响正常的工作秩序，而且往往给国家、公民人身、财产造成极大危害，严重败坏了党纪国法，严重损害了政府的形象和公众利益。因此，严厉打击贪污贿赂、渎职侵权等职务犯罪，对于维护党和政府形象、保护公民人身财产权益具有重要意义。对贪污贿赂、渎职侵权等职务犯罪进行立案侦查，是宪法和法律赋予检察机关的神圣职责。而要切实履行好惩治腐败的职责，严厉打击职务犯罪，就必须提高职务犯罪侦查的能力和效率。最高人民检察院及相关职能部门曾多次下发文件，对加强职务犯罪调查取证能力、证据审查运用能力、询问讯问能力、法律应用能力等法律监督能力提出了明确要求和具体部署。为此，最高人民检察院政治部、反贪污贿赂工作总局和中国检察出版社，先后组织出版了一批关于加强和提高职务犯罪侦查能力和业务技能方面的图书。这些图书的出版适应了检察人员学习和提高业务技能的需要，深受广大基层干警的欢迎。

为了更好地服务于基层检察干警，满足基层检察干警的办案需要，我们在充分调查研究的基础上组织编写了《职务犯罪侦查实务丛书》。《职务犯罪侦查实务丛书》紧紧围绕检察机关查办贪污贿赂、渎职侵权犯罪案件的实际需要，从**刑事实体、办案程序、证据认定、查账实务、文书填制、笔录制作、法律法规**等方面进行选题布局，以满足侦查人员对实体与程序、流程与规范、证据认定、查账技巧、文书填制、笔录制作、措施运用等方面素养与技能提高的需求。丛书选题布局合理，品种齐全，内容丰富，特别是丛书立足于实务、来源于实务、面向基层，结合近年来的侦查办案实践和最新颁布的法律法规及司法解释，突出了职务犯罪侦查办案的技能技巧性、办案程序的规范性，强调其对于侦查能力培养和提高的实用性、可操作性，因而在出版发行后，深受广大基层干警的欢迎、好评，被认为是侦查办案人员不可或缺的一套常查常用、应知应会的办案技能参考用书。应广大基层干警要求，我们组织作者在原丛书的基础上，根据新修订的法律法规和司法解释，充分吸收近年来侦查实践的成功经验和理论研究的最新成果，对丛书进行了全面的修订、整合，以飨读者。本次修订后，丛书的主要分册有：

1.《职务犯罪侦查指引》

2.《职务犯罪侦查流程与规范》

3.《职务犯罪证据解构》

4.《职务犯罪侦查办案一本通》

5.《反贪查账实务与技巧》

本册是**《职务犯罪证据解构》**，作者是河北省人民检察院原党组成员、反贪局局长郑广宇。郑广宇同志长期工作在反贪侦查、反渎职侵权侦查工作的第一线，具有丰富的职务犯罪侦查特别是大要案的侦查、组织指挥实战经验，是全国检察业务专家。

本书作者将刑事实体法与程序法相结合，将犯罪的理论与实践相结合，提出了按犯罪构成要件确定定罪证据的结构，并将证据划分为主体证据、行为证据、结果证据、主观证据、情节证据，构建了犯罪定罪证据认定的新标准和新要求。在这种思路的指引下，作者梳理了长期的职务犯罪侦查经验，对贪污贿赂、渎职侵权等20多种常见职务犯罪的定罪证据进行了系统研究，并结合个案的实证分析进行了详细解析，具有很强的实用性。本书的定罪证据认定方法、标准和操作要求，有别于按证据形式、证据来源、证据关系、证据作用、证据效力、证明程序等划分证据种类的传统方式，不仅有利于准确定罪，而且十分便于司法实践操作，有助于提高起诉、审判的质量和效率，是在证据理论和应用法律研究上的突破与创新。

本书是在原《职务犯罪定罪证据认定实务》一书的基础上修订而成的。与原书相比，本书更具实用性、指导性、新颖性。具体修订和增加的情况如下：

1. 增加了单位受贿罪、利用影响力受贿罪、介绍贿赂罪、洗钱罪、故意泄露国家秘密罪、民事、行政枉法裁判罪、私放在押人员罪、徇私舞弊减刑、假释、暂予监外执行罪、徇私舞弊不移交刑事案件罪、环境监管失职罪、食品监管渎职罪、非法批准征用、占用土地罪、非法低价出让国有土地使用权罪、商检徇私舞弊罪、商检失职罪、放纵制售伪劣商品犯罪行为罪、帮助犯罪分子逃避处罚罪等17个罪17章内容。在增加的罪名中，一是突出了新罪名，如利用影响力受贿罪、食品监管渎职罪等；二是突出了当前工作重点，如涉及环保、土地、伪劣商品、减假保等渎职犯罪；三是突出实务性，对实践中的一些突出问题大胆进行了探索。如为方便反贪并案侦查增写了洗钱罪，对徇私舞弊不移交刑事案件主体是否包括纪检、公安人员等躲不掉绕不开的问题，在深入研究的基础上大胆提出了自己的见解。

2. 根据2010年以来新的法律法规和司法解释，对全书内容进行了补充、增加和修正，并在每章的附录中收录了这些新的法律、司法解释等规范性文件，以方便查找使用。这些重要的与职务犯罪有关的法律文件有：《中华人民共和国刑事诉讼法》、《人民检察院刑事诉讼规则（试行）》、《中华人民共和国刑法修正案（八）》等。

3. 修改了受贿罪、滥用职权罪等几章的内容。本次修订时，作者对受贿罪、滥用职权罪的定罪证据问题进行了重新解读和分析，形成了最新的研究成果。这对于司法实践中准确把握受贿罪、滥用职权罪的侦查、取证及证据认定是十分有益的。

本书内容新颖，体例科学，不仅可作为侦查人员学习、培训的教材，对侦查监督、公诉及其他业务部门的工作人员也有较强的使用价值。

《职务犯罪侦查实务丛书》
编　委　会

目　录

第一章　定罪证据概述

第一节　定罪证据概念

定罪，是一种刑事诉讼活动。根据刑事诉讼法的分工，定罪由侦查认定、起诉认定、审判确定三部分组成。公安、检察、法院三机关构成了定罪的主体。虽然，侦查认定、起诉认定只是一种指控性嫌疑认定，只有审判确定才是最终对定罪的有效确定，但在刑事诉讼过程中，侦查认定、起诉认定的准确与否，也直接关系到审判质量和诉讼效率。为此，公安、检察机关的定罪质量亦十分重要。

定罪的参照系是刑法，定罪的依据是证据，定罪活动规则是刑事诉讼法。程序法关于“证据确实、充分”的要求，必须达到实体法的规定要求才能定罪。也就是说，用来定罪的证据应充分反映实体法规定的犯罪条件。因此，我们可以给定罪证据下这样一个定义：定罪证据，是指司法机关用来认定行为人构成某种犯罪的证据。

这一概念揭示了三层含义：一是定罪活动主体系司法机关，即公安、检察、审判机关；二是认定结果是指控、审判某行为人有罪，而不是认定无罪；三是认定有罪的根据是触犯刑法的行为事实的证据。由于定罪是司法机关根据事实证据进行的一种认识活动，就难免存在主观差异。但定罪标准的统一性，也决定了定罪证据标准的统一性。指控性定罪和确定性定罪的证据标准不存在各自独立的另类标准。要想达到主观认识的准确和统一，深入研究定罪证据的结构无疑是一项十分重要和有意义的活动。

第二节 定罪证据结构

“案件事实清楚，证据确实、充分”是刑事诉讼法对定罪的基本要求。在保证客观真实的前提下，用以定罪的证据还必须达到“充分”的条件。定罪证据的充分性，不是指证据种类的多样和数量上的多寡，是指证据所证明的事实内容的依据充分。《刑事诉讼法》第五十三条第二款规定，“证据确实、充分，应当符合以下条件：（一）定罪量刑的事实都有证据证明；（二）据以定案的证据均经法定程序查证属实；（三）综合全案证据，对所认定事实已排除合理怀疑。”这样，在实践中就出现了一个组合证据问题。组合证据，既是一个方法性问题，也是一个事关定罪准确与否的标准性问题。组合的方法正确，能够清晰明确地反映出实体法关于定罪要求的条件，否则就达不到定罪的要求，甚至会导致定罪的误差。那么，用什么方法去组合证据才能达到“证据充分”的要求呢？从刑法理论看，定罪的法律标准是犯罪构成要件，只有符合刑法规定的犯罪构成要件的行为才能构成犯罪。因此，用以定罪的证据，也应该相应地充分反映符合犯罪构成要件的事实。否则，就不能说已达到“案件事实清楚，证据确实、充分”。最高人民检察院在《人民检察院刑事诉讼规则（试行）》中就明确规定，“犯罪构成要件事实缺乏必要的证据予以证明的”，属于证据不足，不能提起公诉。故按照定罪证据要与犯罪构成相一致的原则，用以定罪的证据组合，应以犯罪构成要件为组合证据的内部结构。也就是说，用以定罪的证据种类，应以犯罪构成要件去划分和组合，这样才能使之成为一个完整的定罪证据系统。这既是系统的结构性要求，也是定罪活动对证据的特定性要求。据此，定罪证据的结构形式应由以下几部分组成：

1. 主体证据。主体证据是指藉以证明行为人主体身份的证据。其中既包括言词证据（如犯罪嫌疑人供述、证人证言等），也包括书证等客观证据。一般以客观证据为主。其证明意义在于证明行为人的自然情况和职务情况，使之符合刑法关于某种犯罪主体的要求。

2. 行为证据。行为证据是指藉以证明行为人实施犯罪行为的证据。刑事诉讼法规定的八种证据均可成为行为证据。其证明意义在于证明行为人在实施犯罪行为过程中的全部情况。要求行为证据能够充分反映刑事法律规定的时间、地点、方法、手段等各行为事实要素，以与法律规定相吻合。

3. 结果证据。结果证据是指藉以证明犯罪结果的证据。行为与结果均属犯罪的客观要件，鉴于犯罪结果在职务犯罪活动中的特殊地位，故将二者分解开来，以便于审查和判断证据。其证明意义在于证明行为人实施犯罪行为的结果，以查明犯罪结果是否实现，行为与结果之间是否存在必然的联系，结果是否符合刑事法律规定的要求。

4. 主观证据。主观证据是指藉以证明行为人实施犯罪行为的主观情况的证据。其证明意义，在于充分反映行为人实施犯罪行为时的罪过形式，以查明是否符合法定条件。

5. 情节证据。情节证据是指藉以证明行为人犯罪情节的证据。它既包括刑事法律规定的一些情节要件，也包括法定的从轻、从重等处罚性情节。其证明意义，在于充分反映法定的各个情节要素，以准确地定罪和处罚。

上述证据组合结构，旨在全面反映实体法规定的各个犯罪构成要件。这种证据组合方法，也可称作犯罪标准组合法。在这一原则下，组合证据时，应化繁为简，简明易辨，以有利于操作为宜。同时，以犯罪标准去组合证据，仅是一种证据内容上的划分和组合，并非一律要求形成单一形式的独立证据，一份口供、一份证言、一份书证，可以反映多个内容，证明若干个事实要素。

第三节 规范定罪证据的意义

定罪证据的意义，在于证明行为人具有犯罪事实，并应当受到刑罚的处罚。而这里的犯罪事实，并不是全部复原的事实，它仅是有证据证明了的事实。这种证明了的事实只有在符合犯罪构成要件后，犯罪事实才能成立。因此，用以定罪的证据，也必须是能够充分反映犯罪构成要件的证据。按照犯罪构成要件形成证据链条，由若干个证据事实证明的案件事实，才是最终认定的犯罪事实。

传统的证据学理论在划分证据种类时，由于其视角多是注重证据的真实性，而不是证据的应用性，故没有从定罪应用上去划分证据种类。如：以证据形式划分的言词证据与实物证据；以证据来源划分的原始证据与传来证据；以证明关系划分的直接证据与间接证据；以证明作用划分的有罪证据与无罪证据；以证据效力划分的有效证据与无效证据；以证明程度划分的主要证据与辅助证据，等等。上述证据种类划分，对审查判断证据的客观真实性具有非常重要的意义，但在定罪的应用性上有明显的不足。它不能清晰明确地反映犯罪构成，不便于操作和体现诉讼的便利、效率原则。如果在证据客观真实的前提下，将审查判断证据的视角转向犯罪构成，我们就会发现，定罪证据的组合结构与犯罪构成要件之间，有着一种内在的必然的同一性。即用以定罪的证据必须与犯罪构成要件相一致。司法实践也表明，查处犯罪案件的过程，也是一个寻找法律、理解法律的过程。往往一个侦查员对犯罪构成理解有多深，案件查处就要多深，侦查取证的证明程度就有多深。将犯罪构成要件作为侦查证明的方向和内容，不仅能有效保证证明系统的完整性，也可有效促进侦查员对犯罪构成的深度理解。用这一方法去规范定罪证据，其理论意义和实践意义均十分突出。

一是有利于准确定罪。实践中检验定罪准确与否的标准有两条：（1）认定行为人的犯罪事实是否符合犯罪构成要件，即质的标准；（2）认定行为人的罪名成立是否有确实、充分的证据予以支持，即量的标准。无论是质的标准还是量的标准，都离不开犯罪构成这一基本要求。它是衡量是否构成犯罪的唯一尺度，也是认识某行为是否构成犯罪的基本特征。以此来规范定罪证据，有利于司法人员正确把握犯罪特征，全面把握定罪证据链条，抓住定罪的关键环节，从而保证定罪的准确。

二是便于司法操作。定罪作为一种认识活动，它反映的是司法工作人员的认识。按照犯罪构成去规范证据，可强化司法人员头脑中的犯罪构成观念，从而以强烈的刑法理念去收集、审查、判断证据。同时，也使司法人员的证据观念理性化，证据系统简明化，应用方法便易化，有利于提高定罪的质量和效率。

三是有利于统一认识。在定罪活动中，侦查认定、起诉认定和审判确定，由于各自的诉讼环节不同，认识角度也不同，对同一犯罪事实的犯罪认定，经常出现异议和分歧。这虽然是一种正常现象，但它也不可避免地加大了诉讼成本，甚至造成扯皮、推诿和低效率的现象。要保证定罪的准确，就必然从侦查阶段开始，就定罪证据形成一个统一的认识标准。作为一种方法论，将犯罪构成根据实践中的通常情况细化为若干要素，并以此作为证明内容，既便于操作使用，也便于统一实践中司法认识。应当说，以犯罪构成标准去规范定罪证据，去形成定罪证据系统，是各司法机关、各诉讼环节统一的认识标准，这是实体法的尺度性所决定的。如果从侦查阶段就以此为标准去收集证据，那么无疑对起诉、审判的案件质量有着重要的意义。因此，可以说以犯罪构成去规范定罪证据，是无可争议的，并具有司法认同性的一种有效方法。

第四节 侦查取证基本原则

2012年3月14日修正后《刑事诉讼法》，吸收了2010年6月13日两院三部《关于办理死刑案件审查判断证据若干问题的规定》和《关于办理刑事案件排除非法证据若干问题的规定》的有关内容，进一步完善了我国刑事诉讼证据制度，使刑事诉讼证据标准更加明确，侦查取证活动更加规范，集中体现了“收集合法、来源可靠、全面客观、主动及时”四个侦查取证的基本原则。职务犯罪侦查实践也表明，这四个基本原则既是侦查取证的基本要求，也是确保办理的每一起刑事案件都能经得起法律和历史检验的基本路径。

一、收集合法原则

收集合法，是指侦查人员必须依照法定程序收集各种证据。所谓证据的合法性，实质上是指侦查取证行为的合法性。可以说违反法定程序收集的证据，均属非法证据或瑕疵证据，不能作为定案的根据。新《刑事诉讼法》第五十条规定，“审判人员、检察人员、侦查人员必须依照法定程序，收集能够证实犯罪嫌疑人、被告人有罪或者无罪、犯罪情节轻重的各种证据。严禁刑讯逼供和以威胁、引诱、欺骗以及其他非法方法收集证据，不得强迫任何人证实自己有罪”。同时，新《刑事诉讼法》第五十四条、第五十五条、第五十六条还对非法证据做出了相应的排除程序规定。为此，证据的合法性既是刑事诉讼证据的最基本要求，也是侦查取证的最基本原则。其主要要求有以下几点：

1. 取证主体的身份、要求合法。根据《刑事诉讼法》的规定，侦查取证主体的合法性要求有三：一是取证主体身份合法，即职务犯罪侦查取证主体必须是检察人员，不具有检察人员身份资格的人收集的证据不得作为诉讼证据使用。行政机关在行政执法和查办案件过程中收集的有关证据，须重新进行确认、转换；二是取证主体数量合法，即侦查取证人员不得少于二人，一人取得的证据或无取证人签字的证据，不能作为定案的根据；三是取证主体的特别要求合法，如检查和搜查妇女的身体，应当由女工作人员进行等，否则即程序违法，所收集的证据不能作为定案的根据。

在职务犯罪侦查实践中，对行政机关移送的案件证据如何转换做法不一。笔者认为，在既保证证据合法性又兼顾办案效率的前提下，对不同种类的证据可采取不同的转换方法。（1）对行政机关在行政执法和查办案件过程中收集的证人证言，如证人仍然坚持原证言并予以确认的，应由证人和检察人员在原证言笔录上签字确认。证人对原证言提出修正的应重新制作笔录；（2）对行政机关在行政执法和查办案件过程中收集的物证、书证，应在原办案机关作出相关说明的基

础上，由被收集人与检察人员进行签字确认。这里，虽然新《刑事诉讼法》第五十二条第二款作出了“行政机关在行政执法和查办案件过程中收集的物证、书证、视听资料 、电子数据等证据材料，在刑事诉讼中可以作为证据使用”的规定，但绝不是简单地拿过来就用，应进行必要的审核，原办案机关有义务对相关问题作出解释和说明，必要时应进行补正；（3）对行政机关委托作出的司法会计、法医、文检等鉴定意见，可由侦查部门委托检察机关技术部门进行文证审查，经审查对原鉴定意见无异议的，应由原鉴定机构及原鉴定人予以确认并签字盖章，如确需重新鉴定的，检察机关应当委托有权机构重新作出鉴定；（4）对犯罪嫌疑人在行政机关所作陈述笔录，应重新进行核实讯问。通过上述方法，及时转换相关证据，确保证据的合法性。

2. 取证地点合法。侦查取证地点的合法性主要是指询问证人和讯问犯罪嫌疑人的地点要符合法律及有关规定。根据新《刑事诉讼法》第一百一十六条规定，“犯罪嫌疑人被送交看守所羁押以后，侦查人员对其进行讯问，应当在看守所内进行”。第一百一十七条规定，“对不需要逮捕、拘留的犯罪嫌疑人，可以传唤到犯罪嫌疑人所在市、县内的指定地点或者到他的住处进行讯问”。第一百二十二条规定，“侦查人员询问证人，可以在现场进行，也可以到证人所在单位、住处或者证人提出的地点进行，在必要的时候，可以通知证人到人民检察院或者公安机关提供证言”。两院三部《关于办理死刑案件审查判断证据若干问题的规定》中，将讯问、询问地点不符合法律规定取得的证据明确为证据瑕疵，需办案人员对其进行补正或者作出合理解释后才可使用。上述法律规定的取证地点，作为一般规定应予严格遵守，但其并非是机械僵死的，应分别情况分别处理：第一种情况是，在证人出于安全需要，提出不愿在所在单位、住处或人民检察院提供证言要求，但又提不出具体作证地点的，侦查人员应根据新《刑事诉讼法》第五十条“必须保证一切与案件有关或者了解案情的公民，有客观地充分地提供证据的条件”的规定，为其提供适当地点供证人选择。经证人同意的取证地点，应视为证人提出的地点。因为此种方式虽系侦查人员为证人提供的所需保障条件，但由于地点系证人选择确定的，不是违背证人意愿的指定行为，故其符合法律有关规定，不应属证据瑕疵。第二种情况是，检察机关初查或侦查期间，相关证人因故被行政机关控制，需要到该处询问证人的，应在笔录中载明证人因被“双规”或协助调查而变更住处等情况。因为，法律规定的证人住处，既包括固定住处，也包括临时住处和流动住处。在其临时住处取证不违反法律规定。第三种情况是，已被拘留、逮捕的犯罪嫌疑人因辨认罪犯、罪证或者追缴赃款赃物及所外就医等法定事由暂时离开羁押场所，需在看守所外讯问的，亦应在笔录中载明离所事由，以说明所外讯问的合法性。这里需要注意的是，对已被决

定拘留、逮捕的犯罪嫌疑人，应严禁迟滞送押、严禁所外提审。因无合法事由的所外讯问，不能排除刑讯逼供的合理怀疑，应予严格禁止。第四种情况是，在指定居所向被监视居住的犯罪嫌疑人讯问的，应在笔录中载明在指定居所监视居住的起始日期，以说明其临时住处的合理性及在指定居所讯问的合法性。

3. 取证时间合法。取证时间合法，主要指取证的持续时间要符合法律规定。新《刑事诉讼法》第一百一十七条规定，“传唤、拘传持续的时间不得超过十二小时；案情特别重大、复杂，需要采取拘留、逮捕措施的，传唤、拘传持续的时间不得超过二十四小时。”“不得以连续传唤、拘传的形式变相拘禁犯罪嫌疑人。”为此，讯问时间超过上述规定时限即为违法取证，其犯罪嫌疑人供述亦不能作为定案的根据。为保证取证时间的合法性，无论讯问犯罪嫌疑人还是询问证人，笔录均应载明取证的起止时间。实践中以日计算的习惯做法与法定时间计算规则不符，故实践中应注意纠正笔录中只注明年月日不注明时分及同一时间多份笔录的不规范做法。

4. 取证手段合法。取证手段合法，主要指获取言词证据的手段必须符合法律规定。新《刑事诉讼法》第五十四条规定，“采用刑讯逼供等非法方法收集的犯罪嫌疑人、被告人供述和采用暴力、威胁等非法方法收集的证人证言、被害人陈述，应当予以排除”。为此，司法实践中应高度重视取证方法手段的合法性。根据新《刑事诉讼法》的规定，非法言词证据有三个基本特征：一是人身权利的侵犯性。即取证手段侵犯了当事人的人身权利，如刑讯逼供、暴力取证等；二是诉讼权利的侵害性。即取证方法侵害了当事人的诉讼权利，如未交当事人核对或签字的笔录等；三是诉讼义务的妨害性。即取证方法妨害了当事人诉讼义务，如采用暴力、威胁、引诱、欺骗等非法手段取证，致使当事人不能如实提供证据或者提供虚假证据的，妨害了“犯罪嫌疑人对侦查人员的提问，应当如实回答”及“有关单位和个人应当如实提供证据”的诉讼义务。符合上述任何一项条件，均可构成非法言词证据。为正确把握非法言词证据的基本特征，在司法实践中我们应当正确认识和区别“三个关系”：

一是正确认识和区别威胁与教育的关系。据《现代汉语规范词典》解释，威胁是指“用权势或武力恐吓胁迫”的意思。作为取证的非法手段，威胁应是指以暴力恐吓或扬言对其本人及家庭进行报复的行为。而对当事人的思想教育，则是司法人员的法定义务。如侦查人员为保证犯罪嫌疑人如实回答提问所进行的宽严相济刑事政策教育，即侦查人员根据新《刑事诉讼法》第一百一十八条第二款规定，“侦查人员在讯问犯罪嫌疑人的时候，应当告知犯罪嫌疑人如实供述自己罪行可以从宽处理的法律规定”，而做的思想教育工作；再如，为保证证人如实提供证据，侦查人员根据新《刑事诉讼法》第一百二十三条的规定，依法告知其“应当如实地提供证据、证言和有意作伪证或者隐匿罪证要负的法律责任”，而做的思想教育工作，均是司法机关的法定义务，与威胁手段有着本质的区别，实践中应严格区分二者界限，不能混为一谈。

二是正确认识和区别引诱与疏导的关系。据《现代汉语规范词典》解释，引诱仅有一个义项，即“诱使人犯错误，干坏事”。作为非法取证手段的引诱，应是指诱使当事人违反诉讼义务并违心提供虚假言词证据的行为。司法实践表明，任何言词证据均是对已发生的事实所做的回忆性证明。受年龄、文化、智力等因素影响，一时记忆模糊、回忆不清的现象是客观存在的，侦查人员为给当事人创造“客观地充分地提供证据的条件”，而做些非指供诱供性的提示工作，是一种帮助准确回忆的疏导，其目的是帮助当事人依法履行诉讼义务如实提供证据，而不是妨害诉讼义务。因此，实践中应将二者严格区别开来，既不能将非法手段作为取证手段，也不能将正常的工作方法视为非法手段。

三是正确认识和区别欺骗与谋略的关系。据《现代汉语规范词典》解释，欺骗是指用虚假的言行掩盖真相，使人上当受骗。应当说，欺骗与谋略在形式上都是为达到某一目的而使用的一种计谋性、策略性手段。但在“积极同犯罪行为作斗争”的侦查取证特定情况下，二者亦有着质的不同。从手段性质上看，欺骗具有社会危害性，它直接妨害了当事人如实作证的诉讼义务，是妨碍当事人如实作证的违法手段。而侦查谋略则对当事人诉讼义务没有妨碍，相反它是促使当事人如实作证的一种保障手段。因此，侦查谋略是侦查人员的义务使然、智慧体现和基本能力，二者不能混为一谈，更不能轻率地将侦查谋略视为欺骗手段。

侦查取证作为一种“同犯罪行为作斗争”的刑事诉讼活动，正像毛主席讲的，“不是请客吃饭，不是做文章，不是绘画绣花，不能那样雅致，那样从容不迫，文质彬彬，那样温良恭俭让。”要在严格执行法律规定的前提下注意做到：审讯氛围要庄重平和而不粗鲁暴躁；提问语气要严肃文明而不粗口轻浮；宣讲政策要耐心细致而不指供逼供；讲究谋略要以智取胜而不诱导伪证。无论在形式要件上还是实质要件上，均要确保取证手段的合法性。

二、来源可靠原则

来源可靠，是指侦查人员依法收集的各种证据的来源清楚、真实可靠。证据来源是否清楚可靠，直接关系证据的证明力，来源不清或不可靠的证据，不能作为定案的根据。根据新《刑事诉讼法》和两个证据《规定》，司法实践中应注意以下几点：

1. 言词证据要待证事实来源清楚，感知条件可靠。所谓来源清楚是指证人证言、被害人陈述、犯罪嫌疑人供述所待证事实的来源清楚。是亲耳听到、亲眼看到还是亲历亲为的，以及其时间、地点、环境、过程、其他见证人等情况应当

清楚。如果系传来证据，何人、何时、何地、何种情况下传来的，亦应当来源清楚。所谓感知条件可靠，是指直接感知的证据，应具有能够感知的条件，并有相关证据予以印证。非直接感知的证据，应与相关证据能够相互印证，并足以排除一切合理怀疑。言词证据来源不清，感知条件不可靠的，不能作为定案的根据。

2. 原始物证、书证的来源清楚，提取方式妥当可靠。《关于办理死刑案件审查判断证据若干问题的规定》第九条明确规定，“不能证明物证、书证来源的，不能作为定案的根据。”“对物证、书证的来源及收集过程有疑问，不能作出合理解释的，该物证、书证不能作为定案的根据。”为此，在侦查取证过程中，对极具证明优势的原始物证、书证，必须确保原物、原件的来源清楚，提取方式妥当可靠。在勘验、检查、搜查、取证过程中提取、扣押的原始物证、书证，应附有载明提取、扣押的时间、地点及取得过程的勘验检查笔录、搜查提取笔录或扣押清单。笔录、清单应有侦查人员、物品持有人、见证人签名，物品的特征、数量、质量、名称应准确说明，并与原物、原件相符。否则，不能作为定案的根据。

3. 复制证据的制作来源清楚，制作过程规范可靠。根据《关于办理死刑案件审查判断证据若干问题的规定》，原物不便搬动、不易保存或者依法应当由有关部门保管、处理或者依法应当返还的，可以拍摄或者制作足以反映原物外形或内容的照片、录像或者复制品。书证在取得原件有困难时，可以使用副本或者复制件。为保证复制证据的来源清楚制作规范可靠，一是制作主体要合法，须由二人以上侦查人员制作；二是制作来源清楚，制作人应说明复制证据的原物、原件存放何处。如复制账页，制作人应说明该账页的存放单位及账目的名称、册页；三是制作过程规范，制作人应在说明中注明复制的时间、地点、被收集调取人（单位）、见证人及与原物、原件核对无误等情况，并由负责复制的侦查人员、被收集调取人（单位）和见证人签名盖章，以保证复制证据的客观真实。

4. 鉴定意见要检材来源清楚，鉴定资质安全可靠。根据新《刑事诉讼法》第一百四十四条的规定，“为了查明案情，需要解决案件中某些专门性问题的时候，应当指派、聘请有专门知识的人进行鉴定”。为保证鉴定意见的合法有效，一是应依法向鉴定机构出具《鉴定委托书》或者向被聘请人员出具《聘请书》；二是应在委托鉴定时，向鉴定机构或鉴定人出具检材来源、取得、保管、送检过程的说明，并确保检材与提取、扣押物品相一致；三是收集鉴定机构和鉴定人的资质证明文件，确保鉴定机构和鉴定人的资质符合法定条件。根据《关于办理死刑案件审查判断证据若干问题的规定》，检材来源不明、鉴定机构或鉴定人资质不可靠的，其出具的鉴定意见不能作为定案的根据。

三、全面客观原则

全面客观，是指侦查人员依法收集的定案证据应具有全面性和客观性。《关于办理死刑案件审查判断证据若干问题的规定》第三条明确规定，“侦查人员、检察人员、审判人员应当严格遵守法定程序，全面客观地收集、审查、核实和认定证据。”为此，在司法实践中，侦查人员必须严格遵守这一原则，全面客观地侦查取证。

——侦查取证的全面性，是指侦查人员应全面收集能够反映案件事实的一切证据。只有全面收集证据，才能查明案件的全部情况，才能对案件事实获得正确的认识。为保证侦查取证的全面性，应做到以下四点：一是全面收集有罪和无罪证据。既要收集有罪证据也要收集无罪证据。尤其对无罪证据，要注意依法收集，不能任意舍弃。要防止以先入为主、主观臆断、有罪推定的思维方式，片面地去收集证据；二是全面收集犯罪情节轻重的各种证据。既要收集罪重情节证据，也要收集罪轻情节证据，以保证正确地定罪量刑，做到宽严相济、罚当其罪；三是全面收集事实经过证据。无论是一人一事还是一人多事、多人多事的犯罪事实，各个犯罪事实均应有证据证实行为人、时间、地点、动机、目的、手段、结果七个事实要素，以保证事实经过清楚全面；四是全面收集犯罪构成要件事实证据。即要有证据证实和全面反映犯罪构成要件的事实。尤其要注意收集犯罪必要要件事实的证据。如职务便利证据、谋取利益证据等。通过全面收集证据，客观反映案件事实，正确认定犯罪事实。

——侦查取证的客观性，是指侦查人员应按照事实的本来面目客观地加以收集。应当说，证据本身就是客观存在的事实，但客观存在并非都能被客观地收集和采信。为此，为保证证据的客观性，侦查取证应做到“四个补强”：

1. 见证补强。侦查人员收集的证据是否客观，不受侦查人员的主观认知所影响，需有他证所印证。其中，见证人即是一种重要的补强形式。根据《关于办理死刑案件审查判断证据若干问题的规定》，有 5 种证据需有见证人见证确认。一是勘验、检查笔录；二是搜查、提取笔录、扣押清单；三是物证、书证因取得困难而拍摄的照片、录像及复制品、复制件；四是依法收集的电子证据；五是作为证据使用的辨认笔录等。通过上述形式向个人收集、调取证据的，应有见证人签字；向单位收集、调取证据的，还应加盖单位印章。这里，见证的作用在于见证侦查取证过程是否合法，见证证据本身是否客观。因此，见证既是对侦查人员取证合法性的监督确认，也是对该证据客观性的补强。没有进行见证的上述证据，属于证据瑕疵，应予补正或作出合理解释。

2. 口供补强。新《刑事诉讼法》第五十三条规定，“只有被告人供述，没有其他证据的，不能认定被告人有罪和处以刑罚”。《关于办理死刑案件审查判

断证据若干问题的规定》中规定，“被告人庭前供述和辩解出现反复，庭审中不供认，且无其他证据与庭前供述印证的，不能采信庭前供述”。为此，庭前供述必须有相关证据予以印证。尤其是对口供有一定依赖性的贿赂等案件，口供的补强作用更为重要。一是对如实供述的事实经过、情节，应以强烈的防翻供意识大量收集辅助证据，以锁定庭前供述的真实性，封死翻供的退路。二是对出现反复的供述，一方面要有相关证据将翻供证伪，使其成为与全案证据相矛盾的孤证；另一方面应以相关补强证据排除合理怀疑，使虚假供述孤立无援、辩解无力、采信不能。

3. 孤证补强。新《刑事诉讼法》第四十八条规定，“证据必须经过查证属实，才能作为定案的根据。”为此，没有其他证据印证的孤证不能作为定案的根据。司法实践中，一对一贿赂等案件，多有孤立的言词证据现象。为此，为保证孤证不孤，必须对证据本身的客观性进行核实印证。一是对证据反映的时间、地点、环境、条件进行核实，以保证证据存在的客观性；二是对证据证明的内容进行核实，使其与相关证据能够相互印证，以保证证明内容的客观性；三是对证据疑点进行核实，使疑点能够被合理排除，以保证证据的排他性。通过证据补强，使孤证成为集束化组证，产生“雨伞”效应，以大量伞骨支撑伞杆、形成伞面，从而增强其证明力和采信力。

4. 人证补强。证人证言作为一种主观感知证据，极易受智力、文化、环境和与案件利害关系的影响，证人证言中夸大、虚构、掩饰事实及有意模糊、前后反复等，是司法实践中的常见现象。采信力弱，可变性强，是其重要特点。为此，证人证言必须有相关证据予以印证才能被采信。司法实践中应做到以下几点：一是要有相关证据证明证人能够知悉其证明内容，以保证证人证言与案件事实具有关联性；二是应以不同的证明方式（如询问笔录、亲笔证词、录音录像等）固定其证明内容，防止事后悔证变证，以强化证人证言的稳定性；三是对证人证言所证明的内容应进行核实印证，防止成为孤证，以保证证人证言的客观性；四是对证人证言自身存在的矛盾和与相关证据之间存在的矛盾，应进行核实印证，以合理排除和解决矛盾疑点，以保证证人证言的可采性。通过证据补强，防变证、纠错证、补漏证，确保证人证言经得起庭审质证。

四、主动及时原则

主动及时是侦查取证至关重要的一项工作原则，亦是刑事侦查的常规要求。尤其职务犯罪案件，隐蔽性强、反侦查能力强、潜伏期长的特点，使其对主动及时的要求更为迫切。如证人证言因时间推移可能出现记忆淡薄或误差；物证、书证因人事、条件变化可能出现损坏或灭失；赃款赃物可能被转移或洗白；电子证据因技术条件限制可能被消除；等等。因此，以积极主动的姿态去发现证据，以及时迅速的行动去收集证据，就成为职务犯罪侦查的必然要求。司法实践中，面对错综复杂的案情，侦查人员应按照先主后次、先急后缓的原则有秩序去收集证据。一般情况下，应做到“四个优先”：

1. 原始证据优先。由于原始证据来源于案件事实，在刑事诉讼中其证明力最强，具有一定的采信优势。为此，在侦查取证过程中，应优先收集原始证据。比如：对目击证人、污点证人、案件参与人的证人证言，应优先安排并千方百计地予以收集；对物证、书证的原物、原件，应以抢救性保全意识予以收集、固定。严防原始证据因侦查失误而遗漏、损坏或灭失。

2. 物证、书证优先。由于物证、书证不因人的意识所改变，故其客观性最强，也被称为客观证据。而且，它既可以是原始证据（如原物、原件），也可以是传来证据（如影片、录像、复制件）。为此，应根据职务犯罪一般有物证、书证的特点，及时予以优先收集。此外，在收集物证、书证时，一要严格按照有关见证规则进行，确保其客观性；二要根据职务犯罪多有伪造、变造、涂改书证的情况，应认真审查辨别真伪，及时收集相关证据，迅速查明事实真相。

3. 直接证据优先。直接证据的作用在于直接证明案件的主要事实。相对于间接证据具有一定的证明优势。无论原始证据还是传来证据，也无论言词证据还是物证、书证，只要是直接证据就应优先获取。司法实践中，应注意从间接证据中发现直接证据，并以间接证据印证直接证据，以保证直接证据的强力证明作用。

4. 隐蔽证据优先。隐蔽证据，是指根据犯罪嫌疑人供述所收集的隐蔽性很强的情节证据。其具有三个特点：一是该情节除行为人外不易被他人知晓，即具有相当的隐秘性；二是该情节主要为行为人自行供述，即具有自述性；三是该情节证据多表现为物证、书证，即具有一定的客观性。比如：行贿人供述的贿赂物暗记、特别包装物、交易过程中的意外现象，受贿人供述的赃款去向及藏匿方式等。隐蔽证据不仅是一种重要的客观证据，而且是核实言词证据的有力佐证，是防翻供的有力武器。其防翻供的作用也强。根据《关于办理死刑案件审查判断证据若干问题的规定》第三十四条的规定，“根据被告人的供述、指认提取到了隐蔽性很强的物证、书证，且与其他证明犯罪事实发生的证据互相印证，并排除串供、逼供、诱供等可能性的，可以认定有罪。”为此，在侦查取证过程中，应高度重视并及时核实犯罪嫌疑人供述的隐蔽情节，用隐蔽证据印证其供述、巩固其供述，以增强职务犯罪侦查的反对抗能力。

附：法律法规

1. 最高人民法院、最高人民检察院、公安部、国家安全部、司法部《关于办理死刑案件审查判断证据若干问题的规定》（2010 年 7 月 1 日施行）

为依法、公正、准确、慎重地办理死刑案件，惩罚犯罪，保障人权，根据《中华人民共和国刑事诉讼法》等有关法律规定，结合司法实际，制定本规定。

一、一般规定

第一条　办理死刑案件，必须严格执行刑法和刑事诉讼法，切实做到事实清楚，证据确实、充分，程序合法，适用法律正确，确保案件质量。

第二条　认定案件事实，必须以证据为根据。

第三条　侦查人员、检察人员、审判人员应当严格遵守法定程序，全面、客观地收集、审查、核实和认定证据。

第四条　经过当庭出示、辨认、质证等法庭调查程序查证属实的证据，才能作为定罪量刑的根据。

第五条　办理死刑案件，对被告人犯罪事实的认定，必须达到证据确实、充分。

证据确实、充分是指：

（一）定罪量刑的事实都有证据证明；

（二）每一个定案的证据均已经法定程序查证属实；

（三）证据与证据之间、证据与案件事实之间不存在矛盾或者矛盾得以合理排除；

（四）共同犯罪案件中，被告人的地位、作用均已查清；

（五）根据证据认定案件事实的过程符合逻辑和经验规则，由证据得出的结论为唯一结论。

办理死刑案件，对于以下事实的证明必须达到证据确实、充分：

（一）被指控的犯罪事实的发生；

（二）被告人实施了犯罪行为与被告人实施犯罪行为的时间、地点、手段、后果以及其他情节；

（三）影响被告人定罪的身份情况；

（四）被告人有刑事责任能力；

（五）被告人的罪过；

（六）是否共同犯罪及被告人在共同犯罪中的地位、作用；

（七）对被告人从重处罚的事实。

二、证据的分类审查与认定

1. 物证、书证

第六条 对物证、书证应当着重审查以下内容：

（一）物证、书证是否为原物、原件，物证的照片、录像或者复制品及书证的副本、复制件与原物、原件是否相符；物证、书证是否经过辨认、鉴定；物证的照片、录像或者复制品和书证的副本、复制件是否由二人以上制作，有无制作人关于制作过程及原件、原物存放于何处的文字说明及签名。

（二）物证、书证的收集程序、方式是否符合法律及有关规定；经勘验、检查、搜查提取、扣押的物证、书证，是否附有相关笔录或者清单；笔录或者清单是否有侦查人员、物品持有人、见证人签名，没有物品持有人签名的，是否注明原因；对物品的特征、数量、质量、名称等注明是否清楚。

（三）物证、书证在收集、保管及鉴定过程中是否受到破坏或者改变。

（四）物证、书证与案件事实有无关联。对现场遗留与犯罪有关的具备检验鉴定条件的血迹、指纹、毛发、体液等生物物证、痕迹、物品，是否通过DNA鉴定、指纹鉴定等鉴定方式与被告人或者被害人的相应生物检材、生物特征、物品等作同一认定。

（五）与案件事实有关联的物证、书证是否全面收集。

第七条 对在勘验、检查、搜查中发现与案件事实可能有关联的血迹、指纹、足迹、字迹、毛发、体液、人体组织等痕迹和物品应当提取而没有提取，应当检验而没有检验，导致案件事实存疑的，人民法院应当向人民检察院说明情况，人民检察院依法可以补充收集、调取证据，作出合理的说明或者退回侦查机关补充侦查，调取有关证据。

第八条 据以定案的物证应当是原物。只有在原物不便搬运、不易保存或者依法应当由有关部门保管、处理或者依法应当返还时，才可以拍摄或者制作足以反映原物外形或者内容的照片、录像或者复制品。物证的照片、录像或者复制品，经与原物核实无误或者经鉴定证明为真实的，或者以其他方式确能证明其真实的，可以作为定案的根据。原物的照片、录像或者复制品，不能反映原物的外形和特征的，不能作为定案的根据。

据以定案的书证应当是原件。只有在取得原件确有困难时，才可以使用副本或者复制件。书证的副本、复制件，经与原件核实无误或者经鉴定证明为真实的，或者以其他方式确能证明其真实的，可以作为定案的根据。书证有更改或者更改迹象不能作出合理解释的，书证的副本、复制件不能反映书证原件及其内容的，不能作为定案的根据。

第九条 经勘验、检查、搜查提取、扣押的物证、书证，未附有勘验、检查

笔录，搜查笔录，提取笔录，扣押清单，不能证明物证、书证来源的，不能作为定案的根据。

物证、书证的收集程序、方式存在下列瑕疵，通过有关办案人员的补正或者作出合理解释的，可以采用：

（一）收集调取的物证、书证，在勘验、检查笔录，搜查笔录，提取笔录，扣押清单上没有侦查人员、物品持有人、见证人签名或者物品特征、数量、质量、名称等注明不详的；

（二）收集调取物证照片、录像或者复制品，书证的副本、复制件未注明与原件核对无异，无复制时间、无被收集、调取人（单位）签名（盖章）的；

（三）物证照片、录像或者复制品，书证的副本、复制件没有制作人关于制作过程及原物、原件存放于何处的说明或者说明中无签名的；

（四）物证、书证的收集程序、方式存在其他瑕疵的。

对物证、书证的来源及收集过程有疑问，不能作出合理解释的，该物证、书证不能作为定案的根据。

第十条　具备辨认条件的物证、书证应当交由当事人或者证人进行辨认，必要时应当进行鉴定。

2. 证人证言

第十一条　对证人证言应当着重审查以下内容：

（一）证言的内容是否为证人直接感知。

（二）证人作证时的年龄、认知水平、记忆能力和表达能力，生理上和精神上的状态是否影响作证。

（三）证人与案件当事人、案件处理结果有无利害关系。

（四）证言的取得程序、方式是否符合法律及有关规定：有无使用暴力、威胁、引诱、欺骗以及其他非法手段取证的情形；有无违反询问证人应当个别进行的规定；笔录是否经证人核对确认并签名（盖章）、捺指印；询问未成年证人，是否通知了其法定代理人到场，其法定代理人是否在场等。

（五）证人证言之间以及与其他证据之间能否相互印证，有无矛盾。

第十二条　以暴力、威胁等非法手段取得的证人证言，不能作为定案的根据。

处于明显醉酒、麻醉品中毒或者精神药物麻醉状态，以致不能正确表达的证人所提供的证言，不能作为定案的根据。

证人的猜测性、评论性、推断性的证言，不能作为证据使用，但根据一般生活经验判断符合事实的除外。

第十三条　具有下列情形之一的证人证言，不能作为定案的根据：

（一）询问证人没有个别进行而取得的证言；

（二）没有经证人核对确认并签名（盖章）、捺指印的书面证言；

（三）询问聋哑人或者不通晓当地通用语言、文字的少数民族人员、外国人，应当提供翻译而未提供的。

第十四条 证人证言的收集程序和方式有下列瑕疵，通过有关办案人员的补正或者作出合理解释的，可以采用：

（一）没有填写询问人、记录人、法定代理人姓名或者询问的起止时间、地点的；

（二）询问证人的地点不符合规定的；

（三）询问笔录没有记录告知证人应当如实提供证言和有意作伪证或者隐匿罪证要负法律责任内容的；

（四）询问笔录反映出在同一时间段内，同一询问人员询问不同证人的。

第十五条 具有下列情形的证人，人民法院应当通知出庭作证；经依法通知不出庭作证证人的书面证言经质证无法确认的，不能作为定案的根据：

（一）人民检察院、被告人及其辩护人对证人证言有异议，该证人证言对定罪量刑有重大影响的；

（二）人民法院认为其他应当出庭作证的。

证人在法庭上的证言与其庭前证言相互矛盾，如果证人当庭能够对其翻证作出合理解释，并有相关证据印证的，应当采信庭审证言。

对未出庭作证证人的书面证言，应当听取出庭检察人员、被告人及其辩护人的意见，并结合其他证据综合判断。未出庭作证证人的书面证言出现矛盾，不能排除矛盾且无证据印证的，不能作为定案的根据。

第十六条 证人作证，涉及国家秘密或者个人隐私的，应当保守秘密。

证人出庭作证，必要时，人民法院可以采取限制公开证人信息、限制询问、遮蔽容貌、改变声音等保护性措施。

3. 被害人陈述

第十七条 对被害人陈述的审查与认定适用前述关于证人证言的有关规定。

4. 被告人供述和辩解

第十八条 对被告人供述和辩解应当着重审查以下内容：

（一）讯问的时间、地点、讯问人的身份等是否符合法律及有关规定，讯问被告人的侦查人员是否不少于二人，讯问被告人是否个别进行等。

（二）讯问笔录的制作、修改是否符合法律及有关规定，讯问笔录是否注明讯问的起止时间和讯问地点，首次讯问时是否告知被告人申请回避、聘请律师等诉讼权利，被告人是否核对确认并签名（盖章）、捺指印，是否有不少于二人的

讯问人签名等。

（三）讯问聋哑人、少数民族人员、外国人时是否提供了通晓聋、哑手势的人员或者翻译人员，讯问未成年同案犯时，是否通知了其法定代理人到场，其法定代理人是否在场。

（四）被告人的供述有无以刑讯逼供等非法手段获取的情形，必要时可以调取被告人进出看守所的健康检查记录、笔录。

（五）被告人的供述是否前后一致，有无反复以及出现反复的原因；被告人的所有供述和辩解是否均已收集入卷；应当入卷的供述和辩解没有入卷的，是否出具了相关说明。

（六）被告人的辩解内容是否符合案情和常理，有无矛盾。

（七）被告人的供述和辩解与同案犯的供述和辩解以及其他证据能否相互印证，有无矛盾。

对于上述内容，侦查机关随案移送有录音录像资料的，应当结合相关录音录像资料进行审查。

第十九条　采用刑讯逼供等非法手段取得的被告人供述，不能作为定案的根据。

第二十条　具有下列情形之一的被告人供述，不能作为定案的根据：

（一）讯问笔录没有经被告人核对确认并签名（盖章）、捺指印的；

（二）讯问聋哑人、不通晓当地通用语言、文字的人员时，应当提供通晓聋、哑手势的人员或者翻译人员而未提供的。

第二十一条　讯问笔录有下列瑕疵，通过有关办案人员的补正或者作出合理解释的，可以采用：

（一）笔录填写的讯问时间、讯问人、记录人、法定代理人等有误或者存在矛盾的；

（二）讯问人没有签名的；

（三）首次讯问笔录没有记录告知被讯问人诉讼权利内容的。

第二十二条　对被告人供述和辩解的审查，应当结合控辩双方提供的所有证据以及被告人本人的全部供述和辩解进行。

被告人庭前供述一致，庭审中翻供，但被告人不能合理说明翻供理由或者其辩解与全案证据相矛盾，而庭前供述与其他证据能够相互印证的，可以采信被告人庭前供述。

被告人庭前供述和辩解出现反复，但庭审中供认的，且庭审中的供述与其他证据能够印证的，可以采信庭审中的供述；被告人庭前供述和辩解出现反复，庭审中不供认，且无其他证据与庭前供述印证的，不能采信庭前供述。

5. 鉴定意见

第二十三条 对鉴定意见应当着重审查以下内容:

(一)鉴定人是否存在应当回避而未回避的情形。

(二)鉴定机构和鉴定人是否具有合法的资质。

(三)鉴定程序是否符合法律及有关规定。

(四)检材的来源、取得、保管、送检是否符合法律及有关规定,与相关提取笔录、扣押物品清单等记载的内容是否相符,检材是否充足、可靠。

(五)鉴定的程序、方法、分析过程是否符合本专业的检验鉴定规程和技术方法要求。

(六)鉴定意见的形式要件是否完备,是否注明提起鉴定的事由、鉴定委托人、鉴定机构、鉴定要求、鉴定过程、检验方法、鉴定文书的日期等相关内容,是否由鉴定机构加盖鉴定专用章并由鉴定人签名盖章。

(七)鉴定意见是否明确。

(八)鉴定意见与案件待证事实有无关联。

(九)鉴定意见与其他证据之间是否有矛盾,鉴定意见与检验笔录及相关照片是否有矛盾。

(十)鉴定意见是否依法及时告知相关人员,当事人对鉴定意见是否有异议。

第二十四条 鉴定意见具有下列情形之一的,不能作为定案的根据:

(一)鉴定机构不具备法定的资格和条件,或者鉴定事项超出本鉴定机构项目范围或者鉴定能力的;

(二)鉴定人不具备法定的资格和条件、鉴定人不具有相关专业技术或者职称、鉴定人违反回避规定的;

(三)鉴定程序、方法有错误的;

(四)鉴定意见与证明对象没有关联的;

(五)鉴定对象与送检材料、样本不一致的;

(六)送检材料、样本来源不明或者确实被污染且不具备鉴定条件的;

(七)违反有关鉴定特定标准的;

(八)鉴定文书缺少签名、盖章的;

(九)其他违反有关规定的情形。

对鉴定意见有疑问的,人民法院应当依法通知鉴定人出庭作证或者由其出具相关说明,也可以依法补充鉴定或者重新鉴定。

6. 勘验、检查笔录

第二十五条 对勘验、检查笔录应当着重审查以下内容:

（一）勘验、检查是否依法进行，笔录的制作是否符合法律及有关规定的要求，勘验、检查人员和见证人是否签名或者盖章等。

（二）勘验、检查笔录的内容是否全面、详细、准确、规范：是否准确记录了提起勘验、检查的事由，勘验、检查的时间、地点，在场人员、现场方位、周围环境等情况；是否准确记载了现场、物品、人身、尸体等的位置、特征等详细情况以及勘验、检查、搜查的过程；文字记载与实物或者绘图、录像、照片是否相符；固定证据的形式、方法是否科学、规范；现场、物品、痕迹等是否被破坏或者伪造，是否是原始现场；人身特征、伤害情况、生理状况有无伪装或者变化等。

（三）补充进行勘验、检查的，前后勘验、检查的情况是否有矛盾，是否说明了再次勘验、检查的原由。

（四）勘验、检查笔录中记载的情况与被告人供述、被害人陈述、鉴定意见等其他证据能否印证，有无矛盾。

第二十六条　勘验、检查笔录存在明显不符合法律及有关规定的情形，并且不能作出合理解释或者说明的，不能作为证据使用。

勘验、检查笔录存在勘验、检查没有见证人的，勘验、检查人员和见证人没有签名、盖章的，勘验、检查人员违反回避规定的等情形，应当结合案件其他证据，审查其真实性和关联性。

7. 视听资料

第二十七条　对视听资料应当着重审查以下内容：

（一）视听资料的来源是否合法，制作过程中当事人有无受到威胁、引诱等违反法律及有关规定的情形；

（二）是否载明制作人或者持有人的身份，制作的时间、地点和条件以及制作方法；

（三）是否为原件，有无复制及复制份数；调取的视听资料是复制件的，是否附有无法调取原件的原因、制作过程和原件存放地点的说明，是否有制作人和原视听资料持有人签名或者盖章；

（四）内容和制作过程是否真实，有无经过剪辑、增加、删改、编辑等伪造、变造情形；

（五）内容与案件事实有无关联性。

对视听资料有疑问的，应当进行鉴定。

对视听资料，应当结合案件其他证据，审查其真实性和关联性。

第二十八条　具有下列情形之一的视听资料，不能作为定案的根据：

（一）视听资料经审查或者鉴定无法确定真伪的；

（二）对视听资料的制作和取得的时间、地点、方式等有异议，不能作出合理解释或者提供必要证明的。

8. 其他规定

第二十九条 对于电子邮件、电子数据交换、网上聊天记录、网络博客、手机短信、电子签名、域名等电子证据，应当主要审查以下内容：

（一）该电子证据存储磁盘、存储光盘等可移动存储介质是否与打印件一并提交；

（二）是否载明该电子证据形成的时间、地点、对象、制作人、制作过程及设备情况等；

（三）制作、储存、传递、获得、收集、出示等程序和环节是否合法，取证人、制作人、持有人、见证人等是否签名或者盖章；

（四）内容是否真实，有无剪裁、拼凑、篡改、添加等伪造、变造情形；

（五）该电子证据与案件事实有无关联性。

对电子证据有疑问的，应当进行鉴定。

对电子证据，应当结合案件其他证据，审查其真实性和关联性。

第三十条 侦查机关组织的辨认，存在下列情形之一的，应当严格审查，不能确定其真实性的，辨认结果不能作为定案的根据：

（一）辨认不是在侦查人员主持下进行的；

（二）辨认前使辨认人见到辨认对象的；

（三）辨认人的辨认活动没有个别进行的；

（四）辨认对象没有混杂在具有类似特征的其他对象中，或者供辨认的对象数量不符合规定的；尸体、场所等特定辨认对象除外；

（五）辨认中给辨认人明显暗示或者明显有指认嫌疑的。

有下列情形之一的，通过有关办案人员的补正或者作出合理解释的，辨认结果可以作为证据使用：

（一）主持辨认的侦查人员少于二人的；

（二）没有向辨认人详细询问辨认对象的具体特征的；

（三）对辨认经过和结果没有制作专门的规范的辨认笔录，或者辨认笔录没有侦查人员、辨认人、见证人的签名或者盖章的；

（四）辨认记录过于简单，只有结果没有过程的；

（五）案卷中只有辨认笔录，没有被辨认对象的照片、录像等资料，无法获悉辨认的真实情况的。

第三十一条 对侦查机关出具的破案经过等材料，应当审查是否有出具该说明材料的办案人、办案机关的签字或者盖章。

对破案经过有疑问，或者对确定被告人有重大嫌疑的根据有疑问的，应当要求侦查机关补充说明。

三、证据的综合审查和运用

第三十二条　对证据的证明力，应当结合案件的具体情况，从各证据与待证事实的关联程度、各证据之间的联系等方面进行审查判断。

证据之间具有内在的联系，共同指向同一待证事实，且能合理排除矛盾的，才能作为定案的根据。

第三十三条　没有直接证据证明犯罪行为系被告人实施，但同时符合下列条件的可以认定被告人有罪：

（一）据以定案的间接证据已经查证属实；

（二）据以定案的间接证据之间相互印证，不存在无法排除的矛盾和无法解释的疑问；

（三）据以定案的间接证据已经形成完整的证明体系；

（四）依据间接证据认定的案件事实，结论是唯一的，足以排除一切合理怀疑；

（五）运用间接证据进行的推理符合逻辑和经验判断。

根据间接证据定案的，判处死刑应当特别慎重。

第三十四条　根据被告人的供述、指认提取到了隐蔽性很强的物证、书证，且与其他证明犯罪事实发生的证据互相印证，并排除串供、逼供、诱供等可能性的，可以认定有罪。

第三十五条　侦查机关依照有关规定采用特殊侦查措施所收集的物证、书证及其他证据材料，经法庭查证属实，可以作为定案的根据。

法庭依法不公开特殊侦查措施的过程及方法。

第三十六条　在对被告人作出有罪认定后，人民法院认定被告人的量刑事实，除审查法定情节外，还应审查以下影响量刑的情节：

（一）案件起因；

（二）被害人有无过错及过错程度，是否对矛盾激化负有责任及责任大小；

（三）被告人的近亲属是否协助抓获被告人；

（四）被告人平时表现及有无悔罪态度；

（五）被害人附带民事诉讼赔偿情况，被告人是否取得被害人或者被害人近亲属谅解；

（六）其他影响量刑的情节。

既有从轻、减轻处罚等情节，又有从重处罚等情节的，应当依法综合相关情节予以考虑。

不能排除被告人具有从轻、减轻处罚等量刑情节的，判处死刑应当特别慎重。

第三十七条 对于有下列情形的证据应当慎重使用，有其他证据印证的，可以采信：

（一）生理上、精神上有缺陷的被害人、证人和被告人，在对案件事实的认知和表达上存在一定困难，但尚未丧失正确认知、正确表达能力而作的陈述、证言和供述；

（二）与被告人有亲属关系或者其他密切关系的证人所作的对该被告人有利的证言，或者与被告人有利害冲突的证人所作的对该被告人不利的证言。

第三十八条 法庭对证据有疑问的，可以告知出庭检察人员、被告人及其辩护人补充证据或者作出说明；确有核实必要的，可以宣布休庭，对证据进行调查核实。法庭进行庭外调查时，必要时，可以通知出庭检察人员、辩护人到场。出庭检察人员、辩护人一方或者双方不到场的，法庭记录在案。

人民检察院、辩护人补充的和法庭庭外调查核实取得的证据，法庭可以庭外征求出庭检察人员、辩护人的意见。双方意见不一致，有一方要求人民法院开庭进行调查的，人民法院应当开庭。

第三十九条 被告人及其辩护人提出有自首的事实及理由，有关机关未予认定的，应当要求有关机关提供证明材料或者要求相关人员作证，并结合其他证据判断自首是否成立。

被告人是否协助或者如何协助抓获同案犯的证明材料不全，导致无法认定被告人构成立功的，应当要求有关机关提供证明材料或者要求相关人员作证，并结合其他证据判断立功是否成立。

被告人有检举揭发他人犯罪情形的，应当审查是否已经查证属实；尚未查证的，应当及时查证。

被告人累犯的证明材料不全，应当要求有关机关提供证明材料。

第四十条 审查被告人实施犯罪时是否已满十八周岁，一般应当以户籍证明为依据；对户籍证明有异议，并有经查证属实的出生证明文件、无利害关系人的证言等证据证明被告人不满十八周岁的，应认定被告人不满十八周岁；没有户籍证明以及出生证明文件的，应当根据人口普查登记、无利害关系人的证言等证据综合进行判断，必要时，可以进行骨龄鉴定，并将结果作为判断被告人年龄的参考。

未排除证据之间的矛盾，无充分证据证明被告人实施被指控的犯罪时已满十八周岁且确实无法查明的，不能认定其已满十八周岁。

第四十一条 本规定自二〇一〇年七月一日起施行。

2. 最高人民法院、最高人民检察院、公安部、国家安全部、司法部《关于办理刑事案件排除非法证据若干问题的规定》（2010年7月1日施行）

为规范司法行为，促进司法公正，根据刑事诉讼法和相关司法解释，结合人民法院、人民检察院、公安机关、国家安全机关和司法行政机关办理刑事案件工作实际，制定本规定。

第一条　采用刑讯逼供等非法手段取得的犯罪嫌疑人、被告人供述和采用暴力、威胁等非法手段取得的证人证言、被害人陈述，属于非法言词证据。

第二条　经依法确认的非法言词证据，应当予以排除，不能作为定案的根据。

第三条　人民检察院在审查批准逮捕、审查起诉中，对于非法言词证据应当依法予以排除，不能作为批准逮捕、提起公诉的根据。

第四条　起诉书副本送达后开庭审判前，被告人提出其审判前供述是非法取得的，应当向人民法院提交书面意见。被告人书写确有困难的，可以口头告诉，由人民法院工作人员或者其辩护人作出笔录，并由被告人签名或者捺指印。

人民法院应当将被告人的书面意见或者告诉笔录复印件在开庭前交人民检察院。

第五条　被告人及其辩护人在开庭审理前或者庭审中，提出被告人审判前供述是非法取得的，法庭在公诉人宣读起诉书之后，应当先行当庭调查。

法庭辩论结束前，被告人及其辩护人提出被告人审判前供述是非法取得的，法庭也应当进行调查。

第六条　被告人及其辩护人提出被告人审判前供述是非法取得的，法庭应当要求其提供涉嫌非法取证的人员、时间、地点、方式、内容等相关线索或者证据。

第七条　经审查，法庭对被告人审判前供述取得的合法性有疑问的，公诉人应当向法庭提供讯问笔录、原始的讯问过程录音录像或者其他证据，提请法庭通知讯问时其他在场人员或者其他证人出庭作证，仍不能排除刑讯逼供嫌疑的，提请法庭通知讯问人员出庭作证，对该供述取得的合法性予以证明。公诉人当庭不能举证的，可以根据刑事诉讼法第一百六十五条的规定，建议法庭延期审理。

经依法通知，讯问人员或者其他人员应当出庭作证。

公诉人提交加盖公章的说明材料，未经有关讯问人员签名或者盖章的，不能作为证明取证合法性的证据。

控辩双方可以就被告人审判前供述取得的合法性问题进行质证、辩论。

第八条　法庭对于控辩双方提供的证据有疑问的，可以宣布休庭，对证据进行调查核实。必要时，可以通知检察人员、辩护人到场。

第九条 庭审中，公诉人为提供新的证据需要补充侦查，建议延期审理的，法庭应当同意。

被告人及其辩护人申请通知讯问人员、讯问时其他在场人员或者其他证人到庭，法庭认为有必要的，可以宣布延期审理。

第十条 经法庭审查，具有下列情形之一的，被告人审判前供述可以当庭宣读、质证：

（一）被告人及其辩护人未提供非法取证的相关线索或者证据的；

（二）被告人及其辩护人已提供非法取证的相关线索或者证据，法庭对被告人审判前供述取得的合法性没有疑问的；

（三）公诉人提供的证据确实、充分，能够排除被告人审判前供述属非法取得的。

对于当庭宣读的被告人审判前供述，应当结合被告人当庭供述以及其他证据确定能否作为定案的根据。

第十一条 对被告人审判前供述的合法性，公诉人不提供证据加以证明，或者已提供的证据不够确实、充分的，该供述不能作为定案的根据。

第十二条 对于被告人及其辩护人提出的被告人审判前供述是非法取得的意见，第一审人民法院没有审查，并以被告人审判前供述作为定案根据的，第二审人民法院应当对被告人审判前供述取得的合法性进行审查。检察人员不提供证据加以证明，或者已提供的证据不够确实、充分的，被告人该供述不能作为定案的根据。

第十三条 庭审中，检察人员、被告人及其辩护人提出未到庭证人的书面证言、未到庭被害人的书面陈述是非法取得的，举证方应当对其取证的合法性予以证明。

对前款所述证据，法庭应当参照本规定有关规定进行调查。

第十四条 物证、书证的取得明显违反法律规定，可能影响公正审判的，应当予以补正或者作出合理解释，否则，该物证、书证不能作为定案的根据。

第十五条 本规定自二〇一〇年七月一日起施行。

第二章　贪污罪证据结构

第一节　贪污罪概述

根据刑法第三百八十二条的规定，贪污罪是指国家工作人员利用职务上的便利，侵吞、窃取、骗取或者以其他手段非法占有公共财物的行为。其基本特征是：

一、主体特征

贪污罪的主体系特殊主体，即国家工作人员。国家工作人员的基本要素有两点：一是主体单位的国有性，即人员的工作单位、委派单位、委托单位必须是国家机关或国有单位；二是工作性质的公务性，即所从事的工作系公共事务。根据我国刑法第九十三条、第三百八十二条及有关立法解释的规定，贪污罪的主体主要由以下几类人员构成：

1. 国家机关工作人员

国家机关工作人员，是指在国家机关中从事公务的人员，包括在各级国家权力机关、行政机关、司法机关和军事机关中从事公务的人员。根据有关立法解释的规定，在依照法律、法规规定行使国家行政管理职权的组织中从事公务的人员，或者在受国家机关委托代表国家行使职权的组织中从事公务的人员，或者虽未列入国家机关人员编制但在国家机关中从事公务的人员，视为国家机关工作人员。在乡（镇）以上中国共产党机关、人民政协机关中从事公务的人员，司法实践中也应当视为国家机关工作人员。

2. 国家机关、国有公司、企业、事业单位委派到非国有公司、企业、事业单位、社会团体中从事公务的人员

所谓委派，即委任、派遣，其形式多种多样，如任命、指派、提名、批准等。不论被委派的人身份如何，只要是接受国家机关、国有公司、企业、事业单位委派，代表国家机关、国有公司、企业、事业单位在非国有公司、企业、事业单位、社会团体中从事组织、领导、监督、管理等工作，都可以认定为国家机关、国有公司、企业、事业单位委派到非国有公司、企业、事业单位、社会团体从事公务的人员。如国家机关、国有公司、企业、事业单位委派在国有控股或者参股的股份有限公司从事组织、领导、监督、管理等工作的人员，应当以国家工

作人员论。国有公司、企业改制为股份有限公司后，原国有公司、企业的工作人员和股份有限公司新任命的人员中，除代表国有投资主体行使监督、管理职权的人外，不以国家工作人员论。

3. 依照法律从事公务的人员

刑法第九十三条第二款规定的“其他依照法律从事公务的人员”应当具有两个特征：一是在特定条件下行使国家管理职能；二是依照法律规定从事公务。具体包括：(1) 依法履行职责的各级人民代表大会代表；(2) 依法履行审判职责的人民陪审员；(3) 协助乡镇人民政府、街道办事处从事行政管理工作的村民委员会、居民委员会等农村和城市基层组织人员；(4) 其他由法律授权从事公务的人员。

对农村基层组织人员的属性，2000 年 4 月 29 日第九届全国人民代表大会常务委员会第十五次会议通过了《全国人大常委会关于〈中华人民共和国刑法〉第九十三条第二款的解释》，后经 2009 年 8 月 27 日通过的《全国人民代表大会常务委员会关于修改部分法律的决定》修正。该《解释》规定：“村民委员会等农村基层组织人员协助人民政府从事下列行政管理工作，属于刑法第九十三条第二款规定的‘其他依照法律从事公务的人员’：

（一）救灾、抢险、防汛、优抚、扶贫、移民、救济款物的管理；

（二）社会捐助公益事业款物的管理；

（三）国有土地的经营和管理；

（四）土地征收、征用补偿费用的管理；

（五）代征、代缴税款；

（六）有关计划生育、户籍、征兵工作；

（七）协助人民政府从事的其他行政管理工作。”

另外，在认定是否具备贪污罪的主体身份条件时，需要准确把握对“从事公务”的理解。从事公务，是指代表国家机关、国有公司、企业、事业单位、人民团体等履行组织、领导、监督、管理等职责。公务主要表现为与职权相联系的公共事务以及监督、管理国有财产的职务活动。如国家机关工作人员依法履行职责，国有公司的董事、经理、监事、会计、出纳人员等管理、监督国有财产等活动，属于从事公务。那些不具备职权内容的劳务活动、技术服务工作，如售货员、售票员等所从事的工作，一般不认为是公务。

二、客体特征

贪污罪的客体是指贪污犯罪行为所直接侵害的社会主义社会关系。理论界较统一的观点认为贪污罪侵犯的是双重客体，即贪污犯罪侵犯的直接客体是国家工作人员的职务廉洁性和公共财产所有权。“职务廉洁性”，是指国家关于国家工

作人员廉洁从政行为的规范，“公共财产”，是指刑法第九十一条规定的财产。该条规定：“本法所称公共财产，是指下列财产：（一）国有财产；（二）劳动群众集体所有的财产；（三）用于扶贫和其他公益事业的社会捐助或者专项基金的财产。在国家机关、国有公司、企业、集体企业和人民团体管理、使用或者运输中的私人财产，以公共财产论。”“所有权”，是指财产所有人依法对其财产享有占有、使用、收益、处分的权利。侵犯其中任何一项权利，均可构成对公共财产所有权的侵犯。公共财产作为贪污犯罪侵害的对象，也直接反映了该罪侵犯的客体。

三、主观特征

贪污罪在主观上是直接故意，并以非法占有公共财产为目的。根据刑法第十四条的规定，行为人在主观认识上明知侵害的对象系公共财物，明知自己的行为会改变公共财产的所有权，使之为个人占有，并在主观意志上希望和积极追求非法占有公共财物结果的发生。此罪动机多种多样，但无论何种动机均不影响主观故意的认定。

四、客观特征

贪污罪在客观方面表现为，行为人利用职务上的便利，采取侵吞、窃取、骗取或者以其他手段非法占有公共财物的行为。

“利用职务上的便利”，据最高人民检察院《人民检察院直接受理立案侦查案件立案标准的规定（试行）》（以下简称《立案标准》）解释，“是指利用职务上主管、管理、经手公共财物的权力及方便条件”。理论界一般认为，所谓“主管”，是指国家工作人员不具体负责经手、管理公共财物，但以其职务范围或职务地位具有调拨、支配、转移、使用或者以其他方式支配公共财物的职权，在其主管期间，对公共财物具有决定权。所谓“管理”，一般是指具有监守或者保管公共财物的职权，这种管理的期限一般比较长，管理人员在管理期间对所管理的公共财物具有处置权。所谓“经手”，是指具有领取、支出等经办公共财物流转事务的权限，经手人虽然不负责财物的管理和处置，但对公共财物具有临时的控制权。①

从行为手段上看，刑法在罪状中描述了四种贪污犯罪的手段：一是“侵吞”，即行为人将自己合法主管、管理、经手、使用的公共财物直接占为己有或者非法转归他人所有。二是“窃取”，即将自己或与他人共同经手、管理的公共

① 张穹主编：《贪污贿赂渎职“侵权”犯罪案件立案标准精释》，中国检察出版社2000年版。

财物秘密地据为己有，实质上是一种“监守自盗”行为。三是“骗取”，即行为人采取虚构事实或隐瞒事实真相的方法，非法占有公共财物的行为。四是“其他手段”，是指“侵吞、窃取、骗取”手段之外的非法占有手段。如国家工作人员在国内公务活动或者在对外交往中接受礼物，依照国家规定应当交公而不交公，数额在5000元人民币以上的行为，以贪污定罪处罚。①

据最高人民检察院《立案标准》的规定，“个人贪污数额在5000元以上的；个人贪污数额不满5000元，但具有贪污救灾、抢险、防汛、防疫、优抚、扶贫、移民、救济款物及募捐款物、赃款赃物、罚没款物、暂扣款物，以及贪污手段恶劣、毁灭证据、转移赃物等情节的”，应予立案追究刑事责任。

第二节　贪污罪的主体证据

贪污罪的主体证据，是藉以证明行为人具有贪污罪主体身份的证据。根据刑法的规定，贪污罪的主体证据主要由身份证据和职务便利证据两部分组成。

一、身份证据

身份证据是指证明行为人年龄、性别、籍贯、住址、职务等身份情况的证据。主要由下列证据组成：

1. 居民身份证明。即《居民身份证》。这是我国年满16周岁的公民依法取得的居住身份证明。根据《中华人民共和国居民身份证条例》第十条的规定：“被判处拘役、有期徒刑以上刑罚的人和被劳动教养的人以及被羁押的人，……在服刑、劳动教养和羁押期间，不发给居民身份证；已领取居民身份证的，由执行机关按照规定收缴其居民身份证。”

2. 户籍证明。即户籍所在地公安机关出具的行为人户籍情况证明等书证。

3. 任职证明。即行为人所任职务的证明材料。

4. 工作简历证明。即行为人所在单位出具的其工作简历情况证明、个人履历表及行为人的简历供述等。

证明意义：主要用以证明行为人国籍、性别、年龄、籍贯、居住地、家庭成员情况等自然人的基本情况，以及在管辖及刑事责任能力上做出判断。此外，其任职及工作简历情况，一方面是其行为与职务联系的客观证明，另一方面也可从时间概念上印证其职务上是否具有便利条件。

5. 委派文件及委派单位资质证明等。即行为人系国有单位委派到非国有公

① 赵秉志主编：《贪污贿赂及相关犯罪认定处理》，中国方正出版社1999年版。

司、企业、事业单位、社会团体从事公务人员的，须由委派单位出具有关的委派文件（如委任书、委派决定文件、委派人证言等），委派单位资质证明（如营业执照、社团法人登记证等），以及被委派单位出具的行为人任职文件、证人证言等职务身份证明。

证明意义：根据刑法的规定，受国有单位委派到非国有单位从事公务的人可以构成国家工作人员。被委派人虽然是在非国有单位从事公务，但他与委派单位之间存在一种行政上的隶属关系，本人的国家工作人员身份并未改变。因此，具有贪污行为的可以构成贪污罪。提取上述证据，一是证明行为人系国有单位的委派人员；二是证明委派单位具有国有单位性质；三是证明行为人在被委派单位的工作系从事公务。从而用证据来证明行为人符合贪污罪的主体条件，并区别于职务侵占罪的主体。

6. 委托文件、委托人证言及委托单位资质证明等。即行为人系受国家机关、国有公司、企业、事业单位、人民团体委托管理、经营国有财产人员的，应提取有关承包、租赁、聘用等管理、经营国有财产的合同、协议、聘书等证明文件，以及相关的具有管理、经营国有财产职能的职务身份的书证、委托人证言等证明材料。如委托人系国家机关之外的国有单位的，应提取委托单位系国有单位的营业执照、社团法人登记证等单位资质证明文件等。

证明意义：受国有单位委托管理、经营国有财产的人员，不具有刑法规定的国家工作人员的身份，但此类人员可以构成贪污罪主体。受委托人与受委派人有着质的区别，受委派人本人具有国家工作人员身份，而受委托人则不要求具有国家工作人员身份。因此，提取上述证据，一是可以证明委托单位符合法定委托条件，即委托单位系国有单位，二是可以证明受委托人的委托身份和管理、经营国有财产的委托事项，以确立其受委托人的法定身份。这也是区别于其他类型主体的关键证据。

7. 协助人民政府从事行政管理工作的村民委员会等基层组织人员的行政协理身份证明文件、证人证言及协管任务事项证明等。即人民政府的指派性、交派性文件及决议性文件，行为人任职证明，交派人证言，行为人供述，其他协管人员证言等证据材料。

证明意义：此类人员不具有国家工作人员身份，一般系村民委员会、党支部等农村基层组织成员。根据立法解释，此类人员在协助人民政府从事全国人大常委会《关于〈中华人民共和国刑法〉第九十三条第二款的解释》规定的七类公务事项期间，属于“其他依照法律从事公务的人员”，即“以国家工作人员论”。提取上述证据，一是证明其国家工作人员身份；二是证明其国家工作人员身份产生的合法性，即由人民政府交派或指派，并系协助人民政府工作；三是证明行为人所从事的工作系政府的行政性管理公务。以确定行为人的主体资格，区别于职务侵占罪主体。

二、职务便利证据

职务便利证据，是指证明行为人具有某种公务性职权、责任便利条件的证据。主要由以下几部分组成：

1. 职责权限证明。即行为人职务责任证明文件（如职责规章等）、工作分工证明文件（如会议纪要、记录、通知等）、单位证明、负责人证言及行为人供述等证据材料。

证明意义：“利用职务上的便利”，是贪污罪的必要条件之一，但这一便利条件与行为人的职务身份是紧密相连的。因此，由职务衍生的职责及权限，就成为存在于主体资格中的客观条件。提取相关的证据，可以证明行为人在客观上具有某种自然的职务便利，以与其身份相符合。

2. 授权职责证明。即授权委托书，授权委托会议纪要、记录，授权委托人证言，关系人证言，行为人供述及与之相关的证明文件等。

证明意义：在现实生活中，一些专项性、临时性的公务活动，是由具有授权资格的单位和人员授权或委托承办人、经手人去执行的。其执行职务的便利条件，虽不是其个人身份自然具有的，但与授权委托职责密切相关，也同样构成其职务上的便利。提取上述证据，对认定承办人、经手人等被授权委托人的职务便利具有重要的意义。这也是确定其主体资格成立与否的一个重要方面。

3. 公认职责证明。即本单位公认行为人具有的某些职责权限的证明材料。如：惯例性职责书证、领导班子成员证言、单位人员证言、行为人供述及与之相关的其他证明材料等。

证明意义：实践中，由于长期以来党政不分、政企不分以及制度建设不健全等原因，造成一些单位领导班子分工不明确，个人职务责任权限不明确，甚至混乱，单从个人职务上不易区分主管、负责、经手等管理性职务便利，因此需要从公认性、惯例性职责权限上去收集证据。提取上述证据，可以有效地证明其实际的职权责任及附着于身的职务便利，以客观存在的证据去确定其主体资格。

以上主体证据，仅是确定贪污罪主体资格的一般证据。在司法实践中，应根据具体情况，按照不同类型人员各自法定的主体资格条件尽可能地去收集证据，以正确认定行为人的主体资格。实践中，一些案件在定罪过程中的不同争议，有许多发生在主体资格方面。尤其是刑法修订之后，如不注意主体证据的收集和审查，会直接影响案件的定罪。为此，对主体证据在定罪上的重要性，应给予高度的重视。

第三节 贪污罪的行为证据

贪污罪的行为证据，是藉以证明行为人具有贪污罪行为的证据。由职务便利利用证据、侵害对象证据、非法占有证据等组成。

一、职务便利利用证据

职务便利利用证据，是指证明行为人利用其职务便利的作为证据。从便利利用行为的作为方式看，主要有直接作为和间接作为两种类型，为此，证据亦应有这两方面的证明功效。

1. 直接作为的“利用”证明。即证明行为人在非法占有公共财物过程中，直接使用职务便利的行为证据。如：行为人与犯罪对象关系的证明，行使权力的批示、签字及控制公共财物的书证、证人证言、行为人供述等证据材料。

证明意义：行为人有职务便利，不等于“利用”职务便利，只有发生了“利用”这一便利的行为才能认定是“利用”职务便利。而“利用”职务便利行为，又是与其非法占有行为紧密联系在一起的，如果仅有公共财物的取得证据，缺少便利“利用”证据，就不好认定贪污罪成立。因此，收集上述证据，对印证行为人直接使用职务便利行为，是非常必要的。它不仅有利于准确定罪，也有利于更加明确地辨析“利用”行为方式。

2. 间接作为的“利用”证明。即证明行为人在非法占有公共财物过程中，通过同案人或无罪过人使用其职务便利的行为证据。如：行为人与犯罪对象的关系证明、行为人与主办人的关系证明及行为人指使、委派、委托经办人的书证、证人证言、行为人供述等证明材料。

证明意义：通过他人行使职务便利也是一种作为的“利用”形式。但行为人与他人之间应在客观上存在一定的职务联系，或是纵向的领导与被领导、上程序与下程序的关系，或是横向的工作、业务、制约、往来等关系，故收集上述证据，对证明行为人具有“利用”职务便利行为无疑十分重要。同时，也有利于从理论上认识非法占有行为中的“利用”行为，使“利用职务便利”的刑法要件更加清晰，以达到证据确实充分之要求。

总之，细化“利用”行为，运用证据去证实“利用”行为，能够有效地认识行为人“利用”的具体行为、具体权力和具体方式，能够更加紧密地将“利用”行为与占有手段联系起来，使贪污罪的证据系统更加符合犯罪构成的要求，有效地克服实践中存在的“重手段轻利用”的倾向，以准确便捷地认定犯罪。

二、行为对象证据

行为对象证据，是指证明行为人实施贪污行为所侵害的对象的属性、类别证据。从刑法的规定看，贪污的犯罪对象有两类，第一类是一般对象，即“公共财物”；第二类是特定对象，即“受委托”管理、经营的“国有财产”，“受委派”主管、管理、经手的“本单位财物”和应当交公而不交公的所收“礼物”。不同的主体侵害的对象不同，只有侵害对象符合刑法规定的条件才能构成贪污罪。因此，在贪污罪的证据系统中，侵害对象证据是一个不可缺少的证据链环。实践中，应重点收集以下证据材料：

1. 对象性质的证据材料。如：财物来源、科目、用途、转入凭证等书证、人证、行为人供述等，及其他能够说明财物性质、管理方式的证据材料。

证明意义：侵害对象的性质是否属于“公共财物”、“国有财产”、“本单位财物”和特定“礼物”，直接关系到贪污罪的成立与否。不分对象性质，“装进口袋就是贪污”的观念，是非科学、非理念的思维方式。实践中有很多案件争议，是在侵害对象证据上不清或发生问题。如一笔资金的来源不清、管理方式不清，就不能有效地证明它是银行贷款还是管理私人款项。性质不清就更不能认定它是公共财物。为此，收集侵害对象证据，对准确认定贪污罪至关重要。

2. 对象数额证明。即证明侵害对象实际数额的证据材料。一般情况下犯罪数额伴随行为而产生，在行为手段、行为结果的证据中均能得到证实，但在侵害对象系物品、礼物和所谓公私混合“同吃多占”型的行为中，犯罪数额的确定就尤显突出。为此，需要主管部门的价值证明、物价部门的价格鉴定及行为人个人应得数额的证明等书证、证人证言、行为人供述等证据材料予以佐证。

证明意义：根据最高人民检察院《立案标准》的规定，一般情况下贪污数额在5000元人民币以上的予以立案追究刑事责任。刑法关于贪污罪刑罚的规定，也主要是依据贪污数额而划分的。为此，在某些贪污数额不易确定的情况下，应根据不同情况，分别以当时市场零售价格、物价部门价格鉴定意见、个人应得以外实际数额去分析、确定犯罪的实际数额，以准确地定罪和量刑。及时收集上述证据材料，对于防止主观上的随意性，强化依靠证据定案的思想观念（重点是客观证据），正确地认定犯罪数额，审慎地区分罪与非罪、轻罪与重罪的界限均具有重要的意义。

三、非法占有手段证据

非法占有手段证据，是指证明行为人实施非法手段占有公共财物行为的证据。根据刑法的规定，非法占有手段主要有侵吞、窃取、骗取、应交公而不交公和其他手段等表现形式。在贪污罪的证据系统中，行为手段作为犯罪行为的主要内容和表现方式，应有确实充分的证据予以证明，以确立其手段的非法性和与贪污罪构成要件的一致性。

1. 侵吞手段证明。即证明行为人将自己合法管理、经手使用的公共财物直接非法截留或非法转归个人所有的证据材料。如：应入账未入账、应交公未交公的账目凭证等书证，司法会计鉴定，转办单位、银行凭证，知情人、经办人、关系人证言，行为人供述等证据材料。

证明意义：侵吞作为贪污罪的一种常见手段，它不是孤立存在的。世界上的一切事物相互联系。行为人在侵吞公共财物过程中，与侵吞对象相联系的事物及其运行踪迹就成为证明行为人行为手段的有力证据，这些证据可有效地证实行为人实施侵吞行为的时间、地点和过程。为此，收集这些证据材料，对认定行为人行为的非法性和手段特征是不可或缺的。这既是实体法的要求，也是程序法的必然要求。

2. 窃取手段证明。即证明行为人将自己或者与他人共同经手、管理的公共财物秘密地据为己有的证据材料。如：报案记录、现场勘查笔录、款物检查笔录，证人证言，司法会计、痕迹等技术鉴定，作案工具，赃款赃物，行为人供述等证据材料。

证明意义：贪污罪中的窃取形同盗窃，但二者本质上又有区别。“自盗”是其重要特点，且“自盗”较“他盗”更为狡猾诡异。为此，及时收集以“自盗”为特点的行为手段证据，对认定贪污手段的诡秘性、恶劣性不仅具有直接的、客观的证明意义，而且对正确区分罪与非罪、此罪与彼罪也有着重要的鉴别意义。同时，贪污手段在贪污行为中的特殊地位，也决定了在贪污罪的证据系统中，必须有明显区别特点的手段证据。

3. 骗取手段证明。即行为人采取虚构事实或隐瞒事实真相的方法，非法占有公共财物的证据材料。如：伪造、变造的单据、凭证、合同等材料，往来单位的原始凭证，支出、转出凭证，司法会计鉴定，知情人、经办人证言，行为人供述及有关印证虚假资料、谎言和真情实况的人证、书证等证据材料。

证明意义：骗取手段也是贪污行为的一种常见手段。但假的终究是假的，通过往来单位的双方账目核查、记账与凭证核查、账面与现金实物核查、本单位账目与银行对账单核查等方法，一般都能辨出真相。尽可能收集真和假两方面的证据材料，是辨析认定骗取手段的根本性依据。行为人自我保护的掩饰性再强，通过大量的客观证据和经办人证，也可有效地确定行为的发生。为此，以骗取为突出特征的手段证据，是固定贪污手段、确定贪污犯罪的重要依据。

4. 扣留“礼物”手段证明。即行为人对在国内公务活动或者对外交往中接受的礼物，违反国家应当交公的规定，扣留归己的证据材料。如：国内公务活动和对外交往活动证明，国家有关应当交公的规章，礼物赠送方的礼单、发放记录、价值凭证、证人证言等书证、人证，知情人证言，行为人礼品登记、收入申报的单位证明、管理人员证言及礼物实证，行为人供述等证据材料。

证明意义：刑法第三百九十四条关于扣留礼物依贪污罪定罪处罚的规定，吸取了修订前的刑事法律和行政规章的规定精神，其行为有三个要素：一是行为人的受礼行为系在国内公务活动或者对外交往活动之中；二是扣留行为违反了国家有关规定；三是行为人实施了应当交公而不交公的行为。三者缺一不可。为此，行为人国内公务活动或对外交往活动的书证、人证要收集齐全。国家有关接收礼物应当交公的规章制度，即行为人直接侵害的客体证据要收集在案。行为人对所受礼物不交公的不作为证据要收集齐全。从接受礼物的时间、地点、礼物到不履行登记、申报、交公义务及扣留时限等，均要有相关证据予以佐证。

改革开放以来，国家实行对外开放、对内搞活的政策，国家工作人员的职务活动相对增多，接受礼物的现象增多。为此，国家自1980年起相继做出了一系列有关规定，如：1980年8月6日中共中央发布的《关于禁止在对外活动中送礼、受礼的决定》，1980年11月7日国务院发布的《关于在对外活动中不赠礼、不受礼的决定》，1988年12月1日国务院发布的《国家行政机关及其工作人员在国内公务活动中不得赠送和接受礼品的规定》，1993年4月27日中共中央办公厅、国务院办公厅发布的《关于严禁党政机关及其工作人员在公务活动中接受和赠送礼金、有价证券的通知》，1993年12月5日国务院发布的《关于在对外公务活动中赠送和接受礼品的规定》，1995年4月30日中共中央办公厅、国务院办公厅发布的《关于对党和国家机关工作人员在国内交往中收受的礼品实行登记制度的规定》等。根据上述有关规定，价值人民币200元以上的礼物，自接受之日起，应在一个月内填写礼物申报单进行登记并交公。对应当交公而不交公，且数额达到立案标准的，检察机关要依法追究其刑事责任。由于此类手段不同于常见的贪污手段，为此，按照此类行为手段的特点收集证据，对准确定罪具有很强的实际意义。

5. 有自身特征的行为手段证明材料。刑法中列举的几种贪污手段，不能包容所有的犯罪手段，故做出了“其他手段”的原则性规定。这一规定，对防止行为人规避法律，打击多种多样的各种手段的贪污犯罪，具有很强的针对性和灵活性。为此，在司法实践中，对那些“其他手段”的贪污行为，如：采取公款私存、公款私贷的手段坐吃利息，采取擅自低价强“买”公物高价卖出吞占高额差价等，要围绕其犯罪手段去收集、固定证据，并用证据事实反映其手段特点，使其与刑法规定的犯罪行为条件相一致。

第四节　贪污罪的结果证据

贪污罪的结果证据，是藉以证明行为人的行为已经发生或会发生公共财物被非法占有的证据。贪污罪从行为上讲是一种职务犯罪，但从对象结果上讲是一种财产犯罪，1979 年刑法就把贪污罪规定在“侵犯财产罪”一章。作为财产型犯罪，物质性危害结果是其结果的基本特征。而这一结果是已经发生，还是能够发生，以及是何种形式的发生，直接影响着准确的定罪和处罚。为此，在贪污罪的证据系统中，将行为与结果作为两个相对独立的证据结构去分别反映和证明，能够使贪污罪的构成要件更加明朗化，有利于强化对结果要件的理解和认识。根据刑法的规定，贪污罪的结果证据，有两种类型：

1. 已经占有的证据。即证明危害结果已经发生的证据，也就是证明公共财产已被行为人非法占为己有的证据。如：支出、转出、交付、得到等取得方面的证据材料，以及私存、隐匿、变卖、还贷、使用、消费等支配方面的证据材料等。

证明意义：贪污罪中的非法占有，是对财物所有权的侵害，即使财物所有权的归属发生了变化，从“公有”转为行为人“私有”。这一结果的发生，标志着行为的完成和行为人目的的实现。因此，它既是贪污罪构成中的一个重要条件，也是贪污罪证据系统中的一个重要组成部分。全面收集上述证据，以强有力的证据证明公共财物已被行为人非法占有这一结果，在实践中有两个重要的作用。一是有利于辨析所有权的归属问题。公共财物是否被行为人非法占有，首先要看财物是否被行为人所取得。因为，取得的时间界限即归属变化的界限，取得后的财物去向即行为人对财物的实际控制形式和支配形式。《民法通则》第七十二条就明确规定，“财产所有权从财产交付时起转移”。据此推理，在双方无交付关系时，财产的所有权应从行为人“取得时”转移。为此，理性、有针对性地收集证据，可以从证据上清晰地反映取得、控制、支配等内容，有效地证明财物所有权的归属问题。二是有利于区分占有和支配二者的界限。占有是贪污罪的法定条件，但实践中容易将支配与占有相混淆。甚至有的把去向归宿作为占有标志。从法理上讲，占有是支配的前提，支配是占有后的结果。没有占有就不存在支配，无论何种使用、处分去向，它的实质均是占有后的支配形式。如果从证据上就能明显地反映出二者的特点，争论和异议就会迎刃而解。为此，从取得和支配两个方面去全面地审视和收集证据，对认识财产所有权中占有、使用、收益和处分四项权利，区别各自的特点，以准确地认定占有结果的发生，有着重要的辨析和应用作用。

2. 未能占有的证据。即证明危害结果未能发生的证据，也就是公共财物未被行为人非法占有的证据，如自动中止证据和未遂证据等。

证明意义： 犯罪中止和犯罪未遂是故意犯罪中的两种不同形态。它们都表现为犯罪结果未能发生。要准确定罪，对未能发生占有结果的贪污行为，须围绕未能发生的原因去收集、审视证据。以确定行为人是自动中止犯罪，还是由于意志以外的原因而未能得逞，从而保证定罪的准确和处罚的得当。

总之，对贪污罪的结果证据，要根据刑法总则的有关规定去收集与组合，使之符合刑法关于贪污犯罪结果的规定精神。

第五节　贪污罪的主观证据

贪污罪的主观证据，是藉以证明行为人主观上具有直接故意特征的证据，即行为人明知自己非法占有公共财物的行为会发生公共财物被占为已有的结果，并希望这种结果发生的证据材料。根据刑法关于贪污罪主观故意的要求，在证据上需有明知和追求两方面证据予以支持。

1. 明知证据。即反映行为人对侵害对象、侵害行为及引起的结果具备明知的证据。如：行为人对其侵害对象公共性、国有性、单位性的明知证据；行为人对其侵害对象存放方式、活动方式、管理方式的明知证据；行为人对其侵害行为违法性、占为已有结果客观性的明知证据等。

2. 追求证据。即反映行为人希望并积极追求将公共财物占为已有的证据。如追求方式证据（即行为手段证据）、追求过程证据（即行为实施过程证据）、追求目的证据（即行为的预期结果证据）、追求的动机证据（即行为的起因证据）等。

这些证据，不仅在行为人的供述中能够有所反映，在主体证据、行为证据和结果证据材料中亦能得到充分的反映和证明。

证明意义： 贪污罪作为一种直接故意犯罪，行为人在主观上须由认识和意志两个要素组成。认识要素的外在表现，即行为人对其行为、对象、结果、危害的明知；意志要素的外在表现，即行为人为达到其目的而积极实施的作为举动。这些均属于行为人内心作用的外化现象。因此，在判断行为人主观故意时，没有必要盲目追求行为人口供，它的外在表现就是最好的证据。当然，我们也不能忽视口供的作用，但要做到没有口供也能定罪，就必须全面收集行为人的主观证据。马克思曾经讲过，“除了行为的内容和形式外，试问还有什么客观标准来衡量意图呢？”因此，作为一个具有刑事责任年龄和刑事责任能力的国家工作人员，他的明知和追求在主体证据、行为证据和结果证据中是能够充分体现的。同时，主观证据的齐备，不仅对正确认定贪污罪的成立极具重要性，对强化主观证据这一

必要结构，防止一环薄弱全链皆脆现象发生，也有着非常现实的实际意义。为此，在司法实践中，要注意克服“重行为证据、轻主观证据”，“重口供证据、轻客观证据”的倾向，把主观证据作为证据系统中的一个重要组成结构，去认识和积极地对待，以保证证据的充分性。

第六节 贪污罪的情节证据

贪污罪的情节证据，是指藉以证明行为人具有某些影响定罪、量刑的各种情节事实的证据。从刑法关于贪污罪的规定看，贪污罪的情节要求，主要有定罪情节和量刑情节两种类型。定罪情节，即直接影响认定犯罪的情节。量刑情节，即关系量刑处罚的情节。一般情况下，情节可以根据事实证据予以概括。但无论是定罪情节还是量刑情节，有时在行为结果证据中得不到有效的反映，故必须有相应的证据予以支持。

1. 定罪情节证据。即影响贪污罪名成立的法定情节事实的证据。根据刑法的规定，在贪污罪的定罪情节中，法定的“个人贪污数额不满 5000 元，情节较重”应予追究刑事责任的情节，主要有对象情节和罪后情节两部分。在对象情节证据中，要有行为对象系“救灾、抢险、防汛、防疫、优抚、扶贫、移民、救济款物以及募捐款物、赃款赃物、罚没款物、暂扣款物”的证据材料。在罪后情节证据中，要有“手段恶劣、毁灭证据、转移赃物”等情节的证据。对个人贪污数额不满 5000 元，法定的“情节较轻”不予追究刑事责任的罪后情节证据中，要有“有悔改表现、积极退赃”的情节证据。上述证据，除对象证据和手段证据可以在行为证据中予以概括和反映，罪后情节证据则必须收集齐全，否则将直接影响到犯罪构成必要要件的成立。

证明意义：刑法第三百八十三条第（三）项中规定，“个人贪污数额在五千元以上不满一万元，犯罪后有悔改表现、积极退赃的，可以减轻处罚或者免予刑事处罚，由其所在单位或者上级主管机关给予行政处分。”第（四）项规定，“个人贪污数额不满五千元，情节较重的，处二年以下有期徒刑或者拘役；情节较轻的，由其所在单位或者上级主管机关酌情给予行政处分。”上述第（三）项规定中的情节条件，属量刑情节，但这一量刑情节构成了第（四）项中的“情节较轻”情节，因此亦构成了定罪的必要情节要件。对于第（四）项中何谓“情节较重”，最高人民检察院在《立案标准》中给予了解释，即“个人贪污数额不满 5000 元，但具有贪污救灾、抢险、防汛、防疫、优抚、扶贫、移民、救济款物及募捐款物、赃款赃物、罚没款物、暂扣款物，以及贪污手段恶劣、毁灭证据、转移赃物等情节的”，属于情节较重，应予以追究刑事责任。一个较重、一个较轻，这两种情节既构成了定罪的必要条件，同时在贪污罪的证据系统中，亦成为必要的情节证据。因此，有无此类情节证据，直接影响到行为人能否构成犯罪，故在研究定罪时具有不可忽视和缺少的作用。此外，需要说明的是，在定罪情节中，根据刑法罪刑法定的原则，只有法定情节才能成为定罪的必要条件，酌定情节只能作为量刑情节，不能作为定罪情节。

2. 量刑情节证据。即影响对贪污犯罪行为人量刑的法定和酌定情节证据。(1) 从法定从重情节看，主要有教唆犯和累犯等情节；从法定从轻情节看，主要有从犯、胁从犯、中止犯、未遂犯和自首、立功、积极退赃等情节。(2) 从酌定从重情节看，主要有拒不退赃、无悔改表现、致使国家和人民利益遭受重大损失、动机手段恶劣、赃款被用于非法活动、犯罪对象系救灾等特定款物以及毁灭证据、威胁证人、串制伪证、陷害他人等情节。酌定从轻情节，主要有确有悔罪表现、积极退赃、在重大生产科研项目中有重要发明或起关键性作用等。

证明意义：量刑情节虽不影响犯罪的构成，但它是体现刑法罪刑相适应原则的一个重要方面。全面收集影响量刑的情节证据，对客观分析行为人主客观诸事实情况，正确地适用法律，发挥刑罚的积极预防功能和作用，均有着重要的意义。为此，实践中应对有关量刑情节的证据，给予足够的重视。

附：法律法规

1.《中华人民共和国刑法》(1997 年 3 月 14 日修订)(节录)

第九十一条 本法所称公共财产，是指下列财产：

(一) 国有财产；

(二) 劳动群众集体所有的财产；

(三) 用于扶贫和其他公益事业的社会捐助或者专项基金的财产。

在国家机关、国有公司、企业、集体企业和人民团体管理、使用或者运输中的私人财产，以公共财产论。

第九十三条 本法所称国家工作人员，是指国家机关中从事公务的人员。

国有公司、企业、事业单位、人民团体中从事公务的人员和国家机关、国有公司、企业、事业单位委派到非国有公司、企业、事业单位、社会团体从事公务的人员，以及其他依照法律从事公务的人员，以国家工作人员论。

第一百八十三条 保险公司的工作人员利用职务上的便利，故意编造未曾发生的保险事故进行虚假理赔，骗取保险金归自己所有的，依照本法第二百七十一条的规定定罪处罚。

国有保险公司工作人员和国有保险公司委派到非国有保险公司从事公务的人员有前款行为的，依照本法第三百八十二条、第三百八十三条的规定定罪处罚。

第二百七十一条　公司、企业或者其他单位的人员，利用职务上的便利，将本单位财物非法占为己有，数额较大的，处五年以下有期徒刑或者拘役；数额巨大的，处五年以上有期徒刑，可以并处没收财产。

国有公司、企业或者其他国有单位中从事公务的人员和国有公司、企业或者其他国有单位委派到非国有公司、企业以及其他单位从事公务的人员有前款行为的，依照本法第三百八十二条、第三百八十三条的规定定罪处罚。

第二百八十七条　利用计算机实施金融诈骗、盗窃、贪污、挪用公款、窃取国家秘密或者其他犯罪的，依照本法有关规定定罪处罚。

第三百八十二条【贪污罪】　国家工作人员利用职务上的便利，侵吞、窃取、骗取或者以其他手段非法占有公共财物的，是贪污罪。

受国家机关、国有公司、企业、事业单位、人民团体委托管理、经营国有财产的人员，利用职务上的便利，侵吞、窃取、骗取或者以其他手段非法占有国有财物的，以贪污论。

与前两款所列人员勾结，伙同贪污的，以共犯论处。

第三百八十三条　对犯贪污罪的，根据情节轻重，分别依照下列规定处罚：

（一）个人贪污数额在十万元以上的，处十年以上有期徒刑或者无期徒刑，可以并处没收财产；情节特别严重的，处死刑，并处没收财产。

（二）个人贪污数额在五万元以上不满十万元的，处五年以上有期徒刑，可以并处没收财产；情节特别严重的，处无期徒刑，并处没收财产。

（三）个人贪污数额在五千元以上不满五万元的，处一年以上七年以下有期徒刑；情节严重的，处七年以上十年以下有期徒刑。个人贪污数额在五千元以上不满一万元，犯罪后有悔改表现、积极退赃的，可以减轻处罚或者免予刑事处罚，由其所在单位或者上级主管机关给予行政处分。

（四）个人贪污数额不满五千元，情节较重的，处二年以下有期徒刑或者拘役；情节较轻的，由其所在单位或者上级主管机关酌情给予行政处分。

对多次贪污未经处理的，按照累计贪污数额处罚。

第三百九十四条　国家工作人员在国内公务活动或者对外交往中接受礼物，依照国家规定应当交公而不交公，数额较大的，依照本法第三百八十二条、第三百八十三条的规定定罪处罚。

2. 全国人大常委会《关于〈中华人民共和国刑法〉第九十三条第二款的解释》（2000年4月29日）

全国人民代表大会常务委员会讨论了村民委员会等村基层组织人员在从事哪些工作时属于刑法第九十三条第二款规定的“其他依照法律从事公务的人员”，解释如下：

村民委员会等村基层组织人员协助人民政府从事下列行政管理工作，属于刑法第九十三条第二款规定的“其他依照法律从事公务的人员”：

（一）救灾、抢险、防汛、优抚、扶贫、移民、救济款物的管理；

（二）社会捐助公益事业款物的管理；

（三）国有土地的经营和管理；

（四）土地征收、征用补偿费用的管理；

（五）代征、代缴税款；

（六）有关计划生育、户籍、征兵工作；

（七）协助人民政府从事的其他行政管理工作。

村民委员会等村基层组织人员从事前款规定的公务，利用职务上的便利，非法占有公共财物、挪用公款、索取他人财物或者非法收受他人财物，构成犯罪的，适用刑法第三百八十二条和第三百八十三条贪污罪、第三百八十四条挪用公款罪、第三百八十五条和第三百八十六条受贿罪的规定。

3. 最高人民法院《关于在国有资本控股、参股的股份有限公司中从事管理工作的人员利用职务便利非法占有本公司财物如何定罪问题的批复》（2001 年 5 月 22 日）

重庆市高级人民法院：

你院渝高法明传［2000］38 号《关于在股份有限公司中从事管理工作的人员侵占本公司财物如何定性的请示》收悉。经研究，答复如下：

在国有资本控股、参股的股份有限公司中从事管理工作的人员，除受国家机关、国有公司、企业、事业单位委派从事公务的以外，不属于国家工作人员。对其利用职务上的便利，将本单位财物非法占为己有，数额较大的，应当依照刑法第二百七十一条第一款的规定，以职务侵占罪定罪处罚。

4. 最高人民法院《关于审理贪污、职务侵占案件如何认定共同犯罪几个问题的解释》（2000 年 6 月 27 日）

为依法审理贪污或者职务侵占犯罪案件，现就这类案件如何认定共同犯罪问题解释如下：

第一条 行为人与国家工作人员勾结，利用国家工作人员的职务便利，共同侵吞、窃取、骗取或者以其他手段非法占有公共财物的，以贪污罪共犯论处。

第二条 行为人与公司、企业或者其他单位的人员勾结，利用公司、企业或者其他单位人员的职务便利，共同将单位财物非法占为己有，数额较大的，以职务侵占罪共犯论处。

第三条 公司、企业或者其他单位中，不具有国家工作人员身份的人与国家工作人员勾结，分别利用各自的职务便利，共同将本单位财物非法占为己有的，

按照主犯的犯罪性质定罪。

5. 最高人民检察院《人民检察院直接受理立案侦查案件立案标准的规定(试行)》(1999年9月16日)(节录)

(一)贪污案(第382条、第383条,第183条第2款,第271条第2款,第394条)

贪污罪是指国家工作人员利用职务上的便利,侵吞、窃取、骗取或者以其他手段非法占有公共财物的行为。

"利用职务上的便利"是指利用职务上主管、管理、经手公共财物的权力及方便条件。

受国家机关、国有公司、企业、事业单位、人民团体委托管理、经营国有财物的人员,利用职务上的便利,侵吞、窃取、骗取或者以其他手段非法占有国有财物的,以贪污罪追究其刑事责任。

"受委托管理、经营国有财产"是指因承包、租赁、聘用等而管理、经营国有财产。

国有保险公司的工作人员和国有保险公司委派到非国有保险公司从事公务的人员利用职务上的便利,故意编造未曾发生的保险事故进行虚假理赔,骗取保险金归自己所有的,以贪污罪追究刑事责任。

国有公司、企业或者其他国有单位中从事公务的人员和国有公司、企业或者其他国有单位委派到非国有公司、企业以及其他非国有单位从事公务的人员,利用职务上的便利,将本单位财物非法占为己有的,以贪污罪追究刑事责任。

国家工作人员在国内公务活动或者对外交往中接受礼物,依照国家规定应当交公而不交公,数额较大的,以贪污罪追究刑事责任。

涉嫌下列情形之一的,应予立案:

1. 个人贪污数额在5000元以上的;

2. 个人贪污数额不满5000元,但具有贪污救灾、抢险、防汛、防疫、优抚、扶贫、移民、救济款物及募捐款物、赃款赃物、罚没款物、暂扣款物,以及贪污手段恶劣、毁灭证据、转移赃物等情节的。

6.《全国法院审理经济犯罪案件工作座谈会纪要》(2003年11月13日)(节录)

一、关于贪污贿赂犯罪和渎职犯罪的主体

(一)国家机关工作人员的认定

刑法中所称的国家机关工作人员,是指在国家机关中从事公务的人员,包括在各级国家权力机关、行政机关、司法机关和军事机关中从事公务的人员。

根据有关立法解释的规定,在依照法律、法规规定行使国家行政管理职权的组织中从事公务的人员，或者在受国家机关委托代表国家行使职权的组织中从事公务的人员，或者虽未列入国家机关人员编制但在国家机关中从事公务的人员，视为国家机关工作人员。在乡（镇）以上中国共产党机关、人民政协机关中从事公务的人员，司法实践中也应当视为国家机关工作人员。

（二）国家机关、国有公司、企业、事业单位委派到非国有公司、企业、事业单位、社会团体从事公务的人员的认定

所谓委派，即委任、派遣，其形式多种多样，如任命、指派、提名、批准等。不论被委派的人身份如何，只要是接受国家机关、国有公司、企业、事业单位委派，代表国家机关、国有公司、企业、事业单位在非国有公司、企业、事业单位、社会团体中从事组织、领导、监督、管理等工作，都可以认定为国家机关、国有公司、企业、事业单位委派到非国有公司、企业、事业单位、社会团体从事公务的人员。如国家机关、国有公司、企业、事业单位委派在国有控股或者参股的股份有限公司从事组织、领导、监督、管理等工作的人员，应当以国家工作人员论。国有公司、企业改制为股份有限公司后，原国有公司、企业的工作人员和股份有限公司新任命的人员中，除代表国有投资主体行使监督、管理职权的人外，不以国家工作人员论。

（三）“其他依照法律从事公务的人员”的认定

刑法第九十三条第二款规定的“其他依照法律从事公务的人员”应当具有两个特征：一是在特定条件下行使国家管理职能；二是依照法律规定从事公务。具体包括：(1) 依法履行职责的各级人民代表大会代表；(2) 依法履行审判职责的人民陪审员；(3) 协助乡镇人民政府、街道办事处从事行政管理工作的村民委员会、居民委员会等农村和城市基层组织人员；(4) 其他由法律授权从事公务的人员。

（四）关于“从事公务”的理解

从事公务，是指代表国家机关、国有公司、企业、事业单位、人民团体等履行组织、领导、监督、管理等职责。公务主要表现为与职权相联系的公共事务以及监督、管理国有财产的职务活动。如国家机关工作人员依法履行职责，国有公司的董事、经理、监事、会计、出纳人员等管理、监督国有财产等活动，属于从事公务。那些不具备职权内容的劳务活动、技术服务工作，如售货员、售票员等所从事的工作，一般不认为是公务。

二、关于贪污罪

（一）贪污罪既遂与未遂的认定

贪污罪是一种以非法占有为目的的财产性职务犯罪，与盗窃、诈骗、抢夺等侵犯财产罪一样，应当以行为人是否实际控制财物作为区分贪污罪既遂与未遂的

标准。对于行为人利用职务上的便利，实施了虚假平账等贪污行为，但公共财物尚未实际转移，或者尚未被行为人控制就被查获的，应当认定为贪污未遂。行为人控制公共财物后，是否将财物据为己有，不影响贪污既遂的认定。

（二）“受委托管理、经营国有财产”的认定

刑法第三百八十二条第二款规定的“受委托管理、经营国有财产”，是指因承包、租赁、临时聘用等管理、经营国有财产。

（三）国家工作人员与非国家工作人员勾结共同非法占有单位财物行为的认定

对于国家工作人员与他人勾结，共同非法占有单位财物的行为，应当按照最高人民法院《关于审理贪污、职务侵占案件如何认定共同犯罪几个问题的解释》的规定定罪处罚。对于在公司、企业或者其他单位中，非国家工作人员与国家工作人员勾结，分别利用各自的职务便利，共同将本单位财物非法占有的，应当尽量区分主从犯，按照主犯的犯罪性质定罪。司法实践中，如果根据案件的实际情况，各共同犯罪人在共同犯罪中的地位、作用相当，难以区分主从犯的，可以贪污罪定罪处罚。

（四）共同贪污犯罪中“个人贪污数额”的认定

刑法第三百八十三条第一款规定的“个人贪污数额”，在共同贪污犯罪案件中应理解为个人所参与或者组织、指挥共同贪污的数额，不能只按个人实际分得的赃款数额来认定。对共同贪污犯罪中的从犯，应当按照其所参与的共同贪污的数额确定量刑幅度，并依照刑法第二十七条第二款的规定，从轻、减轻处罚或者免除处罚。

7. 最高人民法院、最高人民检察院《关于办理国家出资企业中职务犯罪案件具体应用法律若干问题的意见》（2010 年 11 月 26 日）

随着企业改制的不断推进，人民法院、人民检察院在办理国家出资企业中的贪污、受贿等职务犯罪案件时遇到了一些新情况、新问题。这些新情况、新问题具有一定的特殊性和复杂性，需要结合企业改制的特定历史条件，依法妥善地进行处理。现根据刑法规定和相关政策精神，就办理此类刑事案件具体应用法律的若干问题，提出以下意见：

一、关于国家出资企业工作人员在改制过程中隐匿公司、企业财产归个人持股的改制后公司、企业所有的行为的处理

国家工作人员或者受国家机关、国有公司、企业、事业单位、人民团体委托管理、经营国有财产的人员利用职务上的便利，在国家出资企业改制过程中故意通过低估资产、隐瞒债权、虚设债务、虚构产权交易等方式隐匿公司、企业财产，转为本人持有股份的改制后公司、企业所有，应当依法追究刑事责任的，依

照刑法第三百八十二条、第三百八十三条的规定，以贪污罪定罪处罚。贪污数额一般应当以所隐匿财产全额计算；改制后公司、企业仍有国有股份的，按股份比例扣除归于国有的部分。

所隐匿财产在改制过程中已为行为人实际控制，或者国家出资企业改制已经完成的，以犯罪既遂处理。

第一款规定以外的人员实施该款行为的，依照刑法第二百七十一条的规定，以职务侵占罪定罪处罚；第一款规定以外的人员与第一款规定的人员共同实施该款行为的，以贪污罪的共犯论处。

在企业改制过程中未采取低估资产、隐瞒债权、虚设债务、虚构产权交易等方式故意隐匿公司、企业财产的，一般不应当认定为贪污；造成国有资产重大损失，依法构成刑法第一百六十八条或者第一百六十九条规定的犯罪的，依照该规定定罪处罚。

二、关于国有公司、企业在改制过程中隐匿公司、企业财产归职工集体持股的改制后公司、企业所有的行为的处理

国有公司、企业违反国家规定，在改制过程中隐匿公司、企业财产，转为职工集体持股的改制后公司、企业所有的，对其直接负责的主管人员和其他直接责任人员，依照刑法第三百九十六条第一款的规定，以私分国有资产罪定罪处罚。

改制后的公司、企业中只有改制前公司、企业的管理人员或者少数职工持股，改制前公司、企业的多数职工未持股的，依照本意见第一条的规定，以贪污罪定罪处罚。

三、关于国家出资企业工作人员使用改制公司、企业的资金担保个人贷款，用于购买改制公司、企业股份的行为的处理

国家出资企业的工作人员在公司、企业改制过程中为购买公司、企业股份，利用职务上的便利，将公司、企业的资金或者金融凭证、有价证券等用于个人贷款担保的，依照刑法第二百七十二条或者第三百八十四条的规定，以挪用资金罪或者挪用公款罪定罪处罚。

行为人在改制前的国家出资企业持有股份的，不影响挪用数额的认定，但量刑时应当酌情考虑。

经有关主管部门批准或者按照有关政策规定，国家出资企业的工作人员为购买改制公司、企业股份实施前款行为的，可以视具体情况不作为犯罪处理。

四、关于国家工作人员在企业改制过程中的渎职行为的处理

国家出资企业中的国家工作人员在公司、企业改制或者国有资产处置过程中严重不负责任或者滥用职权，致使国家利益遭受重大损失的，依照刑法第一百六十八条的规定，以国有公司、企业人员失职罪或者国有公司、企业人员滥用职权

罪定罪处罚。

国家出资企业中的国家工作人员在公司、企业改制或者国有资产处置过程中徇私舞弊，将国有资产低价折股或者低价出售给其本人未持有股份的公司、企业或者其他个人，致使国家利益遭受重大损失的，依照刑法第一百六十九条的规定，以徇私舞弊低价折股、出售国有资产罪定罪处罚。

国家出资企业中的国家工作人员在公司、企业改制或者国有资产处置过程中徇私舞弊，将国有资产低价折股或者低价出售给特定关系人持有股份或者本人实际控制的公司、企业，致使国家利益遭受重大损失的，依照刑法第三百八十二条、第三百八十三条的规定，以贪污罪定罪处罚。贪污数额以国有资产的损失数额计算。

国家出资企业中的国家工作人员因实施第一款、第二款行为收受贿赂，同时又构成刑法第三百八十五条规定之罪的，依照处罚较重的规定定罪处罚。

五、关于改制前后主体身份发生变化的犯罪的处理

国家工作人员在国家出资企业改制前利用职务上的便利实施犯罪，在其不再具有国家工作人员身份后又实施同种行为，依法构成不同犯罪的，应当分别定罪，实行数罪并罚。

国家工作人员利用职务上的便利，在国家出资企业改制过程中隐匿公司、企业财产，在其不再具有国家工作人员身份后将所隐匿财产据为己有的，依照刑法第三百八十二条、第三百八十三条的规定，以贪污罪定罪处罚。

国家工作人员在国家出资企业改制过程中利用职务上的便利为请托人谋取利益，事先约定在其不再具有国家工作人员身份后收受请托人财物，或者在身份变化前后连续收受请托人财物的，依照刑法第三百八十五条、第三百八十六条的规定，以受贿罪定罪处罚。

六、关于国家出资企业中国家工作人员的认定

经国家机关、国有公司、企业、事业单位提名、推荐、任命、批准等，在国有控股、参股公司及其分支机构中从事公务的人员，应当认定为国家工作人员。具体的任命机构和程序，不影响国家工作人员的认定。

经国家出资企业中负有管理、监督国有资产职责的组织批准或者研究决定，代表其在国有控股、参股公司及其分支机构中从事组织、领导、监督、经营、管理工作的人员，应当认定为国家工作人员。

国家出资企业中的国家工作人员，在国家出资企业中持有个人股份或者同时接受非国有股东委托的，不影响其国家工作人员身份的认定。

七、关于国家出资企业的界定

本意见所称“国家出资企业”，包括国家出资的国有独资公司、国有独资企

业，以及国有资本控股公司、国有资本参股公司。

是否属于国家出资企业不清楚的，应遵循“谁投资、谁拥有产权”的原则进行界定。企业注册登记中的资金来源与实际出资不符的，应根据实际出资情况确定企业的性质。企业实际出资情况不清楚的，可以综合工商注册、分配形式、经营管理等因素确定企业的性质。

八、关于宽严相济刑事政策的具体贯彻

办理国家出资企业中的职务犯罪案件时，要综合考虑历史条件、企业发展、职工就业、社会稳定等因素，注意具体情况具体分析，严格把握犯罪与一般违规行为的区分界限。对于主观恶意明显、社会危害严重、群众反映强烈的严重犯罪，要坚决依法从严惩处；对于特定历史条件下、为了顺利完成企业改制而实施的违反国家政策法律规定的行为，行为人无主观恶意或者主观恶意不明显，情节较轻，危害不大的，可以不作为犯罪处理。

对于国家出资企业中的职务犯罪，要加大经济上的惩罚力度，充分重视财产刑的适用和执行，最大限度地挽回国家和人民利益遭受的损失。不能退赃的，在决定刑罚时，应当作为重要情节予以考虑。

第三章　挪用公款罪证据结构

第一节　挪用公款罪概述

根据刑法第三百八十四条的规定，挪用公款罪是指国家工作人员利用职务上的便利，挪用公款归个人使用，进行非法活动的，或者挪用公款数额较大，进行营利活动的，或者挪用公款数额较大、超过三个月未还的行为。其基本特征是：

一、主体特征

挪用公款罪的主体系特殊主体，即国家工作人员。但它与贪污罪主体既有相同之处，也有所区别。相同点是，二者的主体单位均具有国有性，主体从事工作的性质均具有公务性。不同点是，受委托从事公务人员可以成为贪污罪主体，但不能构成挪用公款罪主体。对此区别，理论界曾有争议，最高人民法院就此问题做出司法解释后，使刑法的规定更加明确。2000 年 2 月 13 日最高人民法院就江苏省高级人民法院的请示，做出了《关于对受委托管理、经营国有财产人员挪用国有资金行为如何定罪问题的批复》，该解释中明确，“对于受国家机关、国有公司、企业、事业单位、人民团体委托，管理、经营国有财产的非国家工作人员，利用职务上的便利，挪用国有资金归个人使用构成犯罪的，应当依照刑法第二百七十二条第一款的规定定罪处罚”。也就是说，对此类案件应以挪用资金罪定罪处罚。此外，受国有金融等机构委派到非国有机构中从事公务人员挪用本单位资金或者客户资金的，在 1999 年 12 月 25 日全国人大常委会通过的《刑法修正案》中，对主体单位做出了更加具体的规定，增加了“证券交易所、期货交易所、证券公司、期货经纪公司和保险公司”。最高人民法院于 2000 年 4 月 26 日还就实践中反映比较突出的农村合作基金会从业人员犯罪定性问题做出解释，明确“农村合作基金会从业人员，除具有金融机构现职工作人员身份的以外，不属于金融机构工作人员”。故挪用本单位资金或者客户资金的此类人员，亦不能构成挪用公款罪主体，为此，根据刑法第三百八十四条、第一百八十五条第二款、第二百七十二条第二款及相关司法解释的规定，挪用公款罪主体由四类人员构成：

1. 国家机关工作人员。即在国家各级权力机关、各级行政机关、各级司法机关和军事机关中从事公务的人员。此外，根据宪法的规定和我国政治体制实际情况，在乡、镇以上党委机关和县以上政协机关中从事公务的人员，亦属国家机关工作人员。

2. 准国家工作人员。即在国有公司、企业、事业单位、人民团体中从事公务的人员。“国有公司、企业”，即过去刑事法律中所称的“国营企业”。“国有事业单位”，即受国家机关领导、经费由国家财政拨款的单位，如医院、学校、科研机构、新闻机构等。“人民团体”，也是指经政府核准登记并由政府划拨经费的社会团体，如工会、共青团组织、妇联、民主党派等。上述单位均具有一定的国有性质，在其中从事公务的人员“以国家工作人员论”。

3. 受委派人员。即国家机关、国有公司、企业、事业单位、金融机构委派到非国有公司、企业、事业单位、社会团体、金融机构从事公务的人员。

4. 其他依照法律从事公务的人员。根据全国人大常委会《关于〈中华人民共和国刑法〉第九十三条第二款的解释》，村民委员会等农村基层组织人员协助人民政府从事“（一）救灾、抢险、防汛、优抚、扶贫、移民、救济款物的管理；（二）社会捐助公益事业款物的管理；（三）国有土地的经营和管理；（四）土地征收、征用补偿费用的管理；（五）代征、代缴税款；（六）有关计划生育、户籍、征兵工作；（七）协助人民政府从事的其他行政管理工作”，属于刑法第九十三条第二款规定的“其他依照法律从事公务的人员”。此外，其他依法产生并从事社会公共管理性事务的人员，如执行职务的人大代表、政协委员等，亦可构成“其他依照法律从事公务的人员”。

从上述挪用公款罪主体成分看，它与贪污罪主体的主要区别是，受委托人员不能构成挪用公款罪的主体，它仅是贪污罪主体的特别规定。

二、客体特征

挪用公款罪侵害的客体为复杂客体。即公款的所有权（主要是其中的使用权）和国家财经制度以及国家工作人员的职务廉洁性。

挪用公款罪侵害的对象是“公款”。“公款”的范围包括：（1）刑法第九十一条所规定的“公共财产”范围内的公共款项，如国有资金、劳动群众集体所有的资金、用于扶贫和其他公益事业的社会捐款或者专项基金，以及在国家机关、国有公司、企业、集体企业和人民团体管理、使用或者运输中的私人资金等。（2）刑法第二百七十二条规定的公司、企业或者其他单位的“本单位资金”（包括被委派的非国有单位的本单位资金）。（3）刑法第一百八十五条规定的商业银行、证券交易所、期货交易所、证券公司、期货经纪公司、保险公司的“本单位或者客户资金”（包括被委派的非国有机构的本单位或者客户资金）。（4）刑法第三百八十四条第二款规定的特定款物。即“用于救灾、抢险、防汛、优抚、扶贫、移民、救济款物”。这里既包括资金款项，也包括公物。但该条所

列公物是特定的，除此之外的公物，不能成为挪用公款罪的犯罪对象。对此，最高人民检察院于2000年3月15日在对山东省人民检察院一则请示的《批复》中曾规定，“刑法第三百八十四条规定的挪用公款罪中未包括挪用非特定公物归个人使用的行为，对该行为不以挪用公款罪论处”。(5) 有价证券形态的公款。支票、汇票、股票、债券、国库券等有价证券，虽不是货币，但它直接代表一定数额的货币，是货币财产的书面表现形式，并直接反映其所有权。因此，公有的有价证券也是一种不同形式的公款。最高人民检察院于1997年10月13日曾就宁夏回族自治区人民检察院《关于国库券等有价证券是否可以成为挪用公款罪所侵犯的对象以及以国库券抵押贷款的行为如何定性等问题的请示》做出《批复》:“国家工作人员利用职务上的便利，挪用公有或本单位的国库券的行为以挪用公款论；符合刑法第三百八十四条、第二百七十二条第二款规定的情形构成犯罪的，按挪用公款罪追究刑事责任。”故有价证券可以成为挪用公款罪的犯罪对象。

挪用公款罪对公款所有权的侵害，主要是对使用权的侵害，即非法改变了公款的用途，变公用为个人私用。同时，也侵犯了所有权中占有和收益的权能。但其中的占有，是暂时性占有，实质上是一种占用行为。这是挪用公款罪与以永久性占有为目的的贪污罪的主要区别点。

挪用公款罪对国家工作人员职务廉洁性的侵犯，主要是违反了国家财经制度和有关《廉政准则》等要求。它既损害了公款所有权的完整性，也破坏了国家财经纪律和廉政法纪。这是挪用公款罪客体特征的实质所在。

三、主观特征

挪用公款罪在主观方面是直接故意，即行为人明知是公款而故意违反财经制度将其挪作私用。它的直接目的，是个人非法使用公款。一般情况下，行为人对其挪用的公款，在主观上具有退还的意图和表示。即使由于客观原因而不能退还，也不能因此而改变其主观条件。但是，如果行为人挪用公款后主观发生了变化，成为主观上不想退还，这就改变了挪用公款罪的主观条件，应考虑是否构成贪污罪。这也是挪用公款罪与贪污罪在主观方面的一个重要区别。

四、客观特征

挪用公款罪在客观方面表现为行为人利用职务上的便利，擅自挪用公款归个人使用。其基本特征是“两个条件，三种形式”。

“两个条件”:

一是利用职务上的便利。这是挪用公款罪客观表现的首要条件。就挪用公款罪中的“利用职务上的便利”而言，最高人民检察院在《立案标准》中未作专

门的解释。笔者理解，这是因为挪用公款罪与贪污罪在此条件上是相同的，故未再重复表述。为此，根据最高人民检察院《立案标准》对贪污罪中“利用职务上的便利”的解释，挪用公款罪中的“利用职务上的便利”，是指利用职务上主管、管理、经手公款的权力及方便条件。这一条件既是作为职务犯罪的一个本质特征，也是侵犯国家工作人员职务廉洁性的重要外在表现。

二是挪用公款归个人使用。这是挪用公款罪在客观方面的根本性条件。这里有两个层面的含义：（1）擅自改变了“公款”的用途，即行为人利用职务便利擅自超越职权，改变了公款用途；（2）被挪用归个人使用。这里的“归个人使用”，根据全国人大常委会2002年4月28日通过的《关于〈中华人民共和国刑法〉第三百八十四条第一款的解释》，有三种情形：“（一）将公款供本人、亲友或者其他自然人使用的；（二）以个人名义将公款供其他单位使用的；（三）个人决定以单位名义将公款供其他单位使用，谋取个人利益的。”第一种情形比较明确，是挪用公款给自然人使用。第二种情形是指在使用人系单位的情况下，“以个人名义”提供公款的也可以构成挪用公款罪。这里的“个人名义”是区别单位间资金拆借的关键条件。第三种情形是指，在“单位名义”下供其他单位使用的，只要具备挪用人“个人决定”和“谋取个人利益”两个条件，亦可构成挪用公款罪。这也是区别单位拆借的一个重要特征。

“三种形式”：

第一种形式，是指挪用公款归个人使用，进行非法活动的行为。根据最高人民检察院《立案标准》的解释，非法活动，“既包括犯罪活动，也包括其他违法活动”。也就是说，被挪用的公款，无论是被个人用于进行诈骗、走私等犯罪活动还是被个人用于一般的违法活动，都能构成挪用公款罪。因为，公款被挪用后的用途，是被用于危害社会，故此种情况不受“数额较大”和挪用时间的限制。只要达到一定数额，无论三个月内归还与否，都能构成犯罪。根据最高人民检察院《立案标准》的规定，“挪用公款归个人使用，数额在5000元至1万元以上，进行非法活动的”，应予立案，追究刑事责任。根据“两高”关于具体数额标准，由省级检察院、高级人民法院根据本地实际情况确定的精神，各省在上述幅度内分别进行了确定。如河北省高级人民法院、省人民检察院确定，进行非法活动的刑事责任数额起点为5000元；5万元以上的，属于“情节严重”的情形之一。为此，此种情况的客观条件，一是进行了非法活动，二是数额在5000元以上。

第二种形式，是指挪用公款数额较大，进行营利活动的行为。这里包括“数额较大”和“营利活动”两个条件。“数额较大”问题，最高人民法院在1998年4月6日做出的《关于审理挪用公款案件具体应用法律若干问题的解释》

中规定，“以挪用公款一万元至三万元为‘数额较大’的起点，以挪用公款十五万元至二十万元为‘数额巨大’的起点”。最高人民检察院在《立案标准》中也做出了相同的规定。河北省均按最低限额作为执行标准，即以1万元为“数额较大”的起点，以15万元为“数额巨大”的起点。“营利活动”，按《现代汉语词典》解释，是指谋求利润的活动。根据刑法的本意，这里仅指合法营利。因为，非法营利已被“非法活动”所涵括，故通常的学理解释，将“营利活动”视作合法的谋求经济利益的活动，如经商、放贷、炒股和存入银行、购买国债、用于集资等。最高人民法院在《解释》中就规定，“挪用公款存入银行、用于集资、购买股票、国债等，属于挪用公款进行营利活动”。而且，挪用公款进行营利活动的，“不受挪用时间和是否归还的限制”。符合上述条件的，就能构成挪用公款罪。

第三种形式，是指挪用公款归个人使用，数额较大、超过三个月未还的行为。这里的“归个人使用”，是指“非法活动”和“营利活动”以外的个人使用情况。如用于个人消费、偿还个人债务、个人其他支出等。此种个人使用情况的犯罪标准有两个：一是数额条件，即“数额较大”。按“两高”解释，1万元至3万元为“数额较大”起点，河北省规定1万元为“数额较大”起点。二是时间条件，即超过三个月未还的。也就是说，挪用公款的定罪时限为三个月。三个月内归还的不认为构成犯罪，超过三个月这个时间界限就构成犯罪。即使三个月后归还了公款，也只能作为从轻的条件，不能作为罪与非罪的界限条件。它与前两种形式的根本区别就是受到数额和时间的限制。

根据刑法第三百八十四条的规定，挪用公款罪在客观方面除以上“两个条件，三种形式”基本特征外，还有三个特别情况需要给予高度注意。

第一个是“借贷给他人”情况的适用。“借贷给他人”是刑法第二百七十二条挪用资金罪的罪状表述。根据该条第二款的规定，准国家工作人员“挪用本单位资金归个人使用或者借贷给他人”，按刑法第三百八十四条挪用公款罪定罪处罚。而刑法第三百八十四条中并未将“借贷给他人”列为罪状。这就出现了一个国家机关工作人员挪用公款“借贷给他人”能否成为挪用公款罪行为特征的问题。2000年7月20日最高人民法院发布了《关于如何理解刑法第二百七十二条规定的“挪用本单位资金归个人使用或者借贷给他人”问题的批复》，该批复解释，非国家工作人员的“借贷给他人”是指“挪用人以个人名义将所挪用的资金借给其他自然人和单位”。也就是说，“借贷给他人”必须是以挪用人个人名义为前提，如果是以单位名义的单位行为，就不能构成第二百七十二条规定的挪用资金罪。上述《批复》虽然仅限于非国家工作人员，但刑法第二百七十二条第二款直接关系到对国有单位工作人员的认定，且最高人民法院2001年10

月26日施行的《关于如何认定挪用公款归个人使用有关问题的解释》（注：此文件已被废止）也强调了“以个人名义”这一条件。因此，对国家工作人员擅自将公款挪用借给个人或不具有法人资格的私有单位的行为，应慎重区别和综合分析。一是要注意将单位行为的借贷关系与个人行为的借与关系区别开来，防止主体上的扩大化；二是要将单位意志与单位名义区别开来，防止舞弊性的“假借贷真挪用”行为逃避惩罚；三是要将合法借贷与非法挪用区别开来，防止混淆民事与刑事的法律关系。故在司法实践中，应注意不要忽视“借贷给他人”这一情况，它同样是挪用公款罪客观方面的一个行为特征。

第二个是“数额巨大不退还”情况的适用。修订后的刑法将挪用公款不退还的行为仍以挪用公款罪定罪处罚的规定，是对过去刑事法律规定的修正。1988年全国人大常委会《关于惩治贪污罪贿赂罪的补充规定》中规定，“挪用公款数额较大不退还的，以贪污论处”。最高人民法院和最高人民检察院在《关于执行〈关于惩治贪污罪贿赂罪的补充规定〉若干问题解答》中解释，“不退还，既包括主观上不想还的，也包括客观上不能还的。不退还，使被挪用的这部分公款遭到不可弥补的损失，这种行为应以贪污论处，定为贪污罪”。上述原有规定，违反了刑法罪刑相适应原则，有客观归罪之嫌，故在修正刑法时予以修改。但是，应当指出，修订后的刑法所指的不退还，仅系客观上不能还，不包括主观上不想还。因为，主观上不想还是一种非法占有公款的主观故意，与挪用公款罪的主观特征有着实质的区别，对此类情况仍应以贪污罪论处。1998年4月6日，最高人民法院《关于审理挪用公款案件具体应用法律若干问题的解释》中规定，“挪用公款数额巨大不退还的，是指挪用公款数额巨大，因客观原因在一审宣判前不能退还的”。据上述《解释》，“以挪用公款十五万元至二十五万元为数额巨大的起点”。另据河北省两院规定，以挪用公款15万元为数额巨大的起点。为此，对挪用公款数额达到“巨大”起点，因客观原因在一审宣判前不能退还的，仍以挪用公款罪定罪，并在其刑罚幅度内予以科刑处罚。

第三个是“挪用公款转化为贪污”情况的适用。2003年《全国法院审理经济犯罪案件工作座谈会纪要》中指出，挪用公款罪与贪污罪的主要区别在于行为人主观上是否具有非法占有公款的目的：挪用公款是否转化为贪污，应当按照主客观相一致的原则，具体判断和认定行为人主观上是否具有非法占有公款的目的。在司法实践中，具有以下情形之一的可以认定行为人具有非法占有公款的目的：（1）根据最高人民法院《关于审理挪用公款案件具体应用法律若干问题的解释》第六条的规定，行为人“携带挪用的公款潜逃的”，对其携带挪用的公款部分，以贪污罪定罪处罚。（2）行为人挪用公款后采取虚假发票平账、销毁有关账目等手段，使所挪用的公款已难以在单位财务账目上反映出来，且没有归还

行为的，应当以贪污罪定罪处罚。（3）行为人截取单位收入不入账，非法占有，使所占有的公款难以在单位财务账目上反映出来，且没有归还行为的，应当以贪污罪定罪处罚。（4）有证据证明行为人有能力归还所挪用的公款而拒不归还，并隐瞒挪用的公款去向的，应当以贪污罪定罪处罚。

第二节　挪用公款罪的主体证据

挪用公款罪的主体证据，是藉以证明行为人具有挪用公款罪主体身份的证据。根据刑法的要求，挪用公款罪的主体证据，主要由身份证据和职务便利证据两部分组成。

一、身份证据

身份证据是指证明行为人年龄、性别、出生地、居住地等自然情况和职业、职务等情况的证据。如：居民身份证、户籍证明、工作简历及任职证明等。如行为人系受委派人员，还应有委派证明及委派单位资质证明、委派人证言等证明材料。如行为人系协助政府从事特定公务的人员还应有政府交派性证明、交派人证言及有关会议文件等证明材料。

证明意义：作为国家工作人员，一般都是具有刑事责任能力、刑事责任年龄和一定职务的自然人。但在刑事诉讼过程中，司法人员的责任不是应该知道，而是应该证明。是用证据去证明行为人的主体身份。一是通过证明行为人自然情况的证据，准确地在刑事责任能力和案件管辖上做出判断。如通过行为人的户籍地、居住地、工作地、犯罪地来确定案件的地域管辖等。二是通过证明行为人的职务证据，准确地在法定主体资格条件上做出判断。职务是主体身份的组成部分。没有一定的职务就不存在与职务相关的便利条件。尤其是受委派人员和协管人员，不具有受委派和协管的职务身份就不能成为挪用公款罪的主体。因此，收集上述证据，不仅是刑事诉讼的要求，也是准确认定犯罪的必然要求。同时，实践中还应注意要根据不同的主体去收集不同的主体资格证据，防止由于条件混淆而出现证据缺陷。

二、职务便利证据

职务便利，是与行为人职务紧密关联的客观存在的并能够方便顺利地实现某种目的的条件。职务便利证据，就是指证明行为人在主体资格上具有这种职务便利的证据。主要有：法定职权、委派职权和协管职权三类证据。

1. 法定职权证据。即国家机关工作人员和国有单位公务人员依法担任职务及其职责、权限、分工等证明材料。如任命书、业务分工文件、职责规章、有关法规（如公司法、会计法等）及单位证明、证人证言、行为人供述等。

证明意义： 在职务便利上，有些国家工作人员的职务便利是由其法定职权产生的。如国家行政机关负责人对国家财政拨款负有主管责任，财会人员依据财会法规对机关、单位资金负有管理责任和经手责任。这些职权、责任的另一面，就是处理资金的方便条件。收集此类证据，一是可以有效地证明行为人在主体资格上具有一定的职务便利，二是可以针对不同类型主体去收集职务便利证据，从而使证据与其职务上自然的职务便利相符。

2. 委派职权证据。即委派文件（如纪要、通知、决定等）、授权委托书、委派单位资格证明、委派人证言、行为人供述及被委派单位关于职责权限的证明等。

证明意义： 受委派人员是挪用公款罪主体之一。但是，委派单位必须具有国有单位资格，受委派人与委派单位必须具有行政上的隶属关系。否则，就不称为委派。这也是委派与委托的基本区别点。据《现代汉语词典》解释，委派是派人担任职务或完成某项任务的意思。因此，行为人系受委派人员的，需有相关的证据予以证明。目的在于，准确认定受委派人员的资格及其既有的职务便利，并用证据明显地区别于委托人员，以准确定罪。

3. 协管职权证据。即交派任务文件（会议文件、通知、记录等）、交派任务的有关要求规定（如上级有关文件等）、交派人证言、协管组织成员证言、行为人供述等证明材料。

证明意义： 协管人员，是指根据立法解释，协助基层政府从事七项特定行政管理工作的人员。由于此类人员在主体身份上，多系村民委员会、村党支部等农村基层组织人员，本人身份一般系农民，但他在协助政府从事七项特定行政事务时，就具备了国家工作人员身份，并具有了某些主管、管理、经手公款的职权和便利。因此，收集相关的证据，一是可以有效证明行为人职务上是协管人员的合法性，二是可以有效地证明行为人所从事工作的公务性（即履行政府公务），三是可以有效地证明行为人职务上的便利性。从而准确地定罪，并从主体资格上区别于挪用资金罪。

此外，"其他依法从事公务人员"的主体资格，也应参照上述条件去收集证据，以从"依法产生"和"从事公务"两个条件上去确定行为人的主体资格。

第三节　挪用公款罪的行为证据

挪用公款罪的行为证据，是藉以证明行为人具有挪用公款犯罪行为的证据。主要由职务便利利用证据、挪用对象性质证据、挪用手段证据三部分组成。

一、职务便利利用证据

职务便利利用证据，是指能够证明行为人利用其职务便利的作为证据。职务便利作为挪用公款罪的主体要求，它是自然地、客观地存在于主体职务身份之中的。但客观上存在职务便利，并不等于行为人实施了利用这一便利的行为。因此，便利的利用行为就构成了挪用行为的组成部分。如果行为人虽有职务便利但在使用某项公款时没有利用这一便利，就不能成为挪用公款。实践中，便利的利用行为，一般有直接利用和间接利用两种情况。但无论是直接将公款转归个人使用，还是指使骗使他人将公款转归个人使用，在整个“利用”过程中总要留下抹不掉的痕迹。如：行使权力的批示、签字，转款操作文字凭证，权力范围内的印鉴使用，经手人证言，以及印证行为人与对象关系（主管、管理、经手）的单位证明、相关书证、人证等证据材料。

证明意义：通过相关的证据证明行为人具有利用了职务便利的行为，可以有效地将行为人的挪用行为与其职务便利联系在一起，更加明确地反映出其职务犯罪的特点。同时，也能直接反映出行为人利用的是何种便利，使主管、管理、经手公款的职权便利更加容易鉴别。总之，注意“利用”证据的收集对准确认定犯罪和区别罪与非罪的界限，有着重要的实际意义。

二、挪用对象性质证据

挪用对象性质证据，是指证明行为人实施挪用公款行为所侵害的对象（即公款）的性质、类别证据。根据刑法的规定，挪用公款罪的侵害对象主要有公共资金、单位资金、客户资金、特定款物四种类型。不同类型的挪用对象只有符合了刑法规定的主体身份等条件，才能构成挪用公款罪。在挪用公款罪的证据系统中，挪用对象性质证据是不可或缺的一个重要证据链环。对象证据主要包括：资金来源证据、资金记账性质证据、资金管理方式证据、资金用途证据等。这些均需要有大量的银行凭证、单位会计资料和证人证言来证实。

证明意义：挪用公款的犯罪对象是公款，如资金性质不属公款就不能构成此罪，这样，就需要有充分的证据来证实资金的性质。一般情况下，资金来源、资金管理方式和资金用途三部分证据就可以基本反映出资金的性质和类别。如：通过资金来源（转入凭证、记账凭证等）可以证实某笔资金是贷款、集资款、往来款、经费拨款还是专项资金、客户资金等；通过资金的管理方式，可以证实某笔资金是单位管理、单位使用还是临时保管等；通过资金用途，可以证实资金的使用方向等。尤其是在一些是个人资金还是公共资金容易混淆的情况下，资金来源等证据的重要性就更为明显。为此，对象证据是否齐备，不仅关系到罪名的成立，也直接影响着定罪的质量。尤其挪用公款罪，公款这一作为该罪必要条件的法定对象在挪用公款罪的证据系统中，必须有充分的反映。

三、挪用手段证据

挪用手段证据，是指证明行为人擅自转移公款归个人使用的具体方式方法的证据。实践中挪用公款的行为手段多种多样，挪用的形式也五花八门，概括起来主要有直接挪用、截留挪用和借贷挪用三种类型的表现形式。

1. 直接挪用手段证明。直接挪用，是指行为人将自己合法主管、管理、经手的公款，无障碍地脱离所有人，并转移归个人使用的行为。如行为人利用权力指使财务人员将账内公款转出或指使公款保管人员将账外保管公款转出的行为，以及行为人利用职务便利亲自操作转出公款的行为等。直接挪用的特点，一是转出公款的亲作性。即无论指使操作还是亲自操作，均是行为人的亲自作为；二是转出公款的无障碍性。即不经过中间批准、制约等环节而直达目的；三是公款存储控制的单位性。即无论账内公款还是账外公款，均系在单位存储控制之下。根据此类手段的特点，应注意收集以下证据材料：现金支票、转账支票、银行汇票、委托付款、对方收据等公款转出的原始凭证、付款凭证、转账凭证、现金日记账等记账凭证；如系活期存款提现，应提取存折记录、支款凭证、银行对账单等相关的银行凭证；同时，要有相关证人、经手人证言及行为人供述。

证明意义：就挪用公款而言，公款无论是银行存款还是库存现金，均在单位控制之下。无论以何种形式将公款挪出，会计资料一般都会有明确记载，少有涂改账目现象。即使是挪用“小金库”公款，存单上、银行里也会留下明显记载。及时收集这些证据材料，对证实公款脱离单位控制，并已从账面或库存中转出具有真实的客观证明作用。同时，对明确反映行为人的挪用手段，准确认定犯罪，正确区别挪用与贪污的界限，均有重要的意义。

2. 截留挪用手段证明。截留挪用，是指行为人利用职务便利，将未在单位控制之下的单位应收公款，中途转归个人使用的行为。如单位银行贷款未入账中途转出，单位应收货款不入账中途转出，单位筹集资金未入库中途转出等。这一手段的主要特点是中途截留。与直接挪用相比，因单位账面无反映，故其隐秘性更强一些。一方面在往来单位行为人会留下有关的收款凭证，另一方面在本单位表现为谎言掩饰或隐情不报，账面上则不记账或继续挂账应收等。这样，在证据组合上，转入方的转款凭证、行为人出具的收据及转入方的证人证言为一组证

据，本单位的会计资料和证人证言及行为人供述为一组证据，通过两个方面的证据来印证截留挪用的行为手段事实。

证明意义：截留挪用是挪用公款行为中的一种常见手段。它与贪污侵吞手段的重要区别，在于本单位的账面反映。截留挪用在账面上有挂账记载，甚至长期应收。而截留侵吞，一般在账面上的反映是平账，单位不再应收。为此，全面客观地收集相关证据，有利于准确地认定犯罪，有利于区别此罪与彼罪的界限，有利于弄清行为人的手段特征，对提高侦查水平和定罪质量均有积极的实践意义。

3. 借贷挪用手段证明。借贷挪用，是指行为人利用职务便利，将合法主管、管理、经手的公款，以借贷的形式或名义，非法转归个人使用的行为。如非金融机构的国家工作人员利用职务便利私自批借公款给个人使用，或以“借款协议”形式将公款借与亲友个人经商使用，或为吞占利息将公款以单位名义借与企业使用等。借贷挪用的主要特点，一是名义上的掩饰性。即以借贷形式或名义出现，貌似合法拆借，实为擅权挪用；二是行为的相对公开性。由于有“借贷”为掩护，其挪用行为在一定范围内是相对公开的；三是本质上的个人性。即“借贷给他人”是挪用人的个人行为，或以个人名义将公款挪借给其他个人或单位，或违背单位意志个人擅自将公款借给其他单位使用，个人从中谋利。根据借贷挪用的表现形式及特点，实践中应注意获取四个方面的证据：一是借贷证据，如借贷合同、借款协议、借据、批条等原始证据及经办人、使用人证言等；二是转款证据，如转款的原始凭证、经手人证言等；三是双方单位性质证据，如营业执照、税务登记证、法人资格证明、证人证言等；四是挪用人个人谋利证据，如谋取利息、分红等书证人证。

证明意义：将借贷挪用规定为犯罪行为，是我国刑事法律的一个创制。最早将“借贷给他人”规定为挪用行为的法律，是1993年12月底颁布的公司法，最早将“借贷给他人”规定为刑事法律罪状的，是1995年2月全国人大常委会颁布的《关于惩治违反公司法的犯罪的决定》，现行刑法第二百七十二条的规定，就是吸收了上述法律的规定精神。根据法律的规定和其手段特点去收集审查证据，一是有利于搞清“借贷”行为是否为个人行为，以辨别其借贷挪用的违法性。因为，单位不构成挪用公款罪的主体，只有个人擅自行为才能构成此罪。二是有利于搞清使用人的法人资格和单位性质，以辨别归个人使用条件的法定性，根据立法解释和最高人民法院的司法解释，挪用公款给不具有法人资格的私有企业使用的，或以个人名义借给其他单位的，或个人决定以单位名义供其他单位使用，谋取个人利益的，均属归个人使用。收集上述证据，对准确地认定这一问题有着实质性的意义。三是有利于搞清“借贷挪用”的真实动机，以辨别挪用公款犯罪行为的客观性。从实践看，借款挪用的动机，或谋利或谋情或逃债，

对此借贷双方十分清楚，而双方的“借款协议”等书证，不仅不能掩饰其犯罪行为，而且还成为确定行为以借贷挪用为手段，将公款挪用归个人使用的铁证。为此，通过上述证据，更加印证了行为人行为的客观性和违法性。为此，收集上述证据对准确认定犯罪，正确适用法律，具有很强的法律意义和实践意义。

总之，根据挪用手段的特点有针对性地去收集审视证据，有利于准确地认定犯罪，正确区分罪与非罪、此罪与彼罪的界限，对保证挪用公款罪证据系统中至关重要的行为链环符合法定要求，有着重要的意义。

第四节　挪用公款罪的结果证据

挪用公款罪的结果证据，是指藉以证明行为人的行为，已经发生或会引起发生将公款非法转归个人使用后果的证据。

挪用公款罪的犯罪结果，在客观上表现为公款被非法转归个人使用。如果说“挪”是手段的话，那么“用”（个人使用）就是“挪”的结果。二者在客观上具有了刑法上的因果关系，就构成了挪用公款罪的客观要件。我国刑法关于挪用公款罪的犯罪结果，规定了归个人使用的三种形式，即“进行非法活动的”，“数额较大、进行营利活动的”，“数额较大、超过三个月未还的”。犯罪结果作为犯罪构成的重要组成要素，结果形式的不同，直接影响着犯罪的性质和定罪的条件。为此，挪用公款罪的结果证据，也应与相应的结果形式相对应。即以三种不同形式的结果要求收集和审视证据。

1. 进行非法活动的证明材料。即证明使用人进行非法活动的证据材料。主要有使用人为“个人”的证明材料（如使用人身份证明、使用人企业性质及法人资格证明等），使用人“用途”的证明材料（如使用人入账后的账面走向、银行存款走向、库存现金走向情况证据，使用人未入账直接转款的去向证据，使用人提取现金的证据及使用人证言、知情人证言等），“用途”性质的确认证明材料（如被司法机关、行政执法机关追究认定为违法、犯罪的法律文书、处理决定、情况说明等相关法律文件）。如使用人的“非法活动”未被追究，应将查处情况移送有权处理机关予以处理，而后再收集相关“用途”性质确认证明材料，诉讼时限内无法确认的，应直接将证明有违法、犯罪事实的相关证据入卷予以证明。

证明意义：“进行非法活动”，是指使用人的使用行为系违法、犯罪活动。这是挪用公款罪结果条件的形式之一。它要求：（1）使用人是个人，即挪用者本人或者其他个人或者不具有法人资格的私有单位。（2）“非法活动”系使用人已经着手或已完成的行为。（3）“非法活动”的资金来源，或全部或一部分系被

挪用的公款。这些情况构成了“进行非法活动”的基本要素。全面客观地收集这些证据，这一结果要件才能成立，并与其他结果形式相区别。因为，只有“进行非法活动”这一结果形式，没有“数额较大”和“三个月未还”的双重条件限制，为此，这一结果形式的证据要求，不仅有利于准确地定罪，也有利于区别情况正确地适用法律。

2. 进行营利活动的证明材料。即证明使用人合法谋求经济利益的证据材料。如：使用人身份证据及使用人企业性质证据，营利方式证据（即谋求利润的经济形式），获利情况证据及“公款”使用的流向证据等。上述情况既需要有关的书证、人证，也需要挪用人和使用人对使用情况有详细的供述和证言。

证明意义：“营利活动”形式，是挪用公款罪中法定的结果形式之一。使用人的性质，既是“营利活动”的主体，也直接关系到是否归个人使用的确定；营利方式，是指营利的具体活动形式，如经商、炒股等。它是判断营利活动的合法性和客观性的具体表现依据；公款使用的获利情况，既是确定“营利活动”的依据，也是确定“数额较大”和非法收益的依据。为此，收集上述相关证据，是准确定罪的必然要求，也是保证要件证据充分、证据链条完整的客观需求。

3. 三个月未还的证明材料。即行为人挪用公款数额较大，并从公款被转归个人控制之日起，在三个月内因客观原因未能归还的证据材料。如：公款所有单位记载的归还证据（如归还款项的记账凭证、原始凭证等），挪用人或使用人的还款凭证，使用人、经手人、知情人证言及涉及还款时间的其他书证、人证等。对未归还的，除相关证据外，还需要不能归还原因的证据予以佐证（如有关行为人和使用人资产的证明材料等）。

证明意义：“三个月未还的”结果形式，是挪用公款罪第三种结果形式，也是较为常见的一种形式。刑法要求，这一结果由“数额较大”和“三个月未还”两个条件组成。“数额较大”条件，可以从行为证据中得以反映，“三个月未还”条件也可以从行为证据中得到反映或概括。但在归还情况较为复杂，或挪与用双方存有争议，或归还时间为边缘时期等情况下，要有针对性地去收集归还证据、未归还证据及未还原因证据。这既涉及罪与非罪的界限，也涉及挪用与贪污的区别，而且还直接影响着正确地适用刑法。为此，全面客观地收集上述证据，对准确定罪、正确量刑有很强的实践操作意义。

第五节　挪用公款罪的主观证据

挪用公款罪的主观证据，是指藉以证明行为人明知自己挪用公款的行为会发生公款归个人使用的结果并希望和积极追求这种结果发生的证据。根据刑法关于挪用公款罪主观条件的要求，其主观证据主要由对象性质的明知证据、使用人性质的明知证据、使用人用途的明知证据、退还公款的主观证据等组成。

1. 对象性质的明知证据。即行为人明知挪用对象系“公款”的证明材料。通常情况下，行为人作为“公款”的主管、管理、经手人员，对“公款”这一挪用对象的性质和来源是明知的，或在相关文件上签字批示，或在会计资料上留有书写文字，或有有关人员的口头或书面汇报，或有相关会议记载，或在行为人工作日记中留下记载，等等。因此，这些书证、人证和行为人供述就构成了行为人对公款性质的明知证据。只要客观证据确实、充分，即使行为人无供述，也足可以认定其主观上的这一明知。

证明意义：公款性质的明知，是行为人主观要件上的首要条件。不具备这一明知条件，挪用公款罪就不能成立。但明知虽然反映的是行为人的主观认识，但它也是一种客观存在的事实。故判断明知不能依赖口供，要靠大量的客观证据予以证实。为此，收集明知公款性质证据，既具有刑法理论上的意义，也具有强烈的司法操作意义。实践中，应注意克服“重口供轻证据”的倾向，用确实充分的证据去证明行为人的主观认识实际，以保证主观要件的成立和定罪的准确。

2. 使用人性质的明知证据。即证明行为人明知使用人为个人的证明材料。根据刑法的规定，公款只有被挪用给个人使用，挪用人才能构成犯罪。因此，行为人在主观上必须对使用人的性质具备明知条件。而对使用人性质的明知需要确实充分的证据予以支撑。如：使用人关于借款名义及对个人身份、性质的告知性、关系性、委托性证言，个人借款凭据、书信等书证，经手人关于行为人目的性明确的指使性证言，中间人关于双方情况介绍性证言，行为人关于使用人认知情况和转款名义的供述，及行为人与使用人往来关系、熟知程度的证人证言、书证等证明材料。

证明意义：鉴于“归个人使用”要件在定罪中的重要性，决定了在挪用公款罪的证据系统中，证明行为人主观上对使用人身份、性质具备的明知的证据，就显得尤为重要。一旦发生证据缺陷，就会直接影响案件的质量和准确及时地定罪处罚。“个人”情况的不同，要求行为人应具备相应的不同情况的明知证据。根据现行法律的规定，“归个人使用”的“个人”有四种情况：一是挪归行为人本人使用，二是挪归其他自然人使用，三是挪借给不具有法人资格的私有企业使

用，四是行为人以本人或其他自然人名义将公款借给其他单位使用（包括国有、集体、私营等单位）。在司法实践中，要针对这些不同的情况和案件实际，收集相应的明知证据。这不仅有利于准确定罪，有利于从审判、辩护的角度审视证据，以及对防止翻供、制伏犯罪嫌疑人都有着积极的实际意义。

3. 使用人用途的明知证据。即证明行为人明知使用人用途的证据材料。根据现行法律的规定，在有的情况下，要求行为人对使用人的“用途”具备明知条件。否则，只能依挪用公款归个人使用，数额较大、超过三个月未还的条件去处理。为此，行为人对被挪公款使用人是“进行营利活动”，还是“进行非法活动”是否明知应有相应的证据予以证明，才能确定行为人的主观故意。这样，就需要从挪用过程中查明相关证据。如：使用人关于“用途”表示及相关承诺和其他意思表示的书证及证言，中间人、知情人关于挪用人是否知晓“用途”的证言，行为人的相关供述等。如果挪用期间行为人有“讨债”、“参与”情节的，也能从这些行为中获取相关“用途”明知的书证或人证。司法实践中，对涉及明知“用途”的证据，要全方位地去收集，以准确确定明知要件的成立。

证明意义：行为人对使用人“用途”的明知，是构成“进行营利活动”和“进行非法活动”的前提条件。明知证据确实充分，在犯罪构成上就可以不受“超过三个月未还”的限制，如系“进行非法活动”，还同时不受“数额较大”的限制。因此，用途的明知证据在挪用公款罪主观证据中是非常重要的一组证据。根据最高人民法院《关于审理挪用公款案件具体应用法律若干问题的解释》，“挪用公款给他人使用，不知道使用人用公款进行营利活动或者用于非法活动，数额较大、超过三个月未还的，构成挪用公款罪；明知使用人用于营利活动或者非法活动的，应当认定为挪用人挪用公款进行营利活动或者非法活动”。这就要求司法人员，在具体查办此类案件过程中，对这一“用途”明知条件，应增强必要的重要性认识，有针对性地、细致地去收集证据。这对区分不同形式的挪用行为，正确适用相应的法律条件，实事求是地定罪处罚行为人，都有重要的实际意义。

4. 退还公款的主观证据。即证明行为人主观上具有归还的意思表示或已经着手、实施归还行为的证据材料。这类情况较为复杂，但总体上讲主要有两种情况：一是已经归还的证据，即已实际归还的证据材料，包括案发前归还、诉讼中退还（一审宣判前）、多次挪用的以后次抵还前次的归还证据等。二是尚未归还的证据，即证明行为人主观上想还，因客观原因在案发时尚未能归还的证据材料。这种情况证据亦有两个方面的证明材料，一方面要有证据证明行为人具有归还的意思表示，如：行为人与有关人员就归还问题做出的商议性努力，行为人向有关单位或个人就追还公款而做出的请示性帮助，行为人向有关人员（领导人、经手人、知情人）就归还公款做出的承诺性表示等；另一方面要有证据证明行为人具有已着手归还的行为，如：行为人已着手催款或个人已着手筹款等。上述证据，有的可以在行为、结果证据中得到反映，有的则需要有针对性地收集。

证明意义：主观上想还，是挪用公款罪与贪污罪在主观要件上的根本区别。已经归还的较易判断，尚未归还的则需要有确实充分的证据予以证明。这既关系到准确定罪和辨析此罪与彼罪的界限，也关系到刑罚的适用。如刑法规定，“挪用公款数额巨大不退还的，处十年以上有期徒刑或者无期徒刑”，最高人民法院和最高人民检察院规定，“多次挪用公款不还，挪用公款数额累计计算；多次挪用公款，并以后次挪用的公款归还前次挪用的公款，挪用公款数额以案发时未还的实际数额认定”。因此，行为人主观归还证据，既是挪用公款罪证据系统中的重要组成要素，也是贯彻主客观相一致原则，正确适用法律，准确定罪处罚的必然要求。

此外，就挪用公款罪的主观证据而言，还有其他一些方面，如动机证据等。鉴于有些证据能够在行为结果等证据中得到反映，并根据其在挪用公款罪的犯罪构成中的实际地位，故在本节中不再叙述。即使前述所列四类主观证据，也仅是在突出重点的前提下，综合一般规律，提出一些原则要求，实践中应在此原则下，针对案件实际去收集、组合、审视证据，以达到证据确实充分之目的。

第六节　挪用公款罪的情节证据

挪用公款罪的情节证据，是指藉以证明行为人具有某些影响定罪量刑情形事实的证明材料。根据刑法和有关司法解释的规定，事关挪用公款罪定罪量刑的法定情节主要有以下几种情况：

1. “情节严重”的情节证据。即证明行为人挪用公款犯罪行为具有“情节严重”事实的证明材料。刑法第三百八十四条规定，“情节严重的，处五年以上有期徒刑”。最高人民法院在《关于审理挪用公款案件具体应用法律若干问题的解释》中规定：“挪用公款‘情节严重’，是指挪用公款数额巨大，或者数额虽未达到巨大，但挪用公款手段恶劣；多次挪用公款；因挪用公款严重影响生产、经营，造成严重损失等情形。”“挪用公款五万元至十万元以上的，属于挪用公款归个人使用，进行非法活动‘情节严重’的情形之一。”据上述规定认定行为人之行为“情节严重”，需要有：（1）证明挪用公款数额在“十五万元至二十万元”以上的或虽未达到以上数额，但手段恶劣的证据材料；（2）证明行为人具有三次以上挪用公款犯罪行为的证据材料；（3）证明因行为人挪用公款而影响本单位生产、经营，造成严重损失等情形的证据材料；（4）证明行为人挪用公

款归个人使用，进行非法活动的，数额在“五万元至十万元以上”的证明材料。

证明意义：“情节严重”，是刑法对挪用公款罪适用刑罚的法定要求。达到“情节严重”要求的，要在五年以上有期徒刑这个量刑幅度内量刑。因此，在组合审视证据时，要结合“情节严重”的要求，有针对性地去综合概括证据，在行为、结果证据中不能得到反映的，如影响生产、经营，造成严重损失等情况，要有针对性地予以收集和判断，以保证正确地认定“情节严重”和适当应用刑罚。

2. “从重处罚”的情节证据。刑法第三百八十四条第二款规定：“挪用用于救灾、抢险、防汛、优抚、扶贫、移民、救济款物归个人使用的，从重处罚。”刑法总则中对教唆犯和累犯也做出了从重处罚的规定。为此，应有对象证据、教唆证据和累犯证据去支持“从重处罚”这一情节。

证明意义：上述证据一般均能在行为证据中得到反映。问题是，在思想观念上不能将对象证据、教唆证据、累犯证据仅视作行为证据主体证据，还要认识到它们同时还是“情节证据”，并直接关系到定罪量刑。为此，重视和注意归纳此类“从重处罚”情节的证据，对全面掌握案情，综合案件各事实情节，正确地适用法律，具有积极的应用意义。

3. 归还公款的情节证据。即证明行为人在案发前主动归还被挪用公款的事实证据。这部分证据可以从结果证据中得到反映。

证明意义：归还事实情况，既是一种结果，更是一种重要的情节。所谓“归还”，是指行为人主动返还或已经退还公款的情况。它反映行为人的主观情况，也反映其实际社会危害程度。因此，在案发前归还公款的可以得到从轻处罚。根据最高人民法院《关于审理挪用公款案件具体应用法律若干问题的解释》规定：“挪用正在生息或者需要支付利息的公款归个人使用，数额较大，超过三个月但在案发前全部归还本金的，可以从轻处罚或者免除处罚。”“挪用公款数额巨大，超过三个月，案发前全部归还的，可以酌情从轻处罚。”“挪用公款数额较大，归个人进行营利活动的，……在案发前部分或者全部归还本息的，可以从轻处罚；情节轻微的，可以免除处罚。”为此，这一情节证据对正确适用刑罚，具有至关重要的意义。

4. 不退还情节证据。即证明行为人挪用公款数额巨大，在刑事诉讼过程中，因客观原因不能退还公款的证据材料。主要有：客观原因证据，行为人关于不能退还的说明性供述，侦查、起诉部门的说明性结论意见等。

证明意义：“不退还”情节，既是一种行为事实，也是一种量刑情节。但它不同于从重情节，是一个单独的刑罚规定。刑法第三百八十四条规定“挪用公款数额巨大不退还的，处十年以上有期徒刑或者无期徒刑”，这里的“不退还”，是指行为人在追缴的情况下，不能归还公款的行为。为此，“不退还”是一个有具体含义的刑法概念。与之相关的证据，有的在行为、结果证据中可以得到反映，有的则需要侦查部门、起诉部门在各自的诉讼阶段给予概括并做出说明性结论意见，以作为量刑的依据。为此，这一情节证据在刑事诉讼过程中是不可或缺的，它直接关系到对“不退还”情节的认定和刑罚的正确适用，实践中对此应给予高度的重视。

附：法律法规

1.《中华人民共和国刑法》（1997年3月14日修订）（节录）

第一百八十五条 商业银行、证券交易所、期货交易所、证券公司、期货经纪公司、保险公司或者其他金融机构的工作人员利用职务上的便利，挪用本单位或者客户资金的，依照本法第二百七十二条的规定定罪处罚。

国有商业银行、证券交易所、期货交易所、证券公司、期货经纪公司、保险公司或者其他国有金融机构的工作人员和国有商业银行、证券交易所、期货交易所、证券公司、期货经纪公司、保险公司或者其他国有金融机构委派到非国有机构从事公务的人员有前款的行为的，依照本法第三百八十四条的规定定罪处罚。

第二百七十二条 公司、企业或者其他单位的工作人员，利用职务上的便利，挪用本单位资金归个人使用或者借贷给他人，数额较大、超过三个月未还的，或者虽未超过三个月，但数额较大、进行营利活动的，或者进行非法活动的，处三年以下有期徒刑或者拘役；挪用本单位资金数额巨大的，或者数额较大不退还的，处三年以上十年以下有期徒刑。

国有公司、企业或者其他国有单位中从事公务的人员和国有公司、企业或者其他国有单位委派到非国有公司、企业以及其他单位从事公务的人员有前款行为的，依照本法第三百八十四条的规定定罪处罚。

第三百八十四条【挪用公款罪】 国家工作人员利用职务上的便利，挪用公款归个人使用，进行非法活动的，或者挪用公款数额较大、进行营利活动的，或者挪用公款数额较大、超过三个月未还的，是挪用公款罪，处五年以下有期徒刑或者拘役；情节严重的，处五年以上有期徒刑。挪用公款数额巨大不退还的，处十年以上有期徒刑或者无期徒刑。

挪用用于救灾、抢险、防汛、优抚、扶贫、移民、救济款物归个人使用的，从重处罚。

2. 全国人大常委会《关于〈中华人民共和国刑法〉第三百八十四条第一款的解释》（2002年4月28日）

全国人民代表大会常务委员会讨论了刑法第三百八十四条第一款规定的国家工作人员利用职务上的便利，挪用公款“归个人使用”的含义问题，解释如下：

有下列情形之一的，属于挪用公款“归个人使用”：

(一) 将公款供本人、亲友或者其他自然人使用的；

(二) 以个人名义将公款供其他单位使用的；

(三) 个人决定以单位名义将公款供其他单位使用，谋取个人利益的。

3. 最高人民法院《关于如何理解刑法第二百七十二条规定的“挪用本单位资金归个人使用或者借贷给他人”问题的批复》(2000年6月30日)

新疆维吾尔自治区高级人民法院：

你院新高法［1998］193号《关于对刑法第二百七十二条“挪用本单位资金归个人使用或者借贷给他人”的规定应如何理解的请示》收悉。经研究，答复如下：

公司、企业或者其他单位的非国家工作人员，利用职务上的便利，挪用本单位资金归本人或者其他自然人使用，或者挪用人以个人名义将所挪用的资金借给其他自然人单位，构成犯罪的，应当依照刑法第二百七十二条第一款的规定定罪处罚。

4. 最高人民法院《关于农村合作基金会从业人员犯罪如何定性问题的批复》(2000年4月26日)

四川省高级人民法院：

你院川高法［1999］376号《关于农村合作基金会从业人员犯罪如何定性的请示》收悉。经研究答复如下：

农村合作基金会从业人员，除具有金融机构现职工作人员身份的以外，不属于金融机构工作人员，对其实施的犯罪行为，应当依照刑法的有关规定定罪处罚。

5. 最高人民检察院《关于国家工作人员挪用非特定公物能否定罪的请示的批复》(2000年3月15日)

山东省人民检察院：

你院鲁检发研字［1999］第3号《关于国家工作人员挪用非特定公物能否定罪的请示》收悉。经研究认为，刑法第384条规定的挪用公款罪中未包括挪用非特定公物归个人使用的行为，对该行为不以挪用公款罪论处。如构成其他犯罪的，依照刑法的相关规定定罪处罚。

6. 最高人民法院《关于对受委托管理、经营国有财产人员挪用国有资金行为如何定罪问题的批复》(2000年2月13日)

江苏省高级人民法院：

你院苏高法［1999］94号《关于受委托管理、经营国有财产的人员能否作为挪用公款罪主体问题的请示》收悉。经研究，答复如下：

对于受国家机关、国有公司、企业、事业单位、人民团体委托，管理、经营国有财产的非国家工作人员，利用职务上的便利，挪用国有资金归个人使用构成犯罪的，应当依照刑法第二百七十二条第一款的规定定罪处罚。

7. 最高人民检察院《人民检察院直接受理立案侦查案件立案标准的规定（试行）》（1999年9月16日）（节录）

（二）挪用公款案（第384条，第185条第2款，第272条第2款）

挪用公款罪是指国家工作人员利用职务上的便利，挪用公款归个人使用，进行非法活动的，或者挪用公款数额较大、进行营利活动的，或者挪用公款数额较大、超过三个月未还的行为。

国有金融机构工作人员和国有金融机构委派到非国有金融机构从事公务的人员，利用职务上的便利，挪用本单位或者客户资金的，以挪用公款罪追究刑事责任。

国有公司、企业或者其他国有单位中从事公务的人员和国有公司、企业或者其他国有单位委派到非国有公司、企业以及其他单位从事公务的人员，利用职务上的便利，挪用本单位资金归个人使用或者借贷给他人，数额较大、超过三个月未还的，或者虽未超过三个月，但数额较大，进行营利活动的，或者进行非法活动的，以挪用公款罪追究刑事责任。

涉嫌下列情形之一的，应予立案：

1. 挪用公款归个人使用，数额在5千元至1万元，进行非法活动的；

2. 挪用公款数额在1万元至3万元以上，归个人进行营利活动的；

3. 挪用公款归个人使用，数额在1万元至3万元以上，超过3个月未还的。

各省级人民检察院可以根据本地实际情况，在上述数额幅度内，确定本地区执行的具体数额标准，并报最高人民检察院备案。

“挪用公款归个人使用”，既包括挪用者本人使用，也包括给他人使用。

多次挪用公款不还的，挪用公款数额累计计算；多次挪用公款并以后次挪用的公款归还前次挪用的公款，挪用公款数额以案发时未还的数额认定。

挪用公款给其他个人使用的案件，使用人与挪用人共谋，指使或者参与策划取得挪用款的，对使用人以挪用公款罪的共犯追究刑事责任。

8. 最高人民法院《关于审理挪用公款案件具体应用法律若干问题的解释》（1998年4月6日）

为依法惩处挪用公款犯罪，根据刑法的有关规定，现对办理挪用公款案件具体应用法律的若干问题解释如下：

第一条 刑法第三百八十四条规定的“挪用公款归个人使用”，包括挪用者本人使用或者给他人使用。

挪用公款给私有公司、私有企业使用的，属于挪用公款归个人使用。

第二条　对挪用公款罪，应区分三种不同情况予以认定：

（一）挪用公款归个人使用，数额较大、超过三个月未还的，构成挪用公款罪。

挪用正在生息或者需要支付利息的公款归个人使用，数额较大，超过三个月但在案发前全部归还本金的，可以从轻处罚或者免除处罚。给国家、集体造成的利息损失应予追缴。挪用公款数额巨大，超过三个月，案发前全部归还的，可以酌情从轻处罚。

（二）挪用公款数额较大，归个人进行营利活动的，构成挪用公款罪，不受挪用时间和是否归还的限制。在案发前部分或者全部归还本息的，可以从轻处罚；情节轻微的，可以免除处罚。

挪用公款存入银行、用于集资、购买股票、国债等，属于挪用公款进行营利活动。所获的利息、收益等违法所得，应当追缴，但不计入挪用公款的数额。

（三）挪用公款归个人使用，进行赌博、走私等非法活动的，构成挪用公款罪，不受“数额较大”和挪用时间的限制。

挪用公款给他人使用，不知道使用人用公款进行营利活动或者用于非法活动，数额较大、超过三个月未还的，构成挪用公款罪；明知使用人用于营利活动或者非法活动的，应当认定为挪用公款进行营利活动或者非法活动。

第三条　挪用公款归个人使用，“数额较大、进行营利活动的”，或者“数额较大、超过三个月未还的”，以挪用公款一万元至三万元为“数额较大”的起点，以挪用公款十五万元至二十万元为“数额巨大”的起点。挪用公款“情节严重”，是指挪用公款数额虽未达到巨大，但挪用公款手段恶劣；多次挪用公款；因挪用公款严重影响生产、经营，造成严重损失等情形。

“挪用公款归个人使用，进行非法活动的”，以挪用公款五千元至一万元为追究刑事责任的数额起点。挪用公款五万元至十万元以上的，属于挪用公款归个人使用，进行非法活动“情节严重”的情形之一。挪用公款归个人使用，进行非法活动，情节严重的其他情形，按照本条第一款的规定执行。

各高级人民法院可以根据本地实际情况，按照本解释规定的数额幅度，确定本地区执行的具体数额标准，并报最高人民法院备案。

挪用救灾、抢险、防汛、优抚、扶贫、移民、救济款物归个人使用的数额标准，参照挪用公款归个人使用进行非法活动的数额标准。

第四条　多次挪用公款不还，挪用公款数额累计计算；多次挪用公款，并以后次挪用的公款归还前次挪用的公款，挪用公款数额以案发时未还的实际数额认定。

第五条　“挪用公款数额巨大不退还的”，是指挪用公款数额巨大，因客观原因在一审宣判前不能退还的。

第六条 携带挪用的公款潜逃的，依照刑法第三百八十二条、第三百八十三条的规定定罪处罚。

第七条 因挪用公款索取、收受贿赂构成犯罪的，依照数罪并罚的规定处罚。

第八条 挪用公款给他人使用，使用人与挪用人共谋，指使或者参加策划取得挪用款的，以挪用公款罪的共犯定罪处罚。

9. 最高人民检察院《关于挪用国库券如何定性问题的批复》（1997年10月13日）

宁夏回族自治区人民检察院：

你院宁检发字［1997］43号《关于国库券等有价证券是否可以成为挪用公款罪所侵犯的对象以及以国库券抵押贷款的行为如何定性等问题的请示》收悉，关于挪用国库券如何定性的问题，经研究，批复如下：

国家工作人员利用职务上的便利，挪用公有或本单位的国库券的行为以挪用公款论；符合刑法第384条、第272条第2款规定的情形构成犯罪的，按挪用公款罪追究刑事责任。

10.《全国法院审理经济犯罪案件工作座谈会纪要》（2003年11月13日）（节录）

四、关于挪用公款罪

（一）单位决定将公款给个人使用行为的认定

经单位领导集体研究决定将公款给个人使用，或者单位负责人为了单位的利益，决定将公款给个人使用的，不以挪用公款罪定罪处罚。上述行为致使单位遭受重大损失，构成其他犯罪的，依照刑法的有关规定对责任人员定罪处罚。

（二）挪用公款供其他单位使用行为的认定

根据全国人大常委会《关于〈中华人民共和国刑法〉第三百八十四条第一款的解释》的规定，“以个人名义将公款供其他单位使用的”、“个人决定以单位名义将公款供其他单位使用，谋取个人利益的”，属于挪用公款“归个人使用”。在司法实践中，对于将公款供其他单位使用的，认定是否属于“以个人名义”，不能只看形式，要从实质上把握。对于行为人逃避财务监管，或者与使用人约定以个人名义进行，或者借款、还款都以个人名义进行，将公款给其他单位使用的，应认定为“以个人名义”。“个人决定”既包括行为人在职权范围内决定，也包括超越职权范围决定。“谋取个人利益”，既包括行为人与使用人事先约定谋取个人利益实际尚未获取的情况，也包括虽未事先约定但实际已获取了个人利益的情况。其中的“个人利益”，既包括不正当利益，也包括正当利益；既包括财产性利益，也包括非财产性利益，但这种非财产性利益应当是具体的实际利

益，如升学、就业等。

（三）国有单位领导向其主管的具有法人资格的下级单位借公款归个人使用的认定

国有单位领导利用职务上的便利指令具有法人资格的下级单位将公款供个人使用的，属于挪用公款行为，构成犯罪的，应以挪用公款罪定罪处罚。

（四）挪用有价证券、金融凭证用于质押行为性质的认定

挪用金融凭证、有价证券用于质押，使公款处于风险之中，与挪用公款为他人提供担保没有实质的区别，符合刑法关于挪用公款罪规定的，以挪用公款罪定罪处罚，挪用公款数额以实际或者可能承担的风险数额认定。

（五）挪用公款归还个人欠款行为性质的认定

挪用公款归还个人欠款的，应当根据产生欠款的原因，分别认定属于挪用公款的何种情形。归还个人进行非法活动或者进行营利活动产生的欠款，应当认定为挪用公款进行非法活动或者进行营利活动。

（六）挪用公款用于注册公司、企业行为性质的认定

申报注册资本是为进行生产经营活动做准备，属于成立公司、企业进行营利活动的组成部分。因此，挪用公款归个人用于公司、企业注册资本验资证明的，应当认定为挪用公款进行营利活动。

（七）挪用公款后尚未投入实际使用的行为性质的认定

挪用公款后尚未投入实际使用的，只要同时具备“数额较大”和“超过三个月未还”的构成要件，应当认定为挪用公款罪，但可以酌情从轻处罚。

（八）挪用公款转化为贪污的认定

挪用公款罪与贪污罪的主要区别在于行为人主观上是否具有非法占有公款的目的。挪用公款是否转化为贪污，应当按照主客观相一致的原则，具体判断和认定行为人主观上是否具有非法占有公款的目的。在司法实践中，具有以下情形之一的，可以认定行为人具有非法占有公款的目的：

1. 根据最高人民法院《关于审理挪用公款案件具体应用法律若干问题的解释》第六条的规定，行为人“携带挪用的公款潜逃的”，对其携带挪用的公款部分，以贪污罪定罪处罚。

2. 行为人挪用公款后采取虚假发票平账、销毁有关账目等手段，使所挪用的公款已难以在单位财务账目上反映出来，且没有归还行为的，应当以贪污罪定罪处罚。

3. 行为人截取单位收入不入账，非法占有，使所占有的公款难以在单位财务账目上反映出来，且没有归还行为的，应当以贪污罪定罪处罚。

4. 有证据证明行为人有能力归还所挪用的公款而拒不归还，并隐瞒挪用的公款去向的，应当以贪污罪定罪处罚。

第四章 受贿罪证据结构

第一节 受贿罪概述

根据刑法第三百八十五条的规定，受贿罪是指国家工作人员利用职务上的便利，索取他人财物的，或者非法收受他人财物，为他人谋取利益的行为。其基本特征如下：

一、主体特征

受贿罪的主体，系特殊主体，即国家工作人员。作为职务犯罪，受贿罪的主体与贪污罪、挪用公款罪基本相同，但也有所区别。与贪污罪比较，贪污罪主体中的“受委托人员”，不能构成受贿罪主体。与挪用公款罪比较，二者的主体要求基本是相同的，但在离退休的国家工作人员法律适用上，受贿罪与贪污罪、挪用公款罪有明显的不同。贪污罪和挪用公款罪，均要求行为人利用职务上的便利，离退休的国家工作人员作为离职休养和退职休养的国家工作人员已脱离了原来的职务，其便利也已不复存在，除作为自然人可构成共犯外，不能单独构成贪污罪和挪用公款罪的主体。而受贿罪则不同，离退休人员和国家工作人员的近亲属或者其他与该国家工作人员关系密切的人都可以构成受贿罪的主体。2009 年 2 月 28 日《中华人民共和国刑法修正案（七）》第十三条规定：“国家工作人员的近亲属或者其他与该国家工作人员关系密切的人，通过该国家工作人员职务上的行为，或者利用该国家工作人员职权或者地位形成的便利条件，通过其他国家工作人员职务上的行为，为请托人谋取不正当利益，索取请托人财物或者收受请托人财物，数额较大或者有其他较重情节的，处三年以下有期徒刑或者拘役，并处罚金；数额巨大或者有其他严重情节的，处三年以上七年以下有期徒刑，并处罚金；数额特别巨大或者有其他特别严重情节的，处七年以上有期徒刑，并处罚金或者没收财产。离职的国家工作人员或者其近亲属以及其他与其关系密切的人，利用该离职的国家工作人员原职权或者地位形成的便利条件实施前款行为的，依照前款的规定定罪处罚。”

《刑法修正案（七）》第十三条第一款，实际上是规定了国家工作人员的近亲属或关系密切人的受贿罪问题。此款规定，突破了在非共同犯罪的情况下受贿罪的主体只能是国家工作人员的传统认识，将国家工作人员的近亲属（如配

偶、子女）以及其他与该国家工作人员关系密切的人（如情人）纳入受贿罪的主体范围，即明确规定，只要这些人通过该国家工作人员职务上的行为，或者利用该国家工作人员职权或者地位形成的便利条件，通过其他国家工作人员职务上的行为，为他人谋取不正当利益而索取或者收受财物，数额较大或有其他较重情节，也将构成受贿罪，受到法律的制裁。这一规定，解决了司法实践中认定国家工作人员的近亲属等特定关系人构成受贿罪的争议问题，对于打击此类人员的受贿犯罪有着重要的意义。

《刑法修正案（七）》第十三条第二款，解决了关于离职的国家工作人员及其近亲属、关系密切的人员利用其原职权或者地位形成的便利条件收受他人财物是否构成受贿罪的问题，对于离职的国家工作人员（包括其近亲属、关系密切的人员）受贿犯罪有着积极的预防和惩戒意义。

综合刑法第三百八十五条、第三百八十八条、第一百六十三条第三款、第一百八十四条第二款的规定，受贿罪的主体由四类人员构成：

1. 国家机关工作人员。即在国家各级权力机关、各级行政机关、各级司法机关和军事机关中从事公务的人员。

2. 准国家工作人员。即在国有公司、企业、事业单位、金融机构、人民团体中从事公务的人员。

3. 受委派人员。即国有单位委派到非国有单位从事公务的人员。

4. 其他依照法律从事公务的人员。如村民委员会等农村基层组织人员协助人民政府从事“七项”法定行政管理工作的人员等。

从上述主体成分看，受贿罪的主体，除在离退休人员的资格条件上与挪用公款罪有些许差别外，其他均相一致。值得注意的是，在受贿罪的共同犯罪中，非国家工作人员可以构成受贿共犯，并依特殊主体的犯罪性质定罪处罚。

二、客体特征

受贿罪侵害的客体为复杂客体，即国家工作人员的职务廉洁性和正常的国家管理秩序。

职务廉洁性，是指对国家工作人员廉政制度和国家工作人员职责的侵害。

国家管理秩序，是指国家在政治、经济、文化、教育、司法等各个领域的管理活动和正常秩序。它是一个比社会管理秩序含义更为宽泛的概念。它主要包括社会管理秩序、经济管理秩序和国家机关的正常活动。将此作为一重客体，是由受贿犯罪的双向性特点决定的。受贿犯罪的基本特点是“权钱交易”，既然是“交易”就必然具有双向性。如果说“收受他人财物”行为侵害的直接客体是国家工作人员的职务廉洁性，那么“为他人谋取利益”，就不仅是职务廉洁性的问题了。如经济往来中的受贿，还势必造成不正当竞争，妨害社会主义市场经济秩序；党政机关中的“买官卖官”，也势必造成“吏治混乱”，妨害国家人事管理秩序；司法工作中的“以钱买法”，也势必造成“司法不公”，妨害司法工作秩序，等等。这些情况如果说是个性特征的话，那么它们的共性特征，即均是一种国家管理活动。故受贿犯罪不仅侵害了国家工作人员的职务廉洁性，还造成国家管理活动的失范，同时还危及国家的政权建设和社会主义制度建设。为此，将此作为一重客体，既能有效地反映受贿犯罪的特殊危害性质，也能有效地反映各种受贿犯罪行为所侵害的具体的社会关系的共同特征。

受贿罪的犯罪对象一般是“财物”。2008 年最高人民法院、最高人民检察院《关于办理商业贿赂刑事案件适用法律若干问题的意见》明确规定：商业贿赂中的财物，既包括金钱和实物，也包括可以用金钱计算数额的财产性利益，如提供房屋装修、含有金额的会员卡、代币卡（券）、旅游费用等。具体数额以实际支付的资费为准。所以受贿罪的犯罪对象包括金钱、实物和可以用金钱计算数额的财产性利益。

而受贿犯罪行为人，对“财物”这一对象的侵害，主要不是表现在财物所有权上，而是表现在违法收受上。即收受财物的违法性。因此，“财物”本身属性不影响受贿罪的成立。即贿赂目的物无论是“公共财物”，还是“私有财物”，均可成为受贿罪的犯罪对象。不能以贿赂目的物系“私有财物”就认为是“个人赠与”，要综合分析，不能将此排除在犯罪对象之外。

三、主观特征

受贿罪在主观方面表现为直接故意，即明知个人行为违背国家工作人员的职务廉洁性要求，而故意违反有关规定索取或收受贿赂。它的直接目的，是索取他人财物或非法收受他人财物。鉴于受贿犯罪形式的不同，其主观故意的内容也有所区别。

一般受贿的直接故意，表现为明知索取或收受他人财物是以自己的职务便利和以为他人谋取利益为条件，并违反职务廉洁性要求，而故意索取或非法收受他人财物。

经济受贿（或商业受贿）的直接故意，表现为明知对方为经济往来对象，明知在经济往来中收受他人财物违反国家规定，而故意收受他人各种名义的回扣、手续费并归个人所有。

间接受贿（或斡旋受贿）的直接故意，表现为明知索取或收受请托人财物，是以自己本人的职权或者地位的便利和为请托人谋取不正当利益为条件，而故意通过其他国家工作人员职务上的行为，间接地为请托人谋取不正当利益，并索取或者收受请托人的财物。

四、客观特征

受贿罪的客观特征，体现了受贿犯罪的外部表现形式。由于各种受贿的外在形式不同，其客观特征，即客观要件也不尽相同。

从刑法的规定看，受贿犯罪，由完全受贿和不完全受贿两大类组成。第一大类完全受贿，即刑法第三百八十五条第一款规定的一般受贿行为，也叫普通受贿，它是关于受贿罪的一般特征所作的规定。从行为方式上看，包括索贿和收受贿赂两种形式。第二大类不完全受贿，即刑法第三百八十五条第二款规定的经济受贿行为和第三百八十八条规定的间接受贿行为，这两种形式的受贿行为，在外部特征上不完全符合一般受贿的规定，但“以受贿论处”，故称其为不完全受贿。这是刑法的一种特别规定。在其外部特征上，只要符合刑法的特别规定，就可以构成受贿罪，不必要完全符合受贿罪的一般规定。根据刑法第三百八十五条、第三百八十八条第一款和相关司法解释的规定，受贿罪的客观特征主要有三种情况、八种情形：

受贿的三种情况：

1. 一般受贿的客观特征。一般受贿的客观特征由三个要素组成。

一是“利用职务上的便利”。关于“利用职务上的便利”，在刑法修订以前的司法解释中，将其解释为“利用职权或者与职务有关的便利条件”。通行的学理解释，还将其理解为“既包括利用本人职务上的便利，也包括利用他人职务上的便利”。刑法修订后，最高人民检察院于1999年9月9日公布了《人民检察院直接受理立案侦查案件立案标准的规定（试行）》对受贿罪的“利用职务上的便利”做出新的司法解释。《立案标准》明确规定，“利用职务上的便利，是指利用本人职务范围内的权力，即自己职务上主管、负责或者承办某项公共事务的职权及其所形成的便利条件”。根据这一解释，“利用他人职务上的便利”不在此列，应适用间接受贿的有关规定。

二是“索取他人财物或者非法收受他人财物”。索取他人财物，即索贿，是指主动向个人或单位索要财物的行为。非法收受他人财物，是指对个人或单位主动给予的财物非法收受。财物获取的被动性和违法性是其本质特点，也是与合法受赠的根本区别。索取和收受贿赂的区别，在于取得他人财物的方式不同。但无论是索取还是收受，从取得他人财物之时起，财物的所有权已发生了变化，受贿的既遂即已成立，不受其他条件的限制。

三是“为他人谋取利益”。从字面上看，“为他人谋取利益”是图谋为他人取得某种利益需要的意思。故谋利的动意表示、默示的承诺和谋利的实施、谋利的实现均是“为他人谋取利益”的客观表现。为此，“为他人谋取利益”不是以谋利结果是否实现为标准，而是以具有“为他人谋取利益”的主观心态和双方

客观存在的利益关系为标准。索取他人财物的不论是否“为他人谋取利益”，均可构成受贿罪。而非法收受他人财物的，必须同时具备“为他人谋取利益”的条件，才能构成受贿罪。据最高人民检察院《立案标准》的规定，非法收受他人财物的，“为他人谋取利益是否正当，为他人谋取的利益是否实现，不影响受贿罪的认定。”故在“为他人谋取利益”方面，只要双方客观存在某种利益关系，行为人实施了为他人谋利的承诺（包括默示）、谋取、实现行为，无论是贿前谋利，还是贿后谋利，均可构成受贿罪。

2. 经济受贿的客观特征。经济受贿的客观表现也有三个要素。

一是行为发生在“经济往来中”，即经济活动的过程之中。由于“经济往来”的双向性和互利性，只要行为人在“经济往来中”负有一定的职责，不需要利用职务之便和为他人谋取利益条件，就可构成受贿罪。

二是收受各种名义的回扣、手续费的行为违反国家有关规定。反不正当竞争法第八条规定，“对方单位或者个人在账外暗中收受回扣的，以受贿论处”。国家工商行政管理局在1996年11月15日发布的《关于禁止商业贿赂行为的暂行规定》中规定，“回扣，是指经营者销售商品时在账外暗中以现金、实物或者其他方式退给对方单位或者个人的一定比例的商品价款。”“账外暗中，是指未在依法设立的反映其生产经营活动或者行政事业经费收支的财务账上按照财务会计制度规定明确如实记载，包括不计入财务账、转入其他财务账或者做假账等。”“手续费”与“回扣”不同，它的含义比较广，名义也五花八门，国家工商行政管理局在《暂行规定》中列举了“促销费、宣传费、赞助费、科研费、劳务费、咨询费、佣金”七种名义。无论何种名义，只有不违反国家规定的才能收受。因为，国务院办公厅早于1986年6月5日就发布了《关于严禁在社会经济活动中牟取非法利益的通知》，该《通知》中规定，“国家工作人员必须严格执行财经纪律，不准在社会经济活动中非法接受任何名义的‘酬金’或‘馈赠’。”为此，违反上述规定收受各种名义的回扣、手续费的行为，均可构成受贿罪。

三是收受财物归个人所有。这里所指归个人所有，是指归行为人个人所占有。如行为人取得财物后交公、入单位财务账，即不能构成个人受贿罪。如行为人取得财物后用于个人消费和使用，则属个人占有后的支配，不影响个人受贿罪的成立。此外，在国有金融机构工作人员受贿的客观特征上，法定的特别情况是行为发生在“金融业务活动中”，而不是“经济往来中”，除此，其他外在特征均相一致。

3. 间接受贿的客观特征。间接受贿也称斡旋受贿，其客观特征与一般受贿区别较大，主要有三个基本要素。

一是便利要素。间接受贿在便利特征上表现为，行为人“利用本人职权或

者地位形成的便利条件”。职权便利，是指职务权力范围内的便利。地位便利，是指利用特殊社会地位形成的便利条件。据《现代汉语词典》解释：“地位，是指人或团体在社会关系中所处的位置。”如原领导关系的领导地位（曾具有上下关系的领导人），非业务关系的工作地位（如领导人的秘书、工作人员），非工作关系的身份地位（如领导人的配偶、子女）等。这些便利条件是间接受贿的重要特征，也是与一般受贿的重要区别。

二是谋利要素。间接受贿在为他人谋利方面表现为，“通过其他国家工作人员职务上的行为，为请托人谋取不正当利益”。谋利的间接性和利益的不正当性，是其本质特征。“不正当利益”，最高人民检察院《立案标准》解释，“是指谋取违反法律、法规、国家政策和国务院各部门规章规定的利益，以及谋取违反法律、法规、国家政策和国务院各部门规章规定的帮助或方便条件。”这里，利益本身的违法性和谋利手段的违法性是其本质特征。利益本身的违法性是指利益本身的不合法。谋利手段的违法性，是指行为人为请托人谋利提供的帮助或方便是不合法的。如果为请托人谋取的利益是正当利益，则不能构成受贿罪。利益正当与否直接关系到罪与非罪的界限。这也是间接受贿与一般受贿的重要区别点。

三是索取、收受财物要素。间接受贿在收取他人财物方面，表现为索取请托人财物和收受请托人财物。索取和收受的对象系“请托人财物”，而不是一般受贿中的“他人财物”。对象的特定性，决定了谋取利益的不正当性和收受财物的违法性，故刑法无必要再对“收受”加以“非法”限制，这既是间接受贿在客观方面的特点，也是与一般受贿之重要区别。

受贿的八种情形：

1. 交易受贿。即国家工作人员利用职务上的便利为请托人谋取利益，以交易形式收受请托人财物的行为。如：以明显低于市场的价格向请托人购买房屋、汽车等物品的，以明显高于市场的价格向请托人出售房屋、汽车等物品的等。公平公正是市场经济的重要原则，凡是违背公平公正原则的竞争，均是不正当、不道德的竞争。在市场价格上也是如此，商家的各种优惠交易条件，均不针对特定人，针对特定人即有亲疏贵贱之分，即是违背公平公正原则的行为。“两高”在《关于办理受贿刑事案件适用法律若干问题的意见》中就明确规定，“受贿数额按照交易时当地市场价格与实际支付价格的差额计算”。“前款所列市场价格包括商品经营者事先设定的不针对特定人的最低优惠价格。根据商品经营者事先设定的各种优惠交易条件，以优惠价格购买商品的，不属于受贿。”为此，交易受贿的突出表现是针对特定人的让利交易。这也是与正常交易的主要区别点。

2. 干股受贿。即国家工作人员利用职务上的便利为请托人谋取利益，收受请托人提供的干股的行为。也就是未参股入股而拥有股份。对此类受贿的价值计

算，“两高”在前述司法解释中规定了两种情况，一种是股份已实际转让的，受贿数额按转让行为时股份价值计算，所分红利按受贿孳息处理；另一种是股份未实际转让，以股份分红名义获取利益的，实际获利数额应当认定为受贿数额。这样规定体现了一切从实际出发，实事求是的原则。这里的核心，是受贿数额的性质。即实际获得股权的，以获得股权时的价值计算；没有实际获得股权，但却按股分红的，以实际分红计算。

3. 投资受贿。“两高”在前述司法解释中明确规定，“国家工作人员利用职务上的便利为请托人谋取利益，由请托人出资，‘合作’开办公司或者进行其他‘合作’投资的，以受贿论处。受贿数额为请托人给国家工作人员的出资额。”这里也有两种情况，一种是没有实际出资，由请托人出资的，受贿数额以出资额计算；另一种是没有实际出资和参与管理、经营的，以获取“利润”计算。其核心亦是数额性质，受贿数额是出资额的，以出资额计算；受贿数额是利润的，以利润额计算。

4. 理财受贿。以委托请托人理财的名义受贿，是当前比较普遍的一种受贿形式。受贿人认为安全，行贿人认为保险，而且容易混淆视听，使双方心理得以平衡。此类受贿的核心，是无本获益和小本大益。即没有实际出资而收益，或者低出资高收益。“两高”在前述司法解释中对此类情况作出明确规定，“国家工作人员利用职务上的便利为请托人谋取利益，以委托请托人投资证券、期货或者其他委托理财的名义，未实际出资而获取‘收益’，或者虽然实际出资，但获取‘收益’明显高于出资应得‘收益’的，以受贿论处。前一情形，以‘收益’额计算；后一情形，以‘收益’额与出资应得收益额的差额计算”。

5. 赌博受贿。赌博受贿，是指国家工作人员利用职务上的便利为请托人谋取利益，通过赌博方式收受请托人财物的行为。表面上看，双方愿赌服输，输者自愿，赢者合理。其实，这是双方的一种默契，以此掩盖行贿受贿而已。赌博是表象，贿赂是本质。根据前述司法解释，识别真假赌博主要应考察四个因素：“（1）赌博的背景、场合、时间、次数；（2）赌资来源；（3）其他赌博参与者有无事先通谋；（4）输赢钱物的具体情况和金额大小”。通过上述考察，看其是否符合赌博的一般规律特点，对那些违背赌博规律只赢不输，又有为请托人谋取利益的，应重点调查其赌博嫌疑，对形赌实贿的应依法惩治。

6. 特定关系人受贿。根据“两高”前述司法解释，特定关系人，是指与国家工作人员有近亲属、情妇（夫）以及其他共同利益关系的人。特定关系人受贿，是指国家工作人员利用职务上的便利为请托人谋取利益，要求或者接受请托人以各种形式获取不正当财产性利益的行为。主要有三种情况：一是要求或者接受请托人以给特定关系人安排工作为名，使特定关系人不实际工作却获取所谓薪

酬的；二是授意请托人以各种形式将有关财物给予特定关系人的；三是特定关系人与国家工作人员通谋，共同实施前款行为的。前两种情况，对国家工作人员应以受贿论处；第三种情况，对国家工作人员和特定关系人应以受贿共犯论处。

7. 借用受贿。实践中，收受房屋、汽车等物品贿赂的，往往以未变更权属即财产所有权未办理权属登记为借口，以借用为名掩盖受贿真相。对此类受贿应注意两个问题：一是收受贿赂不以权属变更为前提。只要行为人收受了贿赂，并已实际控制，就可构成受贿的既遂。最高人民法院在 2003 年 11 月 13 日印发的《全国法院审理经济犯罪案件工作座谈会纪要》中曾明确规定，“行为人控制公共财物后，是否将财物据为己有，不影响贪污既遂的认定。”受贿犯罪也是同理，行为人控制贿赂物后，无论权属是否变更，均可支配、处分和收益。再者，权属变更仅是个形式，即使未变更登记行贿人对贿赂物也已失去了控制权，实质上权属已经转移。二是借用与受贿有着原则的区别。“欠债还钱”古之通理，量力而行社会常识。为此，借用要有客观需求，归还要有诚信。不是有个借的名义就是借用。“两高”在司法解释中规定了五个判断条件：“认定以房屋、汽车等物品为对象的受贿，应注意与借用的区分。具体认定时，除双方交代或者书面协议之外，主要应当结合以下因素进行判断：（1）有无借用的合理事由；（2）是否实际使用；（3）借用时间的长短；（4）有无归还的条件；（5）有无归还的意思表示及行为。”实践中，应注意透过现象看本质，正确区别借用与受贿的界限。

8. 离职受贿。离职受贿，是指国家工作人员利用职务上的便利为请托人谋取利益之前或者之后，约定在其离职后收受请托人财物，并在离职后收受的行为。这一行为与离职人员利用影响力受贿不同，利用影响力受贿是离职后利用其影响力间接受贿，离职受贿是利用在职权力为请托人谋利，离职后受贿。一个是受贿罪，另一个是利用影响力受贿罪，二者有本质的区别。“两高”在司法解释中规定，“国家工作人员利用职务上的便利为请托人谋取利益之前或者之后，约定在其离职后收受请托人财物，并在离职后收受的，以受贿论处”。“国家工作人员利用职务上的便利为请托人谋取利益，离职前后连续收受请托人财物的，离职前后收受部分均应计入受贿数额”。

上述几种受贿形式的客观特征虽有不同，但立案追究刑事责任的标准是一致的。最高人民检察院《立案标准》规定，“1. 个人受贿数额在 5000 元以上的。2. 个人受贿数额不满 5000 元，但具有下列情形之一的：（1）因受贿行为而使国家或者社会利益遭受重大损失的；（2）故意刁难、要挟有关单位、个人，造成恶劣影响的；（3）强行索取财物的”，应予立案侦查，追究行为人刑事责任。另据最高人民检察院《立案标准》附则解释，“犯罪数额‘不满’，是指接近该数额且已达到该数额的百分之八十以上”。也就是说，《立案标准》中规定的个人受贿数额“不满5000元”，应是在4000元以上。

第二节　受贿罪的主体证据

受贿罪的主体证据，是藉以证明行为人具有受贿罪主体身份的证据。根据刑法的规定，受贿罪的主体证据，由行为人身份证据和职务便利证据两部分组成。

一、身份证据

身份证据是指证明行为人自然身份和职务身份的证据。主要有：

1. 自然身份证据。即证明行为人年龄、性别、出生地、居住地等自然情况的居民身份证、户籍证明等证据材料。

2. 国家机关工作人员身份证据。即证明行为人在国家机关的供职证明、工作简历及现任职务证明等证据材料。

3. 国有单位工作人员身份证据。即证明行为人在国有单位的供职证明、现任职务证明、工作简历及所供职单位的国有性质证明等证据材料。

4. 受委派人员身份证据。即证明行为人系受国有单位委派的供职证明、委派证明、工作简历及委派单位的国有性质证明等证据材料。

5. 协管人员身份证据。即证明行为人系协助乡、镇政府从事“七项”特定行政管理事务人员的相关政府文件、协管职责要求、现任职务证明、工作简历等证据材料。

证明意义：根据刑法的规定，受贿罪的主体必须具有国家工作人员的身份。这一特定身份要求，是受贿罪主体的基本条件。为此，在考察此罪主体资格时，一要具备符合刑事责任年龄、刑事责任能力、刑事案件管辖等自然身份要求的证据；二要具备相关职务身份要求的证据。这些证据的齐备与否，不仅直接关系到罪与非罪、此罪与彼罪的问题，也直接关系到职能管辖和地域管辖。在刑事诉讼中具有举证责任的检察官，要高度重视此罪的主体身份证据，树立强烈的证明观念，严格按照刑法总则和刑法分则的主体要求去收集、审查证据，尤其在主体系受委派人员、协管人员时，一定要高度重视其职务身份证据，防止由于主体身份证据的缺陷，影响案件的定罪处罚。这不仅是刑法的要求，也是刑事诉讼法的基本要求。

二、职务便利证据

职务便利证据，是指证明行为人在其职务上具有能够方便顺利地实现某种目的的条件的证据。根据刑法关于受贿犯罪的要求，其职务便利证据主要有以下

几种：

1. 岗位性职务便利证据。即证明行为人在国家机关或国有单位工作的岗位职责、权限、义务及相关便利关系（如主管、负责）等证明材料。

2. 承办性职务便利证据。即证明行为人承办某项公共事务（包括常规性事务和临时性事务）的具体职责、权限、义务及相关便利关系等证明材料。

3. 特殊地位便利证据。即证明行为人在一定社会关系中所处的具体位置及相应的便利关系的证明材料。

4. 特定公务便利证据。即证明行为人受委派到非国有单位所从事工作性质（如集体公务、单位公务）的证明材料，以及证明行为人系协助基层政府从事"七项"特定性公务的证明材料。

证明意义："利用职务上的便利"，是构成受贿罪的必要条件。它既是一种客观条件，同时也是一种主体条件。也就是说，行为人的职务身份自然地、客观地存在某种与其职务紧密相连的便利条件。据《现代汉语词典》解释，"便利是使用或行动起来不感觉困难，容易达到目的"的意思。因此，"职务便利"，应当是在行为人职务上具有能够方便顺利地实现某种目的的条件。只有主体身份具有了这种客观的职务便利，行为人才能予以"利用"。故职务便利证据也是主体证据的重要组成部分。鉴于受贿犯罪的形式不同，主体要求不同，故在职务便利证据方面也不尽相同。如：一般受贿犯罪主要应考察与其岗位性职务相关的便利证据；受委派人员、协管人员受贿犯罪，主要应考察与其特定性公务相关的便利证据；间接受贿，则主要应考察与其特殊社会地位相关的便利证据，等等。特定关系人（即国家工作人员的近亲属或者其他与该国家工作人员关系密切的人）的受贿职务便利证据，主要应考察其所利用的国家工作人员的特定性公务相关的职权或地位形成的便利证据。离职的国家工作人员及其特定关系人构成犯罪时，其职务便利证据主要是考察其原职权或地位所形成的便利条件的证据。注意职务便利证据的收集、审查，一是有利于准确认定受贿犯罪，防止犯罪构成要素缺项；二是有利于有针对性地收集证据，提高案件侦查质量；三是有利于正确区分不同形式的受贿犯罪，并有效地与经济受贿、金融受贿、商业受贿区别开来。以保证准确高效地惩治受贿犯罪。

第三节　受贿罪的行为证据

受贿罪的行为证据，是藉以证明行为人具有受贿犯罪行为的证据。根据刑法的规定，此罪行为证据主要有一般受贿、索贿、经济受贿和间接受贿四种类型的行为证据。

一、一般受贿行为证据

一般受贿行为证据，是指证明行为人具有刑法第三百八十五条第一款规定罪状中非法收受他人财物行为的证据材料。根据该条规定，一般受贿的行为证据，主要由便利要素证据、收受财物要素证据和谋利要素证据三部分组成。

1. 职务便利证据。即证明行为人具有“利用职务上的便利”的行为证据。利用职务上的便利，在整个受贿行为中是一种关联性行为，即行为人收受贿赂，为他人谋取利益的行为，与其职务上的便利，具有直接的作用性或影响性关联。正是它的关联性，形成了行受贿双方的需求性关系，促成了行为人对贿赂物的收受和对行贿方利益需求的谋取。为此，在便利要素证据方面，主要体现在三个方面的关系证据上。一是行为人与某种事务的关系证据，即行为人对某种事务具有主管、负责或者承办的职权证据。二是行为人与行贿人的关系证据，即对行贿人具有领导、管理、协作、制约等工作职能的作用证据。三是行为人与对方需求的关系证据，即行为人能够为行贿人的某种利益需求提供或设法取得某些方便条件，并实施承诺（包括明示和默示）、帮助或实现等谋利的行为证据。这些证据内容，一方面要从主体证据中去综合，另一方面主要靠证人证言、行为人口供、行贿人陈述、相关书证等去证实。

证明意义：一般受贿的利用职务上的便利，与贪污罪、挪用公款罪中的利用职务上的便利有所区别。贪污罪、挪用公款罪中的利用职务上的便利行为，是一种手段性的行为，即行为人以职务上的便利条件为手段去达到贪污或挪用公款的目的。而一般受贿中的利用职务上的便利行为，则是一种关联性行为。受贿方与行贿方是一种对应性关联关系。没有行贿就不存在受贿。利用职务上的便利不是收受财物的手段，是一种客观存在的外部条件。“世界上没有无缘无故的爱，也没有无缘无故的恨。”与其说行贿人是向受贿人行贿，不如说是在向受贿人职务上的便利行贿。受贿与否决定着行为人是否利用了职务上的便利。只要收受了他人财物，这种便利就得到了利用。但是在为他人谋取利益方面，利用职务上的便利则表现为一种手段性行为。即只有通过其职务上的便利行为，才能为对方谋取某些利益。因此，在考察利用职务上的便利行为证据时，主要是要有上述三个方面的关系证据。这些证据，一是能够有效地证明受贿行为与其职务便利的关系，二是能够有效地证明“赎买权力”的恶性程度，三是能够有效地完善一般受贿的证据链条，以准确有效地惩治犯罪。

2. 收受财物证据。即证明行为人具有非法收受他人财物行为的证据。非法收受他人财物行为具有三个特点，一是行为的违法性，即收受他人财物行为违反有关法规；二是行为的被动性，即对他人主动给予的财物非法收受；三是行为的对应性，即受贿行为与行贿行为相对应，二者互为存在。为此，在收集、审查证据时，应注意从行贿人证言、介绍贿赂证言、知情人证言、贿赂物的书证物证及行为人供述等证据材料中，反映出行贿动意、中介过程、收受情节、受贿实际等行为事实。同时，还要注意收集相关的廉政法规和制度、纪律等规章，以反映其行为的违法性。

证明意义：非法收受他人财物行为是一般受贿行为中的主要行为。行为的违法性，是非法收受与合法馈赠的根本区别；行为的被动性，是收受与索取行为的根本区别。为此，在证据要求上，要突出反映“非法收受”这一本质特征。也就是说，在行为证据中，要充分反映行为人违反有关法规，接受他人财物，并达到法定数额标准的事实。这一行为事实的证据确实、充分与否，不仅直接影响到法定行为事实的成立，还关系到一般受贿行为证据链条的完整性和同质行为（索取）的差异性。为此，加强证明内容的针对性，对准确认定一般受贿行为具有重要的理论意义和实践意义。

3. 谋取利益证据。即证明行为人具有“为他人谋取利益”行为的证据。为他人谋取利益，是一般受贿行为的必要要件，也是与其他类型受贿行为的重要区别点。根据一般受贿行为的特点，谋利要素证据，应从言词证据、实物证据中，反映出请托人的请托事项、行为人的承诺表示、为对方谋取利益的着手、实施、实现等行为事实。对为他人谋取利益尚未实现的，除证明上述内容的证据材料外，还应注意收集反映在谋取利益方面行受贿双方的心理状态、意思表示等证据材料。如为了长远利益而行贿，且双方不言自明、心领神会的“感情投资”、“长期经营”、“伺机而行”等心理暗示方面的证据材料。

证明意义：如前所述，为他人谋取利益，是一般受贿行为要素的重要条件。在一般受贿行为中，不具备此条件的不能构成受贿罪。刑法关于这一条件的规定，有一个逐步严格的过程。1979 年刑法第一百八十五条中的受贿罪没有“为他人谋取利益”的规定，行为人只要是利用了职务上的便利，收受了贿赂，就可构成受贿罪。条件虽然简单，但在处罚上也是较轻的，刑罚种类上未设死刑，一般情况下仅处五年以下有期徒刑，只有在致使国家或者公民利益遭受严重损失的情况下，才能受到五年以上有期徒刑的处罚。也就是说，十五年有期徒刑是当时受贿罪的最高刑罚点。1982 年 3 月全国人大常委会做出《关于严惩严重破坏

经济的罪犯的决定》，其中将刑法第一百八十五条第一款和第二款修改为“国家工作人员索取、收受贿赂的，比照刑法第一百五十五条贪污罪论处；情节特别严重的，处无期徒刑或者死刑”。在立法上仍未将“为他人谋取利益”作为受贿罪的法定条件。随着形势的发展，1988 年全国人大常委会颁布了《关于惩治贪污罪贿赂罪的补充规定》，其中在一般受贿的罪状中，增加了“为他人谋取利益”的要件，同时也加重了对受贿罪的处罚，使之与贪污罪的处罚相平衡。1997 年刑法基本上保持了《补充规定》的精神。尽管目前在法学界对这一条件的存废尚有争议，但按照罪刑法定的原则，在收集、审视证据时，必须按照法定的条件，用确实、充分的证据去证明行为人为他人谋取利益的行为事实。根据立法的精神和司法解释，“为他人谋取利益是否正当，为他人谋取利益是否实现，不影响受贿罪的认定”。因此，只要行为人在客观上具有为他人谋取利益的行为，就可构成受贿罪。也就是说，无论“权钱交易”是否得逞，只要双方存在交易关系或已形成交易事实，就应该认定为他人谋取利益的行为成立。但是，既然此条件是一种行为，就必须有证据去进行有效的证明。及时地收集、正确地运用谋利要件证据，对准确定罪和明晰地分辨不同类型的受贿行为具有积极的理论意义和实践操作意义。

二、索贿行为证据

索贿行为证据，是指证明行为人具有利用职务上的便利，索取他人财物行为的证据材料。根据刑法的规定，索贿行为证据，主要由职务便利证据和索取财物证据两部分组成。

1. 职务便利证据。此条件证据与一般受贿中的职务便利证据要求基本相同。如果说二者稍有差异，那就是索贿行为人与一般受贿行为人，在与对应关系主体的关系上，索贿行为对关系主体无论从精神上还是物质上，挟制力更强一些。为此，在证据上应注意突出反映其挟制力方面的事实和情况，以使其职务便利行为的特点更加明显，行为的恶劣程度更加明晰。

2. 索取财物证据。即证明行为人向他人索取财物的证据。索取，从字面上看是索要取得的意思。行为上的主动性，关系上的要挟性是索贿行为的主要特点。为此，在收集、审视证据时，应从索贿的对应关系人证言、知情人证言、行为人供述及相关书证、物证等证据材料中，反映出行为人明示或暗示的要挟性意思表示、利益性许诺、关系人被迫性或无奈性给予及相关事实过程等情况。

证明意义：利用职务便利和索取他人财物是索贿行为的基本特点。如果说利用职务便利是职务犯罪行为的共性特征，那么，索贿行为则是其独有的个性特征。而且是多种受贿行为方式中最为恶劣的一种行为，也是法定从重处罚的一种受贿行为。为此，行为人只要具备了国家工作人员利用职务上的便利和索取他人

财物的条件，就构成了受贿罪。此行为不以“为他人谋取利益”为要件。索贿行为的主动性，决定了行为人在财物的取得方式上是主动索要，关系人在财物的付出上是被动给予。索贿行为的要挟性，也决定了关系人在政治关系、业务关系、工作关系、经济利益及情感因素等方面受制于行为人，其财物的给予，是在某种“职务便利”压力下的无奈行为。故在证据要求上，应充分反映出索取行为的本质特征。其证明意义，一是有利于准确定罪处罚，二是有利于区别于其他形式的受贿行为，三是有利于有针对性、有的放矢地去收集、审视和采信证据。

三、经济受贿行为证据

经济受贿行为证据，是指证明行为人具有在经济往来中，违反国家规定，收受各种名义的回扣、手续费的行为的证据材料。根据刑法的规定，经济受贿行为证据，主要由经济往来证据、违法收受回扣或手续费证据两部分组成。

1. 经济往来证据。经济往来证据，是指证明行为人与往来关系人（包括单位）之间，客观存在某些经济往来活动关系的证据材料。其中主要包括：双方经济关系证明（如经济性、经营性、业务性的合同、协议、约定、隶属关系等），行为人在经济往来事务中的职责证明（如主管、负责、承办等），双方已经发生的或正在发生的经济往来活动证明等。这些内容要通过相关的合同（协议）文本、双方账目往来、文电往来等书证和行为人、知情人、关系人的言词证据予以证明。

证明意义：经济受贿是刑法第三百八十五条第二款的特别规定。其行为特征是特定的，罪状表述是相对独立的，与第三百八十五条第一款一般受贿行为比较既有相通之处，又有明显的区别。根据刑法的规定，经济受贿行为没有“利用职务上的便利”的规定，而是以“在经济往来中”为特定条件。这里并不是否定经济受贿行为中的职务便利成分，因在经济往来中已含有职务便利，没有职务便利，行为人也不可能收受回扣、手续费等。故其职务便利是特定的、具体的。为此，在收集、审视证据时，经济往来证据就成为重要的前提证据。而双方经济关系证据、行为人在此关系中的特定职责证据、双方往来活动证据，就成为行为系发生“在经济往来中”的核心证据。这些证据是否齐备，直接影响到此种类型受贿行为证据链条的完整性和认定犯罪的准确性。因为，经济受贿犯罪的成立，不以“利用职务上的便利”和“为他人谋取利益”为必要条件。只要收受回扣、手续费等行为发生在经济往来中，就可以构成受贿罪。为此，经济往来证据对正确认定经济受贿具有至关重要的意义。

2. 违法收受证据。违法收受证据，是指证明行为人系违反国家规定，收受各种名义的回扣、手续费的证据材料。根据刑法关于经济受贿的要求，应由收受名义证据、收受过程证据、违法依据证据、个人所有证据等四部分证据组成。

(1) 收受名义证据，是指收受目的物的名义证据，如回扣、手续费、咨询费、劳务费、促销费等。这一证据需要从双方的言词证据、知情人、经手人证言、对方往来账目等书证中给予印证。

(2) 收受过程证据，是指反映对方给予的动机、目的、经过及行为人收受表示（包括明示和暗示）、结果等事实的证据。一般情况下，在双方的言词证据和书证、物证中能够得以证实。

(3) 违法依据证据，是指证明行为人收受各种名义的回扣、手续费等系违反国家规定的行为的规章证据。如反不正当竞争法、国务院制定的相关法规等。这一证据主要从相关的国家具体规定中给以佐证。

(4) 个人所有证据，是指证明行为人所收受的目的物为本人所占有的证据。如收受后的使用、支配、存储等情况证据。这些情况，主要从给予人证言、知情人证言、行为人供述及相关的书证、物证中去反映。

证明意义：违法收受是经济受贿行为中又一重要行为要素。它与一般受贿行为中的非法收受有着某些相通之处，又有着明显的区别和极具个性化的特点。一是所收受贿赂目的物有着特定的名义。即“各种名义的回扣、手续费”。贿赂目的物的特定性是其重要特点。二是收受行为的违法性有着明确的指向。即“违反国家规定”。根据刑法第九十六条的规定，“违反国家规定，是指违反全国人民代表大会及其常务委员会制定的法律和决定，国务院制定的行政法规、规定的行政措施、发布的决定和命令”。故贿赂目的物的名义和行为人的收受行为必须具备违反国家有关规定的条件。这一相关条件的引证性是又一重要特点。故其行为的违法性既是刑法的罪状要求，也是一种证据要求，而且是一种前提性要求。三是收受行为不受“为他人谋取利益”条件约束。也就是说，只要行为人系在经济往来中，违法收受对方无论何种名义的回扣、手续费归个人所有，无须职务便利条件和为他人谋取利益条件，就可构成受贿罪。这里不以“为他人谋取利益”为条件，不是完全没有此种含义，而是双方经济关系的双向性、经济往来的互惠性、经济利益的客观性，决定了在经济往来中系利在其中，故无必要再将此作为构成要件。根据经济受贿行为的这些个性特点，有针对性收集、审视证据，无论是在准确定罪方面，还是在提高诉讼效率方面，都具有积极的意义。

四、间接受贿行为证据

间接受贿行为证据，是指证明行为人利用本人职权或者地位形成的便利条件，通过其他国家工作人员职务上的行为，为请托人谋取不正当利益，索取或者收受请托人财物行为的证据。间接受贿也称斡旋受贿，其行为特征既不同于一般的索贿、受贿，也不同于经济、金融受贿，有其相对独立的行为要件。根据刑法第三百八十八条的规定，在间接受贿行为证据中，主要由职权地位便利证据、索

取收受财物证据和间接谋取利益证据三部分证据组成。

1. 职权、地位便利证据。即证明行为人在通过其他国家工作人员职务上的行为，为请托人谋取不正当利益的行为中，具有利用了本人职权或者地位形成的便利条件的事实证据。这一便利条件，是指在行为人与通过人之间，行为人具有职权上的便利条件或者地位上的便利条件。职权便利证据，是指证明行为人在其职务权力范围内对通过人客观上存在某些方便条件，并利用这一便利为请托人谋取不正当利益的证据。如领导权、制约权、管理权、协作权等职务权力证据。地位便利证据，是指证明行为人与通过人之间，具有某些特殊的地位影响力，并利用这一地位便利促使或影响通过人达到为请托人谋取不正当利益目的的证据。如老领导等特殊领导地位证据，领导秘书等特殊工作地位证据，领导人配偶、子女等特殊身份地位证据等。这些证据材料，主要通过行为人过去和现任职务、权力、职责等主体证明材料、行为人与通过人之间政治关系证明材料、行为人与特定领导人之间的工作和社会关系的证明材料予以反映。对此，实践中既要重视双方的言词证据，更要重视相关的组织证明和行为人的日常工作规范及惯例，以从证据上客观地反映出行为人特殊的地位便利事实。

证明意义：所谓间接受贿，不是指行为人间接接受贿赂，而是指其在为请托人谋取不正当利益上具有间接性。这既是间接受贿行为的本质特点，也是与一般受贿行为的主要区别点。然而，行为人在为请托人谋取利益上虽是间接的，即通过其他国家工作人员的职务行为，但在其与通过人的关系上，则是直接利用职权便利或地位便利的。为此，在分析便利证据时，行为人与通过人的关系证据就成为核心证据。行为人只要对通过人实施了相应的支使、促使、诱导等利用性行为，无论通过人的谋利行为是否实现，其利用职权或者地位便利条件均可成立。如浙江省瑞安市财政局干部、瑞安市市长之妻沈××，“利用其丈夫陈××原任瑞安市市委副书记、市长职务之便，为他人谋取利益，与陈××共同多次非法收受他人财物”，被以受贿罪判处有期徒刑三年。为此，对这部分证据要有一个清晰的理念，要认识到它在准确认定间接受贿行为，正确区分不同受贿行为之便利特点，增强收集证据的针对性，提高审查、认定证据的辨析效率等方面的重要意义。

2. 索取、收受财物证据。即证明行为人具有索取或者收受请托人财物的行为证据。如请托人证言、知情人证言、参与人证言、转款购物储存等相关书证、物证、行为人供述等。通过这些证据，一是要反映出行为人实施了收取财物的行为；二是要反映出行为人的接受方式，即是主动索要还是被动收受；三是要反映出行为人对所收财物的实际控制情况，即归本人所占有。

证明意义：间接受贿的索取、收受财物行为具有三个明显特点：一是给予人的明确性，即财物给予人系请托人。行为人对此应是明确的，否则其间接谋利就失去了对象。二是收取方式的双重性，即在收取形式上既有主动性的索要，也有被动性的收受，二者虽然形式不同，但在构成犯罪的要件上是相同的，均需具备间接为请托人谋利的条件。三是行为性质上的非限制性，即其收取财物行为不受“非法”和“违反国家规定”的限制。因其间接为请托人谋取的系“不正当利益”，故刑法对其收受财物行为未作违法性限制。间接受贿行为的这些特点，是与一般受贿、索贿和经济受贿的主要区别点。故在收集、审视证据时，要充分考虑到间接受贿收取财物行为的个性特点，有针对性地去取证、认证，以完善间接受贿行为的证据，准确地认定犯罪，保证和提高此类案件的侦查、起诉质量。

3. 间接谋取利益证据。即证明行为人具有通过其他国家工作人员职务上的行为，为请托人谋取不正当利益的行为证据。间接谋利行为是间接受贿行为中的重要条件，它与一般受贿中的谋利要件有着重要的区别。根据刑法第三百八十八条的规定，应从请托人、通过人、参与人、知情人、行为人的言词证据及相关的书证物证中，重点反映行为人与通过人之间的具体“通过”行为事实，请托人具体的请托事项或要求，通过人对谋利要求的承诺、实施及实现情况，通过人的谋利行为是否是职务行为，所谋取利益的性质是否不正当等内容，以准确认定间接受贿的谋利要件。

证明意义：前面已经提到，间接受贿的谋利要件与一般受贿的谋利要件有着重要的区别。间接受贿谋利要件的主要特点：一是利益谋取人系“通过人”，即行为人所通过的“其他国家工作人员”。二是谋利行为是“通过人”的职务行为。三是获利人系请托人，并有明确的请托事项及要求。四是利益性质系“不正当利益”。所谓“不正当利益”，据最高人民检察院《立案标准》解释，“是指谋取违反法律、法规、国家政策和国务院各部门规章规定的利益，以及谋取违反法律、法规、国家政策和国务院各部门规章规定的帮助或者方便条件”。因此，在证据的要求上，应当清楚地反映出间接受贿这一行为特征的上述特点。只有上述特点得以充分证明，间接谋利要件才能成立。这既是刑法关于间接受贿犯罪构成的实体性要求，也是刑事诉讼法关于定罪证据应当确实充分的程序性要求，同时也是间接受贿行为证据系统的必然要求。有针对性地按照相关要求去收集、审视证据，对准确认定犯罪，正确区分此罪行与彼罪行，防止因证据缺陷而影响案件质量，既有很强的理论意义，也有现实的司法操作意义。

五、几种特殊情形的证明要点

“两高”在2007年7月8日印发的《关于办理受贿刑事案件适用法律若干问题的意见》中规定了八种受贿的特殊情形，这几种特殊受贿情形在证据要求

上，应符合一般受贿的证据要求，但由于其受贿方式特殊，故在收集、审查判断证据时，应把握好以下证明要点：

1. 交易受贿证明要点。即证明行为人交易受贿行贿的证明要点。如：反映行为人未实际出资而获利的请托人出资证据、行为人出资证据、行为人参与经营证据、行为人获得出资额、利润证据等证明材料，以证明行为人实际未出资而获得出资额或者利润的假合作真受贿的行为。

2. 理财受贿证明要点。即证明行为人未实际出资而理财受贿的证明要点。如：反映行为人无本获益或者小本大益的实际出资证据、获得收益证据、收益与出资的差额证据等证明材料，以证明行为人以理财名义收受贿赂的行为。

3. 赌博受贿的证明要点。即证明行为人通过赌博方式收受请托人财物的证明要点。如：反映赌博背景、场合、时间、次数的证据、赌资来源证据、参赌人通谋证据、实际输赢情况证据等证明材料，以证明行为人以赌博方式收受贿赂的行为。

4. 特定关系人受贿证明要点。即证明行为人授意请托人给予特定关系人财物，或者要求、接受请托人使特定关系人吃空饷的证明要点。如：反映行为人与特定关系人的关系证据、特定关系人吃空饷证据、行为人授意证据、特定关系人收受财物证据以及行为人与特定关系人通谋证据等证明材料，以证明行为人受贿或者与特定关系人共同受贿的行为。

5. 借用受贿证明要点。即证明行为人收受请托人房屋、汽车等物品，未变更权属登记或者借用他人名义办理权属登记，或者以借用为名收受贿赂的证明要点。如：反映行为人已控制贿赂物证据、权属变更情况证据、被借用名义人情况证据、借用理由客观情况证据、实际使用情况证据、借用时间情况证据、归还条件及行为证据等证明材料，以证明行为人假借用真受贿的行为。

6. 离职受贿证明要点。即证明行为人在职时为请托人谋取利益，离职后收受财物的证明要点。如：反映行为人在职时与请托人约定证据、谋取利益证据，以及离职前后收受请托人财物的证据等证明材料，以证明行为人离职后受贿的行为。

证明意义：以上六种情形证明要点，是对八种受贿方式的个性特征的证明。一般受贿仍是它们的共性特征，故在证据要求上仍需符合受贿罪的证明要求。它们虽然受贿方式形态各异，但脱离不了“权钱交易”这个贿赂犯罪的本质特征。受贿方式可以花样翻新千变万化，“权钱交易”这个本质特征永远不会改变。也就是现象是万变的，本质是不变的。这是我们在分析上述受贿方式时，应把握的第一重点。其次，在分析每种受贿情形的个性特征时，也要把握住它们的个性本质特征。如，交易受贿的个性特征在于是否针对特定人，干股受贿的个性特征是未出资而获得股份，投资受贿的个性特征是未出资而合作获利，理财受贿的个性特征是无本获益或者小本大益，赌博受贿的个性特征是假赌真贿，特定关系人受贿的个性特征是特定关系人代收财物或者吃空饷，借用受贿的个性特征是名借实贿，离职受贿的个性特征是典型的事后受贿，只不过是在职谋利离职受贿而已。这些个性特征既是证明的要点，也是定罪的关键。为此，在把住“权钱交易”这个贿赂犯罪本质特征的基础上，紧紧围绕个性特征去收集、审查判断证据，对正确认定受贿犯罪，保证刑事诉讼的顺利进行，有着十分重要的意义。

第四节　受贿罪的结果证据

受贿罪的结果证据，是指藉以证明行为人的行为已经发生或会发生收受（索取）他人（请托人）财物并归行为人所有的证据。

从刑法第三百八十五条、第三百八十六条的规定看，受贿罪的犯罪结果在客观上表现为收受（索取）他人（请托人）财物并归个人所有。“归个人所有”，虽然是刑法第三百八十五条第二款经济受贿结果的法定要求，因它突出了受贿犯罪结果的本质特点，故“归个人所有”也是整个受贿罪在犯罪结果上的立法精神体现。因为无这一实质性特点，就无法体现受贿罪的主观要求，也无法区分自然人受贿与单位受贿的界限。为此，在受贿罪的结果证据上，应由取得证据和归属证据两部分组成。

1. 取得证据。即证明行为人无论是主动索要还是被动收受，均已实际取得他人（请托人）给予的财物的证据。这部分证据在行为证据中一般都能予以反映。

2. 归属证据。即证明行为人取得的财物已归个人所有的证据。也就是说应有证据证明贿赂目的物的归属权为行为人所有。如：证明行为人储存、藏匿、存放等占有证据，占有后用于消费、升值等使用证据、收益证据，以及证明行为人个人或以个人名义处分贿赂物的处分证据等。总之，归属证据主要是围绕所有权中占有、使用、收益、处分四项权能运用证据来证明贿赂目的物已归行为人所有这一结果。

证明意义：根据我国刑法的规定，一般受贿的犯罪结果是索取或收受他人财物，经济受贿的犯罪结果是收受各种名义的回扣、手续费，间接受贿的犯罪结果是索取或收受请托人财物。其共性特征：一是形式上的财物取得性，即客观上得到了他人或请托人的财物，而且财物的所有权从行为人取得之日起发生了质的变化；二是本质上的个人所有性，即财物所有权为行为人所有。这里的所有，是指所有权的归属为行为人个人。既然是所有权就不仅仅是占有权，它还包括使用、

收益和处分。这样，所谓“赃款去向”问题，只要能够运用证据证明贿赂物系受贿“赃款”，去向实际上仅是使用去向或处分去向问题，并不影响犯罪的成立。但是，使用、收益、处分是以占有为前提的，如果行为人不是出于个人占有目的，客观上也没有占有，其财物所有权就不能认定为已归属行为人。为此，在收集、审视受贿罪的结果证据时，应全面考察取得证据和归属证据，以保证准确地定罪。此外，把贿赂物的取得和归属作为受贿罪的结果，既是法定的一种结果形态，也是区分受贿罪既遂与未遂的根本标志。故在结果证据上不包括“为他人谋取利益”的实际结果，只能将其作为受贿行为的一个特别要件，其结果也只能作为一种特别情节。为此，正确地认识、全面地收集上述证据，既有利于准确定罪，有效地区别受贿罪的罪与非罪界限，也有利于准确地划分和判断此罪的既遂与未遂，并形成完整的证据系统和链条，以保证正确地适用法律。

第五节　受贿罪的主观证据

受贿罪的主观证据，是指藉以证明行为人明知自己的行为侵害了国家工作人员的职务廉洁性要求，而故意违反有关规定索取或收受贿赂，并希望或放任这种结果发生的证据。鉴于刑法对不同形式的受贿行为的主观要求不尽相同的实际，在分析此罪主观证据时，亦应分别情况，区别对待，以增强不同形式受贿犯罪主观证据的针对性和可操作性。

一、一般受贿的主观证据

一般受贿的主观证据，是指证明行为人明知自己索取或收受他人财物是以其职务便利为条件，而故意违反有关规定，希望或放任取得本不应当得到的他人财物，并积极追求或允诺为他人谋取利益的证据。根据刑法第三百八十五条第一款的规定，一般受贿的主观证据应由主观明知和主观追求两部分证据组成。

1. 主观明知证据。主观明知证据，是指证明行为人在主观认识上，对其利用职务上的便利，索取他人财物，或者收受他人财物，为他人谋取利益，具有明知的证据。

（1）利用职务便利的明知证据。即能够证明行为人明知与对方存在某种职务上的关系，明知对方给予其财物不是正常的亲友往来，是由于其职务便利所致，而利用这一便利条件予以索取或者收受贿赂的证据。上述明知内容，除行为人供述外，在反映双方客观关系的证据和财物给予人、知情人证言中，均能得到证实。

（2）违规索取或收受他人财物的明知证据。即能够证明行为人明知索取或收受他人财物是一种违反有关廉政法规、规章行为的证据。这一明知证据，主要体现在对有关法规和规章，行为人或学习过，或引用过，或签署过，或保存过等，总之有证据证明行为人对这些廉政规定具有应当知晓的义务或已经感知，无论其供述是否承认违背廉政规定，都能证实其在主观上有背职性明知。

（3）对他人谋取利益意图的明知证据。即能够证明行为人明知对方给予财物是以其为对方谋取利益为条件的证据。这里，有的在利益谋求上有明确的指向，如承办具体事项、解决具体问题、给予具体帮助等；有的则表现为利益谋求不明确，或“原则关照”，或“寓意暗示”。但在行为人主观认识因素上，对方有求于他（无论眼前利益还是长远利益）是心知肚明的。因此，应通过行为人供述、证人证言及其他相关书证充分反映上述内容。

证明意义：根据刑法的规定，一般受贿在主观上表现为故意犯罪，而故意犯罪在认识因素上，则表现为对法定的行为与结果具备明知。从一般受贿的认识因素来看，主要是上述“三个明知”。首先，行为人对其利用职务便利的明知，是一种前提性明知，即对一般受贿中利用职务便利这一前提条件的明知。行为人作为国家工作人员，职位级别、权力大小虽有区别，但均客观存在一定的职务便利条件，并与对方也客观存在一定的职务上的联系。而对方给予其财物，也是鉴于这些客观存在的职务关系和便利条件才予实施的。它与正常的亲友往来有着原则的区别。行为人对这些情况在主观上不仅有足够的认识，而且也是完全能够认识的。获取这一明知证据，既能充分反映行为人的主观要件，对正确区分受贿与正常礼尚往来也具有积极的意义。其次，行为人对其违规索取或者收受他人财物的明知，是一种背职性明知，即明知其取得他人财物的行为违反有关廉政法规、规章，是一种不应得到的财物，而故意予以取得。这一点，在一般情况下其明知证据是不难获取的。但实践中有些行为人往往在错误心理支配下，拒不供认对受贿违规性的明知。作为一个正常的国家工作人员，对违规取得他人财物这种常识性问题，是具备正常判断力的。因此，只要有关廉政法规、规章已经公布，行为人又具有应当知晓的义务，就足以认定其具备违规性明知。这些反映其明知内容的证据，对认定行为人的主观要件，反映其主观恶性程度是十分重要的。最后，行为人对为他人谋取利益的明知，是一种交易性明知，即行为人明知对方给予其财物，是以其利用职务便利为对方谋取利益为交换条件的。在利益谋求上无论有否明确具体的指向，行为人主观上对对方“有求于他”是应该也是能够感知到的。而这种心理感知在言行中亦会有不同程度的流露。靠证据去证明这一交易性明知，对全面地分析案情、准确地认定犯罪，具有毋庸置疑的重要作用。为此，实践中对一般受贿的明知证据，应给予高度的重视。

2. 主观追求证据。主观追求证据，是指证明行为人在主观上对其利用职务上的便利，索取他人财物，或者非法收受他人财物，为他人谋取利益的行为，所

引起的危害结果具有希望或放任发生的意志表现证据。从结果内容上看，主要表现在对贿赂物的追求和对为他人谋利的追求上。再据故意犯罪理论中的不同形态，结合主观追求结果，应从四个方面去分析、认识一般受贿的主观追求证据。

（1）对他人财物积极追求获得的证据。即能够证明行为人对他人财物在主观上具有积极要求取得（如索贿）和积极获得的证据。这一反映行为人主观意志的证据，除在行为人供述和对应性证人证言中要注意给予详细充分的反映外，还要注意在相关的行为证据中给予综合，以使之得到印证。

（2）对贿赂物放任获得的证据。即能够证明行为人在获得贿赂物的主观心态上，具有放任性意志表现的证据。在一般受贿行为中，有的行为人在他人给予贿赂物时，主观上并未表现出积极的追求得到，是一种无奈的收受，或表现为再三推辞，或曾有退还表示，或对已给予的贿赂物当时未能知晓，等等。但在结果上行为人已实际获得贿赂物，即结果已经发生。在这种情况下，行为人对贿赂物的获得主观上呈放任态度，即对他人给予其财物持消极得之的心理。也就是说，行为人在主观意志上，既不是迫切希望得到，也不是坚辞不受、拒贿拒礼，而是放任自流，心理认同，任其获得结果的发生。故我们将这种形态的取得方式，称为放任性获得。此种证据，实践中多从行为证据中予以综合反映。而且在对应性双方言词证据和知情人证言中，也能给予充分的反映。

（3）为他人谋取利益的积极追求证据。即能够证明行为人在追求为他人谋取利益的结果发生上，具有希望性积极心态的证据。如：行为人对他人的请托明确承诺、积极谋划、主动安排、特意关照等，都属于积极追求的主观心态反映。而人的主观心态，无不通过外在的客观行为来表现，作为和不作为的语言行为和肢体行为，均能对上述心理意志给予反映。为此，要注意正确地运用行为证据来反映其主观意志，同时也要注意根据刑法的主观要求去收集相关的主观证据。

（4）为他人谋取利益的放任追求证据。即能够证明行为人在追求为他人谋取利益的结果发生上，具有放任性消极心态的证据。如：行为人对他人请托的模糊性承诺或承诺后未实行谋利行为等。司法实践中，有的行为人虽然对他人的请托或“有求于他”是心领神会的，但在为他人谋取利益上未有实行行为，呈不作为状态。但是，行为人对他人给予的财物的取得，对他人明示或暗示的请托，均未履行一个国家工作人员的禁止义务，双方之间的“权钱交易”关系事实已经成立。为此，在为他人谋取利益结果发生上，亦形成了一种不作为的放任心态。由于行为人对他人明示或暗示的请托要求未予拒绝，即使没有明确的承诺表示，未实行为他人谋取利益行为，也不能说行为人没有为他人谋取利益的故意，只能说这是一种放任性的承诺。据有关司法解释和司法实践，这种放任性故意，不影响一般受贿犯罪的成立。因此，在证据要求方面，应从各种行为证据中，按照有关的法理性要求，充分反映行为人的主观心态。

证明意义：根据刑法的规定，受贿罪是一种故意犯罪。但在理论界有两种观点，多数教科书认为受贿罪是一种直接故意的犯罪，即行为人的意志因素是希望得到本不应当得到的他人给予的财物。也有学者提出，受贿罪的主观故意中既有直接故意也有间接故意。从司法实践中遇到的情况看，第二种情况是符合实际的。实践中有许多情况表明，行为人在他人财物的取得上，在为他人谋取利益上，有持放任态度的现象。如果按直接故意说，将会有许多受贿行为得不到应有的刑事处罚。从证据角度说，虽然客观行为是反映行为人主观意志的主要标志，但在很多情况下仅靠客观行为是不足以反映行为人主观心态的，对应双方的言词证据仍然具有举足轻重的作用。这样，在行为特征不明显的情况下，就很难判断行为人对犯罪结果发生的希望心态。要做到主客观相一致，就应当在受贿罪的主观意志因素中，包含放任意志。这也是我们在此罪的主观故意上持“双重说”的主要理由。按照这一观点，我们将一般受贿的主观意志追求划分成四种不同的形式。如果说这是一种定罪的证据要求，同时它也是证据所要证明的主要内容。据此去收集、综合、分析证据，对准确判断行为人的主观意志追求，按照主客观相一致的原则去准确定罪，正确地区别罪与非罪界限，无论在理论上还是在实际操作上，均有着积极的意义。为此，实践中要坚决摒弃那种忽视相关证据，仅仅依靠口供和简单客观归罪的错误做法，使主观心态这一不易把握的条件要素，也有强有力的证据予以支撑和证明。

二、经济受贿的主观证据

经济受贿的主观证据，是指证明行为人明知自己在经济往来中收受各种名义的回扣、手续费等归个人所有是违反国家规定的行为，而故意实施并希望或放任取得的证据。根据刑法第三百八十五条第二款的规定，经济受贿的主观证据，亦由主观明知和主观追求这两部分证据组成。

1. 主观明知证据

主观明知证据，是指证明行为人在主观认识上，对双方经济往来客观性和对贿赂物名义的违规性具备明知的证据。

（1）对双方经济往来客观性的明知证据。即能够证明行为人明知己方与“回扣”给予方客观存在经济往来关系的证据。如：行为人经手办理的双方协议、合同等书证，参与处理双方事务的人证、行为人供述等一切证明行为人知悉双方经济往来关系的证据。

（2）对贿赂物名义违规性的明知证据。即能够证明行为人明知收受对方“回扣、手续费等”是违反国家法律、行政法规及规定的行政措施的行为，而故

意收受归个人所有的证据。这里，主要是证明行为人对所收受贿赂物名义的违规性主观上具有明知。因为，严禁国家工作人员在经济往来中收受回扣，是国家的一贯政策，20世纪80年代以来，除国务院在一些行政法规中早有规定外，1988年全国人大常委会还将此行为列入刑事法律规范——《关于惩治贪污罪贿赂罪的补充规定》。一个具有刑事责任能力的国家工作人员，对此是具有知晓义务和认知能力的。此外，也要注意从行为人参加廉政学习或行为中曾有他人提示等情况中，去印证行为人在主观上确实具备此种明知。

证明意义：上述两个明知是经济受贿行为在主观认识因素中的主要内容。根据刑法第三百八十五条第二款的规定，只要有证据充分证明行为人具备这两个明知，就已具备了构成经济受贿的前提条件。而且不再受利用职务便利和为他人谋取利益证据要求的限制。一方面在双方经济往来客观性的明知中，已集中反映了职务便利和为他人谋取利益的内涵；另一方面在对贿赂物名义违规性的明知中，也充分反映了行为人取得财物的非法性和行为人的职务便利性。故在经济受贿的主观认识证据上，紧紧把握上述两个明知证据，就抓住了反映行为人主观认识因素的关键。为此，这一证据是关系准确定罪的前提性证据，它在收集、综合、分析证据中不可或缺，对完备证据链条、正确运用证据去准确定罪具有积极的实践操作意义。

2. 主观追求证据

主观追求证据，是指证明行为人在主观意志上，具有希望取得或放任获得各种名义“回扣、手续费等”归个人所有的证据。实践中，行为人在“回扣”的收受方式上也有主动与被动之别，而表现在主观意志上，在被动收受形式上亦存在积极追求和放任获得两种心理反映。故在证据要求上，亦应分别情况凸显其个性特征。根据不同的故意内容，我们将此类证据，划分为积极追求“回扣”和放任获得“回扣”两组证据。

（1）积极追求“回扣”证据。即能够证明行为人对给予的违规性“回扣、手续费等”，在主观上具有积极追求取得的意志表现证据。如：反映行为人主动索要“各种名义的回扣、手续费等”积极追求的证据，反映行为人欣然收受“各种名义的回扣、手续费等”积极取得的证据等。此类证据一般情况下不难分辨，通过对应双方的言词证据和行为的客观证据是能够充分予以反映和证实的。

（2）放任获得“回扣”证据。即能够证明行为人对给予的违规性“回扣、手续费等”，在主观上具有消极放任获得的意志表现证据，如推辞不过无奈收受的证据，退还未果消极受之的证据等。这里，主要是通过相关的证据来证实行为人收受违规“回扣”的主观意志形态，只要具备了明知要件，实际上已发生了收受违规“回扣”归个人所有的结果，即使在意志因素上呈放任态度，也不影响经济受贿的犯罪成立。

证明意义： 行为人对违规的各种名义的“回扣、手续费等”的取得，是经济受贿的结果特征。根据刑法的规定和司法实践，在上述结果的发生上，有希望并积极取得和放任消极获得两种情况。这两种情况反映了行为人两种不同的主观意志因素。虽然它们均不影响经济受贿的故意成立，但不同的主观意志表现也直接反映了行为人的不同主观恶性。而且，这一特点也直接关系到准确地定罪和正确地适用刑罚。为此，根据刑法的要求，按照故意犯罪中希望和放任两种形态去收集、综合、分析、认定证据，不仅对提高办案质量，提高办案效率有着直接的实践意义，对在司法实践中正确贯彻实施罪刑法定、罪刑相适应及主客观相一致等定罪原则，也有着积极的实际意义。

3. 间接受贿的主观证据

间接受贿的主观证据，是指证明行为人明知自己索取或收受请托人财物，是以本人的职权或者地位的便利和为请托人谋取不正当利益为条件，而故意违反有关廉政规章，积极取得请托人财物，并通过其他国家工作人员的职务行为积极为请托人谋取不正当利益的证据。根据刑法第三百八十八条的规定，间接受贿的主观证据亦由主观明知证据和主观追求证据两组证据组成。

（1）主观明知证据。主观明知证据，是指证明行为人在主观认识上，对其利用本人职权或地位便利，违规索取或收受请托人财物，通过其他国家工作人员的职务行为为请托人谋取不正当利益，具有明知的证据。

第一，利用本人职权或地位便利的明知证据。即能够证明行为人明知请托人给予其财物和支配为请托人谋取不正当利益的“通过人”，是由于行为人本人职权或地位便利所致的主观认识证据。就行为人与请托人而言，双方客观存在的“权钱交易”关系行为人是明知的，行为人与为请托人谋取不正当利益的“通过人”之间客观存在能动关系，行为人也是明知的，否则就不会存在“请托人”和“通过人”。为此，在间接受贿的主观认识因素方面，应从相关证据中充分反映上述明知内容。

第二，对谋取不正当利益请托的明知证据。即能够证明行为人明知请托人的请托事项系为谋取不正当利益的主观认识证据。请托事项的明确性是间接受贿的重要特点，否则请托人就不能成立。为此，行为人对请托谋利的不正当性是明知的，或对请托谋取的利益本身的违法性具有明知，或对通过人为请托人谋利手段的违法性具有明知。这一主观认识因素，应注意从相关的行为证据中去归纳和印证，并有意识地去收集行为人、请托人和通过人的言词证据，使之得到主客观的统一。

证明意义： 间接受贿行为的突出特征，是谋利的间接性、所谋利益的不正当性和职务便利的复合性。这些行为特征反映到主观认识上，主要是行为人对与请

托人交易性关系的明知，与通过人能动性关系的明知和对所谋利益不正当性的明知。交易性关系的明知，是指行为人对请托人明确的请托事项是明知的，索取或收受请托人财物是以间接为请托人谋利为交易条件的。双方这种“权钱交易”关系的成立，行为人在主观上应该有所认识，而且也是能够认识的。能动性关系的明知，是指行为人与通过人之间客观存在着一种能够支配或影响通过人活动的关系，行为人对个人的支配力和影响力是明知的。行为人对双方关系的明知，对个人能够作用于通过人的能力的明知，是其为请托人间接谋利的主观前提条件，也是其主观上十分重要的一个认识因素。所谋利益不正当性的明知，是指行为人对请托人所请托谋取的利益性质及对促使通过人谋取的利益性质，系违反法律、法规、国家政策和国务院各部门规章规定的利益，以及谋取违反法律、法规、国家政策和国务院各部门规章规定的帮助或者方便条件，在主观上是明知的。对这种因利益违法而不应当得到和不应当提供帮助或方便的利益的谋取，行为人只有具备了明知条件才能构成犯罪。为此，有针对性地收集证据，正确地运用证据去认定间接受贿的主观认识因素，既是实体法的要求也是程序法的要求。它直接关系到对行为人主观要件的准确认定，直接关系到不同受贿犯罪形态的区别，是司法实践中不可忽视的一组证据链环。

（2）主观追求证据。主观追求证据，是指证明行为人在主观意志上，具有积极追求索取或收受请托人财物，积极通过其他国家工作人员职务上的行为，为请托人谋取不正当利益的证据。对贿赂物的积极追求和对谋取不正当利益的积极追求，是间接受贿行为所引发的两个结果。第一个追求结果是间接受贿的本质性结果，它是区分既遂与未遂的标志。第二个追求结果是间接受贿的情节性结果，它是构成犯罪必要条件和反映该罪社会危害性的主要标志。为此，反映这两个追求的证据，就理所当然地成为反映行为人主观意志的主要证据。

第一，积极追求请托人财物证据。即能够证明行为人对请托人财物在主观上具有积极取得的意志表现证据。实践中，行为人有的向请托人主动地明示或暗示索要财物，有的对请托人给予的财物欣然当场接受，有的表面上假意谦让过后心安理得地予以收受，等等。虽然接受的情况形式不同，但在行为人与请托人达成“交易”的过程中，均能反映出行为人希望并心安理得地得到请托人的财物这一主观心态。为此，凡是能够证明行为人这一主观心态的证据，均应及时予以收集，并要注意在相关的行为证据中去综合与归纳，使之得到客观充分的证据予以佐证。

第二，积极追求为请托人谋取不正当利益的证据。即能够证明行为人对请托的不正当利益在主观上具有积极谋取的意志表现证据。如：支使、教唆通过人的证据，对通过人不同方式的示意证据，与通过人合谋策划谋取的证据，等等。鉴于“为他人谋取的利益是否实现，不影响受贿罪的认定”的立法精神，只要有向通过人主动示意的证据，就能够正确认识行为人希望性的主观意志。为此，要注意重点从行为人与通过人之间的交往活动中去收集上述证据。

证明意义：根据刑法的规定，间接受贿在主观上表现为直接故意。即在主观意志上表现为积极取得请托人财物，并积极追求为请托人谋取不正当利益。这是由于间接受贿中请托人及请托事项的明确性，请托方式的明示性特点所决定的。行为人对请托人明示的请托事项，在主观意志上是希望予以实现的。否则就不会有“其他国家工作人员职务上的行为”出现。因为，只有行为人主观上持希望发生谋取不正当利益的结果，才会去实施“通过行为”。反之，“通过行为”的客观存在，也决定了间接受贿在主观意志上是一种积极追求的心态。鉴于谋利行为的实施人系其他国家工作人员，故无论“通过人”是否实施谋利行为、实现谋利结果，只要行为人具有了“通过行为”，即已表明其希望结果发生的主观意志成立。因此，在收集、综合、认定间接受贿的主观证据时，要注意把握住这个重点，用客观充分的证据去证明这一主观意志表现。这既是正确认定间接受贿犯罪的客观需要，也是正确区别罪与非罪及不同形式的受贿犯罪的实际要求。

第六节　受贿罪的情节证据

受贿罪的情节证据，是指藉以证明行为人具有某些影响定罪、量刑的各种情节事实的证据。根据刑法和相关司法解释的规定，在受贿罪的情节证据中，主要有定罪情节和量刑情节两组证据。

1. 定罪情节证据。定罪情节证据，是指证明行为人具有影响受贿罪名成立的情节事实的证据。从刑法和司法解释的相关规定看，影响受贿罪名成立的情节证据，主要有谋利情节和起刑情节两组证据。

（1）谋利情节证据。即行为人具有为他人（或请托人）谋取利益情节事实的证据。包括：承诺证据（明示或暗示）、策划谋利证据、实施证据、实现证据及利益性质（正当与否）证据等。

（2）起刑情节证据。即关系定罪起点的情节事实证据。主要包括：数额证据、损失证据、影响证据和索要证据等。

证明意义：“为他人谋取利益”和“为请托人谋取不正当利益”条件，是一般受贿和间接受贿构成犯罪的必要条件。这一条件作为受贿罪的特定条件直接关系到一般受贿和间接受贿的罪名成立。但是，由于这一条件仅是一种情节因素，故它是否实现，即结果是否发生，不影响受贿罪的认定。至于“利益是否正当”，它是一般受贿的酌定从重处罚情节（如谋取不正当利益）和间接受贿的必要情节（正当利益不构成犯罪）。

起刑情节，是指具备起刑点的情节。根据刑法第三百八十六条和第三百八十三条的规定，个人受贿5000元以上是构成犯罪的数额起点。个人受贿“数额不满5000元，情节较重的”才能构成犯罪。那么，具有哪些情节才能构成“较重”呢？据最高人民检察院《人民检察院直接受理立案侦查案件立案标准的规定（试行）》解释，个人受贿数额不满5000元，但具有“（1）因受贿行为而使国家或者社会利益遭受重大损失的；（2）故意刁难、要挟有关单位、个人，造成恶劣影响的；（3）强行索取财物的”情节的，应予立案追究刑事责任。再据上述《立案标准》附则规定，“本规定中有关犯罪数额‘不满’，是指接近该数额且已达到该数额的百分之八十以上”。也就是说，个人受贿数额在4000元以上，且具有上述三个情节之一的，应当追究刑事责任。这样，就需要相关的遭受重大损失、造成恶劣影响及强行索要财物情节的证据予以佐证。上述证据是否确定充分，将直接影响着犯罪的成立。故它是关系罪与非罪的重要情节证据。尤其是受贿数额处于边缘的案件，情节证据的作用就更显关键。为此，上述定罪情节证据，应引起司法工作者的高度重视。

2. 量刑情节证据。量刑情节证据，是指证明行为人具有影响量刑的情节事实的证据。从刑法、刑事诉讼法和有关司法解释的规定看，影响受贿罪量刑的情节证据主要有以下几种：

（1）索贿情节证据。即证明行为人具有主动向他人索取财物的情节证据。

（2）前科情节证据。即证明行为人在犯罪前曾具有因经济违法犯罪行为受过行政处分或刑事处罚的情节证据。

（3）数额情节证据。即证明行为人具有刑法规定的量刑幅度数额要求的情节证据。

（4）要挟情节证据。即证明行为人具有要挟、刁难迫使他人给予财物的情节证据。

（5）损失影响情节证据。即证明行为人具有因受贿犯罪行为使国家、集体和人民利益遭受重大损失及造成恶劣影响的情节证据。如造成企业亏损、破产及造成信誉危机、单位瘫痪等情节证据。

（6）自首立功情节证据。即证明行为人具有投案自首或者立功表现等法定从轻、减轻处罚的情节证据。

（7）悔改情节证据。即证明行为人具有犯罪情节较轻（数额在1万元以下），能主动坦白、积极退赃，确有悔改表现等情节的证据。

（8）妨碍侦查情节证据。即证明行为人在侦查期间，具有干扰证人作证、毁灭、伪造证据或者串供等情节的证据。

证明意义：在受贿罪的处罚上，影响量刑的情节很多，但主要体现在从重处罚或从轻、减轻处罚两个方面。从法定的从重情节看，“索贿的从重处罚”，是刑法第三百八十六条的明确规定。前科情节，属于累犯的应根据刑法第六十五条的规定从重处罚。虽不属于累犯，但曾因经济犯罪行为受过行政处分或刑事处罚的，不能适用缓刑，故这一情节应视为酌定从重情节。数额情节，是刑法中量刑幅度的起点数额标准，达到哪一量刑幅度按哪一量刑幅度要求去量刑，这是正确量刑的基础条件。要挟情节，是最高人民检察院《立案标准》中明确规定的从重情节。故在《立案标准》规定定罪数额以上具有要挟情节的，应视为酌定从重情节。损失情节和影响情节也是如此，最高人民检察院和最高人民法院均在各自的司法解释文件中对此做出规定，实践中将此作为酌定从重情节亦已成通例。自首立功情节和悔改情节，是刑法第六十七条、第六十八条和第三百八十三条明确规定的从轻、减轻情节。妨碍侦查情节，是刑事诉讼法第六十九条、第七十五条对被取保候审、监视居住的犯罪嫌疑人的相关条件规定，最高人民检察院在《立案标准》中对贪污罪的定罪情节亦有类似规定，因此对上述情节应视作从严情节来掌握。

前述这些情节，仅是一些主要的情节，实践中还会有一些情节直接影响到正确的处罚。为此，在实践中应对量刑情节证据给予高度重视，要摒弃那种重定罪情节证据、轻量刑情节证据的观念和倾向。这既是罪刑相适应原则的要求，也是正确适用刑罚、正确运用刑罚的必然要求。为此，在实践中应全面收集、准确认定相关的量刑情节证据，以保证及时、正确地惩罚犯罪。

附：法律法规

1.《中华人民共和国刑法》（1997年3月14日修订）（节录）

第一百六十三条【非国家工作人员受贿罪】 公司、企业的工作人员利用职务上的便利，索取他人财物或者非法收受他人财物，为他人谋取利益，数额较大的，处五年以下有期徒刑或者拘役；数额巨大的，处五年以上有期徒刑，可以并处没收财产。

公司、企业的工作人员在经济往来中，违反国家规定，收受各种名义的回扣、手续费，归个人所有的，依照前款的规定处罚。

国有公司、企业中从事公务的人员和国有公司、企业委派到非国有公司、企业从事公务的人员有前两款行为的，依照本法第三百八十五条、第三百八十六条的规定定罪处罚。

第一百八十四条 银行或者其他金融机构的工作人员在金融业务活动中索取他人财物或者非法收受他人财物，为他人谋取利益的，或者违反国家规定，收受各种名义的回扣、手续费，归个人所有的，依照本法第一百六十三条的规定定罪处罚。

国有金融机构工作人员和国有金融机构委派到非国有金融机构从事公务的人员有前款行为的，依照本法第三百八十五条、第三百八十六条的规定定罪处罚。

第三百八十五条【受贿罪】 国家工作人员利用职务上的便利，索取他人财物的，或者非法收受他人财物，为他人谋取利益的，是受贿罪。

国家工作人员在经济往来中，违反国家规定，收受各种名义的回扣、手续费，归个人所有的，以受贿论处。

第三百八十六条 对犯受贿罪的，根据受贿所得数额及情节，依照本法第三百八十三条的规定处罚。索贿的从重处罚。

第三百八十八条 国家工作人员利用本人职权或者地位形成的便利条件，通过其他国家工作人员职务上的行为，为请托人谋取不正当利益，索取请托人财物或者收受请托人财物的，以受贿论处。

2. 最高人民检察院《人民检察院直接受理立案侦查案件立案标准的规定(试行)》（1999 年 9 月 16 日）（节录）

（三）受贿案（第 385 条，第 386 条，第 388 条，第 163 条第 3 款，第 184 条第 2 款）

受贿罪是指国家工作人员利用职务上的便利，索取他人财物的，或者非法收受他人财物，为他人谋取利益的行为。

“利用职务上的便利”，是指利用本人职务范围内的权力，即自己职务上主管、负责或者承办某项公共事务的职权及其所形成的便利条件。

索取他人财物的，不论是否“为他人谋取利益”，均可构成受贿罪。非法收受他人财物的，必须同时具备“为他人谋取利益”的条件，才能构成受贿罪。但是为他人谋取的利益是否正当，为他人谋取的利益是否实现，不影响受贿罪的认定。

国家工作人员在经济往来中，违反国家规定，收受各种名义的回扣、手续费，归个人所有的，以受贿罪追究刑事责任。

国有公司、企业中从事公务的人员和国有公司、企业委派到非国有公司、企业从事公务的人员利用职务上的便利，索取他人财物或者非法收受他人财物，为他人谋取利益，或者在经济往来中，违反国家规定，收受各种名义的回扣、手续费，归个人所有的，以受贿罪追究刑事责任。

国有金融机构工作人员和国有金融机构委派到非国有金融机构从事公务的人员在金融业务活动中索取他人财物或者非法收受他人财物，为他人谋取利益的，或者违反国家规定，收受各种名义的回扣、手续费归个人所有的，以受贿罪追究刑事责任。

国家工作人员利用本人职权或者地位形成的便利条件，通过其他国家工作人员职务上的行为，为请托人谋取不正当利益，索取请托人财物或者收受请托人财物的，以受贿罪追究刑事责任。

涉嫌下列情形之一的，应予立案：

1. 个人受贿数额在5千元以上的；

2. 个人受贿数额不满5千元，但具有下列情形之一的：

(1) 因受贿行为而使国家或者社会利益遭受重大损失的；

(2) 故意刁难、要挟有关单位、个人，造成恶劣影响的；

(3) 强行索取财物的。

3. 最高人民法院、最高人民检察院《关于办理受贿刑事案件适用法律若干问题的意见》（2007年7月8日）

为依法惩治受贿犯罪活动，根据刑法有关规定，现就办理受贿刑事案件具体适用法律若干问题，提出以下意见：

一、关于以交易形式收受贿赂问题

国家工作人员利用职务上的便利为请托人谋取利益，以下列交易形式收受请托人财物的，以受贿论处：

(1) 以明显低于市场的价格向请托人购买房屋、汽车等物品的；

(2) 以明显高于市场的价格向请托人出售房屋、汽车等物品的；

(3) 以其他交易形式非法收受请托人财物的。

受贿数额按照交易时当地市场价格与实际支付价格的差额计算。

前款所列市场价格包括商品经营者事先设定的不针对特定人的最低优惠价格。根据商品经营者事先设定的各种优惠交易条件，以优惠价格购买商品的，不属于受贿。

二、关于收受干股问题

干股是指未出资而获得的股份。国家工作人员利用职务上的便利为请托人谋取利益，收受请托人提供的干股的，以受贿论处。进行了股权转让登记，或者相关证据证明股份发生了实际转让的，受贿数额按转让行为时股份价值计算，所分红利按受贿孳息处理。股份未实际转让，以股份分红名义获取利益的，实际获利数额应当认定为受贿数额。

三、关于以开办公司等合作投资名义收受贿赂问题

国家工作人员利用职务上的便利为请托人谋取利益，由请托人出资，“合作”开办公司或者进行其他“合作”投资的，以受贿论处。受贿数额为请托人给国家工作人员的出资额。

国家工作人员利用职务上的便利为请托人谋取利益，以合作开办公司或者其

他合作投资的名义获取“利润”，没有实际出资和参与管理、经营的，以受贿论处。

四、关于以委托请托人投资证券、期货或者其他委托理财的名义收受贿赂问题

国家工作人员利用职务上的便利为请托人谋取利益，以委托请托人投资证券、期货或者其他委托理财的名义，未实际出资而获取“收益”，或者虽然实际出资，但获取“收益”明显高于出资应得收益的，以受贿论处。受贿数额，前一情形，以“收益”额计算；后一情形，以“收益”额与出资应得收益额的差额计算。

五、关于以赌博形式收受贿赂的认定问题

根据《最高人民法院、最高人民检察院关于办理赌博刑事案件具体应用法律若干问题的解释》第七条规定，国家工作人员利用职务上的便利为请托人谋取利益，通过赌博方式收受请托人财物的，构成受贿。

实践中应注意区分贿赂与赌博活动、娱乐活动的界限。具体认定时，主要应当结合以下因素进行判断：(1) 赌博的背景、场合、时间、次数；(2) 赌资来源；(3) 其他赌博参与者有无事先通谋；(4) 输赢钱物的具体情况和金额大小。

六、关于特定关系人“挂名”领取薪酬问题

国家工作人员利用职务上的便利为请托人谋取利益，要求或者接受请托人以给特定关系人安排工作为名，使特定关系人不实际工作却获取所谓薪酬的，以受贿论处。

七、关于由特定关系人收受贿赂问题

国家工作人员利用职务上的便利为请托人谋取利益，授意请托人以本意见所列形式，将有关财物给予特定关系人的，以受贿论处。

特定关系人与国家工作人员通谋，共同实施前款行为的，对特定关系人以受贿罪的共犯论处。特定关系人以外的其他人与国家工作人员通谋，由国家工作人员利用职务上的便利为请托人谋取利益，收受请托人财物后双方共同占有的，以受贿罪的共犯论处。

八、关于收受贿赂物品未办理权属变更问题

国家工作人员利用职务上的便利为请托人谋取利益，收受请托人房屋、汽车等物品，未变更权属登记或者借用他人名义办理权属变更登记的，不影响受贿的认定。

认定以房屋、汽车等物品为对象的受贿，应注意与借用的区分。具体认定时，除双方交代或者书面协议之外，主要应当结合以下因素进行判断：(1) 有无借用的合理事由；(2) 是否实际使用；(3) 借用时间的长短；(4) 有无归还

的条件；(5) 有无归还的意思表示及行为。

九、关于收受财物后退还或者上交问题

国家工作人员收受请托人财物后及时退还或者上交的，不是受贿。

国家工作人员受贿后，因自身或者与其受贿有关联的人、事被查处，为掩饰犯罪而退还或者上交的，不影响认定受贿罪。

十、关于在职时为请托人谋利，离职后收受财物问题

国家工作人员利用职务上的便利为请托人谋取利益之前或者之后，约定在其离职后收受请托人财物，并在离职后收受的，以受贿论处。

国家工作人员利用职务上的便利为请托人谋取利益，离职前后连续收受请托人财物的，离职前后收受部分均应计入受贿数额。

十一、关于“特定关系人”的范围

本意见所称“特定关系人”，是指与国家工作人员有近亲属、情妇（夫）以及其他共同利益关系的人。

十二、关于正确贯彻宽严相济刑事政策的问题

依照本意见办理受贿刑事案件，要根据刑法关于受贿罪的有关规定和受贿罪权钱交易的本质特征，准确区分罪与非罪、此罪与彼罪的界限，惩处少数，教育多数。在从严惩处受贿犯罪的同时，对于具有自首、立功等情节的，依法从轻、减轻或者免除处罚。

4. 最高人民法院、最高人民检察院《关于办理商业贿赂刑事案件适用法律若干问题的意见》（2008 年 11 月 20 日）

为依法惩治商业贿赂犯罪，根据刑法有关规定，结合办案工作实际，现就办理商业贿赂刑事案件适用法律的若干问题，提出如下意见：

一、商业贿赂犯罪涉及刑法规定的以下八种罪名：

(1) 非国家工作人员受贿罪（刑法第一百六十三条）

(2) 对非国家工作人员行贿罪（刑法第一百六十四条）

(3) 受贿罪（刑法第三百八十五条）

(4) 单位受贿罪（刑法第三百八十七条）

(5) 行贿罪（刑法第三百八十九条）

(6) 对单位行贿罪（刑法第三百九十一条）

(7) 介绍贿赂罪（刑法第三百九十二条）

(8) 单位行贿罪（刑法第三百九十三条）

二、刑法第一百六十三条、第一百六十四条规定的“其他单位”，既包括事业单位、社会团体、村民委员会、居民委员会、村民小组等常设性的组织，也包括为组织体育赛事、文艺演出或者其他正当活动而成立的组委会、筹委会、工程

承包队等非常设性的组织。

三、刑法第一百六十三条、第一百六十四条规定的“公司、企业或者其他单位的工作人员”，包括国有公司、企业以及其他国有单位中的非国家工作人员。

四、医疗机构中的国家工作人员，在药品、医疗器械、医用卫生材料等医药产品采购活动中，利用职务上的便利，索取销售方财物，或者非法收受销售方财物，为销售方谋取利益，构成犯罪的，依照刑法第三百八十五条的规定，以受贿罪定罪处罚。

医疗机构中的非国家工作人员，有前款行为，数额较大的，依照刑法第一百六十三条的规定，以非国家工作人员受贿罪定罪处罚。

医疗机构中的医务人员，利用开处方的职务便利，以各种名义非法收受药品、医疗器械、医用卫生材料等医药产品销售方财物，为医药产品销售方谋取利益，数额较大的，依照刑法第一百六十三条的规定，以非国家工作人员受贿罪定罪处罚。

五、学校及其他教育机构中的国家工作人员，在教材、教具、校服或者其他物品的采购等活动中，利用职务上的便利，索取销售方财物，或者非法收受销售方财物，为销售方谋取利益，构成犯罪的，依照刑法第三百八十五条的规定，以受贿罪定罪处罚。

学校及其他教育机构中的非国家工作人员，有前款行为，数额较大的，依照刑法第一百六十三条的规定，以非国家工作人员受贿罪定罪处罚。

学校及其他教育机构中的教师，利用教学活动的职务便利，以各种名义非法收受教材、教具、校服或者其他物品销售方财物，为教材、教具、校服或者其他物品销售方谋取利益，数额较大的，依照刑法第一百六十三条的规定，以非国家工作人员受贿罪定罪处罚。

六、依法组建的评标委员会、竞争性谈判采购中谈判小组、询价采购中询价小组的组成人员，在招标、政府采购等事项的评标或者采购活动中，索取他人财物或者非法收受他人财物，为他人谋取利益，数额较大的，依照刑法第一百六十三条的规定，以非国家工作人员受贿罪定罪处罚。

依法组建的评标委员会、竞争性谈判采购中谈判小组、询价采购中询价小组中国家机关或者其他国有单位的代表有前款行为的，依照刑法第三百八十五条的规定，以受贿罪定罪处罚。

七、商业贿赂中的财物，既包括金钱和实物，也包括可以用金钱计算数额的财产性利益，如提供房屋装修、含有金额的会员卡、代币卡（券）、旅游费用等。具体数额以实际支付的资费为准。

八、收受银行卡的，不论受贿人是否实际取出或者消费，卡内的存款数额一般应全额认定为受贿数额。使用银行卡透支的，如果由给予银行卡的一方承担还款责任，透支数额也应当认定为受贿数额。

九、在行贿犯罪中，“谋取不正当利益”，是指行贿人谋取违反法律、法规、规章或者政策规定的利益，或者要求对方违反法律、法规、规章、政策、行业规范的规定提供帮助或者方便条件。

在招标投标、政府采购等商业活动中，违背公平原则，给予相关人员财物以谋取竞争优势的，属于“谋取不正当利益”。

十、办理商业贿赂犯罪案件，要注意区分贿赂与馈赠的界限。主要应当结合以下因素全面分析、综合判断：

(1) 发生财物往来的背景，如双方是否存在亲友关系及历史上交往的情形和程度；

(2) 往来财物的价值；

(3) 财物往来的缘由、时机和方式，提供财物方对于接受方有无职务上的请托；

(4) 接受方是否利用职务上的便利为提供方谋取利益。

十一、非国家工作人员与国家工作人员通谋，共同收受他人财物，构成共同犯罪的，根据双方利用职务便利的具体情形分别定罪追究刑事责任：

(1) 利用国家工作人员的职务便利为他人谋取利益的，以受贿罪追究刑事责任；

(2) 利用非国家工作人员的职务便利为他人谋取利益的，以非国家工作人员受贿罪追究刑事责任；

(3) 分别利用各自的职务便利为他人谋取利益的，按照主犯的犯罪性质追究刑事责任，不能分清主从犯的，可以受贿罪追究刑事责任。

5.《全国法院审理经济犯罪案件工作座谈会纪要》（2003 年 11 月 13 日）(节录)

三、关于受贿罪

(一) 关于“利用职务上的便利”的认定

刑法第三百八十五条第一款规定的“利用职务上的便利”，既包括利用本人职务上主管、负责、承办某项公共事务的职权，也包括利用职务上有隶属、制约关系的其他国家工作人员的职权。担任单位领导职务的国家工作人员通过不属自己主管的下级部门的国家工作人员的职务为他人谋取利益的，应当认定为“利用职务上的便利”为他人谋取利益。

(二)“为他人谋取利益”的认定

为他人谋取利益包括承诺、实施和实现三个阶段的行为。只要具有其中一个

阶段的行为，如国家工作人员收受他人财物时，根据他人提出的具体请托事项，承诺为他人谋取利益的，就具备了为他人谋取利益的要件。明知他人有具体请托事项而收受其财物的，视为承诺为他人谋取利益。

（三）“利用职权或地位形成的便利条件”的认定

刑法第三百八十八条规定的“利用本人职权或者地位形成的便利条件”，是指行为人与被其利用的国家工作人员之间在职务上虽然没有隶属、制约关系，但是行为人利用了本人职权或者地位产生的影响和一定的工作联系，如单位内不同部门的国家工作人员之间、上下级单位没有职务上隶属、制约关系的国家工作人员之间、有工作联系的不同单位的国家工作人员之间等。

（四）离职国家工作人员收受财物行为的处理

参照最高人民法院《关于国家工作人员利用职务上的便利为他人谋取利益离退休后收受财物行为如何处理问题的批复》规定的精神，国家工作人员利用职务上的便利为请托人谋取利益，并与请托人事先约定，在其离职后收受请托人财物，构成犯罪的，以受贿罪定罪处罚。

（五）共同受贿犯罪的认定

根据刑法关于共同犯罪的规定，非国家工作人员与国家工作人员勾结，伙同受贿的，应当以受贿罪的共犯追究刑事责任。非国家工作人员是否构成受贿罪共犯，取决于双方有无共同受贿的故意和行为。国家工作人员的近亲属向国家工作人员代为转达请托事项，收受请托人财物并告知该国家工作人员，或者国家工作人员明知其近亲属收受了他人财物，仍按照近亲属的要求利用职权为他人谋取利益的，对该国家工作人员应认定为受贿罪，其近亲属以受贿罪共犯论处。近亲属以外的其他人与国家工作人员通谋，由国家工作人员利用职务上的便利为请托人谋取利益，收受请托人财物后双方共同占有的，构成受贿罪共犯。

国家工作人员利用职务上的便利为他人谋取利益，并指定他人将财物送给其他人，构成犯罪的，应以受贿罪定罪处罚。

（六）以借款为名索取或者非法收受财物行为的认定

国家工作人员利用职务上的便利，以借为名向他人索取财物，或者非法收受财物为他人谋取利益的，应当认定为受贿。具体认定时，不能仅仅看是否有书面借款手续，应当根据以下因素综合判定：(1) 有无正当、合理的借款事由；(2) 款项的去向；(3) 双方平时关系如何、有无经济往来；(4) 出借方是否要求国家工作人员利用职务上的便利为其谋取利益；(5) 借款后是否有归还的意思表示及行为；(6) 是否有归还的能力；(7) 未归还的原因；等等。

（七）涉及股票受贿案件的认定

在办理涉及股票的受贿案件时，应当注意：(1) 国家工作人员利用职务上的便利，索取或非法收受股票，没有支付股本金，为他人谋取利益，构成受贿罪的，其受贿数额按照收受股票时的实际价格计算。(2) 行为人支付股本金而购买较有可能升值的股票，由于不是无偿收受请托人财物，不以受贿罪论处。(3) 股票已上市且已升值，行为人仅支付股本金，其“购买”股票时的实际价格与股本金的差价部分应认定为受贿。

6. 国家工商行政管理局《关于禁止商业贿赂行为的暂行规定》（1996 年 11 月 15 日）（节录）

第七条 经营者销售或者购买商品，可以以明示方式给中间人佣金。经营者给中间人佣金的，必须如实入账；中间人接受佣金的，必须如实入账。

本规定所称佣金，是指经营者在市场交易中给予为其提供服务的具有合法经营资格的中间人的劳务报酬。

第八条 经营者在商品交易中不得向对方单位或者其个人附赠现金或者物品。但按照商业惯例赠送小额广告礼品的除外。

违反前款规定的，视为商业贿赂行为。

第九条 经营者违反本规定以行贿手段销售或者购买商品的，由工商行政管理机关依照《反不正当竞争法》第二十二条的规定，根据情节处以一万元以上二十万元以下的罚款，有违法所得的，应当予以没收；构成犯罪的，移交司法机关依法追究刑事责任。

有关单位或者个人购买或者销售商品时收受贿赂的，由工商行政管理机关按照前款的规定处罚；构成犯罪的，移交司法机关依法追究刑事责任。

第十条 商业贿赂行为由县级以上工商行政管理机关监督检查。

工商行政管理机关在监督检查商业贿赂行为时，可以对行贿行为和受贿行为一并予以调查处理。

第十一条 经营者在以贿赂手段销售或者购买商品中，同时有其他违反工商行政管理法规行为的，对贿赂行为和其他违法行为应当一并处罚。

第十二条 本规定自公布之日起施行。

第五章　单位受贿罪证据结构

第一节　单位受贿罪概述

根据刑法第三百八十七条的规定，单位受贿罪是指国家机关、国有公司、企业、事业单位、人民团体，索取、非法收受他人财物，为他人谋取利益，情节严重的行为。其基本特征是：

一、主体特征

单位受贿罪的主体系特殊主体，即单位。根据刑法的规定，此罪的主体仅限国家机关、国有公司、企业、事业单位、人民团体。也就是说，仅限国有单位，非国有单位不构成此罪。但是，任何单位行为都是由人来具体实施的。为此，此罪系双重主体，即实施犯罪行为的单位和组织、策划、实施单位犯罪行为的直接负责的主管人员和其他直接责任人员。这也是双罚制单位犯罪的重要特点。

根据刑法规定和司法实践，此罪主体主要有以下几类：

1. 国有单位。即国家机关、国有公司、企业、事业单位、人民团体。

2. 单位的分支机构或者内设机构、部门。2001 年 1 月 21 日最高人民法院《全国法院审理金融犯罪案件工作座谈会纪要》中规定："以单位的分支机构或者内设机构、部门的名义实施犯罪，违法所得亦归分支机构或者内设机构、部门所有的，应认定为单位犯罪。不能因为单位的分支机构或者内设机构、部门没有可供执行罚金的财产，就不将其认定为单位犯罪，而按照个人犯罪处理。"2006 年 9 月 12 日最高人民检察院研究室《关于国有单位的内设机构能否构成单位受贿罪主体问题的答复》中解释："国有单位的内设机构利用其行使职权的便利，索取、非法收受他人财物并归该内设机构所有或者支配，为他人谋取利益，情节严重的，依照刑法第三百八十七条的规定以单位受贿罪追究刑事责任。"鉴于我国正处在改革时期，一些单位实施犯罪后，该单位被撤销、合并、分立或者破产、解散等情况，"两高"先后作出司法解释。1998 年 9 月 8 日最高人民法院《关于执行〈中华人民共和国刑事诉讼法〉若干问题的解释》第二百一十五条规定："人民法院审理单位犯罪案件，被告单位被注销或者宣告破产，但单位犯罪直接负责的主管人员和其他直接责任人员应当负刑事责任的，应当继续审理。"2002 年 7 月 4 日最高人民检察院《关于涉嫌犯罪单位被撤销、注销、吊销营业执照或者宣告破产的应如何进行追诉问题的批复》中规定："涉嫌犯罪的单位被撤销、注销、吊销营业执照或者宣告破产的，应当根据刑法关于单位犯罪的相关规定，对实施犯罪行为的该单位直接负责的主管人员和其他直接责任人员追究刑事责任，对该单位不再追诉。"2012 年 11 月 5 日最高人民法院通过的《关于适用〈中华人民共和国刑事诉讼法〉的解释》第二百八十六条重申了上述规定，"审判期间，被告单位被撤销、注销、吊销营业执照或者宣告破产的，对单位犯罪直接负责的主管人员和其他直接责任人员应当继续审理。"

3. 直接负责的主管人员。根据最高人民法院《全国法院审理金融犯罪案件工作座谈会纪要》规定，"直接负责的主管人员，是在单位实施的犯罪中起决定、批准、授意、纵容、指挥等作用的人员，一般是单位的主管负责人，包括法定代表人。"为此，直接负责的主管人员并非指名义负责人，而是指在单位实施犯罪中起决定、批准、授意、纵容、指挥等作用的人员。如：单位的法定代表人、单位的分管负责人、单位授权负责人等，只要实施了组织、策划、实施行为即可构成此罪主体。

4. 直接责任人员。根据最高人民法院《全国法院审理金融犯罪案件工作座谈会纪要》，"其他直接责任人员，是在单位犯罪中具体实施犯罪并起较大作用的人员，既可以是单位的经营管理人员，也可以是单位的职工，包括聘任、雇佣的人员。应当注意的是，在单位犯罪中，对于受单位领导指派或奉命而参与实施了一定犯罪行为的人员，一般不宜作为直接责任人员追究刑事责任。"为此，单位员工、单位聘员、单位委托人员等均可构成此罪主体。

二、客体特征

单位受贿罪的客体是国家机关、国有公司、企业、事业单位、人民团体职务行为的廉洁性和国有单位的廉政建设制度。国有单位的职务行为，不仅仅是单位行为，它往往是国家管理社会、管理国有资产权力的具体体现。为此，此罪的侵害客体不仅是国有单位的职务廉洁性，它还直接关系政府的公信力，关系国家的廉政建设制度。人们常说个体犯罪并不可怕，可怕的是团体犯罪、集体犯罪。因此，国有单位的廉政建设制度亦是此罪的侵害客体。这一点应引起我们的高度重视。

三、主观特征

单位受贿罪在主观方面表现为直接故意，即明知单位行为违背国有单位的职务廉洁性要求，而故意违反有关规定索取或者非法收受他人财物、回扣、手续费为单位所有，并为他人谋取利益。它的直接目的，是为本单位谋取非法利益。间接目的，是为他人谋取利益。单位受贿罪与个人受贿罪在主观上的区别是，前者

是单位意志，后者是个人意志。即使有关人员具有受贿故意，在单位受贿罪中也已上升为单位意志。其主观上表现为，积极追求为本单位谋取非法利益。

四、客观特征

单位受贿罪的客观特征，即单位受贿犯罪行为表现特征。根据刑法规定和司法实践，此罪的客观特征主要由以下几个要素组成：

1. 职权便利要素。任何国有单位都拥有一定的权力。如：司法机关拥有司法权，政府机关拥有行政执法权、行政监督权、行政管理权、行政审批权，国有企业事业单位拥有国有资产管理、经营权等。这些权力都可能成为赎买的对象。以权钱交易为基本特征的贿赂犯罪，职权便利这一赎买对象就成为其必然要素特征。而权力的组织性、结构性、程序性，也决定了单位内部的不同机构、部门、岗位，亦拥有不同的分解的权力。无此权力，行为单位无法去为他人谋取利益，他人也无动力前去行贿。正所谓"世上没有无缘无故的恨，也没有无缘无故的爱"。为此，虽然刑法第三百八十七条没有规定职权便利或职务上的便利，但职权便利意在其中，不可或缺。因为这是贿赂犯罪的基本特征。

2. 索取、非法收受他人财物要素。索取他人财物，是指主动向他人个人或单位索要财物；非法收受他人财物，是指违法收受他人个人或单位给予的财物。这是此罪的一个重要行为特征。无此不能构成单位受贿犯罪。此外，此罪还规定了一项与个人受贿犯罪相同的条款，即"前款所列单位，在经济往来中，在账外暗中收受各种名义的回扣、手续费的，以受贿论。"也就是说，单位在经济往来中，无论何种名义的好处费，只要是账外暗中收受，就可能构成单位受贿犯罪。

3. 为他人谋取利益要素。为他人谋取利益既是一种主观意图，也是一种行为表现方式。从利益性质看，无须考虑利益的正当性，无论谋取的是正当利益还是不正当利益，均不影响此罪的成立；从谋利的表现看，承诺（包括明示和暗示）、实施、实现这三个阶段中任何一个阶段均可构成为他人谋取利益条件；从交易情况看，无论是贿前谋利，还是贿后谋利，均不影响此罪的成立。经济往来中的受贿，因利已在其中，故只要双方经济关系存在，就无须再考察谋取利益要素。

4. 贿赂物归单位所有要素。这既是此罪的直接目的，也是此罪客观上的结果归宿。无论是索贿还是受贿，贿赂物必须是归单位所有才能构成此罪。这也是单位受贿与个人受贿最为关键的区别。实践中，单位受贿结果多作为单位"小金库"支配、使用。只要单位取得了贿赂，即使因公支出也不影响单位受贿犯罪的成立。

5. 情节严重要素。情节严重，是单位受贿犯罪与个人受贿犯罪的一个重要区别。个人受贿没有情节严重的要求，单位受贿则要求必须具备情节严重条件。

从立案标准看，单位受贿罪为10万元以上，个人受贿则为5000元，前者是后者的20倍；从刑罚规定看，个人受贿最高可判处死刑，而单位受贿最高刑期才是五年有期徒刑。因此，此罪系轻罪，入刑门槛比较高。这就要求我们应高度重视情节严重这一要素。最高人民检察院在《立案标准》中对此作了明确规定："涉嫌下列情形之一的，应予立案：1. 单位受贿数额在10万元以上的；2. 单位受贿数额虽不满10万元，但具有下列情形之一的：（1）故意刁难、要挟有关单位、个人，造成恶劣影响的；（2）强行索取财物的；（3）致使国家或者社会利益遭受重大损失的。"应当说，《立案标准》即是对情节严重作出的解释，凡是达到立案标准的应予立案追究刑事责任。

第二节　单位受贿罪的主体证据

单位受贿罪的主体证据，是藉以证明单位及其特定自然人具有单位受贿罪主体资格的证据。根据刑法的规定，此罪系双罚制，即承受刑罚主体为国有单位和其特定责任人，犯罪单位承担罚金刑，特定责任人承担自由刑。为此，此罪的主体证据应由单位资格证据、特定责任人基本情况证据和责任人职权证据三部分组成。

一、单位资格证据

即证明犯罪主体系国有性质单位的证明材料。如：国家机关的《组织机构代码证》、国有公司、企业的《企业法人营业执照》、国家事业单位的《事业单位法人证书》、人民团体的《社会团体法人登记证书》、行政执法单位的《行政执法主体资格证》等证明材料，以证明犯罪单位的机构类型、机构名称、法定代表人、法人证件号、机构地址及批准机构等情况。

二、特定责任人基本情况证据

即证明对单位受贿犯罪负有直接负责的主管人员和其他直接责任人员的年龄、性别、民族、文化程度、出生地、居住地及其家庭状况等基本情况的证明材料。如：

1. 身份证明。即责任人《居民身份证》等个人自然情况证明。

2. 户籍证明。即责任人户籍所在地公安机关出具的行为人家庭户籍、成员、住址、迁入等情况证明。

3. 工作简历证明。即本单位出具的责任人的工作简历及任职情况证明，职责、职权范围等证明材料。

三、责任人职权证据

即证明行为人在单位受贿中负有对其直接主管责任和直接责任的身份证明材料。

1. 单位任职证明。法人证明书、单位出具的任职证明、上级任命书等证明材料。

2. 单位分工证明。单位出具的领导班子内部分工、授权负责、临时代管等职权便利的证明材料。

3. 岗位职责证明。单位出具的责任人所在岗位的职务责任及其职权范围等证明材料。

4. 部门职责证明。单位出具的内设机构、部门的岗位职责、职权范围等证明材料。

5. 授权职责证明。证明责任人被临时授权、聘任、委托负责经管某些事项的证明材料。

证明意义：根据刑法规定，单位受贿罪作为双罚制的单位犯罪，其受刑主体为国家机关、国有公司、企业、事业单位、人民团体和对其直接负责的主管人员及其他直接责任人员。为此，在查处此类案件时，应首先搞清查处对象是否具有单位受贿犯罪的主体资格，以保证刑事诉讼的顺利进行。其证明意义主要有三点：

一是单位的性质证据，是刑法国有性规定的必然要求。从实践中看，任何单位都有其身份资格证明，国家质量技术监督总局制发的《组织机构代码证》即单位的身份证。它是在全国范围内唯一的始终不变的代码标识，是单位社会活动的通行证，故其证书中的机构类型，即单位性质，是一种国家认证的资格证明。《企业法人营业执照》、《事业单位法人证书》、《社会团体法人登记证书》等均是单位性质的可靠证明材料。收集上述证据材料，是确认单位性质，保障单位主体适格的应然要求。

二是责任人的职权证据，是证明权钱交易的前提条件。对单位受贿直接负责的主管人员和其他直接责任人员，既是索取、非法收受他人财物的责任人，也是行使单位职权、履行单位职责的实施者。无权不能“决定、批准、授意、纵容、指挥”，无职不能“为他人谋取利益”。为此，责任人的职权便利是单位受贿的依附体和赎买对象，责任人的职权证据是证明责任人主体资格的基础证据。

三是内设机构、部门基本情况证据，是确认其单位犯罪主体的基本证据。国有单位的内设机构、部门，还不同于单位的分支机构，分支机构大都是独立法人，均有各自的身份证明，内设机构和部门是经编制委员会批准设立的，它依附单位而存在的，一般不是独立法人。为此，单位证明不仅是一种资格证明，也是一种职权便利证明。在收集此类证据时，应注意这一特点。

此外，实践中还应注意，根据刑事诉讼要求，检察机关在起诉单位犯罪时，还应确定诉讼代表人。为此，应收集犯罪单位法定代表人基本情况证明资料。法定代表人为直接负责的主管人员的，应予重新确定诉讼代表人，以保障刑事诉讼的顺利进行。

第三节　单位受贿罪的行为证据

单位受贿罪的行为证据，是藉以证明行为单位具有受贿犯罪行为的证据。根据刑法的规定，此罪的行为证据主要有一般受贿、索贿和经济受贿三种类型的行为证据。

一、一般受贿行为证据

一般受贿行为证据，是指证明行为单位具有刑法第三百八十七条第一款规定罪状中“非法收受他人财物”行为的证明材料。根据该条规定和司法实践，行为单位的一般受贿行为证据主要由便利关系要素证据、收受财物要素证据和谋利要素证据三部分组成。

1. 便利关系证据。即证明行为单位与行贿人之间具有某种职权上的便利关系行为的证据。如：

（1）审批关系证据。即证明双方具有某种呈报、审批事项关系的证明材料。

（2）监督关系证据。即证明双方在某些事项上系监督制约关系的证明材料。

（3）管理关系证据。即证明行为单位对行贿方具有某种管理职能关系的证明材料。

（4）经办关系证据。即证明行为单位具有经营办理某些事项，行贿方对贿赂单位有需求关系的证明材料。

（5）查办关系证据。即证明双方具有司法、行政、经济、纪律、裁决等查处、办理关系的证明材料。

（6）其他关系证据。即证明双方存在名誉、经济等物质性或非物质性利益需求关系的证明材料。

上述证据，是证明贿赂双方存在“权钱交易”关系这一事实的客观依据。它主要反映在双方往来的书证、人证、电子证据及责任人口供、行贿人陈述等证据中，实践中应注意收集、归纳、综合，以保证证据内容的完整性。

证明意义：便利关系证据，不同于主体证据中的职权便利证据，它是证明贿赂双方客观存在“权钱交易”关系的证据。职权便利必须与利益需求有机结合，才能构成双方的“权钱交易”。这既是贿赂犯罪中的普遍现象，也是单位受贿

犯罪中的突出表现。在市场经济条件下，受“一切向钱看”、“利益至上”思潮的影响，一些国有单位为了“创收”不惜出卖国家赋予的权力。由于此罪主体是国有单位，有的还是行政机关，不仅权力大、社会影响也大，实践中还往往以“社会捐赠”相搪塞。这就需要以职权便利关系证据去证明是否非法收受。接受合法的社会捐赠应有法律授权，且双方也不应存在利益需求和职权便利关系。只要存在这种关系，“权钱交易”就可能发生。为此，便利关系证据是单位受贿行为的前提条件，是确定单位受贿犯罪的重要依据，实践中应给予足够的重视。

2. 收受财物证据。即证明行为单位具有非法收受他人财物行为的证据。如：

(1) 收受财物的决策证据。即证明行为单位非法收受他人财物的起因动议、标的确定、交易方式、组织分工、实施操作等决策过程的人证、书证、口供等证据材料。

(2) 收受财物的方式证据。即证明行为单位非法收受他人财物方式方法的证据材料。无论是收受现金、转账支付、给予实物，还是“垫资代付”、无偿服务等方式，均应有相应的人证、书证、物证、口供等证据材料予以证明。

(3) 收受财物的实行证据。即证明行为单位非法收受他人财物具体操作实行过程的证据材料。如：双方承办人、辅助人、见证人操作交易的证人证言，证明实行过程行踪迹象的人证书证，证明操作实行过程的其他证据材料等。

证明意义： 单位受贿犯罪在行为上的一个重要特点，是行为在单位内部具有一定的公开性，它不像个人受贿那样有很强的隐秘性。知情人多、参与人多是其重要特点。为此，这一组证据不仅是认定单位受贿犯罪的核心证据，也是区别、判断“直接负责的主管人员”和“直接责任人员”的关键证据。一是决策证据能够充分反映单位领导决策过程。集体研究决策的，往往有动议的、支持的、反对的、附和的、弃权的、默认的、拍板的，等等。这里既不是集体决策集体负责，也不是简单的谁拍板谁负责。拍板者要负责，积极促成决策者和积极组织操作者也理应负责。为此，查清此组证据对正确确定“直接负责的主管人员”有着重要的意义。二是方式证据和实行证据能够充分反映单位受贿犯罪的实行过程。实行过程的参与人，往往与过程的环节、程序成正比，环节、程序越复杂参与的人越多。但不是所有参与人都能构成“直接责任人员”，只有那些明知是非法交易，并在交易中负有重要责任的骨干，或者背后与对方有某些利益关系，并直接负责交易的人，才可构成“直接责任人员”。这里，应参照公务员法第五十四条“公务员执行明显违法的决定或者命令的，应当依法承担相应的责任”的规定精神，本着惩治少数、教育多数的原则，结合上述两组证据认真甄别、确定，以保证执法的正确性和打击的准确性。

3. 谋取利益证据。即证明行为单位具有为他人谋取利益行为的证据。如：

（1）承诺请托事项证据。即证明行为单位对他人的请托事项具有承诺表示行为的证据材料。如：能够反映承诺表示行为的电文、函件、纪要、承诺书、会议记录、口头表示的事后追记等人证、书证、口供等证明材料。

（2）着手实施谋利行为证据。即证明行为单位已经着手、实施为请托人谋取利益行为的证据材料。如：能够反映该单位对请托事项已上议程、正在研究、正在组织、正在部署、正在承办等实施情况的证据材料。

（3）实现完成谋利行为证据。即证明行为单位已落实了为请托人谋取利益行为的证据材料。如：能够反映办理情况、办理结果的人证、书证等证据材料。

证明意义："为他人谋取利益"是贿赂犯罪的一般特征，也是单位受贿犯罪的必要要件。如果不能证明行为单位具有为他人谋取利益的行为事实，该单位就不能构成单位受贿罪。为此，此组证据在正确认定犯罪、正确区分此罪与彼罪方面，具有重要的意义。2003 年 11 月 13 日最高人民法院印发的《全国法院审理经济犯罪案件工作座谈会纪要》中关于受贿罪"为他人谋取利益的认定"解释："为他人谋取利益包括承诺、实施和实现三个阶段的行为。只要具有其中一个阶段的行为，如国家工作人员收受他人财物时，根据他人提出的具体请托事项，承诺为他人谋取利益的，就具备了为他人谋取利益的要件。明知他人有具体请托事项而收受其财物的，视为承诺为他人谋取利益。"根据上述解释，司法实践中应注意，一是谋利的承诺、实施、实现三阶段应有相应证据佐证，行为进行到哪个阶段、具体表现是什么，要有证据支持。二是谋取的利益正当与否，不影响此罪的成立，但作为一种情节证据亦应注意收集。三是谋利方和受益方的证据都要收集，不能只偏重某一方。同时，要注意收集受益方获得不正当利益的证据，以保障在诉讼中依法收缴。

二、索取他人财物行为证据

索取他人财物，是单位受贿犯罪中的一种表现形式，它与个人受贿中的索贿不同，个人索贿从重处罚，单位索贿则不是法定的从重行为。而且，索取他人财物与收受他人财物有很多相通之处，职权便利要素、为他人谋取利益要素都是一致的。为此，这里仅就索取他人财物行为证据进行阐述，职权便利证据谋取利益证据，实践中可参考前述情形证据解析。

索取他人财物行为证据，是指证明行为单位具有利用职权便利索取他人财物行为的证据材料。如：

1. 索贿决策行为证据。即证明行为单位形成向他人索要财物动议、标的、名义、方式等决策过程的证据材料。如：参与研究决策的人证、书证、责任人口供等。

2. 明示索要行为证据。即证明行为单位的实行人具有明确向他人索要财物行为的证据材料。如：能够反映双方接洽活动过程的证人证言、对方陈述、视听资料、电子数据、书证、口供等证据材料。

3. 要挟索取行为证据。即证明行为单位的实行人具有以某些事项要挟他人并索取财物行为的证据材料。如：能够反映行为单位实行人的要挟性要求、要挟性表现的证人证言、对方陈述、视听资料、电子数据、书证、口供等证据材料。

4. 刁难、暗示索取行为证据。即证明行为单位的实行人具有刁难、暗示他人向单位送钱送物行为的证据材料。如：能够反映双方在接洽活动中，行为单位实行人具有刁难性、暗示性语言、做法等表现行为的证人证言、对方陈述、视听资料、电子数据、书证、口供等证据材料。

证明意义：单位受贿犯罪行为索取他人财物行为，是一种比较恶劣的受贿行为方式。有的是单位决策直接索要，有的是行为单位的实行人直接索要，也有实行人要挟、刁难、明示、暗示对方的。但无论哪种方式，其共同特点：一是受贿行为的主动性。行为单位具有积极追求索取对方财物的行为表示，它既可表现在集体研究决策过程中，也可表现在实行人的行为上。这些，在证据中应有充分的体现，否则，将影响索取他人财物的认定。二是给予行为的被动性。这是与上述行为相对应的必然行为特点。实事求是地讲，没有哪一个行贿人为了正当利益而心甘情愿地去行贿，多是无奈之举。给予财物的被动性，是认定索贿行为的重要特征。为此，在证据内容上应有明确反映，以保证正确的认定索贿行为。三是索贿行为是一种单位行为。单位集体决策的，实行人的行为是当然的单位行为。如果单位没有集体研究，决策者仅是征求了个别意见，或者是实行人“先斩后奏”，只要主要负责人没有表示反对、制止，无论是明确赞成、积极支持，还是消极默认、被动同意，因其已上升为单位意志，理应认定为单位行为。故在收集证据时，应注意对相关责任人员提供的言词证据进行认真分析、核实，以正确认定单位行为。

三、经济往来受贿行为证据

经济往来受贿行为证据，是指证明行为单位在经济往来中，具有在账外暗中收受各种名义的回扣、手续费行为的证据。根据刑法的规定，经济往来受贿行为证据，主要由经济往来和账外暗中收受财物两组证据组成。

1. 经济往来证据。即证明行为单位与行贿方之间，客观存在某种经济往来活动的证据材料。如：

(1) 已经发生的经济往来活动证据。即反映行为单位与行贿方之间曾经发生过某种经济往来活动的证明材料。如：双方签订的合同、协议文本，账目往来、文电往来等相关记载，经办人、知情人等证人证言、责任人口供等证据材料。

（2）正在发生的经济往来活动证据。即反映行为单位与行贿方之间，正在发生、进行某种经济往来活动的证明材料。如：双方签订的合同、协议文本，项目进度、业务进度、账目往来、文电往来等相关记载，经办人、知情人等证人证言、责任人口供等证据材料。

（3）即将发生的经济往来活动证据。即反映行为单位与行贿方之间，即将实施、开展的某种经济往来活动的证明材料。如：双方联系、洽谈活动纪要（记录），双方合作意向书、准备签订的合同、协议文稿，项目（业务）前期准备，账目往来、文电往来等相关记载，经办人、知情人等证人证言、责任人口供等证明材料。

证明意义：经济往来受贿行为，是单位受贿罪中的一个独立罪状。它要求行为单位与行贿方之间，客观存在着某种经济往来活动，非此，单位受贿犯罪不能成立。由于经济往来是一种动态活动，为此，实践中有已经发生、正在发生、即将发生三种情况，且其中均可能出现行贿受贿情况。笔者曾参与查处过这样一个案件，双方尚没有签订协议，甚至还没有进行招投标，施工单位就已经进场，500万贿款就提前付出。事后工程果然给予了对方。为此，经济往来是一种经济活动，更是一种经济关系。无论哪种情况，要有证据证明双方客观存在着某种经济往来活动。实际上，经济往来的实质是利益往来，双方是一种互利互惠的关系，无论对谁都是利在其中，这是必然的题中之义。也正是鉴于此，该罪状不再要求“为他人谋取利益”条件。这也是该组证据另一关键的重要之处。故实践中应将此作为侦查取证的要点，给予高度的重视。

2. 账外暗中收受财物证据。即证明行为单位具有在账外暗中收受各种名义的回扣、手续费行为的证据。如：

（1）收受名义证据。即反映行为单位所收受贿赂物的名义的证明材料。如：能够证明贿赂物为回扣、手续费、咨询费、劳务费、促销费、宣传费、科研费、赞助费、好处费等名义的人证、书证、口供等证据材料。

（2）收受过程证据。即反映行为单位收受对方各种名义财物过程的证明材料。如：能够证明双方支付、收受各种名义财物的方式、标的物、行为经过等过程的证人证言、书证物证、责任人口供等证据材料。

（3）账外暗中证据。即反映行为单位具有收受各种名义的财物，并未在依法设立的财务账上如实记载的证明材料。如：能够证明行为单位未记财务账、做假账、设立小金库等行为活动的司法会计鉴定、审计结论、相关会计资料、证人证言、责任人口供等证据材料。

证明意义：账外暗中收受各种名义的回扣、好处费，是单位受贿犯罪的核心要件。由于国有单位的资产大都是国家的，除法定收费项目外，不允许向社会收费，更不允许以权谋利和与民争利。正所谓，公权力是“法不授权即禁止”。因此，在经济往来中的单位受贿犯罪罪状中，刑法没有设置“违反国家规定”这一条件，这也是单位受贿犯罪与个人受贿犯罪的一个重要区别点。为此，上述三组证据证明的，是单位受贿犯罪中经济往来受贿行为的主要特征。只有这三个主要行为特征证据确实、充分，其行为事实才能认定。在现行法律法规中，不仅是刑法这样规定，1993 年 9 月 2 日全国人大常委会通过的反不正当竞争法第八条即有此规定：“经营者不得采用财物或者其他手段进行贿赂以销售或者购买商品。在账外暗中给予对方单位或者个人回扣的，以行贿论处；对方单位或者个人在账外暗中收受回扣的，以受贿论处。”“经营者销售或者购买商品，可以以明示方式给对方折扣，可以给中间人佣金。经营者给对方折扣、给中间人佣金的，必须如实入账。接受折扣、佣金的经营者必须如实入账。”1996 年 11 月 15 日国家工商行政管理局颁布的《关于禁止商业贿赂行为的暂行规定》第五条规定：“在账外暗中给予对方单位或者个人回扣的，以行贿论处；对方单位或者个人在账外暗中收受回扣的，以受贿论处。”“本规定所称回扣，是指经营者销售商品时在账外暗中以现金、实物或者其他方式退给对方单位或者个人的一定比例的商品价款。”“本规定所称账外暗中，是指未在依法设立的反映其生产经营活动或者行政事业经费收支的财务账上按照财务会计制度规定明确如实记载，包括不记入财务账、转入其他财务账或者做假账等。”实践中，应注意参照这些法律法规去收集、审查、判断证据，以保证证明对象的准确性和证明内容的充分性，正确地认定单位受贿犯罪。

第四节　单位受贿罪的结果证据

单位受贿罪的结果证据，是指藉以证明行为单位所收受贿赂已归单位所有的证据。根据刑法的规定，单位受贿犯罪的结果证据，主要由归属证据和支配证据两组证据组成。

1. 归属证据。即反映行为单位已将对方给予的财物归单位所有的证据材料。如：能够证明按双方约定或按行为单位指定、认可的方式、标的、时间、地点交付、收取财物，并为行为单位所控制的证人证言、书证物证、金融凭证、账目记载、文电记载、责任人口供等证据材料。

2. 支配证据。即反映行为单位使用、收益、处分所收财物及其去向的证据材料。如：能够证明行为单位已纳入小金库、集体私分、公务支出、个人保管、私人存放、抵顶债务、转移他处等情况的证人证言、书证物证、金融凭证、文电记载以及责任人口供等证据材料。

证明意义：收受财物归单位所有，是单位受贿犯罪的一个重要特征，也是区别于个人受贿的关键所在。为此，上述两组证据对认定单位受贿犯罪具有十分重要的意义。一是归属形式的多样性取决于单位行为的狡黠性。司法实践中，贿赂物的归属形式可以说是五花八门、千奇百怪。其中，一个重要原因，是行为单位自我保护的隐瞒掩饰需要。这就需要我们在侦查取证时，高度注意归属形式背后的单位意见、负责人指使、上级命令等证据的收集，以正确认定是否归单位所有。二是收受财物的所有权取决于单位的控制权。根据民法通则第七十二条规定，“财产所有权从财产交付时起转移”。但转移给谁？交付对象并不能决定所有权人。谁控制此财物谁才是其真正的主人。司法实践中，个人存放、保管小金库的比比皆是，但背后操控者往往是单位负责人。为此，归属证据的核心，是财物控制权的证明程度和证明力度。三是单位对贿赂物的使用、收益、处分是认定归单位所有的铁证和追缴赃款赃物的重要根据。司法实践中，使用、收益、处分财物的证据有两大作用，一个是可更加严密锁定受贿犯罪链条，另一个是可为追缴赃款赃物提供方向和根据。刑法第六十四条规定，“犯罪分子违法所得的一切财物，应当予以追缴或者责令退赔。”为此，犯罪单位作为犯罪的一分子，对其赃款赃物和违法所得理应依法追缴。故作为执法依据的证据是不可或缺的，它既是实体公正的根据，也是程序公正的依据，只有证据扎实可靠，司法公正才能顺利实现。

第五节　单位受贿罪的主观证据

单位受贿罪的主观证据，是指藉以证明行为单位直接负责的主管人员和直接责任人员在主观上，具有明知单位行为会发生索取、非法收受他人财物、各种名义的回扣、手续费的结果，希望并积极追求这种结果发生的证据。根据刑法的规定，单位受贿犯罪在主观上是一种直接故意，为此，其主观证据由主观明知证据和主观追求证据两组证据组成。

1. 主观明知证据。即证明行为单位的直接负责的主管人员和直接责任人员在主观认识上，对单位的职权义务、双方间的需求关系、违规索取、收受他人财物或各种名义的回扣、手续费归单位所有，以及对他人的谋取利益意图，具有明知的证据材料。如：

（1）对单位职权义务的明知证据。即能够证明直接负责的主管人员和直接责任人员，对单位的职责义务、管辖范围、工作职能、事务权限等具有主观明知的证据材料。此类明知属于应知范畴，可根据国家有关规定、单位规章制度、相关主体证据、行为结果证据予以推定。

（2）对双方间需求关系的明知证据。即能够证明直接负责的主管人员和直接责任人员，对贿赂双方之间在政治、经济、社会等方面客观存在的领导、管理、制约、协作、交易等某种需求关系，具有主观明知的证据材料。如：能够反映某种需求关系的制度文件、往来书证、证人证言、责任人口供等证明材料。

（3）对违规索取、收受他人财物或各种名义的回扣、手续费的明知证据。即能够证明直接负责的主管人员和直接责任人员，对索取、收受他人财物或各种名义的回扣、手续费系违反国家廉政规定的行为，具有主观明知的证据材料。此类明知也属于应知范畴，可根据国家有关规定、单位规章制度、相关主体证据、行为结果证据予以推定。

（4）将贿赂物归单位所有的明知证据。即能够证明直接负责的主管人员和直接责任人员，对将贿赂物归单位所有在主观上具有明知的证据材料。如：能够反映直接负责的主管人员和直接责任人员，知道或应当知道单位决策意图、处理方式方法等情况的工作文书、有关记载、账目凭证、证人证言、责任人口供等证明材料。

（5）对他人谋取利益意图的明知证据。即能够证明直接负责的主管人员和直接责任人员，对于他人需单位为其谋取某种利益的需求意图，具有主观明知的证据材料。如：能够反映对方意图的往来文书、电子证据、知情人证言、经办人证言、责任人口供等证明材料。

证明意义：主观意志是自然人的意识反映，单位作为社会组织仅是一种社会名称和名义，单位的意志其实是单位成员的意识反映。而在社会生活中代表单位集体意志的，通常是单位的法定代表人、负责人、授权人。就单位受贿犯罪而言，单位的主观意志主要体现在直接负责的主管人员和直接责任人员的意识上。他们之所以被刑法规定为犯罪主体和受刑主体，就在于他们的意识表现代表了单位的整体意志。因此，在考察行为单位主观明知时，直接负责的主管人员和直接责任人员亦是主要考察对象。一是主观明知应有证据支撑，不能依赖口供。重证据，不轻信口供，是一条重要的诉讼原则，特别是在主观要件的认定上，尤其不能对口供产生依赖性。如上述明知证据，并非要求去独立攻关，只要具有收集此类证据的意识，有的在收集主体证据时，有的在收集行为结果证据时，均可收集到位并得到体现。否则，就会陷入口供怪圈，甚至误入歧途。为此，主观明知这个重要条件一定要有证据支撑。二是主观明知可以根据事实证据进行推定。知道和应当知道是明知的基本内涵，理论界和实务界对此均无异议，已成司法常识。依法依纪履行职务、行使职权，亦是每一个国家工作人员的职责义务和基本要求，不知晓党纪国法、行规行纪就不能正确地履职，何况国有单位。为此，他们对严禁索贿受贿的国家规定的明知是一种职责要求。即使对“账外暗中”、“回扣”等概念真不清楚，也属应当知道的内容，不能以他“真不知道”而否定他的明知义务。这是一种职责事实推定。还有，在贿赂形式、单位名义、归属关系方面，只要客观存在告知事实证据，无论其是否明确表态，均可以事实推定其具有明知。这一点，不仅是我国的司法常识，也是世界范围内的国际通识。如2005年12月14日生效的《联合国反腐败公约》第二十八条就明确规定，“作为犯罪要素的明知、故意或者目的。根据本公约确立的犯罪所需具备的明知、故意或者目的等要素，可以根据客观实际情况予以推定。”为此，我们对明知证据应有正确和足够的认识。

2. 主观追求证据。即能够证明行为单位的直接负责的主管人员和直接责任人员，在主观上希望并积极追求为单位违规获取他人财物和希望或放任为他人谋取利益的结果发生的证据材料。如：

（1）希望并积极追求为单位违规获取他人财物证据。即能够反映行为单位的直接负责的主管人员和直接责任人员，在为单位索取、收受他人财物或收受各种名义的回扣、手续费行为中，具有希望并积极追求结果发生的主观态度或意思表示的证据材料。此类可通过证人证言、书证物证、责任人口供所证其言行进行推定。

（2）希望或者放任行为单位为他人谋取利益的结果发生的证据。即能够反

映行为单位的直接负责的主管人员和直接责任人员，在行为单位为他人谋取利益的行为中，具有希望或者放任结果发生的主观态度或意思表示的证据材料。此类证据，亦可通过反映其在为他人谋取利益中的行为表现证据，推定其主观态度、心理倾向或意思表示。

证明意义：主观明知和主观追求，是直接故意犯罪主观要件中的两个重要条件。其中，明知是前提，追求是关键。为此，在单位受贿犯罪的主观证据中，知道或应当知道，尽管可以根据客观实际进行推定，但据以推定的事实必须有相应的证据作支撑。这就需要我们在司法实践中，注意做到精细取证、及时归纳、综合判断，以保证证据系统的完善和证据质量的可靠。此外，在主观追求证据方面，应注意两个问题。一是对单位受贿的犯罪直接目的，即为本单位谋取非法利益的实现，持希望并积极追求的心理态度。这是直接故意犯罪的主观表现。它不是一种放任的心态。也就是说，在索取和收受他人财物上，都是希望获得。在获得数量上的放任心理，不是不希望获得财物，更不是不要。因此，它不影响获得非法利益的主观追求。这是单位受贿与个人受贿的一个重要区别。二是在为他人谋取利益这一间接目的上，既有希望心理，也有放任心理。司法实践中，为他人谋取的利益是否实现，能否实现，持放任态度的很多。比如，只承诺不作为或只默认不表态等。由于为他人谋取利益不是受贿犯罪的直接目的，它是一种权钱交易中的条件行为，故受贿犯罪行为的两重性行为，也决定了其主观目的上的两重性。为此，在为他人谋取利益上，既可有直接故意，也可有间接故意。也就是说，在为本单位谋取非法利益这一直接目的行为上，是希望目的实现并追求结果发生，在为他人谋取利益这一间接目的上可以有希望和放任两种主观心态。而且，它不会对为本单位谋取非法利益这一直接目的实现和结果发生的主观心态产生影响。故在审查判断证据时应注意二者的区别，不能混同对待。

第六节　单位受贿罪的情节证据

单位受贿罪的情节证据，是指藉以证明行为单位具有某些影响定罪、量刑情节事实的证据。根据刑法和相关司法解释的规定，在单位受贿罪的情节证据中，主要有以下几组：

1. 受贿数额情节证据。即证明受贿数额已达到或超过立案标准的证据材料。如：能够反映精准受贿数额的司法会计鉴定、审计结论、相关书证等证明材料。

2. 为他人谋取利益性质情节证据。即证明为他人谋取利益正当性的证据材料。如：能够反映在为他人谋取不正当利益中所违反的背职性规定，以及反映违规帮助的方法手段、提供的方便条件、谋取的竞争优势等情节事实的证据材料。

3. 致使国家或者社会利益遭受重大损失的情节证据。即证明因单位受贿使国家或者社会利益遭受重大损失情况的证据材料。如：能够反映经济损失情况、行业损害情况、恶劣社会影响以及引发社会不稳定等情况的证明材料及相关说明。

4. 自首、立功、如实供述情节证据。即证明行为单位在被查处过程中具有自首、立功、如实供述等法定从轻情节的证据材料。如：能够反映自首、立功、如实供述情况的自首笔录、揭发笔录、讯问笔录、相关说明等证明材料。

5. 妨碍侦查情节证据。即证明行为单位在侦查中具有妨碍侦查行为的证据材料。如：能够反映行为单位在侦查中，具有干扰证人作证、毁灭、伪造证据、转移赃款赃物、串供、不如实供述等情况的证明材料。

6. 积极退赃情节证据。即证明行为单位具有积极退赃行为的证据材料。如：能够反映行为单位的主动退赃、退赔，积极配合办案机关追缴赃款赃物的情况证明、相关说明等证明材料。

证明意义：单位受贿犯罪是一种情节犯，即只有情节严重的行为才能构成犯罪。而且，很多情节还直接关系正确地适用刑罚。上述情节证据，即是影响定罪量刑情节的事实依据。一是犯罪数额的认定。单位受贿不同于个人受贿，它仅有一个量刑幅度，即“五年以下有期徒刑或者拘役”。根据最高人民检察院《立案标准》10万元为此罪的起刑点。那么，拘役至五年以下有期徒刑如何量刑？犯罪数额明显成为其重要的参照系。为此，依靠扎实的证据精确地认定犯罪数额，就成为必然的诉讼要求。这一点，我们应给予高度的重视。二是刁难、索贿情节证据。这一证据可在行为证据中得到反映，故在此没有表述。但不等于它不是一个重要情节。因为，在最高人民检察院《立案标准》中明确规定，犯罪数额在8万元以上10万元以下，如具有“故意刁难、要挟有关单位、个人，造成

恶劣影响的；强行索取财物的"，应予立案追究刑事责任。为此，它不仅是一个量刑情节，同时也是一个关系定罪的重要情节。三是为他人谋取利益问题。这一问题，其实是正当利益交易，还是不正当利益交易问题。正当利益交易可能出现刁难、要挟、索贿等现象。如是不正当利益交易，就可能给国家或者社会造成重大损失。这也势必对定罪量刑将产生重大影响。司法实践中，一般将此作为酌定从重情节考虑。根据2013年1月1日施行的"两高"《关于办理行贿刑事案件具体应用法律若干问题的解释》第十二条规定，"行贿犯罪中的'谋取不正当利益'，是指行贿人谋取的利益违反法律、法规、规章、政策规定，或者要求国家工作人员违反法律、法规、规章、政策、行业规范的规定，为自己提供帮助或者方便条件。""违背公平、公正原则，在经济、组织人事管理等活动中，谋取竞争优势的，应当认定为'谋取不正当利益'。"为此，应根据上述要求用证据证明利益的不正当性。四是损失情节问题。一般情况下，收受财物只能造成恶劣影响，为他人谋取利益则会给国家或者社会造成重大损失。这也是贿赂犯罪的一大社会危害。如有此情况发生，我们应及时收集证据材料，必要时应对此作出说明，以保证正确地适用刑罚，让他付出应有的代价。五是自首、立功、如实供述问题。刑法第六十七条规定，"犯罪以后自动投案，如实供述自己的罪行的，是自首。对于自首的犯罪分子，可以从轻或者减轻处罚。其中，犯罪较轻的，可以免除处罚。""被采取强制措施的犯罪嫌疑人、被告人和正在服刑的罪犯，如实供述司法机关还未掌握的本人其他罪行的，以自首论。""犯罪嫌疑人虽不具有前两款规定的自首情节，但是如实供述自己罪行的，可以从轻处罚；因其如实供述自己罪行，避免特别严重后果发生的，可以减轻处罚。"第六十八条规定，"犯罪分子有揭发他人犯罪行为，查证属实的，或者提供重要线索，从而得以侦破其他案件等立功表现的，可以从轻或者减轻处罚；有重大立功表现的，可以减轻或者免除处罚。"2009年"两高"下发的《关于办理职务犯罪案件认定自首、立功等量刑情节若干问题的意见》中规定，"单位犯罪案件中，单位集体决定或者单位负责人决定而自动投案，如实交代单位犯罪事实的，或者单位直接负责的主管人员自动投案，如实交代单位犯罪事实的，应当认定为单位自首。单位自首的，直接负责的主管人员和直接责任人员未自动投案，但如实交代自己知道的犯罪事实的，可以视为自首；拒不交代自己知道的犯罪事实或者逃避法律追究的，不应当认定为自首。单位没有自首，直接责任人员自动投案并如实交代自己知道的犯罪事实的，对该直接责任人员应当认定为自首。"对上述情况，"两高"还规定办案机关在移送案件时，"应当予以说明并移送相关证据材料"。为此，对具有自首、立功、如实供述情节的，应有相关证据予以证明。六是妨碍侦查情节问题。根据刑事诉讼法的规定，"犯罪嫌疑人对侦查人员的提问，应当如实回

答。”“凡是知道案件情况的人，都有作证的义务。”“人民法院、人民检察院和公安机关有权向有关单位和个人收集、调取证据。有关单位和个人应当如实提供。”为此，刑事诉讼法将妨碍侦查的情节规定为从严情节。例如，有上述情节的不得取保候审、监视居住，不得适用缓刑、免予刑事处罚。七是退赃情节问题。“两高”在《关于办理职务犯罪案件认定自首、立功等量刑情节若干问题的意见》中规定，“受贿案件中赃款赃物全部或者大部分追缴的，视具体情况可以酌定从轻处罚。”“犯罪分子及其亲友主动退赃或者在办案机关追缴赃款赃物过程中积极配合的，在量刑时应当与办案机关查办案件过程中依职权追缴赃款赃物的有所区别。”“职务犯罪案件立案后，犯罪分子及其亲友自行挽回的经济损失，司法机关或者犯罪分子所在单位及其上级主管部门挽回的经济损失，或者因客观原因减少的经济损失，不予扣减，但可以作为酌情从轻处罚的情节。”为此，积极退赃是一个法定从宽、酌定从轻的处罚情节。对此，办案机关有义务向公诉、审判机关作出说明并提供相关证据。

附：法律法规

1.《中华人民共和国刑法》（1997年3月14日修订）（节录）

第三百八十七条【单位受贿罪】 国家机关、国有公司、企业、事业单位、人民团体，索取、非法收受他人财物，为他人谋取利益，情节严重的，对单位判处罚金，并对其直接负责的主管人员和其他直接责任人员，处五年以下有期徒刑或者拘役。

前款所列单位，在经济往来中，在账外暗中收受各种名义的回扣、手续费的，以受贿论，依照前款的规定处罚。

第三十条 公司、企业、事业单位、机关、团体实施的危害社会的行为，法律规定为单位犯罪的，应当负刑事责任。

第三十一条 单位犯罪的，对单位判处罚金，并对其直接负责的主管人员和其他直接责任人员判处刑罚。本法分则和其他法律另有规定的，依照规定。

2.全国人大常委会《关于〈中华人民共和国刑法〉第三十条的解释》（2014年4月24日通过）

全国人民代表大会常务委员会根据司法实践中遇到的情况，讨论了刑法第三十条的含义及公司、企业、事业单位、机关、团体等单位实施刑法规定的危害社会的行为，法律未规定追究单位的刑事责任的，如何适用刑法有关规定的问题，解释如下：

公司、企业、事业单位、机关、团体等单位实施刑法规定的危害社会的行为，刑法分则和其他法律未规定追究单位的刑事责任的，对组织、策划、实施该

危害社会行为的人依法追究刑事责任。

3. 最高人民检察院《关于人民检察院直接受理立案侦查案件立案标准的规定（试行）》（1999年9月16日）（节录）

（四）单位受贿案（第387条）

单位受贿罪是指国家机关、国有公司、企业、事业单位、人民团体，索取、非法收受他人财物，为他人谋取利益，情节严重的行为。

索取他人财物或者非法收受他人财物，必须同时具备为他人谋取利益的条件，且是情节严重的行为，才能构成单位受贿罪。

国家机关、国有公司，企业、事业单位、人民团体，在经济往来中，在账外暗中收受各种名义的回扣、手续费的，以单位受贿罪追究刑事责任。

涉嫌下列情形之一的，应予立案：

1. 单位受贿数额在10万元以上的；

2. 单位受贿数额不满10万元，但具有下列情形之一的：

（1）故意刁难、要挟有关单位、个人，造成恶劣影响的；

（2）强行索取财物的；

（3）致使国家或者社会利益遭受重大损失的。

4. 最高人民法院《全国法院审理金融犯罪案件工作座谈会纪要》（2001年1月21日印发）（节录）

（一）关于单位犯罪问题

根据刑法和《最高人民法院关于审理单位犯罪案件具体应用法律有关问题的解释》的规定，以单位名义实施犯罪，违法所得归单位所有的，是单位犯罪。

1. 单位的分支机构或者内设机构、部门实施犯罪行为的处理。以单位的分支机构或者内设机构、部门的名义实施犯罪，违法所得亦归分支机构或者内设机构、部门所有的，应认定为单位犯罪。不能因为单位的分支机构或者内设机构、部门没有可供执行罚金的财产，就不将其认定为单位犯罪，而按照个人犯罪处理。

2. 单位犯罪直接负责的主管人员和其他直接责任人员的认定：直接负责的主管人员，是在单位实施的犯罪中起决定、批准、授意、纵容、指挥等作用的人员，一般是单位的主管负责人，包括法定代表人。其他直接责任人员，是在单位犯罪中具体实施犯罪并起较大作用的人员，既可以是单位的经营管理人员，也可以是单位的职工，包括聘任、雇佣的人员。应当注意的是，在单位犯罪中，对于受单位领导指派或奉命而参与实施了一定犯罪行为的人员，一般不宜作为直接责任人员追究刑事责任。对单位犯罪中的直接负责的主管人员和其他直接责任人员，应根据其在单位犯罪中的地位、作用和犯罪情节，分别处以相应的刑罚，主管人员与直接责任人员，在个案中，不是当然的主、从犯关系，有的案件，主管人员与直接责任人员在实施犯罪行为的主从关系不明显的，可不分主、从犯。但具体案件可以分清主、从犯，且不分清主、从犯，在同一法定刑档次、幅度内量刑无法做到罪刑相适应的，应当分清主、从犯，依法处罚。

3. 对未作为单位犯罪起诉的单位犯罪案件的处理。对于应当认定为单位犯罪的案件，检察机关只作为自然人犯罪案件起诉的，人民法院应及时与检察机关协商，建议检察机关对犯罪单位补充起诉。如检察机关不补充起诉的，人民法院仍应依法审理，对被起诉的自然人根据指控的犯罪事实、证据及庭审查明的事实，依法按单位犯罪中的直接负责的主管人员或者其他直接责任人员追究刑事责任，并应引用刑罚分则关于单位犯罪追究直接负责的主管人员和其他直接责任人员刑事责任的有关条款。

5. 最高人民检察院法律政策研究室《关于国有单位的内设机构能否构成单位受贿罪主体问题的答复》（2006 年 9 月 12 日）

陕西省人民检察院法律政策研究室：

你室《关于国家机关、国有公司、企业、事业单位、人民团体的内设机构能否构成单位受贿罪主体的请示》（陕检研发［2005］13 号）收悉。经研究，答复如下：

国有单位的内设机构利用其行使职权的便利，索取、非法收受他人财物并归该内设机构所有或者支配，为他人谋取利益，情节严重的，依照刑法第三百八十七条的规定以单位受贿罪追究刑事责任。

上述内设机构在经济往来中，在账外暗中收受各种名义的回扣、手续费的，以受贿论。

6. 最高人民检察院《关于涉嫌犯罪单位被撤销、注销、吊销营业执照或者宣告破产的应如何进行追诉问题的批复》（2002 年 7 月 4 日）

四川省人民检察院：

你院《关于对已注销的单位原犯罪行为是否应当追诉的请示》（川检发研［2001］25 号）收悉。经研究，批复如下：

涉嫌犯罪的单位被撤销、注销、吊销营业执照或者宣告破产的，应当根据刑法关于单位犯罪的相关规定，对实施犯罪行为的该单位直接负责的主管人员和其他直接责任人员追究刑事责任，对该单位不再追诉。

7. 最高人民法院《关于审理单位犯罪案件具体应用法律有关问题的解释》（1999 年 6 月 18 日通过）

为依法惩治单位犯罪活动，根据刑法的有关规定，现对审理单位犯罪案件具体应用法律的有关问题解释如下：

第一条 刑法第三十条规定的“公司、企业、事业单位”，既包括国有、集

体所有的公司、企业、事业单位，也包括依法设立的合资经营、合作经营企业和具有法人资格的独资、私营等公司、企业、事业单位。

第二条 个人为进行违法犯罪活动而设立的公司、企业、事业单位实施犯罪的，或者公司、企业、事业单位设立后，以实施犯罪为主要活动的，不以单位犯罪论处。

第三条 盗用单位名义实施犯罪，违法所得由实施犯罪的个人私分的，依照刑法有关自然人犯罪的规定定罪处罚。

8. 最高人民法院、最高人民检察院《关于办理职务犯罪案件认定自首、立功等量刑情节若干问题的意见》（2009年3月12日）（节录）

单位犯罪案件中，单位集体决定或者单位负责人决定而自动投案，如实交代单位犯罪事实的，或者单位直接负责的主管人员自动投案，如实交代单位犯罪事实的，应当认定为单位自首。单位自首的，直接负责的主管人员和直接责任人员未自动投案，但如实交代自己知道的犯罪事实的，可以视为自首；拒不交代自己知道的犯罪事实或者逃避法律追究的，不应当认定为自首。单位没有自首，直接责任人员自动投案并如实交代自己知道的犯罪事实的，对该直接责任人员应当认定为自首。

9.《人民检察院刑事诉讼规则（试行）》（2012年11月22日）（节录）

第三百九十三条 人民检察院决定起诉的，应当制作起诉书。

起诉书的主要内容包括：

（一）被告人的基本情况，包括姓名、性别、出生年月日、出生地和户籍地、身份证号码、民族、文化程度、职业、工作单位及职务、住址，是否受过刑事处分及处分的种类和时间，采取强制措施的情况等；如果是单位犯罪，应当写明犯罪单位的名称和组织机构代码、所在地址、联系方式，法定代表人和诉讼代表人的姓名、职务、联系方式；如果还有应当负刑事责任的直接负责的主管人员或其他直接责任人员，应当按上述被告人基本情况的内容叙写。

10. 最高人民法院《关于适用〈中华人民共和国刑事诉讼法〉的解释》（2013年1月1日施行）（节录）

第十一章 单位犯罪案件的审理

第二百七十八条 人民法院受理单位犯罪案件，除依照本解释第一百八十条的有关规定进行审查外，还应当审查起诉书是否列明被告单位的名称、住所地、联系方式，法定代表人、主要负责人以及代表被告单位出庭的诉讼代表人的姓名、职务、联系方式。需要人民检察院补充材料的，应当通知人民检察院在三日内补送。

第二百七十九条 被告单位的诉讼代表人，应当是法定代表人或者主要负责人；法定代表人或者主要负责人被指控为单位犯罪直接负责的主管人员或者因客观原因无法出庭的，应当由被告单位委托其他负责人或者职工作为诉讼代表人。但是，有关人员被指控为单位犯罪的其他直接责任人员或者知道案件情况、负有作证义务的除外。

第二百八十条 开庭审理单位犯罪案件，应当通知被告单位的诉讼代表人出庭；没有诉讼代表人参与诉讼的，应当要求人民检察院确定。

被告单位的诉讼代表人不出庭的，应当按照下列情形分别处理：

（一）诉讼代表人系被告单位的法定代表人或者主要负责人，无正当理由拒不出庭的，可以拘传其到庭；因客观原因无法出庭，或者下落不明的，应当要求人民检察院另行确定诉讼代表人；

（二）诉讼代表人系被告单位的其他人员的，应当要求人民检察院另行确定诉讼代表人出庭。

第二百八十一条 被告单位的诉讼代表人享有刑事诉讼法规定的有关被告人的诉讼权利。开庭时，诉讼代表人席位置于审判台前左侧，与辩护人席并列。

第二百八十二条 被告单位委托辩护人，参照适用本解释的有关规定。

第二百八十三条 对应当认定为单位犯罪的案件，人民检察院只作为自然人犯罪起诉的，人民法院应当建议人民检察院对犯罪单位补充起诉。人民检察院仍以自然人犯罪起诉的，人民法院应当依法审理，按照单位犯罪中的直接负责的主管人员或者其他直接责任人员追究刑事责任，并援引刑法分则关于追究单位犯罪中直接负责的主管人员和其他直接责任人员刑事责任的条款。

第二百八十四条 被告单位的违法所得及其孳息，尚未被依法追缴或者查封、扣押、冻结的，人民法院应当决定追缴或者查封、扣押、冻结。

第二百八十五条 为保证判决的执行，人民法院可以先行查封、扣押、冻结被告单位的财产，或者由被告单位提出担保。

第二百八十六条 审判期间，被告单位被撤销、注销、吊销营业执照或者宣告破产的，对单位犯罪直接负责的主管人员和其他直接责任人员应当继续审理。

第二百八十七条 审判期间，被告单位合并、分立的，应当将原单位列为被告单位，并注明合并、分立情况。对被告单位所判处的罚金以其在新单位的财产及收益为限。

第二百八十八条 审理单位犯罪案件，本章没有规定的，参照适用本解释的有关规定。

第六章　利用影响力受贿罪证据结构

第一节　利用影响力受贿罪概述

根据刑法第三百八十八条第二款的规定，利用影响力受贿罪是指国家工作人员的近亲属或者其他与该国家工作人员关系密切的人，通过该国家工作人员职务上的行为，或者利用该国家工作人员职权或者地位形成的便利条件，通过其他国家工作人员职务上的行为，为请托人谋取不正当利益，索取请托人财物或者收受请托人财物，数额较大或者有其他较重情节的行为。

利用影响力受贿罪，是2009年2月28日全国人大常委会通过的《刑法修正案（七）》对刑法第三百八十八条补充的新罪名，作为该条的第二、三款。全国人大常委会刑法室副主任黄太云在2009年《中国检察官》杂志第5期发表“刑法修正案（七）对惩治腐败相关条文的完善”一文，将补充规定的行为界定为利用影响力受贿罪。2009年10月16日“两高”在《关于执行〈中华人民共和国刑法〉确定罪名的补充规定（四）》中，正式将其确定为利用影响力受贿罪。该罪的规定精神，源于2005年12月14日生效的《联合国反腐败公约》第十八条的规定，即“影响力交易”犯罪：“各缔约国均应当考虑采取必要的立法和其他措施，将下列故意实施的行为规定为犯罪：

（一）直接或间接向公职人员或者其他任何人员许诺给予、提议给予或者实际给予任何不正当好处，以使其滥用本人的实际影响力或者被认为具有的影响力，为该行为的造意人或者其他任何人从缔约国的行政部门或者公共机关获得不正当好处；

（二）公职人员或者其他任何人员为其本人或者他人直接或间接索取或者收受任何不正当好处，以作为该公职人员或者该其他人员滥用本人的实际影响力或者被认为具有的影响力，从缔约国的行政部门或者公共机关获得任何不正当好处的条件。”根据刑法修正案规定精神，利用影响力受贿罪的基本特征如下：

一、主体特征

利用影响力受贿罪的主体，系特殊主体，即国家工作人员的近亲属或者其他与该国家工作人员关系密切的人。从这一概念出发，此罪主体有两个基本特征：一是此罪主体系非在职国家工作人员。在职国家工作人员的上述行为可构成受贿罪，只有离职的国家工作人员才可以成为利用影响力受贿罪的主体；二是此罪主体是与该在职或者离职的国家工作人员关系密切的人。也就是说，并不是所有非国家工作人员都能成为此罪主体，只有与该在职或者离职的国家工作人员关系密切的人才可以构成。刑法对关系密切的人仅列举了近亲属，还包括哪些人，应如何把握关系密切，这既是理论界也是实务界需要认真研究的一个重要课题。

利用影响力受贿罪，是2009年2月28日全国人大常委会通过的《刑法修正案（七）》增加的内容，2009年10月16日“两高”将其确定为利用影响力受贿罪。应当说，这是一个全新的罪名，以前的司法解释中没有任何与其相关的内容。为此，“两高”2007年7月8日《关于办理受贿刑事案件适用法律若干问题的意见》中的“特定关系人”与“关系密切的人”，是两个不同的独立的概念，二者既不是等同关系，也不是渐进关系，仅是包容关系。故在分析此罪主体时，不应与其过分纠缠，也不应受其影响。那么，我们应如何理解关系密切的人呢？应当说，“关系密切的人”这句话是个日常生活用语，据《现代汉语词典》解释，从字面上看，关系密切是指人和人之间某种很近的联系。用老百姓的话说，就是走得很近。刑法规定的“近亲属”，就属这种“很近的联系”。既是“很近”，就不是一般的联系。不是所有的同学、同事、同乡、战友等都能成为关系密切的人，只有联系密切、来往很近的人，才能说是“关系密切的人”。根据这一思路推论，司法实践中应注意以下几种关系：

1. 血缘关系。即直系血亲的近亲属。根据刑事诉讼法规定，“近亲属，是指夫、妻、父、母、子、女、同胞兄弟姐妹”。作为刑事诉讼中的犯罪主体，应当适用刑事诉讼法的规定，民事法律中关于近亲属的规定对此没有效力。

2. 职业关系。即由于职业原因与该在职或者离职的国家工作人员形成某种密切联系的人，如领导的秘书、司机、警卫员、公务员等。

3. 亲属关系。即与该在职或者离职的国家工作人员存在某种近亲属以外的血亲关系、抚养关系的人，如有姻亲、表亲、继亲等关系的人。

4. 情感关系。即与该在职或者离职的国家工作人员存在某种亲情以外的情感关系的人，如情人、“干亲”、盟亲等。

5. 工作关系。即与该在职或者离职的国家工作人员具有共同工作经历的人，如曾经的同事、战友等。

6. 学习关系。即与该在职或者离职的国家工作人员具有共同或同校学习经历的人，如同窗、同学、校友等。

7. 同乡关系。即与该在职或者离职的国家工作人员存在共同出生地、生活地的人，如同乡、近邻等。

8. 朋友关系。即与该在职或者离职的国家工作人员存在好朋友关系的人，

如工作生活交往中结交的亲密伙伴、"铁哥们"等利益关系人。

上述关系人中，能否成为"关系密切的人"，有的可以直接作出判断，如近亲属、情妇等，有的则要依据事实看双方是否走得很近、关系是否密切。但即使平时来往不多，只要他利用了该在职或者离职的国家工作人员的职务影响力，就应视为"关系密切的人"，可构成利用影响力受贿罪的主体。

二、客体特征

利用影响力受贿罪的客体，目前尚无定论，学术界、实务界还在探讨研究中。鉴于犯罪客体关系着犯罪的社会危害性，司法实践也需要对此有个基本的认识，现提出以下意见供大家参考：首先，利用影响力受贿罪与受贿罪特征近似。可以说，利用影响力受贿罪是受贿罪的衍生品，除主体不同外，其余特征与刑法第三百八十八条第一款基本相同。其基本特点仍是"权钱交易"，即"背靠权力大树，官场市场通吃"，故二者的侵害客体亦应相同。其次，此罪中为请托人谋取不正当利益行为的"通过"对象，是国家工作人员的职务行为，而这种职务行为的正当性即是其职务的廉洁性。无论是直接利用"国家工作人员职务上的行为"，还是间接利用"其他国家工作人员职务上的行为"，实际上国家工作人员的职务廉洁性都已受到侵害。不能说侵害的主体不同，客体就未受到侵害，它与受贿罪也应当是相同的。最后，与该国家工作人员关系密切的人索取、收受请托人财物的行为，还侵害了国家正常的管理秩序。这是所谋取利益的不正当性决定的。为此，我们有理由认为，利用影响力受贿罪侵害的客体系双重客体，即国家工作人员的职务廉洁性和国家正常的管理秩序。

三、主观特征

利用影响力受贿罪在主观方面表现为直接故意，即明知利用国家工作人员的职务影响力索取、收受请托人财物，并为请托人谋取不正当利益会损害其职务行为的正当性，希望并积极追求该结果的发生。此罪的直接目的是索取、收受请托人财物，间接目的是为请托人谋取不正当利益。其"权钱交易"行为对象是请托人，其通过行为对象是该国家工作人员职务上的行为或者其他国家工作人员职务上的行为。

四、客观特征

利用影响力受贿罪在客观方面表现为，行为人通过该国家工作人员职务上的行为，或者利用该国家工作人员职权或者地位形成的便利条件，或者利用该离职的国家工作人员原职权或者地位形成的便利条件，通过其他国家工作人员职务上的行为，为请托人谋取不正当利益，索取请托人财物或者收受请托人财物，数额较大或者有其他较重情节的行为。根据上述特征我们可以看出，利用影响力受贿罪在客观方面，表现为两种表现形式、三个行为要素。

1. 利用影响力受贿罪的两种表现形式。一种是直接利用该国家工作人员的职务影响力，即直接利用该国家工作人员职务上的行为实施“权钱交易”。我们将其称为直接影响力；第一种是间接利用在职或者离职的国家工作人员的职务影响力，即利用其职权或者地位（包括原职权或者地位）形成的便利条件，去影响其他国家工作人员职务上的行为。我们将其称为间接影响力。根据最高人民法院2003年11月13日印发的《全国法院审理经济犯罪案件工作座谈会纪要》规定，“刑法第三百八十八条规定的‘利用本人职权或者地位形成的便利条件’，是指行为人与被其利用的国家工作人员之间在职务上虽然没有隶属、制约关系，但是行为人利用了本人职权或者地位产生的影响和一定的工作联系，如单位内不同部门的国家工作人员之间、上下级单位没有职务上隶属、制约关系的国家工作人员之间、有工作联系的不同单位的国家工作人员之间等”。为此，利用形式的不同，决定着影响力的内涵不同。直接影响力的内涵是该国家工作人员职务上的行为，间接影响力的内涵是该国家工作人员的职权或者地位形成的便利条件，或者离职的国家工作人员原职权或者地位形成的便利条件。这两种不同的表现形式，均是此罪在客观方面的重要特征。

2. 利用影响力受贿罪的三个行为要素。根据刑法的规定，此罪无论表现为哪种形式，都必须具备三个行为要素：

一是影响力关系要素。利用在职或者离职的国家工作人员的职务影响力谋取非法利益，是此罪的典型行为特征。无论是直接利用还是间接利用，在职或者离职的国家工作人员的职务影响力的被利用，是其之所以能够与请托人进行权钱交易的关键。而其之所以能够被利用，是影响力与其通过对象，即其他国家工作人员之间，客观存在着某种影响关系。否则，其通过对象也不会去为他人谋取不正当利益。为此，影响力要素，既是此罪的重要特征，也是区别于受贿罪和非国家工作人员受贿罪的重要个性特征。

二是谋取不正当利益行为要素。为请托人谋取不正当利益，是此罪的第二个重要行为特征。这里，一要有明确的请托人和请托事项，二要实施了为请托人谋取不正当利益的行为。根据“两高”2012年2月16日公布的《关于办理行贿刑事案件具体应用法律若干问题的解释》第十二条规定，“‘谋取不正当利益’，是指行贿人谋取的利益违反法律、法规、规章、政策规定，或者要求国家工作人员违反法律、法规、规章、政策、行业规范的规定，为自己提供帮助或者方便条件。”“违背公平、公正原则，在经济、组织人事管理等活动中，谋取竞争优势的，应当认定为‘谋取不正当利益’。”最高人民法院2003年11月13日印发的《全国法院审理经济犯罪案件工作座谈会纪要》规定，“为他人谋取利益包括承

诺、实施和实现三个阶段的行为。只要具有其中一个阶段的行为，如国家工作人员收受他人财物时，根据他人提出的具体请托事项，承诺为他人谋取利益的，就具备了为他人谋取利益的要件。明知他人有具体请托事项而收受其财物的，视为承诺为他人谋取利益。”实践中，为请托人谋取不正当利益的行为，亦应遵照上述规定精神理解和执行。

三是获取请托人财物行为要素。索取请托人财物或者收受请托人财物是此罪的第三个重要行为特征。根据刑法的规定，索取、收受请托人财物要求具备数额较大或者其他较重情节的条件。鉴于此罪目前尚无明确统一立案标准，实践中应参考受贿罪的立案标准执行。当前，受贿罪和非国家工作人员受贿罪的立案标准均是5000元，故利用影响力受贿罪也应以此作为数额较大的起点。其他较重情节，参考受贿罪的立案标准应重点把握两点：其一是致使国家和社会利益遭受重大损失情况，其二是因刁难、要挟他人造成恶劣影响情况。对造成经济损失30万元以上的，给公共权力造成恶劣社会影响的，应依法追究刑事责任。鉴于最高人民检察院对“特别重大贿赂犯罪”规定数额为50万元，此罪的“数额巨大”、“数额特别巨大”标准，我们认为以10万元、50万元为宜。

在分析利用影响力受贿罪客观特征时，应注意把握重点有效地区别于其他同类犯罪：

利用影响力受贿与特定关系人受贿的区别。司法解释中的特定关系人受贿不是一个独立的罪名，特定关系人不能独立地构成受贿罪。只有与国家工作人员通谋，共同实施受贿行为的情况下，才可构成受贿共犯。而利用影响力受贿，是一个独立的罪名，被利用对象不知情的，不能构成共犯。国家工作人员与关系密切的人通谋，共同实施受贿行为的，应构成受贿共犯。

（1）利用影响力受贿与非国家工作人员受贿的区别。刑法第一百六十三条非国家工作人员受贿罪，是指公司、企业或者其他单位的工作人员利用职务上的便利，索取、收受他人财物的行为。其利用的是本人的职务便利，而非他人的职务便利。利用影响力受贿罪则不同，其利用的是别人的职务影响力。二者虽然都是非国家工作人员，但在利用对象上有着本质的区别。

（2）利用影响力受贿罪与受贿罪的区别。二者的根本区别点在于：一是主体不同。受贿罪必须是国家工作人员，而利用影响力受贿罪中的关系密切的人，则可以是任何身份。二是利用的职务便利不同。受贿罪中的斡旋受贿，是利用本人的职权或者地位形成的便利条件，而利用影响力受贿罪利用的则是别人的职权或者地位形成的便利条件。也正是由于受贿罪涵括不了关系密切的人受贿，《刑法修正案（七）》才将其规定为一个独立的犯罪。

（3）利用影响力受贿罪与介绍贿赂罪的区别。二者的重要区别是，介绍贿赂是“权钱交易”双方的居间中介、桥梁纽带，他既不是赎买的对象，也不是行贿的实体；而利用影响力受贿罪则不然，他是“权钱交易”的一方代表，他虽无职无权，但可利用有权人的影响力去为他人办事，并坐地收赃。他本人就是交易人，而不是介绍人。实践中应注意二者的区别。

第二节　利用影响力受贿罪的主体证据

利用影响力受贿罪的主体证据，是藉以证明行为人具有利用影响力受贿罪主体资格的证据。根据刑法的规定，此罪的主体证据主要由四类人员证据，即在职或者离职的国家工作人员的近亲属关系证据、与在职或者离职的国家工作人员关系密切的人的资格证据、离职的国家工作人员的身份证据及其自然人身份证据组成。

1. 在职或者离职的国家工作人员的近亲属关系证据。即证明行为人与在职或者离职的国家工作人员存在父、母、夫、妻、子、女、兄、弟、姐、妹关系的证据材料。如：户籍资料、档案资料、相关口供、证言、人事说明等证据材料。

2. 与在职或者离职的国家工作人员关系密切的人的资格证据。即证明行为人与在职或者离职的国家工作人员存在某种密切关系的证据材料。如：反映双方存在亲属关系、职业关系、情感关系、工作关系、学习关系、同乡关系、朋友关系等密切关系的证人证言、相关书证、口供等证据材料。

3. 离职的国家工作人员的身份证据。即证明行为人系具有离职的国家工作人员身份的证据材料。如：离退休证件、原任职证明、工作履历及相关人证书证等证明材料。

4. 自然人身份证据。即证明行为人基本自然情况的证据材料。如：身份证、户籍资料、个人简历、人事关系证明、从业关系证明及相关人证书证等证明材料。

证明意义：利用影响力受贿罪的犯罪主体，在特殊主体中是比较特殊的，其特定主体有三类人，即近亲属、关系密切的人和离职的国家工作人员。因此，不同的主体身份有不同的证据要求，也有不同的证明方式。(1) 近亲属。近亲属系直系血亲，户籍资料、个人档案、双方言词证据均可有效证明，只要近亲属关系客观存在，就可成为此罪主体。(2) 离职的国家工作人员。所谓离职的国家工作人员，实际上是指离退休的国家工作人员，这在有关司法解释中表述得很清楚。国家工作人员离职后，虽然不再担任职务，但其国家工作人员的身份还在，并由老干部管理机构管理。为此，其身份是不难确定的。实践中应当注意的是，离职的国家工作人员受贿，要看为他人谋取利益是离职前还是离职后。离职前谋利离职后受贿的，应构成受贿罪；离职后谋利并受贿的，才可以构成利用影响力

受贿罪。前者谋利，利用的是其在职的职务便利；后者谋利，利用的是其原职权或者地位形成的便利条件。这是二者的关键区别。（3）关系密切的人。关系密切的人是一种客观存在的社会关系，而这种社会关系不是体现在户口本上、档案里、人事关系证明里，它是一种社会认知，即社会公众对双方关系能够认识。一般表现为，双方认可、公众认同。比如情人关系，只要双方认可存在婚外情，公众就会认同其情妇、情夫身份。为此，在密切关系人的主体身份上，主要靠双方认可、知情人证明和佐证交往关系的相关书证等客观证据。由于主体资格证据直接关系是否能够利用影响力，因此它是区分罪与非罪、此罪与彼罪的重要依据。

第三节　利用影响力受贿罪的行为证据

利用影响力受贿罪的行为证据，是指藉以证明行为人具有利用该国家工作人员职务上的行为，或者利用该国家工作人员职权或者地位形成的便利条件，或者利用该离职的国家工作人员原职权或者地位形成的便利条件，通过其他国家工作人员职务上的行为，为请托人谋取不正当利益，索取请托人财物或者收受请托人财物的行为证据。根据刑法的规定，此罪的行为证据由影响力的关系证据、谋取不正当利益行为证据和获取请托人财物行为证据三组证据组成。

1. 影响力的关系证据。即能够证明行为人所利用的影响力与其他国家工作人员之间存在影响关系的证据材料。如：

（1）职务影响关系证据。即能够证明被利用人与被通过人之间存在职务影响关系的证据材料。如：反映双方存在主管、负责、隶属、制约等关系的证人证言、当事人陈述、书证等证明材料。

（2）职权地位影响关系证据。即能够证明被利用人与被通过人之间存在职权地位影响关系的证据材料。如：反映被利用人的职权地位对被通过人具有某种作用、效力关系或者一定的工作联系的证明材料。如：证明双方虽然没有隶属、制约关系，但具有同单位、同系统、同行业关系，或者具有其他工作联系关系的证据材料。

（3）原职权地位影响关系证据。即能够证明被利用的离职的国家工作人员与被通过人之间，其原职权地位对被通过人具有某种作用、效力关系或者一定的工作联系的证明材料。如：证明双方原来虽然没有隶属、制约关系，但具有同单位、同系统、同行业关系，或者具有其他工作联系关系的证据材料。

证明意义：影响力关系证据，直接关系利用影响力行为的能否成立。所谓影响力，其实是指对被通过的其他国家工作人员的影响程度。能够影响其他国家工作人员为请托人谋取不正当利益的，即具有影响力。否则，就是没有影响力，或者影响力失效。这里需要注意的：一是职务影响关系证据。所谓职务影响，是指直接利用国家工作人员职务上的行为去影响他人。职务上的行为与利用职务上的便利意思相同，应按照职务上的便利的含义来理解职务上的行为。根据最高人民法院2003年11月13日印发的《全国法院审理经济犯罪案件工作座谈会纪要》解释，“‘利用职务上的便利’，既包括利用本人职务上主管、负责、承办某项公共事务的职权，也包括利用职务上有隶属、制约关系的其他国家工作人员的职权。担任单位领导职务的国家工作人员通过不属自己主管的下级部门的国家工作人员的职务为他人谋取利益的，应当认定为‘利用职务上的便利’为他人谋取利益。”实践中应依此分析认定相关证据。二是职权地位影响关系证据。这是指该国家工作人员职权或者地位形成的便利条件证据。这个条件的利用主体，仅系该国家工作人员的近亲属或者与其关系密切的人，如本人利用则构成受贿罪。根据《全国法院审理经济犯罪案件工作座谈会纪要》解释，“刑法第三百八十八条规定的‘利用本人职权或者地位形成的便利条件’，是指行为人与被其利用的国家工作人员之间在职务上虽然没有隶属、制约关系，但是行为人利用了本人职权或者地位产生的影响和一定的工作联系，如单位内不同部门的国家工作人员之间、上下级单位没有职务上隶属、制约关系的国家工作人员之间、有工作联系的不同单位的国家工作人员之间等”。可以说，上述解释是我们证明的基本内容。三是原职权地位影响关系证据。这是指离职的国家工作人员原职权或者地位形成的便利条件证据。它的利用主体既包括离职的国家工作人员本人，也包括其近亲属或者其他与其关系密切的人。对职权或者地位形成的便利条件的理解，应按前述解释执行。

2. 谋取不正当利益行为证据。即证明行为人具有通过其他国家工作人员职务上的行为，为请托人谋取不正当利益的行为证据材料。如：

（1）请托行为证据。即能够反映请托人具有明确的请托事项、请托行为的证明材料。如：当事双方陈述、知情人证言、相关书证等证明材料。

（2）通过行为证据。即能够反映行为人具有向其他国家工作人员寻求职务帮助的证明材料。如：被通过人陈述、往来电信记载、相关资料书证、行为人口供等证明材料。

（3）渎职行为证据。即能够反映被通过人在为他人谋取不正当利益上，具有作为或者不作为渎职行为的证明材料。如：证明被通过人具有主管、负责、承办等某些职务便利和具有滥用职权或者玩忽职守行为的证据材料等。

（4）不正当利益证据。即能够反映所谋取的利益为不正当利益的证明材料。如：证明利益本身违规违法、帮助手段违规违法、竞争手段违背原则的法规政策依据、行业规范、工作流程、相关书证、证人证言、行为人陈述等证据材料。

证明意义：鉴于谋取不正当利益在利用影响力受贿罪中的重要性，此组证据

的重要性也不言而喻。能否做到证据的确实充分，将直接关系此罪的能否成立。第一，此罪有明确的请托人。既然有请托人，就必然会有请托事项、请托行为。这些均需要运用证据去予以证明，否则，就会影响此罪的成立。这也是此罪相比其他受贿犯罪而言，要求比较严格的一个行为特征。第二，此罪的行为人不是直接谋取不正当利益的行为人。通过其他国家工作人员职务上的行为为请托人谋取不正当利益，是此罪的一个重要特点。那么，在这个行为过程中，就会必然经过“寻求帮助”—“滥权渎职”—“谋取利益”三个阶段。在寻求帮助阶段，寻求的对象应当是能够被行为人利用的影响力所影响的人，并且能够为行为人提供帮助的人；在滥权渎职阶段，被通过人也就是提供帮助的人，须有违规违法滥用职权或者玩忽职守的行为，否则，利益的不正当性就难以确定。根据“两高”《关于办理行贿刑事案件具体应用法律若干问题的解释》，被通过人应有违法违规滥用职权使其获取非法利益的行为，或者违反法律、法规、规章、政策、行业规范为其提供帮助或者方便条件的行为，或者违背公平公正原则，在经济、组织人事管理等活动中为其谋取竞争优势的行为。这些被通过人的渎职行为，不仅影响着不正当利益的认定，也影响着行为人利用影响力受贿罪的成立。为此，此组证据既是证明的内容，也是侦查取证的方向和要点，在收集、审查、判断证据时，要把行为人和被通过人的行为作为一个整体来考虑，以保证准确地惩治犯罪。

3. 获取请托人财物行为证据。即证明行为人具有索取或者收受请托人财物的行为证据材料。如：

（1）索取财物行为证据。即能够反映行为人具有向请托人主动索取财物行为的证明材料。如：当事双方陈述、中介人陈述、知情人证言、相关书证、行为人口供等证据材料。

（2）收受财物行为证据。即能够反映行为人具有收受请托人给予财物行为的证明材料。如：当事双方陈述、中介人陈述、知情人证言、相关书证、行为人口供等证据材料。

（3）获取财物名义证据。即能够反映行为人索取或者收受请托人财物所假托的某种名义的证据材料。如：证明行为人假托中介费、活动费、劳务费、辛苦费、好处费等各种名义的证明材料。

（4）财物交付过程证据。即能够反映行为人所获取财物的来源以及交付过程的证明材料。如：证明财物来源、交付的时间、地点、标的、经过等情况的金融凭证、账目往来、行踪记载、过程记载、证人证言、相关书证物证、当事双方陈述等证明材料。

证明意义：索取请托人财物或者收受请托人财物，是利用影响力受贿罪的直接目的，也是此罪的核心行为。为此，在收集、审查、判断证据时，一要注意索取和收受的区别。虽然索取不是此罪的法定从重处罚行为，但因索取是请托人被动给予行为，收受是请托人主动给予行为，二者行为性质的不同亦是影响量刑的重要因素。不能因为索取不是法定从重行为，就忽视二者的区别和证明要求。二要注意获取财物名义细节。实践中，行为人索取或者收受请托人财物，有的表现为无须假托名义直接索要或收受财物，有的则表现为假托某种名义，寻求“道义”上的心理平衡。虽然有无名义并不影响定罪，但其作为行为事实中的一个细节，对扎实定罪甚至制服犯罪，有着重要的意义和作用。三要注意财物来源和交付过程。财物来源证据不仅支撑着行贿事实的认定，还对财物性质有着重要的证明作用。即能够有效证明请托人是用公共财物行贿，还是用个人财物行贿。它关系着是否给国家造成损失。交付过程证据，是认定行为人获得财物的关键证据。根据民法通则第七十二条规定，“财产所有权从财产交付时起转移。”《全国法院审理经济犯罪案件工作座谈会纪要》在阐述贪污罪既遂与未遂的认定时规定，“行为人控制公共财物后，是否将财物据为己有，不影响贪污既遂的认定。”参考上述规定，交付过程证据，实际上是认定行为人是否控制请托人给予的财物、财产所有权是否转移的重要依据。为此，实践中应注意财物来源和交付过程证据的收集、审查，以正确判断和使用证据。

第四节　利用影响力受贿罪的结果证据

利用影响力受贿罪的结果证据，是指藉以证明行为人的行为已经发生或者会发生将请托人给予的财物据为己有的证据。根据刑法的规定，利用影响力受贿罪的结果证据，由归属证据和去向证据组成。

1. 归属证据。即证明行为人具有将请托人给予的财物据为己有的证据材料。如：控制财物和所有权转移证据。

（1）控制财物证据。即能够证明行为人具有已将请托人给予的财物实际控制的证据材料。此组证据可从行为证据中综合归纳，分析认定。

（2）所有权转移证据。即能够证明行为人具有已将请托人给予财物的所有权按其指定转移的证据材料。此组证据亦可从行为证据中综合归纳，分析认定。

2. 去向证据。即证明行为人受贿财物占有去向、使用去向、处分去向及其收益情况的证据。如：

（1）占有去向证据。即能够证明行为人占有请托人给予财物去向的证据材料。如：反映行为人存储、存放财物的地点、方式方法的陈述、证言、书证、物证等证明材料。

（2）使用去向证据。即能够证明行为人使用请托人给予财物去向的证据材

料。如：反映行为人将请托人给予的财物用于个人消费、抵债、出借、支出等情况的陈述、证言、书证、物证等证明材料。

（3）处分去向证据。即能够证明行为人处分请托人给予财物去向的证据材料。如：反映行为人将请托人给予的财物以分配、赠予、捐献等方式处分的证明材料。

（4）收益情况证据。即能够证明行为人占有请托人给予的财物后使其增值获益的证据材料。如：反映行为人将请托人给予的财物用于投资、经营、理财、证券、放贷等，并从中获得孳息、利润、效益等收益的当事人陈述、证人证言、相关凭证、书证等证明材料。

证明意义：利用影响力受贿罪的结果证据，是关系此罪正确定罪量刑的关键证据之一。它的重要性在于，一是归属证据是认定行为人实际控制请托人给予财物的关键证据。它既关系既遂与未遂的分界，也关系此罪的正确处罚。二是去向证据对此罪至关重要。此罪虽然也属贿赂犯罪，但由于主体的不同，处罚也不尽相同。受贿罪最高刑期可至死刑，而利用影响力受贿罪的犯罪数额特别巨大最高刑才为十五年。刑法第六十四条规定，“犯罪分子违法所得的一切财物，应当予以追缴或者责令退赔。”为此，实践中应重视赃款赃物的去向和收益情况。其一可完善结果证据链条，其二可为追缴赃款赃物、违法所得提供方向。要防止“难受一阵子，舒服一辈子”的现象发生。实践中，此罪行为人中有很多是无业游民、职业掮客，他们不仅利用权力影响扰乱了市场、官场，还给党和政府造成了很坏的影响。从某种意义上讲，他们还对“官本位”、“裙带关系”等社会腐朽观念起了推波助澜的强化作用。对这样一群社会蛀虫，理应让他们在付出刑罚代价的同时，付出应有的经济代价。应把“让腐败分子政治上身败名裂，经济上倾家荡产”的反腐理念，贯彻到执法实际中去。为此，要重视此组证据的收集、审查和运用，以保证无论在法律上还是在经济上，都不让他占便宜。

第五节 利用影响力受贿罪的主观证据

利用影响力受贿罪的主观证据，是指藉以证明行为人具有明知利用影响力索取、收受请托人财物会发生影响力交易的结果，而故意通过其他国家工作人员为请托人谋取不正当利益，索取、收受请托人财物，并希望和积极追求这种结果的发生。根据刑法的规定，此组证据主要由主观明知证据和主观追求证据两组证据组成。

1. 主观明知证据。即证明行为人在主观认识上对利用影响力索取、收受请托人财物并为请托人谋取不正当利益具有明知的证据材料。如：

（1）利用影响力的明知证据。即能够反映行为人在主观上对被利用对象与被通过人之间，具有某种职务影响力的证明材料。此组证据，可依据行为人与被利用对象的关系证据和职务影响关系、职权地位影响关系、原职务地位影响关系等行为证据，结合行为人口供予以推定。

（2）非法获利的明知证据。即能够反映行为人在主观上对索取、收受请托人财物的非法性具有明知的证明材料。此组证据，可依据不正当利益证据、请托行为证据、被通过人的渎职证据，结合行为人口供予以推定。

（3）谋取不正当利益的明知证据。即能够反映行为人明知其通过其他国家工作人员所谋取的利益系不正当利益的证明材料。此组证据亦可依据谋取不正当利益的行为证据结合行为人口供予以推定。

证明意义：主观明知，是故意犯罪的前提条件。在利用影响力受贿罪中，如果行为人对影响力不知晓，他就不会去利用，请托人也不可能无故地向其行贿。对此，行为人作为一个熟练玩弄权力影响的人，是知道或者应当知道的。这在行为证据中完全可以得到反映，并非必须行为人自己承认。在司法实践中，明知应包括知道或者应当知道已成共识，甚至国际上也已成通识。如 2005 年 12 月 14 日生效的《联合国反腐败公约》第二十八条就明确规定，“作为犯罪要素的明知、故意或者目的。根据本公约确立的犯罪所需具备的明知、故意或者目的等要素，可以根据客观实际情况予以推定。”为此，此组证据应注意在行为证据中去认识、梳理和综合归纳。

此外，对行为人而言，其直接目的是非法获利，为请托人谋取不正当利益是其非法获利的一种手段行为，既不是其直接目的，也不是其犯罪动机。故在收集证据时，应注意挖掘其犯罪动机。是补贴生计，还是以此为业，还是“价值”炫耀或者偶尔“外快”，可以反映其主观恶性程度。故在实践中应注意结合客观证据，深度挖掘其犯罪的内心起因，以准确认定其利用影响力受贿犯罪的真正动

机，确保突出打击重点，正确定罪量刑。

2. 主观追求证据。即证明行为人在主观上具有积极追求索取、收受请托人财物结果发生，并追求或者放任为请托人谋取不正当利益结果实现的证据材料。如：

（1）积极追求非法获利的证据。即反映行为人在主观上具有积极追求非法获利的证明材料。如：能够反映行为人主动向请托人索要财物的证据，收受名义的证据，讨价还价的议标证据，交付形式的协商证据等。此类证据，一般可从行为、结果证据中得到反映，应及时予以梳理、综合、归纳。

（2）追求或者放任谋取不正当利益的证据。即反映行为人在主观上，具有希望或者放任通过其他国家工作人员为请托人谋取不正当利益结果发生的证据材料。如：能够反映行为人在通过其他国家工作人员为请托人谋取不正当利益的行为中，体现出迫切要求、经常督促、要挟许愿等积极追求结果实现，或者仅作承诺、一般转述、放任实施的主观态度或意思表示的证明材料。此类证据，亦可通过反映其在为他人谋取不正当利益中的行为表现证据，结合当事人陈述，推定其主观态度、心理倾向或意思表示。

证明意义：利用影响力受贿罪在主观上，与其他受贿犯罪有相似之处，即在行为的主观目的上表现为两重性。一是在非法获利这一直接目的上，表现为积极追求结果的发生。“无利不起早”，是它的典型特征。否则，形不成影响力交易，而可能形成介绍贿赂或者共同行贿。为此，不应把一些“半推半就”的表象视为放任，要看行为的本质和其心态反映。二是在谋取不正当利益这一间接目的上，此罪表现为追求和放任两种心态。既有积极追求不正当利益实现的主观态度，也有放任不正当利益实现的心理反映。实际上，行为人只要实施了找关系、传意图等“通过”行为，就可以算完成了义务，至于不正当利益能否实现，可以持积极态度，也可以持放任态度。在一些密切关系人受贿案件中，这一点反映比较突出。但是，对谋取不正当利益的放任心态，并不影响此罪直接故意主观特征的成立。因为，谋取不正当利益不是行为人的直接目的。故在审查判断证据时，应注意目的的双重性这一特点，把握好此罪主观证据的证明要求，以保证正确地认定犯罪。

第六节　利用影响力受贿罪的情节证据

利用影响力受贿罪的情节证据，是指藉以证明行为人具有某些关系定罪量刑重要情节的证据。根据刑法和相关司法解释，此组证据应由定罪情节和量刑情节两组证据组成。

1. 定罪情节证据。即证明关系利用影响力受贿罪名成立的情节证据。如：

（1）受贿数额证据。即证明行为人受贿数额已达到或超过立案标准的证据材料。如：能够反映精准受贿数额的司法会计鉴定、审计结论、相关书证等证明材料。

（2）损失情况证据。即证明因行为人利用影响力受贿行为，使国家和社会利益遭受重大损失的情况证据材料。如：能够反映给国家、企业、社会公益事业等造成直接损失的审计结论、财务结算、证人证言、相关书证等证明材料。

（3）影响情况证据。即证明因行为人为请托人谋取不正当利益，给国家机关及其他国有单位造成恶劣社会影响的情况证据材料。如：能够反映恶劣社会影响的舆情动态、媒体报道、信访反映、工作信息、上级反馈等证明材料。

证明意义：鉴于利用影响力受贿罪目前尚无明确、统一的立案标准，司法实践中应参照受贿罪和非国家工作人员受贿罪的立案标准执行。一是在犯罪数额上，仍以5000元为立案标准。因为，刑法关于贪污受贿的犯罪数额尚未修订，受贿罪和非国家工作人员受贿罪立案标准均是5000元，故以5000元为立案标准较为适宜。二是损失情况系连带危害和间接后果，应予参考。实践中，因受贿使国家和社会利益遭受重大损失的情况时有发生，有的动辄损失成百上千万元。因此，在受贿数额不满定罪标准80%的情况下，应参照损失情况，依法追究刑事责任。三是恶劣影响离间党群关系、干群关系，损害政府诚信，危害严重，依法严惩有利于及时平复社会情绪。此情节与损失情节相同，亦是重要参考选择条件。而且，这两个条件还应是量刑参考的重要情节。

2. 量刑情节证据。即证明行为人具有影响量刑的从轻或者从重处罚情节的证据材料。如：

（1）从轻处罚情节证据。即证明行为人具有法定从轻处罚情节的证明材料。如：能够反映行为人具有自首、立功、如实供述、积极退赃等法定从轻处罚情况的自首笔录、揭发笔录、讯问笔录、相关说明等证明材料。

（2）从重处罚情节证据。即证明行为人具有法定从重处罚情节的证明材料。如：能够反映行为人具有受贿数额巨大、特别巨大、造成损失特别严重、索贿情

节特别恶劣等法定从重处罚的相关证据材料。

(3) 从严处理情节证据。即证明行为人具有法定从严处理情节的证明材料。如：能够反映行为人具有索贿、不如实供述罪行、不予退缴赃款赃物或者将赃款赃物用于非法活动情节，以及具有串供、干扰作证、毁证伪证等妨碍侦查等情节的相关证据材料。

证明意义：关于从轻处罚情节。刑法第六十七条规定，“犯罪以后自动投案，如实供述自己的罪行的，是自首。对于自首的犯罪分子，可以从轻或者减轻处罚。其中，犯罪较轻的，可以免除处罚。”“被采取强制措施的犯罪嫌疑人、被告人和正在服刑的罪犯，如实供述司法机关还未掌握的本人其他罪行的，以自首论。”“犯罪嫌疑人虽不具有前两款规定的自首情节，但是如实供述自己罪行的，可以从轻处罚；因其如实供述自己罪行，避免特别严重后果发生的，可以减轻处罚。”第六十八条规定，“犯罪分子有揭发他人犯罪行为，查证属实的，或者提供重要线索，从而得以侦破其他案件等立功表现的，可以从轻或者减轻处罚；有重大立功表现的，可以减轻或者免除处罚。”“两高”在2009年3月12日印发的《关于办理职务犯罪案件认定自首、立功等量刑情节若干问题的意见》中规定，“受贿案件中赃款赃物全部或者大部分追缴的，视具体情况可以酌定从轻处罚。”“犯罪分子及其亲友主动退赃或者在办案机关追缴赃款赃物过程中积极配合的，在量刑时应当与办案机关查办案件过程中依职权追缴赃款赃物的有所区别。”“职务犯罪案件立案后，犯罪分子及其亲友自行挽回的经济损失，司法机关或者犯罪分子所在单位及其上级主管部门挽回的经济损失，或者因客观原因减少的经济损失，不予扣减，但可以作为酌情从轻处罚的情节。”

关于从重处罚情节。根据刑法的规定，利用影响力受贿罪有三个量刑幅度，“数额较大或者有其他较重情节的，处三年以下有期徒刑或者拘役，并处罚金；数额巨大或者有其他严重情节的，处三年以上七年以下有期徒刑，并处罚金；数额特别巨大或者有其他特别严重情节的，处七年以上有期徒刑，并处罚金或者没收财产。”为此，数额、损失等就成为重要的量刑参考情节。根据最高人民检察院关于受贿罪立案标准为5000元、特别重大贿赂犯罪为50万元的相关规定，利用影响力受贿罪的三个量刑幅度起点，我们认为目前以5000元、10万元、50万元为宜。因谋取不正当利益使国家和社会利益遭受损失的，参考“两高”《关于办理行贿刑事案件具体应用法律若干问题的解释》精神，造成直接经济损失100万元以上的为“其他严重情节”，造成经济损失500万元以上的，为“其他特别严重情节”。

关于从严处理情节。刑事诉讼法规定，“犯罪嫌疑人对侦查人员的提问，应当如实回答。”“凡是知道案件情况的人，都有作证的义务。”“人民法院、人民检察院和公安机关有权向有关单位和个人收集、调取证据。有关单位和个人应当如实提供。”为此，刑事诉讼法第七十五条、第七十九条，将“不得以任何形式干扰证人作证；不得毁灭、伪造证据或者串供”等妨碍侦查的情节，规定为不得采取取保候审、监视居住措施。“两高”在2012年8月8日发布的《关于办理职务犯罪案件严格适用缓刑、免予刑事处罚若干问题的意见》中规定，“不如实供述罪行的”，“不予退缴赃款赃物或者将赃款赃物用于非法活动的”，“受贿犯罪中有索贿情节的”，“一般不适用缓刑或者免予刑事处罚”。为此，积极退赃与否，既是一个法定从宽的处罚情节，也是一个法定从严的情节。对此，办案机关有义务向公诉、审判机关作出说明并提供相关证据。

附：法律法规

1.《中华人民共和国刑法》（1997年3月14日修订）（节录）

第三百八十八条【受贿罪；利用影响力受贿罪】 国家工作人员利用本人职权或者地位形成的便利条件，通过其他国家工作人员职务上的行为，为请托人谋取不正当利益，索取请托人财物或者收受请托人财物的，以受贿论处。

国家工作人员的近亲属或者其他与该国家工作人员关系密切的人，通过该国家工作人员职务上的行为，或者利用该国家工作人员职权或者地位形成的便利条件，通过其他国家工作人员职务上的行为，为请托人谋取不正当利益，索取请托人财物或者收受请托人财物，数额较大或者有其他较重情节的，处三年以下有期徒刑或者拘役，并处罚金；数额巨大或者有其他严重情节的，处三年以上七年以下有期徒刑，并处罚金；数额特别巨大或者有其他特别严重情节的，处七年以上有期徒刑，并处罚金或者没收财产。

离职的国家工作人员或者其近亲属以及其他与其关系密切的人，利用该离职的国家工作人员原职权或者地位形成的便利条件实施前款行为的，依照前款的规定定罪处罚。

第六十七条【自首】 犯罪以后自动投案，如实供述自己的罪行的，是自首。对于自首的犯罪分子，可以从轻或者减轻处罚。其中，犯罪较轻的，可以免除处罚。

被采取强制措施的犯罪嫌疑人、被告人和正在服刑的罪犯，如实供述司法机关还未掌握的本人其他罪行的，以自首论。

犯罪嫌疑人虽不具有前两款规定的自首情节，但是如实供述自己罪行的，可以从轻处罚；因其如实供述自己罪行，避免特别严重后果发生的，可以减轻处罚。

第六十八条【立功】 犯罪分子有揭发他人犯罪行为，查证属实的，或者提供

重要线索，从而得以侦破其他案件等立功表现的，可以从轻或者减轻处罚；有重大立功表现的，可以减轻或者免除处罚。

2. 全国人大常委会法制工作委员会《关于刑法修正案（七）（草案）的说明》（2008年8月28日公布）（节录）

1. 刑法第三百八十八条对国家工作人员利用本人职权或地位形成的便利条件，通过其他国家工作人员的职务行为为请托人谋取不正当利益，索取或收受请托人财物的犯罪作了规定。有些全国人大代表和有关部门提出，有些国家工作人员的配偶、子女等近亲属，以及其他与该国家工作人员关系密切的人，通过该国家工作人员职务上的行为，或者利用该国家工作人员职权或者地位形成的便利条件，通过其他国家工作人员职务上的行为，为请托人谋取不正当利益，自己从中索取或者收受财物。同时，一些已离职的国家工作人员，虽已不具有国家工作人员身份，但利用其在职时形成的影响力，通过其他国家工作人员的职务行为为请托人谋取不正当利益，自己从中索取或者收受财物。这类行为败坏党风、政风和社会风气，对情节较重的，也应作为犯罪追究刑事责任。

经同中央纪委、最高人民法院、最高人民检察院等部门研究，建议在刑法第三百八十八条中增加两款，对上述应作为犯罪的行为及刑事责任作出规定。（草案第十一条）

3. 最高人民法院、最高人民检察院《关于办理职务犯罪案件严格适用缓刑、免予刑事处罚若干问题的意见》（2012年8月8日发布）（节录）

二、具有下列情形之一的职务犯罪分子，一般不适用缓刑或者免予刑事处罚：

（一）不如实供述罪行的；

（二）不予退缴赃款赃物或者将赃款赃物用于非法活动的；

（三）属于共同犯罪中情节严重的主犯的；

（四）犯有数个职务犯罪依法实行并罚或者以一罪处理的；

（五）曾因职务违纪违法行为受过行政处分的；

（六）犯罪涉及的财物属于救灾、抢险、防汛、优抚、扶贫、移民、救济、防疫等特定款物的；

（七）受贿犯罪中具有索贿情节的；

（八）渎职犯罪中徇私舞弊情节或者滥用职权情节恶劣的；

（九）其他不应适用缓刑、免予刑事处罚的情形。

4. 最高人民法院、最高人民检察院《关于办理职务犯罪案件认定自首、立功等量刑情节若干问题的意见》（2009年3月12日印发）（节录）

受贿案件中赃款赃物全部或者大部分追缴的，视具体情况可以酌定从轻处罚。

犯罪分子及其亲友主动退赃或者在办案机关追缴赃款赃物过程中积极配合的，在量刑时应当与办案机关查办案件过程中依职权追缴赃款赃物的有所区别。

职务犯罪案件立案后，犯罪分子及其亲友自行挽回的经济损失，司法机关或者犯罪分子所在单位及其上级主管部门挽回的经济损失，或者因客观原因减少的经济损失，不予扣减，但可以作为酌情从轻处罚的情节。

5.《全国法院审理经济犯罪案件工作座谈会纪要》（2003年11月13日印发）（节录）

（一）关于“利用职务上的便利”的认定

刑法第三百八十五条第一款规定的“利用职务上的便利”，既包括利用本人职务上主管、负责、承办某项公共事务的职权，也包括利用职务上有隶属、制约关系的其他国家工作人员的职权。担任单位领导职务的国家工作人员通过不属自己主管的下级部门的国家工作人员的职务为他人谋取利益的，应当认定为“利用职务上的便利”为他人谋取利益。

（二）“为他人谋取利益”的认定

为他人谋取利益包括承诺、实施和实现三个阶段的行为。只要具有其中一个阶段的行为，如国家工作人员收受他人财物时，根据他人提出的具体请托事项，承诺为他人谋取利益的，就具备了为他人谋取利益的要件。明知他人有具体请托事项而收受其财物的，视为承诺为他人谋取利益。

（三）“利用职权或地位形成的便利条件”的认定

刑法第三百八十八条规定的“利用本人职权或者地位形成的便利条件”，是指行为人与被其利用的国家工作人员之间在职务上虽然没有隶属、制约关系，但是行为人利用了本人职权或者地位产生的影响和一定的工作联系，如单位内不同部门的国家工作人员之间、上下级单位没有职务上隶属、制约关系的国家工作人员之间、有工作联系的不同单位的国家工作人员之间等。

第七章　行贿罪证据结构

第一节　行贿罪概述

根据刑法第三百八十九条、第三百九十条的规定，行贿罪是指自然人为谋取不正当利益，给予国家工作人员以财物的行为。其基本特征如下：

一、主体特征

行贿罪的主体是一般主体，即达到刑事责任年龄、具有刑事责任能力的自然人。法人、单位只能构成刑法第三百九十三条单位行贿罪的主体，不具有此罪的主体资格。

二、客体特征

行贿罪侵害的客体为复杂客体，即侵害了国家工作人员的职务廉洁性和国家的正常管理活动。

所谓职务廉洁性，是指国家工作人员职务责任、职业纪律、职业道德的要求。

所谓国家的正常管理活动，是指国家的廉政制度、廉政建设及正常的管理秩序、管理活动。目前，理论界对此尚有争议，有观点认为国家的正常管理活动不能成为此罪客体。理由是，行贿人所要谋取的不正当利益是经过受贿人来实现的，国家的正常管理活动是受贿犯罪侵害的客体。对此笔者持否定意见。因为，为谋取不正当利益而行贿，是行贿犯罪的直接目的，它的对象虽然直接指向国家工作人员，但实质上是要通过国家工作人员贿买其手中的权力。不正当利益能否获取，对行贿人而言尚具或然性，并取决于受贿人，但行贿人在腐蚀国家工作人员职务廉洁性的同时，也已经对国家的廉政制度、廉政建设及国家机关、国有单位的正常管理活动构成了危害，因为只有国家工作人员的职务廉洁性和国家正常的管理活动同时受到侵害，行为人谋取不正当利益的目的才能实现，可以说，它是导致权力腐败、扰乱正常管理活动的源头性因素。因此，国家的正常管理活动可以成为行贿罪侵害的客体。

行贿罪的犯罪对象是国家工作人员。它与受贿罪的主体相比较，二者具有一致性的特点。这也是行贿、受贿之间客观存在的对合性关系决定的。因此，根据

我国刑法的规定，行贿罪的犯罪对象主要由以下几类人员构成：

1. 国家机关工作人员。即在国家各级权力机关、各级行政机关、各级司法机关和军事机关从事公务的人员。

2. 准国家工作人员。即在国有公司、企业、事业单位、金融机构、人民团体中从事公务的人员。

3. 受委派人员。即国有单位委派到非国有单位从事公务的人员。

4. 其他依照法律从事公务的人员。如：村民委员会等农村基层组织人员协助人民政府从事“七项”法定行政管理工作的人员等。

总之，凡符合受贿罪主体资格的人员，均可构成行贿罪的犯罪对象。

三、主观特征

行贿罪在主观方面表现为直接故意，即行为人明知所要获取的利益为不正当利益，而故意向国家工作人员行贿，并希望通过行贿结果的发生来实现其谋取不正当利益的目的。

理论界将行贿罪称为目的犯，即以特殊的犯罪目的为主观方面的必要要件。行贿罪虽然没有像其他法条那样直接标明“以××为目的”，但在行为罪状前已明确地阐明了“为谋取不正当利益”这样一个主观前提条件。因此，“为谋取不正当利益”是其直接目的。因为，无此目的行贿行为就失去了意义。故“为谋取不正当利益”目的是否实现，不影响行贿罪的成立，它是衡量此罪与非罪的标志，而行贿结果是否发生则是行贿罪既遂与未遂的标志。

四、客观特征

行贿罪在客观方面表现为给予国家工作人员以财物。根据刑法第三百八十九条的规定，其客观表现有三种形式：

1. 主动行贿。即行为人“为谋取不正当利益”，主动地、心甘情愿地将财物给予国家工作人员的行为。这里，行贿对象是能够为其实现“谋取不正当利益”目的提供某些帮助或方便的国家工作人员，给予的贿赂物系财物，即金钱和物品。其中，“谋取不正当利益”，根据最高人民检察院《关于人民检察院直接受理立案侦查案件立案标准的规定（试行）》解释，“是指谋取违反法律、法规、国家政策和国务院各部门规章规定的利益，以及谋取违反法律、法规、国家政策和国务院各部门规章规定的帮助或者方便条件”。为此，谋取的利益本身具有违法性或者谋取利益的帮助手段或方便条件具有违法性的，均可构成“不正当利益”。此外，对行贿的贿赂物刑法没有对其所有权予以限制，故无论行贿的财物是行为人的“私有财物”还是“公共财物”，都不影响行贿罪的成立。

2. 被动行贿。即行为人因被对方勒索而被动地、不情愿地给予国家工作人员财物的行为。根据刑法第三百八十九条第三款的规定，此种形式的行贿应区别对待。一种情况，行为人因被勒索给予国家工作人员财物，但没有获得不正当利益的，不构成行贿罪；另一种情况，行为人虽系因被勒索而给予国家工作人员财物，但已获得不正当利益的，可以构成行贿罪。司法实践中要引起注意的是：被动行贿并不是都不能构成行贿罪，已获得不正当利益的，被动行贿与主动行贿一样，要受到刑事法律的追究。对此，最高人民检察院在《立案标准》中明确规定："因被勒索给予国家工作人员以财物，已获得不正当利益的，以行贿罪追究刑事责任。"

3. 经济行贿。即行为人在经济往来中，违反国家规定给予国家工作人员以财物数额较大，或各种名义的回扣、手续费的行为。此种形式的行贿，一是行为必须是发生在经济往来中，二是给予对象系与双方经济往来有某些关联的国家工作人员，三是给予贿赂物的行为违反有关国家规定，四是贿赂物系财物，五是给予名义可以是各种名义的回扣、手续费。此种形式的行贿，与受贿罪中的经济受贿是对合关系。双方有许多相通之处。一是双方客观存在某种经济往来关系。二是双方的"权钱交易"具有互利性。三是双方的关联物具有违法性，即所谓"各种名义的回扣、手续费"违反国家规定。如反不正当竞争法第八条规定，"经营者不得采用财物或者其他手段进行贿赂以销售或者购买商品。在账外暗中给予对方单位或者个人回扣的，以行贿论处"。因此，此种形式的行贿，不受"为谋取不正当利益"主观条件的限制。只要行为发生在双方的经济往来中，行为人违反国家规定给予了国家工作人员以财物，且数额较大，或者违反国家规定，给予了国家工作人员以各种名义的回扣、手续费，就可以构成行贿罪的既遂。

在行贿罪的客观特征方面，应注意严格把握刑法规定的客观要件，与对单位行贿罪、介绍贿赂罪和单位行贿罪加以区别。

第一，行贿罪与对单位行贿罪的区别。对单位行贿罪的客观特征，与行贿罪中的经济行贿有相似之处，二者的主要区别：一是行贿对象不同。经济行贿对象是国家工作人员，对单位行贿罪的行贿对象是国家机关、国有公司、企业、事业单位、人民团体；二是主观限制不同。对单位行贿罪主观上要求具有"为谋取不正当利益"的目的，行贿罪中的经济行贿无此限制，故无须对这一目的予以证明。

第二，行贿罪与介绍贿赂罪的区别。实践中，介绍贿赂人之行为往往与行贿人的行为特征相近似，但二者有着本质的区别：一是对行贿而言行贿人具有决定权，介绍贿赂人只是受行贿人之托，是一种帮助行为，处于被支配地位；二是对

受贿人而言，行贿人与受贿人双方是一种贿买关系，即“权钱交易”关系。介绍人与受贿人仅是一种介绍关系，即行贿人与受贿人的介绍人、撮合人、沟通人。介绍贿赂人构成犯罪的，依刑法第三百九十二条的规定定罪处罚。

第三，行贿罪与单位行贿罪的区别。二者的主要区别点是行贿主体不同。即行贿罪的主体是自然人，单位行贿罪的主体是单位或法人。值得注意的是，关于私营企业主行贿问题的认定。刑法第三百九十二条规定的单位行贿行为，并未对单位的所有制加以限制，最高人民法院在《关于审理单位犯罪案件具体应用法律有关问题的解释》第一条中规定，“刑法第三十条规定的‘公司、企业、事业单位’，既包括国有、集体所有的公司、企业、事业单位，也包括依法设立的合资经营、合作经营企业和具有法人资格的独资、私营等公司、企业、事业单位”。故私营单位可以成为单位行贿罪的主体。但司法实践中，私营企业主所要谋取的不正当利益，往往既是他个人的目的也是他所在单位的目的，他们是单位、个人一体化，如何去认定呢？我们认为，这里主要取决于行贿人的法人资格，具有法人资格的私营单位，应考虑单位行贿罪；不具有法人资格的私营企业主行贿的，应考虑个人行贿罪。最高人民法院在《关于审理单位犯罪案件具体应用法律有关问题的解释》第三条中规定，“盗用单位名义实施犯罪，违法所得由实施犯罪的个人私分的，依照刑法有关自然人犯罪的规定定罪处罚”。为正确认定此种情况，当前应进一步加强调查研究，尽快做出司法解释，以增强司法可操作性。

在客观标准方面，最高人民检察院在《立案标准》中做出了相应规定：“涉嫌下列情形之一的，应予立案：

1. 行贿数额在 1 万元以上的；

2. 行贿数额不满 1 万元，但具有下列情形之一的：

（1）为谋取非法利益而行贿的；

（2）向 3 人以上行贿的；

（3）向党政领导、司法工作人员、行政执法人员行贿的；

（4）致使国家或者社会利益遭受重大损失的。”

另据《立案标准》附则规定，“有关犯罪数额‘不满’，是指接近该数额且已达到该数额的百分之八十以上”。也就是说，《立案标准》中行贿案的第二条所指“不满 1 万元”，应是在 8000 元以上。

第二节　行贿罪的主体证据

行贿罪的主体证据，是藉以证明行为人具有行贿罪主体资格的证据。主要有：

1. 身份证明。即《居民身份证》。

2. 户籍证明。即户籍所在地公安机关出具的行为人户籍情况证明等。

3. 居住证明。即居住地管理单位或组织出具的行为人居住情况的证明等。

4. 职业证明。即行为人所在单位出具的行为人所从事职业、职务、简历等情况证明。

5. 违法记录。即相关机关或组织出具的行为人曾受刑事处罚、行政处罚及党政纪处分等情况证明。

6. 行为人供述及相关证人证言。即就行为人个人身份、职业等情况的供述及相关证人的证言。

证明意义：行贿罪的主体是一般主体，且基本上是成年人，故在司法实践中对此罪的主体证据不太为人注意。这种倾向带来了一些弊端：一是行为人身份容易有误。当前人员流动频繁，跨地域人才交流增多，甚至一些人是因在原地犯案才流动他乡。这样，主体身份的真实性易被掩饰。二是案件管辖易发纠纷。对流动人员来讲，犯罪地、工作地与户籍地、居住地不尽一致，案件管辖易发生纠纷，从而影响办案进度和效率。三是前科情况容易遗漏。对于原工作地、户籍地关于行为人个人情况的疏忽，容易使行为人因违法犯罪曾受到刑事处罚、行政处罚或党政纪处理等情况不被掌握，从而影响对累犯的认定和对其犯罪恶性程度的分析。因此，对一般主体的主体证据也应给予高度重视，全面地收集相关证据，以准确定罪和正确适用刑罚。

第三节　行贿罪的行为证据

行贿罪的行为证据，是藉以证明行为人具有行贿犯罪行为的证据。根据刑法的规定，此罪的行为证据主要有主动行贿、被动行贿和经济行贿三种类型的行为证据。

一、主动行贿行为证据

主动行贿行为证据，是指证明行为人具有主动给予国家工作人员以财物行为的证据材料。主要有：

1. 贿赂物的来源及筹集证据。即证明行为人给予国家工作人员的财物来源、数量、质量及筹集情况的证据材料。

2. 请托事项证据。即证明行为人为谋取不正当利益，向财物给予对象请托的具体事项的证据材料。

3. 居间介绍证据。即证明行为人通过介绍人居间介绍、联系、撮合的证据材料。

4. 给予情况证据。即证明行为人直接或间接、一次或多次、公开或隐蔽地给予对方财物的情况及其过程的证据材料。

上述证据是反映主动行贿行为的主要证据。一般情况下从知情人、参与人、介绍人、收受人员及相关书证、物证和行为人供述中可以得到相应的印证。

证明意义：主动行贿是行贿行为中的一种常见形式。由于行为人在主观上呈积极状态，故在行为上亦是一种主动的进取性表现。从行为人的动意—谋划—联系—给予均呈主动趋势。但既是一种主动性行为，就势必留有许多为人所知的行为点。首先，行为人产生犯意后，需要对给予对象、如何与给予人沟通或联系、财物给予标的及筹集进行谋划。这样，参与人、介绍人及财物来源和筹集的知情人就成为重要的证人。其次，给予的过程实质上是一个交易过程，无目的给予对方财物的情况是不存在的。因此，在这个过程中，交易的成功取决于对方的收受和对请托事项的承诺或实现。这样，收受人、介绍人及相关知情人、方便提供人的证言就能充分反映行为人的主观目的和给予的情况。最后，主动行贿行为的实施，需要主动筹集财物、主动寻托介绍人或联系，主动寻找给予时机、条件、主动直接或间接地表明请托事项等。这样，上述几组证据就成为证明行为人的行贿行为是一种为谋取不正当利益而实施的主动性行为的关键证据。为此，及时收集上述证据对充分反映行为人行贿行为的各个要素具有重要的意义。同时，每一具体行为事实，都离不开何人、何时、何地、何动机、何目的、何手段、何结果这七个事实要素。故每一具体行为的事实清楚与否，也直接关系着整

个行贿行为事实是否清楚。只有证据确实充分，案件事实和要件事实才能清楚地予以反映。因此，及时、全面地收集上述行为证据，对准确认定主动性的行贿行为，正确地定罪量刑也是至关重要的。

二、被动行贿行为证据

被动行贿行为证据，是指证明行为人具有因被勒索或应要求而给予国家工作人员财物行为的证据。反映这一行为特点的主要证据有以下几种：

1. 请托证据。即证明行为人为谋取不正当利益而实施的具体的请托行为证据。如：请托事项及内容性质证据、居间介绍或联系证据、请托实行过程证据等。

2. 勒索或索取证据。即证明对方具有勒索、要挟或向行为人索取财物行为的证据。如：明示或暗示的勒索要挟证据、索取证据等。

3. 财物来源及筹集证据。即证明行为人为谋取不正当利益而应对方要求筹集财物的证据。如：财物来源证据、财物性质证据、财物筹集准备证据等。

4. 给予情况证据。即证明行为人应对方要求而给予对方财物的情况及过程的证据。如：给予过程证据，给予财物数量质量证据，给予的时间、地点、环境证据等。

上述证据内容是被动行贿行为证据应予反映的主要内容。实践中，通过行、受贿双方当事人供述，参与人、知情人的证人证言及相关书证物证，可以得到有效的证明。

证明意义：被动行贿不仅在主观上是被动的，在给予对方财物的行为上也是被动的。其行为特征有三个明显的特点：一是请托的明确性。即行为人向对方提出了明确的谋取不正当利益的请托事项。二是对方承诺的条件性。即对方关于为行为人谋取不正当利益的请托予以帮助或提供方便的承诺，是有条件的。或明示不给予财物不办事，或暗示不给予财物难以办成事，以给予财物作为“交易”的条件。三是对方取得财物的主动性。即财物的给予是对方主动索要的，既包括明示的索取，也包括暗示的讨要。根据刑法的规定，“因被勒索给予国家工作人员以财物，没有获得不正当利益的，不是行贿”。因此，对被动行贿行为，必须查明是否有确实、充分的证据证明行为人系因被勒索而给予国家工作人员以财物。“勒索”，据《现代汉语词典》解释，是指“用威胁手段向别人要财物”。在被动行贿行为中，是指对方利用行为人为谋取不正当利益而有求于他的弱点，用威胁、要挟等手段，迫使行为人给予其财物。但在实践中有两种情况：一种情况是对方具有明示的或暗示的、直接的或间接的勒索行为；另一种情况是对方没有勒索行为，只有索取行为，甚至财物给予人也没有谋取不正当利益的请托。第一种情况由于勒索行为明确，只要行为人没有获得不正当利益，就不能构成行贿罪；第二种情况虽然也被动地给予了对方财物，但因根本就没有谋取不正当利益的目的，故也不能构成行贿罪。但是，行为人因对方索要（即主动讨要）而给予财物，并获得不正当利益的，应以行贿罪追究。因为，勒索和索要均是索贿行为，因被勒索而行贿并获不正当利益的应被追究，因被索要而行贿并获不正当利益的亦应予以刑事追究。因此，及时收集上述证据，不仅关系罪与非罪的界限，对准确地惩治行贿行为，实事求是地贯彻罪刑法定原则，均具有重要的实践意义。

三、经济行贿行为证据

经济行贿行为证据，是指证明行为人具有在经济往来中，违反国家规定，给予国家工作人员以各种名义的回扣、手续费行为的证据。根据刑法第三百八十九条第二款的规定，此种行贿行为证据，主要由经济往来证据、给予名义证据和违法给予证据三组证据组成。

1. 经济往来证据。经济往来证据，是指证明行为人与被给予人之间，客观存在着某些经济往来关系和活动的证据材料。主要有：双方经济关系证明（如购销、承包、协作、借款、承揽、租赁、运输、保管等经济关系）、双方往来活动证明（即双方已经发生的或正在发生的经济往来活动，如双方经济合同、协议、约定的履行活动或订立活动等）。这些证明内容需要通过双方的合同（协议）文本、账目往来、文电往来等书证和双方当事人、中介人、参与人、知情人等证人证言予以证实。

2. 给予名义证据。给予名义证据是指证明行为人给予对方财物的名义的证据。如：回扣、手续费、劳务费、活动费、促销费、咨询费等。这一证据需要从双方当事人陈述，参与人、经手人、知情人等证人证言，以及相关的账目、票据等书证中予以印证。

3. 违法给予证据。违法给予证据，是指证明行为人给予对方各种名义的回扣、手续费的行为系违反国家规定的行为的证据材料。如反不正当竞争法、国务院的相关规定等。这一证据主要依靠引证全国人大常委会、国务院制定的相关法律、法规、决定、命令、行政措施等国家规定。

证明意义：经济行贿与经济受贿情况大致相同，均是刑法关于贿赂犯罪的一种特别规定。如果说主动行贿、被动行贿是一般行贿形式的话，经济行贿行为则属于特殊行贿形式。它与其他行贿形式比较具有三个明显的特点：一是经济往来的特定性，即行贿行为必须是发生在经济往来活动之中。双方的经济往来活动，决定了双方客观存在着互利性的经济关系。二是给予物数额和名义的特定性，即行为人给予对方国家工作人员以财物必须达到数额较大标准，或者给予物的名义是各种名义的回扣、手续费。根据最高人民检察院《立案标准》的规定，给予

财物数额较大标准为1万元以上，或者是具有为谋取非法利益，向三人以上行贿，向党政领导、司法工作人员、行政执法人员行贿；致使国家或者社会利益遭受重大损失的情节，数额在8000元以上的行为。从这一数额规定我们可以看出，行贿罪的起刑点明显高于受贿罪（5000元），这是数额上的特别规定。给予物名义的特定性，即各种名义的回扣、手续费。根据刑法第三百八十九条第二款的规定，任何名义的回扣、手续费均可构成经济行贿的条件。三是违法给予的特定性。即给予对方财物数额较大的和给予对方各种名义的回扣、手续费，均需具备“违反国家规定”这一特定条件。根据刑法第九十六条的规定，“本法所称违反国家规定，是指违反全国人民代表大会及其常务委员会制定的法律和决定，国务院制定的行政法规、规定的行政措施、发布的决定和命令”。反不正当竞争法第八条规定：“经营者不得采用财物或者其他手段进行贿赂以销售或者购买商品。在账外暗中给予对方单位或者个人回扣的，以行贿论处。”另据国务院办公厅1986年6月5日发布的《关于严禁在社会经济活动中牟取非法利益的通知》规定，“任何单位、个人，不准向上级机关、有关单位或其工作人员‘馈赠’现金或实物，不准以低于国家规定价格或以象征性收费办法向其‘出售’各种物品”。国务院1981年7月15日发布的《关于制止商品流通中不正之风的通知》中规定，“一切社会主义的企事业单位、经济单位之间的购销活动，一律禁止提取‘回扣’。过去实际上存在的提取‘回扣’的做法，要立即废除”。为此，无论何种名义的回扣、手续费，只要违反了有关的国家规定，就可以构成行贿罪。

根据经济行贿行为的上述特点，我们可以看出，经济行贿行为，一是不受“为谋取不正当利益”条件限制，只要行贿行为发生在经济往来活动中，违反国家规定给予对方财物或者是各种名义的回扣、手续费，达到一定数额标准，无论是谋取正当利益还是不正当利益，都可以构成行贿罪。此种行为既不同于一般行贿行为，也不同于刑法第一百六十三条对非国家工作人员行贿行为的规定。二是给予回扣、手续费的行为无论是主动的，还是被动的均不影响经济行贿行为的成立。其中，行为人是否获得不正当利益，仅是情节问题，不影响行贿罪的成立。但是，行为人因被勒索而给予对方财物或者各种名义的回扣、手续费，并获得不正当利益的，则可以构成行贿罪。为此，及时全面地收集上述证据，对准确定罪、正确区分罪与非罪界限、明晰地辨别不同形式的行贿行为，均有着重要的实际意义。

第四节　行贿罪的结果证据

行贿罪的结果证据，是指藉以证明行为人的行为已经发生或会引起发生给予国家工作人员财物后果的证据。

从刑法第三百八十九条的规定看，行贿罪的犯罪结果是给予对方财物或者非法给予回扣、手续费。其基本特点：一是给予物系达到一定数额标准的财物；二是给予行为已经完成，即已将财物提供给对方。但是，财物的提供并不意味着对方已收受。因此，在结果的表现形式上也有两种情况：一种情况是行为人提供的财物对方已经收受，即给予的结果已经发生；另一种情况是行为人提供的财物对方尚未收受，或者由于意志以外的原因没有收受。由于给予结果的发生是判断行贿罪既遂与未遂的唯一标准，故从证据角度讲，行贿罪的结果证据应由财物提供证据和财物收受证据两部分组成。

1. 财物提供证据。即证明行为人将财物提供给对方国家工作人员的证据。如行为证据中的提供过程、给付情况等方面的证据。

2. 财物收受证据。即证明收受人对行为人提供的财物已经收受或未能收受的证据。如：从收受人、介绍人、知情人、参与人等证人证言、行为人供述及相关书证物证中得到证实的收受人取得证据、处置证据及归属证据等。

证明意义：正如前面所述，行贿行为的结果证据，是判断行贿既遂与未遂的唯一标准。如果说行为人将财物提供给对方是行贿结果的表象，那么，对方收受情况则是此罪结果的实质内容。从刑法的规定看，只要行为人将财物提供给对方，无论对方是否收受均可构成行贿罪。但是，如果由于行为人意志以外的原因，如收受人拒贿、退回、上交，或被中间人侵吞，或中间人尚未转送等原因，致使收受人没有收受或尚未收受的，则应属于行贿未遂。一是对方收受并归个人所有的结果没有发生，二是国家工作人员的廉洁性和国家正常的管理活动未受到损害，故行贿既遂不能成立。但是，国家工作人员的“不可收买性”已受到侵害，犯罪未遂可以成立。根据刑法的规定，犯罪未遂虽然是一个法定从轻或减轻处罚的情节，但并不是不受处罚，更不是可以作为“不认为是犯罪”的条件或理由。因此，在行贿罪的结果证据中，收受人的取得证据、处置证据及财物归属证据是十分重要的。它不仅是认定受贿罪的主要证据，也是认定行贿罪的主要证据。为此，全面、及时地收集、归纳、分析上述证据，有利于准确地认定行贿犯罪，有利于正确地区别行贿既遂与未遂的界限，有利于正确地运用刑罚惩治行贿犯罪。同时，证据思路的明确，对矫正实践中存在的重受贿轻行贿、重行贿既遂轻行贿未遂的倾向，也有着积极的现实意义。

第五节　行贿罪的主观证据

行贿罪的主观证据，是指藉以证明行为人明知为谋取不正当利益给予国家工作人员以财物的行为侵害了国家工作人员的职务廉洁性，而故意非法给予，并希望对方收受结果发生和为自己谋取不正当利益目的实现的证据。由于刑法对不同形式的行贿行为，规定了不同的主观条件，故在分析行贿罪主观证据时，亦应有所区别、有所侧重。

一、一般行贿的主观证据

一般行贿的主观证据，是指刑法第三百八十九条第一款规定的一般行贿行为在主观要件方面的证据。具体包括对其行为目的、行为对象、廉政损害具有明知的证据。

1. 行为目的明知证据。即能够证明行为人明知其行为的目的是为谋取不正当利益的证据。这里，行为人对其有求于对方是明知的，对所谋求利益的不正当性也是明知的。一般情况下，通过参与人、介绍人、收受人的证人证言、行为人供述及收受人谋利活动等证据，可以得到充分的反映。但在实践中，行为人对所谋利益不正当性的明知，有两种情况，一种情况是对谋取不正当利益比较明确，如行贿的目的是为走私、偷税、非法经营、生产销售伪劣商品等；另一种情况是对所谋利益的不正当性仅有概括性的认识，明知内容不具体。比如，一个资质条件较差的施工队负责人为参加投标承包工程向工程主管人员行贿，他对自己竞争能力的缺陷是明知的，对自己如果中标需要受贿人违规的“公事私办”也是明知的，但对受贿人通过哪些违法手段才能使自己中标认识是不具体、不十分明确的。这里，行为人对对方帮助手段的违法性应该说是明知的，具体到违什么法、违什么规、如何操作虽然认识不明确，但并不影响其主观认识条件的成立。因此，只要有确实充分的证据证明其对不正当利益有概括性认识，其主观目的条件就可以成立。

2. 行为对象明知证据。即能够证明行为人明知行贿对象具有国家工作人员身份的证据。这里也有两种情况：一种情况是，行为人对行贿对象的身份、职务、权限甚至简历、社会关系、个人爱好都了如指掌，十分明确；另一种情况是，行为人对行贿对象的身份具备明知，但对其是否能够为自己谋取不正当利益不明确。根据刑法的规定，只要明知对方具有国家工作人员身份就可，至于对方是否管理某项事务，能否为其谋取不正当利益，不影响这一明知条件的成立。为此，应通过介绍人、参与人、知情人、收受人的证人证言及行为人供述等证据，对行为人关于行为对象身份的明知予以佐证。即使是概括性明知也要有相关证据

予以支持。

3. 廉政损害明知证据。即能够证明行为人明知自己的行为损害对方职务廉洁性的证据。这里，行为对象要为行为人谋取不正当利益就必然违反有关的职守规则和廉政规定。也就是说，"公事公办"是不可能为其谋取不正当利益的，只有"公事私办"、"公事乱办"才能谋取到不正当利益。行为对象具体如何办，行为人可能知之不详，但对让其违背职守去办，行为人在主观上应当是明知的。因为，如果行为人主观上没有这种明知，其为谋取不正当利益的目的就要大打折扣。因此，实践中应注意通过参与人、介绍人、知情人、收受人等证人证言及行为人供述等相关证据，给予必要的反映和印证。

证明意义：根据刑法第十四条的规定，"明知自己的行为会发生危害社会的结果"，是一切故意犯罪的主观条件。在主观认识因素方面，行为人如对行为、结果及相关的特定事物不具备明知，故意犯罪就不能成立。这里所指的明知，是指自然人的一般认知能力，即一个没有智力缺陷的成年人对一般事物的基本的认识、辨别能力。就行贿罪而言，行为人对其行为和结果的明知是证明行为人犯行贿罪的必备证据。

二、经济行贿的主观证据

经济行贿的主观证据，是指刑法第三百八十九条第二款规定的经济行贿行为在主观方面的证据。经济行贿的法定特点，决定了它与一般行贿在主观证据上也有所区别。

1. 主观明知证据。主观明知证据，是指证明行为人在主观认识上，对双方经济往来的客观性和给予财物的违规性，具备明知的证据。

（1）对双方经济往来活动的明知证据。即能够证明行为人明知与对方客观上存在着一定的经济往来活动的证据。

（2）对给予对方财物或回扣、手续费违规性的明知证据。即能够证明行为人明知给予对方财物或各种名义的回扣、手续费是违反国家规定的证据。

（3）对给予对象身份的明知证据。即能够证明行为人明知给予对象系国家工作人员的证据。

2. 主观追求证据。主观追求证据是指证明行为人在主观上对其违规给予国家工作人员以财物或各种名义的回扣、手续费，具有积极希望或放任发生的意志表现证据。

（1）积极给予财物、回扣证据。即能够证明行为人在财物或各种名义的回扣、手续费的给予心态上，呈积极主动追求，并希望后果发生的证据。

（2）消极给予财物、回扣证据。即能够证明行为人在给予对方财物或各种名义的回扣、手续费的心理上，呈消极被动状态，并放任后果发生的证据。

证明意义：上述证据内容，是经济行贿在主观认识和意志因素方面的主要反映。它与一般行贿主观要求的区别标志，在于明知内容和追求内容的不同。一是对经济往来活动明知的特定性。这是经济行贿在主观认识方面的一个特定要求，只有具备这一明知条件证据，经济行贿才能成立。二是行贿目的的非限制性。即经济行贿不受“为谋取不正当利益”目的条件的限制。无论何种目的均不影响经济行贿的成立。三是被动给予的选择性。即因被勒索或索取而被迫给予对方各种名义的回扣、手续费的，如果所获利益系不正当利益，可构成行贿罪。否则，不构成此罪。也就是说，经济行贿虽然没有特定的主观目的要求，但如果行为人具有“为谋取不正当利益”目的，即使给予行为是被动的，给予心态是消极放任的，一旦获得不正当利益，也可以构成行贿罪。在主观方面，经济行贿与一般行贿的关键性区别，是一般行贿以“为谋取不正当利益”为目的，而经济行贿则无论正当利益还是不正当利益，均可构成行贿罪。只是在特别情况下（如被勒索）谋取不正当利益目的实现与否，才是其构成犯罪的选择要件。为此，在司法实践中，要注意收集反映此类行贿主观条件特点的证据材料，并有针对性地予以归纳组合，以保证正确地定罪与量刑。

第六节　行贿罪的情节证据

行贿罪的情节证据，是指藉以证明行为人具有某些影响定罪、量刑情节事实的证据。行贿罪作为受贿罪的对应性犯罪，在情节方面有许多个性要求，根据刑法的规定去收集相关的证据，是行贿罪证据系统的必然要求。

一、定罪情节证据

定罪情节证据，是指证明行为人具有影响行贿罪名成立的情节事实证据。根据刑法和相关的司法解释影响行贿罪名成立的情节证据，主要由获利情节和起刑情节两组证据组成。

1. 获利情节证据。即证明行为人具有“获得不正当利益”情节事实的证据。如：证明所获利益本身系违法性利益或受贿人系通过违法手段谋取利益的证据等。

2. 起刑情节证据。即证明行为人具有关系定罪起点的情节事实证据。如：行贿数额证据（不足1万元）、为谋取非法利益的证据、向多人行贿的证据、向特殊身份对象行贿的证据、社会危害证据等。

证明意义：根据刑法第三百八十九条第三款的规定，“因被勒索给予国家工作人员以财物，没有获得不正当利益的，不是行贿”。为此，在被动行贿行为中，如果没有获得不正当利益的情节，就不能以行贿罪予以追究刑事责任。反

之，则能构成行贿罪。故是否获得不正当利益，就成为被动行贿的一个关键性定罪情节。从证据角度讲，只有在具有能够证明这一情节的证据之后，这一情节事实才能成立。为此，这一证据是事关被动行贿能否构成犯罪的关键证据。

根据最高人民检察院《立案标准》的规定，行贿行为构成犯罪的数额起点是1万元。行贿数额不满1万元，但在8000元以上，并具有相关情节的也能构成犯罪。这就是所谓的起刑情节。尤其是在数额起点处于边缘状态的情况下，数额证据就显得十分重要，不仅要求证据确实、充分，还要求数额的精确。在行贿数额不满1万元，但在8000元以上的，需要有：（1）为谋取非法利益的情节证据。也就是要具有以“为谋取非法利益”为目的的情节证据。这里，最高人民检察院在《立案标准》中之所以将其作为一种起刑情节，我们理解，这是由于“谋取不正当利益”内容情况复杂、性质有别所决定的。“为谋取非法利益”是指利益本身的违法性，也就是行为人所谋取的利益，是违反法律、法规、国家政策和国务院各部门规定的利益。如为走私、贩毒等而行贿。这种利益违法的“不正当利益”的社会危害性，较手段违法的“不正当利益”严重，故有权机关将其作为一种定罪情节。（2）向多人行贿的情节证据。《立案标准》将“向3人以上行贿的”作为边缘数额的起刑条件之一。这是对以往“多人多次”等模糊概念的具体化，也是对国家工作人员不可收买性原则的硬性保障措施。它体现了严惩极具腐蚀作用的行贿行为的司法原则。为此，对虽然行贿数额不大，但系向3人以上行贿，累计数额在8000元以上的，应以行贿罪予以追究。（3）向特定身份对象行贿的情节证据。据“两高”通知和《立案标准》，“向党政领导、司法工作人员、行政执法人员行贿的”，只要数额达8000元以上，即使不满1万元，也能构成犯罪予以追究刑事责任。因为，贿买这些特定身份的国家工作人员的社会危害性十分严重，是对国家政权组织的腐蚀，关系到政权的安危和组织的纯洁与廉政，将其作为起刑情节是符合国家利益和形势要求的。（4）社会危害情节证据，是指反映行为人的行贿行为，具有致使国家或者社会利益遭受重大损失等社会危害情节的证据。在“两高”通知和《立案标准》中均有此规定。这一情节，实践中主要是通过行为人谋取不正当利益情况予以反映的。如：厦门远华走私案，众多官员接受贿赂后为走私分子大开绿灯，致走私货物达530亿元，偷逃税款300亿元，可谓情节特别严重。为此，注意收集这一情节证据，对准确定罪是非常重要的。实践中，及时收集关系定罪情节的证据，既是严格执法、严惩行贿犯罪的需要，也是公正执法、确保案件质量的需要。

二、量刑情节证据

量刑情节证据，是指证明行为人具有影响量刑的情节事实证据。根据刑法和有关司法解释，影响行贿罪量刑的情节证据，主要有从重情节证据和从轻情节证

据两个类别。

1. 从重情节证据。即证明行为人具有从重处罚情节的事实证据。主要有以下几种：

（1）累犯情节证据。即证明行为人曾被判处有期徒刑以上刑罚，行贿犯罪系在原刑罚执行完毕或赦免后五年内再犯行贿罪的情节证据。

（2）行贿数额巨大、多次或向多人行贿的情节证据。

（3）向党政干部和司法工作人员行贿的情节证据。

（4）为进行走私、偷税、骗税、骗汇、逃汇、非法买卖外汇等违法犯罪活动，向海关、工商、税务、外汇管理等行政执法机关工作人员行贿的情节证据。

（5）为非法办理金融、证券业务，向银行等金融机构、证券管理机构工作人员行贿，致使国家利益遭受重大损失的情节证据。

（6）为非法获取工程、项目的开发、承包、经营权，向有关主管部门及其主管领导行贿，致使公共财产、国家和人民利益遭受重大损失的情节证据。

（7）为制售假冒伪劣产品，向有关国家机关、国有单位及国家工作人员行贿，造成严重后果的情节证据。

（8）行贿数额特别巨大，致使国家利益遭受损失特别严重的情节证据。

证明意义：在司法实践中，行贿犯罪被依法惩处的相对受贿犯罪而言，数量很少。但这并不是因为犯有行贿罪的案子少。究其原因有三：一是法律规定较严，司法解释滞后。如：长期以来“两高”没有对“不正当利益”做出明确的解释，而刑法的这一规定又明显严于受贿罪。二是行贿受贿作为对合犯，使行贿人的口供显得十分重要，靠行贿人突破受贿人是普遍的倾向。为此在打击行贿方面，表现手软。三是从司法心理上看，对受贿官员的憎恶心理强于行贿人，对行贿的社会危害性认识不足。为此，最高人民法院和最高人民检察院于 1999 年 3 月 4 日联合下发通知，要求“各级人民法院、人民检察院要把严肃惩处行贿犯罪作为反腐败斗争中的一项重要和紧迫的工作，在继续严肃惩处受贿犯罪分子的同时，对严重行贿犯罪分子，必须依法严肃惩处，坚决打击”。并将 7 种情节明确规定为“严重行贿犯罪行为”（即前列情节）。“两高”通知精神，为严惩严重行贿犯罪提供了法律依据。同时，从重情节的明确，也增强了司法的可操作性，使刑法第三百九十条中的“情节严重”得以具体化。为此，在司法实践中，对具有从重处罚情节的行贿犯罪，要及时予以收集相应的情节证据，以保证从严惩处行贿犯罪。

2. 从轻情节证据。即证明行为人具有从轻、减轻或者免除处罚情节的事实证据。根据刑法和有关司法解释的规定，主要有以下几种：

（1）自首情节证据。即证明行为人具有刑法第六十七条规定的自首情节的证据。

（2）立功情节证据。即证明行为人具有刑法第六十八条规定的立功表现情节的证据。

（3）主动交代情节证据。即证明行为人具有刑法第三百九十条第二款关于“在被追诉前主动交代行贿行为的”规定情节的证据。

证明意义：前述从轻情节均是法定的从轻情节。在认真贯彻依法从严惩处行贿犯罪方针的过程中，不能不加区别地“一律从严”。要严格贯彻罪刑法定的刑法原则。对有自首、立功、坦白情节的，应依法予以从轻、减轻或免除处罚。值得指出的是，刑法第三百九十条第二款规定的主动交代情节，尚不同于自首情节。自首情节，是指行为人在犯罪以后具有自动投案，并如实供述自己的主要犯罪事实的情节。主动交代情节，则不具有自动投案情节，是指行为人在未被立案侦查前，向有关调查人员主动交代自己的行贿行为的情节。这里，如有自动投案情节，应以自首论。如系在纪检监察机关调查时主动交代，或者在检察机关初查时主动交代，则应以具有主动交代情节予以减轻或免除处罚。为什么将“被追诉前”理解为立案侦查前呢？因为，采取强制措施和起诉虽然也是“追诉”的形式，但这均是立案侦查以后的措施和决定，这时的坦白只能叫如实供述，如果行为人在被采取强制措施后如实供述了司法机关尚未掌握的行贿罪行，根据最高人民法院1998年4月6日通过的《关于处理自首和立功具体应用法律若干问题的解释》规定，“可以酌情从轻处罚”，但不能适用刑法第三百九十条第二款关于具有主动交代情节，“可以减轻处罚或者免除处罚”的规定。2009年3月12日最高人民法院、最高人民检察院《关于办理职务犯罪案件认定自首、立功等量刑情节若干问题的意见》对1998年最高人民法院的《解释》中的相关问题进行了细化，更具可操作性。总之，对行为人具有从轻处罚情节的，无论何种情节，均应有相关的事实证据予以佐证，以正确地适用刑罚，有效地发挥刑罚的教育预防功能作用。

附：法律法规

1.《中华人民共和国刑法》（1997年3月14日修订）（节录）

第三百八十九条【行贿罪】 为谋取不正当利益，给予国家工作人员以财物的，是行贿罪。

在经济往来中，违反国家规定，给予国家工作人员以财物，数额较大的，或者违反国家规定，给予国家工作人员以各种名义的回扣、手续费的，以行贿论处。

因被勒索给予国家工作人员以财物，没有获得不正当利益的，不是行贿。

第三百九十条 对犯行贿罪的，处五年以下有期徒刑或者拘役；因行贿谋取不

正当利益，情节严重的，或者使国家利益遭受重大损失的，处五年以上十年以下有期徒刑；情节特别严重的，处十年以上有期徒刑或者无期徒刑，可以并处没收财产。

行贿人在被追诉前主动交代行贿行为的，可以减轻处罚或者免除处罚。

第三百九十一条【对单位行贿罪】 为谋取不正当利益，给予国家机关、国有公司、企业、事业单位、人民团体以财物的，或者在经济往来中，违反国家规定，给予各种名义的回扣、手续费的，处三年以下有期徒刑或者拘役。

单位犯前款罪的，对单位判处罚金，并对其直接负责的主管人员和其他直接责任人员，依照前款的规定处罚。

第三百九十三条【单位行贿罪】 单位为谋取不正当利益而行贿，或者违反国家规定，给予国家工作人员以回扣、手续费，情节严重的，对单位判处罚金，并对其直接负责的主管人员和其他直接责任人员，处五年以下有期徒刑或者拘役。因行贿取得的违法所得归个人所有的，依照本法第三百八十九条、第三百九十条的规定定罪处罚。

2. 最高人民检察院《人民检察院直接受理立案侦查案件立案标准的规定（试行）》（1999年9月16日）（节录）

（五）行贿案（第389条、第390条）

行贿罪是指为谋取不正当利益，给予国家工作人员以财物的行为。

在经济往来中，违反国家规定，给予国家工作人员以财物，数额较大的，或者违反国家规定，给予国家工作人员以各种名义的回扣、手续费的，以行贿罪追究刑事责任。

涉嫌下列情形之一的，应予立案：

1. 行贿数额在1万元以上的；

2. 行贿数额不满1万元，但具有下列情形之一的：

（1）为谋取非法利益而行贿的；

（2）向3人以上行贿的；

（3）向党政领导、司法工作人员、行政执法人员行贿的；

（4）致使国家或者社会利益遭受重大损失的。

因被勒索给予国家工作人员以财物，已获得不正当利益的，以行贿罪追究刑事责任。

（六）对单位行贿案（第391条）

对单位行贿罪是指为谋取不正当利益，给予国家机关、国有公司、企业、事业单位、人民团体以财物，或者在经济往来中，违反国家规定，给予上述单位各种名义的回扣、手续费的行为。

涉嫌下列情形之一的，应予立案：

1. 个人行贿数额在10万元以上、单位行贿数额在20万元以上的；

2. 个人行贿数额不满10万元、单位行贿数额在10万元以上不满20万元，但具有下列情形之一的：

(1) 为谋取非法利益而行贿的；

(2) 向3个以上单位行贿的；

(3) 向党政机关、司法机关、行政执法机关行贿的；

(4) 致使国家或者社会利益遭受重大损失的。

(八) 单位行贿案（第393条）

单位行贿罪是指公司、企业、事业单位、机关、团体为谋取不正当利益而行贿，或者违反国家规定，给予国家工作人员以回扣、手续费，情节严重的行为。

涉嫌下列情形之一的，应予立案：

1. 单位行贿数额在20万元以上的；

2. 单位为谋取不正当利益而行贿，数额在10万元以上不满20万元，但具有下列情形之一的：

(1) 为谋取非法利益而行贿的；

(2) 向3人以上行贿的；

(3) 向党政领导、司法工作人员、行政执法人员行贿的；

(4) 致使国家或者社会利益遭受重大损失的。

因行贿取得的违法所得归个人所有的，依照本规定关于个人行贿的规定立案，追究其刑事责任。

3. 最高人民法院、最高人民检察院《关于办理行贿刑事案件具体应用法律若干问题的解释》（2013年1月1日施行）

为依法惩治行贿犯罪活动，根据刑法有关规定，现就办理行贿刑事案件具体应用法律的若干问题解释如下：

第一条 为谋取不正当利益，向国家工作人员行贿，数额在一万元以上的，应当依照刑法第三百九十条的规定追究刑事责任。

第二条 因行贿谋取不正当利益，具有下列情形之一的，应当认定为刑法第三百九十条第一款规定的“情节严重”：

（一）行贿数额在二十万元以上不满一百万元的；

（二）行贿数额在十万元以上不满二十万元，并具有下列情形之一的：

1. 向三人以上行贿的；

2. 将违法所得用于行贿的；

3. 为实施违法犯罪活动，向负有食品、药品、安全生产、环境保护等监督管理职责的国家工作人员行贿，严重危害民生、侵犯公众生命财产安全的；

4. 向行政执法机关、司法机关的国家工作人员行贿，影响行政执法和司法公正的；

（三）其他情节严重的情形。

第三条　因行贿谋取不正当利益，造成直接经济损失数额在一百万元以上的，应当认定为刑法第三百九十条第一款规定的“使国家利益遭受重大损失”。

第四条　因行贿谋取不正当利益，具有下列情形之一的，应当认定为刑法第三百九十条第一款规定的“情节特别严重”：

（一）行贿数额在一百万元以上的；

（二）行贿数额在五十万元以上不满一百万元，并具有下列情形之一的：

1. 向三人以上行贿的；

2. 将违法所得用于行贿的；

3. 为实施违法犯罪活动，向负有食品、药品、安全生产、环境保护等监督管理职责的国家工作人员行贿，严重危害民生、侵犯公众生命财产安全的；

4. 向行政执法机关、司法机关的国家工作人员行贿，影响行政执法和司法公正的；

（三）造成直接经济损失数额在五百万元以上的；

（四）其他情节特别严重的情形。

第五条　多次行贿未经处理的，按照累计行贿数额处罚。

第六条　行贿人谋取不正当利益的行为构成犯罪的，应当与行贿犯罪实行数罪并罚。

第七条　因行贿人在被追诉前主动交代行贿行为而破获相关受贿案件的，对行贿人不适用刑法第六十八条关于立功的规定，依照刑法第三百九十条第二款的规定，可以减轻或者免除处罚。

单位行贿的，在被追诉前，单位集体决定或者单位负责人决定主动交代单位行贿行为的，依照刑法第三百九十条第二款的规定，对单位及相关责任人员可以减轻处罚或者免除处罚；受委托直接办理单位行贿事项的直接责任人员在被追诉前主动交代自己知道的单位行贿行为的，对该直接责任人员可以依照刑法第三百九十条第二款的规定减轻处罚或者免除处罚。

第八条　行贿人被追诉后如实供述自己罪行的，依照刑法第六十七条第三款的规定，可以从轻处罚；因其如实供述自己罪行，避免特别严重后果发生的，可以减轻处罚。

第九条　行贿人揭发受贿人与其行贿无关的其他犯罪行为，查证属实的，依照刑法第六十八条关于立功的规定，可以从轻、减轻或者免除处罚。

第十条　实施行贿犯罪，具有下列情形之一的，一般不适用缓刑和免予刑事

处罚：

（一）向三人以上行贿的；

（二）因行贿受过行政处罚或者刑事处罚的；

（三）为实施违法犯罪活动而行贿的；

（四）造成严重危害后果的；

（五）其他不适用缓刑和免予刑事处罚的情形。

具有刑法第三百九十条第二款规定的情形的，不受前款规定的限制。

第十一条 行贿犯罪取得的不正当财产性利益应当依照刑法第六十四条的规定予以追缴、责令退赔或者返还被害人。

因行贿犯罪取得财产性利益以外的经营资格、资质或者职务晋升等其他不正当利益，建议有关部门依照相关规定予以处理。

第十二条 行贿犯罪中的“谋取不正当利益”，是指行贿人谋取的利益违反法律、法规、规章、政策规定，或者要求国家工作人员违反法律、法规、规章、政策、行业规范的规定，为自己提供帮助或者方便条件。

违背公平、公正原则，在经济、组织人事管理等活动中，谋取竞争优势的，应当认定为“谋取不正当利益”。

第十三条 刑法第三百九十条第二款规定的“被追诉前”，是指检察机关对行贿人的行贿行为刑事立案前。

4. 最高人民法院、最高人民检察院《关于在办理受贿犯罪大要案的同时要严肃查处严重行贿犯罪分子的通知》（1999年3月4日）

各省、自治区、直辖市高级人民法院、人民检察院，解放军军事法院、军事检察院：

近一时期，各级人民法院、人民检察院依法严肃惩处了一批严重受贿犯罪分子，取得了良好的社会效果。但是还有一些大肆拉拢、腐蚀国家工作人员的行贿犯罪分子却没有受到应有的法律追究，他们继续进行行贿犯罪，严重危害了党和国家的廉政建设。为依法严肃惩处严重行贿犯罪，特作如下通知：

一、要充分认识严肃惩处行贿犯罪，对于全面落实党中央反腐败工作部署，把反腐败斗争引向深入，从源头上遏制和预防受贿犯罪的重要意义。各级人民法院、人民检察院要把严肃惩处行贿犯罪作为反腐败斗争中的一项重要和紧迫的工作，在继续严肃惩处受贿犯罪分子的同时，对严重行贿犯罪分子，必须依法严肃惩处，坚决打击。

二、对于为谋取不正当利益而行贿，构成行贿罪、向单位行贿罪、单位行贿罪的，必须依法追究刑事责任。“谋取不正当利益”是指谋取违反法律、法规、国家政策和国务院各部门规章规定的利益，以及要求国家工作人员或者有关单位

提供违反法律、法规、国家政策和国务院各部门规章规定的帮助或者方便条件。

对于向国家工作人员介绍贿赂，构成犯罪的案件，也要依法查处。

三、当前要特别注意依法严肃惩处下列严重行贿犯罪行为：

1. 行贿数额巨大、多次行贿或者向多人行贿的；

2. 向党政干部和司法工作人员行贿的；

3. 为进行走私、偷税、骗税、骗汇、逃汇、非法买卖外汇等违法犯罪活动，向海关、工商、税务、外汇管理等行政执法机关工作人员行贿的；

4. 为非法办理金融、证券业务，向银行等金融机构、证券管理机构工作人员行贿，致使国家利益遭受重大损失的；

5. 为非法获取工程、项目的开发、承包、经营权，向有关主管部门及其主管领导行贿，致使公共财产、国家和人民利益遭受重大损失的；

6. 为制售假冒伪劣产品，向有关国家机关、国有单位及国家工作人员行贿，造成严重后果的；

7. 其他情节严重的行贿犯罪行为。

四、在查处严重行贿、介绍贿赂犯罪案件中，既要坚持从严惩处的方针，又要注意体现政策。行贿人、介绍贿赂人具有刑法第三百九十条第二款、第三百九十二条第二款规定的在被追诉前主动交代行贿、介绍贿赂犯罪情节的，依法分别可以减轻或者免除处罚；行贿人、介绍贿赂人在被追诉后如实交代行贿、介绍贿赂行为的，也可以酌情从轻处罚。

五、在依法严肃查处严重行贿、介绍贿赂犯罪案件中，要讲究斗争策略，注意工作方法。要把查处受贿犯罪大案要案同查处严重行贿、介绍贿赂犯罪案件有机地结合起来，通过打击行贿、介绍贿赂犯罪，促进受贿犯罪大案要案的查处工作，推动查办贪污贿赂案件工作的全面、深入开展。

六、各级人民法院、人民检察院要结合办理贿赂犯罪案件情况，认真总结经验、教训，找出存在的问题，提出切实可行的解决办法，以改变对严重行贿犯罪打击不力的状况。工作中遇到什么情况和问题，要及时报告最高人民法院、最高人民检察院。

以上通知，望认真遵照执行。

5. 最高人民法院《关于处理自首和立功具体应用法律若干问题的解释》(1998 年 4 月 6 日)

为正确认定自首和立功，对具有自首或者立功表现的犯罪分子依法适用刑罚，现就具体应用法律的若干问题解释如下：

第一条　根据刑法第六十七条第一款的规定，犯罪以后自动投案，如实供述自己的罪行的，是自首。

（一）自动投案，是指犯罪事实或者犯罪嫌疑人未被司法机关发觉，或者虽被发觉，但犯罪嫌疑人尚未受到讯问、未被采取强制措施时，主动、直接向公安机关、人民检察院或者人民法院投案。

犯罪嫌疑人向其所在单位、城乡基层组织或者其他有关负责人员投案的；犯罪嫌疑人因病、伤或者为了减轻犯罪后果，委托他人先代为投案，或者先以信电投案的；罪行尚未被司法机关发觉，仅因形迹可疑，被有关组织或者司法机关盘问、教育后，主动交代自己的罪行的；犯罪后逃跑，在被通缉、追捕过程中，主动投案的；经查实确已准备去投案，或者正在投案途中，被公安机关捕获的，应当视为自动投案。

并非出于犯罪嫌疑人主动，而是经亲友规劝、陪同投案的；公安机关通知犯罪嫌疑人的亲友，或者亲友主动投案后，将犯罪嫌疑人送去投案的，也应当视为自动投案。

犯罪嫌疑人自动投案后又逃跑的，不能认定为自首。

（二）如实供述自己的罪行，是指犯罪嫌疑人自动投案后，如实交代自己的主要犯罪事实。

犯有数罪的犯罪嫌疑人仅如实供述所犯数罪中部分犯罪的，只对如实供述部分犯罪的行为，认定为自首。

共同犯罪案件中的犯罪嫌疑人，除如实供述自己的罪行，还应当供述所知的同案犯，主犯则应当供述所知其他同案犯的共同犯罪事实，才能认定为自首。

犯罪嫌疑人自动投案并如实供述自己的罪行后又翻供的，不能认定为自首；但在一审判决前又能如实供述的，应当认定为自首。

第二条 根据刑法第六十七条第二款的规定，被采取强制措施的犯罪嫌疑人、被告人和已宣判的罪犯，如实供述司法机关尚未掌握的罪行，与司法机关已掌握的或者判决确定的罪行属不同种罪行的，以自首论。

第三条 根据刑法第六十七条第一款的规定，对于自首的犯罪分子，可以从轻或者减轻处罚；对于犯罪较轻的，可以免除处罚。具体确定从轻、减轻还是免除处罚，应当根据犯罪轻重，并考虑自首的具体情节。

第四条 被采取强制措施的犯罪嫌疑人、被告人和已宣判的罪犯，如实供述司法机关尚未掌握的罪行，与司法机关已掌握的或者判决确定的罪行属同种罪行的，可以酌情从轻处罚；如实供述的同种罪行较重的，一般应当从轻处罚。

第五条 根据刑法第六十八条第一款的规定，犯罪分子到案后有检举、揭发他人犯罪行为，包括共同犯罪案件中的犯罪分子揭发同案犯共同犯罪以外的其他犯罪，经查证属实；提供侦破其他案件的重要线索，经查证属实；阻止他人犯罪活动；协助司法机关抓捕其他犯罪嫌疑人（包括同案犯）；具有其他有利于国家和社会的突出表现的，应当认定为有立功表现。

第六条　共同犯罪案件的犯罪分子到案后，揭发同案犯共同犯罪事实的，可以酌情予以从轻处罚。

第七条　根据刑法第六十八条第一款的规定，犯罪分子有检举、揭发他人重大犯罪行为，经查证属实；提供侦破其他重大案件的重要线索，经查证属实；阻止他人重大犯罪活动；协助司法机关抓捕其他重大犯罪嫌疑人（包括同案犯）；对国家和社会有其他重大贡献等表现的，应当认定为有重大立功表现。

前款所称“重大犯罪”、“重大案件”、“重大犯罪嫌疑人”的标准，一般是指犯罪嫌疑人、被告人可能被判处无期徒刑以上刑罚或者案件在本省、自治区、直辖市或者全国范围内有较大影响等情形。

6. 最高人民法院、最高人民检察院《关于办理职务犯罪案件认定自首、立功等量刑情节若干问题的意见》（2009 年 3 月 12 日）

为依法惩处贪污贿赂、渎职等职务犯罪，根据刑法和相关司法解释的规定，结合办案工作实际，现就办理职务犯罪案件有关自首、立功等量刑情节的认定和处理问题，提出如下意见：

一、关于自首的认定和处理

根据刑法第六十七条第一款的规定，成立自首需同时具备自动投案和如实供述自己的罪行两个要件。犯罪事实或者犯罪分子未被办案机关掌握，或者虽被掌握，但犯罪分子尚未受到调查谈话、讯问，或者未被宣布采取调查措施或者强制措施时，向办案机关投案的，是自动投案。在此期间如实交代自己的主要犯罪事实的，应当认定为自首。

犯罪分子向所在单位等办案机关以外的单位、组织或者有关负责人员投案的，应当视为自动投案。

没有自动投案，在办案机关调查谈话、讯问、采取调查措施或者强制措施期间，犯罪分子如实交代办案机关掌握的线索所针对的事实的，不能认定为自首。

没有自动投案，但具有以下情形之一的，以自首论：（1）犯罪分子如实交代办案机关未掌握的罪行，与办案机关已掌握的罪行属不同种罪行的；（2）办案机关所掌握线索针对的犯罪事实不成立，在此范围外犯罪分子交代同种罪行的。

单位犯罪案件中，单位集体决定或者单位负责人决定而自动投案，如实交代单位犯罪事实的，或者单位直接负责的主管人员自动投案，如实交代单位犯罪事实的，应当认定为单位自首。单位自首的，直接负责的主管人员和直接责任人员未自动投案，但如实交代自己知道的犯罪事实的，可以视为自首；拒不交代自己知道的犯罪事实或者逃避法律追究的，不应当认定为自首。单位没有自首，直接

责任人员自动投案并如实交代自己知道的犯罪事实的，对该直接责任人员应当认定为自首。

对于具有自首情节的犯罪分子，办案机关移送案件时应当予以说明并移交相关证据材料。

对于具有自首情节的犯罪分子，应当根据犯罪的事实、性质、情节和对于社会的危害程度，结合自动投案的动机、阶段、客观环境，交代犯罪事实的完整性、稳定性以及悔罪表现等具体情节，依法决定是否从轻、减轻或者免除处罚以及从轻、减轻处罚的幅度。

二、关于立功的认定和处理

立功必须是犯罪分子本人实施的行为。为使犯罪分子得到从轻处理，犯罪分子的亲友直接向有关机关揭发他人犯罪行为，提供侦破其他案件的重要线索，或者协助司法机关抓捕其他犯罪嫌疑人的，不应当认定为犯罪分子的立功表现。

据以立功的他人罪行材料应当指明具体犯罪事实；据以立功的线索或者协助行为对于侦破案件或者抓捕犯罪嫌疑人要有实际作用。犯罪分子揭发他人犯罪行为时没有指明具体犯罪事实的；揭发的犯罪事实与查实的犯罪事实不具有关联性的；提供的线索或者协助行为对于其他案件的侦破或者其他犯罪嫌疑人的抓捕不具有实际作用的，不能认定为立功表现。

犯罪分子揭发他人犯罪行为，提供侦破其他案件重要线索的，必须经查证属实，才能认定为立功。审查是否构成立功，不仅要审查办案机关的说明材料，还要审查有关事实和证据以及与案件定性处罚相关的法律文书，如立案决定书、逮捕决定书、侦查终结报告、起诉意见书、起诉书或者判决书等。

据以立功的线索、材料来源有下列情形之一的，不能认定为立功：(1) 本人通过非法手段或者非法途径获取的；(2) 本人因原担任的查禁犯罪等职务获取的；(3) 他人违反监管规定向犯罪分子提供的；(4) 负有查禁犯罪活动职责的国家机关工作人员或者其他国家工作人员利用职务便利提供的。

犯罪分子检举、揭发的他人犯罪，提供侦破其他案件的重要线索，阻止他人的犯罪活动，或者协助司法机关抓捕的其他犯罪嫌疑人，犯罪嫌疑人、被告人依法可能被判处无期徒刑以上刑罚的，应当认定为有重大立功表现。其中，可能被判处无期徒刑以上刑罚，是指根据犯罪行为的事实、情节可能判处无期徒刑以上刑罚。案件已经判决的，以实际判处的刑罚为准。但是，根据犯罪行为的事实、情节应当判处无期徒刑以上刑罚，因被判刑人有法定情节经依法从轻、减轻处罚后判处有期徒刑的，应当认定为重大立功。

对于具有立功情节的犯罪分子，应当根据犯罪的事实、性质、情节和对于社会的危害程度，结合立功表现所起作用的大小、所破获案件的罪行轻重、所抓获

犯罪嫌疑人可能判处的法定刑以及立功的时机等具体情节，依法决定是否从轻、减轻或者免除处罚以及从轻、减轻处罚的幅度。

三、关于如实交代犯罪事实的认定和处理

犯罪分子依法不成立自首，但如实交代犯罪事实，有下列情形之一的，可以酌情从轻处罚：(1) 办案机关掌握部分犯罪事实，犯罪分子交代了同种其他犯罪事实的；(2) 办案机关掌握的证据不充分，犯罪分子如实交代有助于收集定案证据的。

犯罪分子如实交代犯罪事实，有下列情形之一的，一般应当从轻处罚：(1) 办案机关仅掌握小部分犯罪事实，犯罪分子交代了大部分未被掌握的同种犯罪事实的；(2) 如实交代对于定案证据的收集有重要作用的。

四、关于赃款赃物追缴等情形的处理

贪污案件中赃款赃物全部或者大部分追缴的，一般应当考虑从轻处罚。

受贿案件中赃款赃物全部或者大部分追缴的，视具体情况可以酌定从轻处罚。

犯罪分子及其亲友主动退赃或者在办案机关追缴赃款赃物过程中积极配合的，在量刑时应当与办案机关查办案件过程中依职权追缴赃款赃物的有所区别。

职务犯罪案件立案后，犯罪分子及其亲友自行挽回的经济损失，司法机关或者犯罪分子所在单位及其上级主管部门挽回的经济损失，或者因客观原因减少的经济损失，不予扣减，但可以作为酌情从轻处罚的情节。

7.《关于禁止商业贿赂行为的暂行规定》（略，参见第四章后附的法律法规）

第八章　介绍贿赂罪证据结构

第一节　介绍贿赂罪概述

根据刑法第三百九十二条的规定，介绍贿赂罪是指向国家工作人员介绍贿赂，情节严重的行为。据最高人民检察院《立案标准》解释，“介绍贿赂”是指在行贿人与受贿人之间沟通关系、撮合条件，使贿赂行为得以实现的行为。其基本特征如下：

一、主体特征

介绍贿赂罪的主体是一般主体，即凡达到刑事责任年龄，具有刑事责任能力的自然人，均可构成此罪的主体。实践中，能够充当贿赂双方中介人的，一般两边都有关系或者与双方比较熟悉，起码都能说上话。尤其与受贿方关系更近一些。否则，其很难取得双方信任，也无法居间沟通、撮合。这是此罪主体的一个特点。

二、客体特征

介绍贿赂罪侵害的客体系简单客体，即侵害了国家工作人员的职务廉洁性。所谓职务廉洁性，是指国家工作人员的职务责任、职业纪律、职业道德的要求。行为人的行为对象是国家工作人员，其居间中介撮合“权钱交易”的行为，构成了对国家工作人员职务廉洁性的威胁和冲击。它对污染社会风气、贿买公共权力、败坏党风政纪，有着兴风作浪的破坏作用。为此，“腐败中介”成为其最本质的特征。

三、主观特征

介绍贿赂罪在主观方面表现为直接故意。即行为人明知其居间中介是促成双方贿赂行为，而希望并积极撮合双方完成贿赂行为的结果发生。此罪的直接目的，是居间促成双方贿赂行为。其动机可以是多种多样的，如居间获利的，碍于情面的等，何种动机不影响其主观故意的成立。鉴于贿赂犯罪的对合性，行为人在主观明知上亦有两种情况：一种是对行贿的明知，即对行贿人的行贿意思具有明知；另一种是对索贿的明知，即对受贿人的索贿意思具有明知。犹如婚姻介绍，有介绍男方的，有介绍女方的，只有知道一方意图后才能实施介绍行为。也

就是说，介绍贿赂并非只介绍受贿，他也介绍行贿，而他对某一方的意图事先必须具有明知，这是此罪主观认识上的先决条件。其二，行为人对介绍内容具有明知。介绍是行为，贿赂物是内容。行为人只有明知财物是二者的介绍内容，才能形成促成双方实施行贿受贿的主观故意。否则，不能构成介绍贿赂罪。其三，促成双方贿赂行为是其直接目的，为他人谋取利益既不是其直接目的，也不是其犯罪行为，故此罪不要求行为人对其具有明知。这也是介绍贿赂罪与行贿罪共犯的区别。

四、客观特征

根据最高人民检察院《立案标准》规定，"'介绍贿赂'是指在行贿人与受贿人之间沟通关系、撮合条件，使贿赂行为得以实现的行为"。从上述规定可以看出，介绍贿赂罪在客观方面表现为两种表现形式、三个行为要素：

1. 介绍贿赂的两种表现形式：一是介绍受贿。即受行贿方委托撮合受贿方接受对方贿赂物；二是介绍行贿。即受索贿方委托撮合行贿方给予对方贿赂物。无论哪种表现形式，只要是向国家工作人员介绍贿赂，即可构成介绍贿赂罪。

2. 介绍贿赂的三个行为要素：

（1）行为对象应是国家工作人员。行为人只有向国家工作人员介绍贿赂才能构成介绍贿赂罪。如行为对象系非国家工作人员，则不能构成此罪。

（2）行为内容应是给予对方和收受对方财物。即一手托两家，一边介绍送，一边介绍收。这也是居间中介的基本特点。为此，双方只要受贿方是国家工作人员，行贿方既可以是自然人，也可以是国家工作人员，还可以是单位。行贿方身份不影响介绍贿赂罪的成立。

（3）行为方式表现为居间中介、撮合条件，使贿赂行为得以实现。即两边穿针引线、充当说客，使贿赂物送、收行为得以实现。根据刑法的规定，此罪系情节犯，即情节严重的才能构成此罪。据最高人民检察院《立案标准》规定：

"涉嫌下列情形之一的，应予立案：

1. 介绍个人向国家工作人员行贿，数额在2万元以上的；介绍单位向国家工作人员行贿，数额在20万元以上的；

2. 介绍贿赂数额不满（已达80%以上）上述标准，但具有下列情形之一的：

（1）为使行贿人获取非法利益而介绍贿赂的；

（2）3次以上或者为3人以上介绍贿赂的；

（3）向党政领导、司法工作人员、行政执法人员介绍贿赂的；

（4）致使国家或者社会利益遭受重大损失的。"

实践中，介绍贿赂犯罪与行贿、斡旋受贿等犯罪经常交织在一起，故应注意此罪与彼罪之间的联系，以及各罪间的本质区别：

一是介绍贿赂罪与行贿共犯的区别。二者的一个重要区别是直接目的不同。介绍贿赂罪的直接目的是居间促成双方实施贿赂行为，行贿罪的直接目的是谋取不正当利益。如果行为人与行贿人系谋取不正当利益的共同体，为同一目的而去充当中介，可构成行贿共犯。如果行为人无谋取不正当利益的直接目的，则只能构成介绍贿赂罪。

二是介绍贿赂与斡旋受贿的区别。二者虽然都有介绍行为，但介绍内容有着本质的区别。介绍贿赂就是介绍行贿受贿，而斡旋受贿则是通过其他国家工作人员为行贿人谋取不正当利益，并从中受贿。介绍贿赂罪中的行为人，即便从中收取了佣金，也不能构成斡旋受贿。但如果行为人系国家工作人员，利用职务影响力向其他国家工作人员介绍贿赂，并唆使其为行贿人谋取不正当利益，自己又从中收取行贿人财物的，行为人应构成受贿罪。

三是介绍贿赂中居间私吞行为的认定。实践中，介绍贿赂行为人私吞贿款的现象时有发生，如何认定争议很大。因为此类情况比较复杂，应区别对待。

（1）行为人受行贿人委托，为谋取不正当利益去介绍贿赂，并居中私吞贿款的，因其符合行贿罪要件，应以行贿共犯论处，并依法追缴非法所得。

（2）行为人受行贿人委托介绍贿赂，在其送交贿款过程中见财起意居中私吞部分贿款的，因其无谋取不正当利益犯罪目的，私吞行为与介绍贿赂行为是两个目的不同的独立行为，故应以介绍贿赂罪和侵占罪数罪并罚。

（3）行为人以能办事为由唆使行贿人行贿，而又未向国家工作人员介绍贿赂，却从中私吞贿款的，因不具有居间中介的行为，故不能构成介绍贿赂罪。其虚构事实骗取财物行为，应以诈骗罪考察论证。

第二节　介绍贿赂罪的主体证据

介绍贿赂罪的主体证据，是指藉以证明行为人具有介绍贿赂罪主体资格的证据。根据刑法的规定，此罪的主体是一般主体，其主体资格证据主要有以下几种：

1. 身份情况证据。即证明行为人身份情况的《居民身份证》等证据材料。

2. 户籍情况证据。即证明行为人及其家庭户籍情况的证据材料。如：户籍所在地公安机关出具的行为人家庭户籍情况的证明材料等。

3. 居住情况证明。即证明行为人居住情况的证据材料。如：行为人居所管理单位或组织出具的行为人居住情况的证明材料等。

4. 从业情况证明。即证明行为人所从事职业的证据材料。如：行为人所在单位出具的行为人所从事的职业、职务、简历等情况证明材料。

5. 违法情况证明。即证明行为人有无违法记录、处分等情况的证据材料。如：相关部门出具的行为人曾因违法违纪受过处罚、处分等情况说明及相关证明材料。

证明意义：在检察机关管辖的职务犯罪案件中，作为一般主体的介绍贿赂犯罪由检察机关管辖是很少的特例。它与行贿罪一样，均与职务犯罪相互关联、相互交织。就主体资格而言，行为人的个人、家庭基本情况清楚，是诉讼的基本要求。《人民检察院刑事诉讼规则（试行）》就明确规定，起诉书中被告人的基本情况包括，“姓名、性别、出生年月日、出生地和户籍地、身份证号码、民族、文化程度、职业、工作单位及职务、住址，是否受过刑事处分及处分的种类和时间等”情况。鉴于《立案标准》中，对介绍行贿数额不满2万元，但介绍贿赂3次以上的应当立案追究刑事责任的规定，行为人违法记录情况应依法收集到案，以保证正确地定罪处罚。此外，从户籍情况、从业情况中，可以反映行为人的家庭环境、社会关系、有无正当职业、是否以介绍贿赂为业等情况，以采取有效措施促其思想转化、悔罪改过，保证诉讼顺利进行。

第三节　介绍贿赂罪的行为证据

介绍贿赂罪的行为证据，是指藉以证明行为人具有向国家工作人员介绍贿赂行为的证据。根据刑法和司法解释精神，此罪的行为证据由介绍对象证据、介绍内容证据、介绍过程证据三组证据组成。

1. 介绍对象证据。即证明行为人介绍贿赂的对象系国家工作人员的证据材料。如：对象单位出具的该国家工作人员的职业、职务、简历等身份情况证明材料等。

2. 介绍内容证据。即证明行为人具有与行受贿双方介绍某种贿赂物行为的证据材料。如：反映贿赂物种类、名称、数量、质量及其交付方式、交付名义等情况的，双方当事人陈述、书证物证、知情人证言、行为人口供等证明材料。

3. 介绍过程证据。即证明行为人在行贿人与受贿人之间沟通关系、撮合条件，使双方达成贿赂交易意愿的过程证据。如：

（1）委托证据。即证明行为人接受委托介绍贿赂的证据材料。如：反映委托人与行为人之间的联系方式、联系过程、委托意向、磋商结果、委托回报等情况的知情人证言、书证物证、当事人陈述、行为人口供等证明材料。

（2）沟通证据。即证明行为人与国家工作人员这一特定对象进行联系、沟通的证据材料。如：反映行为人与国家工作人员之间联系沟通的方式方法、往来过程等情况的证人证言、往来书证、电子证据、当事人陈述、行为人口供等证明材料。

（3）撮合证据。即证明行为人为行贿受贿双方撮合条件、中介协调的证据材料。如：反映行为人在居中撮合过程中阿谀奉承、投其所好、讨价还价、确保安全等具体表现的当事人陈述、知情人证言、声像资料、行为人口供等证明材料。

（4）共识证据。即证明行为人促成行贿受贿双方达成贿赂交易共识的证据材料。如：反映在行为人介绍撮合下，行贿受贿双方达成贿赂物交付方式、交付标的等意愿共识的当事人陈述、相关书证、证人证言、行为人口供等证明材料。

证明意义：介绍贿赂的行为证据是此罪的关键证据，它关系介绍贿赂行为事实是否清楚和介绍贿赂行为的能否成立。一是介绍对象是否具有国家工作人员身份资格。向不具有国家工作人员身份的人和向单位介绍贿赂，不能构成介绍贿赂罪。因此，介绍对象的国家工作人员身份证据十分重要。二是介绍内容要清楚明确。介绍的贿赂物是现金还是物品，是现金交易还是转账交付，是不动产，还是动产，是现时交付还是事后交付，等等。这些，一般情况下应是行为人介绍的内容。如果内容不清，那他介绍什么呢？如果只是牵线搭桥介绍双方认识，那是介绍朋友，就不是介绍贿赂了。为此，不能轻视介绍内容的证明。三是介绍过程要清楚。从实践中看，介绍贿赂一般是先有委托，后有介绍。这也是中介的一般规律，我们应重视这个环节的证据情况。此外，行为人的沟通、撮合行为，是介绍贿赂的主要功能表现，但沟通得先有联系，撮合需先有条件。没有联系怎么沟通，没有条件怎么撮合？这些细节均需相关证据予以证明。还有，沟通是使双方建立联系，撮合是使双方形成共识并达成一致意愿。只撮不合等于没有介绍成功。为此，双方达成共识的行为表现，尤其受贿方接受贿赂的意思表示非常重要。它既关系介绍贿赂罪的成立，也关系行贿罪和受贿罪的成立。对双方议定的贿赂物交付方式、交付标的等重要细节，应认真核查逐一印证，以保证证据的确实充分。

第四节　介绍贿赂罪的结果证据

介绍贿赂罪的结果证据，是指藉以证明行为人介绍贿赂的行为发生了贿赂交易的证据。如：

1. 贿赂物交付完成证据。即证明经行为人居间中介行受贿双方完成贿赂物交付的证据。如：反映双方交付过程、实际交付标的、受贿方控制贿赂物方式等情况的当事人陈述、知情人证言、书证物证、勘验检查笔录、相关鉴定意见、行为人口供等证明材料。

2. 行为人获取报酬证据。即证明行为人从中获取报酬情况的证据。如：反映行为人从中向委托人索要、收取报酬具体经过、数额等情况的委托人陈述、知情人证言、相关书证、行为人口供等证明材料。

证明意义：行贿受贿双方完成贿赂交易，是介绍贿赂行为的结果，也是行受贿犯罪既遂与未遂的界限。虽然介绍贿赂行为人不一定参与双方的具体交易活动，甚至不知详情，但交易的成功与其介绍贿赂行为有着直接的联系，是其行为的应然结果。为此，结果证据直接关系此罪的能否成立。实践中，应注意将受贿案与行贿案和介绍贿赂案件并案侦查，三方证据相互印证、一证三用、形成系统。值得注意的是，介绍贿赂罪作为故意犯罪，是个理论上有未遂实践中没有未遂的特例。此罪的未遂就是没有介绍成功。根据刑法规定，介绍贿赂即使成功尚需“情节严重”条件，何况没有成功的，故实践中罕见有未遂案件。此外，介绍贿赂作为一个附属于行贿罪的犯罪，须行贿人首先构成犯罪，然后介绍贿赂行为人才能构成犯罪。因为皮之不存，毛之焉附。为此，行贿受贿双方的贿赂交易完成，只能证明行为人完成了介绍贿赂行为并产生了应然结果，但是否构成犯罪，尚需看行贿人是否构成犯罪。介绍贿赂罪最高刑期是三年有期徒刑，行贿罪最高刑罚则是无期徒刑。实践中还没有不追究行贿人，只追究介绍贿赂人的情况。故在核查此罪结果时，应对此情况给予应有的关注和重视。

第五节　介绍贿赂罪的主观证据

介绍贿赂罪的主观证据，是指藉以证明行为人在主观意志上，具有明知其介绍贿赂行为会发生行贿受贿交易结果，而希望并积极追求贿赂交易成功的证据。根据刑法的规定，介绍贿赂罪的主观证据主要包括主观明知和主观追求两组证据。

1. 主观明知证据。即证明行为人在主观认识上对向国家工作人员介绍贿赂的违法性具有明知的证据。如：

（1）介绍对象的明知证据。即反映行为人明知介绍对象系国家工作人员的证明材料。此类证据可依据双方关系证据、往来证据和行为证据予以推定。

（2）介绍内容的明知证据。即反映行为人明知介绍内容系撮合贿赂的证明材料。此类证据亦可依据行为证据予以推定。

（3）损害后果的明知证据。即反映行为人明知国家工作人员受贿系背职违法行为的证明材料。此类证据可依据主体证据、行为证据、结果证据予以推定。

证明意义：明知，是指知道或者应当知道。行为人只有在明知行为对象是国家工作人员，行为内容是撮合贿赂，并明知其期望结果违背国家工作人员的职务要求的情况下，才能构成犯罪。还有，行为人对贿赂物的明知应是具体的，送钱还是送物他应当具有明知，否则怎么介绍。这些均是此罪在主观方面的基本要求。实践中，对明知的证明有机械、片面的倾向。好像明知就是承认知道，如果行为人不承认，明知就不好证明。其实不然，意识决定行为，行为也反映意识。只要行为人是具有认知能力的成年人，上述明知内容在其行为结果证据中均能体现。为此，实践中应注意主观推定依据的可靠性和推定方法的科学性。

2. 主观追求证据。即证明行为人在主观意志上积极追求介绍贿赂实现的证据。如：

（1）主动联系证据。即证明行为人接受委托后主动与介绍对象联系的事实证据。此在行为证据中能够反映，可据此推定。

（2）主动介绍证据。即证明行为人向介绍对象积极介绍贿赂情况的事实证据。此在行为证据中表现充分，亦可据此推定。

（3）积极撮合证据。即证明行为人居间中介积极撮合双方达成一致的事实证据。此组证据可依据行为证据和结果证据进行主观推定。

证明意义：主观追求是指行为人在主观意志上，希望并积极追求贿赂交易的介绍成功。从介绍行为的过程看，行为发展有三个阶段，即联系—介绍—撮合。每一个阶段行为人都表现为积极主动，行为的主动性，是主观追求的客观表现和具体反映。故在分析其主观意志时，不应脱离行为实际，要综合梳理、分析行为的表现特征，有根据地去进行事实推定，以正确把握行为人的主观心态和意志表现。

第六节　介绍贿赂罪的情节证据

介绍贿赂罪的情节证据，是指藉以证明行为人介绍贿赂行为具有某些影响定罪或者量刑情节的证据。介绍贿赂罪并非是新罪名，1979 年刑法第一百八十五条第三款就规定了介绍贿赂罪，1997 年刑法对此进行了修订，增加了“情节严重的”要件，形成了目前刑法第三百九十二条的规定。从中我们可以看出，介绍贿赂罪是个情节犯，只有达到“情节严重的”行为，才可构成犯罪。因此，此罪的情节证据主要包括定罪情节和量刑情节两组证据。

1. 定罪情节证据。即证明行为人具有影响定罪的情节证据。根据最高人民检察院《立案标准》，影响定罪的情节证据主要有以下几种：

（1）介绍数额情节证据。即证明行为人介绍贿赂数额已达到或者超过立案标准的事实证据。如：反映行为人介绍个人向国家工作人员行贿在 2 万元以上的，介绍单位向国家工作人员行贿在 20 万元以上的证明材料。

（2）为使行贿人获取非法利益的情节证据。即证明行为人为使行贿人获取非法利益而介绍贿赂的事实证据。如：反映利益本身违法或者帮助手段违法的事实证据。

（3）多人多次介绍贿赂的情节证据。即证明行为人 3 次以上或者为 3 人以上介绍贿赂的事实证据。

（4）向特殊对象介绍贿赂的情节证据。即证明行为人向党政领导、司法工作人员、行政执法人员介绍贿赂的上述证据。

（5）造成损失情节证据。即证明因行为人介绍贿赂，致使国家或者社会利益遭受重大损失的事实证据。

证明意义：鉴于上述情节是影响此罪成立的主要情节，故其证据作用十分重要。一是数额情节。此罪的立案标准，介绍个人行贿为 2 万元，介绍单位行贿为 20 万元。不足上述数额的，不能构成犯罪。因为这仅是起刑点，实践中数额也是量刑的重要参考。为此，介绍贿赂数额，应有足够的证据予以精确证明。二是其他情节。上述非法利益、多人多次、特殊对象、造成损失等情节，是指介绍贿赂数额不满立案标准时参照的情节。也就是说，当介绍贿赂数额接近立案标准且已达到该数额的80%以上时，具有以上情节的，亦可立案追究刑事责任。其中，关于“非法利益”的认定，还不能照搬“不正当利益”的规定，这是两个不同的概念。参照“不正当利益”的规定，“非法利益”是指行贿人谋取的利益违反法律法规，或者要求国家工作人员违反法律法规为其提供帮助或者方便条件。核心在利益的违法性和手段的违法性上。关于“多人多次”。立案标准规定为3人3次，这是符合社会认知和传统理念的，俗话说“事不过三”。三是多次反复的代表数目。为此，3人3次以上即为多人多次。《立案标准》中其他涉及多人多次的，亦是以3人3次为界限。关于特殊对象。立案标准之所以将“党政领导、司法工作人员、行政执法人员”作为特殊对象，是因为他们手中有权，他们进行权钱交易是一种知法犯法的行为，是对社会秩序、社会风气的野蛮践踏，行为人亦是对权力的腐蚀和损害，故理应从严惩治。关于造成损失情况。一般情况下，能够造成损失的是行受贿双方，中介人不会直接造成损失。但是，造成损失的起因，与居间中介的行为人有着十分密切的联系，其亦应承担相应的责任。参照“两高”《关于办理行贿刑事案件具体应用法律若干问题的解释》，“重大损失”为100万元以上，“情节特别严重”为500万元以上。为此，在收集、审查证据时，应参照上述规定执行。

2. 量刑情节证据。即证明行为人具有关系从轻或者从重处罚情节的证据。如：

（1）主动交代情节证据。即证明行为人具有在被追诉前主动交代介绍贿赂行为情节的事实证据。如：第一次询问笔录、立案前的亲笔证词、办案机关说明等证明材料。

（2）自首、立功情节证据。即证明行为人具有自首、立功情节的事实证据。如：自首笔录、揭发材料、办案说明等证明材料。

（3）如实供述情节证据。即证明行为人在被讯问中具有如实供述自己罪行情节的事实证据。如：讯问笔录、办案说明等证明材料。

（4）主动退赃情节证据。即证明行为人具有主动退缴违法所得情节的事实证据。如：退赃笔录、退赃清单、办案说明等证明材料。

证明意义：考虑到此罪系一轻罪，从重处罚情节不多，故仅表述了从轻处罚的主要情节。其中，主动交代，是刑法的法定从轻情节，而且幅度很大。刑法第三百九十二条第二款明确规定，“介绍贿赂人在被追诉前主动交代介绍贿赂行为的，可以减轻处罚或者免除处罚。”据“两高”行贿案件司法解释，“被追诉前，是指检察机关对行贿人的行贿行为刑事立案前。”为此，检察机关在对介绍贿赂人是否立案，应作为对介绍贿赂人主动交代行为能否减轻处罚的界限。自首、立

功，是法定减轻处罚情节。如实供述，既是行为人的法定义务，也是法定的可以从轻情节。据“两高”司法解释，如实交代有助于收集定案证据的，可以酌情从轻处罚；如实交代对于定案证据的收集有重要作用的，一般应当从轻处罚。故对此应给予重视。主动退赃的，尤其全部或者大部分退赃的，一般会从轻处罚。为此，介绍贿赂人主动退缴违法所得的，亦应从轻处罚。实践中，运用好这些宽大刑事政策，有益于关联贿赂案件的突破和证据的收集。

附：法律法规

1.《中华人民共和国刑法》（1997年3月14日修订）（节录）

第三百九十二条【介绍贿赂罪】 向国家工作人员介绍贿赂，情节严重的，处三年以下有期徒刑或者拘役。

介绍贿赂人在被追诉前主动交代介绍贿赂行为的，可以减轻处罚或者免除处罚。

2. 最高人民检察院《关于人民检察院直接受理立案侦查案件立案标准的规定（试行）》（1999年9月16日）（节录）

（七）介绍贿赂案（第392条）

介绍贿赂罪是指向国家工作人员介绍贿赂，情节严重的行为。

“介绍贿赂”是指在行贿人与受贿人之间沟通关系、撮合条件，使贿赂行为得以实现的行为。

涉嫌下列情形之一的，应予立案：

1. 介绍个人向国家工作人员行贿，数额在2万元以上的；介绍单位向国家工作人员行贿，数额在20万元以上的；

2. 介绍贿赂数额不满上述标准，但具有下列情形之一的：

（1）为使行贿人获取非法利益而介绍贿赂的；

（2）3次以上或者为3人以上介绍贿赂的；

（3）向党政领导、司法工作人员、行政执法人员介绍贿赂的；

（4）致使国家或者社会利益遭受重大损失的。

3. 最高人民法院、最高人民检察院《关于办理行贿刑事案件具体应用法律若干问题的解释》（2013年1日1日起施行）（节录）

第三条 因行贿谋取不正当利益，造成直接经济损失数额在一百万元以上的，应当认定为刑法第三百九十条第一款规定的“使国家利益遭受重大损失”。

第四条 因行贿谋取不正当利益，具有下列情形之一的，应当认定为刑法第三百九十条第一款规定的“情节特别严重”：

（一）行贿数额在一百万元以上的；

（二）行贿数额在五十万元以上不满一百万元，并具有下列情形之一的：

1. 向三人以上行贿的；

2. 将违法所得用于行贿的；

3. 为实施违法犯罪活动，向负有食品、药品、安全生产、环境保护等监督管理职责的国家工作人员行贿，严重危害民生、侵犯公众生命财产安全的；

4. 向行政执法机关、司法机关的国家工作人员行贿，影响行政执法和司法公正的；

（三）造成直接经济损失数额在五百万元以上的；

（四）其他情节特别严重的情形。

第八条 行贿人被追诉后如实供述自己罪行的，依照刑法第六十七条第三款的规定，可以从轻处罚；因其如实供述自己罪行，避免特别严重后果发生的，可以减轻处罚。

第九条 行贿人揭发受贿人与其行贿无关的其他犯罪行为，查证属实的，依照刑法第六十八条关于立功的规定，可以从轻、减轻或者免除处罚。

第十一条 行贿犯罪取得的不正当财产性利益应当依照刑法第六十四条的规定予以追缴、责令退赔或者返还被害人。

因行贿犯罪取得财产性利益以外的经营资格、资质或者职务晋升等其他不正当利益，建议有关部门依照相关规定予以处理。

第十二条 行贿犯罪中的“谋取不正当利益”，是指行贿人谋取的利益违反法律、法规、规章、政策规定，或者要求国家工作人员违反法律、法规、规章、政策、行业规范的规定，为自己提供帮助或者方便条件。

违背公平、公正原则，在经济、组织人事管理等活动中，谋取竞争优势的，应当认定为“谋取不正当利益”。

第十三条 刑法第三百九十条第二款规定的“被追诉前”，是指检察机关对行贿人的行贿行为刑事立案前。

4. 最高人民法院、最高人民检察院《关于办理职务犯罪案件认定自首、立功等量刑情节若干问题的意见》（2009 年 3 月 12 日）（节录）

三、关于如实交代犯罪事实的认定和处理

犯罪分子依法不成立自首，但如实交代犯罪事实，有下列情形之一的，可以酌情从轻处罚：(1) 办案机关掌握部分犯罪事实，犯罪分子交代了同种其他犯罪事实的；(2) 办案机关掌握的证据不充分，犯罪分子如实交代有助于收集定案证据的。

犯罪分子如实交代犯罪事实，有下列情形之一的，一般应当从轻处罚：(1) 办案机关仅掌握小部分犯罪事实，犯罪分子交代了大部分未被掌握的同种犯罪事实的；(2) 如实交代对于定案证据的收集有重要作用的。

四、关于赃款赃物追缴等情形的处理

贪污案件中赃款赃物全部或者大部分追缴的，一般应当考虑从轻处罚。

受贿案件中赃款赃物全部或者大部分追缴的，视具体情况可以酌定从轻处罚。

犯罪分子及其亲友主动退赃或者在办案机关追缴赃款赃物过程中积极配合的，在量刑时应当与办案机关查办案件过程中依职权追缴赃款赃物的有所区别。

第九章　巨额财产来源不明罪证据结构

第一节　巨额财产来源不明罪概述

根据刑法第三百九十五条第一款的规定，巨额财产来源不明罪是指国家工作人员的财产或者支出明显超出合法收入，差额巨大，而本人又不能说明其来源的行为。其基本特征如下：

一、主体特征

巨额财产来源不明罪的主体系特殊主体，即国家工作人员。根据刑法第九十三条、第三百九十五条的规定，巨额财产来源不明罪的主体由四类人员构成：

1. 国家机关工作人员。即在国家各级权力机关、各级行政机关、各级司法机关和军事机关从事公务的人员。

2. 准国家工作人员。即在国有公司、企业、事业单位、人民团体中从事公务的人员。

3. 受委派人员。即国有单位委派到非国有单位从事公务的人员。

4. 其他依照法律从事公务的人员。如：村委会等农村基层组织人员协助人民政府从事“七项”特定行政管理工作的人员。

二、客体特征

此罪系复杂客体，即行为人的行为侵犯了公私财产的所有权和国家工作人员的职务廉洁性。它的直接客体是国家工作人员收入的合法性。

三、主观特征

此罪在主观方面表现为直接故意，即行为人明知自己的财产或者支出明显超过合法收入；差额巨大，而故意拒绝或不如实说明其来源。

四、客观特征

根据刑法第三百九十五条第一款的规定，巨额财产来源不明罪在客观方面有三个重要特征：

1. 行为人的财产拥有量明显超过其合法收入。所谓“财产拥有量”，是指行为人所拥有财产的总和。“明显超过其合法收入”，是指行为人拥有的财产总和，

明显地超过行为人及与其共同生活的家庭成员的合法收入总和。所谓“合法收入”，是指依法应当取得的收入，也就是说收入的取得不违法。根据中共中央办公厅、国务院办公厅1995年4月30日颁发的《关于党政机关县（处）级以上领导干部收入申报的规定》，各级党的机关、人大机关、行政机关、政协机关、审判机关、检察机关的县（处）级以上领导干部，社会团体、事业单位的县（处）级以上领导干部，以及国有大、中型企业的负责人，每半年应将个人收入情况向组织人事部门申报一次。申报收入的主要项目有：（1）工资；（2）各类奖金、津贴、补贴及福利费等；（3）从事咨询、讲学、写作、审稿、书画等劳务所得；（4）事业单位的领导干部、企业单位的负责人承包经营、承租经营所得。除行为人个人上述合法收入外，与其共同生活的家庭成员的工资、福利、劳务所得，及其家庭合法接受的遗产继承、合法馈赠等，亦应属于其家庭的合法收入。财产拥有量超过合法收入总和的部分，即来源非合法收入部分为非法所得。

2. 行为人的财产拥有量明显超过合法收入部分，必须是数额巨大。根据最高人民险察院立案标准的规定，“数额巨大”，是指数额在30万元以上。也就是说，数额在30万元以上的，才能构成巨额财产来源不明罪。

3. 行为人对巨大的差额，不能说明来源的。“不能说明”，是指行为人对司法机关拒绝说明或不如实说明。不能说明的内容，是巨大差额来源。拒绝说明的，由于来源不明，来源的合法性自然不存在。不如实说明的，应按照查证属实的取得手段性质去认定和处理。经查系虚假说明的，即以不如实说明来源，按非法所得论。

鉴于巨额财产来源不明罪是刑法中的一个特别规定，因此在司法实践中应注意两个问题：

1. 举证责任的转移，并不意味着司法机关举证责任的削弱。根据刑事诉讼法的规定，在刑事诉讼中司法机关具有举证责任。刑法第三百九十五条的巨额财产来源不明罪，则规定“可以责令该国家工作人员说明来源，不能说明来源的，差额部分以非法所得论”。应当说这是一种举证责任转移的程序性规定。实体法中的这种规定，学术界称为特别规定。但是，这种特别规定并未排除司法机关的举证责任。无论是行为人能够说明的，还是拒绝说明或不如实说明的，司法机关仍然有责任和义务去查证核实。只有在司法机关无法查明和举证的情况下，行为人才能构成此罪。如果行为人拒绝说明和不如实说明，经司法机关查证属于贪污、受贿等非法行为所得的，应以查证属实的事实和性质去认定和处理。不能将凡是行为人拒绝说明的，不经查证就简单地认定为来源不明。从这一意义上讲，司法机关在此罪的查处过程中，更应强化举证责任，以严惩腐败犯罪，防止行为人为逃避处罚而规避法律。

2. 对差额来源的合法性，要审慎分析准确认定，注意与相关法律与规章相衔接。刑法第三百九十五条所规定的行为人的举证内容，是差额来源的合法性。因此，对行为人能够说明或不能说明的情况均应予以认真查证落实。但在分析认定其合法性时，应注意与相关法律和规章的衔接。因为，一般情况下合法性的依据是行政法规或规章。鉴于目前我国尚未制定国家工作人员的收入申报、家庭财产报告等统一的制度，因此更应注意从各种行政规章中寻找依据，并按照罪刑法定的原则与刑事法律相互衔接。比如，对属于在国内公务活动或者对外交往中接受的礼金、礼品、有价证券等，没有按照相关的登记制度登记交公的，应以贪污论处。对在经营、管理活动中收取折扣，不如实入账并据为己有的，以及在经营、管理活动中以企业名义从事中介活动并将所得据为己有的，按照中纪委1995年5月11日颁布的《关于国有企业领导干部廉洁自律“四条规定”的实施和处理意见》，应以贪污论处。如果已查明行为人拥有的巨大财产差额系走私、赌博等非职务犯罪的其他犯罪手段获取的，应以相应的罪名予以惩处。只有对差额来源没有合法性依据，又不能按其他犯罪认定和处理的，才能以巨额财产来源不明罪认定和处理。为此，司法实践中切忌以算大账的方法来分析认定案件，要注意从大量的行政法规、规章、制度中去分析其来源的合法性，并将此作为认定案件的基本依据。严防由于政策性依据的欠缺，而造成重罪轻处、数罪单处的现象发生。要将政策性依据作为客体证据来认识，积极地予以收集，审慎地进行分析，以准确认定和惩处腐败犯罪。

第二节　巨额财产来源不明罪的主体证据

巨额财产来源不明罪的主体证据，是藉以证明行为人具有巨额财产来源不明罪主体资格的证据。根据刑法的规定，此罪主体系国家工作人员，故在证据要求上应由自然情况证据和国家工作人员身份证据两部分组成。

一、自然人情况证据

自然人情况证据是指证明行为人年龄、性别、民族、出生地、居住地及家庭成员状况等自然情况的证据。如：

1. 身份证明。即《居民身份证》等个人自然情况证明。

2. 户籍证明。即户籍所在地公安机关出具的行为人家庭户籍情况证明等。

3. 居住证明。即居住地管理部门出具的行为人居住情况证明等。

4. 违法记录。即相关单位出具的行为人曾因违法所受刑事处罚、行政处罚及党政纪处分等情况证明。

二、国家工作人员身份证据

国家工作人员身份证据，是指证明行为人具有国家工作人员身份的证据。如：

1. 国家机关工作人员身份证据。即证明行为人在党的机关、人大机关、行政机关、政协机关、审判机关、检察机关等国家机关中从事公务的供职证明、工作简历及现任职务、业务分工等证据材料。

2. 国有单位工作人员身份证据。即证明行为人在国有公司、企业、事业单位、人民团体中从事公务的供职证明、现任职务证明、工作简历及所供职单位的国有性质证明等证据材料。

3. 受委派人员身份证据。即证明行为人系受国家机关、国有公司、企业、事业单位委派到非国有公司、企业、事业单位、社会团体从事公务的供职证明、委派证明、工作简历及委派单位的国有性质证明等证据材料。

4. 其他依法从事公务人员身份证据。即证明行为人具有其他依照法律从事公务人员身份的法规依据和身份证明等证据材料。

证明意义：根据刑法的规定，巨额财产来源不明罪的主体必须具有国家工作人员身份。为此，在刑事诉讼过程中，司法机关必须对行为人是否具有此罪主体资格负责搞清并予以举证。行为人的自然情况证据，关系到行为人的刑事责任年龄和刑事责任能力的认定及案件的诉讼管辖；行为人的国家工作人员身份证据，关系到行为人是否具有此罪的主体资格。因此，上述主体证据，均直接关系到罪与非罪、此罪与彼罪等问题。尤其在国家工作人员身份证据上，鉴于目前我国国家工作人员种类繁多，并非仅指国家公务员，故各类国家工作人员的身份证据不尽一致，各有特点。这就需要按照不同的类别规定，去收集相应的证据。这对准确认定巨额财产来源不明罪的主体，具有重要的意义。切不可因此罪没有“利用职务之便”的要求，而对主体身份证据有所忽视。

第三节 巨额财产来源不明罪的行为证据

巨额财产来源不明罪的行为证据，是指藉以证明行为人具有拥有超过其合法收入的巨大差额财产，并不能说明其来源的行为的证据。根据刑法的规定，此组证据主要由巨大差额的拥有证据和巨大差额来源的不能说明证据两部分组成。

一、巨大差额的拥有证据

巨大差额的拥有证据，是指证明行为人的财产或支出明显超过合法收入，差额巨大，并为行为人所拥有的证据材料。主要有：

1. 行为人的总收入证据。即证明行为人及与其共同生活的家庭成员所共同拥有的实际总收入情况的证据。如：为行为人所有的存款凭证、现金检查、搜查记录、房产等不动产价值凭据、物品价值证明、大额消费支出金额证明、赠与支出金额证明等。

2. 行为人合法收入证据。即证明行为人及与其共同生活的家庭成员合法取得的收入证据。如：收入申报登记、工资、奖金等发放证明、写作、讲学等劳务所得支付证明、遗产继承证明、亲友馈赠证明、彩票中奖、股票获利等其他合法收入证明等。

3. 巨大差额证据。即证明行为人拥有的总收入，在减去其合法收入后，所出现的巨大差额的证据材料。如：司法会计鉴定、物品估价鉴定等证据材料。

证明意义：根据刑法第三百九十五条第一款的规定，构成巨额财产来源不明罪的前提条件，是行为人的“财产、支出明显超过合法收入，差额巨大”。从行为角度讲，行为人的前提行为，是拥有巨大差额的财产。这种拥有行为，既是一种前提性行为，也是案件事实中的基础性事实。虽然行为人在此罪的诉讼过程中负有举证责任，但在这一前提性的行为事实上，举证责任则完全在司法机关。只有在司法机关首先确定这一行为事实后，举证责任才能发生转移。为此，及时收集这一行为事实的确实、充分的证据非常重要。

在此组证据中，总收入证据是前提性事实证据，合法收入证据是关键性事实证据。这两部分证据，既需要大量的书证、物证，也需要大量的证人证言，只有在准确确定总收入和合法收入后，才能推定出巨大差额事实。因此，这两部分证据必须做到确实、充分。否则，将影响巨大差额事实的正确推定，并继而影响到案件的质量和正确地适用法律。

此外，鉴于巨大差额事实是一个推定事实，仅靠办案人员的主观推定是不行的，需要有严格的、权威的推定证据。从实践中看，司法会计鉴定的作用是十分重要的。为此，一般情况下应由司法会计做出相应的鉴定意见，并将此作为主要

证据材料，以保证推定事实有强有力的证据予以支持。

二、巨大差额来源的不能说明证据

巨大差额来源的不能说明证据，是指证明行为人对其拥有的巨大差额财产的来源，予以拒绝说明或不如实说明的证据材料。主要有：

1. 拒绝说明证据。即证明行为人对其拥有的巨大差额财产来源拒绝予以说明的证据。如：司法机关的责令说明笔录、行为人拒绝说明陈述等。

2. 不如实说明证据。即证明行为人对其拥有的巨大差额财产来源，予以虚假说明的证据。如：司法机关的责令说明笔录、行为人说明供述、司法机关核实证伪的证据等。

证明意义：行为人对其拥有的、客观存在的巨大差额财产，不能说明其来源是合法的，是巨额财产来源不明罪的主要行为特征。所谓“来源不明”，并非真的不明，是行为人不愿说明。实践中包括两种情况：一是拒绝说明，即不予说明；二是不如实说明，即虚假说明。无论是哪一种形式的说明，均属于不能说明范畴。鉴于“说明”是一种举证责任，故司法机关的责令说明和行为人的说明陈述及证据提供，便成为此行为的主要证据。但是，在“不如实说明”的行为证据中，必须具有司法机关的证伪证据。因为，不能证伪，就不能说明是不如实说明。为此，司法机关的查证责任还是十分重要的。值得注意的是，行为人的“说明”，不仅仅是对巨大差额财产来源的表述，还必须提供相关的证据情况。否则，就会说而不明。拒绝提供证据情况，本质上仍是拒绝说明。对此，亦应以不能说明论。上述行为证据，看似简单，实则内涵很深，它对于准确定罪具有关键的作用。

第四节　巨额财产来源不明罪的结果证据

巨额财产来源不明罪的结果证据，是指藉以证明行为人的行为已经发生或会引起发生行为人拥有的巨大差额财产的来源不明的后果的证据。

从刑法第三百九十五条第一款的规定看，巨额财产来源不明是指行为人所拥有的巨大差额财产的来源不明。只要行为人拒绝说明或不如实说明，这一后果就会发生。但是，根据刑事诉讼法第四十八条的规定，一切证据“必须经过查证属实，才能作为定案的根据”。因此，在此罪的结果证据中，应由行为人不能说明和司法机关未能查明两部分证据组成。

1. 不能说明结果证据。即证明行为人拒绝说明或不如实说明其巨大差额财产来源的行为，发生或会引起发生“本人不能说明”的后果的证据。该部分证据是一种推断证据，即根据行为证据推断出的一种结论。为此，此结果证据可从行为证据中予以综合归纳。

2. 未能查明结果证据。即证明司法机关对行为人拥有的巨大差额财产来源，未能查明的情况证据。主要有：对行为人“说明”的否定性证据、无法查明的说明性证据、巨大差额的最终确定性证据等。上述证据，一般由司法机关查证的书证、人证及说明性、确认性结论文书构成。

证明意义：巨额财产来源不明罪的犯罪结果，是行为人拥有的巨大差额财产的来源不明。它由客观存在的巨大差额财产数额、行为人对其不能说明和司法机关未能查明三个要素组成。第一个要素，是此罪的基础结果；第二个要素，是此罪主体的举证结果；第三个要素，是司法机关的查证结果。这三个结果的有机统一，构成了巨额财产来源不明的犯罪结果。其实，就行为人的巨大差额财产来源而言，它应该是明确的。只是由于行为人“不能说明”和司法机关未能查明，才推论为“来源不明”。只能说这是为防止腐败犯罪分子逃避法律追究，刑法做出的一种权宜性规定。正因为如此，在司法实践中，应坚决贯彻“重证据不轻信口供”的原则，不仅对行为人的“说明”要进行认真核查，对相关的线索均要认真查证，以防止行为人“避重就轻”。只有在无法查明的情况下，才能以此罪定性。但为保证此罪的事实清楚，证据确实、充分，对结果证据应给予高度重视，以使犯罪分子得到应有的惩罚。

第五节　巨额财产来源不明罪的主观证据

巨额财产来源不明罪的主观证据，是指藉以证明行为人明知自己的财产或者支出，明显超过合法收入，差额巨大，在被责令说明来源时，故意拒绝说明或不如实说明其来源的证据。根据刑法第三百九十五条第一款的规定，此罪的主观证据主要有：巨大差额财产的明知证据和“不能说明”的追求证据。

1. 巨大差额财产的明知证据。即能够证明行为人在客观上明知自己的财产或者支出明显超过合法收入，且差额巨大的证据材料。这里的主观明知，实际上是三个明知。一是行为人对自己的合法收入是明知的；二是行为人对其财产或支出明显超过合法收入是明知的；三是行为人对其超过合法收入的差额巨大是明知的。为此，在主观明知证据中，应有行为人关于上述三个明知的陈述、行为人提供的相关人证、物证、书证及司法机关查证属实的相关证据等予以佐证。

2. “不能说明”的追求证据。即能够证明行为人对其巨大差额财产来源，在主观上积极追求隐瞒事实真相结果发生的意志表现证据。如：拒绝说明的陈述、不如实说明的虚假陈述及司法机关的查证结果证据等。

证明意义：根据刑法的规定，巨额财产来源不明罪在主观上是一种直接故意。行为人不仅对其巨大差额财产是明知的，对其来源也是明知的，但为掩盖事

实真相，而故意“不能说明”。其动机是多种多样的，或为逃避更加严厉的惩罚，或为保护“他人”，等等。但在主观认识上，行为人应当是明知的。为防止此类人员规避法律，刑法将此种情况规定为犯罪，以巨额财产来源不明罪予以惩处。这就要求司法机关在查处此类案件时，以铁的证据来证明行为人在主观上对其“明显超过合法收入，差额巨大”的财产来源具备明知条件。从实践中看，有的行为人对其巨大差额财产的数额知之精确，有的则知之大概不甚准确，但这不影响其主观明知的认定。因为，根据刑法的规定，司法机关“可以责令说明来源”。这里的“责令说明”，必然要对其巨大差额财产情况予以告知，并一笔笔地告知，然后才能“责令说明”。这不是指供诱供，这是举证责任转移的特定形式。在这种情况下，应该说行为人对其巨大差额财产的具体情况完全可以明知。对此，如果行为人坚持拒绝说明，或者不如实说明，足以反映出其主观上积极追求“不能说明”的意志表现。为此，在收集、分析此类证据时，要注意行为人的详细供述，综合行为证据、结果证据中的有关情况，以准确地认定犯罪和充分反映其主观要件及其主观恶性情况，使此罪的证据系统得以完善，使犯罪得到应有的惩罚。

第六节　巨额财产来源不明罪的情节证据

巨额财产来源不明罪的情节证据，是指藉以证明行为人具有某些影响定罪、量刑情节事实的证据。如数额情节证据、数罪情节证据等。

1. 数额情节证据。即证明行为人在对其巨大差额财产“不能说明”来源的行为中，在数额上具有影响定罪、量刑的情节事实证据。根据最高人民检察院《立案标准》的规定，此罪定罪的数额起点为30万元（含本数在内）。刑法规定此罪的最高刑为五年有期徒刑。为此，司法确认的最终数额既是一种行为事实，也是一种关乎定罪量刑的情节事实，需要从行为证据、结果证据中给予必要的综合归纳。

2. 数罪情节证据。即证明行为人在“不能说明”的行为中，被查明有其他犯罪所得，具有已构成数罪的情节事实证据。如：行为人对其巨大差额财产来源拒绝或不如实说明，但经司法机关查证，已证明部分差额为贪污或受贿所得，行为人已构成数罪。在这种情况下，司法机关的查证情况和结论，就成为数罪情节的有力证据，并将直接影响到对行为人的处罚和量刑。为此，对这一情节证据不能忽视。

证明意义： 在法学界和司法界有一种说法，将巨额财产来源不明罪称为“兜底”罪名，意为不得已而为之的刑法规定。也正是因为这一特点，在司法实践中对情节证据更应给予高度的重视。如数额情节问题，目前的定罪数额起点为30万元，最高刑期为十年有期徒刑。这就要求司法人员在查处此类犯罪时，要高度重视数额问题。因为，不足30万元就不能定罪。而且，在相关的司法解释中除数额情节外，也没有数额接近30万元具有其他情节可以定罪的规定。为此，数额的精确性关系到定罪的准确性，数额的数量性关系到量刑的适当性。

再如，数罪情节问题。数罪并罚虽说是一种常识性的刑罚观，但在巨额财产来源不明罪中却另有意义。就行为人的“不能说明”而言，虽然行为人拒绝或不如实说明其巨大差额财产来源，但并不是所有“不能说明”的均不能查明，如果查明部分已构成贪污罪或受贿罪，那么就有个数罪并罚的问题。如何正确地适用数罪并罚呢？实践中有一案例，在行为人“不能说明”来源的财产中，有16万元已查明系受贿所得，有400余万元被认定为巨额财产来源不明，结果行为人被判处无期徒刑。就一般情况而言受贿16万元判不了无期，400万元巨额财产来源不明单处刑罚最高也就是十年有期徒刑。这里，我们理解在受贿16万元的量刑中，考虑了巨额财产来源不明的因素，为防止行为人规避法律，适当地提高了受贿的量刑，这样数罪并罚才得以量刑适当。因此，数罪情节在量刑中是十分重要的，它对正确适用刑罚，防止行为人以此对抗法律逃避严厉惩罚，有着重要的法律意义和实践意义。

附：法律法规

1.《中华人民共和国刑法》（1997年3月14日修订）（节录）

第三百九十五条【巨额财产来源不明罪】 国家工作人员的财产、支出明显超过合法收入，差额巨大的，可以责令该国家工作人员说明来源，不能说明来源的，差额部分以非法所得论，处五年以下有期徒刑或者拘役；差额特别巨大的，处五年以上十年以下有期徒刑。财产的差额部分予以追缴。

国家工作人员在境外的存款，应当依照国家规定申报。数额较大、隐瞒不报的，处二年以下有期徒刑或者拘役；情节较轻的，由其所在单位或者上级主管机关酌情给予行政处分。

2. 最高人民检察院《人民检察院直接受理立案侦查案件立案标准的规定（试行）》（1999年9月16日）（节录）

（九）巨额财产来源不明案（第395条第1款）

巨额财产来源不明罪是指国家工作人员的财产或者支出明显超出合法收入，差额巨大，而本人又不能说明其来源是合法的行为。

涉嫌巨额财产来源不明，数额在30万元以上的，应予立案。

3.《关于对党和国家机关工作人员在国内交往中收受的礼品实行登记制度的规定》（1995年4月30日）

第一条　为保持党和国家机关工作人员廉洁从政，加强党风廉政建设，制定本规定。

第二条　党和国家机关工作人员在国内交往中，不得收受可能影响公正执行公务的礼品馈赠，因各种原因未能拒收的礼品，必须登记上交。

党和国家机关工作人员在国内交往（不含亲友之间的交往）中收受的其他礼品，除价值不大的以外，均须登记。

第三条　按照第二条的规定须登记的礼品，自收受礼品之日起（在外地接受礼品的，自回本单位之日起）一个月内由本人如实填写礼品登记表，并将登记表交所在机关指定的受理登记的部门。受理登记的部门可将礼品的登记情况在本机关内公布。

登记的礼品按规定应上交的，与礼品登记表一并上交所在机关指定的受理登记的部门。

第四条　对于收受后应登记、上交的礼品在规定期限内不登记或不如实登记、不上交的，由所在党组织、行政部门或纪检监察机关责令其登记、上交，并给予批评教育或者党纪政纪处分。

第五条　本规定所称党和国家机关工作人员，是指党的机关、人大机关、行政机关、政协机关、审判机关、检察机关中从事公务的人员。

国有企业、事业单位的负责人，国家拨给经费的各社会团体中依照法律从事公务的人员，适用本规定。

第六条　本规定由各级党组织和行政部门负责执行，各级纪检监察机关负责监督检查。

第七条　各省、自治区、直辖市应根据本规定，结合本地区的实际，制定具体的礼品登记标准；中共中央直属机关和中央国家机关的礼品登记标准，由中共中央直属机关事务管理局、国务院机关事务管理局制定。各省、自治区、直辖市和中共中央直属机关事务管理局、国务院机关事务管理局还应制定具体的礼品上交处理办法。各省、自治区、直辖市和中共中央直属机关事务管理局、国务院机关事务管理局制定的礼品登记标准和上交处理办法，要报中央纪委、监察部备案。

第八条　本规定由中共中央纪律检查委员会、监察部负责解释。

第九条　本规定自发布之日起施行。

4.《关于党政机关县（处）级以上领导干部收入申报的规定》（1995年4月30日）

第一条 为保持党政机关领导干部廉洁从政，密切党和政府同人民群众的关系，加强党风廉政建设，制定本规定。

第二条 各级党的机关、人大机关、行政机关、政协机关、审判机关、检察机关的县（处）级以上（含县、处级，下同）领导干部须依照本规定申报收入。

社会团体、事业单位的县（处）级以上领导干部，以及国有大、中型企业的负责人，适用本规定。

第三条 申报人必须申报下列各项收入：

1. 工资；

2. 各类奖金、津贴、补贴及福利费等；

3. 从事咨询、讲学、写作、审稿、书画等劳务所得；

4. 事业单位的领导干部、企业单位的负责人承包经营、承租经营所得。

第四条 申报人于每年7月1日至20日申报本年度上半年的收入；次年1月1日至20日申报前一年度下半年的收入。因特殊情况不能按时申报的，经接受申报部门批准，可以适当延长申报时限。

第五条 各单位组织人事部门负责接受本单位申报人的收入申报，并须按照干部管理权限将申报材料报送相应的上级组织人事部门备案。

第六条 申报人不申报或者不如实申报收入的，由所在党组织、行政部门或者纪检监察机关责令其申报、改正，并视情节轻重给予批评教育或者党纪政纪处分。

第七条 各级纪检监察机关负责对本规定执行情况进行监督检查。

第八条 本规定由中央纪律检查委员会、监察部负责解释。

第九条 本规定自发布之日起施行。

5. 国务院《关于在对外公务活动中赠送和接受礼品的规定》（1993年12月5日）

第一条 为加强对国家行政机关工作人员在对外公务活动中赠送和接受礼品的管理，严肃外事纪律，保持清廉，制定本规定。

第二条 本规定所称的礼品，是指礼物、礼金、有价证券。

第三条 根据国际惯例和对外工作需要，必要时可以对外赠送礼物。礼物的金额标准另行规定。

第四条 对外赠送礼物必须贯彻节约、从简的原则。礼物应当以具有民族特色的纪念品、传统手工艺品和实用物品为主。

第五条 对来访的外宾，不主动赠送礼物。外宾向我方赠送礼物的，可以适

当回赠礼物。

第六条　对外赠送礼物或者回赠礼物，必须经国务院所属部门或者省、自治区、直辖市人民政府批准，或者由其授权的机关批准。审批时，应当从严掌握。

第七条　在对外公务活动中接受的礼物，应当妥善处理。价值按我国市价折合人民币200元以上的，自接受之日起（在国外接受礼物的，自回国之日起）一个月内填写礼品申报单并将应上缴的礼物上缴礼品管理部门或者受礼人所在单位；不满200元的，归受礼人本人或者受礼人所在单位。

在对外公务活动中，对方赠送礼金、有价证券时，应当予以谢绝；确实难以谢绝的，所收礼金、有价证券必须一律上缴国库。

第八条　在对外公务活动中，不得私自接受礼品，不得以明示或者暗示的方式索取礼品。

第九条　国务院机关事务管理局负责保管、处理国务院各部门上缴的礼品。

县级以上地方各级人民政府指定专门单位负责保管、处理该级人民政府各部门上缴的礼品。

第十条　礼品管理部门及有关部门对于收缴的礼品，应当登记造册，妥善保管，及时处理。礼品保管部门应当每年向受礼单位通报礼品处理情况。受礼单位应当将礼品处理情况告知受礼人。

第十一条　国家行政监察机关按照有关规定负责对外赠送和接受礼品的情况进行监督、检查。

第十二条　国家行政机关工作人员违反本规定的，对负直接责任的机关有关领导人和直接责任人，给予行政处分；构成犯罪的，由司法机关依法追究刑事责任。

对国家行政机关工作人员的行政处分，按照干部管理权限和规定程序办理。

第十三条　国家行政机关工作人员在公务活动中向华侨和香港、澳门、台湾地区的居民赠送礼品和接受其礼品，依照本规定执行。

第十四条　本规定由国务院办公厅负责解释。

第十五条　本规定自发布之日起施行。

6.《国家行政机关及其工作人员在国内公务活动中不得赠送和接受礼品的规定》（1988年12月1日）

第一条　为了严肃政纪，保持国家行政机关及其工作人员廉洁，制定本规定。

第二条　国家行政机关及其工作人员在国内公务活动中，不得赠送和接受礼品。

第三条　国家行政机关及其工作人员不得假借名义或者以变相形式赠送和接

受礼品：

（一）以鉴定会、评比会、业务会、订货会、展销会、招待会、茶话会、新闻发布会、座谈会、研讨会以及其他会议的形式；

（二）以祝贺春节、元旦、国庆节、中秋节和其他节假日的名义；

（三）以试用、借用、品尝、鉴定的名义；

（四）以祝寿、生日、婚丧嫁娶的名义；

（五）以其他形式和名义。

第四条 本规定所称的礼品，是指礼物、礼金、礼券以及以低价收款的物品。

第五条 国家行政机关违反本规定第二、三条的规定，对负直接责任的机关有关领导人和直接责任者，根据数额多少、情节轻重，分别给予警告直至撤职处分。

第六条 国家行政机关工作人员，违反本规定第二、三条的规定，接受礼品的，根据数额多少、情节严重，分别给予警告直至撤职处分。

国家行政机关工作人员，违反本规定，赠送礼品的，应当给予批评教育，影响很坏的，给予警告或者记过处分。

各级国家行政机关的领导人违反前两款规定的，从重处分。

第七条 国家行政机关及其工作人员违反本规定第二、三条的规定，数额较小、情节轻微，经批评教育表示悔改的，可以免予行政处分。

第八条 国家行政机关及其工作人员为谋取不正当利益而赠送、接受或者索取礼品的，按照国家有关惩治行贿、受贿的法律、法规处理。

第九条 对接收的礼品必须在一个月内交出并上交国库。所收礼品不按期交出的，按贪污论处。

第十条 对国家行政机关工作人员赠送和接受礼品的行政处分，依照国家行政机关工作人员的管理权限和行政处分程序的规定办理。

第十一条 本规定由各级国家行政机关执行，各级监察部门负责监督、检查。

第十二条 各省、自治区、直辖市人民政府可以根据本规定制定实施办法。

第十三条 本规定自发布之日起施行。

7.《全国法院审理经济犯罪案件工作座谈会纪要》（2003年11月13日）（节录）

五、关于巨额财产来源不明罪

（一）行为人不能说明巨额财产来源合法的认定

刑法第三百九十五条第一款规定的“不能说明”，包括以下情况：（1）行为

人拒不说明财产来源；(2) 行为人无法说明财产的具体来源；(3) 行为人所说的财产来源经司法机关查证并不属实；(4) 行为人所说的财产来源因线索不具体等原因，司法机关无法查实，但能排除存在来源合法的可能性和合理性的。

（二）“非法所得”的数额计算

刑法第三百九十五条规定的“非法所得”，一般是指行为人的全部财产与能够认定的所有支出的总和减去能够证实的有真实来源的所得。在具体计算时，应注意以下问题：(1) 应把国家工作人员个人财产和与其共同生活的家庭成员的财产、支出等一并计算，而且一并减去他们所有的合法收入以及确属与其共同生活的家庭成员个人的非法收入。(2) 行为人所有的财产包括房产、家具、生活用品、学习用品及股票、债券、存款等动产和不动产；行为人的支出包括合法支出和不合法的支出，包括日常生活、工作、学习费用、罚款及向他人行贿的财物等；行为人的合法收入包括工资、奖金、稿酬、继承等法律和政策允许的各种收入。(3) 为了便于计算犯罪数额，对于行为人的财产和合法收入，一般可以从行为人有比较确定的收入和财产时开始计算。

8. 中央办公厅、国务院办公厅《关于领导干部报告个人有关事项的规定》(2010 年 5 月 6 日)

第一条 为加强对领导干部的管理和监督，促进领导干部廉洁从政，根据《中国共产党章程》、党内有关规定和国家有关法律法规，制定本规定。

第二条 本规定所称领导干部包括：

（一）各级党的机关、人大机关、行政机关、政协机关、审判机关、检察机关、民主党派机关中县处级副职以上（含县处级副职，下同）的干部；

（二）人民团体、事业单位中相当于县处级副职以上的干部；

（三）大型、特大型国有独资企业、国有控股企业（含国有独资金融企业和国有控股金融企业）的中层以上领导人员和中型国有独资企业、国有控股企业（含国有独资金融企业和国有控股金融企业）的领导班子成员。

副调研员以上非领导职务的干部和已退出现职、但尚未办理退（离）休手续的干部报告个人有关事项，适用本规定。

第三条 领导干部应当报告下列本人婚姻变化和配偶、子女移居国（境）外、从业等事项：

（一）本人的婚姻变化情况；

（二）本人持有因私出国（境）证件的情况；

（三）本人因私出国（境）的情况；

（四）子女与外国人、无国籍人通婚的情况；

（五）子女与港澳以及台湾居民通婚的情况；

（六）配偶、子女移居国（境）外的情况；

（七）配偶、子女从业情况，包括配偶、子女在国（境）外从业的情况和职务情况；

（八）配偶、子女被司法机关追究刑事责任的情况。

第四条 领导干部应当报告下列收入、房产、投资等事项：

（一）本人的工资及各类奖金、津贴、补贴；

（二）本人从事讲学、写作、咨询、审稿、书画等劳务所得；

（三）本人、配偶、共同生活的子女的房产情况；

（四）本人、配偶、共同生活的子女投资或者以其他方式持有有价证券、股票（包括股权激励）、期货、基金、投资型保险以及其他金融理财产品的情况；

（五）配偶、共同生活的子女投资非上市公司、企业的情况；

（六）配偶、共同生活的子女注册个体工商户、个人独资企业或者合伙企业的情况。

第五条 领导干部应当于每年1月31日前集中报告一次上一年度本规定第三条、第四条所列事项。

第六条 领导干部发生本规定第三条所列事项的，应当在事后30天内填写《领导干部个人有关事项报告表（一）》，并按照规定报告。因特殊原因不能按时报告的，特殊原因消除后应当及时补报，并说明原因。

第七条 新任领导干部应当在符合报告条件后30日内按照本规定报告个人有关事项。

领导干部辞去公职的，在提出辞职申请时，应当一并报告个人有关事项。

第八条 领导干部报告个人有关事项，按照干部管理权限由相应的组织（人事）部门负责受理：

（一）中央管理的领导干部向中共中央组织部报告，报告材料由该领导干部所在单位主要负责人审签后，交所在党委（党组）的组织（人事）部门转交。

（二）属于本单位管理的领导干部，向本单位的组织（人事）部门报告；不属于本单位管理的领导干部，向上一级党委（党组）的组织（人事）部门报告，报告材料由该领导干部所在单位主要负责人审签后，交所在党委/党组的组织人事部门转交。

领导干部因发生职务变动而导致受理机构发生变化的，原受理机构应当及时将该领导干部的报告材料按照干部管理权限转交新的受理机构。

第九条 领导干部在执行本规定过程中，认为有需要请示的事项，可以向受理报告的组织（人事）部门请示。

请示事项属于具体执行中的问题，受理报告的组织（人事）部门应当认真

研究，及时答复报告人；属于本规定的解释问题，受理报告的组织（人事）部门应当按照规定向中共中央纪律检查委员会、中共中央组织部、监察部请示，并按照中共中央纪律检查委员会、中共中央组织部、监察部的意见答复报告人。报告人应当按照组织答复意见办理。

第十条　报告人未按时报告的，有关组织（人事）部门应当督促其报告。

第十一条　组织（人事）部门、纪检监察机关（机构）根据工作需要，可以对报告情况进行汇总综合，对存在的普遍问题进行专项治理。

第十二条　组织（人事）部门在干部监督工作和干部选拔任用工作中，按照干部管理权限，经本机关、本单位主要负责人批准，可以查阅有关领导干部报告个人有关事项的材料。

纪检监察机关（机构）在履行职责时，按照干部管理权限，经本机关主要负责人批准，可以查阅有关领导干部报告个人有关事项的材料。

检察机关在查办职务犯罪案件时，经本机关、本单位主要负责人批准，可以查阅案件涉及的领导干部报告个人有关事项的材料。

第十三条　纪检监察机关（机构）、组织（人事）部门接到有关举报，或者在干部考核考察、巡视等工作中群众对领导干部涉及个人有关事项的问题反映突出的，按照干部管理权限，经纪检监察机关（机构）、组织（人事）部门主要负责人批准，可以对有关领导干部报告个人有关事项的材料进行调查核实。

第十四条　受理报告的组织（人事）部门对报告人的报告材料，应当设专人妥善保管。

第十五条　纪检监察机关（机构）和组织（人事）部门要加强对本规定执行情况的监督检查。

第十六条　领导干部应当按照本规定如实报告个人有关事项，自觉接受监督。

第十七条　领导干部有下列情形之一的，根据情节轻重，给予批评教育、限期改正、责令作出检查、诫勉谈话、通报批评或者调整工作岗位、免职等处理；构成违纪的，依照有关规定给予纪律处分：

（一）无正当理由不按时报告的；

（二）不如实报告的；

（三）隐瞒不报的；

（四）不按照组织答复意见办理的。

不按照规定报告个人有关事项，同时该事项构成另一违纪行为的，依照有关规定进行合并处理。

第十八条　本规定第三条第（六）项所称“移居国（境）外”，是指领导

干部的配偶、子女获得外国国籍，或者获得国（境）外永久居留权、长期居留许可。

本规定第四条所称“共同生活的子女”，是指领导干部的未成年子女和由其抚养的不能独立生活的成年子女。

本规定第四条第（三）项所称“房产”，是指领导干部本人、配偶、共同生活的子女为所有权人或者共有人的房屋。

第十九条 中共中央纪律检查委员会、中共中央组织部、监察部可以结合工作实际，制定实施细则。

第二十条 中央军委可以根据本规定，结合中国人民解放军和中国人民武装警察部队的实际，制定有关规定。

第二十一条 各省、自治区、直辖市党委和政府，需要扩大报告主体范围或者细化执行程序的，可以根据本规定，结合各自工作实际，制定具体实施办法，报中共中央纪律检查委员会、中共中央组织部、监察部备案。

第二十二条 本规定由中共中央纪律检查委员会、中共中央组织部、监察部负责解释。

第二十三条 本规定自发布之日起施行。1995 年发布的《关于党政机关县（处）级以上领导干部收入申报的规定》、2006 年发布的《关于党员领导干部报告个人有关事项的规定》同时废止。

第十章　私分国有资产罪证据结构

第一节　私分国有资产罪概述

根据刑法第三百九十六条第一款的规定，私分国有资产罪是指国家机关、国有公司、企业、事业单位、人民团体，违反国家规定，以单位名义将国有资产集体私分给个人，数额较大的行为。其基本特征如下：

一、主体特征

私分国有资产罪的主体系特殊主体，即国家机关、国有公司、企业、事业单位、人民团体，及其“直接负责的主管人员和直接责任人员”。非国有性质的单位及其责任人员不构成此罪的主体。

鉴于刑法第三百九十六条第一款的规定是一种单罚制的单位犯罪，因此，私分国有资产罪的受刑主体，仅为国有单位中对私分国有资产“直接负责的主管人员和其他直接责任人员”。对这一受刑主体能否成为此罪的犯罪主体理论界目前尚有争论，但在司法实践操作中，一直将其作为犯罪主体对待。因为，受刑主体与犯罪主体是一致的，否则无法体现罪责自负的刑法主张。如否认“责任人员”的主体资格，而又让其承担单位犯罪的刑事责任，有“代人受过”的株连之嫌。同时，“责任人员”在刑事诉讼中处于何种地位？也容易给司法操作造成困惑。为此，国有单位中对私分国有资产“直接负责的主管人员和其他责任人员”作为犯罪单位主体中的特定自然人，不仅可以成为此罪的犯罪主体，而且是承担刑事诉讼权利义务和承担刑事责任的唯一主体。而犯罪单位，则仅作为法律意义上的犯罪主体存在，并不承担任何诉讼义务和刑事责任。

根据刑法的规定，此罪的这一主体具有两个主要特征：一是行为人的从业单位必须是国有单位，即行为人必须是国家机关、国有公司、企业、事业单位、人民团体的工作人员；二是行为人对私分国有资产这一单位犯罪负有“直接责任”，既包括直接的管理责任，也包括直接的实行责任。非国有单位的从业人员和非直接责任人员不构成此罪的主体。

根据刑法的规定和司法实践，此罪的犯罪主体主要有以下几类人员：

1. 直接负责的主管人员。从字面上看，直接负责的主管人员系指对某项事务担负主要管理责任的人员。主要的管理责任是其本质特征。故私分国有资产罪

中的“直接负责的主管人员”，应当是指那些对单位私分国有资产的行为，负有直接的、主要的管理责任人员。具体讲，是指在私分国有资产行为中，负有直接决策、组织、指挥等管理责任的人员。如：

（1）单位的法定代表人。单位的法定代表人是代表单位法人行使职权的负责人，对单位管理负有全面责任。无论是法定代表人独立做出的，还是由其主持经集体研究做出的私分国有资产的决定，均可构成“直接负责的主管人员”。对此，不仅刑事法律中有此规定，民事法律中也有类似规定。如：民法通则第一百一十条对法人构成犯罪的，就规定对法人的法定代表人应当追究刑事责任。

（2）单位的主要负责人。单位的主要负责人是指单位领导集体中的主要领导成员。如党组织负责人、行政领导中的副职等。在私分国有资产行为的决策中起重要作用的，或者由其主持决定私分的，该主要负责人就可构成“直接负责的主管人员”。

（3）单位的分管负责人。单位的分管负责人是指在单位领导集体中分工管理某方面工作的负责人。按照领导集体分工负责制的原则，单位的分管负责人在分管工作（业务）范围内，具有决策、组织、指挥的职务权力，甚至可以独立做出决定。为此，此类人员也可以构成“直接负责的主管人员”。

2. 其他直接责任人员。其他直接责任人员是指直接负责的主管人员以外的，对私分国有资产负有直接责任的人员。如果说直接负责的主管人员主要是一种管理责任，那么直接责任人员主要是一种实行责任。其主要特点是实行行为中的重要性。所谓重要性，是指其对私分国有资产行为负有重要责任和起到重要作用或重要影响。如：

（1）单位的部门负责人。由于单位的部门负责人对某方面的工作负有直接的管理和实行职责，其行为往往对决策和实行具有重要的作用和影响，甚至直接参与策划、直接组织实行。为此，此类人员可以构成“直接责任人员”。

（2）单位的特殊岗位人员。单位的某些特殊岗位人员，如负有监督职能的人员、国有资产管理岗位人员等，由于他们有着特定的岗位职责，他们的行为也会对决策和实行产生重要的作用和影响，甚至会左右事务的“成败”。他们的积极行为有时可成为单位犯罪的催化剂。为此，此类人员也可成为“直接责任人员”。

“直接负责的主管人员”和“直接责任人员”，虽然在责任上有所不同，如前者主要是管理责任，后者主要是实行责任。但在司法实践中，这两种责任往往是混合型的，有的“主管人员”既主持决策又直接付诸实行，有的“责任人员”既是积极的实行者，又是决策的参与者或是主要的谋划人。我们认为，这些情况是一种行为情节和责任情节，对正确认定“直接负责”和“直接责任”十分重

要，但它不是区分“主管人员”和“责任人员”的标志。这二者的区别，主要体现在行为人的职务要求上。只有负有单位领导管理职能的才能构成“直接负责的主管人员”，其他人员只能构成“直接责任人员”。而且，从行为人的个人身份看，“主管人员”一般应具有国家工作人员身份，“责任人员”则不要求必须具备国家工作人员身份。

二、客体特征

私分国有资产罪的犯罪客体问题目前理论界认识尚不一致。有的认为其犯罪客体是国有资产管理制度和国家工作人员的职务廉洁性，有的认为是国有资产的所有权和国有单位的职务廉洁性。笔者认为，设立私分国有资产罪的立法意图主要是防止国有资产流失。集体私分国有资产作为一种单位犯罪，它直接侵害的是国有资产管理制度。鉴于单位行为不同于个人行为，它对国家工作人员职务廉洁性的危害也已不仅是个人意义上的廉政要求，而是对犯罪单位整体廉政建设的破坏。因此，私分国有资产罪的犯罪客体，应是国家的国有资产管理制度和国家廉政建设制度。

私分国有资产罪的犯罪对象是国有资产。按照最高人民检察院《人民检察院直接受理立案侦查案件立案标准的规定（试行）》的解释，“国有资产，是指国家依法取得和认定的，或者国家以各种形式对企业投资和投资收益、国家向行政事业单位拨款等形成的资产”。这一规定是对国有资产概念的一般规定。鉴于国有资产管理方式的不同，国家对不同单位的国有资产内容做出了不同的规定。根据有关行政法规，国有资产的管理主要有两大类：一类是各类占有、使用国有资产的国家机关、事业单位、党派和社会团体，统一按《行政事业单位国有资产管理办法》管理国有资产；另一类是国有公司、企业，统一按《国有企业财产监督管理条例》管理国有资产。根据《行政事业单位国有资产管理办法》（1995 年 2 月 15 日国家国有资产管理局、财政部发）的规定，行政事业单位国有资产，“是指由行政事业单位占有、使用的，在法律上确认为国家所有，能以货币计算的各种经济资源的总和”。它的主要表现形式有：流动资产、长期投资、固定资产、无形资产和其他资产。根据《企业国有资产法》（2008 年 10 月 28 日第十一届全国人民代表大会常务委员会第五次会议通过）的规定，企业国有资产，“是指国家对企业各种形式的出资所形成的权益”。

鉴于目前国家尚未制定统一的国有资产管理法，对国有资产的管理主要依靠大量的单行法律和行政规章，为此在界定国有资产时，应注意对法律和行政规章的正确适用。从这一侧面也可以看出，私分国有资产罪的直接客体是国家的国有资产管理制度。其对国有资产的安全和完整，对国有资产的正常管理秩序具有严重的危害。

三、主观特征

私分国有资产罪的主观方面是出于故意，而且表现为直接故意。即明知集体私分国有资产违反国家规定，而故意违反规定以单位名义将国有资产集体私分给个人。

私分国有资产罪作为一种单位犯罪，其主观特征表现的是单位意志。即它不是以自然人的个人意志呈现于社会，而是以单位意志对外呈现。但是，单位意志如同单位行为要由自然人付诸实施一样，必须由自然人代表单位予以表现。也就是说，单位意志是通过自然人予以外在表现的。一般来说，单位的犯罪意志，是自然人强加于单位的。但一经决策机构或权利代表人做出决策，就形成了单位的意志。因此，“直接负责的主管人员和直接责任人员”在主观方面表现为，他们明知私分的对象系国有资产，明知以单位名义进行私分违反国家规定，而故意积极促成或积极实施私分行为，并希望和积极追求单位集体私分国有资产结果的发生。他们作为单位犯罪的附属主体，其个人意志与单位意志是一致的，并对单位意志的形成、单位意志的实现，具有直接的、重要的责任和作用。

四、客观特征

私分国有资产罪在客观方面表现为，违反国家规定，以单位名义将国有资产集体私分给个人，且数额较大。根据刑法中的这一罪状表述，可以看出，私分国有资产罪在客观方面具有四个明显的特征：

1. 行为的前提是“违反国家规定”。“违反国家规定”是私分国有资产罪的前置条件，也就是说只有违反国家规定集体私分国有资产的才能构成犯罪。如果行为本身并未违反国家规定，就不能构成此罪。根据刑法第九十六条的规定，“违反国家规定，是指违反全国人民代表大会及其常务委员会制定的法律和决定，国务院制定的行政法规、规定的行政措施、发布的决定和命令”。如2000年2月12日国务院令第281号颁布的《违反行政事业性收费和罚没收入收支两条线管理规定行政处分暂行规定》第十七条规定：“违反规定，将行政事业性收费、罚没收入用于提高福利补贴标准或者扩大福利补贴范围，滥发奖金实物、挥霍浪费或者有其他超标准支出行为的，对直接负责的主管人员和其他直接责任人员给予记大过处分；情节严重的，给予降级或者撤职处分。”第二十二条规定，违反本规定，构成犯罪的，依法追究刑事责任。此外，国家为维护国有资产的安全和完整，在一些法律、行政法规和规章中，对国有资产的登记、评估、界定、处置及监督管理等，均有明确的规定。私分国有资产的行为，首先是违反这些法律、法规和规章的行为，进而才能构成犯罪。因此，这一特征是私分国有资产罪的一个前提性特征。

2. 行为的实施是以“单位名义”。根据刑法的规定，私分国有资产的行为必须是“以单位名义”。这里所指的单位名义，是指私分主体单位的名义，而这种名义不是掩饰性的虚假名义，它是一种“名副其实”的实实在在的“单位名义”。名义上的实在性，是此罪的一个重要特征。如果不是以单位名义，或者是个别人假借单位名义，就不能构成私分国有资产罪。

3. 行为的方式是“集体私分”。集体私分是私分国有资产罪的具体表现方式，也是其行为的一个实质性特征。这里所谓集体，是指犯罪单位的成员集体，既包括领导成员，也包括工作人员和其他从业人员。将国有资产私分给单位集体成员或大多数成员个人，才能构成私分国有资产罪。如果少数人假借单位名义私分国有资产，则属贪污罪范畴。因此，分得国有资产的集体性，是此罪的实质性特征。

4. 行为的结果是“数额较大”。“数额较大”是刑法关于此罪结果量化的规定。根据最高人民检察院《立案标准》规定，“涉嫌私分国有资产，累计数额在10万元以上的，应予立案”。也就是说，私分国有资产累计数额在10万元以上的（含10万元），构成“数额较大”。而且这一数额规定，是累计数额。也就是说，它不是指一次性数额，是多次的累计数额。根据私分行为次数累计相加，只要达到10万元以上，就可构成私分国有资产罪。而且，《立案标准》的这一规定是一种硬性规定，不具有任何弹性和灵活性，也没有其他犯罪数额中的“不满”、“不足”等情节性规定。因此，私分数额不足10万元的不能构成此罪。只有达到10万元或10万元以上的，才能构成私分国有资产罪。

私分国有资产罪是1997年的刑法设置的新罪名。以前的类似行为，一般按贪污罪处罚。司法实践中，由于习惯性思维方式的影响和对新罪名实践经验的不足，易将单位“班子私分”与单位“集体私分”相混淆。为正确区分二者的不同，实践中应注意以下几点：

1. “集体私分”具有行为上的公开性。“集体私分”是以单位名义将国有资产私分给个人。既是以单位的名义，又是分配给集体成员，故在行为上是公开的，起码在单位内部呈一定的公开性。而“班子私分”则不同，虽然有的在名义上也打着单位的幌子，但在行为上呈一定的诡秘性。即以各种名目欺瞒众多的集体人员，事实真相往往仅限于很小的圈子内知情。这种行为特点是贪污罪的重要特征，也是“集体私分”所不具有的。

2. “集体私分”具有名义上的实在性。“集体私分”的一个重要特点，就是“以单位名义”这个名义不是虚假的，是实实在在的。或单位负责人代表单位拍板，或领导班子集体决策，将国有资产私分给单位集体成员。这个“单位名义”是名副其实的。而“班子私分”则不然，它虽然也打着“单位名义”的旗号，但仅是旗号而已，并无集体分配的内容，是有名无实的。因此，“单位名义”是假，个人侵吞是真。在这里“单位名义”不过是其贪污的掩饰手段而已。

3. “集体私分”具有受益的群体性。“集体分给集体”，是“集体私分”的实质性特点。其受益者是单位集体成员或大多数成员。而“班子私分”则不具有这一特点，它的特点是决策者分给决策者，受益的是极少数人。就私分国有资产罪中的“集体私分”的“集体”而言，它是指单位成员“集体”，不是领导成员“集体”，更不是班子内部的个别成员“集体”。因此，对“班子私分”行为，不能简单地以私分国有资产罪去处理。

此外，在司法实践中还应注意将刑法第三百九十六条第一款的私分国有资产罪与第二款的私分罚没财物罪严格区别开来。二者主要的区别点是，特定的主体和特别的对象。私分罚没财物罪的犯罪主体是国有单位中的“司法机关、行政执法机关”，犯罪对象是国有资产中的“应当上缴国家的罚没财物”。除此之外，其他特征与私分国有资产罪大致相同。为此，在本书中我们不再单章陈述，可参考本章相关内容。

第二节　私分国有资产罪的主体证据

私分国有资产罪的主体证据，是藉以证明行为人具有私分国有资产罪主体资格的证据。根据刑法的规定，此罪的主体为国有单位及其特定的自然人。作为单罚制的单位犯罪，特定自然人又是唯一的受刑主体。为此，此罪的主体证据应由单位国有性质证据、特定自然人的自然情况证据和特定责任证据三部分组成。

一、单位国有性质证据

即证明犯罪主体系国有性质单位的证据，如营业执照、社会法人登记证等。尤其是那些社会主体多样化的经济组织和社会团体，必须具有国有性质的资质证明。而对那些“为一般人共同知晓的常识性事实”，如对国家机关这些一般人均能对其单位性质有所认识的单位，按照“常识不必证明”的原则，侦查机关可不必再行举证去证明它的单位性质。

二、特定自然人自然情况证据

即证明特定自然人年龄、性别、民族、出生地、居住地及家庭状况等自然情况的证据。如：

1. 身份证明。即《居民身份证》等个人自然情况证明。

2. 户籍证明。即户籍所在地公安机关出具的行为人家庭户籍情况证明等。

3. 居住证明。即居住地管理部门出具的行为人居住情况证明等。

4. 违法记录。即相关单位出具的行为人曾因违法所受刑事处罚、行政处罚及党政纪处分等情况证明。

三、特定责任证据

证明行为人在犯罪单位中负有特定责任的证据。

1. 直接负责的主管人员身份证据。即证明行为人在犯罪单位中，对特定事务直接负有主要管理职责的身份证据。如：

（1）单位法定代表人身份证据。即证明行为人在犯罪单位中具有法定代表人身份的证明。如：企业法人登记证明、社团法人登记证明、营业执照、法人单位章程等。

（2）单位主要负责人身份证据。即证明行为人在犯罪单位的领导集体中具有主要行政负责人身份的证明。如任职证明、职级证明、工作简历等。

（3）单位分管负责人身份证据。即证明行为人在犯罪单位领导集体中负有分管特定事务职责身份的证明。如：领导分工证明、分管职责证明等。

2. 直接责任人员身份证据。即证明行为人在犯罪单位中，对特定事务负有直接责任的职业身份证据。如：

（1）单位部门负责人身份证据。即证明行为人在犯罪单位中负责某部门工作的身份证明。如任职情况、部门职责、部门分工等证明材料。

（2）特岗人员身份证据。即证明行为人在犯罪单位中从事某种特殊岗位的身份证据。如任职情况、岗位职责等证明材料。

证明意义：在刑事诉讼中，私分国有资产罪作为单罚制的单位犯罪，其受刑主体系“直接负责的主管人员和其他直接责任人员”。此类人员作为单位犯罪中的特定自然人主体，具有三个重要特点：

一是成员单位的国有性。私分国有资产罪是一种纯正的单位犯罪，但根据刑法的规定，犯罪单位并不承担刑事责任，承受刑罚的主体系该单位的特定自然人，即“直接负责的主管人员和其他直接责任人员”。为此，这些人员必须是从属于国有单位的成员。非国有单位的成员不能构成此罪的主体。也就是说，此罪的自然人主体必须是国家机关、国有公司、企业、事业单位、人民团体的成员。故在此罪的主体证据要求上，应将犯罪单位的国有性资格证据，作为主要的主体证据去收集和审查判断。它一方面对认定此罪的成立具有关键作用，另一方面对正确地认定其特定自然人构成犯罪和处以刑罚亦有至关重要的作用。

二是成员在单位犯罪中的承责性。这里所指承责性有两个方面的含义：一个是这些特定的自然人对其单位犯罪负有直接责任，即直接的管理责任和实行责任；另一个是承担其单位犯罪的刑事责任。前者系事实责任，后者为法律责任。在事实责任中，行为责任虽是核心责任，但是，如果行为人没有一定的身份，是无法履行管理责任和实行责任的。为此，行为人的特定身份证据，就成为证明其主体资格的重要证据。根据单位犯罪理论，单位犯罪的自然人之间，不能构成共同犯罪。最高人民法院对此在《关于审理单位犯罪案件对其直接负责的主管人员和其他直接责任人员是否区分主犯、从犯问题的批复》中做出明确的解释，"在审理单位故意犯罪案件时，对其直接负责的主管人员和其他直接责任人员，可不区分主犯、从犯，按照其在单位犯罪中所起的作用判处刑罚"。为此，特定自然人的主体身份，不仅与其犯罪作用有着直接的关系，对区别作为主要决策者的"主管人员"和作为主要实行者的"责任人员"也有着重要的关系。虽然职务和岗位身份与责任不是必然的因果关系，但它对辨析责任（如擅权、越职）有着重要的意义。因此，特定的身份证据在主体资格证据中是不可或缺的。

三是成员在刑事诉讼中的主体性。犯罪单位中的特定自然人，在刑事诉讼中一直系诉讼主体。侦查阶段为犯罪嫌疑人，起诉、审判阶段为被告人。这也从一个侧面反映出他们系此罪的特定犯罪主体。但由于这一主体是从属于犯罪单位的，并具有一定独立性的自然人，故他们是犯罪单位的主体，其自然情况证据，与其他自然人犯罪的主体证据要求没有什么差别。因此，也就当然地成为此罪主体资格证据的组成部分。认真地收集此类证据，对完善此罪的证据系统，准确地适用法律具有积极意义。

第三节　私分国有资产罪的行为证据

私分国有资产罪的行为证据，是指藉以证明行为人具有违反国家规定，以单位名义将国有资产集体私分给个人的行为的证据。根据刑法的要求和此罪客观行为的主要特征，此组证据主要由私分的对象证据、私分的违规证据、私分的名义证据和私分的范围证据四部分组成。

一、私分的对象证据

私分的对象证据，是指证明单位私分的资产性质为国有资产的证据。根据有关行政法规，国有资产的管理分为行政事业和企业两大类别。类别不同，其国有资产的管理方式和处置依据也不尽相同。为此，在收集私分对象性质的证据时，应注意在收集证人、知情人、当事人证人证言的同时，注重收集相应的客观证据。如：

1. 资产来源凭证。资产来源是判明是否是国有资产的一个重要渠道，是国家长期投资、国家财政拨款、国家固定资产，还是应上缴国家的税金、利润，通过单位的会计凭证和有关财务报告能够给予必要反映。

2. 资产法律凭证。根据有关的行政法规，无论行政事业单位，还是公司企业单位，也无论境内还是境外，各单位对国有资产的存量、处置均需依法进行登

记或审批。为此，《国有资产登记证》就成为占有、使用国有资产的法律凭证。无论是弄虚作假，还是擅权越权，这些凭证，均可成为证实行为人私分行为手段的客观证据。为此，应注意收集行政事业单位的《国有资产产权登记证》、《年度检查表》、《国有资产处置批复书》和公司企业的《企业国有资产占有产权登记表》、《企业国有资产产权登记年度检查表》、《年度财务报告》及《国有资产经营年度报告书》等相关的文件书证。以从中证实国有资产的性质和证实行为人的犯罪手段。

3. 资产的会计资料。会计资料是一个单位财务活动的基本形式和凭证。有些资产的国有性质在登记证和年度报表中不可能给予反映，但是其在单位的会计资料中却必然有所反映。即使是“小金库”，其来源和形成过程，也离不开这些会计资料。为此，会计资料中反映私分资产的科目、来源、过程的记载，就成为客观的铁证。如公益金的提取是税后利润还是税前利润，是有序提取还是无序提取，会计资料中均能给予反映。故会计资料中的相关凭证和账目，亦是辨析资产性质的主要根据。

此外，也不能轻视人证的作用。因为，人是行为的主体，事实真相只有人才能了解得最透彻。况且，私分国有资产的行为基本上是一种公开性的行为，且需要有关的财务人员参与或操作才能完成。为此，策划人、参与人、操作人及相关的知情人的言词证据，也是辨明资产性质的重要证据。如果确实无法辨明性质，应请国有资产管理部门给予界定，以相应的界定结论作为证据使用。

证明意义：根据刑法第三百九十六条第一款的规定，私分国有资产罪的犯罪对象是国有资产。故私分对象性质证据，就成为此罪行为证据中的重要组成部分。如果在此罪的证据系统中，缺乏私分对象性质证据，或者证据不能充分证明对象的国有性质，犯罪构成要件就会缺项，罪名亦不能成立。而且，它不仅关系到罪与非罪，还直接影响着诉讼的进程和效率，甚至酿成冤假错案，伤害无辜。因为，在社会实践中，并不是国有单位的所有资产都是国有资产。在社会主义市场经济条件下，经济成分的多样化、经营方式的多样化、投资主体的多样化，也决定了一个单位中的资产性质的多样化。我们应当摒弃凡是“国”字号单位的资产就都姓“国”的传统观念，本着实事求是的精神，以确实充分的证据来证明私分对象的性质，以保证准确地认定事实和正确地适用法律。

二、私分的违规证据

私分的违规证据，是指证明单位私分国有资产行为系违反国家规定的行为的证据，故该证据是以有关的国家规定为表现形式的。根据“国家规定”的级别和效力，此类证据主要有三类：

1. 法律证据。即以国家法律为依据的证据。这里所指的法律，是指违反全

国人民代表大会及其常务委员会制定的法律和决定。如：1996 年 3 月 17 日八届人大四次会议通过的行政处罚法第五十八条规定，“行政机关将罚款、没收的违法所得或者财物截留、私分或者变相私分的，由财政部门或者有关部门予以追缴，对直接负责的主管人员和其他直接责任人员依法给予行政处分；情节严重构成犯罪的，依法追究刑事责任”。

2. 法规证据。即以国务院制定的行政法规为依据的证据。这里既包括国有资产管理的专门法规，也包括与之相关的其他行政法规。专门法规有：1996 年 7 月 6 日国务院发布的《关于加强预算外资金管理的决定》，2000 年 2 月 12 日国务院令第 281 号颁布的《违反行政事业性收费和罚没收入收支两条线管理规定行政处分暂行规定》等。

3. 规章证据。即以国务院各部委等直属机构为贯彻法律、法规而制定的行政措施为依据的证据。根据立法法第七十一条的规定，“国务院各部、委员会、中国人民银行、审计署和具有行政管理职能的直属机构，可以根据法律和国务院的行政法规、决定、命令，在本部门的权限范围内，制定规章”。“部门规章规定的事项应当属于执行法律或者国务院的行政法规、决定、命令的事项”。这些部门规章是保证国家法律、行政法规贯彻实行的行政措施和操作规范，因此它们是“国家规定”的重要组成部分。如：1996 年 11 月 18 日财政部为贯彻落实《国务院关于加强预算外资金管理的决定》制定了《预算外资金管理实施办法》，其中就资金来源、资金使用、收支计划及监督处罚做出了明确的规定，并规定瞒报预算外资金收入、转移资金、擅自设立预算外资金账户和私设“小金库”，进行“滥发奖金、津贴和补贴”的行为，属于违反国家规定的行为，构成犯罪的依法追究刑事责任。此类的行政规章还有《行政事业单位国有资产产权登记实施办法》、《行政事业单位国有资产处置管理实施办法》、《事业单位财务规则》、《企业财务通则》、《国有资产流失案件查处工作试行规则》等。

证明意义：根据刑法第三百九十六条第一款的规定，“违反国家规定”，是私分国有资产罪的前置条件，如果其行为不违反国家规定，即使私分的对象属于国有资产，也不能构成犯罪。为此，私分行为违反的国家何种规定及这一规定中的何内容，就成为其行为的主要证据。而这一违规证据，既有证据的作用，又是认定犯罪的法律依据，这一双重作用充分说明违规证据在此罪中的重要性。但是，鉴于此类证据的特殊性，违规证据不是必须向法庭提供的证据，是司法工作人员必须掌握，并在相关的法律文书中（如公诉意见书）或适当的场合下（如庭审调查、辩论发言）予以阐明的。必要时也应摘录于卷宗内或提供法庭参考。因为，作为审判人员、检察人员，对国家法律和行政法规应当知晓，这是基本的职务要求。最高人民检察院《人民检察院刑事诉讼规则（试行）》中就有此规

定。但是，实事求是地讲，任何人也不可能成为通晓所有法律、法规的全才，尤其是部门规章，由于其数量繁多内容庞杂，且详细具体，非专业人员不能熟知。故侦查人员在收集证据时，应注意收集此类法规以作证据使用，这对保证案件质量和提高诉讼效率是具有积极意义的。

三、私分的名义证据

私分的名义证据，是指证明私分国有资产的行为是以“单位名义”进行的证据。根据刑法的规定，私分国有资产罪的“以单位名义”，是指以单位的实质名义，不是虚假名义。这个单位名义，无论在形式上还是在实质内容上，是统一的。因此，从证据角度上看，私分的名义证据主要由意志名义证据和实行名义证据两部分组成。

1. 意志名义证据。即能够证明决策内容是体现单位意志、代表单位行使，并以单位名称为依据进行的证据材料。如：决策机构会议记录、决策文件、决策分工、决策指令、决策参与人证言、独立决策人陈述、知情人证言等能够反映体现单位意志、代表单位决策的证据材料。

2. 实行名义证据。即能够证明私分行为的实施是以单位名义进行的证据材料。如：实行私分行为的组织人员、财务人员及其他参与人员证明其行为系为单位办事的职务行为的证人证言及相关的各类批件、财务凭证等书证材料。

证明意义：“以单位名义”是私分国有资产罪的一个重要行为要素。是否真正“以单位名义”私分国有资产，关系到此罪能否成立。为此，此类证据在此罪的行为证据中是非常重要的。如前所述，这里的“以单位名义”，是内容与形式的统一，是意志与行为的统一，是决策与实行的代表依据。它是单位意志和单位行为的突出表现。据《现代汉语词典》解释：“名义”，是指“做某事时用来作为依据的名称或称号”。为此，只有以确实充分的证据证明，具有代表单位决策资格的决策机构或决策人，是代表单位决策、体现单位意志、以单位名义实行，才能准确判断“单位名义”的客观存在。同时，它也是区别“以单位名义”和“借单位名义”的主要证据。“以单位名义”，一是具有名义的行权性，即有权代表单位做出决策。而“借单位名义”，则表现为名义的越权性，即超越职权盗用单位名义做出决定。二是行为的单位性，即决策行为、实行行为均体现了单位的意志，是一种单位行为。而“借单位名义”，则表现为行为的个人性，其决策和实行行为均体现的是个人意志，是一种个人行为，名义仅是招牌和幌子。三是实行的公开性，即单位行为在单位是公开的行为。而“借单位名义”，则表现为实行的诡秘性，在单位内部或隐瞒真相或设计欺骗。为此，要准确地辨别“名义”的真假，必须重视名义证据的收集和审查。这既关系到准确的定罪，也关系到刑罚功能的有效发挥。它是此罪证据系统中不可或缺的一个重要环节。

四、私分的范围证据

私分的范围证据，是指证明私分国有资产的分配范围为集体分配的证据材料。如：分配方案、分配表册、领取手续等书证，以及决定人、实行人、领取人的陈述、证言等证据材料。

证明意义：分配方式的集体性和分配范围的群体性，是“集体私分”的实质内容和“单位名义”的实质内容。只有分配给单位成员集体或大多数成员，“集体私分”才能成立。因此，分配范围证据，是私分行为的重要证据。它直接影响到“以单位名义”和“集体私分”行为要素的成立与否，直接关系到犯罪能否成立。而且，还直接关系到是单位犯私分国有资产罪，还是个人贪污犯罪。如果是少数人私分，就不能叫作“集体私分”。“集体私分”是指单位成员集体，不是领导班子集体，更不是少数管理人员集体。否则，即使“以单位名义”，也只能是“盗用单位名义”的个人行为，不是单位行为。对此，1999 年 6 月 18 日最高人民法院《关于审理单位犯罪案件具体应用法律有关问题的解释》中曾明确规定，“盗用单位名义实施犯罪，违法所得由实施犯罪的个人私分的，依照刑法有关自然人犯罪的规定定罪处罚”。为此，在司法实践中，要高度注意此类证据的功能作用，充分认识此类证据的定罪意义，以保证此罪证据系统的完备和法律的正确适用。

第四节　私分国有资产罪的结果证据

私分国有资产罪的结果证据，是指藉以证明行为人的行为已经发生或者会引起发生国有资产被集体私分给个人这一结果的证据。根据刑法的规定，此罪的犯罪结果表现在两个方面：一是国有资产被以单位名义集体私分给个人，二是私分的财产数额较大。为此，此罪的结果证据亦应由个人实际分得证据和集体私分数额证据两部分组成。

一、个人实际分得证据

即证明单位成员或大多数成员个人实际分得财产的证据材料。如：证明单位成员个人分别得到财产的发放、领取和退赔证据，以及证明相关个人尚未领取的人证、书证。

二、集体私分数额证据

即证明集体私分国有资产价值总额的证据材料。如：司法会计鉴定及相关的分配、支付财产总额的财务凭证等证明材料。

证明意义：根据最高人民检察院《立案标准》的规定，“涉嫌私分国有资产，累计数额在 10 万元以上的，应予立案”。据此，此罪的犯罪结果应在 10 万

元以上。为准确地反映此罪的结果，从证据方面看：一要反映出国有资产确被集体私分给个人占有。因为，只有私分给单位集体成员个人才能构成此罪。如系私分给“子公司”、车间、科室等下属小单位不能构成此罪。为此，应通过综合归纳行为证据，反映出国有资产被私分给单位集体成员个人这一结果条件。二要反映出国有资产被集体私分的价值总额确系10万元以上。鉴于不足10万元不构成此罪的规定，要达到此罪结果的法定要求，就必须有相关的证据予以证明。在司法实践中，这一结果证据，有的可由客观证据予以直接证明，有的则需要司法人员予以累计。累计的方面有两个，一个是对个人分得情况的累计，反映一次私分的总额；另一个是对每次私分总额的累计，反映多次集体私分的总额。为此，对客观证据不能直接证明私分总额的情况，应由司法会计鉴定来解决这一问题，以使结果事实更加清晰，证据效能更加有力。三要实事求是地反映分得情况。在一些案件中，由于种种原因，单位成员的一些个人尚未领取已分得的部分。此种情况虽然不影响定罪，但它直接关系到既遂和未遂问题。如果存在未遂问题，就应有效地将犯罪金额中的既遂数额和未遂数额区别开来，以正确地适用刑罚。为此，结果证据在准确认定犯罪、正确区分罪与非罪界限，以及正确适用刑罚方面是十分重要的。它既是犯罪构成要件的事实佐证，也是此罪证据系统中的一个重要组成部分。有针对性地收集、审查、使用此组证据，对保证和提高办案质量，具有积极的意义和作用。

第五节　私分国有资产罪的主观证据

私分国有资产罪的主观证据，是指藉以证明行为人明知单位集体私分国有资产的行为违反国家规定，而故意决定、促成或积极实施，并希望和积极追求单位将国有资产集体私分给个人这一结果发生的证据。根据刑法关于私分国有资产罪主观故意的要求，此组证据应由反映行为人主观认识因素的明知证据和反映行为人主观意志因素的主观追求证据两部分组成。

一、主观明知证据

主观明知证据，是指证明行为人在主观上对私分对象、私分名义、私分方向以及私分的违规性具有明知的证据。

1. 私分对象的明知证据。即证明行为人对单位集体私分的对象系国有资产在主观上具备明知的证据。如：具有应知义务的职责证据（即特殊身份证据）、相关人员的说明、提示、告知、建议证据，以及在策划、实施行为中能够表明行为人明知的证据和能够反映行为人在日常处理同类财产时明知对象性质的证据等。

2. 私分名义的明知证据。即证明行为人对私分行为是以本单位名义进行的，在主观上具备明知的证据。此类证据主要在策划、实施行为证据中予以综合反映。

3. 私分去向的明知证据。即证明行为人对单位将国有资产私分给单位集体成员个人这一分配去向具备明知的证据。如在策划私分方案和实施私分行为过程中反映行为人明知分配方向的证人证言及相关书证、行为人陈述等证据材料。

4. 违规私分的明知证据。即证明行为人对单位集体私分国有资产系违反国家规定的行为在主观上具备明知的证据。如应当知晓国家规定的职业身份证据或已经知晓有关国家规定的证据等。这一明知，是建立在行为人职业要求基础上的明知。他们的职务、职业、职责要求应当知晓有关的国家规定，这是管理、使用国有资产的重要前提。但这种知晓不是通晓，是对法规精神的认识，不是对条款的记忆。故此类证据是一种概括性认识证据，只要证明行为人主观上对违规性具有概括性认识即可。

证明意义：主观明知证据，是反映行为人主观认识、判断是否故意犯罪的重要佐证。如果相关的证据不能有效地证明行为人的主观认识因素，行为人的主观故意就不能成立。为此，我们应当在正确认识此罪主观明知条件的基础上，深刻认识证明这些明知条件成立的证据意义，以在司法实践中有针对性地予以收集、审查和运用。

应当注意的是：一要注意明知证据的完整性。上述四种明知证据相互联系缺一不可，也就是此罪的四个明知条件均要有相关证据予以证实，缺少哪一个明知条件，都有可能导致罪名不能成立。如，缺少对私分对象——国有资产性质明知的证据，其他明知条件证据再充分也不能使罪名成立。二要注意明知证据的客观性。明知是一种对事物的主观认识。但这种认识是通过行为客观地表现出来的。明知证据绝对不等于口供。要善于在行为证据中综合明知证据。比如，行为人对私分对象性质和私分行为的违规性证据，就不仅仅是依行为人的肯定或否定来判断明知。因为，作为一个正常的国家公职人员，对哪些资产可以分配给单位集体成员，哪些不可以分，以及私分行为是否违反财政法规，凭他们的智力和能力是完全能够明知的。在日常的职务行为和单位私分行为中均会有所表现。即使明知内容不是十分具体，如每个人分得财产的情况、违规的具体法规条款等知之不详，但只要能够证明他们明知是将财产分给单位集体成员（包括大多数成员），明知这样做违反财政法规，就足以证明其在主观认识上已具备了明知。就此罪而言，只要能够证明行为人在主观上对上述四个明知条件具有概括性明知，就可以使罪名成立。没有必要机械地教条地去证明详细具体的明知内容。当然，如果行为人确系知之甚详，就有必要收集相关证据予以证明，以增强证据的证明力，使其明知程度得以深化。总之，对此类证据，我们既要从思想上给予高度重视，又不要受机械主义和教条主义的影响和约束，客观、正确地认识此类证据。

二、主观追求证据

主观追求证据，是指证明行为人对单位将国有资产集体私分给个人，在主观上具有希望并积极追求这一结果发生的意志表现证据。如决策过程中的擅权决断行为、主动建议行为、积极赞同行为和实施过程中的组织协调行为、积极操作行为等行为证据中，就均能有效地反映出行为人的主观意志追求。

证明意义：在直接故意犯罪中，行为人的意志因素是区分主观罪过和直接故意与间接故意的主要条件。在私分国有资产罪中，作为一种单位犯罪，单位的意志是希望将国有资产以单位名义集体私分给个人。而作为自然人主体的行为人，他们在主观意志上表现为既明知单位的意志，又积极希望单位意志的实现和积极追求私分结果的发生。实践中有两种情况：一种情况是行为人作为有权决策人积极将个人意志强加于单位，如擅权决策、武断拍板；另一种情况是虽未直接决策，但在形成单位意志后，积极追求并希望这一意志实现。根据刑法理论，这两种情况均可以构成行为人希望性主观条件。为此，希望单位意志实现，追求私分结果发生，就成为行为人意志的外在表现。这些外在表现，既要通过行为证据去反映，也要有针对性地予以收集。无此证据，就有可能出现证据缺陷。因此，在司法实践中，要充分认识此类证据在定罪方面的重要意义，克服重行为证据、轻主观证据的思想，严格区分故意与过失的心理状态，严格区别直接故意与间接故意的意志表现，以确实充分的证据来保证定罪的准确和提高案件的诉讼质量。

第六节　私分国有资产罪的情节证据

私分国有资产罪的情节证据，是指藉以证明行为人具有某些影响定罪、量刑情节事实的证据。就犯罪情节而言，在很多方面都有可能影响到定罪与量刑。据司法实践，以下几种情节证据应给予高度重视。

1. 数额情节证据。即证明在集体私分国有资产的数额上，具有影响定罪、量刑情节的事实证据。根据我国刑法的规定，私分国有资产“数额较大”和“数额巨大”是关系定罪和量刑的两个重要数额情节。而这一情节，既是行为结果事实，也是情节事实。为此，应注意从行为结果证据中，综合归纳情节证据，以反映这一法定的情节要求。

2. 故意情节证据。即证明行为人在主观故意上具有恶劣表现情节的事实证据。如证明行为人具有拒不执行上级指示、拒不接受正确意见，一意孤行坚持私分和多次私分的情节证据等。

3. 谋私情节证据。即证明行为人在集体私分过程中具有“多吃多占”借机谋私的情节事实证据。如证明行为人在私分过程中具有少数人“多分”、多数人

“均分”及决策人“多分”、群众“少分”等情节的事实证据。

4. 责任情节证据。即证明行为人在集体私分的责任上具有关系定罪、量刑情节事实的证据。如：反映谋划决策责任、组织实施责任和被动执行责任等情节事实的证据。

证明意义：上述四种情节，是司法实践中常见的一般性情节。这些情节，有的关系到犯罪能否成立，有的关系到正确地适用刑罚。比如，数额情节，这是一个法定的情节。据最高人民检察院《立案标准》规定，集体私分10万元（含本数）以上才能构成“数额较大”。因此，这一情节证据既要求其具有确实性，也要求其具有精确性，它是关系罪与非罪的关键证据。“数额巨大”是一个量刑情节，虽然目前尚无司法解释明确其数额标准，但不能不重视这一数额情节。据贪污罪、挪用公款罪的数额规定，起刑数额与下一刑度数额之间，大约是10倍左右的关系。如参照这一量刑规律，“数额巨大”应在100万元以上，为此，100万元应作为我们给予重视的一个数额情节。

再如，故意情节。故意情节是反映行为人主观恶性的重要情节。有的单位负责人，在上级知其意图后明令纠正或明确指示不能进行，但其却一意孤行擅自决断进行私分；有的领导集体内有人提出不同意见，甚至申明利害予以反对，负责人仍固执己见武断决策；有的单位领导不止一次主持决定私分，在自己的权力范围内滥用职权多次私分国有资产等。这些都表明行为人的主观恶性较深，这些对准确定罪和正确量刑均有重要的关系。

又如，谋私情节。在私分国有资产案中，决策人“多吃多占”现象时有发生。在私分过程中他们不是坚持“均分”原则，而是按级别、按圈子进行分配。如果这种分配方式是公开的、集体决策的，很难以贪污论处。但以私分国有资产罪定罪，显然谋私的成分是一个重要的量刑情节，对此也理当酌情给予较重的处罚。为此，这一情节亦显得十分重要。

此外，责任情节，在私分国有资产案中是一既关系定罪，又关系量刑的重要情节。直接责任和一般责任的主要区别，在于对集体私分行为的影响力和作用力的重要程度。如果某人的行为于私分的决策和实施影响不大、作用甚微，甚至仅是一种被动性的程序性执行行为，就不能构成直接责任。在直接责任中，决策责任和组织实施责任也是有区别的。从作用上讲，任何事情总是先有决策，后有实行。尽管单位犯罪中的自然人主体不区分主犯、从犯，但被告人的排名序列则应以责任的重要程度来排列，量刑的轻重也应以此为事实依据。因此，这一情节对正确适用刑罚是十分重要的。

上述这些情节在定罪、量刑中的重要性，也决定了证明这些情节的证据的重要性。只要存在这些情节事实迹象，我们就应有针对性地收集证据，以搞清整个

行为事实真相，并及时予以综合归纳，将其作为一种情节证据，来佐证相关的情节事实。这对完善此罪的证据系统，正确地定罪和量刑，均有重要的理论意义和实践意义。

附：法律法规

1.《中华人民共和国刑法》（1997 年 3 月 14 日修订）（节录）

第三百九十六条【私分国有资产罪】 国家机关、国有公司、企业、事业单位、人民团体，违反国家规定，以单位名义将国有资产集体私分给个人，数额较大的，对其直接负责的主管人员和其他直接责任人员，处三年以下有期徒刑或者拘役，并处或者单处罚金；数额巨大的，处三年以上七年以下有期徒刑，并处罚金。

司法机关、行政执法机关违反国家规定，将应当上缴国家的罚没财物，以单位名义集体私分给个人的，依照前款的规定处罚。

第三十条【单位负刑事责任的范围】 公司、企业、事业单位、机关、团体实施的危害社会的行为，法律规定为单位犯罪的，应当负刑事责任。

第三十一条【单位犯罪的处罚】 单位犯罪的，对单位判处罚金，并对其直接负责的主管人员和其他直接责任人员判处刑罚。本法分则和其他法律另有规定的，依照规定。

2.《中华人民共和国企业国有资产管理法》（2009 年 5 月 1 日施行）（节录）

第八章　法律责任

第六十八条　履行出资人职责的机构有下列行为之一的，对其直接负责的主管人员和其他直接责任人员依法给予处分：

（一）不按照法定的任职条件，任命或者建议任命国家出资企业管理者的；

（二）侵占、截留、挪用国家出资企业的资金或者应当上缴的国有资本收入的；

（三）违反法定的权限、程序，决定国家出资企业重大事项，造成国有资产损失的；

（四）有其他不依法履行出资人职责的行为，造成国有资产损失的。

第六十九条　履行出资人职责的机构的工作人员玩忽职守、滥用职权、徇私舞弊，尚不构成犯罪的，依法给予处分。

第七十条　履行出资人职责的机构委派的股东代表未按照委派机构的指示履行职责，造成国有资产损失的，依法承担赔偿责任；属于国家工作人员的，并依法给予处分。

第七十一条 国家出资企业的董事、监事、高级管理人员有下列行为之一，造成国有资产损失的，依法承担赔偿责任；属于国家工作人员的，并依法给予处分：

（一）利用职权收受贿赂或者取得其他非法收入和不当利益的；

（二）侵占、挪用企业资产的；

（三）在企业改制、财产转让等过程中，违反法律、行政法规和公平交易规则，将企业财产低价转让、低价折股的；

（四）违反本法规定与本企业进行交易的；

（五）不如实向资产评估机构、会计师事务所提供有关情况和资料，或者与资产评估机构、会计师事务所串通出具虚假资产评估报告、审计报告的；

（六）违反法律、行政法规和企业章程规定的决策程序，决定企业重大事项的；

（七）有其他违反法律、行政法规和企业章程执行职务行为的。

国家出资企业的董事、监事、高级管理人员因前款所列行为取得的收入，依法予以追缴或者归国家出资企业所有。

履行出资人职责的机构任命或者建议任命的董事、监事、高级管理人员有本条第一款所列行为之一，造成国有资产重大损失的，由履行出资人职责的机构依法予以免职或者提出免职建议。

第七十二条 在涉及关联方交易、国有资产转让等交易活动中，当事人恶意串通，损害国有资产权益的，该交易行为无效。

第七十三条 国有独资企业、国有独资公司、国有资本控股公司的董事、监事、高级管理人员违反本法规定，造成国有资产重大损失，被免职的，自免职之日起五年内不得担任国有独资企业、国有独资公司、国有资本控股公司的董事、监事、高级管理人员；造成国有资产特别重大损失，或者因贪污、贿赂、侵占财产、挪用财产或者破坏社会主义市场经济秩序被判处刑罚的，终身不得担任国有独资企业、国有独资公司、国有资本控股公司的董事、监事、高级管理人员。

第七十四条 接受委托对国家出资企业进行资产评估、财务审计的资产评估机构、会计师事务所违反法律、行政法规的规定和执业准则，出具虚假的资产评估报告或者审计报告的，依照有关法律、行政法规的规定追究法律责任。

第七十五条 违反本法规定，构成犯罪的，依法追究刑事责任。

3. 最高人民法院《关于审理单位犯罪案件对其直接负责的主管人员和其他直接责任人员是否区分主犯、从犯问题的批复》（2000年9月30日）

湖北省高级人民法院：

你院鄂高法［1999］374号《关于单位犯信用证诈骗罪案件中对其“直接

负责的主管人员”和“其他直接责任人员”是否划分主从犯问题的请示》收悉。经研究，答复如下：

在审理单位故意犯罪案件时，对其直接负责的主管人员和其他直接责任人员，可不区分主犯、从犯，按照其在单位犯罪中所起的作用判处刑罚。

4. 最高人民检察院《人民检察院直接受理立案侦查案件立案标准的规定(试行)》（1999年9月16日）（节录）

（十一）私分国有资产案（第396条第1款）

私分国有资产罪是指国家机关、国有公司、企业、事业单位、人民团体，违反国家规定，以单位名义将国有资产集体私分给个人，数额较大的行为。

涉嫌私分国有资产，累计数额在10万元以上的，应予立案。

5. 最高人民法院《关于审理单位犯罪案件具体应用法律有关问题的解释》（1999年6月18日）

为依法惩治单位犯罪活动，根据刑法的有关规定，现对审理单位犯罪案件具体应用法律的有关问题解释如下：

第一条　刑法第三十条规定的“公司、企业、事业单位”，既包括国有、集体所有的公司、企业、事业单位，也包括依法设立的合资经营、合作经营企业和具有法人资格的独资、私营等公司、企业、事业单位。

第二条　个人为进行违法犯罪活动而设立的公司、企业、事业单位实施犯罪的，或者公司、企业、事业单位设立后，以实施犯罪为主要活动的，不以单位犯罪论处。

第三条　盗用单位名义实施犯罪，违法所得由实施犯罪的个人私分的，依照刑法有关自然人犯罪的规定定罪处罚。

第十一章 洗钱罪证据结构

第一节 洗钱罪概述

洗钱罪，是指明知是毒品犯罪、黑社会性质的组织犯罪、贪污贿赂犯罪、恐怖活动犯罪、走私犯罪、破坏金融管理秩序犯罪、金融诈骗犯罪的所得及其收益，通过存入金融机构、投资或者上市流通等各种方法，掩饰、隐瞒其来源和性质的行为。

洗钱罪，是1997年刑法第一百九十一条规定的新罪名。当时，洗钱罪的对象仅限于毒品犯罪、黑社会性质的组织犯罪和走私犯罪三种犯罪的所得及其产生的收益，2006年6月29日全国人大常委会通过的《刑法修正案（六）》修改补充了"恐怖活动犯罪、贪污贿赂犯罪、破坏金融管理秩序犯罪、金融诈骗犯罪"。这样，使洗钱罪的对象增加至七类犯罪的所得及其产生的收益。2009年11月4日最高人民法院公布了《关于审理洗钱等刑事案件具体应用法律若干问题的解释》，使洗钱罪的特征更加明晰，法律概念更加明确，为依法惩治洗钱犯罪提供了强有力的法律武器。鉴于贪污贿赂犯罪系洗钱罪的上游犯罪，二者不但关联紧密、相互佐证，还直接关系赃款赃物的依法追缴。为此，特将洗钱罪证据结构纳入本书，以方便与贪污贿赂犯罪并案侦查时参考。

一、主体特征

根据刑法第一百九十一条的规定，洗钱罪的主体系双重主体：一种为自然人主体，即具有刑事责任年龄和刑事责任能力的自然人；另一种为单位主体，即公司、企业、事业单位、机关、团体等单位。自然人主体系此罪第一款的规定，单位主体系此罪第二款的规定。为此，自然人和单位均可成为此罪的主体。

二、客体特征

洗钱罪侵害的客体为复杂客体，即侵害了我国金融管理秩序和司法工作秩序。洗钱犯罪，通过洗钱使上游犯罪的违法所得合法化，并进入流通领域，它不仅侵害了国家金融制度，更直接扰乱了金融管理秩序，立法者之所以将洗钱罪纳入破坏金融管理秩序罪一章中，与其侵害的直接客体有着重要的关系。此外，洗钱罪的目的是掩饰、隐瞒犯罪所得及其收益的来源和性质，这对打击黑恶势力、

贪污腐败等严重犯罪是直接的对抗和干扰，这无疑也侵害了正常的司法工作秩序。为此，我们认为洗钱罪侵害的客体，应是金融管理秩序和司法工作秩序。

三、主观特征

洗钱罪在主观方面表现为直接故意。即明知是贪污贿赂犯罪等七类犯罪的所得及其收益，而故意掩饰、隐瞒其来源和性质。洗钱犯罪的目的，是掩饰、隐瞒犯罪所得及其收益的来源和性质。前提是明知系贪污贿赂等七类犯罪的所得及其收益。最高人民法院《关于审理洗钱等刑事案件具体应用法律若干问题的解释》第一条规定：

“刑法第一百九十一条、第三百一十二条规定的‘明知’，应当结合被告人的认知能力，接触他人犯罪所得及其收益的情况，犯罪所得及其收益的种类、数额，犯罪所得及其收益的转换、转移方式以及被告人的供述等主、客观因素进行认定。

具有下列情形之一的，可以认定被告人明知系犯罪所得及其收益，但有证据证明确实不知道的除外：

（一）知道他人从事犯罪活动，协助转换或者转移财物的；

（二）没有正当理由，通过非法途径协助转换或者转移财物的；

（三）没有正当理由，以明显低于市场的价格收购财物的；

（四）没有正当理由，协助转换或者转移财物，收取明显高于市场的‘手续费’的；

（五）没有正当理由，协助他人将巨额现金散存于多个银行账户或者在不同银行账户之间频繁划转的；

（六）协助近亲属或者其他关系密切的人转换或者转移与其职业或者财产状况明显不符的财物的；

（七）其他可以认定行为人明知的情形。

被告人将刑法第一百九十一条规定的某一上游犯罪的犯罪所得及其收益误认为刑法第一百九十一条规定的上游犯罪范围内的其他犯罪所得及其收益的，不影响刑法第一百九十一条规定的‘明知’的认定。”

从上述司法解释中可以看出，洗钱罪的明知具有三种情况：

第一种情况是确定性明知。即行为人在主观上，对掩饰、隐瞒对象是贪污贿赂等七类上游犯罪的所得及其收益，知道的明确、具体，有着肯定性的明知。例如，知道他人从事某种犯罪活动，并知道所洗钱对象是其某次犯罪所得及其收益。

第二种情况是概括性明知。即行为人在主观上，对掩饰、隐瞒对象是贪污贿赂等七类上游犯罪的所得及其收益，虽知道的不明确、不具体，但根据日常了解

能够认识到其是贪污贿赂等七类犯罪所得及其收益。这种情况是一种通常情况。例如，行为人知道是其贪污贿赂犯罪所得，但并不知道是哪一笔、哪一次具体犯罪所得，或者行为人将贪污犯罪所得误认为是受贿犯罪所得，这些因对犯罪所得已有概括性明知，故均不影响其明知的认定。

第三种情况是可能性明知。即行为人作为一个有正常认知能力的成年人，根据上游犯罪行为人的从业、社交、收入等情况，应当认识到可能是贪污贿赂等七类犯罪中某种犯罪所得及其收益，即可认定其具有明知。例如，司法解释中"协助近亲属或者其他关系密切的人转换或者转移与其职业或者财产状况明显不符的财物的"，即属此种情况。

第一种情况是详细具体的明知，第二种情况是只知大概不知详情的明知，第三种情况是根据客观事实推定的明知。具备上述明知，并希望和追求掩饰、隐瞒犯罪所得及其收益，就具备了洗钱罪的主观要件。

四、客观特征

洗钱罪在客观方面表现为，通过各种方法手段掩饰、隐瞒贪污贿赂等七类犯罪所得及其收益的来源和性质。根据刑法第一百九十一条和司法解释的规定，洗钱罪在行为上主要有五种方法、七种手段：

（一）刑法第一百九十一条列举的五种洗钱方法

1. 提供资金账户的；

2. 协助将财产转换为现金、金融票据、有价证券的；

3. 通过转账或者其他结算方式协助资金转移的；

4. 协助将资金汇往境外的；

5. 以其他方法掩饰、隐瞒犯罪所得及其收益的来源和性质的。

（二）最高人民法院司法解释列举的七种洗钱手段

1. 通过典当、租赁、买卖、投资等方式，协助转移、转换犯罪所得及其收益的；

2. 通过与商场、饭店、娱乐场所等现金密集型场所的经营收入相混合的方式，协助转移、转换犯罪所得及其收益的；

3. 通过虚构交易、虚设债权债务、虚假担保、虚报收入等方式，协助将犯罪所得及其收益转换为"合法"财物的；

4. 通过买卖彩票、奖券等方式，协助转换犯罪所得及其收益的；

5. 通过赌博方式，协助将犯罪所得及其收益转换为赌博收益的；

6. 协助将犯罪所得及其收益携带、运输或者邮寄出入境的；

7. 通过前述规定以外的方式协助转移、转换犯罪所得及其收益的。

上述方法手段，揭示了洗钱犯罪行为的两个本质特征：一是转移，即将犯罪

所得及其收益转移他处，甚至境外，使犯罪所得及其收益无法追查，以达到掩饰、隐瞒犯罪所得及其收益来源和性质的目的；二是转换，即将犯罪所得及其收益转换为“合法收入”，以达到掩饰、隐瞒犯罪所得及其收益来源和性质的目的。随着形势的发展，犯罪手段可能千变万化，但转移、转换这两个本质特征不会改变。就洗钱对象而言，如何理解“犯罪所得”和“及其产生的收益”呢？2015 年 5 月 29 日最高人民法院公布的《关于审理掩饰、隐瞒犯罪所得、犯罪所得收益刑事案件适用法律若干问题的解释》作了明确的规定，“犯罪所得”，是指通过犯罪直接得到的赃款、赃物；“犯罪所得产生的收益”，是指上游犯罪的行为人对犯罪所得进行处理后得到的孳息、租金等。实践中，在认真把握洗钱罪基本特征的同时，应注意以下几个问题：

一是要注意洗钱罪以上游犯罪事实成立为前提。也就是说，贪污贿赂等上游犯罪事实不能成立的，该洗钱罪亦不能成立。侦查也是同理，如果上游犯罪没有立案，该洗钱罪亦不能立案侦查。但根据最高人民法院司法解释，上游犯罪未依法裁判，但查证属实的，不影响洗钱罪的审判。如：上游犯罪可以确认，因行为人死亡等原因依法不予追究刑事责任的；上游犯罪可以确认，依法以其他罪名定罪处罚的，等等。对此，实践中应给予必要的重视。

二是要注意洗钱罪与掩饰、隐瞒犯罪所得、犯罪所得收益罪的区别。二者除所针对的上游犯罪不同，其他特征均相一致。理论界将刑法第三百一十二条掩饰、隐瞒犯罪所得、犯罪所得收益罪称为一般法，将刑法第一百九十一条洗钱罪称为特别法，按照一般法服从特别法的原则，上游犯罪为贪污贿赂等七类犯罪的，掩饰、隐瞒其犯罪所得及其收益的，以洗钱罪定罪处罚。根据《关于审理掩饰、隐瞒犯罪所得、犯罪所得收益刑事案件适用法律若干问题的解释》，“明知是犯罪所得及其产生的收益而予以掩饰、隐瞒，构成刑法第三百一十二条规定的犯罪，同时构成其他犯罪的，依照处罚较重的规定定罪处罚”。刑法第一百九十一条洗钱罪的第一刑度为五年以下有期徒刑或者拘役；第二刑度“情节严重的”，处五年以上十年以下有期徒刑。而刑法第三百一十二条掩饰、隐瞒犯罪所得、犯罪所得收益罪，第一刑度为三年以下有期徒刑、拘役或者管制，第二刑度“情节严重的”，则为三年以上七年以下有期徒刑。洗钱罪明显重于掩饰、隐瞒犯罪所得罪。为此，实践中应注意二者的区别，以正确地适用法律。

三是要注意单位洗钱犯罪的认定。单位犯罪，在主观上体现的是单位意志。实践中，一些人为了个人从中获取“好处费”，打着单位的旗号，或者利用单位账户等方便条件实施洗钱。对此，应与单位犯罪区别开来。根据有关司法解释，盗用单位名义实施掩饰、隐瞒犯罪所得及其产生的收益行为，违法所得由行为人私分的，应依照有关自然人犯罪的规定定罪处罚。

第二节 洗钱罪的主体证据

洗钱罪的主体证据，是藉以证明行为人具有洗钱罪主体资格的证据。根据刑法的规定，洗钱罪的主体证据由自然人和单位两类主体证据组成。

一、自然人主体证据

即证明行为人具有刑事责任年龄、刑事责任能力等诉讼要求情况的证据材料。如：

1. 身份情况证明。即证明行为人身份情况的《居民身份证》等证据材料。

2. 户籍情况证明。即证明行为人及其家庭户籍情况的证据材料。如：户籍所在地公安机关出具的行为人家庭户籍情况的证明材料等。

3. 居住情况证明。即证明行为人居住情况的证据材料。如：行为人居所管理单位或组织出具的行为人居住情况的证明材料等。

4. 从业情况证明。即证明行为人所从事职业的证据材料。如：行为人所在单位出具的行为人所从事的职业、职务、简历等情况证明材料。

5. 违法情况证明。即证明行为人有无违法记录、处分等情况的证据材料。如：相关部门出具的行为人曾因违法违纪受过处罚、处分等情况说明及相关证明材料。

证明意义：洗钱罪系公安机关管辖的案件，因贪污贿赂犯罪也是其重要的上游犯罪，故在侦查贪污贿赂案件时，可对洗钱犯罪并案侦查。从司法实践看，为贪污贿赂犯罪洗钱的自然人，一般都与国家工作人员有着密切的联系，有的甚至是近亲属或者关系密切的人。为此，在审查行为人主体身份时，应注意行为人的从业情况和家庭、社会关系，以查明其与上游犯罪的主体关系。为近亲属洗钱且属初犯、偶犯的，可依照相关规定依法从宽处理。此外，行为人的违法记录等前科情况，也有助于辨析其社会危害性，对正确处理累犯、累计、从严等案件情况，有着重要的作用。

二、单位主体证据

即证明该单位具有单位洗钱犯罪主体资格的证据材料。如：

1. 单位身份证明。如：《组织机构代码证》、《企业法人营业执照》、《事业单位法人证书》、《社会团体法人登记证书》、《行政执法主体资格证》、《营业执照》等证明材料，以证明犯罪单位的机构类型、机构名称、法定代表人、法人证件号、机构地址及批准机构等情况。

2. 单位责任人身份证明。即证明行为人在洗钱犯罪中负有直接主管责任和

直接责任的身份证明材料。其自然人身份证据可参考前一组证据，这里主要是证明职务责任等情况。如：

（1）单位任职证明。法人证明书、单位出具的任职证明、上级任命书等证明材料。

（2）单位分工证明。单位出具的领导班子内部分工、授权负责、临时代管等职权便利的证明材料。

（3）岗位职责证明。单位出具的责任人所在岗位的职务责任及其职权范围等证明材料。

（4）部门职责证明。单位出具的内设机构、部门的岗位职责、职权范围等证明材料。

证明意义：刑法第一百九十一条第二款规定，“单位犯前款罪的，对单位判处罚金，并对其直接负责的主管人员和其他直接责任人员，处五年以下有期徒刑或者拘役；情节严重的，处五年以上十年以下有期徒刑。”为此，在收集单位主体资格证据时，一方面应注意单位的身份证据，另一方面还要注意直接负责的主管人员和直接责任人员的自然身份证据和职务责任证据，以保证单位主体和受刑主体身份的适格。同时，直接负责的主管人员和直接责任人员的职责证据，对正确认定直接负责和直接责任也有着重要的意义。

第三节　洗钱罪的行为证据

洗钱罪的行为证据，是指藉以证明行为人具有掩饰、隐瞒贪污贿赂等上游犯罪所得及其收益来源和性质的行为的证据。如：

1. 提供资金账户证据。即证明行为人具有为上游犯罪所得及其收益提供资金账户行为的证据材料。如：反映赃款入户的开户登记、记账凭证、存储单据、利息支取凭证、相关账目记载等书证，以及当事人陈述、知情人证言、行为人供述等证明材料。

2. 协助变现、提现证据。即证明行为人具有协助上游犯罪将财产转换为现金、金融票据、有价证券行为的证据材料。如：反映财产来源、转换过程、提取过程的记账凭证、审批单据、科目明细、支付凭证、会计记录等书证，以及当事人陈述、知情人证言、行为人供述等证明材料。

3. 协助资金转移证据。即证明行为人具有协助上游犯罪通过转账或者其他结算方式转移赃款的证据材料。如：反映行为人利用单位或者个人账户转移赃款的开销户登记、交易传票、转账凭证、支付凭证、转让凭证、会计资料等书证，以及当事人陈述、知情人证言、行为人供述等证明材料。

4. 协助汇款境外证据。即证明行为人具有协助上游犯罪将资金汇往境外的证据材料。如：反映汇款名义、汇款金额、收款人开户行账户、汇款过程的汇款申请书、相关申报资料、汇款凭证、银行查询证明等书证，以及当事人陈述、经办人证言、行为人供述等证明材料。

证明意义：上述行为证据，是证明刑法规定的四种主要洗钱行为的证明内容。根据司法实践，上述行为大多数需经过金融机构完成，这就必然会留下痕迹。即使不通过银行，也会在本单位财务账目中留下痕迹。俗话说“雁过留声，风过留痕”。这些书证作为洗钱的铁证，它不仅能够证明洗钱过程，亦是突破行为人口供的重磅炸弹。为此，实践中应注意书证的收集和金融查询的作用。此外，通过金融机构洗钱的一个重要特点，就是假名运作。一个是虚假的身份，另一个是虚假的名义。他们妄图通过假名运作来达到自我保护的目的。但任何事情都是人来操作的，总要留下痕迹。何况，“一个谎言需要二十个谎言来支撑”。这就需要我们结合证人证言和口供去伪存真，还原事情的本来面目。实践中，一些不良企业、融资、贷款、担保公司，对贪官的赃款赃物十分青睐，甚至为他们洗钱的热情很高。因为贪官不急于花钱，替其“保管”等于长期白使白用，就是出点利息也比贷款强。为此，要注意假身份、假协议、假手续乃至假账目的查证，既不轻信口供，也不轻信书证，要透过现象看本质，以假破假、以真证伪，综合运用证据锁死洗钱行为，以保证洗钱及其关联犯罪的顺利查处。

5. 其他掩饰、隐瞒方法证据。即证明行为人具有其他掩饰、隐瞒犯罪所得及其收益的证据材料，如：

（1）反映行为人通过典当、租赁、买卖、投资等方式，协助上游犯罪转移、转换其犯罪所得及其收益的财务凭证、金融凭证、结算凭据、会计资料、相关协议合同等书证，以及当事人陈述、经办人证言、知情人证言、行为人供述等证明材料。

（2）反映行为人通过与商场、饭店、娱乐场所等现金密集型场所的经营收入相混合的方式，协助上游犯罪转换、转移其犯罪所得及其收益的当事人陈述、经办人证言、知情人证言、行为人供述、入股协议、投资凭据、账目记载、取现记载、支息记载等相关书证等证明材料。

（3）反映行为人通过虚构交易、虚设债权债务、虚假担保、虚报收入等方式，协助上游犯罪将犯罪所得及其收益转换为“合法”财物的虚假协议合同、虚假债权债务凭据、虚假担保合同、虚假收入凭据、相关财务记载、会计资料等书证，以及当事人证言、知情人证言、行为人供述等证明材料。

（4）反映行为人通过买卖彩票、奖券等方式，协助上游犯罪转换犯罪所得及其收益的相互通谋证据、操作过程书证、虚假名义鉴定，以及当事人陈述、经

办人证言、知情人证言、行为人供述等证明材料。

（5）反映行为人通过赌博方式，协助上游犯罪将犯罪所得及其收益转换为赌博收益的通谋过程、操作过程的虚假凭据等相关书证、参与人陈述、知情人证言、行为人供述等证明材料。

（6）反映行为人协助上游犯罪将犯罪所得及其收益携带、运输或者邮寄出入境的护照证件、航班乘客记录、客轮乘客记录、行李托运凭证、邮寄快递凭证、相关声像资料、相关书证物证，以及参与人陈述、知情人证言、行为人供述等证明材料。

证明意义：上述六种行为方式，是司法解释其他掩饰、隐瞒方法时列举的几种主要行为方式。从中可以看出，洗钱的方式方法是多种多样千奇百怪的。但万变不离其宗，转移赃款赃物去向和转换赃款赃物名义是其行为的本质特征。然后，通过转移去向、转换名义，达到掩饰、隐瞒犯罪所得及其收益来源和性质的目的。转移去向，是指把犯罪所得及其收益从上游犯罪控制下转移至洗钱人控制，或者通过洗钱人转移至其指定去处；转换名义，是指通过洗钱人为犯罪所得及其收益披上一个“合法”或者“合理”的外衣。转移去向，使赃证“失踪”无法溯源；转换名义，使赃证变性难以识别。但无论行为人怎样花样翻新的洗白，他总躲不过“输入”和“输出”这两个环节。只要卡死输入、输出证据，链接好过程证据，洗钱犯罪就会得到有效证明。为此，实践中，一要注意上游犯罪赃款赃物去向证据与洗钱犯罪输入证据是否吻合，重点是书证等客观证据的证明力。二要注意上下游行为人口供的印证，重点是相互通谋、相互协作的证明和口供的一致性。三要注意运用再生的虚假书证突破事实真相，重点是行为人口供。四要注意洗钱行为证据的双重证明作用，它不仅证明洗钱行为，而且对上游犯罪的突破、证明有着十分重要的作用。总之，要有突破和证明上游犯罪的主案意识，要从全局着眼，以证据为核心，以证明为目标，以扎实的证据证明犯罪惩治犯罪。

第四节　洗钱罪的结果证据

洗钱罪的结果证据，是指藉以证明行为人的洗钱行为使贪污贿赂等七种上游犯罪所得及其收益的来源和性质得以掩饰、隐瞒的证据。主要有掩饰、隐瞒来源结果和掩饰、隐瞒性质结果两组证据：

1. 掩饰、隐瞒来源结果证据。即证明行为人完成了掩饰、隐瞒犯罪所得及其收益来源行为的证据材料。例如，反映行为人通过提供账户等手段，使赃款已被存储、赃物已被存放或者已经转移他处等掩饰、隐瞒其来源的证明材料。

2. 掩饰、隐瞒性质结果证据。即证明行为人完成了掩饰、隐瞒犯罪所得及其收益性质的证据材料。例如，反映行为人通过投资、参股、虚假交易、赌博等手段，使赃款赃物转换为“合法”财产或者“合理”收入的证明材料。

证明意义：鉴于洗钱犯罪是一种行为犯，其行为实施终了犯罪结果即以发生，犯罪既遂即可认定。故其行为证据中已包括结果证据，二者不能截然分开。值得注意的是，此罪并非要求犯罪所得及其收益的来源和性质都被掩饰、隐瞒才能既遂，只要其中一项被掩饰、隐瞒即可认为犯罪结果已经实现，并认定既遂。比如，行为人虽然仅是提供资金账户，因其来源已被掩饰隐瞒，行为人即可构成洗钱罪既遂。此外，就掩饰、隐瞒犯罪所得及其收益性质而言，其与犯罪所得及其收益的来源也不能截然分开，没有输入何谈输出，掩饰、隐瞒其性质必然要先掩饰、隐瞒其来源，然后才能掩饰、隐瞒其性质，或者来源和性质一并被掩饰、隐瞒。这也是洗钱犯罪的一种惯用手段。为此，实践中不能机械地将来源和性质分开，应针对具体手段界定其犯罪结果。

第五节　洗钱罪的主观证据

洗钱罪的主观证据，是指藉以证明行为人在主观表现上具有希望并积极追求掩饰、隐瞒犯罪所得及其收益的来源和性质结果发生的证据。根据刑法和司法解释的规定，主要由主观明知证据和主观追求证据组成。

1. 主观明知证据。即证明行为人主观认识上对贪污贿赂等上游犯罪所得及其收益，具有知道或者应当知道的证据材料。如：

（1）确定性明知证据。即证明行为人在主观认识上对上游犯罪所得及其收益的来源和性质，具有确定性明知的证据材料。如：反映行为人知道他人犯罪情况，接触他人犯罪所得及其收益，与他人策划掩饰、隐瞒方法，指使他人实施操作等情况的证明材料。

（2）概括性明知证据。即证明行为人在主观认识上对上游犯罪所得及其收益的来源和性质虽知情不详细具体，但对其是犯罪所得及其收益，具有概括性明知的证据材料。如：反映行为人知道他人有犯罪前科，知道洗钱对象是犯罪所得及其收益，而并非其合法的正常收入等情况的证明材料。

（3）可能性明知证据。即证明行为人在主观认识上对洗钱对象可能是上游犯罪所得及其收益，具有明知能力和条件的证据材料。如：反映行为人知道他人从业情况、家庭收入情况和性质等情况的证明材料。

证明意义：明知，是洗钱罪成立的前置条件，对贪污贿赂等七种上游犯罪所得及其收益不具有明知，即不能构成犯罪。为此，明知证据在此罪的认定上十分关键。但是，实践中不能以概括性明知、可能性明知也能够认定明知为由，而降低证明要求。一是凡有证据证明其具有确定性明知的，就应千方百计挖掘、收集证据，以确定性明知保障洗钱性质的认定。二是对现有证据能够证明行为人具有概括性明知，但确实不知道是哪一次、哪一笔犯罪所得的，也不要机械地去要求，只要能够证明知道是犯罪所得及其收益，即可认定其明知。最高人民法院在《关于审理洗钱等刑事案件具体应用法律若干问题的解释》中规定，“被告人将刑法第一百九十一条规定的某一上游犯罪的犯罪所得及其收益误认为刑法第一百九十一条规定的上游犯罪范围内的其他犯罪所得及其收益的，不影响刑法第一百九十一条规定的‘明知’的认定。”也就是说，概括性明知不要求知道的十分具体详细。三是可能性明知要求行为人在没有证据证明其不明知的情况下，“没有正当理由”说明其来源和性质的合法性或者合理性。“没有正当理由”是指一般人能够认识的合乎情理、合乎逻辑的理由，而不是强词夺理，更不是胡搅蛮缠。最高人民法院在前述司法解释中列举了六种情况：（1）没有正当理由，通过非法途径协助转换或者转移财物的；（2）没有正当理由，以明显低于市场的价格收购财物的；（3）没有正当理由，协助转换或者转移财物，收取明显高于市场的“手续费”的；（4）没有正当理由，协助他人将巨额现金散存于多个银行账户或者在不同银行账户之间频繁划转的；（5）协助近亲属或者其他关系密切的人转换或者转移与其职业或者财产状况明显不符的财物的；（6）其他可以认定行为人明知的情形。因此，司法实践中应当结合行为人的认知能力，接触他人犯罪所得及其收益的情况，犯罪所得及其收益的种类、数额，犯罪所得及其收益的转换、转移方式以及上下游犯罪行为人的供述等主、客观因素进行事实推定。《联合国反腐败公约》就曾规定，“根据本公约确立的犯罪所需具备的明知、故意或者目的等要素，可以根据客观实际情况予以推定。”为此，“没有正当理由”应是事实推定的一个重要的客观实际情况。

2. 主观追求证据。即证明行为人在主观心态上对掩饰、隐瞒贪污贿赂等七种犯罪所得及其收益的来源和性质，具有希望并积极追求结果发生的意志表现证据。如：

（1）参与策划合谋证据。即证明行为人参与策划，与上游犯罪合谋洗钱的证据。如：反映行为人在双方策划洗钱过程中合作态度、诚意表示甚至出谋划策等心理表现的证明材料。

（2）非法获益动机证据。即证明行为人具有从中获得不正当利益动机的证据。如：反映行为人因资金紧张、碍于情面等原因而产生无偿使用、长期使用犯罪所得及其收益，或者从中收取费用，或者以此维系关系等心理冲动的证明材料。

（3）愿意提供方便证据。即证明行为人愿意为他人洗钱提供方法、渠道、手段等方便条件的心理表现证据。如：反映行为人同意、情愿、关心、热心为他人洗钱心理表现的证明材料。

（4）安排部署协助证据。即证明行为人主动安排部署协助洗钱的心理表现证据。如：反映行为人在安排造假、部署实施、防范风险等方面具有主动表现的证明材料。

证明意义：洗钱罪作为直接故意犯罪，行为人在主观意志上呈希望并积极追求犯罪结果发生。这种心态突出反映在各个行为细节上，因为，行为是心理的表象，心理是行为的动因。积极行为、主动行为都是心理追求的结果。为此，我们在判断行为人主观意志时，一不要轻信口供，二不要只唯口供。在尊重客观事实的基础上，据实而论。比如，不希望洗钱结果发生为什么造假，为什么不实名制，为什么逃避金融监管，为什么暗箱操作，等等。这里不可能是放任，更不可能有过失，它只能是直接故意。当然，事实推定是有证据支撑的，不能凭空臆断。故在判断行为人主观意志时，应注意从行为中找表现，从证据中找依据，切实体现主客观相一致的定罪原则。

第六节　洗钱罪的情节证据

洗钱罪的情节证据，是指藉以证明行为人具有某些影响定罪、量刑的事实情节证据。如：

1. 定罪情节证据。即证明行为人具有影响定罪的事实情节的证明材料。如：反映上游犯罪事实确认情况和上游犯罪行为人处理情况的相关证明材料。

（1）上游犯罪事实确认情况证据。即直接影响行为人定罪的有关上游犯罪事实确认情况的证明材料。如：上游犯罪行为人已被依法判决有罪，或者犯罪事实已被确认但尚在逮捕、通缉、审查起诉、审判等诉讼环节的司法确认材料。

（2）上游犯罪行为人处理情况证据。即直接关系行为人定罪的上游犯罪行为人处理情况的证明材料。如：上游犯罪行为人被依法判决无罪、免予刑事处罚或者认定情节显著轻微危害不大的司法确认材料。

证明意义：洗钱犯罪没有立案数额标准，只要为特定对象洗钱即可构成犯罪。但因其是贪污贿赂等七种犯罪的下游犯罪，在上游犯罪事实未得到司法确认，或者上游犯罪行为人被依法认定无罪、免予刑事处罚等情况下，行为人不可以构成洗钱罪。如果上游犯罪行为人虽未被裁判有罪，但犯罪事实已被确认的，不影响洗钱犯罪的认定。最高人民法院在《关于审理洗钱等刑事案件具体应用法律若干问题的解释》中规定，“刑法第一百九十一条、第三百一十二条、第三百四十九条规定的犯罪，应当以上游犯罪事实成立为认定前提。上游犯罪尚未依法裁判，但查证属实的，不影响刑法第一百九十一条、第三百一十二条、第三百四十九条规定的犯罪的审判”。“上游犯罪事实可以确认，因行为人死亡等原因依法不予追究刑事责任的，不影响刑法第一百九十一条、第三百一十二条、第三百四十九条规定的犯罪的认定”。“上游犯罪事实可以确认，依法以其他罪名定罪处罚的，不影响刑法第一百九十一条、第三百一十二条、第三百四十九条规定的犯罪的认定”。为此，此组证据直接影响行为人的正确定罪和处理，应给予必要的重视。

2. 量刑情节证据。即证明行为人具有影响量刑的事实情节证据。如：从轻处罚情节和从重处罚情节的证据材料。

（1）从轻处罚情节证据。即证明行为人具有依法从轻处罚的事实情节证据。如：反映行为人具有自首、立功、坦白、从犯等法定从轻事实情节，以及主动退赃退赔、初犯偶犯的近亲属等酌定从宽事实情节的证明材料。

（2）从重处罚情节证据。即证明行为人具有依法从重处罚的事实情节证据。

如：反映行为人具有为重特大上游犯罪洗钱，多次洗钱且数额巨大，致使上游犯罪无法及时查处，并造成公私财物重大损失无法挽回，或者其他严重妨害司法机关对上游犯罪追究的事实情节证明材料。

证明意义：根据宽严相济的刑事政策，无论何种犯罪，只要具备法定从轻情节就应依法从轻处罚。对认罪悔罪主动退赃、退赔的，也理应酌定从宽处理。对近亲属参与掩饰、隐瞒犯罪所得的，最高人民法院第四庭负责人在接受记者访谈时表示，“从人伦和常理来看，亲属间犯罪以及为自用而犯该罪的社会危害性相对较小，对此类犯罪宽大处理容易被公众所接受，会取得更好的法律效果和社会效果。”故在掩饰、隐瞒犯罪所得罪的司法解释中，为其规定了从宽处理条件。这一精神亦应适用于洗钱犯罪。此外，洗钱罪规定了两个量刑幅度，其中情节严重的，处五年以上十年以下有期徒刑。对情节严重，应参考相关司法解释，并结合此罪的特点去严格把握。一是上游犯罪情况。上游犯罪较轻的，下游犯罪一般也较轻；上游犯罪重大的，下游犯罪一般也属严重。为此，上游犯罪是其重要参考。二是屡犯累犯情况。累犯是法定从重处罚情节，三次以上的屡犯由于其社会危害严重、主观恶性较大，亦应属情节严重。三是严重妨害司法情况。洗钱犯罪的本质是包庇上游犯罪，致使上游犯罪无法及时查处的有之，导致赃款赃物无法追缴的有之，严重影响上游犯罪诉讼进程的有之，故应将严重妨害司法的情节作为情节严重的重要考量。为此，实践中无论是从轻还是从重情节，均要认真收集证据，以保证宽严相济刑事政策的贯彻落实。

附：法律法规

1.《中华人民共和国刑法》（1997 年 3 月 14 日修订）（节录）

第一百九十一条【洗钱罪】 明知是毒品犯罪、黑社会性质的组织犯罪、恐怖活动犯罪、走私犯罪、贪污贿赂犯罪、破坏金融管理秩序犯罪、金融诈骗犯罪的所得及其产生的收益，为掩饰、隐瞒其来源和性质，有下列行为之一的，没收实施以上犯罪的所得及其产生的收益，处五年以下有期徒刑或者拘役，并处或者单处洗钱数额百分之五以上百分之二十以下罚金；情节严重的，处五年以上十年以下有期徒刑，并处洗钱数额百分之五以上百分之二十以下罚金：

（一）提供资金账户的；

（二）协助将财产转换为现金、金融票据、有价证券的；

（三）通过转账或者其他结算方式协助资金转移的；

（四）协助将资金汇往境外的；

（五）以其他方法掩饰、隐瞒犯罪所得及其收益的来源和性质的。

单位犯前款罪的，对单位判处罚金，并对其直接负责的主管人员和其他直接责任人员，处五年以下有期徒刑或者拘役；情节严重的，处五年以上十年以下有期徒刑。

第三十条【单位负刑事责任的范围】 公司、企业、事业单位、机关、团体实施的危害社会的行为，法律规定为单位犯罪的，应当负刑事责任。

第三十一条【单位犯罪的处罚原则】 单位犯罪的，对单位判处罚金，并对其直接负责的主管人员和其他直接责任人员判处刑罚。本法分则和其他法律另有规定的，依照规定。

2. 最高人民法院《关于审理洗钱等刑事案件具体应用法律若干问题的解释》（2009年11月11日施行）

为依法惩治洗钱，掩饰、隐瞒犯罪所得、犯罪所得收益，资助恐怖活动等犯罪活动，根据刑法有关规定，现就审理此类刑事案件具体应用法律的若干问题解释如下：

第一条 刑法第一百九十一条、第三百一十二条规定的“明知”，应当结合被告人的认知能力，接触他人犯罪所得及其收益的情况，犯罪所得及其收益的种类、数额，犯罪所得及其收益的转换、转移方式以及被告人的供述等主、客观因素进行认定。

具有下列情形之一的，可以认定被告人明知系犯罪所得及其收益，但有证据证明确实不知道的除外：

（一）知道他人从事犯罪活动，协助转换或者转移财物的；

（二）没有正当理由，通过非法途径协助转换或者转移财物的；

（三）没有正当理由，以明显低于市场的价格收购财物的；

（四）没有正当理由，协助转换或者转移财物，收取明显高于市场的“手续费”的；

（五）没有正当理由，协助他人将巨额现金散存于多个银行账户或者在不同银行账户之间频繁划转的；

（六）协助近亲属或者其他关系密切的人转换或者转移与其职业或者财产状况明显不符的财物的；

（七）其他可以认定行为人明知的情形。

被告人将刑法第一百九十一条规定的某一上游犯罪的犯罪所得及其收益误认为刑法第一百九十一条规定的上游犯罪范围内的其他犯罪所得及其收益的，不影响刑法第一百九十一条规定的“明知”的认定。

第二条 具有下列情形之一的，可以认定为刑法第一百九十一条第一款第（五）项规定的“以其他方法掩饰、隐瞒犯罪所得及其收益的来源和性质”：

（一）通过典当、租赁、买卖、投资等方式，协助转移、转换犯罪所得及其收益的；

（二）通过与商场、饭店、娱乐场所等现金密集型场所的经营收入相混合的方式，协助转移、转换犯罪所得及其收益的；

（三）通过虚构交易、虚设债权债务、虚假担保、虚报收入等方式，协助将犯罪所得及其收益转换为“合法”财物的；

（四）通过买卖彩票、奖券等方式，协助转换犯罪所得及其收益的；

（五）通过赌博方式，协助将犯罪所得及其收益转换为赌博收益的；

（六）协助将犯罪所得及其收益携带、运输或者邮寄出入境的；

（七）通过前述规定以外的方式协助转移、转换犯罪所得及其收益的。

第三条 明知是犯罪所得及其产生的收益而予以掩饰、隐瞒，构成刑法第三百一十二条规定的犯罪，同时又构成刑法第一百九十一条或者第三百四十九条规定的犯罪的，依照处罚较重的规定定罪处罚。

第四条 刑法第一百九十一条、第三百一十二条、第三百四十九条规定的犯罪，应当以上游犯罪事实成立为认定前提。上游犯罪尚未依法裁判，但查证属实的，不影响刑法第一百九十一条、第三百一十二条、第三百四十九条规定的犯罪的审判。

上游犯罪事实可以确认，因行为人死亡等原因依法不予追究刑事责任的，不影响刑法第一百九十一条、第三百一十二条、第三百四十九条规定的犯罪的认定。

上游犯罪事实可以确认，依法以其他罪名定罪处罚的，不影响刑法第一百九十一条、第三百一十二条、第三百四十九条规定的犯罪的认定。

本条所称“上游犯罪”，是指产生刑法第一百九十一条、第三百一十二条、第三百四十九条规定的犯罪所得及其收益的各种犯罪行为。

第五条 刑法第一百二十条之一规定的“资助”，是指为恐怖活动组织或者实施恐怖活动的个人筹集、提供经费、物资或者提供场所以及其他物质便利的行为。

刑法第一百二十条之一规定的“实施恐怖活动的个人”，包括预谋实施、准备实施和实际实施恐怖活动的个人。

3. 最高人民法院《关于审理掩饰、隐瞒犯罪所得、犯罪所得收益刑事案件适用法律若干问题的解释》（2015年6月1日施行）

为依法惩治掩饰、隐瞒犯罪所得、犯罪所得收益犯罪活动，根据刑法有关规定，结合人民法院刑事审判工作实际，现就审理此类案件具体适用法律的若干问题解释如下：

第一条 明知是犯罪所得及其产生的收益而予以窝藏、转移、收购、代为销售或者以其他方法掩饰、隐瞒，具有下列情形之一的，应当依照刑法第三百一十二条第一款的规定，以掩饰、隐瞒犯罪所得、犯罪所得收益罪定罪处罚：

（一）掩饰、隐瞒犯罪所得及其产生的收益价值三千元至一万元以上的；

（二）一年内曾因掩饰、隐瞒犯罪所得及其产生的收益行为受过行政处罚，又实施掩饰、隐瞒犯罪所得及其产生的收益行为的；

（三）掩饰、隐瞒的犯罪所得系电力设备、交通设施、广播电视设施、公用电信设施、军事设施或者救灾、抢险、防汛、优抚、扶贫、移民、救济款物的；

（四）掩饰、隐瞒行为致使上游犯罪无法及时查处，并造成公私财物损失无法挽回的；

（五）实施其他掩饰、隐瞒犯罪所得及其产生的收益行为，妨害司法机关对上游犯罪进行追究的。

各省、自治区、直辖市高级人民法院可以根据本地区经济社会发展状况，并考虑社会治安状况，在本条第一款第（一）项规定的数额幅度内，确定本地执行的具体数额标准，报最高人民法院备案。

司法解释对掩饰、隐瞒涉及计算机信息系统数据、计算机信息系统控制权的犯罪所得及其产生的收益行为构成犯罪已有规定的，审理此类案件依照该规定。

依照全国人民代表大会常务委员会《关于〈中华人民共和国刑法〉第三百四十一条、第三百一十二条的解释》，明知是非法狩猎的野生动物而收购，数量达到五十只以上的，以掩饰、隐瞒犯罪所得罪定罪处罚。

第二条　掩饰、隐瞒犯罪所得及其产生的收益行为符合本解释第一条的规定，认罪、悔罪并退赃、退赔，且具有下列情形之一的，可以认定为犯罪情节轻微，免予刑事处罚：

（一）具有法定从宽处罚情节的；

（二）为近亲属掩饰、隐瞒犯罪所得及其产生的收益，且系初犯、偶犯的；

（三）有其他情节轻微情形的。

行为人为自用而掩饰、隐瞒犯罪所得，财物价值刚达到本解释第一条第一款第（一）项规定的标准，认罪、悔罪并退赃、退赔的，一般可不认为是犯罪；依法追究刑事责任的，应当酌情从宽。

第三条　掩饰、隐瞒犯罪所得及其产生的收益，具有下列情形之一的，应当认定为刑法第三百一十二条第一款规定的“情节严重”：

（一）掩饰、隐瞒犯罪所得及其产生的收益价值总额达到十万元以上的；

（二）掩饰、隐瞒犯罪所得及其产生的收益十次以上，或者三次以上且价值总额达到五万元以上的；

（三）掩饰、隐瞒的犯罪所得系电力设备、交通设施、广播电视设施、公用电信设施、军事设施或者救灾、抢险、防汛、优抚、扶贫、移民、救济款物，价值总额达到五万元以上的；

（四）掩饰、隐瞒行为致使上游犯罪无法及时查处，并造成公私财物重大损失无法挽回或其他严重后果的；

（五）实施其他掩饰、隐瞒犯罪所得及其产生的收益行为，严重妨害司法机关对上游犯罪予以追究的。

司法解释对掩饰、隐瞒涉及机动车、计算机信息系统数据、计算机信息系统控制权的犯罪所得及其产生的收益行为认定“情节严重”已有规定的，审理此类案件依照该规定。

第四条 掩饰、隐瞒犯罪所得及其产生的收益的数额，应当以实施掩饰、隐瞒行为时为准。收购或者代为销售财物的价格高于其实际价值的，以收购或者代为销售的价格计算。

多次实施掩饰、隐瞒犯罪所得及其产生的收益行为，未经行政处罚，依法应当追诉的，犯罪所得、犯罪所得收益的数额应当累计计算。

第五条 事前与盗窃、抢劫、诈骗、抢夺等犯罪分子通谋，掩饰、隐瞒犯罪所得及其产生的收益的，以盗窃、抢劫、诈骗、抢夺等犯罪的共犯论处。

第六条 对犯罪所得及其产生的收益实施盗窃、抢劫、诈骗、抢夺等行为，构成犯罪的，分别以盗窃罪、抢劫罪、诈骗罪、抢夺罪等定罪处罚。

第七条 明知是犯罪所得及其产生的收益而予以掩饰、隐瞒，构成刑法第三百一十二条规定的犯罪，同时构成其他犯罪的，依照处罚较重的规定定罪处罚。

第八条 认定掩饰、隐瞒犯罪所得、犯罪所得收益罪，以上游犯罪事实成立为前提。上游犯罪尚未依法裁判，但查证属实的，不影响掩饰、隐瞒犯罪所得、犯罪所得收益罪的认定。

上游犯罪事实经查证属实，但因行为人未达到刑事责任年龄等原因依法不予追究刑事责任的，不影响掩饰、隐瞒犯罪所得、犯罪所得收益罪的认定。

第九条 盗用单位名义实施掩饰、隐瞒犯罪所得及其产生的收益行为，违法所得由行为人私分的，依照刑法和司法解释有关自然人犯罪的规定定罪处罚。

第十条 通过犯罪直接得到的赃款、赃物，应当认定为刑法第三百一十二条规定的“犯罪所得”。上游犯罪的行为人对犯罪所得进行处理后得到的孳息、租金等，应当认定为刑法第三百一十二条规定的“犯罪所得产生的收益”。

明知是犯罪所得及其产生的收益而采取窝藏、转移、收购、代为销售以外的方法，如居间介绍买卖，收受，持有，使用，加工，提供资金账户，协助将财物转换为现金、金融票据、有价证券，协助将资金转移、汇往境外等，应当认定为刑法第三百一十二条规定的“其他方法”。

第十一条 掩饰、隐瞒犯罪所得、犯罪所得收益罪是选择性罪名，审理此类案件，应当根据具体犯罪行为及其指向的对象，确定适用的罪名。

第十二章　滥用职权罪证据结构

第一节　滥用职权罪概述

根据刑法第三百九十七条的规定和最高人民检察院《关于渎职侵权犯罪案件立案标准的规定》（以下简称《渎职侵权立案标准》）解释，“滥用职权罪是指国家机关工作人员超越职权，违法决定、处理其无权决定、处理的事项，或者违反规定处理公务，致使公共财产、国家和人民利益遭受重大损失的行为”。

滥用职权罪是从1979年刑法第一百八十七条玩忽职守罪中分离出来，现行刑法新增加的罪名。1997年刑法实施以前，属于滥用职权的渎职犯罪行为均以玩忽职守罪定罪处罚。由于二者无论在主观故意上，还是在履职行为上均有明显的区别，故在刑法修订时将滥用职权与玩忽职守分别单列罪名。这对准确地认定犯罪性质，有力地惩治渎职犯罪，有着积极的意义。根据有关法律规定和司法实践，就滥用职权罪的主要特征分析如下：

一、主体特征

滥用职权罪的主体与玩忽职守罪的主体一样，系特殊主体，即国家机关工作人员。非国家机关工作人员不构成此罪。

国家机关工作人员的概念和范围，法学界、司法界一直有所争议，加之我国人事制度的特殊情况，给司法实践的操作带来了很多困惑。2002年12月28日全国人大常委会作出了《关于〈中华人民共和国刑法〉第九章渎职罪主体适用问题的解释》。该《解释》规定，“在依照法律、法规规定行使国家行政管理职权的组织中从事公务的人员，或者在受国家机关委托代表国家机关行使职权的组织中从事公务的人员，或者虽未列入国家机关人员编制但在国家机关中从事公务的人员，在代表国家机关行使职权时，有渎职行为，构成犯罪的，依照刑法关于渎职罪的规定追究刑事责任”。这一立法解释扩大了国家机关工作人员的范围，符合我国国情，基本适应了司法实践的需要。应当说，纯正的国家机关工作人员，是指在国家机关中从事公务的人员，也就是公务员。包括在各级国家权力机关、行政机关、司法机关和军事机关中从事公务的人员。但这样的定义仍嫌笼统，不明确、不具体。2005年4月27日全国人大常委会通过的公务员法解决了这一问题。公务员法第二条规定，“本法所称公务员，是指依法履行公职、纳入国家行政编制、由国家财政负担工资福利的工作人员”。这就使纯正的国家机关工作人员和准国家机关工作人员有了一个明确的区分。根据上述法律，国家机关工作人员应包括以下几类：

1. 纯正的国家机关工作人员。即依法履行公职的国家公务员。包括在各级国家权力机关、行政机关、司法机关和军事机关，以及乡（镇）以上中国共产党机关、人民政协机关中的国家公务员。

2. 法律授权组织中从事公务的人员。即在依照法律、法规规定行使国家行政管理职权的组织中从事公务的人员。包括一些法律、法规授权具有行政管理职权的国家事业单位等。如保监会、防疫站、产品质量检验机构、公共卫生应急处理机构等。

3. 政府授权组织中从事公务的人员。即在受政府委托代表政府行使职权的组织中从事公务的人员。此类既有一些国家事业单位，也有一些临时性组织。如扫黄打非组织、公共卫生应急处理组织等。

4. 国家机关聘任人员。即虽未列入国家机关人员编制，但在国家机关中从事公务，在其代表国家机关行使职权时，以国家机关工作人员论。如公安机关聘任的一些协勤，在独立或协助执行侦查、治安等警务工作时，就应以国家机关工作人员论。

二、客体特征

滥用职权罪侵害的客体具有一定的复杂性，与玩忽职守罪相同系复杂客体。一是侵害了国家机关工作人员履职行为的正当性。超越职权、擅权滥用使正当的履职行为受到损害。二是侵害了国家机关的正常管理秩序。破坏了工作程序和职务权限。三是侵害了公民、法人或其他组织的合法权益，侵害了公共财产和国家利益。从滥用职权罪侵害的客体看，它不仅是一个复杂客体，而且还可能将各类犯罪客体集于一身。这也正是提高对此罪社会危害性认识，加强查处滥用职权犯罪的重要之处。

三、主观特征

滥用职权罪的主观特征，一般表现为故意，既有直接故意也有间接故意。有些情况下也可以表现为过失。

直接故意，表现为行为人明知自己超越职权，违法决定、处理其无权决定、处理事项的行为会发生危害社会的结果，而希望这种结果发生。如国家工作人员为单位“创收”明知无权罚款而“乱罚款”、“乱摊派”情节严重的行为，司法工作人员为图自己方便明知无权处理扣押物品而擅自使用、外借造成重大损失的行为等。直接故意具有三个特征：一是明知自己的行为超越权限、违法违规。也

就是行为人对自己职务行为的违法性违规性具有明知。二是已经预见到自己滥用职权的行为必然或可能发生危害后果。也就是对行为会导致发生的危害后果已经预见。三是希望危害后果的发生。即在主观上呈积极追求危害后果发生的心态。

间接故意，表现为行为人明知自己超越职权，违法决定、处理其无权决定、处理事项的行为会发生危害社会的结果，虽不希望，但不防止，而是放任这种结果的发生。这种主观心态在滥用职权犯罪中较为普遍。如：刑侦人员擅自上路追车罚款导致车毁人亡，路政人员擅自让无执法资格的人员查车押车导致发生重大车祸，安监人员擅自让应停产整顿的小煤矿开工生产而导致重大责任事故发生等。其间接故意的主观特征主要表现为三点：一是行为人明知自己的行为超越职权，违法违规。二是对行为必然或可能发生的后果已经预见或能够预见。三是对后果的发生听之任之、放任自流，或者根本就不计后果，对可能产生的后果持无所谓态度。一般来讲，一个国家机关工作人员对其职务行为的权限是明知的，对越权行事的违规性也是明知的，但在结果的发生的主观心态却是多样的。但在结果的预见上，他们既有应当预见的义务，也有能够预见的能力。就事故型案件而言，多是放任心理。他们并不希望重大安全事故发生，而是追求侥幸，听任后果或不计后果。对后果不管不顾、自由放任是其突出的特点。

滥用职权犯罪的主观过失与玩忽职守罪基本相同，二者的区别主要在行为表现形式上。滥用职权犯罪的过失，主要表现为过于自信的过失。而玩忽职守犯罪的主观过失，则两种形式的过失均有表现。

四、客观特征

关于滥用职权罪的客观行为特征，最高人民检察院在《渎职侵权立案标准》中综合法学界、司法界的通说观点，将其表述为："滥用职权罪是指国家机关工作人员超越职权，违法决定、处理其无权决定、处理的事项，或者违反规定处理公务，致使公共财产、国家和人民利益遭受重大损失的行为。"从这一概念出发，滥用职权罪的客观特征有以下三个重要特点。

一是职权上的越权性。各级党政机关、司法机关、行政执法机关的工作人员，手中都有一定的权力。但权力是有一定限度和限制的。限度是权限的划分，限制是行权的制约。权力的限度和限制，是防止权力被滥用和失范的保证。据《现代汉语词典》解释，滥，是"过度；没有限制"的意思。滥用，是指"胡乱地、过度地使用"。因此，滥用职权的一个突出特征就是"超越职权"。所谓超越职权，是指超越职权范围，擅自行使不属于本人或本级的权力的行为。对无权决定、无权处理的事项或公务擅自行使权力的乱作为，均属于滥用职权范畴。这里既包括超越职权限度擅自扩大职权的乱作为，也包括超越职权限制条件在职权范围内的乱作为。如明知不符合条件而乱罚款、乱收费、乱抓人等。无限度、无

限制地行使职权是其重要特点。

二是行为上的违法性和违规性。任何职权都有其法定性和规定性。违反法律规定是超越职权，违反部门规章和岗位授权也是超越职权。就滥用职权的越权性而言，违法、违规性是其前提条件。也就是说，超越职权的行为必须同时具备违法性或违规性才能构成滥用职权罪。一般来讲，违法性是指权力的行使违反了相关法律，如执法的法律依据、法律授权、法律程序等；违规性则指权力行使的某些具体规定，如行政规章、行政规范、行政授权等，这里既包括部门规章，也包括地方行政规章、单位行政规章、岗位行政职责和一些临时授权职责。一般情况下，权力的限度和限制，级别越低规定得越细致、越具体、越容易操作。而这些规定，恰恰是严格执法、规范执法、文明执法的保障。违规必然导致法律规范的失效，也必然导致法律秩序的损害。因此，违法施政是滥用职权，违规施政也同样是滥用职权。

三是后果的严重性。滥用职权与玩忽职守一样也是典型的结果犯。犯罪结果达不到一定的程度不能构成此罪。“两高”在《关于办理渎职刑事案件适用法律若干问题的解释（一）》中第一条规定，“国家机关工作人员滥用职权或者玩忽职守，具有下列情形之一的，应当认定为刑法第三百九十七条规定的‘致使公共财产、国家和人民利益遭受重大损失’：

（一）造成死亡1人以上，或者重伤3人以上，或者轻伤9人以上，或者重伤2人、轻伤3人以上，或者重伤1人、轻伤6人以上的；

（二）造成经济损失30万元以上的；

（三）造成恶劣社会影响的；

（四）其他致使公共财产、国家和人民利益遭受重大损失的情形。

具有下列情形之一的，应当认定为刑法第三百九十七条规定的‘情节特别严重’：

（一）造成伤亡达到前款第（一）项规定人数3倍以上的；

（二）造成经济损失150万元以上的；

（三）造成前款规定的损失后果，不报、迟报、谎报或者授意、指使、强令他人不报、迟报、谎报事故情况，致使损失后果持续、扩大或者抢救工作延误的；

（四）造成特别恶劣社会影响的；

（五）其他特别严重的情节。”

需要指出的是，在司法实践中，一些国家机关工作人员从小团体利益出发，滥用职权给国家和人民利益造成重大损失的案件如何处理。从立法精神看，徇私主要指徇个人私情、私利。而实践中为徇小团体利益之私滥用职权的大有存在。

以徇私舞弊相关犯罪处理法律规定不明确。为此，对此类犯罪现象应根据《渎职侵权立案标准》第六条的规定以滥用职权罪定罪处罚。2003 年 11 月 13 日最高人民法院印发的《全国法院审理经济犯罪案件工作座谈会纪要》中明确规定，“徇私舞弊型渎职犯罪的‘徇私’应理解为徇个人私情、私利。国家机关工作人员为了本单位的利益，实施滥用职权、玩忽职守行为，构成犯罪的，依照刑法第三百九十七条第一款的规定定罪处罚”。在执行《渎职侵权立案标准》时，应充分注意这一界限规定。

第二节 滥用职权罪的主体证据

滥用职权罪的主体证据，是藉以证明行为人具有滥用职权罪主体资格的证据。根据刑法的规定，此罪主体系国家机关工作人员，故其主体证据应由行为人自然情况证据和国家机关工作人员身份证据两部分组成。

一、自然人情况证据

自然人情况证据是指证明行为人年龄、性别、民族、出生地、居住地及家庭成员状况等情况的证明材料。如：

1. 身份证明。即《居民身份证》等个人自然情况证明。

2. 户籍证明。即户籍所在地公安机关出具的行为人家庭户籍状况证明等。

3. 居住证明。即居住地或工作地相关管理部门出具的行为人居住情况证明等。

4. 违法记录。即有关单位出具的行为人曾因违法违纪受到处罚、处分等情况证明。

二、国家机关工作人员身份证据

国家机关工作人员身份证据，是指证明行为人具有国家机关工作人员身份资格的证明材料。如：

1. 供职证据。即证明行为人在党的领导机关、国家权力机关、行政机关、政协机关、审判机关、检察机关等国家机关和在依法行使国家行政管理职权的组织中的任职证明材料，如工作证、任命书、聘任书、职务级别、工作简历证明等。

2. 委托证据。即证明行为人系在受国家机关委托代表国家机关行使职权的组织中从事公务的证明材料。如政府委托、授权决定、委派决定等相关文件等。

3. 公务证据。即证明行为人在某一国家机关或公务组织中所从事的某项具体的公共事务的证明材料。如：负责、承办、分工某项公务的人证、书证等证明

材料。

证明意义：根据刑法的规定，滥用职权罪的主体系国家机关工作人员。这是1997年刑法与1979年刑法在立法上的一个重大变化和区别。同时，2002年12月28日全国人大常委会作出了《关于〈中华人民共和国刑法〉第九章渎职罪主体适用问题的解释》，扩大了国家机关工作人员的范围，因此，要正确地理解立法精神，高度重视滥用职权罪主体证据的收集和审查判断，显得十分重要。

1. 供职证据是确认国家机关工作人员身份的基本证据。滥用职权罪中其"滥用"行为的对象是其"职权"，因此，行为人在国家机关中的供职情况，就成为其主体资格的基本证据。虽然职务有大小、级别有高低，但因其职务与行为、结果之间有着法定的必然联系，行为人供职证据在审查判断其主体资格时就显得尤为重要。

2. 公务证据是区别行为人是否是国家机关工作人员的实质性证据。作为国家机关工作人员，其实质性特征还不是供职情况，是其公务性质。因为，在国家机关内工作不等于其就具备了国家机关工作人员身份。只有在国家机关内依法从事公务的人才是国家机关工作人员。而从事公务，就国家机关而言，其特点是政务性。如党委机关的公务特点是执政性公务，政府机关公务特点是行政性公务，司法机关公务特点是执法性公务等。因此，在司法实践中，对那些聘任人员、合同制人员所从事公务性质的证据要给予充分的重视，以正确辨别行为人的主体资格。

3. 委派证据是认定国家机关工作人员身份的重要依据性证据。在改革实践和社会活动中，国家机关根据需要将一些国家机关工作人员委派到非国家机关中去工作，如委派到国有企业、国有事业单位，甚至中外合资企业中去任职。这些人虽然工作在非国家机关，但其履行的是国家机关的意志，所从事的公务也可以说是国家机关派遣的任务，故其国家机关工作人员的身份是仍然存在的。如果被委派人的行为与结果符合滥用职权罪的构成条件，那么他就可以构成滥用职权罪。因此，委派证据对此类人员而言，在确定其主体资格时是一种重要的依据性证据。相反，无此证据，是不能确定被委派人主体资格的。

4. 自然人情况证据，是判断行为人刑事责任能力和遵循诉讼程序、规则的必要性证据。国家机关工作人员首先是一个自然人，这就势必涉及刑事责任能力、诉讼管辖等程序性要求，及时收集这些证据，无论对准确定罪，还是对正确高效地进行刑事诉讼，都有着重要的意义。

第三节 滥用职权罪的行为证据

滥用职权罪的行为证据，是藉以证明行为人超越职权行为的证据。根据刑法和最高人民检察院《渎职侵权立案标准》的规定，此组证据，一般由职权证据和越权行为证据两部分组成。

（一）职权证据

职权证据，是指证明行为人拥有一定权力的证据。鉴于国家机关工作人员的一般职权，系原则性、指导性职责，它属于常识性和法官应知性事实，故根据“常识不必证明”的诉讼证据原则，像宪法和公务员法等法律中的原则性职权规定，可以不作为证据予以收集。职权证据的重点，是行为人侵害的直接对象——岗位职权。根据岗位职权的特点，实践中主要有以下几种职权证据：

1. 法定职权证据。即国家法律、行政法规及地方法规中有关各类国家机关工作人员岗位职权的规定。如：行政监察法关于监察机关工作人员职权、公路法关于交通管理机关工作人员职权、防洪法关于水利机关工作人员职权的规定和《煤矿安全监察条例》关于煤矿安全监察机关工作人员职权的规定等。

2. 行政职权证据。即由上级国家机关或本级国家机关制定的系统性、行业性、行政性职权规定。如：行业性职权规范、职业性职权规章、岗位性职权规定等。

3. 授权职权证据。即证明上级授予下属长期或临时性的某些权力的证据。如：与派遣任务、分工等相关的授权性文件、记录等书证，授权人证言、知情人证言及行为人陈述等证明材料。

4. 公认职权证据。即证明行为人在本单位具有某种公认性、惯例性职权的证据。如：行为人惯例性履行职权的书证、人证，能够体现和反映行为人具有公认性职权的本单位的代表性证人证言、相关单位人员的证人证言及行为人陈述等证明材料。

（二）越权行为证据

越权行为证据，是指证明行为人超越职权的证据。其中包括：

1. 职权范围证据。即证明行为人职务规定的权力范围、审批权限等公职权限的规定性证据。

2. 行权程序证据。即证明行为人行使职权时的相关标准、条件及运行程序等权力运行的程序性证据。

3. 职权限制证据。即证明行为人行使职权时的相关约束性、禁止性等限制性规定的证据。

4. 超越职权限制的证据。即证明行为人超越职权范围、违反工作程序、突破限制性规定的事项证据。如：违法决定、处理其无权决定、处理的事项，或者违反规定处理公务事项的证人证言、书证物证等证明材料。

证明意义：超越职权，即越权行事，其是滥用职权行为的突出特征。职权证据，是评价行为人是否越权行事的客观依据。越权行为证据，是行为人违法、违规越权行事的具体行为表现证据。因为，滥用职权的行为方式是以作为形式出现的，即"不当为而为，不应作而作"。那么，行为人超越了哪些职权，违反了哪些法律、规定，就需要有相应的法定职权、行政职权、授权职权、公认职权证据和行为具体违反的职权范围、行权程序、职权限制证据来印证。这些证据既是正当行使权力的标准，也是评价是否超越职权的尺度。由于这些证据是有法定性和规定性的，故其具有非常强的证明力。而越权行为证据，作为超越职权的具体行为事实证据，是印证客观行为事实，确定越权行事责任的重要依据。是决策责任，还是执行责任；是主要责任，还是次要责任，均需要依据具体的行为事实证据去分析和判断。为此，侦查中应高度重视职权证据和越权行为证据的收集，以确保正确认定滥用职权行为。

第四节　滥用职权罪的结果证据

滥用职权罪的结果证据，是指藉以证明由于行为人滥用职权而导致公共财产、国家和人民利益遭受重大损失结果发生的证据。根据刑法和最高人民法院、最高人民检察院2013年1月9日起施行的《关于办理渎职刑事案件适用法律若干问题的解释（一）》（以下简称《渎职罪解释》）的规定，此罪主要有人员伤亡结果、经济损失和恶劣社会影响三类损失结果，故此罪的结果证据亦主要有以下三种类型：

1. 人员伤亡结果证据。即证明由于行为人滥用职权而导致发生重大人员伤亡结果的证据。如：伤亡现场勘查笔录、死亡证明书、法医死因鉴定书、伤情鉴定书及与之相关的其他证据材料。

2. 经济损失证据。即证明与行为人滥用职权行为有直接因果关系而造成的财产损毁、减少的实际价值的证据。如：证明原财产价值的账目、票据等书证、资产评估机构出具的资产评估报告书、物价鉴定机构出具的涉案物品价格鉴定书、司法会计鉴定书等与之相关的其他证据资料。有事故现场的应有现场勘查笔录等相关证据资料。如系伴有人员伤亡的，还应有：（1）人身伤亡支出费用证明材料：包括医疗费用（含护理费用）、丧葬及抚恤费用、补助及救济费用的证明材料；（2）善后处理费用的证明材料：包括处理事故的事务性费用、现场抢

救费用、清理现场费用、事故罚款和赔偿费用的证明材料。如系被其他犯罪所侵害，如被盗、被诈骗等，应有公安机关的相关法律文件予以佐证。如造成公司、企业停产、破产或严重亏损，应有相关主管单位的文件、报告等书证。除上述客观证据外，知悉结果发生的人证亦应收集到案。

3. 恶劣社会影响证据。即证明由于行为人滥用职权对国家声誉造成严重损害或者造成恶劣社会影响的证据。如证明引发社会矛盾的报告、情况反映、文件、报道等书证、相关单位的调查报告、相关的国际动态资料等。

证明意义：根据刑法的规定，滥用职权罪系结果犯，只有导致严重的损害结果发生，行为人才能构成滥用职权罪。如果行为人没有导致损害结果发生，尽管具有滥用职权行为，也不能构成此罪。因此，结果证据在滥用职权罪的证据系统中，有着至关重要的作用，它直接关系到罪与非罪的界限。根据“两高”《渎职罪解释》的规定，构成滥用职权罪的结果标准有以下几项：“（一）造成死亡1人以上，或者重伤3人以上，或者轻伤9人以上，或者重伤2人、轻伤3人以上，或者重伤1人、轻伤6人以上的；（二）造成经济损失30万元以上的；（三）造成恶劣社会影响的；（四）其他致使公共财产、国家和人民利益遭受重大损失的情形”。司法实践中，除认真遵行“两高”司法解释外，还应注意参照国家标准局发布的《企业职工伤亡事故经济损失统计标准》，公安部发布的《火灾损失额计算方法》等行业性损失核定规章。必要时，应委托行业主管部门予以核定并出具有效的核定文件，以作为证据使用。

此外，在渎职罪经济损失的认定上，应注意以下三种情况证据的收集：(1) 实际财产损失情况。据“两高”《渎职罪解释》，“经济损失，是指渎职犯罪或者与渎职犯罪相关联的犯罪立案时已经实际造成的财产损失，包括为挽回渎职犯罪所造成损失而支付的各种开支、费用等。立案后至提起公诉前持续发生的经济损失，应一并计入渎职犯罪造成的经济损失”。(2) 债权损失情况。“两高”《渎职罪解释》规定，“债务人经法定程序被宣告破产，债务人潜逃、去向不明，或者因行为人的责任超过诉讼时效等，致使债权已经无法实现的，无法实现的债权部分应当认定为渎职犯罪的经济损失”。(3) 挽回经济损失情况。“两高”《渎职罪解释》规定，“渎职犯罪或者与渎职犯罪相关联的犯罪立案后，犯罪分子及其亲友自行挽回的经济损失，司法机关或者犯罪分子所在单位及其上级主管部门挽回的经济损失，或者因客观原因减少的经济损失，不予扣减，但可以作为酌定从轻处罚的情节”。由于上述三种情况直接关系正确地定罪和量刑，实践中应注意及时查明情况，依据事实证据准确地认定损失结果。

需要提及的是，“两高”出台《渎职罪解释》后，原最高人民检察院《立案标准》中关于滥用职权和玩忽职守的立案标准已被《渎职罪解释》所代替，原标准不应再作为依据执行。《渎职罪解释》中明确规定，“最高人民法院、最高人民检察院此前发布的司法解释与本解释不一致的，以本解释为准”。实践中对此应给予注意。

第五节　滥用职权罪的主观证据

滥用职权罪的主观证据，是指藉以证明行为人对其滥用职权行为所导致的损害结果，在主观上具有过于自信或希望、放任发生心理态度的事实证据。鉴于此罪主观罪过形式的不同，此罪的主观证据亦有直接故意、间接故意、过于自信过失证据三种类型。

一、直接故意证据

直接故意证据，是指证明行为人在主观上具有直接故意特征的证据，即行为人明知自己超越职权，违法决定、处理其无权决定、处理事项的行为会发生危害社会的结果，而希望这种结果发生。主要包括：

1. 明知证据。即反映行为人对自己行为系超越职权并会发生危害社会的结果是明知的证据。

2. 追求证据。即反映行为人希望并积极追求危害社会结果的发生的证据。如追求方式证据（即行为手段证据）、追求过程证据（即行为实施过程证据）、追求目的证据（即行为的预期结果证据）、追求的动机证据（即行为的起因证据）等。

二、间接故意证据

间接故意证据，是指证明行为人明知自己超越职权，违法决定、处理其无权决定、处理事项的行为会发生危害社会的结果，虽不希望，但不防止，而是放任这种结果发生的证据。主要包括：

1. 明知证据。即反映行为人对自己行为系超越职权并会发生危害社会的结果是明知的证据。

2. 放任证据。即行为人放任危害社会结果的发生的证据。如证明行为人对客观存在和明知可能会发生的危害后果所表现的放任自流的处置态度、处置方法及其他不有效防止后果发生的证明材料。

三、过于自信过失证据

过于自信过失证据，是指证明行为人在主观上具有过于自信心理态度的事实证据。主要包括：

1. 应当预见的义务证据。即证明行为人对其滥用职权行为的结果具有应当预见义务的证据。

2. 已经预见的事实证据。即证明行为人对其滥用职权行为的结果已经预见的事实证据。如：对结果可能发生的认识证据、获知证据等。

3. 过于自信的心理证据。即证明行为人对其行为可能产生的危害结果，持轻信能够避免心理态度的事实证据。如证明行为人轻信内容、自信避免行为表现的证人证言、物证、书证、行为人陈述等证据材料。

证明意义：主观证据，是证明滥用职权行为人主观心态的证据。从司法实践看，由于渎职行为与结果发生往往不是即时显现，甚至有的时间跨度很长，故在滥用职权犯罪的方面，既有直接故意，也有间接故意，还有过于自信的过失。比如，滥用职权损公肥私的，滥用职权搞“形象工程”的，滥用职权放纵犯罪或充当“保护伞”的，滥用职权为他人谋取利益的，等等。就国家机关工作人员而言，无论从其职务要求来看，还是从其知识、经验来看，其对超越职权行为必然或可能发生损害后果，是具备预见能力的。是希望发生、放任发生，还是轻信可以避免，直接关系行为人的主观恶性程度，而且对定罪量刑往往也有影响。为此，此类证据并非可有可无。它既是构成滥用职权犯罪的必备要件证据，也是正确适用法律和正确贯彻宽严相济刑事政策的必要证据。鉴于此类证据多从行为中反映和表现，故在询问证人和讯问犯罪嫌疑人时，在行为人对结果发生的预见和心态上要多问几个为什么？以挖掘其滥用职权的犯罪心态。这无论对完备犯罪要件证据链条，还是对促成行为人悔罪服法，都有重要的意义。

第六节 滥用职权罪的情节证据

滥用职权罪的情节证据，是指藉以证明行为人具有某些影响定罪、量刑情节的事实证据。从司法实践看，影响滥用职权罪定罪和量刑的情节主要体现在行为和结果之中，而且案件事实的不同，使其能够影响定罪、量刑的情节因素也不尽相同。为此，很难一一概括。现根据有关司法解释提出三类法定情节作为情节证据的必证情节。

1. 特别严重情节证据。即证明行为人滥用职权行为具有特别严重情节的证据。主要有人员伤亡情节特别严重、经济损失特别严重、瞒报、谎报、迟报损失后果情况特别严重的证据材料。

2. 徇私舞弊情节证据。即证明行为人在其滥用职权过程中具有徇私情、私利，伪造材料、弄虚作假等情节的事实证据。

3. “集体研究”情节证据。即证明行为人在滥用职权的决策、实施过程中具有“集体研究”情节的事实证据。

证明意义：情节证据，是证明犯罪情节是否严重、特别严重的事实依据。它

既关系到正确地认定犯罪，也关系到正确地适用刑罚。如：

1. 情节特别严重的证据。根据刑法第三百九十七条的规定，滥用职权“情节特别严重的，处三年以上七年以下有期徒刑”。据“两高”《渎职罪解释》具有下列情形之一的，应当认定为“情节特别严重”：“（1）造成伤亡达到前款第（一）项规定人数3倍以上的（即造成死亡1人以上，或者重伤3人以上，或者轻伤9人以上，或者重伤2人、轻伤3人以上，或者重伤1人、轻伤6人以上的）；（2）造成经济损失150万元以上的；（3）造成前款规定的损失后果，不报、迟报、谎报或者授意、指使、强令他人不报、迟报、谎报事故情况，致使损失后果持续、扩大或者抢救工作延误的；（4）造成特别恶劣社会影响的；（5）其他特别严重的情节”。为此，认定是否情节特别严重，直接关系正确地适用刑罚，必须有相应的证据予以证明。

2. 徇私舞弊情节证据。徇私舞弊行为是滥用职权和玩忽职守的加重情节。刑法第三百九十七条第二款明确规定，“国家机关工作人员徇私舞弊，犯前款罪的，处五年以下有期徒刑或者拘役；情节特别严重的，处五年以上十年以下有期徒刑”。为此，在查处滥用职权和玩忽职守案件过程中，对有徇私舞弊情节的，务必认真收集、核实相关证据，以保证正确地适用刑罚，严惩徇私舞弊滥用职权犯罪。

3. “集体研究”情节证据。在渎职犯罪中，“集体研究”既是滥用职权、玩忽职守等渎职行为的一种表象形式，也是行为人为掩饰犯罪、推脱责任使渎职“合理化”的一种手段。“两高”在《渎职罪解释》中明确规定，“以‘集体研究’形式实施的渎职犯罪，应当依照刑法分则第九章的规定追究国家机关负有责任的人员的刑事责任。对于具体执行人员，应当在综合认定其行为性质、是否提出反对意见、危害结果大小等情节的基础上决定是否追究刑事责任和应当判处的刑罚”。因此，实践中应注意收集“集体研究”过程中提议、召集、表决、拍板各环节的情况证据。以正确确定直接负责的主管人员和直接责任人员。公务员法第五十四条规定，“公务员执行公务时，认为上级的决定或者命令有错误的，可以向上级提出改正或者撤销该决定或者命令的意见；上级不改变该决定或者命令，或者要求立即执行的，公务员应当执行该决定或者命令，执行的后果由上级负责，公务员不承担相应的责任；但是，公务员执行明显违法的决定或者命令的，应当依法承担相应的责任。”这里，对明显违法的决定或者命令，除主要决策者、具体实施指挥者应承担责任外，具体实施的直接责任人员并非免责，而应当承担相应的责任。这也是判断承担刑事责任的重要原则。故在收集证据时，既要收集渎职决定或者命令的违法性证据，也要高度重视收集该决定或者命令是否“明显”违法的证据。所谓“明显”，据《现代汉语词典》解释是“清楚地显露着”。其实就是明知故犯。其本质特征是“常识”，也就是常人之识，人人都明

白的道理。比如，任何一个警察都知道刑讯逼供是违法的，执行命令的刑讯逼供者即应承担刑讯逼供的责任，直至刑事责任。为此，在收集证据时，无论是讯问犯罪嫌疑人，还是询问证人，均应在笔录中对此有所反映，以正确判断决策者和执行者的相关责任。

附：法律法规

1.《中华人民共和国刑法》（1997 年 3 月 14 日修订）（节录）

第三百九十七条【滥用职权罪；玩忽职守罪】 国家机关工作人员滥用职权或者玩忽职守，致使公共财产、国家和人民利益遭受重大损失的，处三年以下有期徒刑或者拘役；情节特别严重的，处三年以上七年以下有期徒刑。本法另有规定的，依照规定。

国家机关工作人员徇私舞弊，犯前款罪的，处五年以下有期徒刑或者拘役；情节特别严重的，处五年以上十年以下有期徒刑。本法另有规定的，依照规定。

2. 最高人民检察院《人民检察院直接受理立案侦查的渎职侵权重特大案件标准（试行）》（2001 年 7 月 20 日）（节录）

一、滥用职权案

（一）重大案件

1. 致人死亡二人以上，或者重伤五人以上，或者轻伤十人以上的；

2. 造成直接经济损失五十万元以上的。

（二）特大案件

1. 致人死亡五人以上，或者重伤十人以上，或者轻伤二十人以上的；

2. 造成直接经济损失一百万元以上的。

3.《全国法院审理经济犯罪案件工作座谈会纪要》（2003 年 11 月 13 日）（节录）①

一、关于贪污贿赂犯罪和渎职犯罪的主体

（一）国家机关工作人员的认定

刑法中所称的国家机关工作人员，是指在国家机关中从事公务的人员，包括在各级国家权力机关、行政机关、司法机关和军事机关中从事公务的人员。

根据有关立法解释的规定，在依照法律、法规规定行使国家行政管理职权的组织中从事公务的人员，或者在受国家机关委托代表国家行使职权的组织中从事公务的人员，或者虽未列入国家机关人员编制但在国家机关中从事公务的人员，视为国家机关工作人员。在乡（镇）以上中国共产党机关、人民政协机关中从

① 注：本书各章涉及的渎职罪主体及渎职罪相关问题的认定，可参见本处。

事公务的人员，司法实践中也应当视为国家机关工作人员。

（二）国家机关、国有公司、企业、事业单位委派到非国有公司、企业、事业单位、社会团体从事公务的人员的认定

所谓委派，即委任、派遣，其形式多种多样，如任命、指派、提名、批准等。不论被委派的人身份如何，只要是接受国家机关、国有公司、企业、事业单位委派，代表国家机关、国有公司、企业、事业单位在非国有公司、企业、事业单位、社会团体中从事组织、领导、监督、管理等工作，都可以认定为国家机关、国有公司、企业、事业单位委派到非国有公司、企业、事业单位、社会团体从事公务的人员。如国家机关、国有公司、企业、事业单位委派在国有控股或者参股的股份有限公司从事组织、领导、监督、管理等工作的人员，应当以国家工作人员论。国有公司、企业改制为股份有限公司后，原国有公司、企业的工作人员和股份有限公司新任命的人员中，除代表国有投资主体行使监督、管理职权的人外，不以国家工作人员论。

（三）"其他依照法律从事公务的人员"的认定

刑法第九十三条第二款规定的"其他依照法律从事公务的人员"应当具有两个特征：一是在特定条件下行使国家管理职能；二是依照法律规定从事公务。具体包括：(1) 依法履行职责的各级人民代表大会代表；(2) 依法履行审判职责的人民陪审员；(3) 协助乡镇人民政府、街道办事处从事行政管理工作的村民委员会、居民委员会等农村和城市基层组织人员；(4) 其他由法律授权从事公务的人员。

（四）关于"从事公务"的理解

从事公务，是指代表国家机关、国有公司、企业、事业单位、人民团体等履行组织、领导、监督、管理等职责。公务主要表现为与职权相联系的公共事务以及监督、管理国有财产的职务活动。如国家机关工作人员依法履行职责，国有公司的董事、经理、监事、会计、出纳人员等管理、监督国有财产等活动，属于从事公务。那些不具备职权内容的劳务活动、技术服务工作，如售货员、售票员等所从事的工作，一般不认为是公务。

六、关于渎职罪

（一）渎职犯罪行为造成的公共财产重大损失的认定

根据刑法的规定，玩忽职守、滥用职权等渎职犯罪是以致使公共财产、国家和人民利益遭受重大损失为构成要件的。其中，公共财产的重大损失，通常是指渎职行为已经造成的重大经济损失。在司法实践中，有以下情形之一的，虽然公共财产作为债权存在，但已无法实现债权的，可以认定为行为人的渎职行为造成了经济损失：(1) 债务人已经法定程序被宣告破产；(2) 债务人潜逃，去向不

明；(3) 因行为人责任，致使超过诉讼时效；(4) 有证据证明债权无法实现的其他情况。

(二) 玩忽职守罪的追诉时效

玩忽职守行为造成的重大损失当时没有发生，而是玩忽职守行为之后一定时间发生的，应从危害结果发生之日起计算玩忽职守罪的追诉期限。

(三) 国有公司、企业人员渎职犯罪的法律适用

对于1999年12月24日《中华人民共和国刑法修正案》实施以前发生的国有公司、企业人员渎职行为（不包括徇私舞弊行为），尚未处理或者正在处理的，不能按照刑法修正案追究刑事责任。

(四) 关于"徇私"的理解

徇私舞弊型渎职犯罪的"徇私"应理解为徇个人私情、私利。国家机关工作人员为了本单位的利益，实施滥用职权、玩忽职守行为，构成犯罪的，依照刑法第三百九十七条第一款的规定定罪处罚。

4. 最高人民法院、最高人民检察院《关于办理渎职刑事案件适用法律若干问题的解释（一）》(2013年1月9日施行)

为依法惩治渎职犯罪，根据刑法有关规定，现就办理渎职刑事案件适用法律的若干问题解释如下：

第一条　国家机关工作人员滥用职权或者玩忽职守，具有下列情形之一的，应当认定为刑法第三百九十七条规定的"致使公共财产、国家和人民利益遭受重大损失"：

(一) 造成死亡1人以上，或者重伤3人以上，或者轻伤9人以上，或者重伤2人、轻伤3人以上，或者重伤1人、轻伤6人以上的；

(二) 造成经济损失30万元以上的；

(三) 造成恶劣社会影响的；

(四) 其他致使公共财产、国家和人民利益遭受重大损失的情形。

具有下列情形之一的，应当认定为刑法第三百九十七条规定的"情节特别严重"：

(一) 造成伤亡达到前款第（一）项规定人数3倍以上的；

(二) 造成经济损失150万元以上的；

(三) 造成前款规定的损失后果，不报、迟报、谎报或者授意、指使、强令他人不报、迟报、谎报事故情况，致使损失后果持续、扩大或者抢救工作延误的；

(四) 造成特别恶劣社会影响的；

(五) 其他特别严重的情节。

第二条 国家机关工作人员实施滥用职权或者玩忽职守犯罪行为，触犯刑法分则第九章第三百九十八条至第四百一十九条规定的，依照该规定定罪处罚。

国家机关工作人员滥用职权或者玩忽职守，因不具备徇私舞弊等情形，不符合刑法分则第九章第三百九十八条至第四百一十九条的规定，但依法构成第三百九十七条规定的犯罪的，以滥用职权罪或者玩忽职守罪定罪处罚。

第三条 国家机关工作人员实施渎职犯罪并收受贿赂，同时构成受贿罪的，除刑法另有规定外，以渎职犯罪和受贿罪数罪并罚。

第四条 国家机关工作人员实施渎职行为，放纵他人犯罪或者帮助他人逃避刑事处罚，构成犯罪的，依照渎职罪的规定定罪处罚。

国家机关工作人员与他人共谋，利用其职务行为帮助他人实施其他犯罪行为，同时构成渎职犯罪和共谋实施的其他犯罪共犯的，依照处罚较重的规定定罪处罚。

国家机关工作人员与他人共谋，既利用其职务行为帮助他人实施其他犯罪，又以非职务行为与他人共同实施该其他犯罪行为，同时构成渎职犯罪和其他犯罪的共犯的，依照数罪并罚的规定定罪处罚。

第五条 国家机关负责人员违法决定，或者指使、授意、强令其他国家机关工作人员违法履行职务或者不履行职务，构成刑法分则第九章规定的渎职犯罪的，应当依法追究刑事责任。

以“集体研究”形式实施的渎职犯罪，应当依照刑法分则第九章的规定追究国家机关负有责任的人员的刑事责任。对于具体执行人员，应当在综合认定其行为性质、是否提出反对意见、危害结果大小等情节的基础上决定是否追究刑事责任和应当判处的刑罚。

第六条 以危害结果为条件的渎职犯罪的追诉期限，从危害结果发生之日起计算；有数个危害结果的，从最后一个危害结果发生之日起计算。

第七条 依法或者受委托行使国家行政管理职权的公司、企业、事业单位的工作人员，在行使行政管理职权时滥用职权或者玩忽职守，构成犯罪的，应当依照《全国人民代表大会常务委员会关于〈中华人民共和国刑法〉第九章渎职罪主体适用问题的解释》的规定，适用渎职罪的规定追究刑事责任。

第八条 本解释规定的“经济损失”，是指渎职犯罪或者与渎职犯罪相关联的犯罪立案时已经实际造成的财产损失，包括为挽回渎职犯罪所造成损失而支付的各种开支、费用等。立案后至提起公诉前持续发生的经济损失，应一并计入渎职犯罪造成的经济损失。

债务人经法定程序被宣告破产，债务人潜逃、去向不明，或者因行为人的责任超过诉讼时效等，致使债权已经无法实现的，无法实现的债权部分应当认定为

渎职犯罪的经济损失。

渎职犯罪或者与渎职犯罪相关联的犯罪立案后，犯罪分子及其亲友自行挽回的经济损失，司法机关或者犯罪分子所在单位及其上级主管部门挽回的经济损失，或者因客观原因减少的经济损失，不予扣减，但可以作为酌定从轻处罚的情节。

第九条　负有监督管理职责的国家机关工作人员滥用职权或者玩忽职守，致使不符合安全标准的食品、有毒有害食品、假药、劣药等流入社会，对人民群众生命、健康造成严重危害后果的，依照渎职罪的规定从严惩处。

第十条　最高人民法院、最高人民检察院此前发布的司法解释与本解释不一致的，以本解释为准。

第十三章　玩忽职守罪证据结构

第一节　玩忽职守罪概述

根据刑法第三百九十七条的规定，玩忽职守罪是指国家机关工作人员严重不负责任，不履行或者不认真履行职责，致使公共财产、国家和人民利益遭受重大损失的行为。据此概念，此罪的基本特征如下：

一、主体特征

玩忽职守罪的主体系特殊主体，即国家机关工作人员。非国家机关工作人员不能构成此罪。

从现行刑法规定和司法解释看，国家机关工作人员的范围尚无明确的规定。法学界、司法界对此也有争议。争议的焦点是何谓国家机关及国家机关的范围。笔者认为，界定国家机关时不能狭义地将其等同于国家机构，应从我国基本的政治制度和国情出发，去确定国家机关的范围。根据宪法的规定，中国共产党是我国的执政党，“人民行使国家权力的机关是全国人民代表大会和地方各级人民代表大会”、“国家行政机关、审判机关、检察机关都由人民代表大会产生，对它负责，受它监督”。此外，宪法还规定，“中国共产党领导的多党合作和政治协商制度将长期存在和发展”，“人民依照法律规定，通过各种途径和形式，管理国家事务，管理经济和文化事业，管理社会事务。”为此，宪法在表述国家的管理机关时，并未使用“国家机构”这个概念，而是表述为“一切国家机关”。笔者理解，这里涵括了国家机构以外的其他机关。这样，国家机关的范围应包括：党的领导机关，国家权力机关，政协机关，行政机关，审判机关，检察机关，工、青、妇团体机关。确切地讲，党的领导机关、国家权力机关、政协机关、行政机关、审判机关、检察机关系纯正的国家机关，工、青、妇团体机关为准国家机关。在上述国家机关中从事公务的人员为国家机关工作人员。这样划分和界定，一有宪法依据，二符合我国国情，三遵从了国家政治生活中的惯例。例如，在国家的一系列廉政规章中，就均将政协、工、青、妇等机关列为国家机关，且其工作人员也均享受国家公务员待遇和进行管理。

如果说前面所述系对国家机关工作人员的母体——国家机关所作的界定，那么如何去界定其个体——工作人员身份呢？随着国家人事制度改革的不断深化，

干部——这个国家机关工作人员的身份已被公务员所替代，国家公务员、法官、检察官、警官成为纯正的国家机关工作人员。但由于国家机关内存在选举制、委任制、聘任制三种产生形式，故有些不具有国家公务员身份，但系受国家机关聘任并依法从事公务的人员，也应视为国家机关工作人员。其中包括聘任人员和合同制人员。就这两类人员而言，最高人民检察院曾作过两则司法解释：(1) 2000年10月9日最高人民检察院在《关于合同制民警能否成为玩忽职守罪主体问题的批复》中规定，“根据刑法第九十三条第二款的规定，合同制民警在依法执行公务期间，属其他依照法律从事公务的人员，应以国家机关工作人员论。对合同制民警在依法执行公务活动中的玩忽职守行为，符合刑法第三百九十七条规定的玩忽职守罪的构成条件的，依法以玩忽职守罪追究刑事责任。”(2) 2000年10月31日最高人民检察院在《关于属工人编制的乡（镇）工商所所长能否依照刑法第三百九十七条的规定追究刑事责任问题的批复》中规定，“根据刑法第九十三条第二款的规定，经人事部门任命，但为工人编制的乡（镇）工商所所长，依法履行工商行政管理职责时，属其他依照法律从事公务的人员，应以国家机关工作人员论。如果玩忽职守，致使公共财产、国家和人民利益遭受重大损失，可适用刑法第三百九十七条的规定，以玩忽职守罪追究刑事责任。”最高人民法院2003年11月13日印发的《全国法院审理经济犯罪案件工作座谈会纪要》对国家机关工作人员的认定统一了认识，“刑法中所称的国家机关工作人员，是指在国家机关中从事公务的人员，包括在各级国家权力机关、行政机关、司法机关和军事机关中从事公务的人员。根据有关立法解释的规定，在依照法律、法规规定行使国家行政管理职权的组织中从事公务的人员，或者在受国家机关委托代表国家行使职权的组织中从事公务的人员，或者虽未列入国家机关人员编制但在国家机关中从事公务的人员，视为国家机关工作人员。在乡（镇）以上中国共产党机关、人民政协机关中从事公务的人员，司法实践中也应当视为国家机关工作人员”。根据以上规定，国家机关工作人员应包括以下几类人员：

1. 党的领导机关工作人员。即乡镇以上各级党委领导机构的工作人员。

2. 国家权力机关工作人员。即县以上各级人民代表大会会议期间的代表人员及其闭会期间的常务委员会成员及工作人员。

3. 政协机关工作人员。即县以上各级政治协商会议常务委员会成员及工作人员。

4. 行政机关工作人员。即乡、镇以上各级政府机构的工作人员。

5. 审判机关工作人员。即各级人民法院的法官及其他工作人员。

6. 检察机关工作人员。即各级人民检察院的检察官及其他工作人员。

7. 团体机关工作人员。即县以上各级工会、共青团、妇联机关的工作人员。

8. 国家机关委派、聘任人员。即国家机关委派到非国家机关依法从事公务的人员和国家机关依法聘任的从事管理公务的人员。

对上述人员，应视为具有玩忽职守罪主体资格，如果其行为等要件符合玩忽职守罪的构成条件，应依法以玩忽职守罪追究刑事责任。

二、客体特征

玩忽职守罪是渎职罪中的代表性罪名。其侵害的客体目前在各类著述中表述不尽一致，但归纳起来看，其客体特征主要有三点：一是侵害了国家机关的正常管理活动。即其渎职行为破坏了国家机关的正常管理制度，使管理活动失范。二是侵害了国家机关工作人员的工作责任制度，破坏了国家机关工作人员廉政勤政建设要求，使职务行为失范。如公务员法第十二条中明确规定“按照规定的权限和程序认真履行职责，努力提高工作效率”，是“公务员应当履行”的义务之一。第五十三条规定，公务员不得有“玩忽职守贻误工作”行为。因此，玩忽职守罪在侵害国家机关正常管理活动的同时，还侵害了国家机关工作人员的职务勤政性规定。三是玩忽职守罪的危害结果，还直接侵害了公民的人身权利及公共财产权利、私有财产权利等。为此，玩忽职守罪侵害的客体是较为复杂的。

从上述三个特征可以看出国家机关工作人员的工作职责，是玩忽职守罪侵害客体的本质性特征。只有这一本质特征受到侵害，即“职守”遭到侵害，国家机关的正常管理活动和其他客体才能得以受损。为此，笔者认为，玩忽职守罪侵害的直接客体在于“职守”，这也是此罪同类客体和复杂客体形成的源头性、本质性客体。故玩忽职守罪侵害的客体系复杂客体，其直接客体是国家机关工作人员的工作职责。

三、主观特征

玩忽职守罪的主观特征表现为，一般是过失，个别情况下也可以是间接故意。这是当前法学界的通常观点。

过失，作为玩忽职守罪主观方面的一般性特征，具有四个条件：一是行为人客观上具有应当预见的义务。即行为人的岗位职责要求行为人对其不履行或者不认真履行职责的行为可能发生致使公共财产、国家和人民利益遭受重大损失的结果，具有应当预见的义务。二是行为人对其行为可能发生致使公共财产、国家和人民利益遭受重大损失的结果，在主观认识上有能力预见，在客观上也能够预见。三是行为人在具有应当预见义务和能够预见的前提下，由于疏忽大意而没有预见，或者已经预见而轻信能够避免。也就是说，行为人主观上具有疏忽大意的过失或者过于自信的过失。四是行为人的主观过失，是对其行为的可能性结果的认识过失。即其主观上不是希望结果发生，而是对其行为的可能性结果，没有预

见发生或者轻信能够避免发生。也就是说，行为人的主观意志与客观结果是相背离的。因此，玩忽职守罪不存在犯罪目的，行为人可以是故意违反有关职责、规章和制度，但绝不是有目的地希望结果发生。

在主观方面表现为放任性间接故意的玩忽职守犯罪，在实践中也偶有发生。由于间接故意与过于自信的过失有着本质的区别，因此，在主观上具有以下两个特点：一是行为人对其不履行职责的行为能够引发致使公共财产、国家和人民利益遭受重大损失的结果，在主观认识上具有明知。二是行为人在主观上对结果的发生持放任心理，而不是轻信能够避免。这种情况，一般发生在不履行职责、徇私舞弊、紧急避险不当等类型的玩忽职守犯罪中。由于间接故意容易与过于自信的过失相混淆，实践中应注意把握其本质特征，将二者有效地加以区分，以正确地适用刑罚。

四、客观特征

刑法第三百九十七条第一款，对玩忽职守罪的客观行为特征未作具体表述，仅以罪名简单地予以概括。为此，最高人民检察院在《渎职侵权立案标准》中对玩忽职守罪的罪状作了较为具体的描述。即“玩忽职守罪是指国家机关工作人员严重不负责任，不履行或者不认真履行职责，致使公共财产、国家和人民利益遭受重大损失的行为”。从上述概念可以看出，玩忽职守罪的客观特征有两个重要特点。

一是行为上的背职性。即行为人的行为系对工作严重不负责任的背职行为。国家机关工作人员，无论职务高低、业务有别、岗位不同，均有各自的工作职责。我国宪法就明确规定，一切国家机关“实行工作责任制”。因此，忠于职守，认真履行职责，是宪法和法律对国家机关工作人员的普遍要求。此类普遍性要求，在理论上称作国家机关工作人员的一般职责。国家根据国家机关的不同职能、业务分工，通过法律或行政法规或部委规章，对不同的国家机关的不同的工作人员，也制定了一些有针对性和特色性的职责义务规定。而且，各级国家机关针对单位内部的业务、岗位分工，也都制定了相应的更加具体的岗位职责。这些岗位职责中，体现了不同行业、不同职务、不同业务的具体职责。这样，一般职责和岗位职责就构成了国家机关工作人员完整的工作职责。从工作职责的产生情况看，主要有法定职责、行政职责、授权职责、公认职责四种类型。法定职责，是指国家法律、行政法规、地方法规中依法规定的国家机关工作人员的职务性、规范性职责义务。行政职责，是指由机关单位或上级单位为贯彻法定职责而对本行业、本系统、本单位岗位人员所做出的行政性职责规定。授权职责，是指上级授予下属长期或临时性的某些权力、责任和义务。公认职责，是指某些职责虽未明确规定，但系在单位内部长期以来形成的、实际工作中履行的，并被单位成员公认的习惯性职权和责任。玩忽职守，就是对上述职务规范的背离和侵害。因此，背职性是其重要的行为特点。根据《渎职侵权立案标准》的规定，玩忽职守罪背职性行为主要形式有两种：一是不履行职责；二是不认真履行职责。按照通常的观点，“不履行职责”是指行为人违背职责要求，应为而不为、当作而不作的行为，如放弃职守、擅离职守等。“不认真履行职责”是指行为人在履行职责过程中，没有严肃对待、严格履行应尽的职责，或马马虎虎或粗心大意或草率从事或敷衍了事等不恪尽职守的行为。无论是不作为的“不履行职责”，还是作为的“不认真履行职责”，均系玩忽职守行为的客观表现形式。符合上述两种特征的行为，即构成了玩忽职守罪的行为要件。

二是结果上的严重性。玩忽职守罪系结果犯。只有产生了一定的危害后果才能构成犯罪。根据刑法的规定，这一结果必须是“致使公共财产、国家和人民利益遭受重大损失”。也就是说，结果必须达到一定的严重性，玩忽职守罪才能得以成立。那么，何谓“重大损失”呢？为此，最高人民法院、最高人民检察院在《关于办理渎职刑事案件适用法律若干问题的解释（一）》（以下简称《渎职罪解释》）中作了具体的规定：

“国家机关工作人员滥用职权或者玩忽职守，具有下列情形之一的，应当认定为刑法第三百九十七条规定的‘致使公共财产、国家和人民利益遭受重大损失’：

（一）造成死亡1人以上，或者重伤3人以上，或者轻伤9人以上，或者重伤2人、轻伤3人以上，或者重伤1人、轻伤6人以上的；

（二）造成经济损失30万元以上的；

（三）造成恶劣社会影响的；

（四）其他致使公共财产、国家和人民利益遭受重大损失的情形。

具有下列情形之一的，应当认定为刑法第三百九十七条规定的‘情节特别严重’：

（一）造成伤亡达到前款第（一）项规定人数3倍以上的；

（二）造成经济损失150万元以上的；

（三）造成前款规定的损失后果，不报、迟报、谎报或者授意、指使、强令他人不报、迟报、谎报事故情况，致使损失后果持续、扩大或者抢救工作延误的；

（四）造成特别恶劣社会影响的；

（五）其他特别严重的情节。”

该解释还规定，“经济损失，是指渎职犯罪或者与渎职犯罪相关联的犯罪立案时已经实际造成的财产损失，包括为挽回渎职犯罪所造成损失而支付的各种开

支、费用等。立案后至提起公诉前持续发生的经济损失，应一并计入渎职犯罪造成的经济损失。债务人经法定程序被宣告破产，债务人潜逃、去向不明，或者因行为人的责任超过诉讼时效等，致使债权已经无法实现的，无法实现的债权部分应当认定为渎职犯罪的经济损失。渎职犯罪或者与渎职犯罪相关联的犯罪立案后，犯罪分子及其亲友自行挽回的经济损失，司法机关或者犯罪分子所在单位及其上级主管部门挽回的经济损失，或者因客观原因减少的经济损失，不予扣减，但可以作为酌定从轻处罚的情节。”

为此，国家机关工作人员不履行或者不认真履行职责，致使公共财产、国家和人民利益遭受上述损失标准之一的，即构成“重大损失”，具备了玩忽职守罪的结果要件。相反，虽然有渎职行为，但损失结果达不到上述标准，或未造成损失结果的，则不能构成玩忽职守罪。

综上，行为上的背职性和结果上的严重性，既是玩忽职守罪客观方面的本质特征，也是此罪的两个必备客观要件，二者相互联系，缺一不可。

玩忽职守罪的上述四个特征，是玩忽职守犯罪构成的基本条件。在把握其本质特征的基础上，实践中要注意将玩忽职守罪与滥用职权罪、与工作失误认真地加以区别。

1. 玩忽职守罪与滥用职权罪的区别。玩忽职守罪和滥用职权罪均是刑法第三百九十七条第一款规定的罪名。二者的相同点是，主体相同，客体相同，结果相同。区别点主要是行为特征不同。玩忽职守罪的行为特征，是“严重不负责任，不履行或者不认真履行职责”；滥用职权罪的行为特征，是“超越职权，违法决定、处理其无权决定、处理的事项，或者违反规定处理公务”。从上述各自的行为特征中可以看出，二者一个是“失职”，另一个是“越权”。“失职”的表现是不履行或者不认真履行应尽的职责；“越权”的表现是超越职权、擅权行事。这里，在主观罪过和作为、不作为方式上，二者虽也有些微差异，但均不是其本质区别，行为的表现形式才是二者的根本区别点。

2. 玩忽职守罪与工作失误的区别。由于工作失误往往也会造成重大损失，将其与玩忽职守犯罪认真地加以区别，对惩处渎职、保护改革和创新具有积极的意义。从二者的主要区别看，一是二者的主观预见能力不同。玩忽职守罪要求行为人对其行为结果具有应当预见的义务和能够预见的能力及条件。而工作失误则表现为，行为人对其“失误结果”具有一定的不可预见性和不能预见性。二是二者的行为性质不同。玩忽职守行为是一种渎职性行为，而工作失误则表现为忠于职守，是一种尽职性行为。三是二者的职责要求不同。玩忽职守行为系背职性行为，其职责要求具有明确性的特点。而工作失误则往往表现为职责要求不明确，是一种实验性、允许性行为。四是二者的结果特点不同。玩忽职守罪的结果是其渎职行为的必然结果，它具有必然性和可避免性。而工作失误则是一种风险性结果。风险性决定了结果的偶然性。为此，二者无论在主观上还是客观上，都有着本质的区别。

第二节　玩忽职守罪的主体证据

玩忽职守罪的主体证据，是藉以证明行为人具有玩忽职守罪主体资格的证据。根据刑法的规定，此罪主体系国家机关工作人员，故其主体证据应由行为人的自然人情况证据和国家机关工作人员身份证据两部分组成。

一、自然人情况证据

自然人情况证据是指证明行为人年龄、性别、民族、出生地、居住地及家庭成员状况等自然情况的证明材料。如：

1. 身份证明。即《居民身份证》等个人自然情况证明。

2. 户籍证明。即户籍所在地公安机关出具的行为人家庭户籍状况证明等。

3. 居住证明。即居住地或工作地相关管理部门出具的行为人居住情况证明等。

4. 违法记录。即有关单位出具的行为人曾因违法违纪受到处罚、处分等情况证明。

二、国家机关工作人员身份证据

国家机关工作人员身份证据，是指证明行为人具有国家机关工作人员身份资格的证明材料。如：

1. 供职证据。即证明行为人在党的领导机关、国家权力机关、行政机关、政协机关、审判机关、检察机关等国家机关中的任职证明材料，如任命书、聘任书、职务级别、工作简历证明等。

2. 委派证据。即证明行为人系受国家机关委派到非国家机关的单位从事公务的证明材料。如委派通知、委派决定等相关文件等。

3. 公务证据。即证明行为人在某一国家机关所从事的某项具体的公共事务的证明材料。如：负责、承办、分工某项公务的人证、书证等证明材料。

证明意义：玩忽职守罪的主体与滥用职权罪相同，故其主体证据和证明意义二者要求是一致的。需要引起注意的是，主体证据是此罪的必要要件证据，其既是定罪的主要证据，也是检察机关是否具有管辖权的重要依据。一是应注意国家机关工作人员与国家工作人员的区别，防止误将国家工作人员混同于国家机关工作人员；二是应注意依照法律、法规规定行使国家行政管理组织中从事公务的人

员与依照法律从事公务的人员的区别，防止误将依照法律从事公务的人员混同于国家机关工作人员；三是应注意受国家机关委托代表国家机关行使职权的组织中从事公务的人员与受国有单位委派到非国有单位从事公务的人员的区别，防止误将受国有单位委派到非国有单位从事公务的人员混同于国家机关工作人员；四是应注意虽未列入国家机关编制但在国家机关中从事公务的人员与在国家机关中从事劳务的人员的区别，防止误将在国家机关中从事劳务的人员混同于国家机关工作人员。要牢牢把握"国家机关"、"行政管理"、"代行职权"、"从事公务"这几个关键词。要用证据证明行为人工作单位或委托单位的性质、从事职业性质和行使职权性质，防止出现管辖不当、违法侦查问题。要坚决防止在侦查中重行为证据收集、轻主体证据收集的现象，以保证合法侦查，准确定罪。

第三节　玩忽职守罪的行为证据

玩忽职守罪的行为证据，是藉以证明行为人具有对工作严重不负责任，不履行或者不认真履行职责行为的证据。根据刑法的规定，此组证据由职责义务证据、不履行职责证据和不认真履行职责证据三部分组成。

一、职责义务证据

职责义务证据，是指证明行为人负有并应当正确履行的职责、义务的证据。鉴于国家机关工作人员的一般职责，系原则性、指导性职责，它属于常识性和法官应知性事实，故根据"常识不必证明"的诉讼证据原则，像宪法和公务员法等法律中的原则性职责规定，可以不作为证据予以收集。职责义务证据的重点，是行为人侵害的直接对象——岗位职责。根据岗位职责的特点，实践中主要有以下几种职责义务证据：

1. 法定职责证据。即国家法律、行政法规及地方法规中有关各类国家机关工作人员岗位职责义务的规定。如：行政监察法关于监察机关工作人员职责义务、公路法关于交通管理机关工作人员职责义务、防洪法关于水利机关工作人员职责义务的规定和《煤矿安全监察条例》关于煤矿安全监察机关工作人员职责义务的规定等。

2. 行政职责证据。即由上级国家机关或本级国家机关制定的系统性、行业性、行政性职责义务规定。如：行业性职责规范、职业性职责规章、岗位性职责规定等。

3. 授权职责证据。即证明上级授予下属长期或临时性的某些权力、责任和义务的证据。如：与派遣任务、分工等相关的授权性文件、记录等书证，授权人证言、知情人证言及行为人陈述等证明材料。

4. 公认职责证据。即证明行为人在本单位具有某种公认性、惯例性职权责任的证据。如：行为人惯例性履行职责的书证、人证，能够体现和反映行为人具有公认性职责的本单位的代表性证人证言、相关单位人员的证人证言及行为人陈述等证明材料。

证明意义：根据刑法的规定，违反相应的职责义务是构成玩忽职守罪的前提条件。行为人的职责义务证据，则是证明行为人负有某项职责义务的事实依据。无论是法规性证据，还是知情性证据，均应收集在案，以支持行为人“职守”的客观存在。在法定职责中，除“常识不必证明”的以外，其他职责义务证据，尤其是专业性较强、岗位特点突出的职责义务证据，必须予以收集。虽然，在此类证据中也不乏一些法规证据，但由于它并非为一般人所知，也不是法官必须通晓之事，因此也应收集到案，以作为行为人应负职责义务的事实佐证。实践中，侦查人员忽视此类证据的现象还有存在，以已知替代证明的观念亦有存在。故在司法实践中，对玩忽职守罪的认定，应在强化“职守”这一刑法要件的同时，进一步增强证明“职守”的证据观念，及时收集、认真审查、正确判断这一证据，以保证证据的系统性和完整性，正确及时地惩处犯罪。

二、不履行职责证据

不履行职责证据，是指证明行为人在应当正确履行其职责义务时违反职责规定不予履行职责义务的证据。其中包括：

1. 职责行为对象证据。即证明行为人具有应当去履行职责义务的客观公务事实证据。

2. 不履行职责的行为表现证据。即证明行为人在应当履行职责义务的客观公务事实面前，具有放弃职守、擅离职守等不作为事实的证据。

3. 行为人实际作为的事实证据。即证明行为人在未履行职责义务时的实际行为事实证据。

证明意义：“不履行职责”是玩忽职守犯罪行为中的一种重要行为方式，也是其对工作严重不负责任的一种重要表现形式。而这种“当为而不为，应作而不作”的前提条件，是在客观上存在着行为人“应当作为”的公务事实。而公务事实作为一种职责对象是客观存在的，它是具有公共性、管理性的某项事务，既是具体的也是可认识的。故它是判断行为人应当正确履行其职责义务的决定性事实因素。为此，通过大量证据去证实这一公务事实的客观存在，是正确认定玩忽职守行为的重要依据。而不履行职责的行为表现证据，则是证明行为人不作为的事实依据。但是，行为人“当为而不为”、“应作而不作”时他去做什么了？行为人在不作为背后的实际作为，就成为证明行为人不作为的关键铁证。为此，司法实践中，要注意将这三组证据紧密地联系起来，它们之间的相互依存构成了“不作为”行为的证据链条。也只有在“不作为”证据链条完整准确的情况下，

才能正确认定行为人具有“不履行职责”的行为。这不仅是正确适用刑法的要求，也是保证刑事诉讼顺利进行的要求。

三、不认真履行职责证据

不认真履行职责证据，是指证明行为人在履行职责时具有敷衍、草率等不恪尽职责行为的事实证据。主要有：

1. 职责行为对象证据。即证明行为人具有应当正确履行职责义务的公务事实证据。

2. 职责缺陷事实证据。即证明行为人在履行职责义务时，具有敷衍、草率等职责缺陷的事实证据。

证明意义：“不认真履行职责”与“不履行职责”一样，都客观存在着其应当正确履行职责行为的对象，即公务事实。全面收集此类证据，对正确认识和准确辨析行为人履行职责是否严肃认真具有重要的作用。如果说“不履行职责”的特点是职责的放弃性，那么，“不认真履行职责”则表现为职责的缺陷性。因为，“不认真履行”不是不履行，而是不完全、不正确地履行。也就是说是在履行职责时履行不到位、履行有缺陷。因此，职责缺陷证据是认定行为人具有不认真履行职责行为的关键证据。而且，职责缺陷作为一种客观事实，其缺陷程度也直接关系到行为人履行职责的不认真程度，是判断是否严重不负责任的重要依据。全面收集和审慎对待此类证据是正确执法的必然要求。

第四节　玩忽职守罪的结果证据

玩忽职守罪的结果证据，是指藉以证明由于行为人玩忽职守而导致公共财产、国家和人民利益遭受重大损失结果发生的证据。根据刑法和“两高”《渎职罪解释》的规定，此罪主要有人员伤亡、经济损失和恶劣社会影响三种类型的损失结果，故此罪的结果证据亦主要有以下三种类型：

1. 人员伤亡结果证据。即证明由于行为人玩忽职守而导致发生重大人员伤亡结果的证据。如：伤亡现场勘查笔录、死亡证明书、法医死因鉴定书、伤情鉴定书及与之相关的其他证据材料。

2. 经济损失证据。即证明与行为人玩忽职守行为有直接因果关系而造成的财产损毁、减少的实际价值的证据。如：证明原财产价值的账目、票据等书证、资产评估机构出具的资产评估报告书、物价鉴定机构出具的涉案物品价格鉴定书、司法会计鉴定书等与之相关的其他证据资料。有事故现场的应有现场勘查笔录等相关证据资料。如系伴有人员伤亡的，还应有：（1）人身伤亡支出费用证明材料：包括医疗费用（含护理费用）、丧葬及抚恤费用、补助及救济费用的证

明材料；(2) 善后处理费用的证明材料：包括处理事故的事务性费用、现场抢救费用、清理现场费用、事故罚款和赔偿费用的证明材料。如系被其他犯罪所侵害，如被盗、被诈骗等，应有公安机关的相关法律文件予以佐证。如造成公司、企业停产、破产或严重亏损，应有相关主管单位的文件、报告等书证。除上述客观证据外，知悉结果发生的人证亦应收集到案。

3. 恶劣社会影响证据。即证明由于行为人玩忽职守对国家声誉造成严重损害或者造成恶劣社会影响的证据。如证明引发社会矛盾的报告、情况反映、文件、报道等书证、相关单位的调查报告、相关的国际动态资料等。

证明意义：根据刑法的规定，玩忽职守罪系结果犯，只有导致严重的损害结果发生，行为人才能构成玩忽职守罪。如果行为人没有导致损害结果发生，尽管具有玩忽职守行为，也不能构成此罪。因此，结果证据在玩忽职守罪的证据系统中，有着至关重要的作用，它直接关系到罪与非罪的界限。其“重大损失”和“情节特别严重”的标准与滥用职权罪相同。关于恶劣社会影响，司法实践中是个较难操作的问题。但有一点应当明确，“造成恶劣社会影响”，应是一种客观存在的事实，不是抽象的想象，更不是领导人一个批示就能决定的。对此亦应有相关证据予以支持。国家声誉受损也好，社会影响恶劣也好，都会由不同的渠道反映出来，而这些情况反映作为一种社情动态，是能够反映出其严重程度和恶劣程度的。幻想制定一个硬性标准去加以衡量是不现实的。为此，对以此单独作为结果条件的案件，必须认真收集各类证据予以佐证，以保证定罪的准确和证据系统的完整。总之，认真收集、审慎辨析损害结果证据，对于准确定罪，正确区分罪与非罪界限以及正确地适用刑罚，具有十分重要的意义。它既是刑法规范的要求，也是公正高效地进行刑事诉讼的必然要求。

第五节　玩忽职守罪的主观证据

玩忽职守罪的主观证据，是指藉以证明行为人对其玩忽职守行为所导致的损害结果，在主观上具有疏忽大意、过于自信或放任发生心理态度的事实证据。鉴于此罪主观罪过形式的不同，此罪的主观证据亦有疏忽大意过失证据、过于自信过失证据和间接故意主观证据三种类型。

一、疏忽大意过失证据

疏忽大意过失证据，是指证明行为人在主观上具有疏忽大意心理态度的事实证据。主要包括：

1. 应当预见的义务证据。即证明行为人对其玩忽职守行为的结果具有应当预见义务的证据。对此，主要从职责义务证据与行为对象事实证据中予以反映和归纳。

2. 能够预见的条件证据。即证明行为人在责任能力上和结果发生的客观现象上，具有预见的能力和条件的事实证据。这一证据，亦能够从主体证据和行为、结果证据中得到反映，但应注意收集结果发生迹象证据、行为人信息获知证据、处置态度证据等反映行为人能够预见的客观条件证据。

3. 疏忽大意的心理证据。即证明行为人对其行为可能产生的危害结果，持疏忽大意心理态度的事实证据。作为一种心理态度，其对“职守”及职守对象的认识和导致不作为的心理反映，其外在现象主要体现在行为人的言行事实上。如：反映行为人对其“职守”及职守对象的麻木不仁、无所用心、马虎疏漏、敷衍应付等心理活动的言行表现证据。这些情况需要从相应的言词证据和物证、书证中予以综合与辨析。

证明意义：疏忽大意的过失，是玩忽职守罪中较常见的一种主观形态。上述三组证据是反映行为人主观上具有疏忽大意过失的必要证据，它们相互联系，缺一不可。这是此罪主观要件所决定的。应当预见义务证据，是此种罪过主观证据的基础，行为人如不负有应当预见的义务，就不能构成此罪。而负有应当预见的义务，就需要有相应的证据予以支持。能够预见的条件证据，是此种罪过形式的前提性证据。因为，即使行为人负有应当预见的义务，但他不具有能够预见的能力和客观条件，也不能构成此种犯罪。就一般情况而言，一个正常的国家机关工作人员是具备预见能力的。因此，能够预见的客观条件在此类过失中就显得尤为重要。这不仅是认定此种过失的重要条件，也是区分过失与意外的主要标志。如果客观条件系不能预见的原因，如自然灾害等，就不能构成主观过失。为此，此类证据是证明行为人具有主观过失的前提性证据。只有具备了这一客观前提，过失才能成立。疏忽大意的心理证据，是此种过失的关键证据。这是此种过失的个性特征所决定的。漠不关心也好，麻木不仁也好，行为人在心理表现上并不是过于自信，更不是希望或放任结果的发生。它既决定着疏忽大意过失的成立与否，也严格区别于过于自信过失和故意心理。为此，一方面要积极收集此类证据，以支持疏忽大意的成立；另一方面要认真辨析证据，找出反映行为人疏忽大意这一突出特点的标志性证据，严防似是而非和混淆主观条件，以正确地辨析过失形态，划清罪与非罪界限，准确地适用刑罚。

二、过于自信过失证据

过于自信过失证据，是指证明行为人在主观上具有过于自信心理态度的事实证据。主要包括：

1. 应当预见的义务证据。即证明行为人对其玩忽职守行为的结果具有应当预见义务的证据。

2. 已经预见的事实证据。即证明行为人对其玩忽职守行为的结果已经预见的事实证据。如：对结果可能发生的认识证据、获知证据等。

3. 过于自信的心理证据。即证明行为人对其行为可能产生的危害结果，持轻信能够避免心理态度的事实证据。如证明行为人轻信内容、自信避免行为表现的证人证言、物证、书证、行为人陈述等证据材料。

证明意义：过于自信过失与疏忽大意过失的相同点，是它们均要求行为人具有应当预见的义务。而这种义务是客观存在的，行为人在主观上也是明知的。为此，这类证据构成了证明行为人具有主观过失的事实基础。在这一前提下，过于自信过失要求行为人在主观上对其行为可能产生的结果具有已经预见的条件。这里，已经预见的对象是结果产生的可能性，已经预见的主观表现是对可能性结果已有认识或已经获知。应当说这是行为人的一种主观认识活动。而作为一种对客观事物的认识活动，则必然要通过某些言行表现来予以反映。为此，反映行为人已经预见的事实就成为至关重要的证据。这一方面决定着过于自信过失的成立，另一方面也严格区别于其他过失和故意。如疏忽大意过失是没有预见，间接故意是对可能性结果的明知。三者之间在预见上有着本质的不同。而过于自信的心理证据，则是反映行为人在主观上轻信能够避免可能性结果的一种心理现象。这里，轻信的内容、自信的表现、能够避免的认识构成了过于自信心理活动的内因条件和外在表象。而反映这些内因条件和外在表象的证据，就成为判断行为人主观上是否具有过于自信心理活动的事实依据。及时收集、正确运用这些证据，直接关系到此种过失的成立及过失类别的区分。为此，司法实践中一定要摒弃“口供”是“证据之王”的错误观念和只有口供才能反映心理活动的认识误区。要善于通过大量的客观事实去反映行为人的心理态度，并将上述三组证据有机地联系起

来，使之成为支持过于自信过失主观要件成立的证明依据。

三、间接故意主观证据

间接故意的主观证据，是指证明行为人对其玩忽职守行为可能引起的危害结果具有主观明知和放任发生的事实证据。此组证据主要由认识因素证据和意志因素证据两部分组成。

1. 主观认识证据。即证明行为人在主观上对其行为所产生后果的可能性具备明知的证据。如后果可能发生的迹象证据、行为人对某种迹象的获知证据和对结果发生可能性的明确认识证据等。

2. 主观意志证据。即证明行为人在主观上对其行为可能发生的后果具有放任心理的事实证据。如证明行为人对客观存在和明知可能会发生的危害后果所表现的放任自流的处置态度、处置方法及其他不有效防止后果发生的证明材料。

证明意义：间接故意的玩忽职守案件虽不多见，但它作为一种表现形式实践中还是存在的，而且这种主观心态极易与过于自信过失心态相混淆。为此，从证据要求角度讲，应对此类主观特征给予重视，并以间接故意构成条件去审视证据、收集证据。首先，二者的预见要求不同。过于自信的过失主观上要求行为人对其行为的可能性后果具有已经预见的条件，但不排除行为人对后果不会发生也有预见。也就是说两种预见即使同时存在也可以构成过于自信的过失。故有学者将此称为假定性预见，即对假定可能性的预见。间接故意在预见要求上就不同了，刑法的要求是对可能性后果的明知。明知就是明确地知晓，它要比已经预见更加确定、更加清楚和明白。只是由于存在对后果“不会发生”的可能性也有预见，它才区别于对必然性后果的明知。可以说再前进一步，即排除“不会发生”的可能性，它就有可能成为直接故意。其次，二者对后果发生的心态不同。过于自信是轻信可以避免，也就是说它认为可以防止后果发生，不会发生是其主观认识基点。而间接故意则不同，它没有后果不会发生的任何认识表现，“发生是你倒霉，不发生算你命大”是它的基本认识，“发生了也没啥”才是它的意志表现。为此，正确区分二者主观界限的关键在于证据所证明的事实真相。按照刑法理念去收集审查证据，是保证定罪准确、明晰二者界限的必然要求。同时，也是便于司法操作的有效方法。

第六节 玩忽职守罪的情节证据

玩忽职守罪的情节证据，是指藉以证明行为人具有某些影响定罪、量刑情节的事实证据。从司法实践看，影响玩忽职守罪定罪和量刑的情节主要体现在行为和结果之中，而且案件事实的不同，使其能够影响定罪、量刑的情节因素也不尽相同。为此，很难一一概括。现根据有关司法解释提出三类法定情节作为情节证据的必证情节。

1. 重特大损失情节证据。即证明行为人玩忽职守行为的后果具有重大、特大损失情节的证据。主要有人员伤亡数量证据和经济损失数额证据。此证据可从结果证据中予以反映。

2. 徇私舞弊情节证据。即证明行为人在其玩忽职守行为过程中具有徇私舞弊情节的事实证据。如：证明行为人具有徇私动机和客观现象的各类证据，证明行为人实施舞弊行为的各类证据等。

3. "集体研究"情节证据。即证明行为人在玩忽职守决策、实施过程中具有"集体研究"情节事实证据。如反映"集体研究"的提起、研究、决定经过的相关证明材料。

证明意义：情节证据，是证明犯罪情节是否严重、特别严重的事实依据。它既关系到正确地认定犯罪，也关系到正确地适用刑罚。如：

1. 情节特别严重的证据。根据刑法第三百九十七条的规定，滥用职权"情节特别严重的，处三年以上七年以下有期徒刑"。据"两高"《渎职罪解释》具有下列情形之一的，应当认定为"情节特别严重"："（1）造成伤亡达到前款第（一）项规定人数3倍以上的（即造成死亡1人以上，或者重伤3人以上，或者轻伤9人以上，或者重伤2人、轻伤3人以上，或者重伤1人、轻伤6人以上的）；（2）造成经济损失150万元以上的；（3）造成前款规定的损失后果，不报、迟报、谎报或者授意、指使、强令他人不报、迟报、谎报事故情况，致使损失后果持续、扩大或者抢救工作延误的；（4）造成特别恶劣社会影响的；（5）其他特别严重的情节"。为此，认定是否情节特别严重，直接关系正确地适用刑罚，必须有相应的证据予以证明。

2. 徇私舞弊情节证据。徇私舞弊行为是滥用职权和玩忽职守的加重情节。刑法第三百九十七条第二款明确规定，"国家机关工作人员徇私舞弊，犯前款罪的，处五年以下有期徒刑或者拘役；情节特别严重的，处五年以上十年以下有期徒刑"。为此，在查处滥用职权和玩忽职守案件过程中，对有徇私舞弊情节的，务必认真收集、核实相关证据，以保证正确地适用刑罚，严惩徇私舞弊滥用职权

犯罪。

3. “集体研究”情节证据。在渎职犯罪中，“集体研究”既是滥用职权、玩忽职守等渎职行为的一种表象形式，也是行为人为掩饰犯罪、推脱责任使渎职“合理化”的一种手段。“两高”在《渎职罪解释》中明确规定，“以‘集体研究’形式实施的渎职犯罪，应当依照刑法分则第九章的规定追究国家机关负有责任的人员的刑事责任。对于具体执行人员，应当在综合认定其行为性质、是否提出反对意见、危害结果大小等情节的基础上决定是否追究刑事责任和应当判处的刑罚”。因此，实践中应注意收集“集体研究”过程中提议、召集、表决、拍板各环节的情况证据。以正确确定直接负责的主管人员和直接责任人员。公务员法第五十四条规定，“公务员执行公务时，认为上级的决定或者命令有错误的，可以向上级提出改正或者撤销该决定或者命令的意见；上级不改变该决定或者命令，或者要求立即执行的，公务员应当执行该决定或者命令，执行的后果由上级负责，公务员不承担责任；但是，公务员执行明显违法的决定或者命令的，应当依法承担相应的责任。”这里，对明显违法的决定或者命令，除主要决策者、具体实施指挥者应承担责任外，具体实施的直接责任人员并非免责，而应当承担相应的责任。这也是判断承担刑事责任的重要原则。故在收集证据时，既要收集渎职决定或者命令的违法性证据，也要高度重视收集该决定或者命令是否“明显”违法的证据。所谓“明显”，据《现代汉语词典》解释是“清楚地显露着”。其实就是明知故犯。其本质特征是“常识”，也就是常人之识，人人都明白的道理。比如，任何一个警察都知道刑讯逼供是违法的，执行命令的刑讯逼供者即应承担刑讯逼供的责任，直至刑事责任。为此，在收集证据时，无论是讯问犯罪嫌疑人，还是询问证人，均应在笔录中对此有所反映，以正确判断决策者和执行者的相关责任。

附：法律法规

1.《中华人民共和国刑法》（1997年3月14日修订）（节录）

第三百九十七条【滥用职权罪；玩忽职守罪】 国家机关工作人员滥用职权或者玩忽职守，致使公共财产、国家和人民利益遭受重大损失的，处三年以下有期徒刑或者拘役；情节特别严重的，处三年以上七年以下有期徒刑。本法另有规定的，依照规定。

国家机关工作人员徇私舞弊，犯前款罪的，处五年以下有期徒刑或者拘役；情节特别严重的，处五年以上十年以下有期徒刑。本法另有规定的，依照规定。

2. 最高人民法院、最高人民检察院《关于办理渎职刑事案件适用法律若干问题的解释（一）》（2013年1月9日施行）

为依法惩治渎职犯罪，根据刑法有关规定，现就办理渎职刑事案件适用法律的若干问题解释如下：

第一条 国家机关工作人员滥用职权或者玩忽职守，具有下列情形之一的，应当认定为刑法第三百九十七条规定的“致使公共财产、国家和人民利益遭受重大损失”：

（一）造成死亡1人以上，或者重伤3人以上，或者轻伤9人以上，或者重伤2人、轻伤3人以上，或者重伤1人、轻伤6人以上的；

（二）造成经济损失30万元以上的；

（三）造成恶劣社会影响的；

（四）其他致使公共财产、国家和人民利益遭受重大损失的情形。

具有下列情形之一的，应当认定为刑法第三百九十七条规定的“情节特别严重”：

（一）造成伤亡达到前款第（一）项规定人数3倍以上的；

（二）造成经济损失150万元以上的；

（三）造成前款规定的损失后果，不报、迟报、谎报或者授意、指使、强令他人不报、迟报、谎报事故情况，致使损失后果持续、扩大或者抢救工作延误的；

（四）造成特别恶劣社会影响的；

（五）其他特别严重的情节。

第二条 国家机关工作人员实施滥用职权或者玩忽职守犯罪行为，触犯刑法分则第九章第三百九十八条至第四百一十九条规定的，依照该规定定罪处罚。

国家机关工作人员滥用职权或者玩忽职守，因不具备徇私舞弊等情形，不符合刑法分则第九章第三百九十八条至第四百一十九条的规定，但依法构成第三百九十七条规定的犯罪的，以滥用职权罪或者玩忽职守罪定罪处罚。

第三条 国家机关工作人员实施渎职犯罪并收受贿赂，同时构成受贿罪的，除刑法另有规定外，以渎职犯罪和受贿罪数罪并罚。

第四条 国家机关工作人员实施渎职行为，放纵他人犯罪或者帮助他人逃避刑事处罚，构成犯罪的，依照渎职罪的规定定罪处罚。

国家机关工作人员与他人共谋，利用其职务行为帮助他人实施其他犯罪行为，同时构成渎职犯罪和共谋实施的其他犯罪共犯的，依照处罚较重的规定定罪处罚。

国家机关工作人员与他人共谋，既利用其职务行为帮助他人实施其他犯罪，

又以非职务行为与他人共同实施该其他犯罪行为，同时构成渎职犯罪和其他犯罪的共犯的，依照数罪并罚的规定定罪处罚。

第五条　国家机关负责人员违法决定，或者指使、授意、强令其他国家机关工作人员违法履行职务或者不履行职务，构成刑法分则第九章规定的渎职犯罪的，应当依法追究刑事责任。

以“集体研究”形式实施的渎职犯罪，应当依照刑法分则第九章的规定追究国家机关负有责任的人员的刑事责任。对于具体执行人员，应当在综合认定其行为性质、是否提出反对意见、危害结果大小等情节的基础上决定是否追究刑事责任和应当判处的刑罚。

第六条　以危害结果为条件的渎职犯罪的追诉期限，从危害结果发生之日起计算；有数个危害结果的，从最后一个危害结果发生之日起计算。

第七条　依法或者受委托行使国家行政管理职权的公司、企业、事业单位的工作人员，在行使行政管理职权时滥用职权或者玩忽职守，构成犯罪的，应当依照《全国人民代表大会常务委员会关于〈中华人民共和国刑法〉第九章渎职罪主体适用问题的解释》的规定，适用渎职罪的规定追究刑事责任。

第八条　本解释规定的“经济损失”，是指渎职犯罪或者与渎职犯罪相关联的犯罪立案时已经实际造成的财产损失，包括为挽回渎职犯罪所造成损失而支付的各种开支、费用等。立案后至提起公诉前持续发生的经济损失，应一并计入渎职犯罪造成的经济损失。

债务人经法定程序被宣告破产，债务人潜逃、去向不明，或者因行为人的责任超过诉讼时效等，致使债权已经无法实现的，无法实现的债权部分应当认定为渎职犯罪的经济损失。

渎职犯罪或者与渎职犯罪相关联的犯罪立案后，犯罪分子及其亲友自行挽回的经济损失，司法机关或者犯罪分子所在单位及其上级主管部门挽回的经济损失，或者因客观原因减少的经济损失，不予扣减，但可以作为酌定从轻处罚的情节。

第九条　负有监督管理职责的国家机关工作人员滥用职权或者玩忽职守，致使不符合安全标准的食品、有毒有害食品、假药、劣药等流入社会，对人民群众生命、健康造成严重危害后果的，依照渎职罪的规定从严惩处。

第十条　最高人民法院、最高人民检察院此前发布的司法解释与本解释不一致的，以本解释为准。

第十四章　故意泄露国家秘密罪证据结构

第一节　故意泄露国家秘密罪概述

故意泄露国家秘密罪，是指国家机关工作人员或者非国家机关工作人员违反保守国家秘密法，故意使国家秘密被不应知悉者知悉，或者故意使国家秘密超出了限定的范围，情节严重的行为。此罪是1997年刑法修正的罪名，即将原泄露国家秘密罪修正为故意泄露国家秘密罪和过失泄露国家秘密罪，2010年4月29日全国人大常委会又修订了保守国家秘密法。根据刑法和保守国家秘密法的规定，此罪的主要特征如下：

一、主体特征

故意泄露国家秘密罪的主体为一般主体，即达到刑事责任年龄，具备刑事责任能力的自然人。此罪是渎职罪中唯一一个一般主体的罪名。由于国家秘密一般掌握在国家机关工作人员手中，故在一般情况下此罪表现为特殊主体，即国家机关工作人员。也就是一般情况下此罪为特殊主体，个别情况下为一般主体。

二、客体特征

故意泄露国家秘密罪侵害的客体是国家保密制度。保守国家秘密，是维护国家安全和利益，保障改革开放和社会主义建设事业的顺利进行的重要保障。保守国家秘密法第三条明确规定，“一切国家机关、武装力量、政党、社会团体、企业事业单位和公民都有保守国家秘密的义务。任何危害国家秘密安全的行为，都必须受到法律追究。”

此罪的犯罪对象是国家秘密，国家秘密是指关系国家安全和利益，依照法定程序确定，在一定时间内只限一定范围的人员知悉的事项。根据保守国家秘密法第九条规定，“下列涉及国家安全和利益的事项，泄露后可能损害国家在政治、经济、国防、外交等领域的安全和利益的，应当确定为国家秘密：

（一）国家事务重大决策中的秘密事项；

（二）国防建设和武装力量活动中的秘密事项；

（三）外交和外事活动中的秘密事项以及对外承担保密义务的秘密事项；

（四）国民经济和社会发展中的秘密事项；

（五）科学技术中的秘密事项；

（六）维护国家安全活动和追查刑事犯罪中的秘密事项；

（七）经国家保密行政管理部门确定的其他秘密事项。

政党的秘密事项中符合前款规定的，属于国家秘密。”

据此，国家机关工作人员无论是在工作中还是在社会生活中，无论是故意还是过失泄露国家秘密的，均应承担相应的责任。在改革开放的新形势下，应当说保守国家秘密面临着新的挑战。一是广泛的国际交流和人口流动，使敌对势力渗透、窃取国家秘密更为方便；二是计算机的广泛应用、信息技术的高速发展，使信息交流已经没有了时间和空间上的限制，窃密、泄密均呈高科技化。可以说，保守国家秘密的形势十分严峻。我国宪法在“公民的基本权利和义务”一章明确规定，“中华人民共和国公民必须遵守宪法和法律，保守国家秘密”。为此，保守国家秘密是每一个公民的神圣义务。尤其是国家机关工作人员，更应该成为保守国家秘密的执行者、守护者和捍卫者。

三、主观特征

故意泄露国家秘密罪在主观方面表现为故意，即明知自己的行为会发生泄露国家秘密的结果，并且希望或者放任泄密结果的发生。

首先，行为人在主观认识上应具有两个明知：一是对行为对象的明知。即明知泄露的是国家秘密。根据保守国家秘密法的规定，国家秘密的密级分为绝密、机密、秘密三级。绝密级国家秘密是最重要的国家秘密，泄露会使国家安全和利益遭受特别严重的损害；机密级国家秘密是重要的国家秘密，泄露会使国家安全和利益遭受严重的损害；秘密级国家秘密是一般的国家秘密，泄露会使国家安全和利益遭受损害。行为人只有对上述情况具有明知才能构成故意泄露国家秘密罪。二是对行为违法性的明知。即行为人明知自己的行为是一种违法的泄密行为而故意为之。这也是国家机关工作人员的职责义务性明知。故国家机关工作人员实施故意泄露国家秘密的行为，是一种明知故犯行为。

其次，行为人在主观意志上呈现出两种心理表现形式：一种是行为人希望并积极追求泄密结果的发生，如明知是涉密计算机而故意接入互联网泄密；另一种是行为人放任泄密结果发生，如明知其使用的计算机是非涉密计算机，为图方便故意用其处理国家秘密信息而泄密。无论哪一种心态均可构成泄露国家秘密的故意。

此外，此罪的动机多种多样，有贪图私利出卖国家秘密的，有贪图美色非法提供国家秘密的，有碍于情面泄露国家秘密的，有炫耀虚荣泄露国家秘密的，等等。但无论何种动机均能构成此罪。

四、客观特征

故意泄露国家秘密罪在客观方面表现为，行为人违反保守国家秘密法，故意使国家秘密被不应知悉者知悉，或者故意使国家秘密超出了限定的范围，情节严重的行为。根据刑法、保守国家秘密法和最高人民检察院《渎职侵权立案标准》的规定，故意泄露国家秘密罪在客观方面有以下几个特点：

1. 违反保密法规的前提性。此罪在刑法的罪状表述上系引证罪状，即行为人的行为须首先违反保守国家秘密法的规定才能构成此罪。保守国家秘密法对国家秘密的范围和密级、保密制度、监督管理以及法律责任均作了明确的规定。故意泄露国家秘密的行为，必须是违反该法上述有关规定的行为，否则，不能构成此罪。

2. 知悉国家秘密范围的扩大性。即行为人擅自扩大国家秘密的知悉范围，故意使国家秘密被不应知悉者知悉。根据保守国家秘密法的规定，保密事项有四个要素，即国家秘密的名称、密级、保密期限、知悉范围。名称，即国家秘密内容的称呼。密级，即国家秘密的绝密、机密、秘密的定密级别。保密期限，即保密限定时间的界限。根据保守国家秘密法第十五条规定，“国家秘密的保密期限，除另有规定外，绝密级不超过三十年，机密级不超过二十年，秘密级不超过十年。机关、单位应当根据工作需要，确定具体的保密期限、解密时间或者解密条件。”知悉范围，即应当知悉国家秘密的限定人员界限。保守国家秘密法第十六条规定，“国家秘密的知悉范围，应当根据工作需要限定在最小范围。国家秘密的知悉范围能够限定到具体人员的，限定到具体人员；不能限定到具体人员的，限定到机关、单位，由机关、单位限定到具体人员。国家秘密的知悉范围以外的人员，因工作需要知悉国家秘密的，应当经过机关、单位负责人批准。”据此，所谓知悉范围的扩大性，是指知悉国家秘密的人员超出了密级限定范围、保密期限和知悉人员的界限。使以上范围以外的人员知悉国家秘密的行为，即被视为泄密行为。

3. 传递国家秘密手段的非法性。即行为人传递国家秘密的手段违反国家保密法规。从实践中看，传递国家秘密的手段主要有三种，一是口头传递，二是书面传递，三是网络传递。保守国家秘密法规定了三个禁止：一是禁止非法复制、记录、存储国家秘密；二是禁止在互联网及其他公共信息网络或者未采取保密措施的有线和无线通信中传递国家秘密；三是禁止在私人交往和通信中涉及国家秘密。为此，泄密手段的非法性是此罪的突出特征。

4. 泄露国家秘密情节的严重性。根据刑法的规定，此罪系情节犯，即只有达到情节严重的行为才能构成此罪。根据最高人民检察院《渎职侵权立案标准》的规定，“涉嫌下列情形之一的，应予立案：

1. 泄露绝密级国家秘密1项（件）以上的；

2. 泄露机密级国家秘密2项（件）以上的；

3. 泄露秘密级国家秘密3项（件）以上的；

4. 向非境外机构、组织、人员泄露国家秘密，造成或者可能造成危害社会稳定、经济发展、国防安全或者其他严重危害后果的；

5. 通过口头、书面或者网络等方式向公众散布、传播国家秘密的；

6. 利用职权指使或者强迫他人违反国家保守秘密法的规定泄露国家秘密的；

7. 以牟取私利为目的泄露国家秘密的；

8. 其他情节严重的情形。"

随着国家保密法规建设的不断完善，刑法亦增订了一些涉密规定，为正确认定故意泄露国家秘密罪，实践中应注意与以下几个涉密犯罪的区别：

一是故意泄露国家秘密罪与侵犯商业秘密罪的区别。从犯罪对象看，前者泄露的是国家秘密，即关系国家安全和利益，依照法定程序确定，在一定时间内只限一定范围的人员知悉的事项；后者侵犯的是商业秘密，即不为公众所知悉，能为权利人带来经济利益，具有实用性并经权利人采取保密措施的技术信息和经营信息。如果所泄露商业秘密系国家秘密的，应适用故意泄露国家秘密罪。

二是故意泄露国家秘密罪与过失泄露国家秘密罪的区别。二者系同一法条，除主观特征外，其余特征均相一致。为此，二者的关键区别点在于主观罪过的不同。后者是过失犯罪，即对工作严重不负责任，疏忽大意，对可能发生的泄密结果没有预见或者没能避免，其并不希望泄密结果发生。实践中，应对此进行认真的甄别，以正确地认定犯罪。

三是故意泄露国家秘密罪与非法持有国家绝密、机密文件、资料、物品罪的区别。二者不同点甚多，主要是行为特征不同，前者是将国家秘密泄露给他人，或者系自己非法持有。实践中两罪容易相互牵连，泄密者一般也是先持有后泄露。遇此情况，应按照牵连犯的处理原则从一重处理，一般情况下应以故意泄露国家秘密罪定罪处罚。

第二节　故意泄露国家秘密罪的主体证据

故意泄露国家秘密罪的主体证据，是指藉以证明行为人具有故意泄露国家秘密犯罪主体资格的证据。

一、自然人情况证据

自然人情况证据。即证明行为人年龄、性别、民族、出生地、居住地、工作单位所在地、家庭成员情况等自然人情况的证据材料。主要包括：

1. 身份证明。如《居民身份证》、护照等。

2. 户籍证明。如居住地公安机关出具的户口证明、微机户口底卡等。

3. 从业证明。从业单位的相关证明材料等。

二、国家机关工作人员身份情况证据

国家机关工作人员身份证据。即证明行为人具有国家机关工作人员身份资格的证据材料。主要包括：

1. 从事职业、任职情况、工作简历等证明材料。

2. 行政级别、党内职务等人事证明材料。

如果行为人系国家机关正式聘用人员，应注意收集相关聘用、聘任证明文件；如果行为人虽为国家机关聘用人员，但未办理正式聘用手续，应注意收集相关的单位议定文件、会议纪要、工资发放标准等证明材料。

证明意义：故意泄露国家秘密罪的主体一般为国家机关工作人员，故须有国家机关工作人员的身份资格证明予以佐证。这不仅是一种身份证明，它还关系到对国家机关工作人员故意泄露国家秘密行为的从严处罚。因为，刑法第三百九十八条明确规定，“非国家机关工作人员犯前款罪的，依照前款的规定酌情处罚。”也就是说，国家机关工作人员故意泄露国家秘密犯罪的处罚，要严于非国家机关工作人员。有观点认为，非国家机关工作人员故意泄露国家秘密犯罪，是可以处罚也可以不处罚，是不全面的。酌情处罚，是指处罚时要斟酌情况，也就是以国家机关工作人员为参照进行斟酌，在同等条件下应轻于国家机关工作人员，并非不处罚。为此，自然人可以独立成为故意泄露国家秘密罪的犯罪主体。实践中，无论是特殊主体还是一般主体，均应注意收集相关的主体证据，以保证诉讼的顺利进行。

第三节　故意泄露国家秘密罪的行为证据

故意泄露国家秘密罪的行为证据，是指藉以证明行为人具有故意使国家秘密被不应知悉者知悉，或者故意使国家秘密超出了限定的接触范围行为的证据。如：

1. 泄露具体事项性质证据。即证明行为人所泄露的具体事项系国家秘密的证据。如：反映行为人所泄露的具体事项名称、密级、保密期限、知悉范围为绝密、机密、秘密等情况的秘密载体标志、定密机关密级鉴定、定密责任人证言等相关证明材料。

2. 违反保密法规的行为证据。即证明行为人的行为违反保守国家秘密法规具体内容的证据。如：反映行为人的行为违反保守国家秘密法、《保守国家秘密法实施条例》以及本单位保密制度具体条款内容的法律、规章证据等证明材料。

3. 扩大知悉范围的行为证据。即证明行为人传递国家秘密的范围已超出相关知悉范围规定的证据。如：反映行为人的传递对象已超出知悉范围的秘密级别规定、相关秘密载体鉴定、定密机关密级鉴定、知悉人陈述、证人证言、行为人供述以及反映知悉范围的相关书证物证、电子数据等证明材料。

4. 非法传递秘密的行为证据。即证明行为人传递国家秘密手段违反保密法规的证据。如：

（1）非法口头传递国家秘密的行为证据。即证明行为人向不应知悉国家秘密的人口头传递国家秘密的证据。如：反映行为人何时、何地向何人口头传递国家秘密的知情人证言、知悉人陈述、行为人供述及其他相关的证明材料。

（2）非法书面传递国家秘密的行为证据。即证明行为人向不应知悉国家秘密的人书面传递国家秘密的证据。如：反映行为人何时、何地、何场合、使用何种书面载体、向何人或何群体传递国家秘密的书证物证、定密机关密级鉴定、证人证言、知悉人陈述、行为人供述以及其他相关证明材料。

（3）非法电子传递国家秘密的行为证据。即证明行为人向不应知悉国家秘密的人或群体使用电子数据传递国家秘密的证据。如：反映行为人何时、何地使用互联网及其他公共信息网络，或者使用未采取保密措施的有线和无线通信设施传递国家秘密的电子数据证据、相关技术鉴定、证人证言、书证物证、行为人供述以及其他相关证明材料。

证明意义：上述几组证据基本概括了故意泄露国家秘密的行为内容。泄露具体事项性质证据，关系行为人所泄露事项是否国家秘密及其绝密、机密、秘密级别，是否在保密期限之内，是否超出知悉范围等的认定。这是认定此罪的基本条件。如不能准确认定国家秘密的具体内容，则直接影响罪名的成立。行为的违法性证据，主要是法规证据，它是此罪重要的前置条件。如行为并未违反保守国家秘密法，则不能构成此罪。为此，行为人之行为违反保密法规的具体条款、具体内容是认定行为人违反保守国家秘密法的重要依据。知悉范围和传递渠道是泄露国家秘密行为的突出表现。知悉范围证据，是证明超出知悉范围的凭证。而这一凭证的主要依据是定密机关的相关鉴定意见。根据保密法的规定，绝密由省部级保密部门定密，机密由地市级保密部门定密，实践中涉及定密事项的应由定密机关作出相关鉴定。单位定密的，应由单位保密部门作出鉴定意见。传递渠道多种多样，但概括起来无外乎口头、书面、电子三种类型。口头传播容易理解，就是通过说话讲话向外传播。书面传递内容呈多样化，有纸条、信札、文件形式的，有合订本形式的，有杂志、书报形式的，等等。无论哪种形式，均须对该涉密内容进行鉴别，不允许从中泄露国家秘密。当前，通过电子数据泄露国家秘密的形势比较严重。一是网络，二是无线通信，三是有线通信。这些证据均属电子数据范畴。实践中，应熟练应用计算机技术，及时收集相关证据，必要时应由技术人员作电子数据恢复或相关技术鉴定，以固定证据，保全证据。总之，应以客观证据证实非法的传递手段，证明其手段的违法性，以保证正确地认定犯罪。

第四节　故意泄露国家秘密罪的结果证据

故意泄露国家秘密罪的结果证据，是指藉以证明行为人的行为已发生国家秘密被泄露的结果的证据。如：

1. 国家秘密被泄露的结果证据。即证明行为人的行为已导致发生泄露国家秘密结果的证据。此证据可从行为证据中综合归纳。

2. 泄密引发次生危害的结果证据。即证明由于行为人的泄密行为引发次生危害的结果证据。如：反映引发社会骚动、群体性事件、停工停产等影响社会稳定、经济发展、国防安全等情形的相关情况报告、舆情反映、国际动态反映等证明材料。

证明意义： 故意泄露国家秘密罪是一种行为犯，行为与结果往往相伴而生。由于此罪要求“情节严重的”条件，故最高人民检察院在《渎职侵权立案标准》中对结果条件作出具体规定。如：“泄露绝密级国家秘密 1 项（件）以上的；泄露机密级国家秘密 2 项（件）以上的；泄露秘密级国家秘密 3 项（件）以上的。”但并非只有发生泄密结果才能构成犯罪，根据《渎职侵权立案标准》的规定，泄密动机、泄密手段恶劣，泄密范围公众化的亦可构成犯罪。其中，在结果方面引发次生危害的亦是严重后果之一。也就是说，对造成次生危害结果的，无论泄密结果是否达到立案标准条件，均可构成犯罪。故实践中，对于此类情况应

注意与相关部门加强联系，及时收集相关情况反映，以官方处理次生危害的文件书证，有关部门相关说明等去证实次生危害的结果情况，以保证据实论罪、依法定性，严惩故意泄露国家秘密犯罪活动。

第五节　故意泄露国家秘密罪的主观证据

故意泄露国家秘密罪的主观证据，是指藉以证明行为人泄露国家秘密的行为在主观上具有故意的证据。

1. 主观明知证据。即证明行为人对自己的泄密行为与后果在主观认识上具有明知的证据。如：

（1）泄密事项的明知证据。即证明行为人对其泄密事项的名称、密级、保密期限以及知悉范围具有明知的证据材料。此证据可依据行为事实予以客观推定。

（2）泄密对象的明知证据。即证明行为人对其泄密对象系不应知悉国家秘密者具有明知的证据材料。此证据亦可依据行为事实予以客观推定。

（3）泄密行为违法性的明知证据。即证明行为人对其泄密行为的违法性具有明知的证据。此证据可依据主体职责证据、行为证据进行客观推定。

2. 主观追求证据。即证明行为人在主观意志上具有希望或者放任泄露国家秘密结果发生的心理表现证据。

（1）希望泄密结果发生的心理证据。即证明行为人在主观意志上对泄密结果的发生持希望并积极追求发生的心理表现的证据材料。此证据可依据行为证据、结果证据予以客观推定。

（2）放任泄密结果发生的心理证据。即证明行为人在主观意志上对泄密结果的发生持放任心理表现的证据材料。此证据亦可依据行为证据、结果证据进行客观推定。

3. 主观动机证据。即证明促使行为人泄露国家秘密的内心起因表现证据。如：反映行为人因财起意、因情起意、因色起意、因图虚荣起意等动机的相关证人证言、书证物证、行为人供述及其他相关证明材料。

证明意义：主观证据基本上属于事实推定结论。行为人的心理表现、主观愿望一般在行为上是能够得到体现的。正如哲学家们所称，行为是故意的客观化。其实，这既是哲学原则，也是犯罪学原则。联合国《反腐败公约》中就明确规定，“犯罪所需具备的明知、故意或者目的等要素，可以根据客观实际予以推定。”为此，在认定主观特征时，应紧紧依靠证据确实、充分的事实行为，运用严密的逻辑分析原理，并在排处合理怀疑的基础上进行客观推定。实践中，既要不唯口供，也重视口供；既要不被口供所误导，也要注意口供与其他证据的密切联系，以保证主观认定的准确无误。

第六节　故意泄露国家秘密罪的情节证据

故意泄露国家秘密罪的情节证据，是指藉以证明行为人具有影响定罪、量刑情节的事实证据。如：

1. 泄密性质情节特别严重证据。即反映行为人所泄露国家秘密为绝密级国家秘密二项以上，或者泄露机密级国家秘密五项以上，或者泄露秘密级国家秘密七项以上的证明材料。

2. 泄密造成严重经济损失证据。即反映行为人故意泄露国家秘密造成直接经济损失50万元以上或者100万元以上的事实证据。

3. 泄密对国家安全构成严重危害证据。即反映行为人故意泄露国家秘密对国家安全构成严重危害或者特别严重危害的事实证据。

4. 泄密对社会秩序造成严重危害证据。即反映行为人故意泄露国家秘密对社会秩序造成严重危害或者特别严重危害的事实证据。

5. 从轻处罚情节证据。即反映行为人具有自首、立功、如实供述等从轻处罚情节的事实证据。

证明意义：根据刑法第三百九十八条的规定，“情节严重的，处三年以下有期徒刑或者拘役；情节特别严重的，处三年以上七年以下有期徒刑。”实践中，适用刑罚的基本原则是罪刑相一致，其主要参考依据即是情节是否严重和特别严重。最高人民检察院在《人民检察院直接受理立案侦查的渎职侵权重特大案件标准（试行）》中规定，“重大案件”为：“1. 故意泄露绝密级国家秘密一项以上，或者泄露机密级国家秘密三项以上，或者泄露秘密级国家秘密五项以上的；2. 故意泄露国家秘密造成直接经济损失五十万元以上的；3. 故意泄露国家秘密对国家安全构成严重危害的；4. 故意泄露国家秘密对社会秩序造成严重危害的。”“特大案件”为：“1. 故意泄露绝密级国家秘密二项以上，或者泄露机密级国家秘密五项以上，或者泄露秘密级国家秘密七项以上的；2. 故意泄露国家秘密造成直接经济损失一百万元以上的；3. 故意泄露国家秘密对国家安全构成特别严重危害的；4. 故意泄露国家秘密对社会秩序造成特别严重危害的。”为此，上述前四种情节证据基本涵括了此标准内容，实践中应注意此类证据的收集和准确确定相关情况。从轻处罚证据，亦是公正执法的必要依据。凡是具有从轻处罚情节的，亦应认真收集相关证据，办案机关亦应实事求是地出具相关说明，以保证正确地适用刑罚，切实贯彻落实宽严相济的刑事政策。

附：法律法规

1.《中华人民共和国刑法》（1997年3月14日修订）（节录）

第三百九十八条【故意泄露国家秘密罪；过失泄露国家秘密罪】 国家机关工作人员违反保守国家秘密法的规定，故意或者过失泄露国家秘密，情节严重的，处三年以下有期徒刑或者拘役；情节特别严重的，处三年以上七年以下有期徒刑。

非国家机关工作人员犯前款罪的，依照前款的规定酌情处罚。

2.《中华人民共和国保守国家秘密法》（2010年4月29日）

第一章　总　　则

第一条 为了保守国家秘密，维护国家安全和利益，保障改革开放和社会主义建设事业的顺利进行，制定本法。

第二条 国家秘密是关系国家安全和利益，依照法定程序确定，在一定时间内只限一定范围的人员知悉的事项。

第三条 国家秘密受法律保护。

一切国家机关、武装力量、政党、社会团体、企业事业单位和公民都有保守国家秘密的义务。

任何危害国家秘密安全的行为，都必须受到法律追究。

第四条 保守国家秘密的工作（以下简称保密工作），实行积极防范、突出重点、依法管理的方针，既确保国家秘密安全，又便利信息资源合理利用。

法律、行政法规规定公开的事项，应当依法公开。

第五条 国家保密行政管理部门主管全国的保密工作。县级以上地方各级保密行政管理部门主管本行政区域的保密工作。

第六条 国家机关和涉及国家秘密的单位（以下简称机关、单位）管理本机关和本单位的保密工作。

中央国家机关在其职权范围内，管理或者指导本系统的保密工作。

第七条 机关、单位应当实行保密工作责任制，健全保密管理制度，完善保密防护措施，开展保密宣传教育，加强保密检查。

第八条 国家对在保守、保护国家秘密以及改进保密技术、措施等方面成绩显著的单位或者个人给予奖励。

第二章　国家秘密的范围和密级

第九条 下列涉及国家安全和利益的事项，泄露后可能损害国家在政治、经济、国防、外交等领域的安全和利益的，应当确定为国家秘密：

（一）国家事务重大决策中的秘密事项；

（二）国防建设和武装力量活动中的秘密事项；

（三）外交和外事活动中的秘密事项以及对外承担保密义务的秘密事项；

（四）国民经济和社会发展中的秘密事项；

（五）科学技术中的秘密事项；

（六）维护国家安全活动和追查刑事犯罪中的秘密事项；

（七）经国家保密行政管理部门确定的其他秘密事项。

政党的秘密事项中符合前款规定的，属于国家秘密。

第十条 国家秘密的密级分为绝密、机密、秘密三级。

绝密级国家秘密是最重要的国家秘密，泄露会使国家安全和利益遭受特别严重的损害；机密级国家秘密是重要的国家秘密，泄露会使国家安全和利益遭受严重的损害；秘密级国家秘密是一般的国家秘密，泄露会使国家安全和利益遭受损害。

第十一条 国家秘密及其密级的具体范围，由国家保密行政管理部门分别会同外交、公安、国家安全和其他中央有关机关规定。

军事方面的国家秘密及其密级的具体范围，由中央军事委员会规定。

国家秘密及其密级的具体范围的规定，应当在有关范围内公布，并根据情况变化及时调整。

第十二条 机关、单位负责人及其指定的人员为定密责任人，负责本机关、本单位的国家秘密确定、变更和解除工作。

机关、单位确定、变更和解除本机关、本单位的国家秘密，应当由承办人提出具体意见，经定密责任人审核批准。

第十三条 确定国家秘密的密级，应当遵守定密权限。

中央国家机关、省级机关及其授权的机关、单位可以确定绝密级、机密级和秘密级国家秘密；设区的市、自治州一级的机关及其授权的机关、单位可以确定机密级和秘密级国家秘密。具体的定密权限、授权范围由国家保密行政管理部门规定。

机关、单位执行上级确定的国家秘密事项，需要定密的，根据所执行的国家秘密事项的密级确定。下级机关、单位认为本机关、本单位产生的有关定密事项属于上级机关、单位的定密权限，应当先行采取保密措施，并立即报请上级机关、单位确定；没有上级机关、单位的，应当立即提请有相应定密权限的业务主管部门或者保密行政管理部门确定。

公安、国家安全机关在其工作范围内按照规定的权限确定国家秘密的密级。

第十四条 机关、单位对所产生的国家秘密事项，应当按照国家秘密及其密

级的具体范围的规定确定密级，同时确定保密期限和知悉范围。

第十五条 国家秘密的保密期限，应当根据事项的性质和特点，按照维护国家安全和利益的需要，限定在必要的期限内；不能确定期限的，应当确定解密的条件。

国家秘密的保密期限，除另有规定外，绝密级不超过三十年，机密级不超过二十年，秘密级不超过十年。

机关、单位应当根据工作需要，确定具体的保密期限、解密时间或者解密条件。

机关、单位对在决定和处理有关事项工作过程中确定需要保密的事项，根据工作需要决定公开的，正式公布时即视为解密。

第十六条 国家秘密的知悉范围，应当根据工作需要限定在最小范围。

国家秘密的知悉范围能够限定到具体人员的，限定到具体人员；不能限定到具体人员的，限定到机关、单位，由机关、单位限定到具体人员。

国家秘密的知悉范围以外的人员，因工作需要知悉国家秘密的，应当经过机关、单位负责人批准。

第十七条 机关、单位对承载国家秘密的纸介质、光介质、电磁介质等载体（以下简称国家秘密载体）以及属于国家秘密的设备、产品，应当做出国家秘密标志。

不属于国家秘密的，不应当做出国家秘密标志。

第十八条 国家秘密的密级、保密期限和知悉范围，应当根据情况变化及时变更。国家秘密的密级、保密期限和知悉范围的变更，由原定密机关、单位决定，也可以由其上级机关决定。

国家秘密的密级、保密期限和知悉范围变更的，应当及时书面通知知悉范围内的机关、单位或者人员。

第十九条 国家秘密的保密期限已满的，自行解密。

机关、单位应当定期审核所确定的国家秘密。对在保密期限内因保密事项范围调整不再作为国家秘密事项，或者公开后不会损害国家安全和利益，不需要继续保密的，应当及时解密；对需要延长保密期限的，应当在原保密期限届满前重新确定保密期限。提前解密或者延长保密期限的，由原定密机关、单位决定，也可以由其上级机关决定。

第二十条 机关、单位对是否属于国家秘密或者属于何种密级不明确或者有争议的，由国家保密行政管理部门或者省、自治区、直辖市保密行政管理部门确定。

第三章　保密制度

第二十一条　国家秘密载体的制作、收发、传递、使用、复制、保存、维修和销毁，应当符合国家保密规定。

绝密级国家秘密载体应当在符合国家保密标准的设施、设备中保存，并指定专人管理；未经原定密机关、单位或者其上级机关批准，不得复制和摘抄；收发、传递和外出携带，应当指定人员负责，并采取必要的安全措施。

第二十二条　属于国家秘密的设备、产品的研制、生产、运输、使用、保存、维修和销毁，应当符合国家保密规定。

第二十三条　存储、处理国家秘密的计算机信息系统（以下简称涉密信息系统）按照涉密程度实行分级保护。

涉密信息系统应当按照国家保密标准配备保密设施、设备。保密设施、设备应当与涉密信息系统同步规划，同步建设，同步运行。

涉密信息系统应当按照规定，经检查合格后，方可投入使用。

第二十四条　机关、单位应当加强对涉密信息系统的管理，任何组织和个人不得有下列行为：

（一）将涉密计算机、涉密存储设备接入互联网及其他公共信息网络；

（二）在未采取防护措施的情况下，在涉密信息系统与互联网及其他公共信息网络之间进行信息交换；

（三）使用非涉密计算机、非涉密存储设备存储、处理国家秘密信息；

（四）擅自卸载、修改涉密信息系统的安全技术程序、管理程序；

（五）将未经安全技术处理的退出使用的涉密计算机、涉密存储设备赠送、出售、丢弃或者改作其他用途。

第二十五条　机关、单位应当加强对国家秘密载体的管理，任何组织和个人不得有下列行为：

（一）非法获取、持有国家秘密载体；

（二）买卖、转送或者私自销毁国家秘密载体；

（三）通过普通邮政、快递等无保密措施的渠道传递国家秘密载体；

（四）邮寄、托运国家秘密载体出境；

（五）未经有关主管部门批准，携带、传递国家秘密载体出境。

第二十六条　禁止非法复制、记录、存储国家秘密。

禁止在互联网及其他公共信息网络或者未采取保密措施的有线和无线通信中传递国家秘密。

禁止在私人交往和通信中涉及国家秘密。

第二十七条　报刊、图书、音像制品、电子出版物的编辑、出版、印制、发

行，广播节目、电视节目、电影的制作和播放，互联网、移动通信网等公共信息网络及其他传媒的信息编辑、发布，应当遵守有关保密规定。

第二十八条　互联网及其他公共信息网络运营商、服务商应当配合公安机关、国家安全机关、检察机关对泄密案件进行调查；发现利用互联网及其他公共信息网络发布的信息涉及泄露国家秘密的，应当立即停止传输，保存有关记录，向公安机关、国家安全机关或者保密行政管理部门报告；应当根据公安机关、国家安全机关或者保密行政管理部门的要求，删除涉及泄露国家秘密的信息。

第二十九条　机关、单位公开发布信息以及对涉及国家秘密的工程、货物、服务进行采购时，应当遵守保密规定。

第三十条　机关、单位对外交往与合作中需要提供国家秘密事项，或者任用、聘用的境外人员因工作需要知悉国家秘密的，应当报国务院有关主管部门或者省、自治区、直辖市人民政府有关主管部门批准，并与对方签订保密协议。

第三十一条　举办会议或者其他活动涉及国家秘密的，主办单位应当采取保密措施，并对参加人员进行保密教育，提出具体保密要求。

第三十二条　机关、单位应当将涉及绝密级或者较多机密级、秘密级国家秘密的机构确定为保密要害部门，将集中制作、存放、保管国家秘密载体的专门场所确定为保密要害部位，按照国家保密规定和标准配备、使用必要的技术防护设施、设备。

第三十三条　军事禁区和属于国家秘密不对外开放的其他场所、部位，应当采取保密措施，未经有关部门批准，不得擅自决定对外开放或者扩大开放范围。

第三十四条　从事国家秘密载体制作、复制、维修、销毁，涉密信息系统集成，或者武器装备科研生产等涉及国家秘密业务的企业事业单位，应当经过保密审查，具体办法由国务院规定。

机关、单位委托企业事业单位从事前款规定的业务，应当与其签订保密协议，提出保密要求，采取保密措施。

第三十五条　在涉密岗位工作的人员（以下简称涉密人员），按照涉密程度分为核心涉密人员、重要涉密人员和一般涉密人员，实行分类管理。

任用、聘用涉密人员应当按照有关规定进行审查。

涉密人员应当具有良好的政治素质和品行，具有胜任涉密岗位所要求的工作能力。

涉密人员的合法权益受法律保护。

第三十六条　涉密人员上岗应当经过保密教育培训，掌握保密知识技能，签订保密承诺书，严格遵守保密规章制度，不得以任何方式泄露国家秘密。

第三十七条　涉密人员出境应当经有关部门批准，有关机关认为涉密人员出境将对国家安全造成危害或者对国家利益造成重大损失的，不得批准出境。

第三十八条 涉密人员离岗离职实行脱密期管理。涉密人员在脱密期内，应当按照规定履行保密义务，不得违反规定就业，不得以任何方式泄露国家秘密。

第三十九条 机关、单位应当建立健全涉密人员管理制度，明确涉密人员的权利、岗位责任和要求，对涉密人员履行职责情况开展经常性的监督检查。

第四十条 国家工作人员或者其他公民发现国家秘密已经泄露或者可能泄露时，应当立即采取补救措施并及时报告有关机关、单位。机关、单位接到报告后，应当立即作出处理，并及时向保密行政管理部门报告。

第四章 监督管理

第四十一条 国家保密行政管理部门依照法律、行政法规的规定，制定保密规章和国家保密标准。

第四十二条 保密行政管理部门依法组织开展保密宣传教育、保密检查、保密技术防护和泄密案件查处工作，对机关、单位的保密工作进行指导和监督。

第四十三条 保密行政管理部门发现国家秘密确定、变更或者解除不当的，应当及时通知有关机关、单位予以纠正。

第四十四条 保密行政管理部门对机关、单位遵守保密制度的情况进行检查，有关机关、单位应当配合。保密行政管理部门发现机关、单位存在泄密隐患的，应当要求其采取措施，限期整改；对存在泄密隐患的设施、设备、场所，应当责令停止使用；对严重违反保密规定的涉密人员，应当建议有关机关、单位给予处分并调离涉密岗位；发现涉嫌泄露国家秘密的，应当督促、指导有关机关、单位进行调查处理。涉嫌犯罪的，移送司法机关处理。

第四十五条 保密行政管理部门对保密检查中发现的非法获取、持有的国家秘密载体，应当予以收缴。

第四十六条 办理涉嫌泄露国家秘密案件的机关，需要对有关事项是否属于国家秘密以及属于何种密级进行鉴定的，由国家保密行政管理部门或者省、自治区、直辖市保密行政管理部门鉴定。

第四十七条 机关、单位对违反保密规定的人员不依法给予处分的，保密行政管理部门应当建议纠正，对拒不纠正的，提请其上一级机关或者监察机关对该机关、单位负有责任的领导人员和直接责任人员依法予以处理。

第五章 法律责任

第四十八条 违反本法规定，有下列行为之一的，依法给予处分；构成犯罪的，依法追究刑事责任：

（一）非法获取、持有国家秘密载体的；

（二）买卖、转送或者私自销毁国家秘密载体的；

（三）通过普通邮政、快递等无保密措施的渠道传递国家秘密载体的；

（四）邮寄、托运国家秘密载体出境，或者未经有关主管部门批准，携带、传递国家秘密载体出境的；

（五）非法复制、记录、存储国家秘密的；

（六）在私人交往和通信中涉及国家秘密的；

（七）在互联网及其他公共信息网络或者未采取保密措施的有线和无线通信中传递国家秘密的；

（八）将涉密计算机、涉密存储设备接入互联网及其他公共信息网络的；

（九）在未采取防护措施的情况下，在涉密信息系统与互联网及其他公共信息网络之间进行信息交换的；

（十）使用非涉密计算机、非涉密存储设备存储、处理国家秘密信息的；

（十一）擅自卸载、修改涉密信息系统的安全技术程序、管理程序的；

（十二）将未经安全技术处理的退出使用的涉密计算机、涉密存储设备赠送、出售、丢弃或者改作其他用途的。

有前款行为尚不构成犯罪，且不适用处分的人员，由保密行政管理部门督促其所在机关、单位予以处理。

第四十九条　机关、单位违反本法规定，发生重大泄密案件的，由有关机关、单位依法对直接负责的主管人员和其他直接责任人员给予处分；不适用处分的人员，由保密行政管理部门督促其主管部门予以处理。

机关、单位违反本法规定，对应当定密的事项不定密，或者对不应当定密的事项定密，造成严重后果的，由有关机关、单位依法对直接负责的主管人员和其他直接责任人员给予处分。

第五十条　互联网及其他公共信息网络运营商、服务商违反本法第二十八条规定的，由公安机关或者国家安全机关、信息产业主管部门按照各自职责分工依法予以处罚。

第五十一条　保密行政管理部门的工作人员在履行保密管理职责中滥用职权、玩忽职守、徇私舞弊的，依法给予处分；构成犯罪的，依法追究刑事责任。

第六章　附　　则

第五十二条　中央军事委员会根据本法制定中国人民解放军保密条例。

第五十三条　本法自2010年10月1日起施行。

3. 最高人民检察院《关于渎职侵权犯罪案件立案标准的规定》（2006年7月26日公布）（节录）

（三）故意泄露国家秘密案（第三百九十八条）

故意泄露国家秘密罪是指国家机关工作人员或者非国家机关工作人员违反保

守国家秘密法，故意使国家秘密被不应知悉者知悉，或者故意使国家秘密超出了限定的接触范围，情节严重的行为。

涉嫌下列情形之一的，应予立案：

1. 泄露绝密级国家秘密 1 项（件）以上的；

2. 泄露机密级国家秘密 2 项（件）以上的；

3. 泄露秘密级国家秘密 3 项（件）以上的；

4. 向非境外机构、组织、人员泄露国家秘密，造成或者可能造成危害社会稳定、经济发展、国防安全或者其他严重危害后果的；

5. 通过口头、书面或者网络等方式向公众散布、传播国家秘密的；

6. 利用职权指使或者强迫他人违反国家保守秘密法的规定泄露国家秘密的；

7. 以牟取私利为目的泄露国家秘密的；

8. 其他情节严重的情形。

（四）过失泄露国家秘密案（第三百九十八条）

过失泄露国家秘密罪是指国家机关工作人员或者非国家机关工作人员违反保守国家秘密法，过失泄露国家秘密，或者遗失国家秘密载体，致使国家秘密被不应知悉者知悉或者超出了限定的接触范围，情节严重的行为。

涉嫌下列情形之一的，应予立案：

1. 泄露绝密级国家秘密 1 项（件）以上的；

2. 泄露机密级国家秘密 3 项（件）以上的；

3. 泄露秘密级国家秘密 4 项（件）以上的；

4. 违反保密规定，将涉及国家秘密的计算机或者计算机信息系统与互联网相连接，泄露国家秘密的；

5. 泄露国家秘密或者遗失国家秘密载体，隐瞒不报、不如实提供有关情况或者不采取补救措施的；

6. 其他情节严重的情形。

4. 最高人民检察院《人民检察院直接受理立案侦查的读职侵权重特大案件标准（试行）》（2001 年 7 月 20 日）（节录）

三、故意泄露国家秘密案

（一）重大案件

1. 故意泄露绝密级国家秘密一项以上，或者泄露机密级国家秘密三项以上，或者泄露秘密级国家秘密五项以上的；

2. 故意泄露国家秘密造成直接经济损失五十万元以上的；

3. 故意泄露国家秘密对国家安全构成严重危害的；

4. 故意泄露国家秘密对社会秩序造成严重危害的。

（二）特大案件

1. 故意泄露绝密级国家秘密二项以上，或者泄露机密级国家秘密五项以上，或者泄露秘密级国家秘密七项以上的；

2. 故意泄露国家秘密造成直接经济损失一百万元以上的；

3. 故意泄露国家秘密对国家安全构成特别严重危害的；

4. 故意泄露国家秘密对社会秩序造成特别严重危害的。

四、过失泄露国家秘密案

（一）重大案件

1. 过失泄露绝密级国家秘密一项以上，或者泄露机密级国家秘密五项以上，或者泄露秘密级国家秘密七项以上并造成严重危害后果的；

2. 过失泄露国家秘密造成直接经济损失一百万元以上的；

3. 过失泄露国家秘密对国家安全构成严重危害的；

4. 过失泄露国家秘密对社会秩序造成严重危害的。

（二）特大案件

1. 过失泄露绝密级国家秘密二项以上，或者泄露机密级国家秘密七项以上，或者泄露秘密级国家秘密十项以上的；

2. 过失泄露国家秘密造成直接经济损失二百万元以上的；

3. 过失泄露国家秘密对国家安全构成特别严重危害的；

4. 过失泄露国家秘密对社会秩序造成特别严重危害的。

第十五章 徇私枉法罪证据结构

第一节 徇私枉法罪概述

根据刑法第三百九十九条第一款的规定，徇私枉法罪是指司法工作人员徇私枉法、徇情枉法，对明知是无罪的人而使他受追诉、对明知是有罪的人而故意包庇不使他受追诉，或者在刑事审判活动中故意违背事实和法律作枉法裁判的行为。其基本特征如下：

一、主体特征

徇私枉法罪的主体系特殊主体，即司法工作人员。根据刑法第九十四条的规定，司法工作人员，是指有侦查、检察、审判、监管职责的人员。故非司法工作人员不能单独构成此罪的主体。

二、客体特征

通常观点认为，徇私枉法罪侵害的直接客体是司法机关的正常活动。但是，这一概念的外延似乎过大，不足以突出此罪的本质特点。笔者认为，徇私枉法罪作为刑事诉讼中的一种犯罪现象，它是司法腐败的突出表现。一方面，它违反了刑事诉讼的公正性要求，即侵害了刑事诉讼的公正性；另一方面，它还违反了司法人员的职务性要求，即侵害了司法人员的职务廉洁性。因为“徇私枉法、徇情枉法”系此罪的选择要件，“徇私、徇情”均是对司法人员职务廉洁性的侵害。因此，将侵害刑事诉讼的公正性和司法人员的职务廉洁性作为此罪客体的主要特征，能够较好地体现刑法所保护的直接的社会关系和相应的权益，也能更加明确地反映此罪“司法不公”、“司法不廉”的犯罪特征。

三、主观特征

此罪在主观方面表现为直接故意。即明知是无罪的人而使他受追诉、对明知是有罪的人而故意包庇不使他受追诉，或者明知刑事审判活动违背事实和法律而故意作枉法裁判。此罪的动机是徇私或徇情，枉法是其犯罪目的。徇私主要是指徇从于个人私利，如贪图钱财、接受性贿赂、保全个人名利等。徇情主要是指徇从个人私情，如亲情、友情、奸情等。无论徇私还是徇情，作为枉法的动机是此罪的必要要件，主观上不具备此动机则不能构成此罪。

四、客观特征

根据刑法第三百九十九条第一款罪状的表述，徇私枉法罪在客观方面表现为两种情况六种表现。

第一种情况是枉法追诉。这里主要指发生在侦查、检察阶段的枉法行为。包括两种行为表现：

1. 追诉无罪。即对明知是无罪的人，采取伪造、隐匿、毁灭证据或者其他隐瞒事实、违背法律的手段，以追究刑事责任为目的进行立案、侦查（含采取强制措施）、起诉的行为。所谓无罪的人，是指没有犯罪行为和不构成犯罪的人。所谓追诉，是指司法机关对有犯罪行为的人，提起诉讼，追究其刑事责任的活动。枉法追诉，主要指那些对明知是无罪的人，不应立案侦查而予立案侦查，不应采取拘捕等强制措施而滥行采取拘捕等强制措施，不应起诉而起诉无辜的行为。

2. 包庇有罪。即对明知是有罪的人，采取伪造、隐匿、毁灭证据或者其他隐瞒事实、违背法律的手段，故意包庇使其不受立案、侦查（含采取强制措施）、起诉的行为。如应当立案而不立案，应当进行侦查的而故意中断侦查，应当采取强制措施而不采取强制措施，或对已采取强制措施的予以违法撤销或变更，以及应当起诉而不予起诉或压案不诉等。

第二种情况是枉法裁判。这里是指发生在审判阶段的枉法行为。主要有四种行为表现：

1. 有罪判无罪。即对明知是有罪的人，故意违背事实和法律做出无罪的裁判。

2. 无罪判有罪。即对明知是无罪的人，故意违背事实和法律做出有罪的裁判。

3. 重罪轻判。即对明知是应按重罪、数罪处罚的人，故意违背事实和法律做出畸轻的裁判。

4. 轻罪重判。即对明知是应按轻罪、一罪处罚的人，故意违背事实和法律做出畸重的裁判。

从此罪的上述主要特征来看，徇私枉法罪具有以下几个突出的特点：

1. 特定职责义务的关联性。徇私枉法罪是我国刑法渎职罪一章中的第三个罪条。此罪作为渎职罪中的一种主要职务犯罪，虽然罪状中没有明确规定“利用职务上的便利”，但离开职务便利行为人是无法实施枉法追诉、裁判行为的。因此，行为人的特定身份和其特定的职责义务与其枉法行为是紧密相连的。枉法追诉要求行为人应具有追诉犯罪的职责义务，枉法裁判要求行为人应具有审判犯罪的职责义务。无此职责义务的人员，即使具有司法工作人员身份，也不能构成

此罪。

2. 徇私徇情的前提性。徇私枉法和徇情枉法是此罪的犯罪动机。徇私即徇从私利，可以是物质性利益（如钱财、物品、房产等），也可以是非物质性利益（如名誉、官位、性贿赂等）。徇情即徇从私情，是双方客观存在的一种私人情义，如亲友之情、同学之情、乡邻之情等。这些私利、私情构成了行为人枉法的内心起因。无此动机条件者不能构成此罪。可以说它是徇私枉法罪的前提性条件。

3. 包庇、陷害的实质性。从刑法规定的罪状可以看出，此罪的实质性特点一个是陷害无辜，另一个是包庇犯罪，即行为人利用职务便利故意出入人罪。这是区别于工作失误和过失性渎职的关键。

4. 枉法手段的多样性。由于司法工作人员身份和职责的不同，各个诉讼阶段的权能不同，枉法行为的手段也是多种多样、五花八门。究其规律大致有四种类型的手段：一是在证据上舞弊。即通过伪造、隐匿、毁灭证据，或指使、串通证人、犯罪嫌疑人作伪证、伪供、翻供、变证等在证据上做手脚以达到枉法的目的。二是在程序上舞弊。实践中主要表现为在内部审批把关程序上，谎报案情欺上瞒下，或违反程序强行决断，或伪造、篡改法律文件或法律文书等。三是在法律适用上舞弊。或故意曲解法律，或有法不依。四是在执法上舞弊。或通风报信泄露机密，或指使逃避执行强制措施，或拖案压案使侦控失效，或任意扩大执法对象株连无辜等。

5. 枉法行为的既遂性。徇私枉法犯罪在刑法理论上是一种行为犯，即只要行为人实施了枉法追诉、枉法裁判的行为，就构成了此罪的既遂。但是，这种犯罪并非不能发生枉法结果，只是该罪不以发生结果为必要要件。结果在此只是关系量刑处罚的一个重要情节。因此，无罪的人是否被追诉、错判，有罪的人是否被包庇放纵法外，不影响徇私枉法罪的成立。结果在这里仅是衡量情节严重与否的标志，不是既遂与未遂的分界。

第二节　徇私枉法罪的主体证据

徇私枉法罪的主体证据，是藉以证明行为人具有此罪主体资格的证据。根据刑法的规定，此罪主体系司法工作人员，故其主体证据应由行为人自然情况证据、司法工作人员身份证据及司法职责证据三部分组成。

一、自然人情况证据

自然人情况证据是指证明行为人年龄、性别、民族、出生地、居住地及家庭成员状况等自然情况的证明材料。如：

1. 身份证明。即《居民身份证》等个人自然情况的证明材料。
2. 户籍证明。即证明行为人户籍所在地及家庭户籍状况的证明材料。
3. 居住证明。即证明行为人居住地及居住状况的证明材料。
4. 违法记录。即证明行为人曾因违法违纪所受处罚、处分等情况的证明材料。

二、司法工作人员身份证据

司法工作人员身份证据，是指证明行为人具有侦查、检察、审判机关工作人员身份资格的证明材料。如：证明行为人在侦查、检察、审判机关中所任行政职务，法律职务，警官、检察官、法官级别及工作简历等证明材料。

三、司法职责证据

司法职责证据是指证明行为人在刑事案件的侦查、检察、审判活动中所负有的主管、主办、经办、协办、记录等具体职责义务的证明材料。如：负有侦诉职责的主办警官、主办检察官及其助理人员在特定案件中的具体职责义务，负有审判职责的审判长、审判员及书记员在特定案件中的具体职责义务等。

证明意义：就徇私枉法罪的主体而言，现行刑法第三百九十九条第一款的规定，较之于1979年刑法及相关刑事法律中规定的徇私舞弊罪，有较大的修改。现行刑法限制了此罪的主体。即将此罪主体仅限制为在刑事诉讼活动中负有侦查、检察、审判职责的司法工作人员。过去一些可以构成徇私舞弊罪主体的特定国家工作人员和负有民事、行政审判职责及监管职责的司法工作人员，分别分离到其他徇私舞弊性质的犯罪之中。这样，民事、行政诉讼活动中的司法工作人员，在减刑、假释、暂予监外执行的报请、决定活动中的司法工作人员和其他具有徇私舞弊行为的国家工作人员，就不再具有单独构成徇私枉法罪的主体资格。可以说，在刑事诉讼活动中（包括立案活动），对特定的刑事案件负有侦查、检察、审判职责，是徇私枉法罪主体的主要特点。为此，这也决定了此罪的主体证据也应围绕这一特点去收集和审查。

第一，自然人情况证据是必要的程序条件。它对诉讼管辖的确定、司法告知义务的履行、相关自由权利的限制（如收缴身份证）及保证诉讼活动的顺利进行（如搜查、强制措施的执行等）均有重要的实际意义。

第二，司法工作人员身份证据是确定此罪主体资格的基本条件。行为人是否具有司法工作人员身份，需有相应的证据予以证明，而司法工作人员的职务、级别及从事司法工作的资历等情况，也直接反映着犯罪的社会危害程度。因此，身份证据是构成此罪主体，区别于他罪主体的最基本条件。不具有司法工作人员身份的人，绝对不能单独构成此罪的主体。

第三，司法职责证据是此罪主体资格的关键证据。由于此罪的主体特点是在刑事诉讼中对特定刑事案件负有侦查、检察、审判职责的人员，故并非所有具有司法工作人员身份的人均可单独构成此罪主体。这就需要以确实的证据来证明行为人与“出入人罪”的关联和负有的相关职责义务。从司法职责的特点看，主要有组织性职责（如负有组织指挥职责的负责人）、管理性职责（如负有保管证物、案卷职责的人员等）、查办性职责（如主办人、协办人、书记员等）、经办性职责（如文证审查人员、程序审批人员等）。这些具体的职责证据，既关系到主体资格的能否成立，也直接关系到此罪与彼罪的界限。此外，职责证据还可有效地证明行为人亵渎的职责内涵，以及不同职责人员的不同犯罪手段的职务性特点。为此，此类证据在此罪的主体证据中有着关键性作用。

第三节　徇私枉法罪的行为证据

徇私枉法罪的行为证据，是藉以证明行为人在刑事诉讼活动中具有枉法追诉、枉法裁判行为的证据。根据刑法的规定，此组证据主要有以下两种类型的证据：

一、枉法追诉行为证据

枉法追诉行为证据是指证明行为人在刑事追诉活动中具有对明知是无罪的人而使他受追诉或对明知是有罪的人而故意包庇不使他受追诉行为的证据。

1. 追诉无罪证据。即证明行为人具有对无罪的人进行追诉或实施足以引起使无罪的人受到追诉的行为证据。此类证据由两组证据组成：第一组是行为对象的无罪证据，如证明被追诉人没有犯罪行为的证据，证明被追诉人不构成犯罪的证据，以及行为人使用的不能证明被追诉人有犯罪行为的证据等。第二组是行为人的追诉行为证据，如在立案、侦查、采取强制措施及起诉过程中实施枉法报请、枉法审批、枉法决定的行为证据，滥用职权越权行事的行为证据，以及伪造、隐匿、毁灭证据、伪造、变造法律文书等足以引起使无罪的人受到追诉的行为证据。

2. 包庇有罪证据。即证明行为人具有对有罪的人进行包庇或实施使其逃避追诉行为的证据。此类证据也由两组组成：第一组是行为对象的有罪证据，如证明被包庇人有犯罪行为的证据，被包庇的事实已构成犯罪的证据等。第二组是行为人的包庇行为证据，如在诉讼程序上该立案不立案、该侦查不侦查、该逮捕不报不批、该起诉不予起诉及枉法中断侦查、枉法撤销、变更强制措施、通风报信致使逃避追诉等行为的事实证据，以及伪造、隐匿、毁灭证据、伪造、变造法律文书等足以引起使有罪的人不受追诉的行为证据。

证明意义：枉法追诉行为，是发生在侦查、起诉阶段的徇私枉法行为。这一特点表明，枉法追诉的主体系负有侦查、检察职责的司法工作人员，其行为特征主要表现为：在程序上舞弊、在证据上舞弊和在执行中舞弊，为有效锁定行为人的枉法追诉行为，需要有足够的证据链环结成完整的行为证据链条。因此，行为对象证据是认定枉法追诉行为的前提性证据。如果被追诉人不是无罪的人，或被包庇的人不是有罪的人，其他证据再充分在此罪的认定上也没有意义。在行为对象证据上，应注意两点，一个是“人”的证据，即证明行为对象系“无罪的人”或“有罪的人”的证据。另一个是“事”的证据，即证明具体的事实对象系不是犯罪事实或不构成犯罪的事实，以及全部事实已构成犯罪或部分事实已构成犯罪。因为有些案件需要从事实的判断入手，才能准确确定是不是“无罪的人”或“有罪的人”。而且，在包庇犯罪行为的认定上，行为人无论是包庇犯罪的全部事实，还是包庇犯罪的部分事实，均不影响枉法追诉行为的成立。为此，此组证据是事关枉法追诉行为能否成立的前提性证据。在这一前提确立以后，行为人的行为表现证据，也就是证明行为人实施枉法追诉行为的事实依据就成为行为证据中的基础性、核心性证据。这组证据，要围绕行为的手段、方式和方法去证明。例如，程序上的舞弊行为，需要由证明行为人违背事实或法律不正确履行程序规定的证据予以证明。证据上的舞弊行为，需要由证明行为人伪造、隐匿、毁灭或教唆、指使、诱使他人出具伪证、伪供的证据予以证明。应当注意的是，证据上的舞弊行为，实质上是一种司法工作人员利用职务上的便利制造伪证和妨害作证的行为。为此，在行为要求上，一是伪证和妨害作证的内容应是关系定罪量刑的事实情节，即关系到行为对象是有罪无罪、罪轻罪重或应重罚轻罚的事实情节。二是行为人制造伪证或妨害作证的行为，是足以引起使他人受到追诉或不使他人受到追诉的行为。这里，追诉和裁判不是一个概念，追诉包括立案、起诉等刑事诉讼阶段性决定，也包括强制措施和侦查措施等手段性决定。只要能够引起这些诉讼决定失范就可构成枉法追诉行为。因此，此类证据应充分反映上述特点和内容。执行中的舞弊行为，是指行为人在刑事诉讼活动中执行立案审查、侦查措施执行、强制措施执行及审查起诉过程中，泄露案情通风报信致使有罪的人逃

避追诉、滥用职权不履行或不正确履行职责致使无罪的人受到追诉或致使有罪的人被放任逃避追诉的行为。此类行为证据，是要证明行为人在执行中是如何在诉讼决定和诉讼措施上进行舞弊的具体行为事实。通过上述反映行为特点的证据，去充分证明行为人追诉无罪、包庇有罪的枉法行为，是判断行为是否具有枉法行为的关键所在。它直接影响到此罪的能否成立和刑事诉讼的顺利进行，并明晰地将不同诉讼阶段的徇私枉法行为区别开来。同时，以特有的行为要素来要求证据，也是刑事证据充分性的必然要求。

二、枉法裁判行为证据

枉法裁判行为证据是指证明行为人在刑事审判活动中对明知是无罪的人或对明知是有罪的人故意做出违背事实和法律的判决、裁定的行为的证据。这一行为证据的特点，一是证明行为主体系刑事审判人员。二是所证行为表现为枉法做出判决、裁定的行为或足以引起错判、错裁的行为。三是所证枉法裁判行为系发生在刑事审判活动中的行为。概括起来，主要有枉法定罪证据和枉法量刑证据两种类型。

1. 枉法定罪证据。即证明行为人在刑事审判活动中具有有罪判无罪、无罪判有罪、数罪判一罪或一罪判数罪的行为证据。此类证据由起诉对象的无罪证据、有罪证据、数罪证据及一罪证据和行为人枉法裁判定罪的证据组成。起诉对象的无罪证据，包括公诉和自诉案件中没有证据证明的起诉事实和证明起诉对象无罪的事实和证据。起诉对象的有罪、数罪及一罪证据，是指在公诉和自诉案件中，有证据证明被告人有罪、数罪或一罪的起诉事实。枉法定罪裁判证据，指行为人违背事实和法律做出枉法判决、裁定的行为证据，以及伪造、隐匿、毁弃证据、非法采取未经当庭出示、辩证、质证等法庭调查程序查证属实的证据、伪造、变造裁判文书等足以引起错判、错裁的行为证据。

2. 枉法量刑证据。即证明行为人在刑事审判活动中具有重罪轻判、轻罪重判行为的证据。这里包括：量刑依据证据（事实和理由证据）和枉法量刑裁判的证据。量刑依据证据是证明行为人枉法裁判的基础证据，应当重判还是轻判，都有一定的事实和法律依据，而枉法裁判则是故意违背这些事实和法律。枉法量刑证据，既包括已做出的裁判证据，也包括拟做出的裁判证据和提请审批、审议的裁判意见证据。

证明意义：枉法裁判行为是发生在刑事审判活动中的徇私枉法行为。为此，无论是一审程序、二审程序，还是提起再审程序、核准程序，只要是在审判活动当中的枉法判决或裁定就可以构成枉法裁判。从行为特点讲，枉法定罪和枉法量刑是其主要的行为表现。故在证据要求上，首先应有证据证明正确定罪量刑的事实和依据，其次是证明行为人具体的枉法行为。由于这一枉法行为的主体系审判

人员，故该证据证明的枉法行为必须是刑事裁判行为及影响正确裁判的行为。行为人无论是在程序上、证据上、执行上还是在适用法律上舞弊，因为是在人为“作假”，这就势必会留下蛛丝马迹。“有据可查”是这一行为的重要特点。这既是准确定罪、严惩司法腐败的要求，也是行为人熟知法律、反侦查能力强、自我保护能力强的司法实际的要求。为此，理性地去收集证据，理性地去审查判断证据，对正确认定枉法裁判行为有着特别的重要意义。

第四节　徇私枉法罪的结果证据

徇私枉法罪的结果证据，是指藉以证明由于行为人的枉法行为所导致无罪的人受到追诉、有罪的人不受追诉及无罪被判有罪、有罪被判无罪、重罪轻判、轻罪重判等结果发生的证据。鉴于此罪有枉法追诉和枉法裁判两种犯罪形式，其结果证据亦有追诉结果证据和裁判结果证据两种类型。

一、追诉结果证据

追诉结果证据，是指证明已经发生无罪的人被追诉，有罪的人不受追诉的结果证据。

1. 被追诉证据。即无罪的人受到追诉的证据。如：无罪的人被立案侦查、被采取强制措施、被羁押、被移送起诉或提起公诉的法律文书、审批报告、证人证言等证据材料。

2. 不受追诉结果证据。即有罪的人不受追诉的证据。如：有罪的人不被立案、应采取强制措施或羁押而不采取或被撤销、变更强制措施、不予拘捕羁押、被中断侦查及不移送起诉、不起诉等法律文书、审批报告、证人证言等证据材料。

二、裁判结果证据

裁判结果证据，是指证明已经发生无罪判有罪、有罪判无罪、数罪判一罪、一罪判数罪及重罪轻判、轻罪重判等裁判结果的证据。上述结果证据一般由裁判法律文书证据（包括内部审批文书）、证人证言和实际执行情况证据组成。

证明意义：据刑法理论，徇私枉法罪系行为犯，结果条件不是此罪的必要要件。但是，结果发生与否是此罪的一个重要情节，它直接关系到正确地适用刑罚。由于此罪系发生在刑事诉讼过程中的职务犯罪，不同的诉讼阶段会发生不同的结果，不同的结果也必然反映着不同的社会危害程度。这就决定了此罪的结果是正确适用刑罚的一个重要事实依据。为此，在司法实践中不应因此罪系行为犯而忽视对其结果的证明。凡是发生犯罪结果的，一定要以确实充分的证据去支持结果事实的成立，以保证正确地运用刑罚严惩司法腐败。

第五节 徇私枉法罪的主观证据

徇私枉法罪的主观证据，是指藉以证明行为人对其枉法追诉、裁判的对象是否有罪、罪轻罪重和对其行为是否违背事实和法律在主观上具有明知，其枉法动机系徇私利私情，并希望和积极追求枉法结果发生的证据。根据刑法的要求，此罪主观证据应由主观明知证据、徇私动机证据和主观追求证据三部分组成。

一、主观明知证据

主观明知证据，是指证明行为人对其枉法追诉、裁判的对象和行为在主观上具备明知的认识因素证据。主要有对象明知证据和行为明知证据两种。

1. 对象明知证据。即证明行为人对其枉法追诉、裁判的对象是无罪的人或有罪的人，或罪轻、罪重的人，在主观认识上具备明知的证据。这里，追诉无罪行为的对象系无罪的人，包庇有罪行为的对象系有罪的人，枉法裁判的对象既包括无罪的人和有罪的人，也包括罪重的人和罪轻的人。行为人对此情况的明知主要反映在查阅相关材料、听取有关汇报、案件讨论商议、案件处理决策过程中，能够证明行为人对上述情况明知的人证、书证均可作为行为人对象明知的证据。

2. 行为明知证据。即证明行为人对其行为的枉法性及将会引起发生的枉法结果在主观认识上具有明知的证据。此类证据主要从反映行为人应当认识和能够认识的主体证据及行为证据中予以综合归纳。

证明意义：根据刑法第三百九十九条第一款的规定，徇私枉法罪必须是“对明知是无罪的人而使他受追诉，对明知是有罪的人而故意包庇不使他受追诉，或者在刑事审判活动中故意违背事实和法律作枉法裁判”的行为。这一规定表明，此罪主体对其行为对象的明知是此罪主观要件成立的一个必要条件。据刑法规定，凡是直接故意犯罪均需对自己的行为会发生的危害社会的结果具有明知。但在包括徇私枉法罪在内的许多罪条中又对有关明知内容加以强调。这说明在直接故意犯罪中存在两种明知条件，一种是一般性明知，即对犯罪行为结果一般情况的明知，它不规定特定明知对象；另一种是特定性明知，即明确规定特定的明知对象，非此不能构成犯罪。徇私枉法罪就属于特定性明知，此类明知是该罪主观认识因素中的必要要素。也就是说行为人对其行为对象，即枉法追诉、裁判的“人”，是否有罪及罪轻罪重，必须在主观上有明确的认识，否则，就不能有效地反映此罪“明知故犯”的特点。为此，司法实践中要注意这一证据的及时收集，并善于从行为等证据中予以综合归纳，以保证准确地定罪和有效地区别枉法与失误的界限。

二、徇私动机证据

徇私动机证据，是指证明行为人在主观上具有徇私情、私利动机的证据。

1. 徇私利证据。即证明行为人枉法行为的内心起因系私利驱动的证据。如证明行为人与利益关系人之间客观存在的财物、名誉、地位等利益关系的证据及其谋取、请托、承诺等徇私行为证据。

2. 徇私情证据。即证明行为人枉法行为的内心起因系私情驱动的证据。如证明行为人与情义关系人之间客观存在的亲情、友情、乡情、恋情、奸情等情义关系证据及其请托、承诺等徇情行为证据。

证明意义：徇私情、徇私利枉法是法定的动机条件。不具有这一特定主观动机的不能构成徇私枉法罪。这是此罪在主观方面除特定明知对象之外的第二个特定主观条件。要有效证明枉法行为系这一动机的驱动，首先，应证明行为人与其关系人双方是否存在一定的利益关系和情义关系。这是徇私和徇情的前提。其次，是行为人是否有徇私、徇情这种关系的行为。一般情况下双方存在请托、承诺等交往行为。行为人在双方交往活动和在其思想确定过程中的一些屈从言行表现，是其动机形成的外在形式。及时收集这些证据对证明和判断行为人的动机有着重要的作用。为此，徇私情、私利动机证据不仅关系到正确地认定犯罪，同时它也是区别于因工作失误导致错案的有效分界。

三、主观追求证据

主观追求证据，是指证明行为人在主观上具有希望枉法结果发生的心理意志证据。人的主观意志，往往表现在行为上。枉法行为的主动性和积极性，是此罪主观意志表现的重要特点。为此，此类证据应注意从行为证据中予以综合归纳。

证明意义：徇私枉法罪作为一种直接故意犯罪，行为人的主观意志是希望自己的枉法行为会发生和实现枉法目的结果。如果不是希望枉法结果的发生，行为人也就不会主动地、积极地实施枉法行为。为此，要证明行为人在主观上是直接故意，除主观认识因素证据、动机证据外，需有确实的证据来证明行为人积极追求枉法结果发生的主观意志证据。这样，该罪的主观证据链条才能完整，全罪的证据系统才能完善。这既是实体法的要求，也是程序法的必然要求。总之，司法实践中应对此罪的主观意志证据，给予应有的重视。

第六节　徇私枉法罪的情节证据

徇私枉法罪的情节证据，是指藉以证明行为人具有某些影响定罪、量刑情节的事实证据。根据刑法和有关司法解释的规定，现将影响定罪、量刑的几种常见情节列述如下，以作为情节证据的重点。

1. 主观明知、动机情节证据。即证明行为人在主观上对特定对象具有明知，并具有徇私、徇情动机的情节证据。此类证据体现于主观证据之中。

2. 包庇对象罪行情节证据。即证明行为人枉法包庇的有罪的人所犯罪行性质的情节证据。如反映包庇对象犯罪罪名、犯罪事实及处罚情况的有关法律文书、司法意见等证据材料。

3. 陷害无辜后果情节证据。即证明由于行为人枉法陷害使被害人受到刑事追诉或刑罚处罚的实际后果事实证据。如被拘捕羁押、起诉、判刑的司法文书、羁押证明、实际执行情况证明等证据材料。

4. 陷害对象人身损害情节证据。即证明由于行为人枉法陷害引起被害人及其亲属精神失常、重伤、自杀死亡等人身损害情节的事实证据。如有关司法鉴定、调查报告、现场勘查报告等证据材料。

5. 贪赃枉法情节证据。即证明行为人收受贿赂的事实证据。如行贿人陈述、证人证言、相关书证物证、行为人供述等证据材料。

证明意义：犯罪情节是犯罪事实的重要组成部分，它直接关系到准确地定罪和正确地适用刑罚。但犯罪性质的不同、犯罪事实的不同，也决定了犯罪情节的多样性。刑法理论将犯罪情节分为法定情节和酌定情节两大类。法定情节，是指刑法明确规定构成某种犯罪的必要选择条件或从重、加重处罚条件的特定事实。酌定情节，具指由法官根据刑法规定精神和具体事实自由裁量的犯罪事实。从刑法第三百九十九条第一款的规定看，此罪规定了三个量刑幅度，其中第二个量刑幅度为“情节严重的，处五年以上十年以下有期徒刑”，第三个量刑幅度为“情节特别严重的，处十年以上有期徒刑”。此外，在罪状和处罚上还规定了其他一些情节。这样，犯罪情节在徇私枉法罪构成和处罚上的重要性，也决定了此罪情节证据的重要性。仅就前面所列五种情节证据而言，第一种主观明知、动机情节证据，是对特定对象明知条件和特定徇私徇情动机条件的佐证和支持。如果没有证据证明行为人主观上具有这两个特定的条件，或证据不足以支持这两个条件的成立，行为人就很难构成徇私枉法罪。为此，这一情节证据是此罪法定情节的要求，是关系到罪名能否成立的重要依据。

第二种包庇对象性质情节证据。枉法包庇“有罪的人”是此罪的一个重要行为特征，但“有罪的人”可以是“轻罪的人”、“重罪的人”、“数罪的人”、“一罪的人”，也可以是“罪行特别严重”的人，被包庇的对象的犯罪性质的不同，决定着枉法包庇情节的严重程度。如最高人民检察院在《人民检察院直接受理立案侦查的渎职侵权重特大案件标准（试行）》（以下简称《渎职侵权重特大案件标准》）中规定，“对依法可能判处三年以上七年以下有期徒刑的犯罪分子，故意包庇不使其受追诉的”为重大案件，“对依法可能判处七年以上有期徒刑、无期徒刑、死刑的犯罪分子，故意包庇不使其受追诉的”为特大案件。据此，符合重大案件标准的可为“情节严重”，符合特大案件标准的，可为“情节特别严重”。因此，这一情节证据不仅关系到对枉法包庇情节严重程度的认定，也直接影响到正确地适用刑罚。

第三种陷害无辜后果情节证据。对“无罪的人”进行枉法追诉或枉法裁判是此罪的又一重要行为特征。虽然此罪未将枉法追诉、裁判的实际结果作为必要要件，但后果条件直接关系到对行为人犯罪性质的认定和处罚。比如，在后果的发生上，有的被枉法立案侦查，有的被枉法拘捕，有的被枉法起诉，有的被枉法判刑，甚至被枉法判重刑。不同的后果情节也必然会导致不同的法律后果。根据最高人民检察院《渎职侵权重特大案件标准》的规定，“致使无罪的人被判处三年以上七年以下有期徒刑的”为重大案件，“致使无罪的人被判处七年以上有期徒刑、无期徒刑、死刑的”为特大案件。比照这一规定，符合重大案件条件的即为“情节严重”，符合特大案件条件的即为“情节特别严重”。由此可见，这一情节证据对于犯罪性质的认定和适用刑罚是有着重要意义的。

第四种陷害对象人身损害情节证据。就这一情节而言，在司法实践中是较为常见的，如有的因枉法追诉、裁判导致当事人或其亲属精神失常，自伤自残，甚至自杀死亡。由于枉法追诉、裁判是导致这一后果的重要原因，因此这种后果也属于一种后果情节。但从目前的司法解释来看，最高人民检察院《渎职侵权立案标准》和《渎职侵权重特大案件标准》中对此均未作规定。为此，我们把这一情节暂作为酌定情节。在酌定这一情节严重程度时，我们可以参考《渎职侵权重特大案件标准》中民事、行政枉法裁判案的有关规定。在民事、行政枉法裁判案中，“枉法裁判，引起当事人及其亲属精神失常或者重伤的”为重大案件；“引起当事人及其亲属自杀死亡的”为特大案件。据此，可以将枉法追诉、裁判，引起当事人及其亲属精神失常或者重伤的，视为“情节严重”，将引起当事人及其亲属自杀死亡的，视为“情节特别严重”，去酌定裁量。为保证这一情节事实的成立，也为确保司法自由裁量的适当，凡有此情节的就必须有强有力的证据支持。这是该情节本身重要性的必然要求。

第五种贪赃枉法情节证据。贪赃枉法情节，就是指索取、收受贿赂的情节事实。在过去的刑事法律中，将此种情节规定为并罚情节。也就是说，贪赃枉法行为中同时也构成受贿罪的，以徇私舞弊罪和受贿罪两罪并罚。1997年刑法修正了这一规定，在刑法第三百九十九条第三款明确规定，“司法工作人员收受贿赂，有前两款行为的，同时又构成本法第三百八十五条规定之罪的，依照处罚较重的规定定罪处罚”。这样，在司法实践中，对贪赃枉法行为，需就“贪赃”和“枉法”两种行为证据分别收集和审查判断，正确区分二者孰轻孰重，以便于择一重罪定罪处罚。为此，在司法实践中，对“贪赃”行为不能仅将其作为动机表现去查证和认识，要从是否构成受贿罪和应当受到何种处罚的角度去收集和认识证据。以保证定罪的准确和适用刑罚的得当。总之，对这一特殊情节应从思想上给予足够的重视。

附：法律法规

1.《中华人民共和国刑法》(1997年3月14日修订)(节录)

第九十四条 本法所称司法工作人员，是指有侦查、检察、审判、监管职责的工作人员。

第三百九十九条【徇私枉法罪】 司法工作人员徇私枉法、徇情枉法，对明知是无罪的人而使他受追诉、对明知是有罪的人而故意包庇不使他受追诉，或者在刑事审判活动中故意违背事实和法律作枉法裁判的，处五年以下有期徒刑或者拘役；情节严重的，处五年以上十年以下有期徒刑；情节特别严重的，处十年以上有期徒刑。

……

司法工作人员收受贿赂，有前三款行为的，同时又构成本法第三百八十五条规定之罪的，依照处罚较重的规定定罪处罚。

2.《中华人民共和国刑事诉讼法》(2012年3月14日修正)(节录)

第二十九条 审判人员、检察人员、侦查人员不得接受当事人及其委托的人的请客送礼，不得违反规定会见当事人及其委托的人。

审判人员、检察人员、侦查人员违反前款规定的，应当依法追究法律责任。当事人及其法定代理人有权要求他们回避。

第五十条 审判人员、检察人员、侦查人员必须依照法定程序，收集能够证实犯罪嫌疑人、被告人有罪或者无罪、犯罪情节轻重的各种证据。严禁刑讯逼供和以威胁、引诱、欺骗以及其他非法的方法收集证据，不得强迫任何人证实自己有罪。必须保证一切与案件有关或者了解案情的公民，有客观地充分地提供证据的条件，除特殊情况外，可以吸收他们协助调查。

第五十二条（第四款） 凡是伪造证据、隐匿证据或者毁灭证据的，无论

属于何方，必须受法律追究。

3. 最高人民检察院《人民检察院直接受理立案侦查的渎职侵权重特大案件标准（试行）》（2001年7月20日）（节录）

五、枉法追诉、裁判案（修正前罪名）

（一）重大案件

1. 对依法可能判处三年以上七年以下有期徒刑的犯罪分子，故意包庇不使其受追诉的；

2. 致使无罪的人被判处三年以上七年以下有期徒刑的。

（二）特大案件

1. 对依法可能判处七年以上有期徒刑、无期徒刑、死刑的犯罪分子，故意包庇不使其受追诉的；

2. 致使无罪的人被判处七年以上有期徒刑、无期徒刑、死刑的。

4. 最高人民检察院《关于渎职侵权犯罪案件立案标准的规定》（2006年7月26日公布）（节录）

（五）徇私枉法案（第三百九十九条第一款）

徇私枉法罪是指司法工作人员徇私枉法、徇情枉法，对明知是无罪的人而使他受追诉、对明知是有罪的人而故意包庇不使他受追诉，或者在刑事审判活动中故意违背事实和法律作枉法裁判的行为。

涉嫌下列情形之一的，应予立案：

1. 对明知是没有犯罪事实或者其他依法不应当追究刑事责任的人，采取伪造、隐匿、毁灭证据或者其他隐瞒事实、违反法律的手段，以追究刑事责任为目的立案、侦查、起诉、审判的；

2. 对明知是有犯罪事实需要追究刑事责任的人，采取伪造、隐匿、毁灭证据或者其他隐瞒事实、违反法律的手段，故意包庇使其不受立案、侦查、起诉、审判的；

3. 采取伪造、隐匿、毁灭证据或者其他隐瞒事实、违反法律的手段，故意使罪重的人受较轻的追诉，或者使罪轻的人受较重的追诉的；

4. 在立案后，采取伪造、隐匿、毁灭证据或者其他隐瞒事实、违反法律的手段，应当采取强制措施而不采取强制措施，或者虽然采取强制措施，但中断侦查或者超过法定期限不采取任何措施，实际放任不管，以及违法撤销、变更强制措施，致使犯罪嫌疑人、被告人实际脱离司法机关侦控的；

5. 在刑事审判活动中故意违背事实和法律，作出枉法判决、裁定，即有罪判无罪、无罪判有罪，或者重罪轻判、轻罪重判的；

6. 其他徇私枉法应予追究刑事责任的情形。

第十六章 民事、行政枉法裁判罪证据结构

第一节 民事、行政枉法裁判罪概述

根据刑法第三百九十九条第二款的规定和最高人民检察院《渎职侵权立案标准》的解释，“民事、行政枉法裁判罪是指司法工作人员在民事、行政审判活动中，故意违背事实和法律作枉法裁判，情节严重的行为”。据此概念，此罪的基本特征如下：

一、主体特征

民事、行政枉法裁判罪的主体系特殊主体，即司法工作人员。根据民事、行政诉讼法的规定，负有民事诉讼、行政诉讼审判职能的司法机关是人民法院，故该司法工作人员亦仅为审判人员。根据人民法院内部职能分工，负有民事诉讼、行政诉讼审判职责的各级人民法院的法官，具体的有院长、主管副院长、民事、行政审判庭长、副庭长、审判员、助理审判员。书记员及其他司法工作人员可以成为共犯，但不能单独成为此罪的主体。

二、客体特征

民事、行政枉法裁判罪的犯罪客体，是侵害了国家司法机关的正常活动。其侵害的直接客体是国家审判机关的正常活动。从其社会危害性看，民事、行政枉法裁判行为在侵害正常的审判活动的同时，还直接侵犯了当事人的财产权利和人身权利，危害了社会的公平正义。就社会公正而言，人们常说司法公正是社会公正的最后一道防线，审判活动作为社会矛盾调解的最终环节，审判活动应是社会公正最后一道防线的最后一公里，而作为与群众切身利益关系最紧、联系最多的民事、行政审判活动，应是这社会公正最后一公里的最后一米。这既是民事、行政审判活动在法治国家应有的社会地位，也是民事、行政枉法裁判犯罪社会危害性的要害之处。

三、主观特征

民事、行政枉法裁判罪的主观方面表现为直接故意，即明知案件事实真相和法律规定，而希望并追求违背事实和法律作枉法裁判结果的发生。在行为人的主

观认识上应具有三个明知，一是对事实真相的明知，即对事实的是非曲直是心知肚明的；二是对证据采信的明知，即对证据的真伪、证明力的强弱、采信的规则是一清二楚的；三是对适用法律的明知，即对法律的规定、法律的含义及适用原则是心中有数的。这里，既有作为法官的职责义务性明知，也有审理后的客观性明知。在行为人的主观意志上，行为人的心理表现为希望并积极追求枉法裁判结果的发生。过失和间接故意不能构成此罪。此罪的动机亦呈多样性，有徇私情、私利的，有为本单位寻租的，有地方保护主义的，有挟嫌个人恩怨的，等等，但无论何种动机均不影响此罪的成立。

四、客观特征

民事、行政枉法裁判罪在客观方面表现为，行为人在民事、行政审判活动中，故意违背事实和法律作枉法裁判，情节严重的行为。从这一特征的行为表现看有三个特点：一是发生在民事、行政审判活动过程中；二是具有违背事实和法律的行为；三是裁判结果为枉法裁判。

所谓民事、行政审判活动，其实就是指民事、行政诉讼活动。民事、行政枉法裁判，也就是发生在民事诉讼和行政诉讼过程中的枉法裁判行为。根据新修订的民事诉讼法和行政诉讼法的规定，民事、行政诉讼的一审普通程序是：原告起诉—法院立案—5 日内起诉状副本发送被告—15 日内被告提出答辩状—5 日内答辩状副本发送原告—合议庭审核诉讼材料—调解—开庭—法庭调查—法庭辩论—调解—判决。在这一诉讼程序中的任何环节，均可能发生导致枉法裁判结果的行为。

所谓违背事实和法律，是指违背事实真相和违反法律规定。“以事实为根据，以法律为准绳”，是诉讼的基本原则。事实作为裁判的根据，它则是以证据为基础的。也就是说，事实是裁判的根据，证据是事实的根据。实践中，黑白颠倒、指鹿为马的枉法裁判确有存在，但常见的是在证据上做文章，如伪造、毁灭证据，混淆是非。违反法律行为也是一样，在审判公开的情况下明目张胆的枉法裁判很少，更多的是在法律规定条件和法律规定程序上做文章。一个敢于知法犯法的法官，不会傻到连基本的自我保护常识都不懂，他们会千方百计地为枉法裁判寻找理由。常见的理由，一是以证据有缺陷、有瑕疵为由；二是以法定条件不足、法理不周延为由，来为枉法裁判打掩护。根据最高人民检察院《渎职侵权立案标准》的规定，结合司法实践，在民事、行政审判活动中违背事实和法律，枉法裁判情节严重的行为表现主要有以下几种情形：

1. 伪造、变造诉讼材料和证据，制造假案枉法裁判的。例如，有一个编号两份判决的“阴阳判决书”，有指鹿为马的“荒唐判决书”，甚至还有从起诉书、证据材料、庭审笔录一直到判决书全部系伪造的假案件。

2. 串通当事人制造伪证、毁灭证据的。例如，私下串通偏袒的一方当事人密造伪证，或者利用职务便利毁灭于对方有利的证据，或者涂改、变造于对方有利的证据，等等。

3. 篡改庭审笔录、合议庭评议笔录的。例如，将对偏袒方不利的内容篡改为有利的内容，将不同意见改为相同意见，等等。庭审笔录和评议笔录，是法定的记载审判活动的文字载体，相关内容是必须记入并不得篡改的。民事诉讼法就规定，合议庭"评议中的不同意见，必须记入笔录"。最高人民检察院将这种枉法裁判还要诿过于人的行为作为情节严重的行为，是符合法理和社会公理的。

4. 违背证据采信规则唯我所用的。例如，采信未经庭审质证的证据的，当事人对鉴定意见有异议而不让鉴定人出庭作证却采信鉴定意见的，或者违背证据采信规则枉法采信的，等等。根据证据学通常观点，民事证据采信的一般原则是，原始证据优于传来证据，直接证据优于间接证据，物证书证优于言词证据，公文、公证书证优于其他书证，无利害关系人证优于有利害关系人证等。违背上述原则得出的事实结论，必然是违背事实真相的扭曲了的事实。

5. 严重违反程序枉法裁判的。例如，超越管辖枉法审理无权审理的案件的，不适宜简易审而故意独任审判的，违背自愿原则枉法调解的，等等。

6. 故意曲解法律、断章取义错误适用法律的。例如，有的人利用群众不懂法的情况，故弄玄虚，忽悠当事人误入圈套，或者引证法律断章取义，实行"半句话规则"，致使当事人屈从枉法裁判，等等。

7. 枉法裁判造成严重后果的。例如，枉法裁判造成一方当事人人身遭受严重损害，或者财产遭受重大损失的。最高人民检察院《渎职侵权立案标准》规定，"1. 枉法裁判，致使当事人或者其近亲属自杀、自残造成重伤、死亡，或者精神失常的；2. 枉法裁判，造成个人财产直接经济损失 10 万元以上，或者直接经济损失不满 10 万元，但间接经济损失 50 万元以上的；3. 枉法裁判，造成法人或者其他组织财产直接经济损失 20 万元以上，或者直接经济损失不满 20 万元，但间接经济损失 100 万元以上的"；应当立案追究刑事责任。

综合上述内容，此罪在实践中的客观行为特点，可以说主要是枉法舞弊。在违背事实方面，重点是证据舞弊和采信舞弊；在违背法律方面，重点是程序规范上舞弊和适用法律上舞弊。

需要提及的是枉法调解行为能否构成此罪问题。这个问题曾经长期争论不休，但以枉法调解不能构成枉法裁判罪的观点占上风。其最主要的观点是，裁判就是判决和裁定，不包括调解。而且法院一直不受理检察院对调解书的抗诉，故实践中鲜有枉法调解治罪的案例。随着社会主义法治的不断完善，这个问题似乎已经解决。新的民事诉讼法在调解书与判决书、裁定书有同等法律效力的同时，

赋予了法官更多的调解权。前面已经提到，法院立案后先调解，判决前再调解；可以由合议庭主持调解，也可以由一名法官主持调解；法院可以直接调解，也可以对民间调解裁定确认。在几乎无案不调的情况下如不对枉法调解强力监督，调解将会成为一个徇私枉法的避风港。为此，新的民事诉讼法特意修订了有关人民检察院抗诉的规定，其中，将过去抗诉不包括调解补充规定。该法第二百零八条规定，“最高人民检察院对各级人民法院已经发生法律效力的判决、裁定，上级人民检察院对下级人民法院已经发生法律效力的判决、裁定，发现有本法第二百条规定情形之一的，或者发现调解书损害国家利益、社会公共利益的，应当提出抗诉”。最高人民法院在 2015 年 2 月 4 日起施行的《关于适用〈中华人民共和国民事诉讼法〉的解释》第四百一十三条也明确规定，“人民检察院依法对损害国家利益、社会公共利益的发生法律效力的判决、裁定、调解书提出抗诉，或者经人民检察院检察委员会讨论决定提出再审检察建议的，人民法院应予受理”。枉法调解的案件可以抗诉，枉法调解的人就应当可以治罪。不然的话，枉法裁定确认调解效力的可以入罪，而主持枉法调解的则不能入罪，岂不是执法失衡。为此，枉法调解情节严重的，应当以民事、行政枉法裁判罪依法追究刑事责任。

第二节　民事、行政枉法裁判罪的主体证据

民事、行政枉法裁判罪的主体证据，是借以证明行为人具有民事、行政枉法裁判罪主体身份的证据。根据刑法的要求，此罪主体系司法工作人员，故其主体证据应由行为人自然情况证据、司法工作人员身份证据及审判职责证据三部分组成。

1. 自然情况证据。自然情况证据是指证明行为人年龄、性别、民族、出生地、居住地及家庭成员状况等自然情况的证明材料。如：

（1）身份证明。即《居民身份证》等个人自然情况的证明材料。

（2）户籍证明。即证明行为人户籍所在地及家庭户籍状况的证明材料。

（3）居住证明。即证明行为人居住地及居住状况的证明材料。

（4）违法记录。即证明行为人曾因违法违纪所受处罚、处分等情况的证明材料。

2. 司法机关人员身份证据。司法机关人员身份证据，是指证明行为人具有国家审判人员身份资格的证明材料。如：反映行为人在审判机关中所任行政职务、法律职务、法官级别及工作简历等单位人事证明等证明材料。

3. 审判职责证据。审判职责证据是指证明行为人在民事、行政审判活动中

所负有的主管、主审、助审等具体审判职责义务的证明材料。如：反映行为人在审判活动中负有审判职责的院长、副院长、审判委员会委员、审判长、审判员、助理审判员等在具体案件中特定职责义务的单位证明等证明材料。

证明意义：1979年刑法第一百八十八条规定了"徇私舞弊罪"，只限于处罚在刑事案件中枉法裁判的行为。1991年7月17日最高人民法院在《关于审判人员在审理民事、经济纠纷案件中徇私舞弊枉法裁判构成犯罪的应当依照刑法第一百八十八条规定追究刑事责任的批复》中指出：《中华人民共和国民事诉讼法》第四十四条第三款规定，审判人员有贪污受贿、徇私舞弊，枉法裁判行为的，应当追究法律责任。据此，审判人员在审判民事、经济纠纷案件过程中，徇私舞弊，枉法裁判，情节严重的，可以构成犯罪，追究刑事责任。1997年修订刑法时明确规定了民事、行政枉法裁判罪。这样，此罪便成为一个以审判人员为特殊主体的犯罪罪名。因此，作为主体资格证据实践中应注意把握上述证明要点。一是自然情况证据，这是犯罪主体作为自然人在刑事诉讼中所应弄清的基本情况，它既体现了自然人的刑事责任年龄和刑事责任能力，对保障侦查和诉讼的顺利进行也有重要的意义。二是司法人员身份证据，这是此罪主体身份的基本要求，非司法人员不能构成此罪。三是审判职责证据，这是此罪主体的核心证据。没有审判职责，何来枉法裁判？只有负有审判职责的司法人员才能裁判民事、行政案件。其中一个重要意义是，在案件受到权力干涉时，并非是权力在裁判案件，仍然是法官在裁判案件，为此，枉法裁判的刑事责任只能由枉法裁判的法官来承担。而法官背后蛮横的权力，却因不具有主体资格而不能构成此罪。这也是为什么中央一再强调执法者，"要信仰法治、坚守法治，做知法、懂法、守法、护法的执法者，站稳脚跟，挺直脊梁，只服从事实，只服从法律，铁面无私，秉公执法。"为此，以听从领导指示为由推脱责任的想法再也行不通了。谁办案谁负责，实行终身负责制，即是审判职责证据的全部意义之所在。

第三节　民事、行政枉法裁判罪的行为证据

民事、行政枉法裁判罪的行为证据，是藉以证明行为人在民事、行政审判活动中具有故意违背事实和法律作枉法裁判情节严重的行为的证据。根据刑法规定和最高人民检察院《渎职侵权立案标准》及司法实践，此组证据主要包括：

1. 证据上舞弊的行为证据。即证明行为人具有在诉讼证据上弄虚作假行为的证据。如：反映行为人伪造、变造有关材料、证据制造假案，串通当事人制造伪证、毁灭证据而枉法裁判的相关案卷材料、裁判文书、文检鉴定、诉讼参与人证言、合议庭成员证言、庭审材料及视听资料、合议庭评审笔录、相关汇报记录、行为人供述等证明材料。

2. 采信上舞弊的行为证据。即证明行为人具有违背证据采信规则，违法采信不应当采信的证据的行为的证据。如：反映行为人故意采信非法证据，或者故意采信不适格证据的相关案卷材料、裁判文书、庭审笔录及视听资料、诉讼参与人证言、合议庭成员证言、合议庭评审笔录、相关汇报记录、行为人供述等证明材料。

3. 程序规范上舞弊的行为证据。即证明行为人具有超越程序规定，或者恶意简化程序，或者违反程序规定情形而枉法裁判的行为的证据。如：反映行为人超越诉讼管辖、违法适用简易程序、擅自改变庭审程序、无视程序规定原则或条件而枉法裁判的相关案卷材料、裁判文书、庭审笔录及视听资料、诉讼参与人证言、合议庭成员证言、合议庭评审笔录、相关汇报记录、行为人供述等证明材料。

4. 法律适用上舞弊的行为证据。即证明行为人在适用法律上具有故意断章取义、曲解法律、篡改法律、黑白颠倒等舞弊行为的证据。如：反映行为人在适用法律上故意实行“半句话规则”不完全引用法律、规定、《解释》的条文，或者在条文上做手脚私加字词改变文意，或者张冠李戴歪曲法律的相关案卷材料、裁判文书、庭审笔录及视听资料、诉讼参与人证言、合议庭成员证言、合议庭评审笔录、相关汇报记录、行为人供述等证明材料。

证明意义：民事、行政法律、法规繁杂众多，法律关系也非常复杂，因此，民事、行政枉法裁判的方法手段也多种多样。上述几种行为仅是对众多行为的高度概括。其要点一是证据，二是法律。在证据采信方面，因民事诉讼是“谁主张谁举证”，故实践中“打官司”其实就是“打证据”。枉法裁判行为人也不例外，多在证据上做文章。制造伪证的还较易辨别，也容易证伪，难度较大的是对证据采信上舞弊的辨别。最高人民法院在2002年4月1日施行的《关于民事诉讼证据的若干规定》中，对举证责任分配，举证时限和证据交换，无须举证的条件，质证的程序，以及证据的审核，均作了具体的规定。因此，实践中应熟悉民事诉讼证据的相关规定，找准证据采信的关键点，对违反证据规定和采信规则的舞弊行为，应结合证据规定的具体情形去收集、固定证据，以查明事实真相，揭穿枉法行为。在适用法律方面，实践中不仅要熟悉程序法，还应熟悉相关的实体法。要打破一些人把民事法律视作“猴皮筋”的错误观念，任何法律作为准绳只能是一个标准尺度，不可能“要长有长要短有短”的任人宰割。所谓“半句话规则”是指不完全引用法律，有利的就适用，不利的就舍弃，各取所需的唯利是用。为此，对错误适用法律的，实践中应注意审核法律、法规以及司法解释的完整性，尤其对注意性、例外性规定应高度重视，以保证完整、准确地理解和应用法律，精准惩治民事行政枉法裁判犯罪行为。

第四节　民事、行政枉法裁判罪的结果证据

民事、行政枉法裁判的结果证据，是指藉以证明行为人枉法裁判行为发生错误裁判等结果的证据。此组证据由错误裁判证据、人员伤亡证据和财产损失证据组成。

1. 错误裁判结果证据。即证明行为人作出的裁判结果为错误裁判结果的证据。如：反映行为人原裁判结果为违背事实和法律的错误裁判的原审裁判文书、抗诉文书、检察建议再审文书、再审纠正文书、提审纠正文书等证明材料。

2. 人员伤亡结果证据。即证明由于行为人枉法裁判而导致当事人或其近亲属自杀、自残造成重伤、死亡，或者精神失常等结果的证据。如：反映当事人或其近亲属自杀、伤残、死亡或精神失常的医疗诊断证明、法医鉴定意见、精神病鉴定意见以及相关现场、人身勘验检查笔录及其他相关证明材料。

3. 经济损失结果证据。即证明由于行为人枉法裁判给相关个人、法人或其他组织造成直接经济损失的证据。如：反映经济损失的相关财产损失鉴定、价格评估报告、财务审计鉴定、司法会计鉴定以及其他相关证明材料。

证明意义：民事、行政枉法裁判罪的结果是与其枉法行为相伴而生的，如果没有枉法行为导致的错误裁判结果发生此罪不能成立。那么，裁判结果的正确与否就成为此组证据的关键。实践中，往往会有错误裁判的被纠正与行为人的被刑事追诉不能同步的现象，致使刑事追诉迟滞或者不能。为此，实践中应注意反渎职侵权侦查与民事行政检察的有机协作和配合，在查明事实真相的基础上，民事行政检察部门的审查抗诉或者建议再审工作应紧紧跟上，以防止正义迟到和放纵司法腐败的现象发生。另外，此罪作为情节犯，最高人民检察院在《渎职侵权

立案标准》中规定了三种严重后果情形，“1. 枉法裁判，致使当事人或者其近亲属自杀、自残造成重伤、死亡，或者精神失常的；2. 枉法裁判，造成个人财产直接经济损失10万元以上，或者直接经济损失不满10万元，但间接经济损失50万元以上的；3. 枉法裁判，造成法人或者其他组织财产直接经济损失20万元以上，或者直接经济损失不满20万元，但间接经济损失100万元以上的。”为此，对具有上述三种后果的，应及时收集相关证据材料，准确认定人身损害和财产损失，以保证正确地适用法律，及时惩治此类司法腐败犯罪行为。

第五节　民事、行政枉法裁判罪的主观证据

民事、行政枉法裁判罪的主观证据，是指藉以证明行为人对其违背事实和法律的枉法裁判行为在主观上具有明知，并希望和积极追求枉法结果发生的证据。此组证据主要由主观明知证据和主观追求证据组成。

1. 主观明知证据。即证明行为人对其违背事实和法律的枉法裁判行为在主观上具备知道或者应当知道的认识因素证据。如：

（1）对事实证据的明知证据。如：反映行为人对案件事实的真相、证据的真伪、证明力的强弱等情况在主观认识上具有知道或者应当知道的证明材料。此证据可从行为证据中归纳推定。

（2）对法律规定的明知证据。如：反映行为人对案件审理程序、诉讼证据规则、相关法律规定、相关司法解释等情况在主观认识上具有知道或者应当知道的证明材料。此证据亦可从行为证据中归纳推定。

2. 主观追求证据。即证明行为人在主观上具有希望枉法结果发生的心理意志证据。如：

（1）积极追求违背事实结果发生的心理意志表现证据。如：反映行为人弄虚作假，隐瞒、伪造、变造、毁灭证据，伪造、篡改案件材料等罔顾事实证据枉法裁判的积极心理表现证据。此证据亦可从行为证据中归纳推定。

（2）积极追求违反法律结果发生的心理意志表现证据。如：反映行为人黑白颠倒、断章取义、张冠李戴等错误适用法律枉法裁判的积极心理表现证据。此证据亦可从行为证据中归纳推定。

证明意义：民事、行政枉法裁判罪在主观表现上为直接故意，即行为人明知自己的裁判行为违背事实和法律，而希望并追求枉法裁判结果的发生。在主观认识上，行为人明知的内容很多，但其核心是对事实真相和证据能否采信的明知。这些明知概括起来有两种情况，一是义务性明知，二是客观性明知。义务性明知，是法官职责所在，是其应当知道的内容，也就是法官的应知应会。如对法律

规定的了解、法律含义的理解、法律的适用原则、裁判运行程序等。鉴于此明知的义务性，此类证据属于不必证范畴。客观性明知，是指法官通过对事实证据的审查在客观上已经知道或者应当知道案件事实的是非曲直。这是法官当然的专业知识和专业能力所决定的。而这种客观性明知是明确的、具体的和肯定的，不是模糊、原则、概括的，这也是区别于过失裁判的关键。在主观意志上，行为人对其所作的枉法裁判持希望心理并积极追求结果的发生。这些心理表现基本上都体现在行为上，实践中可根据已经证据证明了的事实进行客观的推定。客观推定是国际通例，也是防止过分依赖口供出现误判的有效方法。联合国《反腐败公约》就明确规定，“犯罪所需具备的明知、故意或者目的等要素，可以根据客观实际情况予以推定。”为此，作为客观推定的事实依据的行为证据，务应做到确实充分并排除一切合理怀疑，以保证理性、公正的执法司法。

第六节　民事、行政枉法裁判罪的情节证据

民事、行政枉法裁判罪的情节证据，是指藉以证明行为人具有影响定罪、量刑情节的事实证据。从司法实践看，影响民事、行政枉法裁判罪定罪量刑的情节主要有以下几种情况：

1. 特别重大人身伤亡情节证据。即证明行为人枉法裁判行为造成特别重大人身伤亡情节的证据。如：反映引起当事人及其亲属自杀死亡证据。此证据可以从结果证据中予以反映。

2. 特别重大经济损失情节证据。即证明致使公民的财产损失50万元以上、法人或者其他组织财产损失100万元以上的证据。此证据亦可从结果证据中予以反映。

3. 从轻处罚情节证据。即证明行为人具有法律规定的从轻处罚情节的证据。如：反映行为人具有自首、立功、如实供述等法定从轻处罚情节的相关材料、办案机关说明等证明材料。

4. 徇私受贿情节证据。即证明行为人具有徇私枉法从中受贿的情节的证据。如：反映行为人利用审理民事、行政案件职务便利，为当事人谋取利益枉法裁判，并收受当事人财物的书证物证、行贿人供述、知情人证言、行为人供述等相关证明材料。

证明意义：根据刑法第三百九十九条第二款的规定，民事、行政枉法裁判罪有两个量刑幅度，第二幅度为“情节特别严重的，处五年以上十年以下有期徒刑”。最高人民检察院在《渎职侵权重特大案件标准》中对特别重大案件规定了两种情形，即上述情节证据证明的情况。司法实践中，对达到上述标准的应准确

的确定损失情况，以保证正确地适用刑罚。自首、立功是可以从轻或者减轻处罚的法定情节，如实供述也是可以从轻处罚的法定情节，刑法还规定“因其如实供述自己的罪行，避免特别严重后果发生的，可以减轻处罚”。为此，实践中不仅应全面收集证据，还应全面地实事求是地向公诉、审判机关反映情况，以切实体现司法公正。徇私受贿问题，刑法第三百九十九条是特别规定，与其他渎职罪不同。根据“两高”关于渎职罪的司法解释，渎职犯罪中徇私舞弊构成受贿罪的应数罪并罚。但刑法第三百九十九条第四款明确规定，“司法工作人员收受贿赂，有前三款行为的，同时又构成本法第三百八十五条规定之罪的，依照处罚较重的规定定罪处罚”。为此，司法实践中应注意此罪与其他渎职罪在此方面的区别，以保证正确地应用法律。

附：法律法规

1.《中华人民共和国刑法》（1997年3月14日修订）（节录）

第三百九十九条（第二款）【民事、行政枉法裁判罪】　在民事、行政审判活动中故意违背事实和法律作枉法裁判，情节严重的，处五年以下有期徒刑或者拘役；情节特别严重的，处五年以上十年以下有期徒刑。

（第四款）司法工作人员收受贿赂，有前三款行为的，同时又构成本法第三百八十五条规定之罪的，依照处罚较重的规定定罪处罚。

2.《中华人民共和国民事诉讼法》（2012年8月31日修正）（节录）

第二百条　当事人的申请符合下列情形之一的，人民法院应当再审：

（一）有新的证据，足以推翻原判决、裁定的；

（二）原判决、裁定认定的基本事实缺乏证据证明的；

（三）原判决、裁定认定事实的主要证据是伪造的；

（四）原判决、裁定认定事实的主要证据未经质证的；

（五）对审理案件需要的主要证据，当事人因客观原因不能自行收集，书面申请人民法院调查收集，人民法院未调查收集的；

（六）原判决、裁定适用法律确有错误的；

（七）审判组织的组成不合法或者依法应当回避的审判人员没有回避的；

（八）无诉讼行为能力人未经法定代理人代为诉讼或者应当参加诉讼的当事人，因不能归责于本人或者其诉讼代理人的事由，未参加诉讼的；

（九）违反法律规定，剥夺当事人辩论权利的；

（十）未经传票传唤，缺席判决的；

（十一）原判决、裁定遗漏或者超出诉讼请求的；

（十二）据以作出原判决、裁定的法律文书被撤销或者变更的；

（十三）审判人员审理该案件时有贪污受贿，徇私舞弊，枉法裁判行为的。

第二百零八条 最高人民检察院对各级人民法院已经发生法律效力的判决、裁定，上级人民检察院对下级人民法院已经发生法律效力的判决、裁定，发现有本法第二百条规定情形之一的，或者发现调解书损害国家利益、社会公共利益的，应当提出抗诉。

地方各级人民检察院对同级人民法院已经发生法律效力的判决、裁定，发现有本法第二百条规定情形之一的，或者发现调解书损害国家利益、社会公共利益的，可以向同级人民法院提出检察建议，并报上级人民检察院备案；也可以提请上级人民检察院向同级人民法院提出抗诉。

各级人民检察院对审判监督程序以外的其他审判程序中审判人员的违法行为，有权向同级人民法院提出检察建议。

3.《中华人民共和国行政诉讼法》（2014年11月1日修正）（节录）

第九十一条 当事人的申请符合下列情形之一的，人民法院应当再审：

（一）不予立案或者驳回起诉确有错误的；

（二）有新的证据，足以推翻原判决、裁定的；

（三）原判决、裁定认定事实的主要证据不足、未经质证或者系伪造的；

（四）原判决、裁定适用法律、法规确有错误的；

（五）违反法律规定的诉讼程序，可能影响公正审判的；

（六）原判决、裁定遗漏诉讼请求的；

（七）据以作出原判决、裁定的法律文书被撤销或者变更的；

（八）审判人员在审理该案件时有贪污受贿、徇私舞弊、枉法裁判行为的。

第九十三条 最高人民检察院对各级人民法院已经发生法律效力的判决、裁定，上级人民检察院对下级人民法院已经发生法律效力的判决、裁定，发现有本法第九十一条规定情形之一，或者发现调解书损害国家利益、社会公共利益的，应当提出抗诉。

地方各级人民检察院对同级人民法院已经发生法律效力的判决、裁定，发现有本法第九十一条规定情形之一，或者发现调解书损害国家利益、社会公共利益的，可以向同级人民法院提出检察建议，并报上级人民检察院备案；也可以提请上级人民检察院向同级人民法院提出抗诉。

各级人民检察院对审判监督程序以外的其他审判程序中审判人员的违法行为，有权向同级人民法院提出检察建议。

4. 最高人民检察院《人民检察院直接受理立案侦查的渎职侵权重特大案件标准（试行）》（2001年7月20日）（节录）

六、民事、行政枉法裁判案

（一）重大案件

1. 枉法裁判，致使公民的财产损失十万元以上、法人或者其他组织财产损失五十万元以上的；

2. 枉法裁判，引起当事人及其亲属精神失常或者重伤的。

（二）特大案件

1. 枉法裁判，致使公民的财产损失五十万元以上、法人或者其他组织财产损失一百万元以上的；

2. 引起当事人及其亲属自杀死亡的。

5. 最高人民检察院《关于渎职侵权犯罪案件立案标准的规定》（2006年7月26日公布）（节录）

（六）民事、行政枉法裁判案

民事、行政枉法裁判罪是指司法工作人员在民事、行政审判活动中，故意违背事实和法律作枉法裁判，情节严重的行为。

涉嫌下列情形之一的，应予立案：

1. 枉法裁判，致使当事人或者其近亲属自杀、自残造成重伤、死亡，或者精神失常的；

2. 枉法裁判，造成个人财产直接经济损失10万元以上，或者直接经济损失不满10万元，但间接经济损失50万元以上的；

3. 枉法裁判，造成法人或者其他组织财产直接经济损失20万元以上，或者直接经济损失不满20万元，但间接经济损失100万元以上的；

4. 伪造、变造有关材料、证据，制造假案枉法裁判的；

5. 串通当事人制造伪证，毁灭证据或者篡改庭审笔录而枉法裁判的；

6. 徇私情、私利，明知是伪造、变造的证据予以采信，或者故意对应当采信的证据不予采信，或者故意违反法定程序，或者故意错误适用法律而枉法裁判的；

7. 其他情节严重的情形。

6. 最高人民法院《关于民事诉讼证据的若干规定》（2002年4月1日施行）（节录）

五、证据的审核认定

第六十三条　人民法院应当以证据能够证明的案件事实为依据依法作出裁判。

第六十四条 审判人员应当依照法定程序，全面、客观地审核证据，依据法律的规定，遵循法官职业道德，运用逻辑推理和日常生活经验，对证据有无证明力和证明力大小独立进行判断，并公开判断的理由和结果。

第六十五条 审判人员对单一证据可以从下列方面进行审核认定：

（一）证据是否原件、原物，复印件、复制品与原件、原物是否相符；

（二）证据与本案事实是否相关；

（三）证据的形式、来源是否符合法律规定；

（四）证据的内容是否真实；

（五）证人或者提供证据的人，与当事人有无利害关系。

第六十六条 审判人员对案件的全部证据，应当从各证据与案件事实的关联程度、各证据之间的联系等方面进行综合审查判断。

第六十七条 在诉讼中，当事人为达成调解协议或者和解的目的作出妥协所涉及的对案件事实的认可，不得在其后的诉讼中作为对其不利的证据。

第六十八条 以侵害他人合法权益或者违反法律禁止性规定的方法取得的证据，不能作为认定案件事实的依据。

第六十九条 下列证据不能单独作为认定案件事实的依据：

（一）未成年人所作的与其年龄和智力状况不相当的证言；

（二）与一方当事人或者其代理人有利害关系的证人出具的证言；

（三）存有疑点的视听资料；

（四）无法与原件、原物核对的复印件、复制品；

（五）无正当理由未出庭作证的证人证言。

第七十条 一方当事人提出的下列证据，对方当事人提出异议但没有足以反驳的相反证据的，人民法院应当确认其证明力：

（一）书证原件或者与书证原件核对无误的复印件、照片、副本、节录本；

（二）物证原物或者与物证原物核对无误的复制件、照片、录像资料等；

（三）有其他证据佐证并以合法手段取得的、无疑点的视听资料或者与视听资料核对无误的复制件；

（四）一方当事人申请人民法院依照法定程序制作的对物证或者现场的勘验笔录。

第七十一条 人民法院委托鉴定部门作出的鉴定结论，当事人没有足以反驳的相反证据和理由的，可以认定其证明力。

第七十二条 一方当事人提出的证据，另一方当事人认可或者提出的相反证据不足以反驳的，人民法院可以确认其证明力。

一方当事人提出的证据，另一方当事人有异议并提出反驳证据，对方当事人

对反驳证据认可的，可以确认反驳证据的证明力。

第七十三条　双方当事人对同一事实分别举出相反的证据，但都没有足够的依据否定对方证据的，人民法院应当结合案件情况，判断一方提供证据的证明力是否明显大于另一方提供证据的证明力，并对证明力较大的证据予以确认。

因证据的证明力无法判断导致争议事实难以认定的，人民法院应当依据举证责任分配的规则作出裁判。

第七十四条　诉讼过程中，当事人在起诉状、答辩状、陈述及其委托代理人的代理词中承认的对己方不利的事实和认可的证据，人民法院应当予以确认，但当事人反悔并有相反证据足以推翻的除外。

第七十五条　有证据证明一方当事人持有证据无正当理由拒不提供，如果对方当事人主张该证据的内容不利于证据持有人，可以推定该主张成立。

第七十六条　当事人对自己的主张，只有本人陈述而不能提出其他相关证据的，其主张不予支持。但对方当事人认可的除外。

第七十七条　人民法院就数个证据对同一事实的证明力，可以依照下列原则认定：

（一）国家机关、社会团体依职权制作的公文书证的证明力一般大于其他书证；

（二）物证、档案、鉴定结论、勘验笔录或者经过公证、登记的书证，其证明力一般大于其他书证、视听资料和证人证言；

（三）原始证据的证明力一般大于传来证据；

（四）直接证据的证明力一般大于间接证据；

（五）证人提供的对与其有亲属或者其他密切关系的当事人有利的证言，其证明力一般小于其他证人证言。

第七十八条　人民法院认定证人证言，可以通过对证人的智力状况、品德、知识、经验、法律意识和专业技能等的综合分析作出判断。

第七十九条　人民法院应当在裁判文书中阐明证据是否采纳的理由。

对当事人无争议的证据，是否采纳的理由可以不在裁判文书中表述。

第十七章　私放在押人员罪证据结构

第一节　私放在押人员罪概述

私放在押人员罪是指司法工作人员私放在押（包括在羁押场所和押解途中）的犯罪嫌疑人、被告人或者罪犯的行为。此罪名是1997年刑法修订的罪名，1979年刑法此罪名为私放犯人罪，私放对象仅限于罪犯。故私放在押人员罪的特征有了较大的变化，其基本特征如下：

一、主体特征

私放在押人员罪的主体是司法工作人员。司法实践中，主要是负有监管职责的司法工作人员，包括在看守所、拘留所、少年犯管教所、拘役所、监狱工作的管教人员和看守人员，以及执行逮捕和押解罪犯的司法工作人员。2000年9月14日最高人民法院在《关于未被公安机关正式录用的人员、狱医能否构成失职致使在押人员脱逃罪主体问题的批复》中解释，“对于未被公安机关正式录用，受委托履行监管职责的人员，由于严重不负责任，致使在押人员脱逃，造成严重后果的应当依照刑法第四百条第二款的规定定罪处罚。不负监管职责的狱医，不构成失职致使在押人员脱逃罪的主体。但是受委派承担了监管职责的狱医，由于严重不负责任，致使在押人员脱逃，造成严重后果的，应当依照刑法第四百条第二款的规定定罪处罚”。最高人民检察院在2001年3月2日起施行的《关于工人等非监管机关在编监管人员私放在押人员行为和失职致使在押人员脱逃行为适用法律问题的解释》中规定，“工人等非监管机关在编监管人员在被监管机关聘用受委托履行监管职责的过程中私放在押人员的，应当依照刑法第四百条第一款的规定，以私放在押人员罪追究刑事责任；由于严重不负责任，致使在押人员脱逃，造成严重后果的，应当依照刑法第四百条第二款的规定，以失职致使在押人员脱逃罪追究刑事责任”。因此，受司法机关委托履行监管职责的人员，无论有无司法人员身份，均可成为此罪主体。

二、客体特征

私放在押人员罪侵犯的客体是国家监管机关的监管制度，即看守所、拘留所、拘役所、少年犯管教所、监狱等监管机关的监管制度。凡经公安机关、检察

院、人民法院拘留、逮捕、判刑的犯罪嫌疑人、被告人或者罪犯，一般说，都是因他们实施了或可能实施危害社会的行为，需要受到刑罚处罚的犯罪人员。监管机关关押犯罪人员的目的，是惩罚和改造他们，使他们成为自食其力的新人，消除其继续犯罪的条件，私放在押人员使其逃脱关押，不仅使其有继续犯罪的可能，而且破坏监管机关的监管制度。

根据刑法的规定，私放在押人员罪的犯罪对象，是被关押的犯罪嫌疑人、被告人和罪犯，包括已决犯和未决犯。所谓犯罪嫌疑人，是指在人民检察院向人民法院提起公诉以前，正处在侦查、起诉阶段的涉嫌犯罪的人；所谓被告人，是指人民检察院将犯罪嫌疑人起诉到人民法院以后，或者自诉人提出自诉，要求人民法院通过审判追究刑事责任的人；所谓罪犯，是指由人民法院生效裁判宣告为有罪的人。已被判刑劳改的罪犯，一般都是罪行较重或十分严重，有人身危险性，需要与社会隔离的人，对他们实行关押，不仅是因为他们罪行较重，而且为了防止他们继续危害社会。如果把那些有危险性罪犯非法释放，无异于“放虎归山”，为他们继续犯罪创造条件。被逮捕关押的犯罪嫌疑人、被告人，对他们能否看管好，关系到案件的审判能否正常进行，特别是抓获共同犯罪案件的成员，关系到整个案件能否顺利侦破。因此，非法放走犯罪嫌疑人、被告人，将会给审判工作带来很大的危害。由此可见，把私放犯罪嫌疑人、被告人、罪犯作为犯罪来惩办，是十分必要的。此罪侵犯的客体也决定了，此罪的成立不是以在押人员最终审判是否有罪，而在于国家司法监管制度是否被侵犯，其保护的是国家司法机关制度。

三、主观特征

私放在押人员罪在主观方面表现为故意，即行为人明知在羁押场所和押解途中的是犯罪嫌疑人、被告人或罪犯，而故意将其释放。首先，行为人对被私放的对象系犯罪嫌疑人、被告人或者罪犯，在主观认识上具有明知。其次，行为人对自己私自释放在押人员，在主观意志上持希望并积极追求释放结果发生的心理态度。间接故意和过失不能构成此罪，可构成失职致使在押人员脱逃罪。此罪在犯罪动机上没有特定要求，无论私利动机还是私情动机或是其他动机，均不影响此罪的成立。

四、客观特征

该罪在客观方面表现为非法私自将被监管或被执行逮捕及关押的犯罪嫌疑人、被告人、罪犯予以释放的行为。此罪在条文上虽未说明须利用职务上的便利，但此罪作为司法渎职类犯罪，不利用监管职务上的便利则无法实施私放行为，故没有监管职务便利的人和没有利用监管职务便利的不能构成此罪。所谓利

用监管职务上的便利，是指行为人利用自己看管、管教、押解、提审等便利条件。所谓私放，是指没有经过合法手续，而私自释放犯罪嫌疑人、被告人、罪犯，使其逃避关押。根据最高人民检察院《渎职侵权立案标准》和司法实践，私放在押人员的行为表现主要有以下几种：

1. 直接私下放走。即行为人利用职务上的监管便利，擅自将在押人员私下放走。如利用押解途中、狱外劳动、所外提审等羁押场所以外活动的监管便利和机会，擅自私下将犯罪嫌疑人、被告人、罪犯放走，使其脱逃羁押监管的。

2. 指使他人放走。即行为人利用职权便利授意、指使、强迫他人将在押的犯罪嫌疑人、被告人、罪犯非法放走。如利用职权授意、指使、强迫他人将犯罪嫌疑人、被告人、罪犯放走，使其脱离羁押监管场所的。

3. 舞弊“合法”放走。即行为人利用职务便利假借事由私开释放证明等文书，将犯罪嫌疑人、被告人、罪犯“合法”的放走。

4. 帮助押犯逃走。即为私放在押人员故意向其通风报信、提供条件，致使在押的犯罪嫌疑人、被告人、罪犯脱逃等。

私放犯罪嫌疑人、被告人、罪犯采取何种方式何种手段，在什么场合，是在关押场所，还是在押解途中，都不影响定罪。最高人民检察院在《渎职侵权立案标准》中列举了四种行为：“涉嫌下列情形之一的，应予立案：

1. 私自将在押的犯罪嫌疑人、被告人、罪犯放走，或者授意、指使、强迫他人将在押的犯罪嫌疑人、被告人、罪犯放走的；

2. 伪造、变造有关法律文书、证明材料，以使在押的犯罪嫌疑人、被告人、罪犯逃跑或者被释放的；

3. 为私放在押的犯罪嫌疑人、被告人、罪犯，故意向其通风报信、提供条件，致使该在押的犯罪嫌疑人、被告人、罪犯脱逃的；

4. 其他私放在押的犯罪嫌疑人、被告人、罪犯应予追究刑事责任的情形。”

由于此罪与相关渎职罪要件交叉，容易混淆，实践中应注意与相关渎职罪的区别：

1. 私放在押人员罪与失职致使在押人员脱逃罪的区别。一是二者主观故意不同。私放在主观上表现为故意，而且是直接故意，失职则表现为过失；二是行为表现不同。私放是一种主动性行为，即行为人主动实施放走在押人员的行为，后者则表现为对工作严重不负责任，疏忽大意；三是私放的直接目的就是将在押人员放走，后者则无此目的。

2. 私放在押人员罪与帮助犯罪分子逃避处罚罪的区别。一是二者主体不同。私放在押人员罪主体是司法工作人员，帮助犯罪分子逃避处罚罪主体是有查禁犯罪活动职责的国家机关工作人员；二是私放对象不同。私放对象必须是犯罪嫌疑

人、被告人、罪犯，后者则是广义的犯罪分子，其中包括未被追诉、羁押的犯罪人。

3. 私放在押人员罪与脱逃帮助犯的区别。二者的行为性质是一致的，均是帮助脱逃。但二者也有着本质的区别。一是主体不同，私放必须是司法工作人员，后者则是一般主体；二是帮助条件不同。私放利用的是监管、看守、押解等司法监管职务便利，后者则是利用个人的能力条件，其不具有任何司法监管的职务便利。

第二节　私放在押人员罪的主体证据

私放在押人员罪的主体证据，是指藉以证明行为人具有此罪主体资格的证据。根据刑法规定，此罪主体为司法工作人员，故其主体证据应包括自然人情况证据、司法工作人员身份证据及司法职责证据。

1. 自然人情况证据。自然人情况证据，即证明行为人年龄、性别、民族、出生地、居住地及家庭成员状况等情况的证据材料。如：身份证明、户籍证明、居住证明、违法记录证明等。

2. 司法工作人员身份证据。司法工作人员身份证据，即证明行为人具有看守所、拘留所、监狱、拘役场所、少年犯管教所工作人员身份资格的证据材料。如：证明行为人在看守所、拘留所、监狱、拘役场所、少年犯管教所等监管机关任职的证明材料，如工作证、任命书、聘任书、（职务级别）工作简历证明等。

3. 司法职责证据。司法职责证据，即证明行为人具有监管被依法限制人身自由的被监管人，以及在执行逮捕和押解任务中负有具体看管职责义务的证据材料。如：行为人在特定案件中的侦查、检察、审判等诉讼活动中对犯罪嫌疑人、被告人、罪犯执行逮捕和押解过程中的看管职责义务。

证明意义：刑法将此罪主体限定为司法工作人员，即监管机关内负有监管、看守职责的工作人员，以及在刑事诉讼中具体执行逮捕和押解工作的人员。所以此罪的主体证据应围绕上述规定去收集和审查。自然人情况证据，对诉讼管辖的确定、司法告知义务的履行、相关自由权利的限制及保证搜查、强制措施的执行等诉讼活动的顺利进行具有重要实际意义，是刑事诉讼不可缺少的主体证据材料。司法工作人员身份证据，是确定此罪主体资格的基本条件。行为人是否具有司法工作人员身份，需要司法工作人员的职务、级别及从事司法工作的资历等相应证据予以佐证。因此，身份证据是行为人构成此罪主体，区别于他罪主体的最基本条件。不具有司法工作人员身份的人，不能单独构成此罪主体。司法职责证据，是此罪主体资格的重点证据。特别是在特定案件诉讼过程中具体的监管、押解、看守等职责证据，是关系此罪主体能否成立的关键证据，也是区别于其他司法渎职罪的关键区别点。

第三节　私放在押人员罪的行为证据

私放在押人员罪的行为证据，是指藉以证明行为人在履行监管、看守、押解犯罪嫌疑人、被告人、罪犯职责过程中私放在押人员的行为证据。根据刑法第四百条的规定，此组证据应包括以下几种：

1. 直接私下放走的行为证据。即证明行为人具有利用职务上的监管便利，擅自直接将在押人员私下放走的事实行为证据。如：反映行为人利用押解途中、狱外劳动、所外提审等羁押场所以外活动的监管便利和机会，擅自直接私下将犯罪嫌疑人、被告人、罪犯放走的外出事由审批书证、外出登记书证、证人证言、脱逃犯供述、行为人供述及其他相关证明材料。

2. 指使他人放走的行为证据。即证明行为人具有利用职权便利授意、指使、强迫他人将在押的犯罪嫌疑人、被告人、罪犯非法放走的事实行为证据。如：反映利用职权授意、指使、强迫他人将犯罪嫌疑人、被告人、罪犯放走，使其脱离羁押监管场所的外出事由审批书证、外出登记书证、证人证言、共犯供述、脱逃犯供述、行为人供述及其他相关证明材料。

3. 舞弊“合法”放走的行为证据。即证明行为人具有利用职务便利，弄虚作假，私开释放证明等文书，将犯罪嫌疑人、被告人、罪犯“合法”地放走的事实行为证据。如：反映行为人私开取保文书、篡改羁押时间、篡改服刑刑期、私开释放证明等释放文书，致使犯罪嫌疑人、被告人、罪犯脱离监管的原司法文书、伪造变造的假文书、司法文检鉴定、证人证言、脱逃犯供述、参与人陈述、行为人供述及其他相关证明材料。

4. 帮助押犯逃走的行为证据。即证明行为人为私放在押人员故意向其通风报信、提供条件，致使在押的犯罪嫌疑人、被告人、罪犯脱逃的行为证据。如：反映行为人利用监管、帮教、押解、提审等职责上的便利，为使犯罪嫌疑人、被告人、罪犯逃避羁押及被追诉，向其提供或者为其创造脱逃时机、脱逃工具、脱逃路线、脱逃掩护等便利条件，致使犯罪嫌疑人、被告人、罪犯脱逃的书证物证、知情人证言、脱逃犯供述、抓捕经过说明、行为人供述及其他相关证明材料。

证明意义：上述几种行为证据，仅是实践中私放在押人员的常见方式。就私放场所而言，一种是在狱所内私放，另一种是在狱所外私放；就私放形式看，一种是隐秘私放，另一种是“公开”私放；就私放手段看，一种是直接私放，另

一种是间接私放；就私放方法看，一种是放其脱逃，另一种是帮其脱逃。无论哪一种情况其行为目标都是私自放走在押人员。但不同的场合、不同的形式、不同的手段、不同的方法会产生不同的行为表现。这就需要在行为证据中，要体现私放行为的个性特征。只要突出个性特征，具体的行为事实才能显现出来。为此，在行为证据中应注意卡死“两头”，一头是在押证据，即服刑期限、羁押期限、外出事由的客观证据；另一头是脱逃证据，即反映脱逃的外在动力和脱逃的实施与经过的证据。中间证据应突出行为的主动性证据，以积极的行为表现，区别于失职致使在押人员脱逃罪。也就是说，在收集证据时应紧紧把握此罪的行为特征，分清此罪与彼罪的界限和罪与非罪的界限，以保证正确地应用法律。

第四节　私放在押人员罪的结果证据

私放在押人员罪的结果证据，是藉以证明行为人的私放行为致使在押人员脱逃既遂或未遂的证据。如：

1. 私放脱逃既遂证据。即证明行为人的私放行为致使犯罪嫌疑人、被告人、罪犯已经逃脱了监管控制范围的证据。如：反映犯罪嫌疑人、被告人已经脱逃羁押场所或者羁押、押解控制范围，罪犯已经脱逃监管控制范围的相关报告书证、监管机关说明、抓捕机关说明、证人证言、脱逃犯供述、行为人供述及其他相关证明材料。

2. 私放脱逃未遂证据。即证明行为人的私放行为致使犯罪嫌疑人、被告人、罪犯脱逃未遂的证据。如：反映犯罪嫌疑人、被告人、罪犯在脱逃时被发现、制止、抓获使其未能脱逃的相关报告书证、监管机关说明、证人证言、脱逃犯供述、行为人供述以及其他相关证明材料。

证明意义：根据刑法理论，私放在押人员罪系行为犯，结果条件不是该罪的必要要件。但是，结果是否发生、发生的程度，直接关系到正确地适用刑罚。上述所指脱逃既遂与未遂，是就脱逃犯而言的。刑法第三百一十六条明确规定，“依法被关押的罪犯、被告人、犯罪嫌疑人脱逃的，处五年以下有期徒刑或者拘役。”为此，脱逃犯的既遂与未遂既是私放在押人员罪的行为恶果，也是关系此罪行为人应受刑罚的重要情节。故在司法实践中，不能以此罪系行为犯而忽视此结果证据的收集与判断，应与相关部门加强联系，及时收集脱逃犯脱逃的相关证据，并督促有关办案单位出具相关说明，以完善此罪的证据链条，保证诉讼的顺利进行。

第五节 私放在押人员罪的主观证据

私放在押人员罪的主观证据，是藉以证明行为人对其私放在押人员的行为在主观上具有明知，并希望和积极追求在押人员脱离监管这一结果发生的证据。如：

1. 主观明知证据。即证明行为人对其私放在押人员在主观认识上具备明知的证据。如：

(1) 对象明知证据。即证明行为人对私放对象是犯罪嫌疑人、被告人、罪犯，在主观认识上具有明知的事实证据。如：反映行为人知道或者应当知道私放对象是犯罪嫌疑人、被告人、罪犯的监管书证、受领任务批件、执行任务分工、相关证人证言、行为人供述以及其他相关证明材料。

(2) 行为明知证据。即证明行为人对自己私放在押人员行为的违法性、背职性在主观认识上具有明知的证据。此证据可从行为人职责证据中综合归纳。

2. 主观追求证据。即证明行为人在主观上具有希望私放在押人员结果发生，并积极追求使被关押的人得以脱离监管的主观意志证据。此主观意志表现的重要特征是私放行为的主动性和积极性，如主动提供机会、主动提供情报、主动安排脱逃、积极创造条件等行为事实。实践中可依据行为证据进行客观推定。

证明意义：私放在押人员罪是一种直接故意犯罪，行为人的主观意志是希望自己的私放行为会发生使在押人员脱离监管控制范围的结果。主观明知证据是行为人主观故意的前提依据，其违法性明知是一种义务性明知，对象明知是一种客观性明知，将犯罪嫌疑人、被告人、罪犯放走是一种危害国家司法监管制度的行为，行为人在主观认识上是应当也能够认识到的。这也是与失职致使在押人员脱逃罪在主观上的根本区别。或者在主观上是一种预见，而这种预见也仅是对在押人员脱逃可能性的预见。主观意志也是一样，此罪是希望并积极追求在押人员脱逃，失职致使在押人员脱逃罪则在主观意志上表现为不希望在押人员脱逃，因没有预见或者轻信可以避免才致使在押人员脱逃。二者主观上的区别是此罪与彼罪关键区别点。实践中，应依据行为事实科学准确地进行判断，牢牢把握住证据的证明要点，以保证准确地认定犯罪。

第六节　私放在押人员罪的情节证据

私放在押人员罪的情节证据，是藉以证明行为人具有影响该罪定罪、量刑情节的事实证据。如：

1. 多次私放情节证据。即证明行为人具有多次私放在押人员行为的情节证据。如：反映行为人三次以上私放在押人员的书证物证、司法文书、抓捕经过说明、脱逃犯罪司法确认文书及其他相关证明材料。

2. 私放重刑犯情节证据。即证明行为人私放对象系严重刑事犯罪可能判处重刑的情节证据。如：反映行为人私放对象系可能判处十年以上或者余刑在五年以上，或者可能判处无期徒刑以上的重大刑事犯罪分子的相关证明材料。

3. 私放后再犯罪情节证据。即证明行为人私放在押人员后，私放对象又实施犯罪的证据。如：反映行为人私放对象被私放后，又实施重大犯罪或者又犯罪致人死亡的相关证明材料。

4. 从轻处罚情节证据。即证明行为人具有从轻处罚情节的证据。如：反映行为人具有自首、立功、如实供述等法定从轻或酌定从轻处罚情节的证明材料。

证明意义：刑法第四百条第一款私放在押人员罪规定了三个量刑幅度，第一刑度是“处五年以下有期徒刑或者拘役”，第二、第三刑度是“情节严重的，处五年以上十年以下有期徒刑；情节特别严重的，处十年以上有期徒刑”。实践中，把握情节严重和情节特别严重的重要依据是最高人民检察院的《渎职侵权重特大案件标准》。其规定，私放在押人员案的“重大案件”为，“1. 私放三人以上的；2. 私放可能判处有期徒刑十年以上或者余刑在五年以上的重大刑事犯罪分子的；3. 在押人员被私放后又实施重大犯罪的”。“特大案件”为，“1. 私放五人以上的；2. 私放可能判处无期徒刑以上的重大刑事犯罪分子的；3. 在押人员被私放后又犯罪致人死亡的”。为此，在此组证据中除常规从轻、从重处罚情节外，应注意这几个重点情节，以保证贯彻落实宽严相济的刑事政策，正确地适用法律惩治私放在押人员犯罪。

附：法律法规

1.《中华人民共和国刑法》（1997 年 3 月 14 日修订）（节录）

第四百条【私放在押人员罪】　司法工作人员私放在押的犯罪嫌疑人、被告人或者罪犯的，处五年以下有期徒刑或者拘役；情节严重的，处五年以上十年以下有期徒刑；情节特别严重的，处十年以上有期徒刑。

【失职致使在押人员脱逃罪】　司法工作人员由于严重不负责任，致使在押的犯罪嫌疑人、被告人或罪犯脱逃，造成严重后果的，处三年以下有期徒刑或者拘役；造成特别严重后果的，处三年以上十年以下有期徒刑。

2.《中华人民共和国监狱法》（2013年1月1日施行）（节录）

第十四条 监狱的人民警察不得有下列行为：

（一）索要、收受、侵占罪犯及其亲属的财物；

（二）私放罪犯或者玩忽职守造成罪犯脱逃；

（三）刑讯逼供或者体罚、虐待罪犯；

（四）侮辱罪犯的人格；

（五）殴打或者纵容他人殴打罪犯；

（六）为谋取私利，利用罪犯提供劳务；

（七）违反规定，私自为罪犯传递信件或者物品；

（八）非法将监管罪犯的职权交予他人行使；

（九）其他违法行为。

3. 最高人民检察院《关于渎职侵权犯罪案件立案标准的规定》（2006年7月26日公布）（节录）

（九）私放在押人员案（第四百条第一款）

私放在押人员罪是指司法工作人员私放在押（包括在羁押场所和羁押途中）的犯罪嫌疑人、被告人或者罪犯的行为。

涉嫌下列情形之一的，应予立案：

1. 私自将在押的犯罪嫌疑人、被告人、罪犯放走，或者授意、指使、强迫他人将在押的犯罪嫌疑人、被告人、罪犯放走的；

2. 伪造、变造有关法律文书、证明材料，以使在押的犯罪嫌疑人、被告人、罪犯逃跑或者被释放的；

3. 为私放在押的犯罪嫌疑人、被告人、罪犯，故意向其通风报信、提供条件，指使在押的犯罪嫌疑人、被告人、罪犯脱逃的；

4. 其他私放在押的犯罪嫌疑人、被告人、罪犯应予追究刑事责任的情形。

4. 最高人民检察院《人民检察院直接受理立案侦查的渎职侵权重特大案件标准（试行）》（2001年7月20日）（节录）

七、私放在押人员案

（一）重大案件

1. 私放三人以上的；

2. 私放可能判处有期徒刑十年以上或者余刑在五年以上的重大刑事犯罪分子的；

3. 在押人员被私放后又实施重大犯罪的。

（二）特大案件

1. 私放五人以上的；

2. 私放可能判处无期徒刑以上的重大刑事犯罪分子的；

3. 在押人员被私放后又犯罪致人死亡的。

5. 最高人民检察院《关于工人等非监管机关在编监管人员私放在押人员行为和失职致使在押人员脱逃行为适用法律问题的解释》（2001年3月2日印发）

为依法办理私放在押人员犯罪案件和失职致使在押人员脱逃犯罪案件，对工人等非监管机关在编监管人员私放在押人员行为和失职致使在押人员脱逃行为如何适用法律问题解释如下：

工人等非监管机关在编监管人员在被监管机关聘用受委托履行监管职责的过程中私放在押人员的，应当依照刑法第四百条第一款的规定，以私放在押人员罪追究刑事责任；由于严重不负责任，致使在押人员脱逃，造成严重后果的，应当依照刑法第四百条第二款的规定，以失职致使在押人员脱逃罪追究刑事责任。

第十八章　徇私舞弊减刑、假释、暂予监外执行罪证据结构

第一节　徇私舞弊减刑、假释、暂予监外执行罪概述

根据刑法第四百零一条的规定，徇私舞弊减刑、假释、暂予监外执行罪是指司法工作人员徇私舞弊，对不符合减刑、假释、暂予监外执行条件的罪犯违法予以减刑、假释、暂予监外执行的行为。其基本特征如下：

一、主体特征

本罪主体是特殊主体，即司法工作人员。实践中，并非所有司法工作人员都能成为此罪主体，只有负有承办或者批准减刑、假释、暂予监外执行职责的司法工作人员，才能成为此罪主体。实践中主要有三种人：一是刑罚执行机关的工作人员，如监狱的监管人员等；二是审判人员，即中级以上人民法院负责审理裁定减刑、假释的法官，或者在判决时直接作出暂予监外执行的法官；三是监狱管理机关、公安机关的工作人员，即对罪犯暂予监外执行具有审批权的司法人员。非上述人员以及不具备承办或批准减刑、假释、暂予监外执行职责的司法工作人员，不能单独构成本罪，与负有承办、批准减刑、假释、暂予监外执行职责的司法工作人员合谋犯有本罪行为的，以共犯追究刑事责任。

二、客体特征

本罪侵犯的客体是国家司法机关的正常管理活动。具体而言，主要表现为破坏了国家对罪犯改造工作的正常进行。司法工作人员的徇私舞弊减刑、假释、暂予监外执行的行为，严重侵害了国家减刑、假释、暂予监外执行制度，损害了国家司法权威，是一种严重的司法腐败行为。2013 年 1 月 1 日修正施行的新监狱法明确规定，国家对罪犯的监管制度目的是，“为了正确地执行刑罚，惩罚和改造罪犯，预防和减少犯罪”。实践中，社会腐败之风也严重干扰了对罪犯的监管改造工作，徇私舞弊减刑、假释、暂予监外执行行为屡有发生，监管场所的司法腐败引起社会公众的强烈不满。为严格规范减刑、假释、暂予监外执行，切实防止徇私舞弊、权钱交易等腐败行为，坚决杜绝社会反映强烈的“有权人”、“有钱人”被判刑后减刑快、假释及暂予监外执行比例高、实际服刑时间偏短等现

象，确保司法公正，提高司法公信力，2014 年中央政法委专门下发了《关于严格规范减刑、假释、暂予监外执行，切实防止司法腐败的意见》，各司法部门也相继出台了规范减刑、假释、暂予监外执行的规章制度，检察机关亦加大了查处徇私舞弊减刑、假释、暂予监外执行行为工作力度，有力地维护了司法监管秩序，规范了执法行为和相关工作程序，保证了刑罚的正确执行。

三、主观特征

本罪在主观方面表现为直接故意，即行为人明知其徇私舞弊减刑、假释、暂予监外执行行为违反相关法律规定，而希望并积极追求行为结果的发生。根据此罪的特点，行为人在主观上具有三个明知：一是对执行对象不符合规定具有明知。比如，对限制减刑罪犯予以减刑的等。二是对执行条件不符合规定具有明知。比如，对没有悔改表现的罪犯予以减刑的。三是对执行程序不符合规定具有明知。比如，不集体研究、不公开公示“暗箱操作”的等。此罪行为人的犯罪动机是徇私情私利。实践中，有为贪图钱财等不法利益的，有的碍于亲朋好友情面的，有被人抓住短处进行利益交换的等。无论行为人是何徇私动机，只要是徇私情私利即可构成本罪。由于此罪在主观意志上是一种希望心理，故在行为上表现得非常积极主动，如主动编造假材料，主动伪造相关证据，执意违反程序，强行作出专断决定等。这里不存在放任心理，因为放任搞不成徇私舞弊。此外，在徇私方面如果构成受贿罪，应根据“两高”《关于办理渎职刑事案件适用法律若干问题的解释（一）》的规定，“国家机关工作人员实施渎职犯罪并收受贿赂，同时构成受贿罪的，除刑法另有规定外，以渎职犯罪和受贿罪数罪并罚。”此罪属于渎职罪范畴，如同时构成受贿罪的应予数罪并罚。

四、客观特征

本罪在客观方面表现为徇私舞弊，对不符合减刑、假释、暂予监外执行条件的罪犯，予以报请或者批准减刑、假释或者决定监外执行的行为。

所谓减刑，是指对被判处管制、拘役、有期徒刑、无期徒刑的犯罪分子，在执行期间，如果认真遵守监规，接受教育改造，确有悔改表现或立功表现等法定事由，而由人民法院依法适当减轻原判刑罚的一种刑罚制度。死缓的法律后果是，在死刑缓期执行期间，如果没有故意犯罪，二年期满以后，减为无期徒刑；如果确有重大立功表现，二年期满以后，减为二十五年有期徒刑。

所谓假释，是指对被判处有期徒刑的犯罪分子，执行原刑罚二分之一以上，或者被判处无期徒刑的犯罪分子，实际执行十三年以上，如果认真遵守监规，接受教育改造，确有悔改表现，没有再犯罪危险的，由人民法院依法裁定有条件地提前释放的刑罚制度。

根据最高人民法院2012年7月1日起施行的《关于办理减刑、假释案件具体应用法律若干问题的规定》，“确有悔改表现是指同时具备以下四个方面情形：认罪悔罪；认真遵守法律法规及监规，接受教育改造；积极参加思想、文化、职业技术教育；积极参加劳动，努力完成劳动任务”。同时规定，“对罪犯在刑罚执行期间提出申诉的，要依法保护其申诉权利，对罪犯申诉不应不加分析地认为是不认罪悔罪”。“罪犯积极执行财产刑和履行附带民事赔偿义务的，可视为有认罪悔罪表现，在减刑、假释时可以从宽掌握；确有执行、履行能力而不执行、不履行的，在减刑、假释时应当从严掌握”。立功表现包括：（1）阻止他人实施犯罪活动的；（2）检举、揭发监狱内外犯罪活动，或者提供重要的破案线索，经查证属实的；（3）协助司法机关抓捕其他犯罪嫌疑人（包括同案犯）的；（4）在生产、科研中进行技术革新，成绩突出的；（5）在抢险救灾或者排除重大事故中表现突出的；（6）对国家和社会有其他贡献的。重大立功表现包括：（1）阻止他人实施重大犯罪活动的；（2）检举监狱内外重大犯罪活动，经查证属实的；（3）协助司法机关抓捕其他重大犯罪嫌疑人（包括同案犯）的；（4）有发明创造或者重大技术革新的；（5）在日常生产、生活中舍己救人的；（6）在抗御自然灾害或者排除重大事故中，有特别突出表现的；（7）对国家和社会有其他重大贡献的。

根据司法部2014年12月1日修订施行的《监狱提请减刑假释工作程序规定》，提请批准减刑假释的一般程序是：分监区集体研究—监区长办公会议—监狱刑罚执行部门—监狱减刑假释评审委员会—公示—征求检察院意见—监狱长办公会审定—监狱管理局审查—法院裁定。

根据最高人民法院2014年6月1日起施行的《关于减刑、假释案件审理程序的规定》，人民法院审理减刑、假释案件：第一，一律予以公示。公示地点为罪犯服刑场所的公共区域。有条件的地方，应面向社会公示，接受社会监督。公示内容为：（1）罪犯的姓名；（2）原判认定的罪名和刑期；（3）罪犯历次减刑情况；（4）执行机关的减刑、假释建议和依据；（5）公示期限；（6）意见反馈方式等。第二，可以采用书面审理方式。人民法院受理减刑、假释案件，应当审查执行机关是否移送下列材料：（1）减刑或者假释建议书；（2）终审法院的裁判文书、执行通知书、历次减刑裁定书的复制件；（3）罪犯确有悔改或者立功、重大立功表现的具体事实的书面证明材料；（4）罪犯评审鉴定表、奖惩审批表等；（5）其他根据案件的审理需要移送的材料。提请假释的，应当附有社区矫正机构关于罪犯假释后对所居住社区影响的调查评估报告。人民检察院对提请减刑、假释案件提出的检察意见，应当一并移送受理减刑、假释案件的人民法院。经审查，上述规定材料齐备的，应当立案；材料不齐备的，应当通知提请减刑、

假释的执行机关补送。第三，有六类减刑假释案件必须开庭审理：（1）因罪犯有重大立功表现提请减刑的；（2）提请减刑的起始时间、间隔时间或者减刑幅度不符合一般规定的；（3）在社会上有重大影响或社会关注度高的；（4）公示期间收到投诉意见的；（5）人民检察院有异议的；（6）人民法院认为有开庭审理必要的。

所谓暂予监外执行，是指对判处有期徒刑或者拘役的罪犯，由于出现确有严重疾病需要保外就医等法律规定的某种特殊情况，不适宜在监狱或者看守所执行刑罚的，所暂时采取的一种不予关押而依法在社区矫正的改造制度。严重疾病，由省级人民政府指定的医院诊断并开具证明文件，或者由司法鉴定机构作出法医鉴定。罪犯所犯严重疾病应当符合最高人民法院、最高人民检察院、公安部、司法部、卫计委2014年10月24日印发的《暂予监外执行规定》和《保外就医严重疾病范围》的规定。暂予监外执行的批准有三种情况：交付执行前的，由交付执行的人民法院决定；交付执行后的，由监狱提出书面意见，报省级以上监狱管理机关批准；留所执行的，由看守所提出书面意见，报市一级以上公安机关批准。

根据减刑、假释、暂予监外执行的法律规定，实践中，徇私舞弊减刑、假释、暂予监外执行行为主要有以下几种情况：

（1）违法报请。即刑罚执行人员，对明知是不符合减刑、假释、暂予监外执行条件的罪犯，为徇私情私利，弄虚作假、伪造材料报请批准或者裁定。如伪造立功材料、伪造诊断证明、伪造发明专利、伪造先进事迹等违法报请的行为。

（2）违法裁定。即审判人员，对明知不符合减刑、假释、暂予监外执行的条件或程序，隐瞒事实，徇私枉法，裁定批准减刑、假释、暂予监外执行。如应当开庭不开庭、不具备立案审理条件而予立案审理等违反程序规定并枉法裁定批准的行为。

（3）违法决定。即监狱、公安人员徇私舞弊，对明知不符合暂予监外执行条件的罪犯，徇私舞弊，违法批准暂予监外执行。如伪造诊断证明、隐瞒真实病情、篡改病历、篡改申报材料等违法决定批准的行为。

（4）枉法证明。即具有相关职务便利的司法工作人员，利用职务便利伪造材料、出具虚假证明，导致不符合减刑、假释、暂予监外执行条件的罪犯被减刑、假释、暂予监外执行。如出具虚假调查评估报告、教唆出具虚假诊断证明、枉法出具司法鉴定等枉法证明行为。

由于此罪发生在刑事诉讼的刑罚执行阶段，很多行为特征与其他司法渎职行为相近似容易混淆，故实践中应注意以下几个区别：

1. 徇私舞弊减刑、假释、暂予监外执行罪与徇私枉法罪的区别。前者发生

在刑罚执行阶段，后者发生在侦查、起诉、审判阶段；前者决定裁定的内容是监内执行还是监外执行和执行刑期，后者决定裁定的内容是有罪还是无罪，或者重罪轻究、轻罪重究；前者的枉法对象是执行条件，后者的枉法对象是犯罪行为。如果徇私舞弊减刑、假释、暂予监外执行行为发生在审判环节，同时又构成徇私枉法罪的，应按照从一重处理的原则，以徇私枉法罪定罪处罚。

2. 徇私舞弊减刑、假释、暂予监外执行罪与私放在押人员罪的区别。二者在行为上均表现为使应当被羁押监管的人脱离羁押场所，但在很多方面均有不同。一是对象不同。前者是执行中的罪犯，后者既可以是罪犯，也可以是犯罪嫌疑人或被告人；二是行为方式不同。前者是程序化的假公济私，后者是非程序化的背公行私；三是行为结果不同。前者是改变刑罚执行方式或刑期，后者是释放，使其不能被执行羁押或刑罚；四是要件不同。徇私舞弊是前者的必备要件，后者则不以此为要件，徇私舞弊是其严重情节。

3. 徇私舞弊减刑、假释、暂予监外执行罪与一般渎职罪的区别。刑法第三百九十七条滥用职权罪和玩忽职守罪是一般渎职罪，徇私舞弊减刑、假释、暂予监外执行罪属于特殊渎职罪。一般渎职罪将徇私舞弊作为从重处罚的条件，后者则以此为必要要件。如果行为人在减刑、假释、暂予监外执行工作中仅有渎职行为而无徇私舞弊行为的，应当适用一般渎职罪，不能构成徇私舞弊减刑、假释、暂予监外执行罪。

第二节　徇私舞弊减刑、假释、暂予监外执行罪的主体证据

徇私舞弊减刑、假释、暂予监外执行罪的主体证据，是藉以证明行为人具有此罪主体资格的证据。根据刑法规定，此罪主体系具有报请或者决定减刑、假释、暂予监外执行职权的司法工作人员。故其主体证据应由行为人自然情况证据、司法工作人员身份证据和司法职责证据三部分组成。

1. 自然情况证据。即证明行为人年龄、性别、民族、出生地、居住地及家庭成员状况等自然情况的证据材料。如：身份证明、户籍证明、微机户口卡、居住证明、违法记录证明等。

2. 司法工作人员身份证据。即证明行为人具有刑罚执行机关、审判机关、监狱管理机关和公安机关工作人员身份资格的证据材料。如：证明行为人在刑罚执行机关、审判机关、监狱管理机关和公安机关中所任行政职务、法律职务、工作简历等职务证明证据材料。

3. 司法职责证据。即证明行为人在为罪犯报请或者决定减刑、假释、暂予

监外执行过程中所负有的承办、审查、裁定、决定、批准等具体职责义务的证据材料。如：负责承办提出减刑、假释、暂予监外执行意见的监狱或看守所工作人员的具体职责义务；负责承办审理裁定减刑、假释的中级以上人民法院工作人员，或者审理决定暂予监外执行的人民法院工作人员的具体职责义务；负责承办审查批准暂予监外执行的省级以上监狱管理机关工作人员或设区的市一级以上公安机关工作人员具体职责义务；负责承办法医鉴定、社区调查评估等事项的司法人员的具体职责义务；等等。

证明意义：此罪主体虽是司法工作人员，但他首先是一个自然人，应当具备自然人应具有的刑事责任年龄和刑事责任能力。自然情况证据是行为人的基本资格证据，也是常识性证明材料。司法工作人员身份证据，是构成此罪主体的重要资格证据。如果行为人的司法工作人员身份不明确，则行为人不能单独构成此罪的主体。司法工作人员的职务、级别及从事司法工作的资历等情况，可直接反映其犯罪的社会危害程度。司法职责证据，是构成此罪主体资格的关键证据。实践中，此罪的主体主要为负责承办、批准减刑、假释、暂予监外执行或者与其相关职责的司法工作人员。这就需要用证据来证明行为人违法报请或者决定减刑、假释、暂予监外执行的行为，与其职责义务之间的便利联系。根据司法职责的不同，主要有：(1) 承办性职责，如负责提出减刑、假释、暂予监外执行意见的司法人员；(2) 证明性职责，如负责提供罪犯患有严重疾病或确有悔改、重大立功表现、社区评估报告等证明材料的司法人员；(3) 审查性职责，如负责审查减刑、假释、暂予监外执行相关材料的司法人员；(4) 决定性职责，如裁定减刑、假释或决定、批准暂予监外执行的司法人员等。这些职责证据，既关系到主体资格的成立与否，也关系到此罪与彼罪的界限。因此，司法职责证据在此罪的主体证据中，具有重要的地位和作用。

第三节　徇私舞弊减刑、假释、暂予监外执行罪的行为证据

徇私舞弊减刑、假释、暂予监外执行罪的行为证据，是藉以证明行为人在刑罚监管过程中利用职务上的便利，对不符合减刑、假释、暂予监外执行条件的罪犯予以减刑、假释、暂予监外执行的行为证据。从司法实践看，此罪的行为证据主要由违法报请行为证据、违法裁定行为证据、违法决定行为证据和枉法证明行为证据组成：

1. 违法报请行为证据。即证明行为人具有弄虚作假、伪造材料报请批准或者裁定的行为证据。如：反映行为人伪造立功材料、伪造诊断证明、伪造发明专利、伪造先进事迹等虚假材料书证、相关技术鉴定、主管单位证明、复查诊断证明、知情人证言、参与人陈述、行为人供述等证明材料。

2. 违法裁定行为证据。即证明行为人具有故意隐瞒事实真相或者违反法定程序，枉法裁定批准减刑、假释、暂予监外执行行为的证据。如：反映行为人故意隐瞒事实应当开庭不开庭、应当公示不公示、不应当立案而立案、应当组成合议庭而独任审判等，违反程序规定并枉法裁定批准的裁定文书、相关程序材料、事实真相材料、知情人证言、参与人陈述、行为人供述等证明材料。

3. 违法决定行为证据。即证明行为人具有对明知不符合暂予监外执行条件的罪犯，徇私舞弊，违法批准暂予监外执行行为的证据。如：反映行为人伪造诊断证明、隐瞒真实病情、篡改病历、篡改申报材料等并违法决定行为的虚假材料书证、原始书证、相关技术鉴定、复查诊断证明、知情人证言、参与人陈述、行为人供述等证明材料。

4. 枉法证明行为证据。即证明行为人具有利用职务便利伪造材料、出具虚假证明，导致不符合减刑、假释、暂予监外执行条件的罪犯被减刑、假释、暂予监外执行的行为的证据。如：反映行为人故意出具虚假调查评估报告、教唆出具虚假诊断证明、枉法出具司法鉴定等枉法证明的虚假材料书证、相关复查报告、复查诊断证明、复检鉴定意见、知情人证言、参与人陈述、行为人供述等证明材料。

证明意义：徇私舞弊减刑、假释、暂予监外执行罪的核心行为，是舞弊行为，故此组证据突出的亦是舞弊行为证据。舞弊行为证据的重点在两个方面：第一，弄虚作假行为证据。行为人要隐瞒真相、弄虚作假，就需要以真破假。为此，相关的文检鉴定、法医鉴定、复诊证明等技术鉴定、科学证明就具有不可或缺的作用，相关事实复查结果、人证书证的原始记载等真相证据亦成为重要的破

假依据。故行为证据的证明作用，一在识假破假，制服犯罪，突破行为人口供；二在证实犯罪，做到“事实认定符合客观真相，办案结果符合实体公正，办案程序符合程序公正”。第二，程序违法行为证据。舞弊行为在不同的环节有不同的行为表现，报请阶段有报请阶段的特点，审查阶段有审查阶段的特点，裁定阶段又有裁定阶段的特点。这就需要办案人员熟悉整个批准程序。因为，法定的程序和规定即是程序违法行为的有力证明。比如，监狱减刑假释报请程序是：分监区集体研究—监区长办公会议审核—监狱刑罚执行部门审查—监狱减刑假释评审委员会评审—公示—征求检察院意见—监狱长办公会审定。监狱管理局的审查程序是：刑罚执行部门审查—分管副局长召集评审委员会审核—局长或局长办公会审定—法院。法院的审理程序是：受理审查材料—材料齐备的立案—五日后公示—组成合议庭—开庭审理或者书面审理。暂予监外执行审批程序：罪犯本人或亲属、监护人申请—监狱或看守所核实其居住地—向人民检察院通报—委托省级政府指定医院—病情诊断或妊娠检查—审查保证人—监狱或看守所审议—狱、所内公示—上报监狱管理局或市级公安机关批准—决定文书上网公开。在履行这些审批程序过程中，是否符合条件要求，是否违反相关限制性规定，是否违反了相关必经程序，相关法规就成为最有力的证明。刑法第七十九条、第八十二条明确规定，“非经法定程序不得减刑”、“非经法定程序不得假释”。第三，违法报请、批准限制对象的行为证据。此种情况法律有明文规定。例如，刑法第五十条规定，“对被判处死刑缓期执行的累犯以及因故意杀人、强奸、抢劫、绑架、放火、爆炸、投放危险物质或者有组织的暴力性犯罪被判处死刑缓期执行的犯罪分子，人民法院根据犯罪情节等情况可以同时决定对其限制减刑”。第八十一条规定，“对累犯以及因故意杀人、强奸、抢劫、绑架、放火、爆炸、投放危险物质或者有组织的暴力性犯罪被判处十年以上有期徒刑、无期徒刑的犯罪分子，不得假释”。刑事诉讼法第二百五十四条明确规定，“对适用保外就医可能有社会危险性的罪犯，或者自伤自残的罪犯，不得保外就医。”实践中，应注意对其是否限制对象进行核查，以证明枉法舞弊对象的非法性，保证舞弊行为的事实清楚，证据确实充分。

第四节　徇私舞弊减刑、假释、暂予监外执行罪的结果证据

本罪的结果证据，是指藉以证明由于行为人的徇私舞弊行为导致不符合减刑、假释、暂予监外执行条件的罪犯被减刑、假释、暂予监外执行结果发生的证据。如：

1. 不应当减刑而被减刑的证据。即证明行为人徇私舞弊行为导致不应当减刑而被减刑的结果证据。如：反映减刑结果的法律文书、相关书证、证人证言、减刑对象陈述、行为人供述等证明材料。

2. 不应当假释而被假释的证据。即证明行为人徇私舞弊行为导致不应当假释而被假释的结果证据。如：反映假释结果的法律文书、释放证明、相关书证、证人证言、假释对象陈述、行为人供述等证明材料。

3. 不应当暂予监外执行而被暂予监外执行的证据。即证明行为人徇私舞弊导致不应当暂予监外执行而被暂予监外执行的结果证据。如：反映暂予监外执行结果的法律文书、释放证明、相关书证、证人证言、执行对象陈述、行为人供述等证明材料。

4. 纠正改正情况证据。即证明行为人的舞弊结果被依法纠正并予以改正的结果证据。如：反映纠正改正结果的法律文书、发案单位的情况说明、主管机关的情况反馈等证明材料。

证明意义：徇私舞弊减刑、假释、暂予监外执行罪是结果犯，被减刑、假释、暂予监外执行的结果发生才能构成此罪。故在此罪的证明系统中，结果证据系必要的证据之一。实践中，此类证据并不难取，令人纠结的是纠正改正情况证据。纠正改正情况证据，并非必要证据，但其却起着必要证据的作用。因为，无此证据，可能导致在是否不应当减刑、假释、暂予监外执行问题上，扯皮争议，甚至质疑就你检察院正确？为此，实践中，为保证依法准确定罪，检察机关在办案过程中应依法履行监督职责，并及时做好相关协调、督促纠正改正工作，使错误的决定、裁定得到及时改正。应当说，纠正改正的结果，既是司法正义的体现，也是犯罪结果的强力证明，它对于保障刑事诉讼的依法规范的顺利进行，具有重要的积极意义。此外，需要说明的是，对减刑、假释、暂予监外执行负有证明义务的司法人员，徇私舞弊作虚假证明的亦可构成此罪。实践中，曾有观点认为，此罪仅发生在报请、审查、决定或裁定环节。这种理解有失偏颇。无论最高法的司法解释还是司法部的规定，均将社区调查评估报告和司法鉴定作为报请的必备材料，如果从中作假亦能导致错误决定。最高人民检察院在《渎职侵权立

案标准》中就此情况作出明确规定，“不具有报请、裁定、决定或者批准减刑、假释、暂予监外执行权的司法工作人员利用职务上的便利，伪造有关材料，导致不符合减刑、假释、暂予监外执行条件的罪犯被减刑、假释、暂予监外执行的”，应当立案追究刑事责任。为此，实践中，对此种徇私舞弊行为应高度注意，及时收集其行为证据，依法惩治利用职务便利，伪造材料，导致不符合减刑、假释、暂予监外执行的罪犯被减刑、假释、暂予监外执行的行为。

第五节　徇私舞弊减刑、假释、暂予监外执行罪的主观证据

徇私舞弊减刑、假释、暂予监外执行罪的主观证据，是指藉以证明行为人对明知不符合减刑、假释、暂予监外执行条件的罪犯，希望并追求罪犯被减刑、假释、暂予监外执行结果发生的证据。根据刑法的要求，此罪主观证据应由主观明知证据、徇私动机证据和主观追求证据三部分组成。

1. 主观明知证据。即证明行为人其报请、决定、裁定的罪犯不符合减刑、假释、暂予监外执行条件的主观认识证据。如：

（1）明知罪犯是限制减刑假释对象证据。即反映行为人知道或者应当知道罪犯是限制减刑、假释对象的证明材料。

（2）明知罪犯不符合确有悔改表现条件证据。即反映行为人知道或者应当知道罪犯未达到确有悔改表现条件标准的证明材料。

（3）明知罪犯不符合有立功表现条件证据。即反映行为人知道或者应当知道罪犯不具有立功或重大立功条件标准的证明材料。

（4）明知罪犯不符合保外就医条件证据。即反映行为人知道或者应当知道罪犯不符合《保外就医严重疾病范围》规定情况的证明材料。

（5）明知罪犯不符合怀孕或正在哺乳条件证据。即反映行为人知道或者应当知道罪犯并未怀孕或者并未正在哺乳自己的婴儿情况的证明材料。

证明意义：明知，是故意犯罪的必要主观要件，它要求行为人对自己行为会发生的危害结果，在主观认识上具有明知。就徇私舞弊减刑、假释、暂予监外执行罪而言，重点是两个明知。一是义务性明知，即行为人知道或应当知道减刑、假释、暂予监外执行的法定条件和相应的报请审批程序规定。这是每一个从事此项工作的法定职责义务。否则，就不具备从业资格。二是针对性明知，即上述所列明知内容。行为人只有在知道或者应当知道，其行为对象不符合减刑、假释、暂予监外执行条件的情况下，才能构成此罪的故意。但这些明知内容是具体的、是有针对性的。每一个具体的案件，均有其具体的明知内容。为此，实践中我们

应当结合具体案件情况，具体分析、具体判断进而去具体证明。就一般证明而言，可以结合实际情况进行推定。如对减刑假释的实体条件和程序内容的明知，就可以根据其职责义务以及主体情况进行推定。但其针对性明知，却需要相关证据予以佐证。如对保外就医对象病情的明知，就需要行为人对实际病情的明知，即明知罪犯病情不符合《保外就医严重疾病范围》。实践中有这样一个案例，行为人将罪犯高血压Ⅲ级改为高血压Ⅲ期，导致罪犯被暂予监外执行。这里，行为人一是明知高血压Ⅲ期系严重疾病范围，二是明知罪犯是高血压Ⅲ级，其行为构成此罪的故意。为此，行为人的针对性明知不是个简单的证明问题，是关系此罪故意能否成立的大问题。故有些主观情况可以予以事实推定，有些主观情况就不能推定，需要依靠证据予以证明。

2. 徇私动机证据。即证明行为人在主观上具有徇私情、私利动机的证据。如：

（1）徇私利证据。即证明行为人徇私舞弊减刑、假释、暂予监外执行行为的内心起因系私利驱动的证据。如：反映行为人与对象及其亲属之间，客观存在着财物、名誉、地位等利益关系，以及相互之间联系、请托、承诺等情况的书证物证、证人证言、利益关系人陈述、行为人供述等证明材料。

（2）徇私情证据。即证明行为人徇私舞弊减刑、假释、暂予监外执行行为的内心起因系私情驱动的证据。如：反映行为人与对象及其亲属之间客观存在的亲情、乡情、友情等情义关系，以及相互之间联系、请托、承诺等情况的证人证言、相关书证、情义关系人陈述、行为人供述等证明材料。

证明意义：徇私动机是徇私舞弊的必要条件，如缺少徇私动机证据将会影响徇私舞弊的成立。根据最高人民检察院《渎职侵权立案标准》解释，“徇私舞弊，是指国家机关工作人员为徇私情、私利，故意违背事实和法律，伪造材料，隐瞒情况，弄虚作假的行为”。那么，既然是徇私情、私利，行为人与行为对象之间或与其亲友之间就必然存在某些私情关系或私利关系。为此，证明私情关系的证据，或者证明私利关系的证据，就成为徇私证据的重要证明内容。其中，私情关系人和私利关系人是重要的证人，双方往来证据和请托证据是徇私动机的重要体现，也是启动行为人徇私舞弊犯意的重要依据。为此，私情、私利关系证据，关系着徇私动机的客观性；双方往来和请托证据关系着徇私动机的实在性。它们决定着徇私动机的成立与否，这是此组证据的重要作用之所在，也是其证明目的之所在。

3. 主观追求证据。即证明行为人在主观上具有希望使不符合法定条件的罪犯得以减刑、假释、暂予监外执行的意志表现证据。如：

（1）弄虚作假的积极心态证据。即证明行为人为使不符合减刑、假释、暂

予监外执行的罪犯，得以减刑、假释、暂予监外执行而弄虚作假、伪造材料等积极心理表现的证据。如：反映行为人涂改、篡改、伪造罪犯评审鉴定、奖惩情况、立功表现、发明创造、技术革新、病情诊断、社区影响评估、检察意见等规定材料心理表现的证明材料。

（2）隐瞒真相的积极心态证据。即证明行为人在报请、审查、审核、评审、决定、裁定、批准减刑、假释、暂予监外执行案件过程中，故意隐瞒事实真相，使不符合条件的罪犯得以获得减刑、假释、暂予监外执行的积极心理表现证据。如：反映行为人隐瞒罪犯日常表现、隐瞒罪犯健康状况、隐瞒真实审查意见、隐瞒虚假情况真相等心理表现的证明材料。

（3）违背程序的主动心态证据。即证明行为人在报请、批准、裁定减刑、假释、暂予监外执行案件过程中，故意违反程序规定，违法违规作出减刑、假释、暂予监外执行决定或裁定的心理表现证据。如：反映行为人不顾程序规定、不听他人劝告、不予集体研究、不通报相关部门、不依法上报等主动作出违法决定的积极心理表现的证明材料。

证明意义：徇私舞弊减刑、假释、暂予监外执行罪在主观意志上表现为直接故意，即行为人希望并积极追求使不符合减刑、假释、暂予监外执行条件的罪犯，得以实现减刑、假释、暂予监外执行的结果。而行为人的主观意志最终还是要表现在行为上，所谓思想决定行为，行为体现意志，这也是主客观相一致原则的具体体现。为此，此组证据主要从行为证据中体现，实践中，可结合行为证据、结果证据和主体证据予以事实推定。事实推定应注意把握三个原则：一是事实依据原则，即有相应的客观事实作为推定基础；二是逻辑推论原则，即推定结果符合逻辑关系；三是无可解释原则，即对推定结果不能作出其他的合理解释。以上三个原则也适用于主观故意的其他方面。其中最主要的是事实依据原则，任何推定必须建立在一定的客观事实基础之上。此罪的主观意志推定的主要依据是其行为表现事实，为此，作为推定基础的行为事实，须有扎实可靠的证据予以支撑，以保证主观意志认定的准确无误。

第六节 徇私舞弊减刑、假释、暂予监外执行罪的情节证据

徇私舞弊减刑、假释、暂予监外执行罪的情节证据，是指藉以证明行为人具有某些影响定罪、量刑情节的事实证据。根据刑法和有关司法解释的规定，主要由以下几组情节证据组成：

1. 徇私舞弊情节证据。即证明行为人在使不符合条件的罪犯得以获得减刑、假释、暂予监外执行的过程中，具有徇私舞弊情节的事实证据。此类证据可从行为证据和动机证据中得以体现。

2. 从重处罚情节证据。即证明行为人徇私舞弊减刑、假释、暂予监外执行行为具有达到最高人民检察院“重大案件”或者“特大案件”标准情况的证据。此证据亦可从行为证据和结果证据中得到反映。

3. 从轻处罚情节证据。即证明行为人具有自首、立功或者如实供述等法定从轻、酌定从轻情节的证据。如：自首、立功材料、办案机关说明等证明材料。

证明意义：以上，仅是几种主要情节事实证据。其中，徇私舞弊是此罪得以成立的前提条件。不具有徇私舞弊情节事实的，不能构成此罪。如果有其他渎职行为，应依照“两高”司法解释执行。“两高”在《关于办理渎职刑事案件适用法律若干问题的解释（一）》中明确规定“国家机关工作人员滥用职权或者玩忽职守，因不具备徇私舞弊等情形，不符合刑法分则第九章第三百九十八条至第四百一十九条的规定，但依法构成第三百九十七条规定的犯罪的，以滥用职权罪或者玩忽职守罪定罪处罚”。从重处罚情节，应参考最高人民检察院《人民检察院直接受理立案侦查的渎职侵权重特大案件标准（试行）》。根据最高人民检察院重特大案件标准规定，“重大案件”为“1. 办理三次以上或者一次办理三人以上的；2. 为重大刑事犯罪分子办理减刑、假释、暂予监外执行的”。“特大案件”为“1. 办理五次以上或者一次办理五人以上的；2. 为特别重大刑事犯罪分子办理减刑、假释、暂予监外执行的”。实践中，应据此把握此罪的刑罚适用。此外，减刑、假释、暂予监外执行对象性质，亦是应当酌情考虑的重要情节。例如，重刑犯与轻刑犯、暴力犯与非暴力犯、故意犯与过失犯，即应区别对待。其中，对职务犯罪应给予高度注意，根据中央政法委的规定，职务犯罪的减刑、假释、暂予监外执行，县处级的应报省级政法委备案，厅局级的应报中政委备案。故对徇私舞弊减刑、假释、暂予监外执行此类罪犯的，亦应考虑酌情从重处罚。当然，我们也不能搞重刑主义，对具有法定从轻情节和酌定从轻情节的，应依据事实法律，依法从轻处罚，以正确体现宽严相济的刑事政策。

附：法律法规

1.《中华人民共和国刑法》（1997 年 3 月 14 日修订）（节录）

第四百零一条【徇私舞弊减刑、假释、暂予监外执行罪】　司法工作人员徇私舞弊，对不符合减刑、假释、暂予监外执行条件的罪犯，予以减刑、假释或者暂予监外执行的，处三年以下有期徒刑或者拘役；情节严重的，处三年以上七年以下有期徒刑。

2. 最高人民检察院《人民检察院直接受理立案侦查的渎职侵权重特大案件标准（试行）》（2001 年 7 月 20 日）（节录）

九、徇私舞弊减刑、假释、暂予监外执行案

（1）重大案件

1. 办理三次以上或者一次办理三人以上的；

2. 为重大刑事犯罪分子办理减刑、假释、暂予监外执行的。

（二）特大案件

1. 办理五次以上或者一次办理五人以上的；

2. 为特别重大刑事犯罪分子办理减刑、假释、暂予监外执行的。

3. 最高人民检察院《关于渎职侵权犯罪案件立案标准的规定》（2006 年 7 月 26 日公布）（节录）

（十一）徇私舞弊减刑、假释、暂予监外执行案（第四百零一条）

徇私舞弊减刑、假释、暂予监外执行罪是指司法工作人员徇私舞弊，对不符合减刑、假释、暂予监外执行条件的罪犯予以减刑、假释、暂予监外执行的行为。

涉嫌下列情形之一的，应予立案：

1. 刑罚执行机关的工作人员对不符合减刑、假释、暂予监外执行条件的罪犯，捏造事实，伪造材料，违法报请减刑、假释、暂予监外执行的；

2. 审判人员对不符合减刑、假释、暂予监外执行条件的罪犯，徇私舞弊，违法裁定减刑、假释或者违法决定暂予监外执行的；

3. 监狱管理机关、公安机关的工作人员对不符合暂予监外执行条件的罪犯，徇私舞弊，违法批准暂予监外执行的；

4. 不具有报请、裁定、决定或者批准减刑、假释、暂予监外执行权的司法工作人员利用职务上的便利，伪造有关材料，导致不符合减刑、假释、暂予监外执行条件的罪犯被减刑、假释、暂予监外执行的；

5. 其他徇私舞弊减刑、假释、暂予监外执行应予追究刑事责任的情形。

4. 最高人民法院《关于办理减刑、假释案件具体应用法律若干问题的规定》(2012年7月1日施行)

为正确适用刑法、刑事诉讼法，依法办理减刑、假释案件，根据刑法、刑事诉讼法和有关法律的规定，制定本规定。

第一条 根据刑法第七十八条第一款的规定，被判处管制、拘役、有期徒刑、无期徒刑的犯罪分子，在执行期间，认真遵守监规，接受教育改造，确有悔改表现的，或者有立功表现的，可以减刑；有重大立功表现的，应当减刑。

第二条 “确有悔改表现”是指同时具备以下四个方面情形：认罪悔罪；认真遵守法律法规及监规，接受教育改造；积极参加思想、文化、职业技术教育；积极参加劳动，努力完成劳动任务。

对罪犯在刑罚执行期间提出申诉的，要依法保护其申诉权利，对罪犯申诉不应不加分析地认为是不认罪悔罪。

罪犯积极执行财产刑和履行附带民事赔偿义务的，可视为有认罪悔罪表现，在减刑、假释时可以从宽掌握；确有执行、履行能力而不执行、不履行的，在减刑、假释时应当从严掌握。

第三条 具有下列情形之一的，应当认定为有“立功表现”：

（一）阻止他人实施犯罪活动的；

（二）检举、揭发监狱内外犯罪活动，或者提供重要的破案线索，经查证属实的；

（三）协助司法机关抓捕其他犯罪嫌疑人（包括同案犯）的；

（四）在生产、科研中进行技术革新，成绩突出的；

（五）在抢险救灾或者排除重大事故中表现突出的；

（六）对国家和社会有其他贡献的。

第四条 具有下列情形之一的，应当认定为有“重大立功表现”：

（一）阻止他人实施重大犯罪活动的；

（二）检举监狱内外重大犯罪活动，经查证属实的；

（三）协助司法机关抓捕其他重大犯罪嫌疑人（包括同案犯）的；

（四）有发明创造或者重大技术革新的；

（五）在日常生产、生活中舍己救人的；

（六）在抗御自然灾害或者排除重大事故中，有特别突出表现的；

（七）对国家和社会有其他重大贡献的。

第五条 有期徒刑罪犯在刑罚执行期间，符合减刑条件的，减刑幅度为：确有悔改表现，或者有立功表现的，一次减刑一般不超过一年有期徒刑；确有悔改表现并有立功表现，或者有重大立功表现的，一次减刑一般不超过二年有期

徒刑。

第六条　有期徒刑罪犯的减刑起始时间和间隔时间为：被判处五年以上有期徒刑的罪犯，一般在执行一年六个月以上方可减刑，两次减刑之间一般应当间隔一年以上。被判处不满五年有期徒刑的罪犯，可以比照上述规定，适当缩短起始和间隔时间。

确有重大立功表现的，可以不受上述减刑起始和间隔时间的限制。

有期徒刑的减刑起始时间自判决执行之日起计算。

第七条　无期徒刑罪犯在刑罚执行期间，确有悔改表现，或者有立功表现的，服刑二年以后，可以减刑。减刑幅度为：确有悔改表现，或者有立功表现的，一般可以减为二十年以上二十二年以下有期徒刑；有重大立功表现的，可以减为十五年以上二十年以下有期徒刑。

第八条　无期徒刑罪犯经过一次或几次减刑后，其实际执行的刑期不能少于十三年，起始时间应当自无期徒刑判决确定之日起计算。

第九条　死刑缓期执行罪犯减为无期徒刑后，确有悔改表现，或者有立功表现的，服刑二年以后可以减为二十五年有期徒刑；有重大立功表现的，服刑二年以后可以减为二十三年有期徒刑。

死刑缓期执行罪犯经过一次或几次减刑后，其实际执行的刑期不能少于十五年，死刑缓期执行期间不包括在内。

死刑缓期执行罪犯在缓期执行期间抗拒改造，尚未构成犯罪的，此后减刑时可以适当从严。

第十条　被限制减刑的死刑缓期执行罪犯，缓期执行期满后依法被减为无期徒刑的，或者因有重大立功表现被减为二十五年有期徒刑的，应当比照未被限制减刑的死刑缓期执行罪犯在减刑的起始时间、间隔时间和减刑幅度上从严掌握。

第十一条　判处管制、拘役的罪犯，以及判决生效后剩余刑期不满一年有期徒刑的罪犯，符合减刑条件的，可以酌情减刑，其实际执行的刑期不能少于原判刑期的二分之一。

第十二条　有期徒刑罪犯减刑时，对附加剥夺政治权利的期限可以酌减。酌减后剥夺政治权利的期限，不能少于一年。

第十三条　判处拘役或者三年以下有期徒刑并宣告缓刑的罪犯，一般不适用减刑。

前款规定的罪犯在缓刑考验期限内有重大立功表现的，可以参照刑法第七十八条的规定，予以减刑，同时应依法缩减其缓刑考验期限。拘役的缓刑考验期限不能少于二个月，有期徒刑的缓刑考验期限不能少于一年。

第十四条　被判处十年以上有期徒刑、无期徒刑的罪犯在刑罚执行期间又犯罪，被判处有期徒刑以下刑罚的，自新罪判决确定之日起二年内一般不予减刑；新罪被判处无期徒刑的，自新罪判决确定之日起三年内一般不予减刑。

第十五条 办理假释案件，判断“没有再犯罪的危险”，除符合刑法第八十一条规定的情形外，还应根据犯罪的具体情节、原判刑罚情况，在刑罚执行中的一贯表现，罪犯的年龄、身体状况、性格特征，假释后生活来源以及监管条件等因素综合考虑。

第十六条 有期徒刑罪犯假释，执行原判刑期二分之一以上的起始时间，应当从判决执行之日起计算，判决执行以前先行羁押的，羁押一日折抵刑期一日。

第十七条 刑法第八十一条第一款规定的“特殊情况”，是指与国家、社会利益有重要关系的情况。

第十八条 对累犯以及因故意杀人、强奸、抢劫、绑架、放火、爆炸、投放危险物质或者有组织的暴力性犯罪被判处十年以上有期徒刑、无期徒刑的罪犯，不得假释。

因前款情形和犯罪被判处死刑缓期执行的罪犯，被减为无期徒刑、有期徒刑后，也不得假释。

第十九条 未成年罪犯的减刑、假释，可以比照成年罪犯依法适当从宽。

未成年罪犯能认罪悔罪，遵守法律法规及监规，积极参加学习、劳动的，应视为确有悔改表现，减刑的幅度可以适当放宽，起始时间、间隔时间可以相应缩短。符合刑法第八十一条第一款规定的，可以假释。

前两款所称未成年罪犯，是指减刑时不满十八周岁的罪犯。

第二十条 老年、身体残疾（不含自伤致残）、患严重疾病罪犯的减刑、假释，应当主要注重悔罪的实际表现。

基本丧失劳动能力、生活难以自理的老年、身体残疾、患严重疾病的罪犯，能够认真遵守法律法规及监规，接受教育改造，应视为确有悔改表现，减刑的幅度可以适当放宽，起始时间、间隔时间可以相应缩短。假释后生活确有着落的，除法律和本解释规定不得假释的情形外，可以依法假释。

对身体残疾罪犯和患严重疾病罪犯进行减刑、假释，其残疾、疾病程度应由法定鉴定机构依法作出认定。

第二十一条 对死刑缓期执行罪犯减为无期徒刑或者有期徒刑后，符合刑法第八十一条第一款和本规定第九条第二款、第十八条规定的，可以假释。

第二十二条 罪犯减刑后又假释的间隔时间，一般为一年；对一次减去二年有期徒刑后，决定假释的，间隔时间不能少于二年。

罪犯减刑后余刑不足二年，决定假释的，可以适当缩短间隔时间。

第二十三条 人民法院按照审判监督程序重新审理的案件，维持原判决、裁

定的，原减刑、假释裁定效力不变；改变原判决、裁定的，应由刑罚执行机关依照再审裁判情况和原减刑、假释情况，提请有管辖权的人民法院重新作出减刑、假释裁定。

第二十四条　人民法院受理减刑、假释案件，应当审查执行机关是否移送下列材料：

（一）减刑或者假释建议书；

（二）终审法院的裁判文书、执行通知书、历次减刑裁定书的复制件；

（三）罪犯确有悔改或者立功、重大立功表现的具体事实的书面证明材料；

（四）罪犯评审鉴定表、奖惩审批表等；

（五）其他根据案件的审理需要移送的材料。

提请假释的，应当附有社区矫正机构关于罪犯假释后对所居住社区影响的调查评估报告。

人民检察院对提请减刑、假释案件提出的检察意见，应当一并移送受理减刑、假释案件的人民法院。

经审查，如果前三款规定的材料齐备的，应当立案；材料不齐备的，应当通知提请减刑、假释的执行机关补送。

第二十五条　人民法院审理减刑、假释案件，应当一律予以公示。公示地点为罪犯服刑场所的公共区域。有条件的地方，应面向社会公示，接受社会监督。公示应当包括下列内容：

（一）罪犯的姓名；

（二）原判认定的罪名和刑期；

（三）罪犯历次减刑情况；

（四）执行机关的减刑、假释建议和依据；

（五）公示期限；

（六）意见反馈方式等。

第二十六条　人民法院审理减刑、假释案件，可以采用书面审理的方式。但下列案件，应当开庭审理：

（一）因罪犯有重大立功表现提请减刑的；

（二）提请减刑的起始时间、间隔时间或者减刑幅度不符合一般规定的；

（三）在社会上有重大影响或社会关注度高的；

（四）公示期间收到投诉意见的；

（五）人民检察院有异议的；

（六）人民法院认为有开庭审理必要的。

第二十七条　在人民法院作出减刑、假释裁定前，执行机关书面提请撤回减刑、假释建议的，是否准许，由人民法院决定。

第二十八条 减刑、假释的裁定，应当在裁定作出之日起七日内送达有关执行机关、人民检察院以及罪犯本人。

第二十九条 人民法院发现本院或者下级人民法院已经生效的减刑、假释裁定确有错误，应当依法重新组成合议庭进行审理并作出裁定。

5. 最高人民法院《关于减刑、假释案件审理程序的规定》（2014 年 6 月 1 日施行）

为进一步规范减刑、假释案件的审理程序，确保减刑、假释案件审理的合法、公正，根据《中华人民共和国刑法》、《中华人民共和国刑事诉讼法》有关规定，结合减刑、假释案件审理工作实际，制定本规定。

第一条 对减刑、假释案件，应当按照下列情形分别处理：

（一）对被判处死刑缓期执行的罪犯的减刑，由罪犯服刑地的高级人民法院在收到同级监狱管理机关审核同意的减刑建议书后一个月内作出裁定；

（二）对被判处无期徒刑的罪犯的减刑、假释，由罪犯服刑地的高级人民法院在收到同级监狱管理机关审核同意的减刑、假释建议书后一个月内作出裁定，案情复杂或者情况特殊的，可以延长一个月；

（三）对被判处有期徒刑和被减为有期徒刑的罪犯的减刑、假释，由罪犯服刑地的中级人民法院在收到执行机关提出的减刑、假释建议书后一个月内作出裁定，案情复杂或者情况特殊的，可以延长一个月；

（四）对被判处拘役、管制的罪犯的减刑，由罪犯服刑地中级人民法院在收到同级执行机关审核同意的减刑、假释建议书后一个月内作出裁定。

对暂予监外执行罪犯的减刑，应当根据情况，分别适用前款的有关规定。

第二条 人民法院受理减刑、假释案件，应当审查执行机关移送的下列材料：

（一）减刑或者假释建议书；

（二）终审法院裁判文书、执行通知书、历次减刑裁定书的复印件；

（三）罪犯确有悔改或者立功、重大立功表现的具体事实的书面证明材料；

（四）罪犯评审鉴定表、奖惩审批表等；

（五）其他根据案件审理需要应予移送的材料。

报请假释的，应当附有社区矫正机构或者基层组织关于罪犯假释后对所居住社区影响的调查评估报告。

人民检察院对报请减刑、假释案件提出检察意见的，执行机关应当一并移送受理减刑、假释案件的人民法院。

经审查，材料齐备的，应当立案；材料不齐的，应当通知执行机关在三日内

补送，逾期未补送的，不予立案。

第三条　人民法院审理减刑、假释案件，应当在立案后五日内将执行机关报请减刑、假释的建议书等材料依法向社会公示。

公示内容应当包括罪犯的个人情况、原判认定的罪名和刑期、罪犯历次减刑情况、执行机关的建议及依据。

公示应当写明公示期限和提出意见的方式。公示期限为五日。

第四条　人民法院审理减刑、假释案件，应当依法由审判员或者由审判员和人民陪审员组成合议庭进行。

第五条　人民法院审理减刑、假释案件，除应当审查罪犯在执行期间的一贯表现外，还应当综合考虑犯罪的具体情节、原判刑罚情况、财产刑执行情况、附带民事裁判履行情况、罪犯退赃退赔等情况。

人民法院审理假释案件，除应当审查第一款所列情形外，还应当综合考虑罪犯的年龄、身体状况、性格特征、假释后生活来源以及监管条件等影响再犯罪的因素。

执行机关以罪犯有立功表现或重大立功表现为由提出减刑的，应当审查立功或重大立功表现是否属实。涉及发明创造、技术革新或者其他贡献的，应当审查该成果是否系罪犯在执行期间独立完成，并经有关主管机关确认。

第六条　人民法院审理减刑、假释案件，可以采取开庭审理或者书面审理的方式。但下列减刑、假释案件，应当开庭审理：

（一）因罪犯有重大立功表现报请减刑的；

（二）报请减刑的起始时间、间隔时间或者减刑幅度不符合司法解释一般规定的；

（三）公示期间收到不同意见的；

（四）人民检察院有异议的；

（五）被报请减刑、假释罪犯系职务犯罪罪犯，组织（领导、参加、包庇、纵容）黑社会性质组织犯罪罪犯，破坏金融管理秩序和金融诈骗犯罪罪犯及其他在社会上有重大影响或社会关注度高的；

（六）人民法院认为其他应当开庭审理的。

第七条　人民法院开庭审理减刑、假释案件，应当通知人民检察院、执行机关及被报请减刑、假释罪犯参加庭审。

人民法院根据需要，可以通知证明罪犯确有悔改表现或者立功、重大立功表现的证人，公示期间提出不同意见的人，以及鉴定人、翻译人员等其他人员参加庭审。

第八条　开庭审理应当在罪犯刑罚执行场所或者人民法院确定的场所进行。

有条件的人民法院可以采取视频开庭的方式进行。

在社区执行刑罚的罪犯因重大立功被报请减刑的，可以在罪犯服刑地或者居住地开庭审理。

第九条 人民法院对于决定开庭审理的减刑、假释案件，应当在开庭三日前将开庭的时间、地点通知人民检察院、执行机关、被报请减刑、假释罪犯和有必要参加庭审的其他人员，并于开庭三日前进行公告。

第十条 减刑、假释案件的开庭审理由审判长主持，应当按照以下程序进行：

（一）审判长宣布开庭，核实被报请减刑、假释罪犯的基本情况；

（二）审判长宣布合议庭组成人员、检察人员、执行机关代表及其他庭审参加人；

（三）执行机关代表宣读减刑、假释建议书，并说明主要理由；

（四）检察人员发表检察意见；

（五）法庭对被报请减刑、假释罪犯确有悔改表现或立功表现、重大立功表现的事实以及其他影响减刑、假释的情况进行调查核实；

（六）被报请减刑、假释罪犯作最后陈述；

（七）审判长对庭审情况进行总结并宣布休庭评议。

第十一条 庭审过程中，合议庭人员对报请理由有疑问的，可以向被报请减刑、假释罪犯、证人、执行机关代表、检察人员提问。

庭审过程中，检察人员对报请理由有疑问的，在经审判长许可后，可以出示证据，申请证人到庭，向被报请减刑、假释罪犯及证人提问并发表意见。被报请减刑、假释罪犯对报请理由有疑问的，在经审判长许可后，可以出示证据，申请证人到庭，向证人提问并发表意见。

第十二条 庭审过程中，合议庭对证据有疑问需要进行调查核实，或者检察人员、执行机关代表提出申请的，可以宣布休庭。

第十三条 人民法院开庭审理减刑、假释案件，能够当庭宣判的应当当庭宣判；不能当庭宣判的，可以择期宣判。

第十四条 人民法院书面审理减刑、假释案件，可以就被报请减刑、假释罪犯是否符合减刑、假释条件进行调查核实或听取有关方面意见。

第十五条 人民法院书面审理减刑案件，可以提讯被报请减刑罪犯；书面审理假释案件，应当提讯被报请假释罪犯。

第十六条 人民法院审理减刑、假释案件，应当按照下列情形分别处理：

（一）被报请减刑、假释罪犯符合法律规定的减刑、假释条件的，作出予以减刑、假释的裁定；

（二）被报请减刑的罪犯符合法律规定的减刑条件，但执行机关报请的减刑幅度不适当的，对减刑幅度作出相应调整后作出予以减刑的裁定；

（三）被报请减刑、假释罪犯不符合法律规定的减刑、假释条件的，作出不予减刑、假释的裁定。

在人民法院作出减刑、假释裁定前，执行机关书面申请撤回减刑、假释建议的，是否准许，由人民法院决定。

第十七条　减刑、假释裁定书应当写明罪犯原判和历次减刑情况，确有悔改表现或者立功、重大立功表现的事实和理由，以及减刑、假释的法律依据。

裁定减刑的，应当注明刑期的起止时间；裁定假释的，应当注明假释考验期的起止时间。

裁定调整减刑幅度或者不予减刑、假释的，应当在裁定书中说明理由。

第十八条　人民法院作出减刑、假释裁定后，应当在七日内送达报请减刑、假释的执行机关、同级人民检察院以及罪犯本人。作出假释裁定的，还应当送达社区矫正机构或者基层组织。

第十九条　减刑、假释裁定书应当通过互联网依法向社会公布。

第二十条　人民检察院认为人民法院减刑、假释裁定不当，在法定期限内提出书面纠正意见的，人民法院应当在收到纠正意见后另行组成合议庭审理，并在一个月内作出裁定。

第二十一条　人民法院发现本院已经生效的减刑、假释裁定确有错误的，应当依法重新组成合议庭进行审理并作出裁定；上级人民法院发现下级人民法院已经生效的减刑、假释裁定确有错误的，应当指令下级人民法院另行组成合议庭审理，也可以自行依法组成合议庭进行审理并作出裁定。

第二十二条　最高人民法院以前发布的司法解释和规范性文件，与本规定不一致的，以本规定为准。

6. 司法部《监狱提请减刑假释工作程序规定》（2014年12月1日施行）

第一章　总　则

第一条　为规范监狱提请减刑、假释工作程序，根据《中华人民共和国刑法》、《中华人民共和国刑事诉讼法》、《中华人民共和国监狱法》等有关规定，结合刑罚执行工作实际，制定本规定。

第二条　监狱提请减刑、假释，应当根据法律规定的条件和程序进行，遵循公开、公平、公正的原则，严格实行办案责任制。

第三条　被判处有期徒刑和被减刑为有期徒刑的罪犯的减刑、假释，由监狱提出建议，提请罪犯服刑地的中级人民法院裁定。

第四条　被判处死刑缓期二年执行的罪犯的减刑，被判处无期徒刑的罪犯的减刑、假释，由监狱提出建议，经省、自治区、直辖市监狱管理局审核同意后，提请罪犯服刑地的高级人民法院裁定。

第五条 省、自治区、直辖市监狱管理局和监狱分别成立减刑假释评审委员会，由分管领导及刑罚执行、狱政管理、教育改造、狱内侦查、生活卫生、劳动改造、政工、监察等有关部门负责人组成，分管领导任主任。监狱管理局、监狱减刑假释评审委员会成员不得少于9人。

第六条 监狱提请减刑、假释，应当由分监区或者未设分监区的监区人民警察集体研究，监区长办公会议审核，监狱刑罚执行部门审查，监狱减刑假释评审委员会评审，监狱长办公会议决定。

省、自治区、直辖市监狱管理局刑罚执行部门审查监狱依法定程序提请的减刑、假释建议并出具意见，报请分管副局长召集减刑假释评审委员会审核后，报局长审定，必要时可以召开局长办公会议决定。

第二章 监狱提请减刑、假释的程序

第七条 提请减刑、假释，应当根据法律规定的条件，结合罪犯服刑表现，由分监区人民警察集体研究，提出提请减刑、假释建议，报经监区长办公会议审核同意后，由监区报送监狱刑罚执行部门审查。

直属分监区或者未设分监区的监区，由直属分监区或者监区人民警察集体研究，提出提请减刑、假释建议，报送监狱刑罚执行部门审查。

分监区、直属分监区或者未设分监区的监区人民警察集体研究以及监区长办公会议审核情况，应当有书面记录，并由与会人员签名。

第八条 监区或者直属分监区提请减刑、假释，应当报送下列材料：

（一）《罪犯减刑（假释）审核表》；

（二）监区长办公会议或者直属分监区、监区人民警察集体研究会议的记录；

（三）终审法院裁判文书、执行通知书、历次减刑裁定书的复印件；

（四）罪犯计分考核明细表、罪犯评审鉴定表、奖惩审批表和其他有关证明材料；

（五）罪犯确有悔改表现或者立功、重大立功表现的具体事实的书面证明材料。

第九条 监狱刑罚执行部门收到监区或者直属分监区对罪犯提请减刑、假释的材料后，应当就下列事项进行审查：

（一）需提交的材料是否齐全、完备、规范；

（二）罪犯确有悔改或者立功、重大立功表现的具体事实的书面证明材料是否来源合法；

（三）罪犯是否符合法定减刑、假释的条件；

（四）提请减刑、假释的建议是否适当。

经审查，对材料不齐全或者不符合提请条件的，应当通知监区或者直属分监区补充有关材料或者退回；对相关材料有疑义的，应当提讯罪犯进行核查；对材料齐全、符合提请条件的，应当出具审查意见，连同监区或者直属分监区报送的材料一并提交监狱减刑假释评审委员会评审。提请罪犯假释的，还应当委托县级司法行政机关对罪犯假释后对所居住社区影响进行调查评估，并将调查评估报告一并提交。

第十条 监狱减刑假释评审委员会应当召开会议，对刑罚执行部门审查提交的提请减刑、假释建议进行评审，提出评审意见。会议应当有书面记录，并由与会人员签名。

监狱可以邀请人民检察院派员列席减刑假释评审委员会会议。

第十一条 监狱减刑假释评审委员会经评审后，应当将提请减刑、假释的罪犯名单以及减刑、假释意见在监狱内公示。公示内容应当包括罪犯的个人情况、原判罪名及刑期、历次减刑情况、提请减刑假释的建议及依据等。公示期限为5个工作日。公示期内，如有监狱人民警察或者罪犯对公示内容提出异议，监狱减刑假释评审委员会应当进行复核，并告知复核结果。

第十二条 监狱应当在减刑假释评审委员会完成评审和公示程序后，将提请减刑、假释建议送人民检察院征求意见。征求意见后，监狱减刑假释评审委员会应当将提请减刑、假释建议和评审意见连同人民检察院意见，一并报请监狱长办公会议审议决定。监狱对人民检察院意见未予采纳的，应当予以回复，并说明理由。

第十三条 监狱长办公会议决定提请减刑、假释的，由监狱长在《罪犯减刑（假释）审核表》上签署意见，加盖监狱公章，并由监狱刑罚执行部门根据法律规定制作《提请减刑建议书》或者《提请假释建议书》，连同有关材料一并提请人民法院裁定。人民检察院对提请减刑、假释提出的检察意见，应当一并移送受理减刑、假释案件的人民法院。

对本规定第四条所列罪犯决定提请减刑、假释的，监狱应当将《罪犯减刑（假释）审核表》连同有关材料报送省、自治区、直辖市监狱管理局审核。

第十四条 监狱在向人民法院提请减刑、假释的同时，应当将提请减刑、假释的建议书副本抄送人民检察院。

第十五条 监狱提请人民法院裁定减刑、假释，应当提交下列材料：

（一）《提请减刑建议书》或者《提请假释建议书》；

（二）终审法院裁判文书、执行通知书、历次减刑裁定书的复印件；

（三）罪犯计分考核明细表、评审鉴定表、奖惩审批表；

（四）罪犯确有悔改或者立功、重大立功表现的具体事实的书面证明材料；

（五）提请假释的，应当附有县级司法行政机关关于罪犯假释后对所居住社区影响的调查评估报告；

（六）根据案件情况需要提交的其他材料。

对本规定第四条所列罪犯提请减刑、假释的，应当同时提交省、自治区、直辖市监狱管理局签署意见的《罪犯减刑（假释）审核表》。

第三章　监狱管理局审核提请减刑、假释建议的程序

第十六条　省、自治区、直辖市监狱管理局刑罚执行部门收到监狱报送的提请减刑、假释建议的材料后，应当进行审查。审查中发现监狱报送的材料不齐全或者有疑义的，应当通知监狱补充有关材料或者作出说明。审查无误后，应当出具审查意见，报请分管副局长召集评审委员会进行审核。

第十七条　监狱管理局分管副局长主持完成审核后，应当将审核意见报请局长审定；分管副局长认为案件重大或者有其他特殊情况的，可以建议召开局长办公会议审议决定。

监狱管理局审核同意对罪犯提请减刑、假释的，由局长在《罪犯减刑（假释）审核表》上签署意见，加盖监狱管理局公章。

第四章　附　　则

第十八条　人民法院开庭审理减刑、假释案件的，监狱应当派员参加庭审，宣读提请减刑、假释建议书并说明理由，配合法庭核实相关情况。

第十九条　分监区、直属分监区或者未设分监区的监区人民警察集体研究会议、监区长办公会议、监狱评审委员会会议、监狱长办公会议、监狱管理局评审委员会会议、监狱管理局局长办公会议的记录和本规定第十五条所列的材料，应当存入档案并永久保存。

第二十条　违反法律规定和本规定提请减刑、假释，涉嫌违纪的，依照有关处分规定追究相关人员责任；涉嫌犯罪的，移送司法机关依法追究刑事责任。

第二十一条　监狱办理职务犯罪罪犯减刑、假释案件，应当按照有关规定报请备案审查。

第二十二条　本规定自2014年12月1日起施行。

7. 最高人民法院、最高人民检察院、公安部、司法部、国家卫生计生委《暂予监外执行规定》（2014年10月24日印发）

第一条　为了规范暂予监外执行工作，严格依法适用暂予监外执行，根据刑事诉讼法、监狱法等有关规定，结合刑罚执行工作实际，制定本规定。

第二条　对罪犯适用暂予监外执行，分别由下列机关决定或者批准：

（一）在交付执行前，由人民法院决定；

（二）在监狱服刑的，由监狱审查同意后提请省级以上监狱管理机关批准；

（三）在看守所服刑的，由看守所审查同意后提请设区的市一级以上公安机关批准。

对有关职务犯罪罪犯适用暂予监外执行，还应当依照有关规定逐案报请备案审查。

第三条　对暂予监外执行的罪犯，依法实行社区矫正，由其居住地的社区矫正机构负责执行。

第四条　罪犯在暂予监外执行期间的生活、医疗和护理等费用自理。

罪犯在监狱、看守所服刑期间因参加劳动致伤、致残被暂予监外执行的，其出监、出所后的医疗补助、生活困难补助等费用，由其服刑所在的监狱、看守所按照国家有关规定办理。

第五条　对被判处有期徒刑、拘役或者已经减为有期徒刑的罪犯，有下列情形之一，可以暂予监外执行：

（一）患有属于本规定所附《保外就医严重疾病范围》的严重疾病，需要保外就医的；

（二）怀孕或者正在哺乳自己婴儿的妇女；

（三）生活不能自理的。

对被判处无期徒刑的罪犯，有前款第二项规定情形的，可以暂予监外执行。

第六条　对需要保外就医或者属于生活不能自理，但适用暂予监外执行可能有社会危险性，或者自伤自残，或者不配合治疗的罪犯，不得暂予监外执行。

对职务犯罪、破坏金融管理秩序和金融诈骗犯罪、组织（领导、参加、包庇、纵容）黑社会性质组织犯罪的罪犯适用保外就医应当从严审批，对患有高血压、糖尿病、心脏病等严重疾病，但经诊断短期内没有生命危险的，不得暂予监外执行。

对在暂予监外执行期间因违法违规被收监执行或者因重新犯罪被判刑的罪犯，需要再次适用暂予监外执行的，应当从严审批。

第七条　对需要保外就医或者属于生活不能自理的累犯以及故意杀人、强奸、抢劫、绑架、放火、爆炸、投放危险物质或者有组织的暴力性犯罪的罪犯，原被判处死刑缓期二年执行或者无期徒刑的，应当在减为有期徒刑后执行有期徒刑七年以上方可适用暂予监外执行；原被判处十年以上有期徒刑的，应当执行原判刑期三分之一以上方可适用暂予监外执行。

对未成年罪犯、六十五周岁以上的罪犯、残疾人罪犯，适用前款规定可以适度从宽。

对患有本规定所附《保外就医严重疾病范围》的严重疾病，短期内有生命危险的罪犯，可以不受本条第一款规定关于执行刑期的限制。

第八条 对在监狱、看守所服刑的罪犯需要暂予监外执行的，监狱、看守所应当组织对罪犯进行病情诊断、妊娠检查或者生活不能自理的鉴别。罪犯本人或者其亲属、监护人也可以向监狱、看守所提出书面申请。

监狱、看守所对拟提请暂予监外执行的罪犯，应当核实其居住地。需要调查其对所居住社区影响的，可以委托居住地县级司法行政机关进行调查。

监狱、看守所应当向人民检察院通报有关情况。人民检察院可以派员监督有关诊断、检查和鉴别活动。

第九条 对罪犯的病情诊断或者妊娠检查，应当委托省级人民政府指定的医院进行。医院出具的病情诊断或者检查证明文件，应当由两名具有副高以上专业技术职称的医师共同作出，经主管业务院长审核签名，加盖公章，并附化验单、影像学资料和病历等有关医疗文书复印件。

对罪犯生活不能自理情况的鉴别，由监狱、看守所组织有医疗专业人员参加的鉴别小组进行。鉴别意见由组织鉴别的监狱、看守所出具，参与鉴别的人员应当签名，监狱、看守所的负责人应当签名并加盖公章。

对罪犯进行病情诊断、妊娠检查或者生活不能自理的鉴别，与罪犯有亲属关系或者其他利害关系的医师、人员应当回避。

第十条 罪犯需要保外就医的，应当由罪犯本人或者其亲属、监护人提出保证人，保证人由监狱、看守所审查确定。

罪犯没有亲属、监护人的，可以由其居住地的村（居）民委员会、原所在单位或者社区矫正机构推荐保证人。

保证人应当向监狱、看守所提交保证书。

第十一条 保证人应当同时具备下列条件：

（一）具有完全民事行为能力，愿意承担保证人义务；

（二）人身自由未受到限制；

（三）有固定的住处和收入；

（四）能够与被保证人共同居住或者居住在同一市、县。

第十二条 罪犯在暂予监外执行期间，保证人应当履行下列义务：

（一）协助社区矫正机构监督被保证人遵守法律和有关规定；

（二）发现被保证人擅自离开居住的市、县或者变更居住地，或者有违法犯罪行为，或者需要保外就医情形消失，或者被保证人死亡的，立即向社区矫正机构报告；

（三）为被保证人的治疗、护理、复查以及正常生活提供帮助；

（四）督促和协助被保证人按照规定履行定期复查病情和向社区矫正机构报告的义务。

第十三条　监狱、看守所应当就是否对罪犯提请暂予监外执行进行审议。经审议决定对罪犯提请暂予监外执行的，应当在监狱、看守所内进行公示。对病情严重必须立即保外就医的，可以不公示，但应当在保外就医后三个工作日以内在监狱、看守所内公告。

公示无异议或者经审查异议不成立的，监狱、看守所应当填写暂予监外执行审批表，连同有关诊断、检查、鉴别材料、保证人的保证书，提请省级以上监狱管理机关或者设区的市一级以上公安机关批准。已委托进行核实、调查的，还应当附县级司法行政机关出具的调查评估意见书。

监狱、看守所审议暂予监外执行前，应当将相关材料抄送人民检察院。决定提请暂予监外执行的，监狱、看守所应当将提请暂予监外执行书面意见的副本和相关材料抄送人民检察院。人民检察院可以向决定或者批准暂予监外执行的机关提出书面意见。

第十四条　批准机关应当自收到监狱、看守所提请暂予监外执行材料之日起十五个工作日以内作出决定。批准暂予监外执行的，应当在五个工作日以内将暂予监外执行决定书送达监狱、看守所，同时抄送同级人民检察院、原判人民法院和罪犯居住地社区矫正机构。暂予监外执行决定书应当上网公开。不予批准暂予监外执行的，应当在五个工作日以内将不予批准暂予监外执行决定书送达监狱、看守所。

第十五条　监狱、看守所应当向罪犯发放暂予监外执行决定书，及时为罪犯办理出监、出所相关手续。

在罪犯离开监狱、看守所之前，监狱、看守所应当核实其居住地，书面通知其居住地社区矫正机构，并对其进行出监、出所教育，书面告知其在暂予监外执行期间应当遵守的法律和有关监督管理规定。罪犯应当在告知书上签名。

第十六条　监狱、看守所应当派员持暂予监外执行决定书及有关文书材料，将罪犯押送至居住地，与社区矫正机构办理交接手续。监狱、看守所应当及时将罪犯交接情况通报人民检察院。

第十七条　对符合暂予监外执行条件的，被告人及其辩护人有权向人民法院提出暂予监外执行的申请，看守所可以将有关情况通报人民法院。对被告人、罪犯的病情诊断、妊娠检查或者生活不能自理的鉴别，由人民法院依照本规定程序组织进行。

第十八条　人民法院应当在执行刑罚的有关法律文书依法送达前，作出是否暂予监外执行的决定。

人民法院决定暂予监外执行的，应当制作暂予监外执行决定书，写明罪犯基本情况、判决确定的罪名和刑罚、决定暂予监外执行的原因、依据等，在判决生效后七日以内将暂予监外执行决定书送达看守所或者执行取保候审、监视居住的公安机关和罪犯居住地社区矫正机构，并抄送同级人民检察院。

人民法院决定不予暂予监外执行的，应当在执行刑罚的有关法律文书依法送达前，通知看守所或者执行取保候审、监视居住的公安机关，并告知同级人民检察院。监狱、看守所应当依法接收罪犯，执行刑罚。

人民法院在作出暂予监外执行决定前，应当征求人民检察院的意见。

第十九条 人民法院决定暂予监外执行，罪犯被羁押的，应当通知罪犯居住地社区矫正机构，社区矫正机构应当派员持暂予监外执行决定书及时与看守所办理交接手续，接收罪犯档案；罪犯被取保候审、监视居住的，由社区矫正机构与执行取保候审、监视居住的公安机关办理交接手续。

第二十条 罪犯原服刑地与居住地不在同一省、自治区、直辖市，需要回居住地暂予监外执行的，原服刑地的省级以上监狱管理机关或者设区的市一级以上公安机关监所管理部门应当书面通知罪犯居住地的监狱管理机关、公安机关监所管理部门，由其指定一所监狱、看守所接收罪犯档案，负责办理罪犯收监、刑满释放等手续，并及时书面通知罪犯居住地社区矫正机构。

第二十一条 社区矫正机构应当及时掌握暂予监外执行罪犯的身体状况以及疾病治疗等情况，每三个月审查保外就医罪犯的病情复查情况，并根据需要向批准、决定机关或者有关监狱、看守所反馈情况。

第二十二条 罪犯在暂予监外执行期间因犯新罪或者发现判决宣告以前还有其他罪没有判决的，侦查机关应当在对罪犯采取强制措施后二十四小时以内，将有关情况通知罪犯居住地社区矫正机构；人民法院应当在判决、裁定生效后，及时将判决、裁定的结果通知罪犯居住地社区矫正机构和罪犯原服刑或者接收其档案的监狱、看守所。

罪犯按前款规定被判处监禁刑罚后，应当由原服刑的监狱、看守所收监执行；原服刑的监狱、看守所与接收其档案的监狱、看守所不一致的，应当由接收其档案的监狱、看守所收监执行。

第二十三条 社区矫正机构发现暂予监外执行罪犯依法应予收监执行的，应当提出收监执行的建议，经县级司法行政机关审核同意后，报决定或者批准机关。决定或者批准机关应当进行审查，作出收监执行决定的，将有关的法律文书送达罪犯居住地县级司法行政机关和原服刑或者接收其档案的监狱、看守所，并抄送同级人民检察院、公安机关和原判人民法院。

人民检察院发现暂予监外执行罪犯依法应予收监执行而未收监执行的，由决

定或者批准机关同级的人民检察院向决定或者批准机关提出收监执行的检察建议。

第二十四条　人民法院对暂予监外执行罪犯决定收监执行的，决定暂予监外执行时剩余刑期在三个月以下的，由居住地公安机关送交看守所收监执行；决定暂予监外执行时剩余刑期在三个月以上的，由居住地公安机关送交监狱收监执行。

监狱管理机关对暂予监外执行罪犯决定收监执行的，原服刑或者接收其档案的监狱应当立即赴羁押地将罪犯收监执行。

公安机关对暂予监外执行罪犯决定收监执行的，由罪犯居住地看守所将罪犯收监执行。

监狱、看守所将罪犯收监执行后，应当将收监执行的情况报告决定或者批准机关，并告知罪犯居住地县级人民检察院和原判人民法院。

第二十五条　被决定收监执行的罪犯在逃的，由罪犯居住地县级公安机关负责追捕。公安机关将罪犯抓捕后，依法送交监狱、看守所执行刑罚。

第二十六条　被收监执行的罪犯有法律规定的不计入执行刑期情形的，社区矫正机构应当在收监执行建议书中说明情况，并附有关证明材料。批准机关进行审核后，应当及时通知监狱、看守所向所在地的中级人民法院提出不计入执行刑期的建议书。人民法院应当自收到建议书之日起一个月以内依法对罪犯的刑期重新计算作出裁定。

人民法院决定暂予监外执行的，在决定收监执行的同时应当确定不计入刑期的期间。

人民法院应当将有关的法律文书送达监狱、看守所，同时抄送同级人民检察院。

第二十七条　罪犯暂予监外执行后，刑期即将届满的，社区矫正机构应当在罪犯刑期届满前一个月以内，书面通知罪犯原服刑或者接收其档案的监狱、看守所按期办理刑满释放手续。

人民法院决定暂予监外执行罪犯刑期届满的，社区矫正机构应当及时解除社区矫正，向其发放解除社区矫正证明书，并将有关情况通报原判人民法院。

第二十八条　罪犯在暂予监外执行期间死亡的，社区矫正机构应当自发现之日起五日以内，书面通知决定或者批准机关，并将有关死亡证明材料送达罪犯原服刑或者接收其档案的监狱、看守所，同时抄送罪犯居住地同级人民检察院。

第二十九条　人民检察院发现暂予监外执行的决定或者批准机关、监狱、看守所、社区矫正机构有违法情形的，应当依法提出纠正意见。

第三十条　人民检察院认为暂予监外执行不当的，应当自接到决定书之日起一个月以内将书面意见送交决定或者批准暂予监外执行的机关，决定或者批准暂予监外执行的机关接到人民检察院的书面意见后，应当立即对该决定进行重新核查。

第三十一条 人民检察院可以向有关机关、单位调阅有关材料、档案，可以调查、核实有关情况，有关机关、单位和人员应当予以配合。

人民检察院认为必要时，可以自行组织或者要求人民法院、监狱、看守所对罪犯重新组织进行诊断、检查或者鉴别。

第三十二条 在暂予监外执行执法工作中，司法工作人员或者从事诊断、检查、鉴别等工作的相关人员有玩忽职守、徇私舞弊、滥用职权等违法违纪行为的，依法给予相应的处分；构成犯罪的，依法追究刑事责任。

第三十三条 本规定所称生活不能自理，是指罪犯因患病、身体残疾或者年老体弱，日常生活行为需要他人协助才能完成的情形。

生活不能自理的鉴别参照《劳动能力鉴定——职工工伤与职业病致残等级分级》（GB/T16180—2006）执行。进食、翻身、大小便、穿衣洗漱、自主行动等五项日常生活行为中有三项需要他人协助才能完成，且经过六个月以上治疗、护理和观察，自理能力不能恢复的，可以认定为生活不能自理。六十五周岁以上的罪犯，上述五项日常生活行为有一项需要他人协助才能完成即可视为生活不能自理。

第三十四条 本规定自2014年12月1日起施行。最高人民检察院、公安部、司法部1990年12月31日发布的《罪犯保外就医执行办法》同时废止。

附件:《保外就医严重疾病范围》

《保外就医严重疾病范围》

罪犯有下列严重疾病之一，久治不愈，严重影响其身心健康的，属于适用保外就医的疾病范围:

一、严重传染病

1. 肺结核伴空洞并反复咯血；肺结核合并多脏器并发症；结核性脑膜炎。

2. 急性、亚急性或慢性重型病毒性肝炎。

3. 艾滋病病毒感染者和病人伴有需要住院治疗的机会性感染。

4. 其他传染病，如Ⅲ期梅毒并发主要脏器病变的，流行性出血热，狂犬病，流行性脑脊髓膜炎及新发传染病等监狱医院不具备治疗条件的。

二、反复发作的，无服刑能力的各种精神病，如脑器质性精神障碍、精神分裂症、心境障碍、偏执性精神障碍等，但有严重暴力行为或倾向，对社会安全构成潜在威胁的除外。

三、严重器质性心血管疾病

1. 心脏功能不全：心脏功能在NYHA三级以上，经规范治疗未见好转。（可由冠状动脉粥样硬化性心脏病、高血压性心脏病、风湿性心脏病、肺源性心脏病、先天性心脏病、心肌病、重度心肌炎、心包炎等引起。）

2. 严重心律失常：如频发多源室性期前收缩或有R on T表现、导致血流动力学改变的心房纤颤、二度以上房室传导阻滞、阵发性室性心动过速、病态窦房结综合征等。

3. 急性冠状动脉综合征（急性心肌梗死及重度不稳定型心绞痛），冠状动脉粥样硬化性心脏病有严重心绞痛反复发作，经规范治疗仍有严重冠状动脉供血不足表现。

4. 高血压病达到很高危程度的，合并靶器官受损。具体参见注释中靶器官受损相应条款。

5. 主动脉瘤、主动脉夹层动脉瘤等需要手术的心血管动脉瘤和粘液瘤等需要手术的心脏肿瘤；或者不需要、难以手术治疗，但病情严重危及生命或者存在严重并发症，且监狱医院不具备治疗条件的心血管疾病。

6. 急性肺栓塞。

四、严重呼吸系统疾病

1. 严重呼吸功能障碍：由支气管、肺、胸膜疾病引起的中度以上呼吸功能障碍，经规范治疗未见好转。

2. 支气管扩张反复咯血，经规范治疗未见好转。

3. 支气管哮喘持续状态，反复发作，动脉血氧分压低于60mmHg，经规范治疗未见好转。

五、严重消化系统疾病

1. 肝硬化失代偿期（肝硬化合并上消化道出血、腹水、肝性脑病、肝肾综合征等）。

2. 急性出血性坏死性胰腺炎。

3. 急性及亚急性肝衰竭、慢性肝衰竭加急性发作或慢性肝衰竭。

4. 消化道反复出血，经规范治疗未见好转且持续重度贫血。

5. 急性梗阻性化脓性胆管炎，经规范治疗未见好转。

6. 肠道疾病：如克隆病、肠伤寒合并肠穿孔、出血坏死性小肠炎、全结肠切除、小肠切除四分之三等危及生命的。

六、各种急、慢性肾脏疾病引起的肾功能不全失代偿期，如急性肾衰竭、慢性肾小球肾炎、慢性肾盂肾炎、肾结核、肾小动脉硬化、免疫性肾病等。

七、严重神经系统疾病及损伤

1. 严重脑血管疾病、颅内器质性疾病并有昏睡以上意识障碍、肢体瘫痪、视力障碍等经规范治疗未见好转。如脑出血、蛛网膜下腔出血、脑血栓形成、脑栓塞、脑脓肿、乙型脑炎、结核性脑膜炎、化脓性脑膜炎及严重的脑外伤等。

2. 各种脊髓疾病及周围神经疾病与损伤所致的肢体瘫痪、大小便失禁经规范治疗未见好转，生活难以自理。如脊髓炎、高位脊髓空洞症、脊髓压迫症、运动神经元疾病（包括肌萎缩侧索硬化、进行性脊肌萎缩症、原发性侧索硬化和进行性延髓麻痹）等；周围神经疾病，如多发性神经炎、周围神经损伤等；急性炎症性脱髓鞘性多发性神经病；慢性炎症性脱髓鞘性多发性神经病。

3. 癫痫大发作，经规范治疗未见好转，每月发作仍多于两次。

4. 重症肌无力或进行性肌营养不良等疾病，严重影响呼吸和吞咽功能。

5. 锥体外系疾病所致的肌张力障碍（肌张力过高或过低）和运动障碍（包括震颤、手足徐动、舞蹈样动作、扭转痉挛等出现生活难以自理）。如帕金森病及各类帕金森综合症、小舞蹈病、慢性进行性舞蹈病、肌紧张异常、秽语抽动综合症、迟发性运动障碍、投掷样舞动、阵发性手足徐动症、阵发性运动源性舞蹈手足徐动症、扭转痉挛等。

八、严重内分泌代谢性疾病合并重要脏器功能障碍，经规范治疗未见好转。如脑垂体瘤需要手术治疗、肢端肥大症、尿崩症、柯兴氏综合征、原发性醛固酮增多症、嗜铬细胞瘤、甲状腺机能亢进危象、甲状腺机能减退症出现严重心脏损害或出现粘液性水肿昏迷，甲状旁腺机能亢进及甲状旁腺机能减退症出现高钙危象或低钙血症。

糖尿病合并严重并发症：糖尿病并发心、脑、肾、眼等严重并发症或伴发症，或合并难以控制的严重继发感染、严重酮症酸中毒或高渗性昏迷，经规范治疗未见好转。

心：诊断明确的冠状动脉粥样硬化性心脏，并出现以下情形之一的：1. 有心绞痛反复发作，经规范治疗未见好转仍有明显的冠状动脉供血不足的表现；2. 心功能三级；3. 心律失常（频发或多型性室早、新发束支传导阻滞、交界性心动过速、心房纤颤、心房扑动、二度及以上房室传导阻滞、阵发性室性心动过速、窦性停搏等）。

脑：诊断明确的脑血管疾病，出现痴呆、失语、肢体肌力达Ⅳ级以下。

肾：诊断明确的糖尿病肾病，肌酐达到177mmol/L以上水平。

眼：诊断明确的糖尿病视网膜病变，达到增殖以上。

九、严重血液系统疾病

1. 再生障碍性贫血。

2. 严重贫血并有贫血性心脏病、溶血危象、脾功能亢进其中一项，经规范治疗未见好转。

3. 白血病、骨髓增生异常综合征。

4. 恶性组织细胞病、嗜血细胞综合征。

5. 淋巴瘤、多发性骨髓瘤。

6. 严重出血性疾病，有重要器官、体腔出血的，如原发性血小板减少性紫癜、血友病等，经规范治疗未见好转。

十、严重脏器损伤和术后并发症，遗有严重功能障碍，经规范治疗未见好转

1. 脑、脊髓损伤治疗后遗有中度以上智能障碍，截瘫或偏瘫，大小便失禁，功能难以恢复。

2. 胸、腹腔重要脏器及气管损伤或手术后，遗有严重功能障碍，胸腹腔内慢性感染、重度粘连性梗阻，肠瘘、胰瘘、胆瘘、肛瘘等内外瘘形成反复发作；严重循环或呼吸功能障碍，如外伤性湿肺不易控制。

3. 肺、肾、肾上腺等器官一侧切除，对侧仍有病变或有明显功能障碍。

十一、各种严重骨、关节疾病及损伤

1. 双上肢，双下肢，一侧上肢和一侧下肢因伤、病在腕或踝关节以上截肢或失去功能不能恢复。双手完全失去功能或伤、病致手指缺损6个以上，且6个缺损的手指中有半数以上在掌指关节处离断，且必须包括两个拇指缺失。

2. 脊柱并一个主要关节或两个以上主要关节（肩、膝、髋、肘）因伤、病发生强直畸形，经规范治疗未见好转，脊柱伸屈功能完全丧失。

3. 严重骨盆骨折合并尿道损伤，经治疗后遗有运动功能障碍或遗有尿道狭窄、闭塞或感染，经规范治疗未见好转。

4. 主要长骨的慢性化脓性骨髓炎，反复急性发作，病灶内出现大块死骨或合并病理性骨折，经规范治疗未见好转。

十二、五官伤、病后，出现严重的功能障碍，经规范治疗未见好转

1. 伤、病后双眼矫正视力<0.1，经影像检查证实患有白内障、眼外伤、视网膜剥离等需要手术治疗。内耳伤、病所致的严重前庭功能障碍、平衡失调，经规范治疗未见好转。

2. 咽、喉损伤后遗有严重疤痕挛缩，造成呼吸道梗阻受阻，严重影响呼吸功能和吞咽功能。

3. 上下颌伤、病经治疗后二度张口困难、严重咀嚼功能障碍。

十三、周围血管病经规范治疗未见好转，患肢有严重肌肉萎缩或干、湿性坏疽，如进展性脉管炎，高位深静脉栓塞等。

十四、非临床治愈期的各种恶性肿瘤。

十五、暂时难以确定性质的肿瘤，有下列情形之一的：

1. 严重影响机体功能而不能进行彻底治疗。

2. 身体状况进行性恶化。

3. 有严重后遗症，如偏瘫、截瘫、胃瘘、支气管食管瘘等。

十六、结缔组织疾病及其他风湿性疾病造成两个以上脏器严重功能障碍或单个脏器功能障碍失代偿，经规范治疗未见好转，如系统性红斑狼疮、硬皮病、皮肌炎、结节性多动脉炎等。

十七、寄生虫侵犯脑、肝、肺等重要器官或组织，造成继发性损害，伴有严重功能障碍者，经规范治疗未见好转。

十八、经职业病诊断机构确诊的以下职业病：

1. 尘肺病伴严重呼吸功能障碍，经规范治疗未见好转。

2. 职业中毒，伴有重要脏器功能障碍，经规范治疗未见好转。

3. 其他职业病并有瘫痪、中度智能障碍、双眼矫正视力 <0.1、严重血液系统疾病、严重精神障碍等其中一项，经规范治疗未见好转。

十九、年龄在六十五周岁以上同时患有两种以上严重疾病，其中一种病情必须接近上述一项或几项疾病程度。

第十九章　徇私舞弊不移交刑事案件罪证据结构

第一节　徇私舞弊不移交刑事案件罪概述

根据刑法第四百零二条和最高人民检察院的有关规定，徇私舞弊不移交刑事案件罪是指行政执法人员，徇私情、私利，伪造材料，隐瞒情况，弄虚作假，对依法应当移交司法机关追究刑事责任的刑事案件，不移交司法机关处理，情节严重的行为。徇私舞弊不移交刑事案件罪是1997年刑法修订时增加的新罪名。

此罪来源于1996年行政处罚法的规定，该法明确规定，“违法行为构成犯罪的，行政机关必须将案件移送司法机关，依法追究刑事责任”。“徇私舞弊、包庇纵容违法行为的，比照刑法第一百八十八条的规定追究刑事责任”。1997年3月6日全国人大副委员长王汉斌在第八届全国人大第五次会议上作《关于刑法修订草案的说明》时指出，“刑法对渎职罪的规定过于笼统，有的规定处刑也偏轻，主要是玩忽职守罪。这次修订，主要是把十几年来民事、经济、行政法律中‘依照’、‘比照’刑法玩忽职守罪、徇私舞弊罪追究刑事责任的条文，改为刑法的具体条款。并针对现实经济生活中出现的国家机关工作人员滥用职权、严重不负责任，给国家和人民利益造成重大损失的新情况，增加规定了一些具体的渎职犯罪行为”。其中，行政处罚法中规定的徇私舞弊不移交刑事案件，“比照”刑法第一百八十八条徇私枉法罪的规定，被新修订的刑法第四百零二条徇私舞弊不移交刑事案件罪所代替。根据刑法的规定，其基本特征如下：

一、主体特征

徇私舞弊不移交刑事案件罪的主体系特殊主体，即行政执法人员。长期以来，对此罪主体范围争议不休，矛盾缘于干部体制的混乱造成的认识上的混乱，其实问题并不复杂，法律规定得很清楚。2001年7月9日国务院发布施行的《行政执法机关移送涉嫌犯罪案件的规定》第二条规定，“本规定所称行政执法机关，是指依照法律、法规或者规章的规定，对破坏社会主义市场经济秩序、妨害社会管理秩序以及其他违法行为具有行政处罚权的行政机关，以及法律、法规授权的具有管理公共事务职能、在法定授权范围内实施行政处罚的组织”。因此，在上述组织中从事行政执法工作的人员，即为行政执法人员。根据上述规定，行政执法人员应有四类人员：（1）具有行政处罚权的行政机关工作人员；（2）在依照法律、法规授权的具有管理公共事务职能、在法定授权范围内实施行政处罚的组织中从事公务的人员；（3）在受国家机关委托代表国家机关行使行政处罚权的组织中从事公务的人员；（4）虽未列入国家行政机关人员编制但在国家行政机关中从事公务的人员。上述人员在行政执法中实施徇私舞弊不移交刑事案件行为的，可构成此罪主体，应以徇私舞弊不移交刑事案件罪追究刑事责任。实践中，对公安人员和监察人员是否构成此罪主体多有争议。其实，这两类人员不能构成此罪主体。一是公安机关是受理移送刑事案件的司法机关，虽然公安机关既有侦查权又有行政执法权，但内部部门之间的移送不是行政执法机关的移送，是同一主体作出的不同性质的决定。此外，根据人民警察法的规定，任何警察都有义务“预防、制止和侦查违法犯罪活动”。为此，公安人员如有徇私舞弊以罚代刑放纵违法犯罪行为，应适用徇私枉法罪，而不适用徇私舞弊不移交刑事案件罪。二是监察机关不是行政执法机关，是行政执法的监察机关，其仅有行政处分权，没有行政处罚权。《行政执法机关移送涉嫌犯罪案件的规定》中曾明确规定，“行政执法机关移送涉嫌犯罪案件，应当接受人民检察院和监察机关依法实施的监督”。最高人民检察院会同全国整顿和规范市场经济秩序领导小组办公室、公安部、监察部于2006年1月26日发布的《关于在行政执法中及时移送涉嫌犯罪案件的意见》中也明确规定，“本意见所称行政执法机关……不包括公安机关、监察机关”。为此，监察人员徇私舞弊放纵犯罪的，应适用滥用职权、帮助犯罪分子逃避处罚罪等相关罪名。

二、客体特征

徇私舞弊不移交刑事案件罪侵犯的客体，是国家行政机关正常的行政执法活动。行政执法机关担负着执行法律、法规，管理国家、维护国家安全、社会秩序、经济秩序的职责，享有法律授予的行政处罚权、行政裁决权。如工商、税务、海关、劳动、交通、环境保护、土地、卫生、检疫、质量监督、计量等部门。这些行政执法机关的执法人员，是否依法行政，严格执法，直接关系到行政机关的形象，关系到国家和人民的利益。根据法律法规规定，在行政执法活动中检查、发现、移送刑事案件，是行政执法的重要内容和基本职责。行政执法与刑事司法衔接制度，是“有法必依、违法必究、执法必严”法治原则的重要体现。故此罪的直接行为对象，应是行政执法与刑事司法衔接制度，其基本性质应是枉法行政。当前，在一些行政执法领域，有案不移、有案难移、以罚代刑的问题仍然比较突出。比如，土地混乱问题、食品安全问题、黄赌毒问题、环境污染问题等，其背后均有破坏行政执法与刑事司法衔接制度的枉法行政的影子。为此，行政执法人员的徇私舞弊不移交刑事案件行为，严重侵害当事人的合法权益，破坏

国家行政机关的管理活动，严重危害国家和人民利益，严重阻碍法律法规的统一正确实施，损害国家司法机关正常的刑事追究活动和威信，实践中务须严肃对待此类犯罪，依法惩治徇私舞弊不移交刑事案件行为。

三、主观特征

徇私舞弊不移交刑事案件罪在主观上表现为故意。即行为人明知不移交刑事案件的行为会发生放纵刑事犯罪的危害后果，而希望或者放任这种结果发生。行为人在主观认识上具有三个明知：一是对行政执法对象违法行为已达到刑事追诉标准具有明知；二是对应当将案件移送有管辖权的司法机关具有明知；三是对以罚代刑、有罪不移的违法性具有明知。这三个明知，既是行为人应当知道的义务性明知，也是能够知道的客观性明知。行为人在主观意志上表现为希望和放任两种情况，一种是希望并积极追求不移交刑事案件结果发生，如为实现这一结果隐瞒情况、伪造材料、弄虚作假等；另一种情况是放任不移交刑事案件结果的发生，如为小团体利益或情面关系对不移交意见不纠正、不咨询、不论证、不向公安机关通报任其结果发生。但无论哪种情况均能构成故意不移交刑事案件。此罪在犯罪动机方面表现为徇私情、私利，徇私情主要表现为徇亲情、乡情、友情以及上级之情、下级之托等私交情面。徇私利主要表现为徇个人私利，为本单位利益不属私利范畴。此罪徇私动机是主观犯意的前提条件，不具备徇私动机的不能构成此罪。

四、客观特征

本罪在客观方面表现为对依法应当移交司法机关追究刑事责任的案件不移交、情节严重的行为。根据国务院《行政执法机关移送涉嫌犯罪案件的规定》，行政机关向司法机关移送刑事案件的基本流程是：专门审查—提出书面报告—负责人审定—移送司法机关。其中，专门审查是指应有 2 名以上行政执法人员组成专案组进行审查，核实情况后专案组提出书面报告，负责人自接报告 3 日内应作出批准移送或者不批准移送的决定。决定批准的，应当在 24 小时内向同级司法机关移送；决定不批准的，应当将不予批准的理由记录在案。行政执法机关向司法机关移送涉嫌犯罪案件，应当附有下列材料：（1）涉嫌犯罪案件移送书；（2）涉嫌犯罪案件情况的调查报告；（3）涉案物品清单；（4）有关检验报告或者鉴定意见；（5）其他有关涉嫌犯罪的材料。徇私舞弊不移交刑事案件行为主要发生在上述活动之中。

根据最高人民检察院《渎职侵权立案标准》的规定，徇私舞弊不移交刑事案件情节严重的行为，主要有以下几种情形：

1. 不移交对象为严重刑事犯罪的。即依法可能判处 3 年以上有期徒刑、无

期徒刑、死刑的犯罪案件。

2. 多人多次不移交刑事案件的。即不移交刑事案件涉及3人次以上的。

3. 无正当理由不接受司法机关意见的。即司法机关提出意见后，无正当理由仍然不予移交的。

4. 不移交致使继续违法犯罪的。即以罚代刑，放纵犯罪嫌疑人，致使犯罪嫌疑人继续进行违法犯罪活动的。

5. 以权代法阻碍正常移交的。即行政执法部门主管领导阻止移交的。

6. 弄虚作假改变案件性质的。即隐瞒、毁灭证据，伪造材料，改变刑事案件性质的。

7. 为谋取本单位利益不移交的。即直接负责的主管人员和其他直接责任人为谋取本单位私利而不移交刑事案件，情节严重的。

8. 其他情节严重的情形。

第二节　徇私舞弊不移交刑事案件罪的主体证据

本罪的主体证据，是藉以证明行为人具有徇私舞弊不移交刑事案件罪主体资格的证据。根据刑法的规定，此罪主体系具有行政处罚权的国家行政机关工作人员，故其主体证据应由行为人自然情况证据、行政执法人员身份证据和行政职权证据三部分组成。

1. 自然人情况证据。即证明行为人年龄、性别、民族、出生地、居住地及家庭成员状况等自然人所需情况的证据材料。如：身份证明、户籍证明、微机户口卡、居住证明、违法记录证明等。

2. 行政执法人员身份证据。即证明行为人具有行政执法人员身份资格的证据材料。如：反映行为人在某行政执法机关中所任职务、行政级别、分工负责事项、工作简历等职务身份证明材料。

3. 行政执法职责证据。即证明行为人在行政执法活动中所负有的具体职责义务的证据材料。如：反映行为人对某项行政执法活动负有领导、主管、承办、协办、参办、保障的具体岗位职责义务的证明材料。

证明意义： 现行刑法对徇私舞弊不移交刑事案件罪的主体进行了限制，即具有行政处罚权的国家行政机关工作人员才具有此罪的主体资格。为此，在刑事诉讼中证明行为人主体资格的证据成为此罪证据系统中的重要一环。自然情况证据，关系到诉讼的管辖、司法告知义务的履行和保证诉讼活动顺利进行。具有行政处罚权的国家行政机关工作人员的身份证据是确定此罪主体资格的基本条件，不具有这一身份的人不能单独构成徇私舞弊不移交刑事案件罪。行政执法职责证

据，关系到行为人的不移交刑事案件行为与其职责义务的相关联系，缺少此类证据就会成为无职可“渎”，进而影响此罪的成立。为此，实践中一是注意该机关的行政处罚权，一般无行政处罚权的国家机关没有向司法机关移交刑事案件的义务；二是注意行为人在移交刑事案件程序中的职责义务，这既是徇私舞弊的重点环节，也是确定直接责任人的关键环节；三是注意在职责证据中，既要有行政执法的一般职责，也要有具体的岗位的职责义务。通过证据链条保证主体资格证据的确实充分。

第三节 徇私舞弊不移交刑事案件罪的行为证据

徇私舞弊不移交刑事案件罪的行为证据，是藉以证明行为人在行政执法活动中，具有对应当依法移交司法机关追究刑事责任的刑事案件不移交行为的证据。根据刑法和最高人民检察院《渎职侵权立案标准》规定，此组证据主要有以下几种：

1. 不移交严重刑事犯罪的行为证据。即证明行为人不移交的案件为严重刑事犯罪案件的证据。如：反映行为人不移交的案件为依法可能判处 3 年以上有期徒刑、无期徒刑、死刑的犯罪案件的相关法律文书、程序性诉讼文书、办案机关说明等证明材料。

2. 多人多次不移交刑事案件的行为证据。即证明行为人 3 人次以上不移交刑事案件的证据。如：相关各案法律文书、各案移送审查书面报告、行为人审批书证、知情人证言、行为人供述等相关证明材料。

3. 无视司法机关移交意见的行为证据。即证明行为人的不移交行为被司法机关发现并提出移交意见后，行为人无正当理由仍然不予移交的事实证据。如：反映行为人的不移交行为被司法机关发现后，经审查依法提出应当移交的司法意见，行为人仍无视司法介入拒不移交，或者无正当理由仍不移交的原案事实材料、司法意见书证、移送审查书面报告、相关研究记录、知情人证言、行为人供述及其他相关证明材料。

4. 致使继续违法犯罪的证据。即证明行为人不移交案件嫌疑人继续违法犯罪的证据。如：反映行为人以罚代刑，放纵犯罪嫌疑人，致使犯罪嫌疑人继续进行违法犯罪活动的司法机关的立案文书、拘捕文书、诉判文书以及办案机关说明等相关证明材料。

5. 以权压法阻碍正常移交的行为证据。即证明行为人利用主管或领导的职务便利，阻止行政执法人员依法移交刑事案件的证据。如：反映行为人不听取下级正确意见，以权代法、以权压法，强行干涉阻止移交案件，致使刑事案件不能正常移交的原案材料、移送审查书面报告、行为人干涉记录、案件承办人证言、知情人证言、行为人供述以及其他相关证明材料。

6. 弄虚作假改变案件性质的行为证据。即证明行为人弄虚作假擅自改变移交刑事案件性质的证据。如：反映行为人隐瞒、毁灭证据，伪造材料，强行或者私自改变刑事案件性质的原案证据材料，隐瞒、涂改、伪造材料的书证，司法文检鉴定，承办人证言、知情人证言、行为人供述，以及其他相关证明材料。

7. 为谋取本单位利益不移交的行为证据。即证明行为人为谋取本单位利益不移交刑事案件的证据。如：反映行政执法机关的直接负责的主管人员和其他直接责任人为谋取本单位利益，不移交刑事案件的相关案件材料、研究记录、证人证言、犯罪嫌疑人陈述、行为人供述以及其他相关证明材料。

证明意义：徇私舞弊不移交刑事案件罪是一种情节犯，上述行为系行为人徇私舞弊不移交刑事案件情节严重的行为，也是最高人民检察院《渎职侵权立案标准》中明确规定的行为。这些行为表述清晰，证据也不难收集，但在实践中办理甚少。一方面此类案件阻力大，抵触情绪大，行政执法机关配合不力；另一方面也有检察机关作用发挥不力的原因。因此，实践中造成大量刑事案件不能依法移送，不仅群众反映强烈，一些基层行政执法人员反映也很强烈。为此，中央出台了中办发［2011］8号文件《关于加强行政执法与刑事司法衔接工作的意见》。该《意见》指出，“做好行政执法与刑事司法衔接工作，事关依法行政和公正司法，事关经济社会秩序维护，事关人民群众切身利益保障”。“但也要看到，在一些行政执法领域，有案不移、有案难移、以罚代刑的问题仍然比较突出”。为此，《意见》要求，“行政执法机关和公安机关要严格依法履行职责，对涉嫌犯罪的案件，切实做到该移送的移送、该受理的受理、该立案的立案”。“行政执法机关在执法检查时，发现违法行为明显涉嫌犯罪的，应当及时向公安机关通报。接到通报后，公安机关应当立即派人进行调查，并依法作出立案或者不予立案的决定”。同时要求，“行政执法机关向公安机关移送涉嫌犯罪案件，应当移交案件的全部材料，同时将案件移送书及有关材料目录抄送人民检察院。行政执法机关在移送案件时已经作出行政处罚决定的，应当将行政处罚决定书一并抄送公安机关、人民检察院”。该《意见》十分重视检察机关的法律监督作用，强调人民检察院要加强立案监督和查处徇私舞弊不移交刑事案件犯罪行为。其中指出，“人民检察院发现行政执法人员不移送涉嫌犯罪案件，公安机关人员不依法受理、立案，需要追究行政纪律责任的，应当将可以证明违纪违法事实的材料移送监察机关，由监察机关依纪依法处理；涉嫌犯罪的，应当依法追究刑事责任”。在建设法治中国的今天，各级检察机关应认真遵照中央的要求，严格法律监督职能，依法开展立案监督工作，健全衔接机制，严肃查处徇私舞弊不移交刑事案件犯罪案件，确保执法司法公正规范地良性运转，筑牢社会公正的司法底线。

第四节　徇私舞弊不移交刑事案件罪的结果证据

徇私舞弊不移交刑事案件罪的结果证据，是指藉以证明由于行为人徇私舞弊，使依法应当移送司法机关追究刑事责任的刑事案件，发生未移交的结果证据。鉴于此罪是情节犯，在结果证据上应由未移交结果证据和纠正情况证据组成。

1. 未移交结果证据。即证明行为人不移交行为致使发生刑事案件未能依法正常移送司法机关的结果的证据。此证据可从行为证据中归纳体现。

2. 纠正情况证据。即证明行为人不移交刑事案件行为事后被依法纠正的情况证据。如：反映不移交的刑事案件被重新移交司法机关，并被依法追究刑事责任的立案文书、追诉文书、办案机关说明等相关证明材料。

证明意义：徇私舞弊不移交刑事案件的行为，必须产生刑事案件未被依法正常移交的后果才能构成此罪。如果行为人在上级督促或司法机关建议下移交了案件，则因情节不严重故不能构成此罪。正是由于移交的对象是刑事案件，因此，移交对象是否构成犯罪就成为此罪的关键。这就需要相关证明来证实其刑事案件性质和处理情况。实践中也是这样，在徇私舞弊不移交刑事案件被查处的同时，一般前案已被纠正或正在纠正。纠正情况既是对不移交行为的反证，也是对前案的一种司法确认。在以前案性质为要件的情况下，纠正情况证据是一种必要的证据。否则，会影响诉讼的顺利进行。但司法确认不是必须等待法院终审判决，是在实事求是原则下由司法机关出具的司法确认证明。根据最高人民法院2009年11月11日施行的《关于审理洗钱等刑事案件具体应用法律若干问题的解释》，“上游犯罪尚未依法裁判，但查证属实的，不影响刑法……（指下游犯罪）规定的犯罪的审判”。为此，前案的相关司法文书，尤其是结论性文书和办案说明，应及时收集到案，以保证徇私舞弊不移交刑事案件犯罪的顺利查处。

第五节　徇私舞弊不移交刑事案件罪的主观证据

徇私舞弊不移交刑事案件罪的主观证据，是指借以证明行为人明知不移交刑事案件的行为会发生放纵刑事犯罪的危害后果，而希望或者放任这种结果发生的证据。根据刑法的要求，此罪主观证据应由主观明知证据、徇私动机证据和主观追求证据三部分组成。

1. 主观明知证据。即证明行为人在主观认识上不移交刑事案件具有明知的证据。如：

（1）对象明知证据。即证明行为人对其不移交的刑事案件性质在主观认识上具有明知的证据。如：反映行为人知道或者应当知道不移交的案件为刑事案件的书面报告批件、案件汇报记录、相关鉴定意见、个别授意书证、证人证言、行为人供述以及其他相关证明材料。

（2）违法明知证据。即证明行为人对其行为的违法性在主观认识上具有明知的证据。此类证据主要从行为人应当认识和能够认识的主体证据及行为证据中予以归纳体现。

证明意义：明知，是故意犯罪的前提性主观要件。行为人如对自己行为会发生的危害结果在主观认识上不具有明知，就不能构成故意犯罪。就徇私舞弊不移交刑事案件罪而言，明知有两个重点内容：一是义务性明知。即行为人应当知道移交刑事案件的法定条件和相应的移交程序要求。这是每一个从事行政执法工作的法定职责义务，更何况其主管领导。否则，就不具备从业资格。因此，此罪的义务性明知主要是从职责证据中体现。二是客观性明知。即行为人对应当移交的案件在客观上知道或者应当知道是个刑事案件。但这些明知内容是具体的、客观的和可知的。行为人通过审查材料、听取汇报，完全可以了解案件事实、主要证据和法律依据等情况，而这些过程事实的证据即行为人的客观性明知证据。实践中，一些人以不懂法为由的辩解是站不住脚的。只要具有客观性明知，不懂法不影响义务性明知，反而更加证明行为人尸位素餐的渎职本性和知法犯法的严重危害。

2. 徇私动机证据。即证明行为人在主观上具有徇私情、私利动机的证据。如：

（1）徇私利证据。即证明行为人不移交刑事案件的内心起因系私利驱动的证据。如：反映行为人与关系人之间客观存在的钱财、地位、名誉等利益关系及其交往、请托、承诺等徇私利行为的相关物证书证、知情人证言、关系人证言、行为人供述以及其他相关证明材料。

(2) 徇私情证据。即证明行为人不移交刑事案件的内心起因系私情驱动的证据。如：反映行为人与私情关系人之间客观存在的亲情、友情、乡情、奸情等私情关系及其交往、请托、承诺等徇私情行为相关书证物证、知情人证言、关系人证言、行为人供述以及其他相关证明材料。

证明意义：徇私动机是徇私舞弊的必要条件，如缺少徇私动机证据将会影响徇私舞弊不移交刑事案件罪的成立。根据最高人民检察院《渎职侵权立案标准》解释，“徇私舞弊，是指国家机关工作人员为徇私情、私利，故意违背事实和法律，伪造材料，隐瞒情况，弄虚作假的行为”。最高人民法院《全国法院审理经济犯罪案件工作座谈会纪要》中也明确规定，“徇私舞弊型渎职犯罪的徇私应理解为徇个人私情、私利。国家机关工作人员为了本单位的利益，实施滥用职权、玩忽职守行为，构成犯罪的，依照刑法第三百九十七条第一款的规定定罪处罚”。因此，既然是徇个人私情、私利，行为人与行为对象之间或与其亲友之间就必然存在某些个人的私情关系或私利关系。为此，证明私情关系或者证明私利关系的证据，就成为徇私证据的重要证明内容。其中，私情关系人和私利关系人是重要的证人，双方往来证据和请托证据是徇私动机的重要体现，也是启动行为人徇私舞弊不移交刑事案件犯意的重要依据。为此，私情、私利关系证据，关系着徇私动机的客观性；双方往来和请托证据关系着徇私动机的实在性。它们决定着徇私动机的成立与否，这是此组证据的重要作用之所在，也是其证明目的之所在。

3. 主观追求证据。即证明行为人在主观上具有希望或者放任不移交刑事案件结果发生的心理意志证据。如：

(1) 希望意志证据。即证明行为人在主观意志上具有希望并积极追求不移交刑事案件结果发生的证据。如：反映行为人为实现不移交刑事案件结果而隐瞒情况、伪造材料、弄虚作假等行为的相关书证、知情人证言、参与人证言、相关技术鉴定、行为人供述等证明材料。

(2) 放任意志证据。即证明行为人在主观意志上放任不移交刑事案件结果发生的证据。如：反映行为人为小团体利益或情面关系对不移交意见不纠正、不咨询、不论证、不向公安机关通报任其结果发生的相关案件材料、单位获利书证、案件研究记录、证人证言、行为人供述以及其他职工证明材料。

证明意义：主观追求，反映的是行为人的主观意志及其心理表现。根据行为是主观意思的客观化原理，可结合行为证据、结果证据和主体证据予以事实推定。但是，为防止忽视证据作用的盲目推定，实践中应注意把握三个原则：一是事实依据原则，即要有相应的客观事实作为推定基础，这些事实是运用证据证明了的事实依据；二是逻辑推论原则，即推定结果符合逻辑关系，如原因与结果的关系、本质与现象的关系等；三是无可解释原则，即对推定结果不能作出其他的合理解释，也就是行为人无可解释。以上三个原则也适用于主观故意的其他方面。其中最主要的是事实依据原则，任何推定必须建立在一定的客观事实基础之上。此罪主观意志推定的依据主要是其行为表现事实，为此，作为推定基础的行为事实，须有扎实可靠的证据予以支撑，以保证主观意志认定的准确无误。

第六节　徇私舞弊不移交刑事案件罪的情节证据

徇私舞弊不移交刑事案件罪的情节证据，是指藉以证明行为人具有某些影响定罪、量刑情节的事实证据。根据刑法和有关司法解释的规定，影响定罪、量刑的情节证据主要有以下几种情形：

1. 不移交重特大刑事案件的情节证据。即证明行为人不移交刑事案件为重特大刑事案件的证据。如：反映行为人不移交刑事案件为依法可能判处五年以上十年以下有期徒刑重大刑事案件，或者为依法可能判处十年以上有期徒刑、无期徒刑、死刑的特别重大刑事案件的相关司法文书、办案机关说明及其他相关证明材料。

2. 一贯或较多不移交刑事案件的情节证据。即证明行为人一贯或者较多不移交刑事案件的证据。如：反映行为人五次以上不移交刑事案件，或者一次不移交案件涉及五名以上犯罪嫌疑人的，或者七次以上不移交刑事案件，或者一次不移交案件涉及七名以上犯罪嫌疑人的相关司法文书、办案机关说明及其他相关证明材料。

3. 放纵的犯罪嫌疑人继续犯罪的情节证据。即证明行为人不移交刑事案件的犯罪嫌疑人又继续犯罪的证据。如：反映行为人以罚代刑，放纵犯罪嫌疑人，致使犯罪嫌疑人继续进行刑事犯罪，或者继续进行严重刑事犯罪的相关司法文书、办案机关说明以及其他相关证明材料。

4. 法定从轻处罚的情节证据。即证明行为人具有依法从轻处罚情节的证据。如：反映行为人具有自首、立功、如实供述等依法可以从轻处罚的相关司法文书、办案机关说明以及其他相关证明材料。

5. 徇私受贿或单位受贿的情节证据，即证明行为人具有徇私受贿或者具有单位受贿情节的证据。如：反映行为人收受贿赂或者单位受贿的书证物证、行贿人供述、经办人证言、知情人证言、行为人供述以及其他相关证明材料。

证明意义：犯罪情节是犯罪事实的重要组成部分，直接关系到准确定罪、量刑和正确适用刑罚。本罪具有两个量刑幅度，第一个量刑幅度为“情节严重的，处三年以下有期徒刑或者拘役”；第二个量刑幅度为“造成严重后果的，处三年以上七年以下有期徒刑”。因此，犯罪情节在本罪的构成和处罚上的重要性，也

决定了本罪情节证据的重要性。最高人民检察院在《人民检察院直接受理立案侦查的渎职侵权重特大案件标准（试行）》中规定，徇私舞弊不移交刑事案件案的重大案件包括："1. 对犯罪嫌疑人依法可能判处五年以上十年以下有期徒刑的重大刑事案件不移交的；2. 五次以上不移交犯罪案件，或者一次不移交犯罪案件涉及五名以上犯罪嫌疑人的；3. 以罚代刑，放纵犯罪嫌疑人，致使犯罪嫌疑人继续进行刑事犯罪的。"特大案件包括："1. 对犯罪嫌疑人依法可能判处十年以上有期徒刑、无期徒刑、死刑的特别重大刑事案件不移交的；2. 七次以上不移交犯罪案件，或者一次不移交犯罪案件涉及七名以上犯罪嫌疑人的；3. 以罚代刑，放纵犯罪嫌疑人，致使犯罪嫌疑人继续进行严重刑事犯罪的。"前三组证据基本反映了重特大案件标准规定的情况。从轻处罚证据，是法定从轻处罚情节的依据，应依法收集到案，确保司法公平公正。徇私受贿情节，根据"两高"《关于办理渎职刑事案件适用法律若干问题的解释（一）》第三条规定，"国家机关工作人员实施渎职犯罪并收受贿赂，同时构成受贿罪的，除刑法另有规定外，以渎职犯罪和受贿罪数罪并罚"。因此，实践中应注意收集受贿犯罪证据。如果构成单位受贿犯罪，行为人以外还有应追诉的犯罪人，应及时补充立案相关犯罪嫌疑人。总之，情节证据关系若干法律关系，关系正确的适用法律和正确的定罪量刑，实践中应给予必要的重视。

附：法律法规

1.《中华人民共和国刑法》（1997 年 3 月 14 日修订）（节录）

第四百零二条【徇私舞弊不移交刑事案件罪】　行政执法人员徇私舞弊，对依法应当移交司法机关追究刑事责任的不移交，情节严重的，处三年以下有期徒刑或者拘役；造成严重后果的，处三年以上七年以下有期徒刑。

2. 最高人民检察院《关于渎职侵权犯罪案件立案标准的规定》（2006 年 7 月 26 日公布）（节录）

（十二）徇私舞弊不移交刑事案件案（第四百零二条）

徇私舞弊不移交刑事案件罪是指工商行政管理、税务、监察等行政执法人员，徇私舞弊，对依法应当移交司法机关追究刑事责任的案件不移交，情节严重的行为。

涉嫌下列情形之一的，应予立案：

1. 对依法可能判处 3 年以上有期徒刑、无期徒刑、死刑的犯罪案件不移交的；
2. 不移交刑事案件涉及 3 人次以上的；
3. 司法机关提出意见后，无正当理由仍然不予移交的；
4. 以罚代刑，放纵犯罪嫌疑人，致使犯罪嫌疑人继续进行违法犯罪活动的；
5. 行政执法部门主管领导阻止移交的；

6. 隐瞒、毁灭证据，伪造材料，改变刑事案件性质的；

7. 直接负责的主管人员和其他直接责任人员为牟取本单位私利而不移交刑事案件，情节严重的；

8. 其他情节严重的情形。

3. 最高人民检察院《人民检察院直接受理立案侦查的渎职侵权重特大案件标准（试行）》（2001年7月20日）（节录）

十、徇私舞弊不移交刑事案件案

（一）重大案件

1. 对犯罪嫌疑人依法可能判处五年以上十年以下有期徒刑的重大刑事案件不移交的；

2. 五次以上不移交犯罪案件，或者一次不移交犯罪案件涉及五名以上犯罪嫌疑人的；

3. 以罚代刑，放纵犯罪嫌疑人，致使犯罪嫌疑人继续进行刑事犯罪的。

（二）特大案件

1. 对犯罪嫌疑人依法可能判处十年以上有期徒刑、无期徒刑、死刑的特别重大刑事案件不移交的；

2. 七次以上不移交犯罪案件，或者一次不移交犯罪案件涉及七名以上犯罪嫌疑人的；

3. 以罚代刑，放纵犯罪嫌疑人，致使犯罪嫌疑人继续进行严重刑事犯罪的。

4.《行政执法机关移送涉嫌犯罪案件的规定》（2001年7月9日）

第一条 为了保证行政执法机关向公安机关及时移送涉嫌犯罪案件，依法惩罚破坏社会主义市场经济秩序罪、妨害社会管理秩序罪以及其他罪，保障社会主义建设事业顺利进行，制定本规定。

第二条 本规定所称行政执法机关，是指依照法律、法规或者规章的规定，对破坏社会主义市场经济秩序、妨害社会管理秩序以及其他违法行为具有行政处罚权的行政机关，以及法律、法规授权的具有管理公共事务职能、在法定授权范围内实施行政处罚的组织。

第三条 行政执法机关在依法查处违法行为过程中，发现违法事实涉及的金额、违法事实的情节、违法事实造成的后果等，根据刑法关于破坏社会主义市场经济秩序罪、妨害社会管理秩序罪等罪的规定和最高人民法院、最高人民检察院关于破坏社会主义市场经济秩序罪、妨害社会管理秩序罪等罪的司法解释以及最高人民检察院、公安部关于经济犯罪案件的追诉标准等规定，涉嫌构成犯罪，依法需要追究刑事责任的，必须依照本规定向公安机关移送。

第四条 行政执法机关在查处违法行为过程中，必须妥善保存所收集的与违

法行为有关的证据。

行政执法机关对查获的涉案物品，应当如实填写涉案物品清单，并按照国家有关规定予以处理。对易腐烂、变质等不宜或者不易保管的涉案物品，应当采取必要措施，留取证据；对需要进行检验、鉴定的涉案物品，应当由法定检验、鉴定机构进行检验、鉴定，并出具检验报告或者鉴定结论。

第五条　行政执法机关对应当向公安机关移送的涉嫌犯罪案件，应当立即指定2名或者2名以上行政执法人员组成专案组专门负责，核实情况后提出移送涉嫌犯罪案件的书面报告，报经本机关正职负责人或者主持工作的负责人审批。

行政执法机关正职负责人或者主持工作的负责人应当自接到报告之日起3日内作出批准移送或者不批准移送的决定。决定批准的，应当在24小时内向同级公安机关移送；决定不批准的，应当将不予批准的理由记录在案。

第六条　行政执法机关向公安机关移送涉嫌犯罪案件，应当附有下列材料：

（一）涉嫌犯罪案件移送书；

（二）涉嫌犯罪案件情况的调查报告；

（三）涉案物品清单；

（四）有关检验报告或者鉴定结论；

（五）其他有关涉嫌犯罪的材料。

第七条　公安机关对行政执法机关移送的涉嫌犯罪案件，应当在涉嫌犯罪案件移送书的回执上签字；其中，不属于本机关管辖的，应当在24小时内转送有管辖权的机关，并书面告知移送案件的行政执法机关。

第八条　公安机关应当自接受行政执法机关移送的涉嫌犯罪案件之日起3日内，依照刑法、刑事诉讼法以及最高人民法院、最高人民检察院关于立案标准和公安部关于公安机关办理刑事案件程序的规定，对所移送的案件进行审查。认为有犯罪事实，需要追究刑事责任，依法决定立案的，应当书面通知移送案件的行政执法机关；认为没有犯罪事实，或者犯罪事实显著轻微，不需要追究刑事责任，依法不予立案的，应当说明理由，并书面通知移送案件的行政执法机关，相应退回案卷材料。

第九条　行政执法机关接到公安机关不予立案的通知书后，认为依法应当由公安机关决定立案的，可以自接到不予立案通知书之日起3日内，提请作出不予立案决定的公安机关复议，也可以建议人民检察院依法进行立案监督。

作出不予立案决定的公安机关应当自收到行政执法机关提请复议的文件之日起3日内作出立案或者不予立案的决定，并书面通知移送案件的行政执法机关。移送案件的行政执法机关对公安机关不予立案的复议决定仍有异议的，应当自收到复议决定通知书之日起3日内建议人民检察院依法进行立案监督。

公安机关应当接受人民检察院依法进行的立案监督。

第十条 行政执法机关对公安机关决定不予立案的案件，应当依法作出处理；其中，依照有关法律、法规或者规章的规定应当给予行政处罚的，应当依法实施行政处罚。

第十一条 行政执法机关对应当向公安机关移送的涉嫌犯罪案件，不得以行政处罚代替移送。

行政执法机关向公安机关移送涉嫌犯罪案件前已经作出的警告，责令停产停业，暂扣或者吊销许可证、暂扣或者吊销执照的行政处罚决定，不停止执行。

依照行政处罚法的规定，行政执法机关向公安机关移送涉嫌犯罪案件前，已经依法给予当事人罚款的，人民法院判处罚金时，依法折抵相应罚金。

第十二条 行政执法机关对公安机关决定立案的案件，应当自接到立案通知书之日起3日内将涉案物品以及与案件有关的其他材料移交公安机关，并办结交接手续；法律、行政法规另有规定的，依照其规定。

第十三条 公安机关对发现的违法行为，经审查，没有犯罪事实，或者立案侦查后认为犯罪事实显著轻微，不需要追究刑事责任，但依法应当追究行政责任的，应当及时将案件移送同级行政执法机关，有关行政执法机关应当依法作出处理。

第十四条 行政执法机关移送涉嫌犯罪案件，应当接受人民检察院和监察机关依法实施的监督。

任何单位和个人对行政执法机关违反本规定，应当向公安机关移送涉嫌犯罪案件而不移送的，有权向人民检察院、监察机关或者上级行政执法机关举报。

第十五条 行政执法机关违反本规定，隐匿、私分、销毁涉案物品的，由本级或者上级人民政府，或者实行垂直管理的上级行政执法机关，对其正职负责人根据情节轻重，给予降级以上的行政处分；构成犯罪的，依法追究刑事责任。

对前款所列行为直接负责的主管人员和其他直接责任人员，比照前款的规定给予行政处分；构成犯罪的，依法追究刑事责任。

第十六条 行政执法机关违反本规定，逾期不将案件移送公安机关的，由本级或者上级人民政府，或者实行垂直管理的上级行政执法机关，责令限期移送，并对其正职负责人或者主持工作的负责人根据情节轻重，给予记过以上的行政处分；构成犯罪的，依法追究刑事责任。

行政执法机关违反本规定，对应当向公安机关移送的案件不移送，或者以行政处罚代替移送的，由本级或者上级人民政府，或者实行垂直管理的上级行政执法机关，责令改正，给予通报；拒不改正的，对其正职负责人或者主持工作的负责人给予记过以上的行政处分；构成犯罪的，依法追究刑事责任。

对本条第一款、第二款所列行为直接负责的主管人员和其他直接责任人员，

分别比照前两款的规定给予行政处分；构成犯罪的，依法追究刑事责任。

第十七条　公安机关违反本规定，不接受行政执法机关移送的涉嫌犯罪案件，或者逾期不作出立案或者不予立案的决定的，除由人民检察院依法实施立案监督外，由本级或者上级人民政府责令改正，对其正职负责人根据情节轻重，给予记过以上的行政处分；构成犯罪的，依法追究刑事责任。

对前款所列行为直接负责的主管人员和其他直接责任人员，比照前款的规定给予行政处分；构成犯罪的，依法追究刑事责任。

第十八条　行政执法机关在依法查处违法行为过程中，发现贪污贿赂、国家工作人员渎职或者国家机关工作人员利用职权侵犯公民人身权利和民主权利等违法行为，涉嫌构成犯罪的，应当比照本规定及时将案件移送人民检察院。

第十九条　本规定自公布之日起施行。

5. 最高人民检察院、全国整顿和规范市场经济秩序领导小组办公室、公安部、监察部《关于在行政执法中及时移送涉嫌犯罪案件的意见》（2006 年 1 月 26 日）

各省、自治区、直辖市人民检察院、整顿和规范市场经济秩序领导小组办公室、公安厅（局）、监察厅（局），新疆生产建设兵团人民检察院、整顿和规范市场经济秩序领导小组办公室、公安局、监察局：

为了完善行政执法与刑事司法相衔接工作机制，加大对破坏社会主义市场经济秩序犯罪、妨害社会管理秩序犯罪以及其他犯罪的打击力度，根据《中华人民共和国刑事诉讼法》、国务院《行政执法机关移送涉嫌犯罪案件的规定》等有关规定，现就在行政执法中及时移送涉嫌犯罪案件提出如下意见：

一、行政执法机关在查办案件过程中，对符合刑事追诉标准、涉嫌犯罪的案件，应当制作《涉嫌犯罪案件移送书》，及时将案件向同级公安机关移送，并抄送同级人民检察院。对未能及时移送并已作出行政处罚的涉嫌犯罪案件，行政执法机关应当于作出行政处罚十日以内向同级公安机关、人民检察院抄送《行政处罚决定书》副本，并书面告知相关权利人。

现场查获的涉案货值或者案件其他情节明显达到刑事追诉标准、涉嫌犯罪的，应当立即移送公安机关查处。

二、任何单位和个人发现行政执法机关不按规定向公安机关移送涉嫌犯罪案件，向公安机关、人民检察院、监察机关或者上级行政执法机关举报的，公安机关、人民检察院、监察机关或者上级行政执法机关应当根据有关规定及时处理，并向举报人反馈处理结果。

三、人民检察院接到控告、举报或者发现行政执法机关不移送涉嫌犯罪案件，经审查或者调查后认为情况基本属实的，可以向行政执法机关查询案件情况、要求行政执法机关提供有关案件材料或者派员查阅案卷材料，行政执法机关应当配合。确属应当移送公安机关而不移送的，人民检察院应当向行政执法机关提出移送的书面意见，行政执法机关应当移送。

四、行政执法机关在查办案件过程中，应当妥善保存案件的相关证据。对易腐烂、变质、灭失等不宜或者不易保管的涉案物品，应当采取必要措施固定证据；对需要进行检验、鉴定的涉案物品，应当由有关部门或者机构依法检验、鉴定，并出具检验报告或者鉴定结论。

行政执法机关向公安机关移送涉嫌犯罪的案件，应当附涉嫌犯罪案件的调查报告、涉案物品清单、有关检验报告或者鉴定结论及其他有关涉嫌犯罪的材料。

五、对行政执法机关移送的涉嫌犯罪案件，公安机关应当及时审查，自受理之日起十日以内作出立案或者不立案的决定；案情重大、复杂的，可以在受理之日起三十日以内作出立案或者不立案的决定。公安机关作出立案或者不立案决定，应当书面告知移送案件的行政执法机关、同级人民检察院及相关权利人。

公安机关对不属于本机关管辖的案件，应当在二十四小时以内转送有管辖权的机关，并书面告知移送案件的行政执法机关、同级人民检察院及相关权利人。

六、行政执法机关对公安机关决定立案的案件，应当自接到立案通知书之日起三日以内将涉案物品以及与案件有关的其他材料移送公安机关，并办理交接手续；法律、行政法规另有规定的，依照其规定办理。

七、行政执法机关对公安机关不立案决定有异议的，在接到不立案通知书后的三日以内，可以向作出不立案决定的公安机关提请复议，也可以建议人民检察院依法进行立案监督。

公安机关接到行政执法机关提请复议书后，应当在三日以内作出复议决定，并书面告知提请复议的行政执法机关。行政执法机关对公安机关不立案的复议决定仍有异议的，可以在接到复议决定书后的三日以内，建议人民检察院依法进行立案监督。

八、人民检察院接到行政执法机关提出的对涉嫌犯罪案件进行立案监督的建议后，应当要求公安机关说明不立案理由，公安机关应当在七日以内向人民检察院作出书面说明。对公安机关的说明，人民检察院应当进行审查，必要时可以进行调查，认为公安机关不立案理由成立的，应当将审查结论书面告知提出立案监督建议的行政执法机关；认为公安机关不立案理由不能成立的，应当通知公安机关立案。公安机关接到立案通知书后应当在十五日以内立案，同时将立案决定书送达人民检察院，并书面告知行政执法机关。

九、公安机关对发现的违法行为，经审查，没有犯罪事实，或者立案侦查后认为犯罪情节显著轻微，不需要追究刑事责任，但依法应当追究行政责任的，应当及时将案件移送行政执法机关，有关行政执法机关应当依法作出处理，并将处

理结果书面告知公安机关和人民检察院。

十、行政执法机关对案情复杂、疑难，性质难以认定的案件，可以向公安机关、人民检察院咨询，公安机关、人民检察院应当认真研究，在七日以内回复意见。对有证据表明可能涉嫌犯罪的行为人可能逃匿或者销毁证据，需要公安机关参与、配合的，行政执法机关可以商请公安机关提前介入，公安机关可以派员介入。对涉嫌犯罪的，公安机关应当及时依法立案侦查。

十一、对重大、有影响的涉嫌犯罪案件，人民检察院可以根据公安机关的请求派员介入公安机关的侦查，参加案件讨论，审查相关案件材料，提出取证建议，并对侦查活动实施法律监督。

十二、行政执法机关在依法查处违法行为过程中，发现国家工作人员贪污贿赂或者国家机关工作人员渎职等违纪、犯罪线索的，应当根据案件的性质，及时向监察机关或者人民检察院移送。监察机关、人民检察院应当认真审查，依纪、依法处理，并将处理结果书面告知移送案件线索的行政执法机关。

十三、监察机关依法对行政执法机关查处违法案件和移送涉嫌犯罪案件工作进行监督，发现违纪、违法问题的，依照有关规定进行处理。发现涉嫌职务犯罪的，应当及时移送人民检察院。

十四、人民检察院依法对行政执法机关移送涉嫌犯罪案件情况实施监督，发现行政执法人员徇私舞弊，对依法应当移送的涉嫌犯罪案件不移送，情节严重，构成犯罪的，应当依照刑法有关的规定追究其刑事责任。

十五、国家机关工作人员以及在依照法律、法规规定行使国家行政管理职权的组织中从事公务的人员，或者在受国家机关委托代表国家机关行使职权的组织中从事公务的人员，或者虽未列入国家机关人员编制但在国家机关中从事公务的人员，利用职权干预行政执法机关和公安机关执法，阻挠案件移送和刑事追诉，构成犯罪的，人民检察院应当依照刑法关于渎职罪的规定追究其刑事责任。国家行政机关和法律、法规授权的具有管理公共事务职能的组织以及国家行政机关依法委托的组织及其工勤人员以外的工作人员，利用职权干预行政执法机关和公安机关执法，阻挠案件移送和刑事追诉，构成违纪的，监察机关应当依法追究其纪律责任。

十六、在查办违法犯罪案件工作中，公安机关、监察机关、行政执法机关和人民检察院应当建立联席会议、情况通报、信息共享等机制，加强联系，密切配合，各司其职，相互制约，保证准确有效地执行法律。

十七、本意见所称行政执法机关，是指依照法律、法规或者规章的规定，对破坏社会主义市场经济秩序、妨害社会管理秩序以及其他违法行为具有行政处罚权的行政机关，以及法律、法规授权的具有管理公共事务职能、在法定授权范围内实施行政处罚的组织，不包括公安机关、监察机关。

第二十章　环境监管失职罪证据结构

第一节　环境监管失职罪概述

根据刑法第四百零八条的规定，环境监管失职罪是指负有环境保护监督管理职责的国家机关工作人员严重不负责任，不履行或者不认真履行环境保护监管职责导致发生重大环境污染事故，致使公私财产遭受重大损失或者造成人身伤亡的严重后果的行为。其基本特征如下：

一、主体特征

环境监管失职罪的主体系特殊主体，即负有环境保护监督管理职责的国家机关工作人员。根据2014年4月24日修订的环境保护法第十条规定，“国务院环境保护主管部门，对全国环境保护工作实施统一监督管理；县级以上地方人民政府环境保护主管部门，对本行政区域环境保护工作实施统一监督管理。县级以上人民政府有关部门和军队环境保护部门，依照有关法律的规定对资源保护和污染防治等环境保护工作实施监督管理”。根据水污染防治法、海洋环境保护法、大气污染防治法、固体废物污染环境防治法、环境噪声污染防治法、《电磁辐射环境保护管理办法》、《放射环境管理办法》、《城市放射性废物管理办法》等相关环保法规的规定，对上述污染防治负有监督管理职责的政府各行政主管部门的国家机关工作人员，均可成为环境监管失职罪的主体。此外，根据环境保护部《环境监察办法》，环境保护行政执法机构，省、市、县三级分别设立环境监察总队、支队、大队，乡镇设中队或者环境监察所站。故上述行政执法人员亦可成为此罪的主体。

二、客体特征

环境监管失职罪侵害的客体，是国家保护环境防治污染的正常管理活动。从20世纪80年代开始，国家根据污染防治和生态保护各领域的特点，相继制定了海洋环境保护法、水法、草原法、大气污染防治法、固体废物污染环境防治法、水污染防治法、环境噪声污染防治法、环境影响评价法、清洁生产促进法、循环经济促进法和节约能源法等20余部法律，形成了以法律制度和科技促进产业结构调整、促进经济增长方式转变、保护和改善环境，为推动建设资源节约型、环

境友好型社会，不断改进和完善了我国环境和资源保护法律。虽然我国环境保护取得了积极进展，但环境形势严峻的状况仍然没有改变。主要污染物排放量超过环境承载能力，流经城市的河段普遍受到污染，许多城市空气污染严重，酸雨污染加重，持久性有机污染物的危害开始显现，土壤污染面积扩大，近岸海域污染加剧，核与辐射环境安全存在隐患。生态破坏严重，水土流失量大面广，石漠化、草原退化加剧，生物多样性减少，生态系统功能退化。发达国家上百年工业化过程中分阶段出现的环境问题，在我国近20多年来集中出现，呈现结构型、复合型、压缩型的特点。环境污染和生态破坏造成了巨大经济损失，危害群众健康，影响社会稳定和环境安全。未来15年我国人口将继续增加，经济总量将再翻两番，资源、能源消耗持续增长，环境保护面临的压力越来越大。为此，全国人大常委会于2014年4月24日修订了环境保护法。新环保法突出了三个责任，即突出政府责任、突出监督责任、突出法律责任。从而，使国家环境保护管理制度更具刚性，使政府及其工作人员的法定职责更加明确，不履行或者不认真履行环境监管职责的将受到法律的严肃追究。

三、主观特征

环境监管失职罪在主观上一般表现为过失。刑法第十五条规定，“应当预见自己的行为可能发生危害社会的结果，因为疏忽大意而没有预见，或者已经预见而轻信能够避免，以致发生这种结果的，是过失犯罪”。根据这一规定，环境监管失职罪的主观特征应有三个要素：一是行为人对环境监管失职行为可能发生的后果，具有应当预见的义务和能够预见的能力。这是每一个负有环境监管职责的国家机关工作人员的基本素质要求。二是行为人应当预见的后果，是导致发生重大污染环境事故、公私财产遭受重大损失或者造成人身伤亡的严重后果的可能性，而故意犯罪是必然性，这是二者的根本区别。三是行为人对后果的可能发生没有预见，或者轻信能够避免。没有预见，是指由于疏忽大意行为人对后果的可能发生没有认识，或主观上对其忽视，或认为没有可能。轻信能够避免，是指由于过于自信行为人对后果的可能发生产生错误认识，认为能够避免，能够避免就是能够不发生，本质上还是认为不会发生。这也是失职罪主观上的共性特征。

四、客观特征

环境监管失职罪在客观方面表现为，负有环境保护监督管理职责的国家工作人员严重不负责任，导致发生重大环境污染事故，致使公私财产遭受重大损失或者造成人身伤亡的严重后果的行为。从以上我们可以看出，此罪在客观方面应有三个基本特征：

1. 行为人在履行环境保护监督管理职责过程中严重不负责任。我国环境保护法第六条规定，“一切单位和个人都有保护环境的义务”。但义务不是监管职责，此罪只能发生在负有环境保护监督管理职责的国家机关工作人员履行环境保护监督管理过程中。实践中，主要发生在环境保护行政执法过程中。根据环境保护部《环境行政处罚办法》的规定，环境保护行政执法的一般程序是：举报、发现—审查立案—调查取证—行政措施—行政处罚。在这四个环节中均可发生严重不负责任的情况。比如，（1）审查立案环节，工作马虎大意应当立案而未予立案，致使未能及时查处导致发生重大污染事故的；（2）调查取证环节，工作马虎不认真，应当现场取证或现场勘查而不出现场，应当进行环境监测而不进行环境监测，导致证据缺失未能使重大污染行为得到及时查处，并导致发生重大污染事故的；（3）行政措施环节，工作严重不负责任，对调查中发现的重度污染情况未能按照相关环保法规采取限制生产、停产整治、责令停业、关闭等行政措施，致使污染行为继续扩延，导致发生重大污染事故的；（4）行政处罚环节，对事实清楚、证据确实充分的污染行为，应当处罚而不予处罚，对工作极端不负责任，致使发生重大污染事故的等。上述任何环节严重不负责任，均可导致重大污染事故发生，故任何环节严重不负责任的履职行为，均可构成环境监管失职行为。

2. 由于行为人的失职而发生重大污染事故等严重后果。环境监管失职罪是结果犯，如果没有发生一定的严重后果不能构成此罪，故其严重后果是此罪的一个必要要件。最高人民法院、最高人民检察院 2013 年 6 月 19 日施行的《关于办理环境污染刑事案件适用法律若干问题的解释》中，对环境监管失职罪的后果规定了八种情形：

（1）致使乡镇以上集中式饮用水水源取水中断 12 小时以上的；

（2）致使基本农田、防护林地、特种用途林地 5 亩以上，其他农用地 10 亩以上，其他土地 20 亩以上基本功能丧失或者遭受永久性破坏的；

（3）致使森林或者其他林木死亡 50 立方米以上，或者幼树死亡 2500 株以上的；

（4）致使公私财产损失 30 万元以上的；

（5）致使疏散、转移群众 5000 人以上的；

（6）致使 30 人以上中毒的；

（7）致使 3 人以上轻伤、轻度残疾或者器官组织损伤导致一般功能障碍的；

（8）致使 1 人以上重伤、中度残疾或者器官组织损伤导致严重功能障碍的。

“两高”的上述规定统一了此罪的定罪标准，比照原来最高人民检察院《渎职侵权立案标准》提高了入罪门槛，条件更加严密细致。“两高”这一司法解释还明确规定，“之前发布的司法解释和规范性文件与本解释不一致的，以本解释

为准”。为此，按照旧法服从新法的原则，实践中应以《解释》为准严格遵照执行。

3. 行为人的失职行为与损害结果的因果关系。刑法要求行为与结果之间存在必然的联系。实践中，在失职罪的因果关系上存在一些困惑，甚至有的认为失职行为与事故结果之间不是必然的直接因果关系。这也是渎职罪处理难的一个重要原因。这里需要分清三个问题：（1）行政监管是一种事后救济手段，发现污染问题及时查处，使其污染得到控制或消除。它是发生污染重大事故的外部条件，而不是引发污染事故的内部原因。（2）重大污染事故发生的主要原因是制造污染的单位或个人，而不是环境监管行为。不能把污染事故的主要原因全部推给环境监管部门和个人。（3）环境监管失职行为的直接后果，是致使污染行为未能得到控制，从而使污染继续蔓延，甚至扩大、增强了污染的危害程度。其较之制造人的社会危害性相对较小。这也是刑法为什么规定破坏资源环境犯罪刑期普遍高于环境监管失职罪的一个重要原因。应当说，失职行为与制造行为是合因一果的关系，缺少哪一个原因都不会发生重大污染事故。因此，失职行为与其法定后果之间存在着必然的因果关系，只不过有制造污染原因混合其中而已。实践中，既不能以失职行为不是主要的直接原因为由而放纵失职犯罪，也不能过分强调失职原因而忽视了制造人的破坏原因，宽纵了破坏资源环境犯罪行为。

第二节　环境监管失职罪的主体证据

环境监管失职罪的主体证据，是指藉以证明行为人具有环境监管失职罪主体资格的证据。根据刑法的规定，此罪主体系负有环境保护监督管理职责的国家机关工作人员，故其主体证据应由行为人自然情况证据和负有环境保护监督管理职责的国家机关工作人员身份证据两部分组成。

1. 自然人情况证据。即证明行为人年龄、性别、民族、出生地、居住地及家庭成员状况等自然情况的证明材料。如：身份证明、户籍证明、居住证明、违法记录证明等。

2. 负有环境保护监督管理职责的国家机关工作人员身份证据。即证明行为人在负有环境保护监督管理职责的组织中依法从事公务的资格证据。如：

（1）供职证据。即证明行为人在依法负有环境保护监督管理职责的组织中任职的证据。如：工作证、任命书、聘任书、职务级别、工作简历等人事证明材料。

（2）委托证据。即证明行为人在受国家机关委托代表国家机关行使职权的组织中从事公务的证明材料。如：政府委托、授权决定等相关文件等。

(3) 公务证据。即证明行为人在某一国家机关或公务组织中从事环境保护监督管理职责的公共事务的证明材料。如：负责、承办、分工环境保护监督管理职责公务的人事证明、书证人证等证明材料。

证明意义：根据2002年12月28日全国人大常委会《关于〈中华人民共和国刑法〉第九章渎职罪主体适用问题的解释》的规定："在依照法律、法规规定行使国家行政管理职权的组织中从事公务的人员，或者在受国家机关委托代表国家机关行使职权的组织中从事公务的人员，或者虽未列入国家机关人员编制但在国家机关中从事公务的人员，在代表国家机关行使职权时，有渎职行为，构成犯罪的，依照刑法关于渎职罪的规定追究刑事责任。"可见，渎职罪的主体是以"职责论"进行界定的，只要在代表国家行使职权组织中从事公务，就可以成为渎职罪的主体。《环境行政处罚办法》第10条规定"环境保护主管部门可以在其法定职权范围内委托环境监察机构实施行政处罚。受委托的环境监察机构在委托范围内，以委托其处罚的环境保护主管部门名义实施行政处罚。委托处罚的环境保护主管部门，负责监督受委托的环境监察机构实施行政处罚的行为，并对该行为的后果承担法律责任"。因此，要重视委托、授权主体证据的收集、审查判断，全面理解立法精神。

1. 自然人情况证据是必要的程序条件。该罪的主体只能是自然人，单位不能构成。根据我国刑法关于环境监管失职罪的规定，该罪的主体是"负有环境保护监督管理职责的国家机关工作人员"。本罪属于国家机关工作人员的渎职犯罪，主要规范我国环保行政监管机关工作人员的渎职行为，因而犯罪的主体也只能是自然人。及时收集这些证据，无论对准确定罪，还是对正确高效地进行刑事诉讼，都有着重要的意义。

2. 负有环境保护监督管理职责的国家机关人员身份证据是确定此罪主体资格的基本条件。本罪的犯罪主体是特殊主体，要求是负有环境保护监督管理职责的国家机关工作人员，因而属于身份犯，即指行为人的国家机关工作人员身份系此罪的一个基本条件，也是正确执行实体法的基本要求。

3. 职责证据是此罪主体资格的关键证据。由于此罪的主体特点是负有环境保护监督管理职责的国家机关人员，并非所有国家机关工作人员均可单独构成此罪主体。这就需要以确实的证据来证明行为人的违法行为与其职责义务的相互联系，缺少职责证据将无法认定环境监管失职罪的职务犯罪性质。根据我国环境监督管理实行的"统管"与"分管"相结合的体制，从具体职责而言，无论是在国家环境保护行政主管部门中从事环境保护监督管理职责的工作人员，还是其他行政部门对资源环境具有保护监督管理职责的人员，均具有环境监督管理职责。只有在其职责清晰的情况下，才能反映出行为人亵渎职务的实质。因此，环境监

管失职罪的主体证据，对正确定罪量刑，正确区分罪与非罪、此罪与彼罪的界限，以及保障刑事诉讼的顺利进行，均具有重要意义。

第三节　环境监管失职罪的行为证据

环境监管失职罪的行为证据，是藉以证明行为人具有“严重不负责任”行为的证据。根据刑法和最高人民检察院《渎职侵权立案标准》的规定，此组证据，一般由职责义务证据、严重不负责任证据两部分组成。

1. 职责义务证据。即证明行为人负有并应当正确履行的职责、义务的证据。鉴于国家机关工作人员的一般职权，系原则性、指导性职责，它属于常识性和应知性事实，故根据“常识不必证明”的诉讼证据原则，像宪法和公务员法等法律中的原则性职权规定，可以不作为证据予以收集。职责义务证据的重点，是行为人侵害的直接对象——岗位职权义务。根据行政执法的岗位职权义务特点，实践中主要有以下几种职责证据：

（1）法定职责证据。即国家法律、行政规章及地方法规中有关各类国家机关工作人员岗位职权的规定。如：环境保护法、水污染防治法、大气污染防治法、海洋环境保护法、固体废物污染防治法等有关环保法规所规定的关于环境保护监督管理工作人员职责义务等。

（2）行政职权证据。即国家主管机关或地方主管部门制定的有关环境保护监督管理的系统性、行业性、行政性职权规定。如：环境保护监督管理行业性职权规范、职业性职责规章、岗位性职责义务规定等。

（3）授权职权证据。即证明上级授予下级长期或临时性的某些职责权限的证据。如：委托、派遣、分工等相关授权性文件、记录等书证，授权人证言、知情人证言及行为人供述等证明材料。

（4）公认职权证据。即证明行为人在本单位具有某种公认性、惯例性职权的证据。如：行为人惯例性履行职权的书证、人证，能够体现和反映行为人具有公认性职权的本单位的代表性证人证言、单位领导班子成员的证人证言及行为人供述等证明材料。

证明意义：根据刑法的规定，严重不负责任是环境监管失职行为的具体表现。其中，“责任”是失职行为的前提条件。而职责义务证据，恰是证明行为人负有环境保护监督管理职责的事实依据。故此组证据的重要性，在于行为人有责可负。在法定职责中，除“常识不必证明”的以外，其他职责义务证据，无论是法规性证据，还是知情性证据，尤其是环境保护监督管理专业性较强、岗位特点突出的职责义务证据，均应收集在案，以作为行为人应负职责义务的事实佐

证，保证证据的系统性和完整性，正确及时地惩处犯罪。

2. 严重不负责任证据。即证明行为人在应当正确履行环境保护监督管理职责义务时违反职责规定不予履行或不正确履行职责义务的证据。其中包括：

（1）应立不立行为证据。即证明行为人审理立案过程中，对应当依法立案调查的环保案件不依法履行立案调查职责的行为证据。如：反映行为人接受群众举报、部门移送、检查发现、上级交办的案件线索后，不予立案登记、不作立案审查、不予决定立案的相关线索材料、原案事后查处结论、相关人证物证、知情人证言、行为人供述等证明材料。

（2）应查不查行为证据。即证明行为人在立案调查环保案件过程中，对应当依法进行现场调查或现场勘查的，不依法履行现场调查或现场勘查职责的行为证据。如：反映行为人在调查中对有现场可查的环保案件，走马观花，简单粗暴（甚至不顾建议），不深入现场调查取证，或者不进行现场勘查收集证据的立案文书、原案事后查处结论、相关书证物证、知情人证言、相对人陈述、行为人供述等证明材料。

（3）应测不测行为证据。即证明行为人在立案调查过程中，对应当依法进行环境监测、物品检验的，不依法履行提请环境监测或物品检验职责的行为证据。如：反映行为人在调查中对应当通过环境监测或物品检验手段收集证据的，工作粗心大意，作风武断（甚至不听劝告），不予进行环境监测或物品检验的立案文书、原案监测、检验结论、相关视听资料、证人证言、行为人供述等证明材料。

（4）应停不停行为证据。即证明行为人在调查中对应当依法采取限制生产、停产整治、责令停业、责令关闭等行政强制措施的，不依法履行适用行政强制措施职责的行为证据。如：反映行为人在调查中面对严重污染继续发展扩大的情况，应当及时报告提请决定限制生产、停产整治、责令停业或责令关闭，工作极端不负责任，不管不问，放任自流，不予报告提请决定的相关立案材料、视听资料、监测结论、书证物证、知情人证言、相对人陈述、行为人供述等证明材料。

（5）应罚不罚行为证据。即证明行为人在调查终结后，对应当依法决定给予行政处罚而不依法履行行政处罚决定职责的行为证据。如：反映行为人在调查终结后，应当在法定期限内依法作出或依法提请上级决定给予行政相对人行政处罚的，工作极端不负责任，态度消极，马虎拖拉，迟迟不予行政处罚的相关案件材料、有关办案人意见、相关监测、鉴定意见、案件研究记录、知情人证言、行为人供述等证明材料。

证明意义：不履行或不正确履行职责，是失职行为的共性特征，而其行为表现是具体的、实在的。就环境监管失职罪而言，行政执法的不同环节，不履行

或不正确履行职责的行为表现也不同，故其证明对象和证明内容也不尽同。比如，立案环节，立案是启动行政执法第一环节，环境违法案件不能及时得到立案，污染行为就得不到及时查处，其受不到查处污染就会继续，甚至持续发展扩大。在此种行为证据中，值得注意的是，原案事后查处的证据，这是证明应当立案的铁证，是对举报内容的佐证，也是其行为后果的重要依据。实践中，应注意收集到案。调查环节，调查的核心是收集证据，其中最为重要的是现场取证和现场勘查。这是法定的调查取证方法手段，对收集原始证据、直接证据、客观证据查明污染情况具有决定性的作用。为此，对行为人的不作为表现和为什么不作为，应予全面证明，以查明事实真相，正确认定失职行为。全面收集和审慎对待此类证据是正确执法的必然要求。监测环节，在《环境行政处罚办法》中对此作了详细而具体的规定。应当说，监测报告和检验结论是证明环境违法行为的科学证据，在证据系统中具有重要的地位，往往对应否处罚、如何处罚起着至关重要的作用。故因此而使环境违法得不到查处，并致其继续污染的行为，亦是严重失职行为，理应被依法追责。强制措施环节，环保执法措施很多，但最重要的是限制生产、停产整治、责令停业、关闭。这些措施的共同点，是防止污染、控制污染直至消除污染。这也是环保执法的目的。故，应当依法采取以上措施而不采取措施的即是失职。由于措施审批环节不同，责任也不尽同。因此，实践中应注意源头证据和环节证据的全面收集，以正确审查判断失职行为的刑事责任。行政处罚环节，这一环节的重点是查明提请情况和审批情况，弄清是提请失职还是审批失职。因此，提请证据和审批证据是此行为的关键证据。总之，实践中应把失职行为证据具体化、精细化，以保证定罪的准确性和处罚的正当性。

第四节 环境监管失职罪的结果证据

环境监管失职罪的结果证据，是指藉以证明由于行为人严重不负责任导致发生重大环境污染事故，致使公私财产遭受重大损失或者造成人身伤亡结果发生的证据。根据“两高”司法解释，此罪的结果证据由四种情况的证据组成。如：

1. 自然资源损害结果证据。即证明由于行为人的失职行为，致使自然资源遭受重大损失的结果证据。如：致使基本农田、防护林地、特种用途林地5亩以上，其他农用地10亩以上，其他土地20亩以上基本功能丧失或者遭受永久性破坏的；致使森林或者其他林木死亡50立方米以上，或者幼树死亡2500株以上的现场勘查报告、损失评估鉴定、环境损害鉴定评估报告、相关书证物证、视听资料、证人证言等有关损害结果的证明材料。

2. 人身伤亡结果证据。即证明由于行为人的失职行为，致使人员遭受重大伤亡损失的结果证据。如：致使30人以上中毒的；致使3人以上轻伤、轻度残疾或者器官组织损伤导致一般功能障碍的；致使1人以上重伤、中度残疾或者器官组织损伤导致严重功能障碍的医疗鉴定意见、法医鉴定意见、环境损害鉴定评估报告、相关书证物证、视听资料、证人证言等有关伤亡结果的证明材料。

3. 公私财产损失结果证据。即证明由于行为人的失职行为，致使公私财产遭受重大损失的结果证据。如：致使公私财产损失30万元以上的现场勘查报告、损失评估鉴定、相关书证物证、视听资料、证人证言等有关财产损失的证明材料。

4. 影响社会生活结果证据。即证明由于行为人的失职行为，致使社会公众的生活秩序遭受重大影响的结果证据。如：致使乡镇以上集中式饮用水水源取水中断12小时以上的，致使疏散、转移群众5000人以上的重大污染事故情况报告、环境损害鉴定评估报告、相关书证物证、视听资料、证人证言等有关社会影响结果的证明材料。

证明意义：环境监管失职罪是结果犯，上述结果证据是此罪法定结果的证明依据。由于此罪结果情况复杂、专业性强，实践中须与相关主管部门密切配合，由主管部门的权威评估机构出具相关科学鉴定，以保证结果认定的合理准确。林木损失情况，应由林业部门环评负责评定；土地损失情况，应由土地部门负责评定；水源污染情况，应由水源环评机构负责评定；大气污染情况，应由大气环评机构负责评定；人员伤亡情况，应由法医鉴定机构负责评定。司法机关应对相关评估鉴定进行审查，必要时可申请复检或者聘请专家论证。需要注意的是，损害结果的司法认定标准，与目前环境保护部门的污染事故等级标准不同，司法标准是认定犯罪的标准，污染事故等级标准是环保部门应急防控处理的标准，实践中不能以此为依据定罪，但可作为量刑意见的参考。

第五节　环境监管失职罪的主观证据

环境监管失职罪的主观证据，是指借以证明行为人对其严重不负责任行为所导致的损害结果，在主观方面出于过失的心理表现事实证据。如：

1. 疏忽大意心理证据。即证明行为人由于疏忽大意对其失职后果没能预见的心理表现证据。此证据可结合行为证据及其原因供述进行客观推定。

2. 过于自信心理证据。即证明行为人对其已经预见失职行为可能产生的损害结果，持轻信能够避免的心理表现证据。此证据亦可结合行为证据及其原因供述予以客观推定。

证明意义：主观证据，是证明行为人主观心态的证据。从司法实践看，由于失职行为所导致的重大环境污染事故、公私财产重大损失或者人身伤亡结果的发生，有的是历历在目，有的则往往不是即时显现，故在环境监管失职犯罪的主观方面，有疏忽大意和过于自信两种情况的过失。但无论哪一种过失，首先，行为人均具有应当预见的义务，这是行为人法定的职责义务。它既是行为证据的前提性依据，也是主观证据的必要证据。其次，就行为人的预见能力而言，凡是从事环境保护监督管理职责的国家机关工作人员，无论从其职务要求来看，还是从其专业知识、经验来看，其对失职行为可能产生的损害后果，是具备预见能力的。两种过失的不同之处在于，疏忽大意是应当预见没能预见，过于自信则是已经预见而轻信可以避免。所谓已经预见，是指有证据证明行为人已经知道结果发生的可能性。这需要相关的能力证据和已知证据予以佐证。如相关群众反映、情况通报、同事告知等证明材料。行为人的过于自信，是指行为人仅凭主观判断就认为不可能发生，或者认为发生条件尚不齐备，或者认为污染能够自我防控甚至消除，等等。因此，自信是有条件的自信，不是无缘无故的凭空想象。如果行为人是无故自信，其罪过形式就可能是放任的间接故意。如果确属间接故意，则应当考虑适用滥用职权罪的法律规定，从重处罚此类渎职行为。这一点，在实践中应当给予应有的关注和重视。

第六节　环境监管失职罪的情节证据

环境监管失职罪的情节证据，是指行为人具有影响定罪量刑的情节证据。如：司法实践中，影响环境监管失职罪定罪量刑情节的证据主要有以下几种：

1. 从重处罚情节证据。即证明行为人环境监管失职的行为具有法定从重处罚情节的证据。如：反映行为人失职行为所产生的后果已达到重特大案件标准的证据材料。

2. 从轻处罚情节证据。即证明行为人具有法定从轻处罚情节的证据。如：反映行为人具有自首、立功或者如实供述等可以从轻处罚的情节证据。

3. 从严处罚情节证据。即证明行为人具有法定从严处罚情节的证据。如：反映行为人不如实供述罪行的，曾因职务违纪违法受过行政处分的，致使国家重点生态功能区、生态环境敏感区和脆弱区发生重特大污染事故的事实证据。

证明意义：环境监管失职罪仅有一个量刑幅度，且在三年以下有期徒刑。故其从重、从轻、从严处罚情节，就显得尤为重要。根据最高人民检察院 2002 年 1 月 1 日施行的《人民检察院直接受理立案侦查的渎职侵权重特大案件标准（试行）》规定，“造成直接经济损失一百万元以上的，致人死亡二人以上或者重伤五人以上的，致使一定区域生态环境受到严重危害的”，为“重大案件”；“造成直接经济损失三百万元以上的；致人死亡五人以上或者重伤十人以上的；致使一定区域生态环境受到严重破坏的”，为“特大案件”。这些均是此罪量刑时的重要参考。此外，最高人民法院、最高人民检察院 2012 年 8 月 8 日颁布的《关于办理职务犯罪案件严格适用缓刑、免予刑事处罚若干问题的意见》中规定，“不如实供述罪行的”，“曾因职务违纪违法行为受过行政处分的”，“一般不适用缓刑或者免予刑事处罚”。虽然此罪系轻刑犯罪，上述情节规定亦是此罪处罚的重要依据。故有此情节的，应予认真收集相关的情节证据，以保证正确地惩治渎职犯罪。

附：法律法规

1.《中华人民共和国刑法》（1997 年 3 月 14 日修订）（节录）

第四百零八条【环境监管失职罪】　负有环境保护监督管理职责的国家机关工作人员严重不负责任，导致发生重大环境污染事故，致使公私财产遭受重大损失或者造成人身伤亡的严重后果的，处三年以下有期徒刑或者拘役。

2. 最高人民检察院《人民检察院直接受理立案侦查的渎职侵权重特大案件标准（试行）》（2001年7月20日）（节录）

十七、环境监管失职案

（一）重大案件

1. 造成直接经济损失一百万元以上的；

2. 致人死亡二人以上或者重伤五人以上的；

3. 致使一定区域生态环境受到严重危害的。

（二）特大案件

1. 造成直接经济损失三百万元以上的；

2. 致人死亡五人以上或者重伤十人以上的；

3. 致使一定区域生态环境受到严重破坏的。

3. 最高人民法院、最高人民检察院《关于办理环境污染刑事案件适用法律若干问题的解释》（2013年6月19日施行）

为依法惩治有关环境污染犯罪，根据《中华人民共和国刑法》、《中华人民共和国刑事诉讼法》的有关规定，现就办理此类刑事案件适用法律的若干问题解释如下：

第一条 实施刑法第三百三十八条规定的行为，具有下列情形之一的，应当认定为"严重污染环境"：

（一）在饮用水水源一级保护区、自然保护区核心区排放、倾倒、处置有放射性的废物、含传染病病原体的废物、有毒物质的；

（二）非法排放、倾倒、处置危险废物三吨以上的；

（三）非法排放含重金属、持久性有机污染物等严重危害环境、损害人体健康的污染物超过国家污染物排放标准或者省、自治区、直辖市人民政府根据法律授权制定的污染物排放标准三倍以上的；

（四）私设暗管或者利用渗井、渗坑、裂隙、溶洞等排放、倾倒、处置有放射性的废物、含传染病病原体的废物、有毒物质的；

（五）两年内曾因违反国家规定，排放、倾倒、处置有放射性的废物、含传染病病原体的废物、有毒物质受过两次以上行政处罚，又实施前列行为的；

（六）致使乡镇以上集中式饮用水水源取水中断十二小时以上的；

（七）致使基本农田、防护林地、特种用途林地五亩以上，其他农用地十亩以上，其他土地二十亩以上基本功能丧失或者遭受永久性破坏的；

（八）致使森林或者其他林木死亡五十立方米以上，或者幼树死亡二千五百株以上的；

（九）致使公私财产损失三十万元以上的；

（十）致使疏散、转移群众五千人以上的；

（十一）致使三十人以上中毒的；

（十二）致使三人以上轻伤、轻度残疾或者器官组织损伤导致一般功能障碍的；

（十三）致使一人以上重伤、中度残疾或者器官组织损伤导致严重功能障碍的；

（十四）其他严重污染环境的情形。

第二条 实施刑法第三百三十九条、第四百零八条规定的行为，具有本解释第一条第六项至第十三项规定情形之一的，应当认定为“致使公私财产遭受重大损失或者严重危害人体健康”或者“致使公私财产遭受重大损失或者造成人身伤亡的严重后果”。

第三条 实施刑法第三百三十八条、第三百三十九条规定的行为，具有下列情形之一的，应当认定为“后果特别严重”：

（一）致使县级以上城区集中式饮用水水源取水中断十二个小时以上的；

（二）致使基本农田、防护林地、特种用途林地十五亩以上，其他农用地三十亩以上，其他土地六十亩以上基本功能丧失或者遭受永久性破坏的；

（三）致使森林或者其他林木死亡一百五十立方米以上，或者幼树死亡七千五百株以上的；

（四）致使公私财产损失一百万元以上的；

（五）致使疏散、转移群众一万五千人以上的；

（六）致使一百人以上中毒的；

（七）致使十人以上轻伤、轻度残疾或者器官组织损伤导致一般功能障碍的；

（八）致使三人以上重伤、中度残疾或者器官组织损伤导致严重功能障碍的；

（九）致使一人以上重伤、中度残疾或者器官组织损伤导致严重功能障碍，并致使五人以上轻伤、轻度残疾或者器官组织损伤导致一般功能障碍的；

（十）致使一人以上死亡或者重度残疾的；

（十一）其他后果特别严重的情形。

第四条 实施刑法第三百三十八条、第三百三十九条规定的犯罪行为，具有下列情形之一的，应当酌情从重处罚：

（一）阻挠环境监督检查或者突发环境事件调查的；

（二）闲置、拆除污染防治设施或者使污染防治设施不正常运行的；

（三）在医院、学校、居民区等人口集中地区及其附近，违反国家规定排

放、倾倒、处置有放射性的废物、含传染病病原体的废物、有毒物质或者其他有害物质的；

（四）在限期整改期间，违反国家规定排放、倾倒、处置有放射性的废物、含传染病病原体的废物、有毒物质或者其他有害物质的。

实施前款第一项规定的行为，构成妨害公务罪的，以污染环境罪与妨害公务罪数罪并罚。

第五条　实施刑法第三百三十八条、第三百三十九条规定的犯罪行为，但及时采取措施，防止损失扩大、消除污染，积极赔偿损失的，可以酌情从宽处罚。

第六条　单位犯刑法第三百三十八条、第三百三十九条规定之罪的，依照本解释规定的相应个人犯罪的定罪量刑标准，对直接负责的主管人员和其他直接责任人员定罪处罚，并对单位判处罚金。

第七条　行为人明知他人无经营许可证或者超出经营许可范围，向其提供或者委托其收集、贮存、利用、处置危险废物，严重污染环境的，以污染环境罪的共同犯罪论处。

第八条　违反国家规定，排放、倾倒、处置含有毒害性、放射性、传染病病原体等物质的污染物，同时构成污染环境罪、非法处置进口的固体废物罪、投放危险物质罪等犯罪的，依照处罚较重的犯罪定罪处罚。

第九条　本解释所称“公私财产损失”，包括污染环境行为直接造成财产损毁、减少的实际价值，以及为防止污染扩大、消除污染而采取必要合理措施所产生的费用。

第十条　下列物质应当认定为“有毒物质”：

（一）危险废物，包括列入国家危险废物名录的废物，以及根据国家规定的危险废物鉴别标准和鉴别方法认定的具有危险特性的废物；

（二）剧毒化学品、列入重点环境管理危险化学品名录的化学品，以及含有上述化学品的物质；

（三）含有铅、汞、镉、铬等重金属的物质；

（四）《关于持久性有机污染物的斯德哥尔摩公约》附件所列物质；

（五）其他具有毒性，可能污染环境的物质。

第十一条　对案件所涉的环境污染专门性问题难以确定的，由司法鉴定机构出具鉴定意见，或者由国务院环境保护部门指定的机构出具检验报告。

县级以上环境保护部门及其所属监测机构出具的监测数据，经省级以上环境保护部门认可的，可以作为证据使用。

第十二条　本解释发布实施后，《最高人民法院关于审理环境污染刑事案件具体应用法律若干问题的解释》（法释〔2006〕4号）同时废止；之前发布的司法解释和规范性文件与本解释不一致的，以本解释为准。

4.《中华人民共和国环境保护法》（2015年1月1日施行）（节录）

第十条 国务院环境保护主管部门，对全国环境保护工作实施统一监督管理；县级以上地方人民政府环境保护主管部门，对本行政区域环境保护工作实施统一监督管理。

县级以上人民政府有关部门和军队环境保护部门，依照有关法律的规定对资源保护和污染防治等环境保护工作实施监督管理。

第二十四条 县级以上人民政府环境保护主管部门及其委托的环境监察机构和其他负有环境保护监督管理职责的部门，有权对排放污染物的企业事业单位和其他生产经营者进行现场检查。被检查者应当如实反映情况，提供必要的资料。实施现场检查的部门、机构及其工作人员应当为被检查者保守商业秘密。

第二十九条 国家在重点生态功能区、生态环境敏感区和脆弱区等区域划定生态保护红线，实行严格保护。

各级人民政府对具有代表性的各种类型的自然生态系统区域，珍稀、濒危的野生动植物自然分布区域，重要的水源涵养区域，具有重大科学文化价值的地质构造、著名溶洞和化石分布区、冰川、火山、温泉等自然遗迹，以及人文遗迹、古树名木，应当采取措施予以保护，严禁破坏。

第六十八条 地方各级人民政府、县级以上人民政府环境保护主管部门和其他负有环境保护监督管理职责的部门有下列行为之一的，对直接负责的主管人员和其他直接责任人员给予记过、记大过或者降级处分；造成严重后果的，给予撤职或者开除处分，其主要负责人应当引咎辞职：

（一）不符合行政许可条件准予行政许可的；

（二）对环境违法行为进行包庇的；

（三）依法应当作出责令停业、关闭的决定而未作出的；

（四）对超标排放污染物、采用逃避监管的方式排放污染物、造成环境事故以及不落实生态保护措施造成生态破坏等行为，发现或者接到举报未及时查处的；

（五）违反本法规定，查封、扣押企业事业单位和其他生产经营者的设施、设备的；

（六）篡改、伪造或者指使篡改、伪造监测数据的；

（七）应当依法公开环境信息而未公开的；

（八）将征收的排污费截留、挤占或者挪作他用的；

（九）法律法规规定的其他违法行为。

第六十九条 违反本法规定，构成犯罪的，依法追究刑事责任。

5. 环境保护部《环境行政处罚办法》（2010年3月1日施行）

第一章　总　　则

第一条　为规范环境行政处罚的实施，监督和保障环境保护主管部门依法行使职权，维护公共利益和社会秩序，保护公民、法人或者其他组织的合法权益，根据《中华人民共和国行政处罚法》及有关法律、法规，制定本办法。

第二条　公民、法人或者其他组织违反环境保护法律、法规或者规章规定，应当给予环境行政处罚的，应当依照《中华人民共和国行政处罚法》和本办法规定的程序实施。

第三条　实施环境行政处罚，坚持教育与处罚相结合，服务与管理相结合，引导和教育公民、法人或者其他组织自觉守法。

第四条　实施环境行政处罚，应当依法维护公民、法人及其他组织的合法权益，保守相对人的有关技术秘密和商业秘密。

第五条　实施环境行政处罚，实行调查取证与决定处罚分开、决定罚款与收缴罚款分离的规定。

第六条　行使行政处罚自由裁量权必须符合立法目的，并综合考虑以下情节：

（一）违法行为所造成的环境污染、生态破坏程度及社会影响；

（二）当事人的过错程度；

（三）违法行为的具体方式或者手段；

（四）违法行为危害的具体对象；

（五）当事人是初犯还是再犯；

（六）当事人改正违法行为的态度和所采取的改正措施及效果。

同类违法行为的情节相同或者相似、社会危害程度相当的，行政处罚种类和幅度应当相当。

第七条　违法行为轻微并及时纠正，没有造成危害后果的，不予行政处罚。

第八条　有下列情形之一的，案件承办人员应当回避：

（一）是本案当事人或者当事人近亲属的；

（二）本人或者近亲属与本案有直接利害关系的；

（三）法律、法规或者规章规定的其他回避情形。

符合回避条件的，案件承办人员应当自行回避，当事人也有权申请其回避。

第九条　当事人的一个违法行为同时违反两个以上环境法律、法规或者规章条款，应当适用效力等级较高的法律、法规或者规章；效力等级相同的，可以适用处罚较重的条款。

第十条　根据法律、行政法规和部门规章，环境行政处罚的种类有：

（一）警告；

（二）罚款；

（三）责令停产整顿；

（四）责令停产、停业、关闭；

（五）暂扣、吊销许可证或者其他具有许可性质的证件；

（六）没收违法所得、没收非法财物；

（七）行政拘留；

（八）法律、行政法规设定的其他行政处罚种类。

第十一条 环境保护主管部门实施行政处罚时，应当及时作出责令当事人改正或者限期改正违法行为的行政命令。

责令改正期限届满，当事人未按要求改正，违法行为仍处于继续或者连续状态的，可以认定为新的环境违法行为。

第十二条 根据环境保护法律、行政法规和部门规章，责令改正或者限期改正违法行为的行政命令的具体形式有：

（一）责令停止建设；

（二）责令停止试生产；

（三）责令停止生产或者使用；

（四）责令限期建设配套设施；

（五）责令重新安装使用；

（六）责令限期拆除；

（七）责令停止违法行为；

（八）责令限期治理；

（九）法律、法规或者规章设定的责令改正或者限期改正违法行为的行政命令的其他具体形式。

根据最高人民法院关于行政行为种类和规范行政案件案由的规定，行政命令不属行政处罚。行政命令不适用行政处罚程序的规定。

第十三条 实施环境行政处罚，不免除当事人依法缴纳排污费的义务。

第二章 实施主体与管辖

第十四条 县级以上环境保护主管部门在法定职权范围内实施环境行政处罚。

经法律、行政法规、地方性法规授权的环境监察机构在授权范围内实施环境行政处罚，适用本办法关于环境保护主管部门的规定。

第十五条 环境保护主管部门可以在其法定职权范围内委托环境监察机构实施行政处罚。受委托的环境监察机构在委托范围内，以委托其处罚的环境保护主

管部门名义实施行政处罚。

委托处罚的环境保护主管部门，负责监督受委托的环境监察机构实施行政处罚的行为，并对该行为的后果承担法律责任。

第十六条　发现不属于环境保护主管部门管辖的案件，应当按照有关要求和时限移送有管辖权的机关处理。

涉嫌违法依法应当由人民政府实施责令停产整顿、责令停业、关闭的案件，环境保护主管部门应当立案调查，并提出处理建议报本级人民政府。

涉嫌违法依法应当实施行政拘留的案件，移送公安机关。

涉嫌违反党纪、政纪的案件，移送纪检、监察部门。

涉嫌犯罪的案件，按照《行政执法机关移送涉嫌犯罪案件的规定》等有关规定移送司法机关，不得以行政处罚代替刑事处罚。

第十七条　县级以上环境保护主管部门管辖本行政区域的环境行政处罚案件。

造成跨行政区域污染的行政处罚案件，由污染行为发生地环境保护主管部门管辖。

第十八条　两个以上环境保护主管部门都有管辖权的环境行政处罚案件，由最先发现或者最先接到举报的环境保护主管部门管辖。

第十九条　对行政处罚案件的管辖权发生争议时，争议双方应报请共同的上一级环境保护主管部门指定管辖。

第二十条　下级环境保护主管部门认为其管辖的案件重大、疑难或者实施处罚有困难的，可以报请上一级环境保护主管部门指定管辖。

上一级环境保护主管部门认为下级环境保护主管部门实施处罚确有困难或者不能独立行使处罚权的，经通知下级环境保护主管部门和当事人，可以对下级环境保护主管部门管辖的案件指定管辖。

上级环境保护主管部门可以将其管辖的案件交由有管辖权的下级环境保护主管部门实施行政处罚。

第二十一条　不属于本机关管辖的案件，应当移送有管辖权的环境保护主管部门处理。

受移送的环境保护主管部门对管辖权有异议的，应当报请共同的上一级环境保护主管部门指定管辖，不得再自行移送。

第三章　一般程序

第一节　立　　案

第二十二条　环境保护主管部门对涉嫌违反环境保护法律、法规和规章的违法行为，应当进行初步审查，并在7个工作日内决定是否立案。

经审查，符合下列四项条件的，予以立案：

（一）有涉嫌违反环境保护法律、法规和规章的行为；

（二）依法应当或者可以给予行政处罚；

（三）属于本机关管辖；

（四）违法行为发生之日起到被发现之日止未超过2年，法律另有规定的除外。违法行为处于连续或继续状态的，从行为终了之日起计算。

第二十三条 对已经立案的案件，根据新情况发现不符合第二十二条立案条件的，应当撤销立案。

第二十四条 对需要立即查处的环境违法行为，可以先行调查取证，并在7个工作日内决定是否立案和补办立案手续。

第二十五条 经立案审查，属于环境保护主管部门管辖，但不属于本机关管辖范围的，应当移送有管辖权的环境保护主管部门；属于其他有关部门管辖范围的，应当移送其他有关部门。

第二节　调查取证

第二十六条 环境保护主管部门对登记立案的环境违法行为，应当指定专人负责，及时组织调查取证。

第二十七条 需要委托其他环境保护主管部门协助调查取证的，应当出具书面委托调查函。

受委托的环境保护主管部门应当予以协助。无法协助的，应当及时将无法协助的情况和原因函告委托机关。

第二十八条 调查取证时，调查人员不得少于两人，并应当出示中国环境监察证或者其他行政执法证件。

第二十九条 调查人员有权采取下列措施：

（一）进入有关场所进行检查、勘察、取样、录音、拍照、录像；

（二）询问当事人及有关人员，要求其说明相关事项和提供有关材料；

（三）查阅、复制生产记录、排污记录和其他有关材料。

环境保护主管部门组织的环境监测等技术人员随同调查人员进行调查时，有权采取上述措施和进行监测、试验。

第三十条 调查人员负有下列责任：

（一）对当事人的基本情况、违法事实、危害后果、违法情节等情况进行全面、客观、及时、公正的调查；

（二）依法收集与案件有关的证据，不得以暴力、威胁、引诱、欺骗以及其他违法手段获取证据；

（三）询问当事人、证人或者其他有关人员，应当告知其依法享有的权利；

（四）对当事人、证人或者其他有关人员的陈述如实记录。

第三十一条　当事人及有关人员应当配合调查、检查或者现场勘验，如实回答询问，不得拒绝、阻碍、隐瞒或者提供虚假情况。

第三十二条　环境行政处罚证据，主要有书证、物证、证人证言、视听资料和计算机数据、当事人陈述、监测报告和其他鉴定结论、现场检查（勘察）笔录等形式。

证据应当符合法律、法规、规章和最高人民法院有关行政执法和行政诉讼证据的规定，并经查证属实才能作为认定事实的依据。

第三十三条　对有关物品或者场所进行检查时，应当制作现场检查（勘察）笔录，可以采取拍照、录像或者其他方式记录现场情况。

第三十四条　需要取样的，应当制作取样记录或者将取样过程记入现场检查（勘察）笔录，可以采取拍照、录像或者其他方式记录取样情况。

第三十五条　环境保护主管部门组织监测的，应当提出明确具体的监测任务，并要求提交监测报告。

监测报告必须载明下列事项：

（一）监测机构的全称；

（二）监测机构的国家计量认证标志（CMA）和监测字号；

（三）监测项目的名称、委托单位、监测时间、监测点位、监测方法、检测仪器、检测分析结果等内容；

（四）监测报告的编制、审核、签发等人员的签名和监测机构的盖章。

第三十六条　环境保护主管部门可以利用在线监控或者其他技术监控手段收集违法行为证据。经环境保护主管部门认定的有效性数据，可以作为认定违法事实的证据。

第三十七条　环境保护主管部门在对排污单位进行监督检查时，可以现场即时采样，监测结果可以作为判定污染物排放是否超标的证据。

第三十八条　在证据可能灭失或者以后难以取得的情况下，经本机关负责人批准，调查人员可以采取先行登记保存措施。

情况紧急的，调查人员可以先采取登记保存措施，再报请机关负责人批准。

先行登记保存有关证据，应当当场清点，开具清单，由当事人和调查人员签名或者盖章。

先行登记保存期间，不得损毁、销毁或者转移证据。

第三十九条　对于先行登记保存的证据，应当在7个工作日内采取以下措施：

（一）根据情况及时采取记录、复制、拍照、录像等证据保全措施；

（二）需要鉴定的，送交鉴定；

（三）根据有关法律、法规规定可以查封、暂扣的，决定查封、暂扣；

（四）违法事实不成立，或者违法事实成立但依法不应当查封、暂扣或者没收的，决定解除先行登记保存措施。

超过7个工作日未作出处理决定的，先行登记保存措施自动解除。

第四十条 实施查封、暂扣等行政强制措施，应当有法律、法规的明确规定，并应当告知当事人有申请行政复议和提起行政诉讼的权利。

第四十一条 查封、暂扣当事人的财物，应当当场清点，开具清单，由调查人员和当事人签名或者盖章。

查封、暂扣的财物应当妥善保管，严禁动用、调换、损毁或者变卖。

第四十二条 经查明与违法行为无关或者不再需要采取查封、暂扣措施的，应当解除查封、暂扣措施，将查封、暂扣的财物如数返还当事人，并由调查人员和当事人在财物清单上签名或者盖章。

第四十三条 环境保护主管部门调查取证时，当事人应当到场。

下列情形不影响调查取证的进行：

（一）当事人拒不到场的；

（二）无法找到当事人的；

（三）当事人拒绝签名、盖章或者以其他方式确认的；

（四）暗查或者其他方式调查的；

（五）当事人未到场的其他情形。

第四十四条 有下列情形之一的，可以终结调查：

（一）违法事实清楚、法律手续完备、证据充分的；

（二）违法事实不成立的；

（三）作为当事人的自然人死亡的；

（四）作为当事人的法人或者其他组织终止，无法人或者其他组织承受其权利义务，又无其他关系人可以追查的；

（五）发现不属于本机关管辖的；

（六）其他依法应当终结调查的情形。

第四十五条 终结调查的，案件调查机构应当提出已查明违法行为的事实和证据、初步处理意见，按照查处分离的原则送本机关处罚案件审查部门审查。

第三节 案件审查

第四十六条 案件审查的主要内容包括：

（一）本机关是否有管辖权；

（二）违法事实是否清楚；

（三）证据是否确凿；

（四）调查取证是否符合法定程序；

（五）是否超过行政处罚追诉时效；

（六）适用依据和初步处理意见是否合法、适当。

第四十七条　违法事实不清、证据不充分或者调查程序违法的，应当退回补充调查取证或者重新调查取证。

第四节　告知和听证

第四十八条　在作出行政处罚决定前，应当告知当事人有关事实、理由、依据和当事人依法享有的陈述、申辩权利。

在作出暂扣或吊销许可证、较大数额的罚款和没收等重大行政处罚决定之前，应当告知当事人有要求举行听证的权利。

第四十九条　环境保护主管部门应当对当事人提出的事实、理由和证据进行复核。当事人提出的事实、理由或者证据成立的，应当予以采纳。

不得因当事人的申辩而加重处罚。

第五十条　行政处罚听证按有关规定执行。

第五节　处理决定

第五十一条　本机关负责人经过审查，分别作出如下处理：

（一）违法事实成立，依法应当给予行政处罚的，根据其情节轻重及具体情况，作出行政处罚决定；

（二）违法行为轻微，依法可以不予行政处罚的，不予行政处罚；

（三）符合本办法第十六条情形之一的，移送有权机关处理。

第五十二条　案情复杂或者对重大违法行为给予较重的行政处罚，环境保护主管部门负责人应当集体审议决定。

集体审议过程应当予以记录。

第五十三条　决定给予行政处罚的，应当制作行政处罚决定书。

对同一当事人的两个或者两个以上环境违法行为，可以分别制作行政处罚决定书，也可以列入同一行政处罚决定书。

第五十四条　行政处罚决定书应当载明以下内容：

（一）当事人的基本情况，包括当事人姓名或者名称、组织机构代码、营业执照号码、地址等；

（二）违反法律、法规或者规章的事实和证据；

（三）行政处罚的种类、依据和理由；

（四）行政处罚的履行方式和期限；

（五）不服行政处罚决定，申请行政复议或者提起行政诉讼的途径和期限；

（六）作出行政处罚决定的环境保护主管部门名称和作出决定的日期，并且加盖作出行政处罚决定环境保护主管部门的印章。

第五十五条 环境保护行政处罚案件应当自立案之日起的3个月内作出处理决定。案件办理过程中听证、公告、监测、鉴定、送达等时间不计入期限。

第五十六条 行政处罚决定书应当送达当事人，并根据需要抄送与案件有关的单位和个人。

第五十七条 送达行政处罚文书可以采取直接送达、留置送达、委托送达、邮寄送达、转交送达、公告送达、公证送达或者其他方式。

送达行政处罚文书应当使用送达回证并存档。

第四章 简易程序

第五十八条 违法事实确凿、情节轻微并有法定依据，对公民处以50元以下、对法人或者其他组织处以1000元以下罚款或者警告的行政处罚，可以适用本章简易程序，当场作出行政处罚决定。

第五十九条 当场作出行政处罚决定时，环境执法人员不得少于两人，并应遵守下列简易程序：

（一）执法人员应向当事人出示中国环境监察证或者其他行政执法证件；

（二）现场查清当事人的违法事实，并依法取证；

（三）向当事人说明违法的事实、行政处罚的理由和依据、拟给予的行政处罚，告知陈述、申辩权利；

（四）听取当事人的陈述和申辩；

（五）填写预定格式、编有号码、盖有环境保护主管部门印章的行政处罚决定书，由执法人员签名或者盖章，并将行政处罚决定书当场交付当事人；

（六）告知当事人如对当场作出的行政处罚决定不服，可以依法申请行政复议或者提起行政诉讼。

以上过程应当制作笔录。

执法人员当场作出的行政处罚决定，应当在决定之日起3个工作日内报所属环境保护主管部门备案。

第五章 执　　行

第六十条 当事人应当在行政处罚决定书确定的期限内，履行处罚决定。

申请行政复议或者提起行政诉讼的，不停止行政处罚决定的执行。

第六十一条 当事人逾期不申请行政复议、不提起行政诉讼、又不履行处罚决定的，由作出处罚决定的环境保护主管部门申请人民法院强制执行。

第六十二条 申请人民法院强制执行应当符合《最高人民法院关于执行〈中华人民共和国行政诉讼法〉若干问题的解释》的规定，并在下列期限内

提起：

（一）行政处罚决定书送达后当事人未申请行政复议且未提起行政诉讼的，在处罚决定书送达之日起60日后起算的180日内；

（二）复议决定书送达后当事人未提起行政诉讼的，在复议决定书送达之日起15日后起算的180日内；

（三）第一审行政判决后当事人未提出上诉的，在判决书送达之日起15日后起算的180日内；

（四）第一审行政裁定后当事人未提出上诉的，在裁定书送达之日起10日后起算的180日内；

（五）第二审行政判决书送达之日起180日内。

第六十三条　当事人实施违法行为，受到处以罚款、没收违法所得或者没收非法财物等处罚后，发生企业分立、合并或者其他资产重组等情形，由承受当事人权利义务的法人、其他组织作为被执行人。

第六十四条　确有经济困难，需要延期或者分期缴纳罚款的，当事人应当在行政处罚决定书确定的缴纳期限届满前，向作出行政处罚决定的环境保护主管部门提出延期或者分期缴纳的书面申请。

批准当事人延期或者分期缴纳罚款的，应当制作同意延期（分期）缴纳罚款通知书，并送达当事人和收缴罚款的机构。延期或者分期缴纳的最后一期缴纳时间不得晚于申请人民法院强制执行的最后期限。

第六十五条　依法没收的非法财物，应当按照国家规定处理。

销毁物品，应当按照国家有关规定处理；没有规定的，经环境保护主管部门负责人批准，由两名以上环境执法人员监督销毁，并制作销毁记录。

处理物品应当制作清单。

第六十六条　罚没款及没收物品的变价款，应当全部上缴国库，任何单位和个人不得截留、私分或者变相私分。

第六章　结案和归档

第六十七条　有下列情形之一的，应当结案：

（一）行政处罚决定由当事人履行完毕的；

（二）行政处罚决定依法强制执行完毕的；

（三）不予行政处罚等无须执行的；

（四）行政处罚决定被依法撤销的；

（五）环境保护主管部门认为可以结案的其他情形。

第六十八条　结案的行政处罚案件，应当按照下列要求将案件材料立卷归档：

（一）一案一卷，案卷可以分正卷、副卷；

（二）各类文书齐全，手续完备；

（三）书写文书用签字笔、钢笔或者打印；

（四）案卷装订应当规范有序，符合文档要求。

第六十九条 正卷按下列顺序装订：

（一）行政处罚决定书及送达回证；

（二）立案审批材料；

（三）调查取证及证据材料；

（四）行政处罚事先告知书、听证告知书、听证通知书等法律文书及送达回证；

（五）听证笔录；

（六）财物处理材料；

（七）执行材料；

（八）结案材料；

（九）其他有关材料。

副卷按下列顺序装订：

（一）投诉、申诉、举报等案源材料；

（二）涉及当事人有关技术秘密和商业秘密的材料；

（三）听证报告；

（四）审查意见；

（五）集体审议记录；

（六）其他有关材料。

第七十条 案卷归档后，任何单位、个人不得修改、增加、抽取案卷材料。案卷保管及查阅，按档案管理有关规定执行。

第七十一条 环境保护主管部门应当建立行政处罚案件统计制度，并按照环境保护部有关环境统计的规定向上级环境保护主管部门报送本行政区的行政处罚情况。

第七章 监　　督

第七十二条 除涉及国家机密、技术秘密、商业秘密和个人隐私外，行政处罚决定应当向社会公开。

第七十三条 上级环境保护主管部门负责对下级环境保护主管部门的行政处罚工作情况进行监督检查。

第七十四条 环境保护主管部门应当建立行政处罚备案制度。

下级环境保护主管部门对上级环境保护主管部门督办的处罚案件，应当在结

案后20日内向上一级环境保护主管部门备案。

第七十五条　环境保护主管部门通过接受当事人的申诉和检举，或者通过备案审查等途径，发现下级环境保护主管部门的行政处罚决定违法或者显失公正的，应当督促其纠正。

环境保护主管部门经过行政复议，发现下级环境保护主管部门作出的行政处罚违法或者显失公正的，依法撤销或者变更。

第七十六条　环境保护主管部门可以通过案件评查或者其他方式评议行政处罚工作。对在行政处罚工作中做出显著成绩的单位和个人，可依照国家或者地方的有关规定给予表彰和奖励。

第八章　附　　则

第七十七条　当事人违法所获得的全部收入扣除当事人直接用于经营活动的合理支出，为违法所得。

法律、法规或者规章对"违法所得"的认定另有规定的，从其规定。

第七十八条　本办法第四十八条所称"较大数额"罚款和没收，对公民是指人民币（或者等值物品价值）5000元以上、对法人或者其他组织是指人民币（或者等值物品价值）50000元以上。

地方性法规、地方政府规章对"较大数额"罚款和没收的限额另有规定的，从其规定。

第七十九条　本办法有关期间的规定，除注明工作日（不包含节假日）外，其他期间按自然日计算。

期间开始之日，不计算在内。期间届满的最后一日是节假日的，以节假日后的第一日为期间届满的日期。期间不包括在途时间，行政处罚文书在期满前交邮的，视为在有效期内。

第八十条　本办法未作规定的其他事项，适用《行政处罚法》、《罚款决定与罚款收缴分离实施办法》、《环境保护违法违纪行为处分暂行规定》等有关法律、法规和规章的规定。

第八十一条　核安全监督管理的行政处罚，按照国家有关核安全监督管理的规定执行。

第八十二条　本办法自2010年3月1日起施行。

第二十一章　食品监管渎职罪证据结构

第一节　食品监管渎职罪概述

根据刑法第四百零八条之一的规定，食品监管渎职罪是指负有食品安全监督管理职责的国家机关工作人员，滥用职权或者玩忽职守，导致发生重大食品安全事故或者造成其他严重后果的行为。此罪是2011年2月25日通过的《刑法修正案（八）》增加的新罪名，作为刑法第四百零八条之一。根据刑法的规定，其基本特征如下：

一、主体特征

本罪的主体是特殊主体，即指负有食品安全监督管理职责的国家机关工作人员。其中，须具备两个要素：一是行为人必须具有国家机关工作人员身份，二是须负有食品安全监督管理职责，二者缺一不可。根据我国刑法、食品安全法及相关行政规章，食品监管渎职罪的主体主要有三类人员：

1. 在国家食品安全监督管理机关中从事食品安全监督管理公务的人员。目前，我国食品安全监督管理职责并不是单独由一个机关负责，而是由多个行政部门协同管理。原来此项工作涉及工商、质监、卫生、检疫、农业、食品药品监督、食安办等多个部门，2013年国务院机构改革，将国务院食品安全委员会办公室的职责、国家食品药品监督管理局的职责、国家质量监督检验检疫总局的生产环节食品安全监督管理职责、国家工商行政管理总局的流通环节食品安全监督管理职责整合，组建国家食品药品监督管理总局。主要职责是，对生产、流通、消费环节的食品安全和药品的安全性、有效性实施统一监督管理等。保留国务院食品安全委员会，具体工作由国家食品药品监督管理总局承担。改革后对食品安全实施监管的部门有三家：国家食品药品监督管理总局、国家卫生和计划生育委员会、农业部。根据中央机构编制委员会的说明，国家卫生和计划生育委员会具体来负责食品安全的风险评估和食品安全的标准制定；农业部负责农产品的质量安全监督管理，将商务部原有的生猪定点屠宰监督管理职责划入农业部负责。省、市、县级政府原则上参照国务院整合食品药品监督管理职能和机构的模式，结合本地实际，进行整合和改革。

食品安全法第六条规定，"县级以上地方人民政府对本行政区域的食品安全

监督管理工作负责，统一领导、组织、协调本行政区域的食品安全监督管理工作以及食品安全突发事件应对工作，建立健全食品安全全程监督管理工作机制和信息共享机制。县级以上地方人民政府依照本法和国务院的规定，确定本级食品药品监督管理、卫生行政部门和其他有关部门的职责。有关部门在各自职责范围内负责本行政区域的食品安全监督管理工作。县级人民政府食品药品监督管理部门可以在乡镇或者特定区域设立派出机构。”

根据改革方案和食品安全法的规定，当前负有食品安全监管职责的主要是食品药品监督管理部门、质量监督部门、卫生行政部门、农业行政部门。其他行政部门根据国务院和地方政府的授权也可负有食品安全的监督管理职责。在这些机关中从事食品安全监督管理职责的人员即符合本罪主体的规定。需要特别注意的是，当前各地食品安全监督管理机构改革正在进行中，各地进展情况不一，并存在一定地域差异，一些地方机构人员尚未完全到位。在这一情况下，确定该罪犯罪主体时，要充分考虑各地相关部门实际承担职责的具体情况，综合分析案件情况，以行为人在案发时是否负有食品安全监督管理职责为核心作出判断。

2. 依据法律、法规规定在行使国家食品安全监督管理职权的组织中从事食品安全监督管理公务的人员。这里的组织为非国家机关，可以是公司、企业或事业单位，虽然它不是国家机关，但当它依据法律、法规行使国家食品安全监督管理职权时，从职权的性质和权限上讲，均属于国家管理职权的一部分。例如，2014 年 6 月 1 日施行的《食品药品行政处罚程序规定》第八条规定，“县级以上食品药品监督管理部门可以在法定权限内委托符合行政处罚法第十九条规定条件的组织实施行政处罚。受委托的组织应当在委托范围内，以委托部门的名义作出具体行政行为。委托部门应当对受委托组织的行政处罚行为及其相关的行政执法行为进行指导和监督，并对该行为的后果承担法律责任”。因此，在这些政府依据相关法律法规授权的组织中，行使国家食品安全监督管理职权的人员，可以成为本罪主体。

3. 虽未列入国家食品安全监管机关人员编制，但在国家食品安全监管机关中从事食品安全监督管理公务的人员。主要是指那些虽不属于国家食品安全监督机关正式在编人员，但在国家食品安全监督机关中行使食品安全监督职权的人员。如国家食品安全监督机关中未列入正式编制的借调人员、聘任人员、临时人员等。虽然此类人员在“身份”上不属于国家正式干部编制，但在实际上却行使着国家食品安全监督机关在编人员同样的职权，符合国家机关工作人员的本质特征。根据全国人大常委会《关于〈中华人民共和国刑法〉第九章渎职罪主体适用问题的解释》，此类人员在代表国家行使食品安全监督管理职权时，有渎职行为并构成犯罪的，依渎职罪的规定追究刑事责任。

二、客体特征

食品监管渎职罪侵害的客体，是指食品监管渎职犯罪行为所直接侵害的社会主义社会关系。关于本罪的客体，目前理论界有两种观点，一是简单客体，即本罪侵害的是国家正常的食品安全监管秩序。二是复杂客体，主张本罪既侵害国家正常的食品安全监管秩序，又侵害社会公众的生命安全、身体健康和财产安全。我们认为该罪侵害的是复杂客体，即国家正常的食品安全监管秩序和社会公众的身体健康和财产安全。因为，食品监管渎职罪的直接行为对象，是国家食品监管制度。而这些食品监管制度是保护社会公众身体健康和财产安全的屏障和护身符，也可以说，这些制度是血的教训换来的。认真履职食品监管职责，群众的人身健康和财产安全就有保障，失职渎职就不仅是监管秩序问题了，它必然会对社会公众的人身健康和财产安全带来危害。实践中，恶化的食品安全形势，食品安全犯罪的高发态势，无不与装腰包的腐败和不装腰包的腐败有着密切的关联。“舌尖上的安全”与严格的监督管理制度，二者不可分离，也无法分离，这应该是此罪一个重要的客体特征。

三、主观特征

食品监管渎职罪的主观特征，在犯罪构成方面非常独具特色，即既有故意，又有过失。首先，食品监管渎职罪这个罪名，在36个渎职犯罪罪名中，是唯一一个以渎职罪定名的罪名。其次，在食品监管渎职罪的罪状中，又是唯一一个既有滥用职权行为，又有玩忽职守行为的复合罪状。这充分说明，该罪承认行为人主观心理的模糊性，因此食品监管渎职罪在主观上也是复合罪过。即既可表现为故意也可以表现为过失，既可表现为直接故意也可表现为间接故意，既可表现为疏忽大意的过失也可表现为过于自信的过失。为此，此罪在主观上应有四种情况：(1) 明知自己的渎职行为会发生侵害国家正常的食品安全监管秩序，导致发生重大食品安全事故或者造成其他严重后果而希望这种结果发生。(2) 明知自己的渎职行为会发生侵害国家正常的食品安全监管秩序，导致发生重大食品安全事故或者造成其他严重后果而放任这种结果发生。(3) 应当预见自己的行为可能导致发生重大食品安全事故或者造成其他严重后果，因为疏忽大意而没有预见，以致发生这种结果。(4) 已经预见自己的渎职行为可能发生侵害国家正常的食品安全监管秩序，导致发生重大食品安全事故或者造成其他严重后果，因为轻信能够避免，以致发生这种结果。食品监管渎职罪主观特征的复杂性，实践中常常使人摸不着要领，导致多有争议不易统一。其实，按照复杂悖论，往往最复杂的也是最简单的，任何主观故意和主观过失均能构成此罪。可以说，这是个行为人对其主观认识百口莫辩的问题，故在实践中应主要依靠客观事实进行推定。

这也是此罪在主观方面的一个重要特点。但无论其是何种罪过形式，行为人在主观上的职责义务性明知是一致的。如：行为人对国家食品安全标准、食品生产经营许可证制度、生产经营的禁止性规定、行政处罚程序以及召回制度、报告制度等，均具有应当知道的职责义务。这是不同罪过形式在主观上的一个共性特征，亦是其构成食品监管渎职罪的前置性主观条件。如果无此明知义务，则不能构成此罪。

四、客观特征

食品安全监管渎职罪在客观方面表现为，行为人滥用职权或者玩忽职守，导致发生重大食品安全事故或者造成其他严重后果。根据2015年4月24日修订的食品安全法的规定，“食品安全事故，指食源性疾病、食品污染等源于食品，对人体健康有危害或者可能有危害的事故”。“食源性疾病，指食品中致病因素进入人体引起的感染性、中毒性等疾病，包括食物中毒。”国务院2011年10月5日修订的《国家食品安全事故应急预案》，将食品安全事故共分四级，即特别重大食品安全事故、重大食品安全事故、较大食品安全事故和一般食品安全事故。但这是各级政府作出应急反应的事故等级标准，不属于定罪标准，故实践中只能作为一种参考。鉴于目前最高人民检察院尚未制定此罪的立案标准，当前应按照“两高”《关于办理渎职刑事案件适用法律若干问题的解释（一）》执行，即“国家机关工作人员滥用职权或者玩忽职守，具有下列情形之一的，应当认定为刑法第三百九十七条规定的‘致使公共财产、国家和人民利益遭受重大损失’：（一）造成死亡1人以上，或者重伤3人以上，或者轻伤9人以上，或者重伤2人、轻伤3人以上，或者重伤1人、轻伤6人以上的；（二）造成经济损失30万元以上的；（三）造成恶劣社会影响的；（四）其他致使公共财产、国家和人民利益遭受重大损失的情形。具有下列情形之一的，应当认定为刑法第三百九十七条规定的‘情节特别严重’：（一）造成伤亡达到前款第（一）项规定人数3倍以上的；（二）造成经济损失150万元以上的；（三）造成前款规定的损失后果，不报、迟报、谎报或者授意、指使、强令他人不报、迟报、谎报事故情况，致使损失后果持续、扩大或者抢救工作延误的；（四）造成特别恶劣社会影响的；（五）其他特别严重的情节”。“负有监督管理职责的国家机关工作人员滥用职权或者玩忽职守，致使不符合安全标准的食品、有毒有害食品、假药、劣药等流入社会，对人民群众生命、健康造成严重危害后果的，依照渎职罪的规定从严惩处”。

食品监管与其他行政监管一样，均是一种行政执法行为，故其渎职行为亦多发生在行政监管活动之中。食品监管有两种情况，一是日常监管，二是查处违法。根据食品安全法的规定，食品安全的日常监管流程是：现场检查—抽样检验—查阅材料—查扣不安全食品—查封活动场所。其中，抽样检查不得免检；查扣食品是指查封、扣押有证据证明不符合食品安全标准或者有证据证明存在安全隐患以及用于违法生产经营的食品、食品添加剂、食品相关产品；查封场所是指查封违法生产经营活动的场所。根据《食品药品行政处罚程序规定》，对食品违法的行政执法程序是：受理举报—审查立案—调查取证—查封扣押—检验、检测、检疫、鉴定—调查终结—合议—行政处罚。其中，案件来源包括群众举报、检查发现、上级交办、部门移送及其他渠道反映。行政处罚措施包括责令停产停业、吊销许可证、撤销批准文件、较大数额罚款、没收较大数额财物等。在这些食品监管活动中失职渎职，导致发生重大食品安全事故或者造成其他严重后果的，均可构成食品监管渎职罪。从实践中看，食品监管渎职行为主要有滥用职权和玩忽职守两种表现形式：

1. 滥用职权行为表现。即行为人在履行食品监管职责过程中，超越职权，违法决定、处理无权决定、处理的事项的行为。如：（1）对不符合食品安全标准的食品生产、食品销售、餐饮服务滥发许可证的；（2）在日常监管活动中发现不符合食品安全标准的食品、食品添加剂、食品相关产品以及生产经营场所，应当查封而擅自决定不予查封的；（3）经立案审查应当立案调查而擅自决定不予立案调查的；（4）在行政执法过程中对应当查封、扣押而擅自决定不予查封、扣押的；（5）对相关食品、食品添加剂、食品相关产品应当进行检验、检测、检疫、鉴定而擅自决定不予检验、检测、检疫、鉴定的；（6）调查终结后应当合议而不予合议并应当给予行政处罚而擅自决定不予行政处罚的；（7）在食品安全事故调查中，徇私舞弊隐匿、伪造、毁灭证据的；（8）故意瞒报、谎报食品安全事故的，以及其他食品监管滥用职权的行为。

2. 玩忽职守行为表现。即行为人在履行食品监管职责过程中，不履行或者不认真履行职责的行为。如：（1）在许可证发放过程中严重不负责任，致使禁止性食品、食品添加剂以及食品相关产品的生产经营者被发放生产经营许可证；（2）在日常监管活动中，不认真履行职责，应当现场检查或者抽样检查的，而未予进行现场检查或者抽样检查；（3）在行政执法过程中严重不负责任，对应当查封、扣押而不予查封扣押，或者应当延长查封、扣押期限的不予延长查封、扣押期限；（4）违反行政执法程序，调查终结后应当合议而不予合议并作出错误的不予行政处罚决定的；（5）在履行行政处罚决定程序中，以罚代处，对应当给予责令停产停业、吊销许可证、撤销批准文件等实体性处罚的以罚款代替实体性处罚的；（6）在调查取证过程中，严重不负责任，对应当检验、检测、检疫、鉴定的物品，不予检验、检测、检疫、鉴定的；（7）工作严重不负责任，迟报、漏报食品安全事故的，以及其他食品监管失职行为。

食品监管渎职罪是一个新罪名，实践中应注意此罪与相关渎职罪的区别：

1. 注意食品监管渎职罪与一般渎职罪的区别。食品监管渎职罪系特殊渎职罪，和一般渎职罪是一般与个别的关系。其渎职行为虽然也表现为滥用职权和玩忽职守，但其亵渎的“职权”和“职守”仅限于食品安全监督管理职责，其侵害的直接客体也仅限于食品安全管理制度，且在刑罚设置上，食品监管渎职罪也重于一般渎职罪。因此，实践中应注意二者的区别，防止将特殊渎职罪当一般渎职罪处理。

2. 注意食品监管渎职罪与环境监管失职罪的区别。这两个罪名均在刑法四百零八条，环境监管失职罪为第一款，食品监管渎职罪为第二款。二者的本质区别，一是职责不同，一个是环境监管，另一个是食品监管；二是罪过不同，环境监管失职罪是过失，食品监管渎职罪则既有过失又有故意；三是处罚不同，环境监管失职罪最高刑期是三年有期徒刑，食品监管渎职罪最高刑期是十年有期徒刑。故实践中应认真区别二者界限，切勿混淆其犯罪特征。

第二节　食品监管渎职罪的主体证据

食品监管渎职罪的主体证据，是藉以证明行为人具有食品监管渎职罪主体身份资格的证据。根据刑法的规定，此罪主体系负有食品安全监督管理职责的国家机关工作人员，故其主体证据应由行为人自然情况证据和负有食品安全监管职责的国家机关工作人员身份证据两部分组成。

1. 自然人情况证据。即证明行为人年龄、性别、民族、出生地、居住地及家庭成员状况等自然情况的证据材料。如：身份证明、户籍证明、微机户口卡、居住证明、违法记录证明等。

2. 负有食品安全监管职责的国家机关工作人员身份证据。即证明行为人对食品安全违法行为负有监督、调查、处理职责的身份资格的证据。

（1）供职证据。即证明行为人在负有食品安全监管职能的某国家机关任职的证明材料。如工作证、任命书、聘任书、职务级别、工作简历证明等。

（2）委派证据。即证明行为人受某国家机关或职能部门委派，代表国家机关行使食品安全监督管理职权的证明材料。如：委派机关的聘任书、任命文件、派遣公函等相关证明文件。

（3）职责证据。即证明行为人在食品安全监督管理活动中所负有的具体职责义务的证明材料。如：反映行为人职责权限、管辖范围、负责事项、工作分工、岗位职责等情况的证明材料。

证明意义：主体证据是犯罪主体身份资格的证明依据。尤其在特殊主体的案件中，此组证据的作用显得更为重要。一是自然情况证据是必要的程序条件。该罪的主体只能是自然人，单位不能构成。根据刑法关于食品安全渎职罪的规定，该罪的主体是“负有食品安全监督管理职责的国家机关工作人员”，而负有食品监管职责的国家机关工作人员首先是自然人，故及时收集这些证据，无论对准确定罪，还是对正确高效地进行刑事诉讼，都有着重要的意义。二是负有食品安全监督管理职责的国家机关人员身份证据，则是确定此罪主体资格的基本条件。这是此罪主体作为特殊主体，必须具备的身份资格。不具有食品安全监管机关人员身份的，即使具有国家机关工作人员身份，也不能构成此罪的主体。为此，这组证据既是构成此罪的一个基本条件，也是保证准确定罪、正确执法的基本要求。

第三节　食品监管渎职罪的行为证据

食品监管渎职罪的行为证据，是藉以证明行为人在履行食品安全监督管理职责时具有滥用职权、玩忽职守行为的证据。主要由职责权限证据、渎职行为证据组成。

1. 职责权限证据。即证明行为人在食品安全监督管理活动中，所具有的职责及其权限的证据。如：

（1）法定职责权限证据。即国家法律、行政法规及地方法规中有关食品安全监督管理职权职责的具体的法规证据。如：食品安全法、行政处罚法、行政强制法等法律中关于各部门具体承担食品安全管理职权职责的规定，《国家食品安全事故应急预案》中关于食品安全事故应急处置职权职责的规定，以及地方立法机关关于本地各行政执法部门承担食品安全监督管理职权职责的法律、规章、规定等法规证据。

（2）行政职责权限证据。即由国家主管机关或本级主管机关制定的有关系统性、行业性行政执法职责权限的规章制度等规章证据。如：国家食药总局、质检总局、农业部、卫计生委以及各级人民政府制定的有关各主管部门、监管岗位职责权限的制度、规定等规范性文件。

（3）授权职责权限证据。即证明国家食品安全监督管理机关授予非国家机关的组织长期或临时性的某项食品监督管理权力和职责的证据。如：授权委托书、有关会议纪要、记录、参与人证言、其他相关书证、行为人供述等证明材料。

（4）岗位职责权限证据。即证明行为人具体工作岗位职责权限的证据。如：反映行为人具体负责、分工、承办某些具体事项的岗位职责、岗位权限、岗位义务的证明材料。

(5) 公认职权职责证据。即证明行为人在本单位具有公认行使某些职责权限的证据。如：惯例性履职书证、领导班子成员认同性证言、工作同事证言、行为人供述及与之相关的其他证明材料等。

证明意义： 职责权限证据与主体身份证据紧密关联，是从客观方面证明行为人负有食品安全监管职责的有力佐证。收集职责权限证据，可有效证明行为人在客观上具有特定的食品安全监督管理职权和责任义务，是进一步确定其行为是否渎职的前提。在调取证据时，除"常识不必证明"的以外，无论是法规性证据，还是知情性证据，均应收集在内，以支持行为人"职权职责"的客观存在。在法定职权职责中，不乏一些法规证据，但由于食品安全监管专业性强、涉及部门多，很多法律法规及规定并非为一般人所知，也不是法官必须通晓之事，因此这些法规性证据也应当予以全面收集，以作为行为人应负职责义务的事实佐证。在调取此类证据时，需注意以下几点：一是由于食品监管职责由多部门共同履行，加之改革中职权职责的调整，应注意调取确定各部门职责的相关历史沿革文件，厘清在具体监管事务中各部门的职权职责，分清管辖及责任范围，以正确确定各自担负的具体职责和权限。二是由于一些监管单位及个人职务责任权限不明确，甚至在个人职务、岗位职责上无具体要求，在这种情况下，应注意从公认性、惯例性职责权限上去收集证据，以有效地证明其实际的职权责任。三是在收集一些专项性、临时性的监管职责权限证据时，应注意收集临时授权、委托代办以及口头授权等临时行使相应行政职权的授权书证、委托文证、授权人证言、参与人证言等证明材料，以保证在岗位职责不清的情况下，其公认性职责权限清晰、证明有力、依据充分，保障诉讼依法顺利进行。

2. 渎职行为证据。即证明行为人在履行食品安全监督管理职责过程中，具有滥用职权行为或者玩忽职守行为的证据。实践中，常见的渎职行为主要有以下几种表现方式：

(1) 滥发、乱发许可证行为证据。即证明行为人在审批发放食品生产经营许可证过程中，对不符合国家食品安全标准的生产经营者，具有玩忽职守或者滥用职权发放生产经营许可证的行为证据。如：反映行为人不履行或不认真履行审批职责，或者越权、擅权决定，违法发放食品生产经营许可证的审批文书、审批程序书证、相关检验检疫结果、证人证言、当事人陈述、行为人供述等证明材料。

(2) 该查不查行为证据。即证明行为人对应当立案调查的食品违法行为，具有玩忽职守或者滥用职权不依法进行立案调查的行为证据。如：反映行为人在日常监管或立案审查过程中，不履行或不认真履行审查职责，或者越权、擅权决定，对应当立案调查的食品违法行为不予立案调查的相关书证、检验检疫结果、现场调查笔录、视听资料、证人证言、当事人陈述、行为人供述等证明材料。

(3) 该封不封行为证据。即证明行为人在履行职责过程中，对应当查封、扣押的食品、食品添加剂、食品相关产品及应当查封的生产经营场所，具有玩忽职守或者滥用职权不依法采取查封、扣押措施的行为证据。如：反映行为人在日常监管或立案调查过程中，对不符合国家食品安全标准应当查封、扣押的食品、食品添加剂、食品相关产品或者应当查封的生产经营场所，不履行或不认真履行职责，或者越权、擅权决定不予采取查封、扣押措施的相关调查材料、书证物证、视听资料、检验检疫结果、现场调查笔录、证人证言、当事人陈述、行为人供述等证明材料。

(4) 该检不检行为证据。即证明行为人在查处食品违法行为过程中，对应当依法进行检验、检测、检疫、鉴定的物品，具有玩忽职守或者滥用职权不依法进行检验、检测、检疫、鉴定的行为证据。如：反映行为人在查处食品违法行为过程中，对不符合国家食品安全标准依法应当进行检验、检测、检疫、鉴定的食品、食品添加剂、食品相关产品，不履行或不认真履行调查职责，或者越权、擅权决定不予检验、检测、检疫、鉴定的物证书证、视听资料、复检鉴定意见、证人证言、当事人陈述、行为人供述等证明材料。

(5) 该停不停行为证据。即证明行为人在行政执法过程中，对食品违法生产经营者应当依法责令停产停业、吊销许可证、撤销批准文件的，具有玩忽职守或者滥用职权不予停产停业、吊销许可证、撤销批准文件处罚的行为证据。如：反映行为人在行政执法过程中，不认真听取调查意见，罔顾调查事实，或严重不负责任，或优亲厚友，或越权、擅权决断，对依法应当给予责令停产停业、吊销许可证、撤销批准文件处罚而不予上述处罚的调查终结报告、合议意见、相关会议记录、物证书证、检验检疫结果、证人证言、当事人陈述、行为人供述等证明材料。

(6) 舞弊作假行为证据。即证明行为人在行政执法过程中，具有隐匿、伪造、变造、毁灭证据的行为证据。如：反映行为人徇私舞弊隐瞒证据、伪造材料、变造篡改材料、毁灭证据材料的相关书证、文检鉴定、原案材料、证人证言、行为人供述等证明材料。

(7) 迟报瞒报谎报漏报行为证据。即证明行为人在行政执法或应急响应过程中，玩忽职守或者滥用职权迟报、瞒报、谎报、漏报食品安全事故重要情况的证据。如：反映行为人故意瞒报、谎报事故伤亡人数、涉及范围、评估结果等重要情况，或者严重不负责任迟报、漏报事故重要情况的地方政府应急响应预案、报告书证、相关记录、原案情况、证人证言、行为人供述等证明材料。

证明意义：食品监管渎职罪的行为表现，既有滥用职权又有玩忽职守，虽然

二者在行为方式上有所不同，但其发生的环节是相同的，行为的后果是相同的，应负的责任也是相同的。清晰表达和便于运用，故将滥用职权和玩忽职守的常见行为综合为渎职行为证据。

其一，关于滥发、乱发许可证行为。根据食品安全法的规定，国家实行食品生产经营许可证制度。这一制度的核心是市场准入，条件是必须符合国家食品安全标准。食品安全标准有国家标准、地方标准和企业标准，由国家卫生行政部门和地方分别制定，并及时调整更新。食品安全法第三十四条规定，“禁止生产经营下列食品、食品添加剂、食品相关产品：

（一）用非食品原料生产的食品或者添加食品添加剂以外的化学物质和其他可能危害人体健康物质的食品，或者用回收食品作为原料生产的食品；

（二）致病性微生物，农药残留、兽药残留、生物毒素、重金属等污染物质以及其他危害人体健康的物质含量超过食品安全标准限量的食品、食品添加剂、食品相关产品；

（三）用超过保质期的食品原料、食品添加剂生产的食品、食品添加剂；

（四）超范围、超限量使用食品添加剂的食品；

（五）营养成分不符合食品安全标准的专供婴幼儿和其他特定人群的主辅食品；

（六）腐败变质、油脂酸败、霉变生虫、污秽不洁、混有异物、掺假掺杂或者感官性状异常的食品、食品添加剂；

（七）病死、毒死或者死因不明的禽、畜、兽、水产动物肉类及其制品；

（八）未按规定进行检疫或者检疫不合格的肉类，或者未经检验或者检验不合格的肉类制品；

（九）被包装材料、容器、运输工具等污染的食品、食品添加剂；

（十）标注虚假生产日期、保质期或者超过保质期的食品、食品添加剂；

（十一）无标签的预包装食品、食品添加剂；

（十二）国家为防病等特殊需要明令禁止生产经营的食品；

（十三）其他不符合法律、法规或者食品安全标准的食品、食品添加剂、食品相关产品。”

也就是说，如果将不符合食品安全标准食品、食品添加剂、食品相关产品许可进入市场，等于给有毒、有害食品大开绿灯，其后果不堪设想。为此，无论是滥用职权的滥发许可证，还是玩忽职守的乱发许可证，均应及时收集其行为证据，依法追究其失职渎职责任。

其二，关于该查不查行为。立案调查，是行政执法的基本手段，也是启动行政执法的必经程序。可以说，放弃立案调查，就等于放纵食品违法行为。如果由

于该查不查而放纵食品违法行为，并导致发生重大食品安全事故的，失职渎职者理应构成食品安全渎职罪。

其三，关于该封不封行为。查封、扣押，是日常监管和查处食品违法的重要职权和防控措施。它的重要性在于，防控有毒、有害食品、食品添加剂、食品相关产品继续流向社会，降低其对社会公众的人身健康和财产安全的危害程度。因此，对应当采取查封、扣押措施而不予查封、扣押，导致发生重大食品安全事故的，无论是滥用职权还是玩忽职守，均应及时收集相关证据材料，依法追究其刑事责任。

其四，关于该检不检行为。对疑似不安全食品、食品添加剂、食品相关产品进行检验、检测、检疫、鉴定，是科学判断是否符合国家食品安全标准的重要手段，它直接关系是否采取行政强制措施和进行行政处罚。可以说，它既是作出行政决定的重要依据，也是食品安全日常监管的重要措施。食品安全法就此规定，"县级以上人民政府食品药品监督管理部门应当对食品进行定期或者不定期的抽样检验，并依据有关规定公布检验结果，不得免检"。该法还规定查封、扣押期限（一个月）不计入检验时间，可见检验、检测、检疫、鉴定的重要地位。为此，对应当依法进行检验、检测、检疫、鉴定而不予送检，或者擅自决定免检的，应及时收集、固定证据，锁定其渎职行为，防止行为人推脱责任规避法律。

其五，关于该停不停行为。对具有食品违法行为的生产经营者，处以责令停产停业、吊销许可证、撤销批准文件，是一种釜底抽薪式的处罚手段，也是防控不安全食品再生产、再经营的重要措施。实践中，优亲厚友的有之，重罚款轻停产的有之，宽松执法、懒政惰政的有之，徇私舞弊的有之；等等。执法不严，该罚不罚、该停不停，既是对职责的亵渎，也是对人民群众根本利益的严重不负责任。应当说，它也是食品安全乱象的一个重要原因。为此，对在食品安全执法中不作为、乱作为的失职渎职行为，理应依法严惩。这就要求检察机关在查处食品监管渎职犯罪过程中，要快速收集相关证据，及时追究渎职责任，以法治手段依法保障食品监管的正常秩序。

其六，关于舞弊作假行为。食品监管部门不是生活在真空里，社会上的一些不良风气也会渗透到监管队伍中来。因此，内外勾结、内外默契，徇私舞弊者已成为食品违法行为的重要保护伞。对外他们是保护伞、代言人，对内他们是绊脚石、障碍物。一些重大食品安全事故之所以查不下去，之所以不了了之，与这些"内鬼"有着重要的关系。为此，实践中应及时进行相关文检鉴定，弄清事实真相，以保证及时将失职渎职行为人绳之以法，纯洁食品监管队伍。

其七，关于迟报、瞒报、谎报、漏报行为。食品安全报告制度，是保障及时查处食品违法行为，及时防控食品安全风险的重要措施。三鹿奶粉迟报、谎报的

教训历历在目，失职渎职的危害触目惊心。为此，实践中应掌握和熟悉地方报告制度规定，深挖细查此类渎职行为，及时获取相关证据，以保障食品监管秩序的良性运行。

第四节　食品监管渎职罪的结果证据

食品监管渎职罪的结果证据，是指藉以证明由于行为人滥用职权或玩忽职守，而导致发生的重大食品安全事故或者其他严重后果的证据。根据刑法规定，此罪系结果犯，主要结果是重大食品安全事故和其他严重后果两类。由于目前尚无此罪的立案标准，实践中可参照"两高"《关于办理渎职刑事案件适用法律若干问题的解释（一）》中滥用职权和玩忽职守罪的追诉标准。据此，此罪的结果证据由人员伤亡情况、经济损失情况、恶劣社会影响情况和重大食品安全事故情况四组证据组成。

1. 人员伤亡情况证据。即证明由于行为人渎职行为而导致发生人员伤害或死亡结果的证据。如：反映行为人渎职行为造成死亡 1 人以上，或者重伤 3 人以上，或者轻伤 9 人以上，或者重伤 2 人、轻伤 3 人以上，或者重伤 1 人、轻伤 6 人以上的现场勘查笔录、死亡证明、法医鉴定、诊断救治证明、伤情鉴定、书证物证、证人证言等证明材料。

2. 经济损失情况证据。即证明由于行为人渎职行为造成财产损毁、减少的实际价值的证据。如：反映行为人渎职行为造成经济损失 30 万元以上的资产损失评估报告、相关物品价格鉴定、财务审计结论，以及相关救治、救济、善后处理费用财务凭证等证明材料。

3. 恶劣社会影响情况证据。即证明由于行为人食品监管渎职行为造成恶劣社会影响的证据。如：引发社会广泛关注、社会舆论强烈反响，以及引起群体纠纷、群体上访等情况的情况报告、媒体报道、舆情动态、信息反馈、有关书证、视听资料等证明材料。

4. 重大食品安全事故情况证据。即证明行为人的渎职行为造成重大食品安全事故的证据。如：反映行为人渎职行为所造成的食品安全事故已达到食品安全应急预案规定标准的政府应急响应启动文件、情况报告、后果统计、救治动态、调查报告等证明材料。

证明意义：食品监管渎职罪，要求具备一定的后果才能构成犯罪。鉴于目前最高人民检察院尚未制定此罪的立案标准，当前应当比照"两高"关于滥用职权和玩忽职守犯罪标准执行。人员伤亡情况，应及时收集救治、诊断情况证明、死亡证明及相关的法医鉴定，不能仅依靠情况报告中的数字统计，要以刑事诉讼证据标准要求来收集、固定证据。经济损失证据，关键在损失评估的客观和核算的精确。严格按照“两高”司法解释中关于经济损失认定的标准来统计，以保证结果事实的准确无误。恶劣社会影响问题。恶劣社会影响，是指食品安全事件对社会产生的不良反应的程度。其有两个要素，一是事件本身十分恶劣，二是社会影响范围大、舆论介入程度深、持续发酵时间长。实际上，社会影响是一种民意反映，它集中反映了社会公众的认识和情绪。所谓恶劣影响，是指社会公众反映很坏。但其背后折射出的是对政府社会公信力的损害。社会影响范围越大，发酵时间越长，对政府公信力损害程度就越深。为此，判断是否恶劣社会影响的主要依据，是反映影响范围、强烈程度、持续时长的相关证据。如果没有证据作支撑，仅凭主观判断是不科学、不严谨和不可取的。重大食品安全事故，是刑法要求的法定后果之一。目前各级政府重大食品安全事故等级划分情况是：

1. 特别重大食品安全事故（Ⅰ级）

符合下列情形之一的，为特别重大食品安全事故：

(1) 事故危害特别严重，对2个以上省份造成严重威胁，并有进一步扩散趋势的；

(2) 超出事发地省级人民政府处置能力水平的；

(3) 发生跨境（香港、澳门、台湾）、跨国食品安全事故，造成特别严重社会影响的；

(4) 国务院认为需要由国务院或国务院授权有关部门负责处置的。

2. 重大食品安全事故（Ⅱ级）

符合下列情形之一的，为重大食品安全事故：

(1) 事故危害严重，影响范围涉及省内2个以上设区市行政区域的；

(2) 造成伤害人数100人以上，并出现死亡病例的；

(3) 造成10例以上死亡病例的；

(4) 省人民政府认定的重大食品安全事故。

3. 较大食品安全事故（Ⅲ级）

符合下列情形之一的，为较大食品安全事故：

(1) 事故影响范围涉及设区市级行政区域内2个以上县级行政区域，给人民群众饮食安全带来严重危害的；

(2) 造成伤害人数100人以上，或者出现死亡病例的；

(3) 设区市人民政府认定的较重大食品安全事故。

4. 一般食品安全事故（Ⅳ级）

符合下列情形之一的，为一般食品安全事故：

(1) 事故影响范围涉及县级行政区域内2个以上乡镇，给大众饮食安全带

来严重危害的；

（2）造成伤害人数30—99人，未出现死亡病例的；

（3）县级人民政府认定的一般重大食品安全事故。

实践中，应依据“两高”司法解释，结合地方政府事故等级划分，综合分析判断。一般情况下，人员伤亡、经济损失应以“两高”司法解释为准；人员伤亡和经济损失情况达不到司法解释标准的，应结合政府事故等级标准和相关食品安全犯罪的重特大案件情况去综合判断。

第五节　食品监管渎职罪的主观证据

食品监管渎职罪的主观证据，是指藉以证明行为人对其渎职行为导致的后果，在主观上具有故意或者过失的心理表现证据。如：

1. 义务性明知证据。即证明行为人对食品安全标准、食品监管职责、食品执法程序及其职业规范、职业素能、职业纪律等职业要求具有明知义务的证据。此证据可依据主体证据和行为证据进行事实推定。

2. 客观性明知证据。即证明行为人在客观上具有知道或者应当知道自己的渎职行为会发生重大食品安全事故或其他严重后果，以及应当预见或者已经预见自己的渎职行为可能发生重大食品安全事故或其他严重后果的主观认识证据。如：反映行为人在履职过程中掌握情况、了解情况、知晓情况的书证人证等证明材料。此外，该证据亦可依据行为证据、结果证据进行事实推定。

3. 故意性意志证据。即证明行为人在主观意志上具有希望或者放任重大食品安全事故或其他严重后果发生的心理表现证据。如：反映行为人在履职过程中一意孤行、不听劝阻、专横武断、强行决定等心理表现的证明材料。此外，该证据亦可依据行为证据和结果证据进行事实推定。

4. 过失性意志证据。即证明行为人在主观意志上具有疏忽大意或者过于自信没能预见重大食品安全事故或者其他严重后果发生的心理表现证据。如：反映行为人工作马虎、麻痹大意、慵懒惰政等情况的证明材料。此组证据亦可依据行为证据、结果证据进行事实推定。

证明意义：鉴于食品监管渎职罪的主观罪过形式复杂多样，实践中应紧紧抓住上述几个重要节点。一是义务性明知。这是无须证明的职责义务推定。只要行为人具有食品监管职责，其就具有对职责要求的明知义务。这也是行为人作为食品监管工作人员应有的应知应会和力所能及。二是客观性明知。知道和应当知道是一种明知，应当预见和已经预见其实也是一种明知。应当预见是指应当能够知道，已经预见实际上是已经知道的意思。无论哪一种明知，他们对不安全食品或者有毒有害食品以及放纵其生产经营的后果，均应具有能够认识的能力和可以认识的客观事实。为此，实践中应重点把握好能够认识和可以认识这两个问题。三是故意与过失的把握。二者在主观意志上的不同，反映的是主观恶性的区别，也是量刑时的重要参考。二者的关键区别点在结果发生的心理表现上，滥用职权是明知会导致结果发生并希望或放任其发生，玩忽职守的预见则是可能发生并轻信不会发生。实践中，对主观意志的判断不能轻信口供，应根据具体的食品违法行为并结合其经营情况进行综合判断。如不安全食品和有毒有害食品的区别，小摊小贩和生产经营企业的区别，等等。主观意志应与客观实际相统一。证据的重要作用就在于此。

第六节　食品监管渎职罪的情节证据

食品监管渎职罪的情节证据，是指藉以证明行为人具有某些影响定罪、量刑情节的事实证据。从司法实践看，影响食品监管渎职罪定罪和量刑的情节主要体现在行为和结果之中。主要有：

1. 特别严重后果情节证据。即证明行为人食品监管渎职行为的后果具有特别严重后果情节的证据。如：反映造成人员伤亡达到定罪标准3倍以上的情况证据，或者造成经济损失数额达到150万元以上的情况证据，或者迟报、瞒报、谎报或者授意、指使、强令他人不报、迟报、谎报事故情况，致使后果持续、扩大或者抢救工作延误的情况证据。此类证据可从结果证据中予以综合、反映。

2. 徇私舞弊情节证据。即证明行为人在其食品监管渎职行为过程中具有徇私舞弊情节的事实证据。如：反映行为人与其执法当事人之间具有私情私利关系的证据，其在食品监管活动中具有弄虚作假、隐瞒情况、伪造材料等舞弊行为的事实证据。此类证据可从行为证据中去综合认定。

3. 从轻处罚情节证据。即证明行为人具有自首、立功、如实供述等情节的事实证据。如：相关书证、办案单位说明等证明材料。

证明意义：食品监管渎职罪有两个量刑幅度，“造成特别严重后果的，处五年以上十年以下有期徒刑”。为此，特别严重后果情节证据，是正确适用刑罚的重要事实依据。徇私舞弊情节，虽不是此罪的定罪情节，但属于从重处罚的法定情节。刑法第四百零八条在食品监管渎职罪之后明确规定，“徇私舞弊犯前款罪的，从重处罚”。故对具有徇私舞弊情节的，应注意收集固定此情节证据，以保证正确地适用刑罚，严惩此类渎职犯罪。为达到惩治犯罪、教育犯罪、预防犯罪之目的，在侦查取证过程中应全面收集证据，行为人具有法定、酌定从轻处罚情节的，亦应认真收集证据，依法保障犯罪嫌疑人的合法权益，切实体现宽严相济的刑事政策。

附：法律法规

1.《中华人民共和国刑法》（1997年3月14日修订）（节录）

第四百零八条【环境监管失职罪】 负有环境保护监督管理职责的国家机关工作人员严重不负责任，导致发生重大环境污染事故，致使公私财产遭受重大损失或者造成人身伤亡的严重后果的，处三年以下有期徒刑或者拘役。

【食品监管失职罪】 负有食品安全监督管理职责的国家机关工作人员，滥用职权或者玩忽职守，导致发生重大食品安全事故或者造成其他严重后果的，处五年以下有期徒刑或者拘役；造成特别严重后果的，处五年以上十年以下有期徒刑。

徇私舞弊犯前款罪的，从重处罚。

2.《中华人民共和国食品安全法》（2015年4月24日修订）（节录）

第五条 国务院设立食品安全委员会，其职责由国务院规定。

国务院食品药品监督管理部门依照本法和国务院规定的职责，对食品生产经营活动实施监督管理。

国务院卫生行政部门依照本法和国务院规定的职责，组织开展食品安全风险监测和风险评估，会同国务院食品药品监督管理部门制定并公布食品安全国家标准。

国务院其他有关部门依照本法和国务院规定的职责，承担有关食品安全工作。

第六条 县级以上地方人民政府对本行政区域的食品安全监督管理工作负责，统一领导、组织、协调本行政区域的食品安全监督管理工作以及食品安全突发事件应对工作，建立健全食品安全全程监督管理工作机制和信息共享机制。

县级以上地方人民政府依照本法和国务院的规定，确定本级食品药品监督管理、卫生行政部门和其他有关部门的职责。有关部门在各自职责范围内负责本行政区域的食品安全监督管理工作。

县级人民政府食品药品监督管理部门可以在乡镇或者特定区域设立派出机构。

第二十五条 食品安全标准是强制执行的标准。除食品安全标准外，不得制定其他食品强制性标准。

第二十六条 食品安全标准应当包括下列内容：

（一）食品、食品添加剂、食品相关产品中的致病性微生物，农药残留、兽药残留、生物毒素、重金属等污染物质以及其他危害人体健康物质的限量规定；

（二）食品添加剂的品种、使用范围、用量；

（三）专供婴幼儿和其他特定人群的主辅食品的营养成分要求；

（四）对与卫生、营养等食品安全要求有关的标签、标志、说明书的要求；

（五）食品生产经营过程的卫生要求；

（六）与食品安全有关的质量要求；

（七）与食品安全有关的食品检验方法与规程；

（八）其他需要制定为食品安全标准的内容。

第三十四条 禁止生产经营下列食品、食品添加剂、食品相关产品：

（一）用非食品原料生产的食品或者添加食品添加剂以外的化学物质和其他可能危害人体健康物质的食品，或者用回收食品作为原料生产的食品；

（二）致病性微生物，农药残留、兽药残留、生物毒素、重金属等污染物质以及其他危害人体健康的物质含量超过食品安全标准限量的食品、食品添加剂、食品相关产品；

（三）用超过保质期的食品原料、食品添加剂生产的食品、食品添加剂；

（四）超范围、超限量使用食品添加剂的食品；

（五）营养成分不符合食品安全标准的专供婴幼儿和其他特定人群的主辅食品；

（六）腐败变质、油脂酸败、霉变生虫、污秽不洁、混有异物、掺假掺杂或者感官性状异常的食品、食品添加剂；

（七）病死、毒死或者死因不明的禽、畜、兽、水产动物肉类及其制品；

（八）未按规定进行检疫或者检疫不合格的肉类，或者未经检验或者检验不合格的肉类制品；

（九）被包装材料、容器、运输工具等污染的食品、食品添加剂；

（十）标注虚假生产日期、保质期或者超过保质期的食品、食品添加剂；

（十一）无标签的预包装食品、食品添加剂；

（十二）国家为防病等特殊需要明令禁止生产经营的食品；

（十三）其他不符合法律、法规或者食品安全标准的食品、食品添加剂、食品相关产品。

第三十五条 国家对食品生产经营实行许可制度。从事食品生产、食品销售、餐饮服务，应当依法取得许可。但是，销售食用农产品，不需要取得许可。

县级以上地方人民政府食品药品监督管理部门应当依照《中华人民共和国行政许可法》的规定，审核申请人提交的本法第三十三条第一款第一项至第四项规定要求的相关资料，必要时对申请人的生产经营场所进行现场核查；对符合规定条件的，准予许可；对不符合规定条件的，不予许可并书面说明理由。

第八十七条 县级以上人民政府食品药品监督管理部门应当对食品进行定期

或者不定期的抽样检验，并依据有关规定公布检验结果，不得免检。进行抽样检验，应当购买抽取的样品，委托符合本法规定的食品检验机构进行检验，并支付相关费用；不得向食品生产经营者收取检验费和其他费用。

第一百零五条　县级以上人民政府食品药品监督管理部门接到食品安全事故的报告后，应当立即会同同级卫生行政、质量监督、农业行政等部门进行调查处理，并采取下列措施，防止或者减轻社会危害：

（一）开展应急救援工作，组织救治因食品安全事故导致人身伤害的人员；

（二）封存可能导致食品安全事故的食品及其原料，并立即进行检验；对确认属于被污染的食品及其原料，责令食品生产经营者依照本法第六十三条的规定召回或者停止经营；

（三）封存被污染的食品相关产品，并责令进行清洗消毒；

（四）做好信息发布工作，依法对食品安全事故及其处理情况进行发布，并对可能产生的危害加以解释、说明。

发生食品安全事故需要启动应急预案的，县级以上人民政府应当立即成立事故处置指挥机构，启动应急预案，依照前款和应急预案的规定进行处置。

发生食品安全事故，县级以上疾病预防控制机构应当对事故现场进行卫生处理，并对与故事有关的因素开展流行病学调查，有关部门应当予以协助。县级以上疾病预防控制机构应当向同级食品药品监督管理、卫生行政部门提交流行病学调查报告。

第一百零七条　调查食品安全事故，应当坚持实事求是、尊重科学的原则，及时、准确查清事故性质和原因，认定事故责任，提出整改措施。

调查食品安全事故，除了查明事故单位的责任，还应当查明有关监督管理部门、食品检验机构、认证机构及其工作人员的责任。

3.《食品药品行政处罚程序规定》（2014年6月1日施行）（节录）

第六条　行政处罚由违法行为发生地的食品药品监督管理部门管辖。

第七条　县（区）、市（地、州）食品药品监督管理部门依职权管辖本行政区域内的食品药品行政处罚案件。

省、自治区、直辖市食品药品监督管理部门依职权管辖本行政区域内重大、复杂的食品药品行政处罚案件。

国家食品药品监督管理总局依职权管辖应当由自己实施行政处罚的案件及全国范围内发生的重大、复杂的食品药品行政处罚案件。

省、自治区、直辖市食品药品监督管理部门可以依据法律法规和规章，结合本地区实际，规定本行政区域内级别管辖的具体分工。

第八条　县级以上食品药品监督管理部门可以在法定权限内委托符合行政处

罚法第十九条规定条件的组织实施行政处罚。

受委托的组织应当在委托范围内，以委托部门的名义作出具体行政行为。委托部门应当对受委托组织的行政处罚行为及其相关的行政执法行为进行指导和监督，并对该行为的后果承担法律责任。

第九条 县级食品药品监督管理部门在乡镇或者区域设置的食品药品监督管理派出机构，依照法律法规和规章的规定，行使行政处罚权。

第十四条 食品药品监督管理部门在查处案件时，发现违法行为涉嫌犯罪的，应当按照《行政执法机关移送涉嫌犯罪案件的规定》的要求，及时移送同级公安机关。

公安机关决定立案的，食品药品监督管理部门应当自接到公安机关立案通知书之日起3日内将涉案物品以及与案件有关的其他材料移交公安机关，并办结交接手续；对涉案的查封扣押物品，还应当填写查封扣押物品移交通知书，并书面告知当事人。

第十七条 食品药品监督管理部门应当对下列事项及时调查处理：

（一）在监督检查及抽验中发现案件线索的；

（二）公民、法人或者其他组织投诉、举报的；

（三）上级机关交办或者下级机关报请查处的；

（四）有关部门移送或者经由其他方式、途径披露的。

符合立案条件的，应当在7个工作日内立案。

第十八条 立案应当符合下列条件：

（一）有明确的违法嫌疑人；

（二）有违法事实；

（三）属于食品药品监督管理行政处罚的范围；

（四）属于本部门管辖。

符合立案条件的，应当报分管负责人批准立案，并确定2名以上执法人员为案件承办人。

第二十七条 食品药品监督管理部门在案件调查时，经分管负责人批准可以依法采取查封、扣押等行政强制措施，执法人员应当向当事人出具查封、扣押决定书。

情况紧急，需要当场采取查封、扣押措施的，执法人员应当在查封扣押后24小时内向分管负责人报告，并补办批准手续。分管负责人认为不应当采取行政强制措施的，应当立即解除。

第三十条 查封、扣押的期限不得超过30日；情况复杂的，经食品药品监督管理部门分管负责人批准，可以延长，但延长的期限不得超过30日。

作出延长查封、扣押期限决定后应当及时填写查封扣押延期通知书，书面告知当事人，并说明理由。

对物品需要进行检验、检测、检疫或者鉴定的，应当填写检验（检测、检疫、鉴定）告知书。查封、扣押的期间不包括检验、检测、检疫或者鉴定的期间。

第三十三条　案件调查终结后，案件承办人应当撰写调查终结报告，简易程序除外。调查终结报告内容包括：当事人基本情况、案由、违法事实及证据、调查经过等；拟给予行政处罚的，还应当包括所适用的依据及处罚建议。

第三十五条　承办人提交案件调查终结报告后，食品药品监督管理部门应当组织3名以上有关人员对违法行为的事实、性质、情节、社会危害程度、办案程序、处罚意见等进行合议。

合议应当根据认定的事实，提出予以处罚、补充证据、重新调查、撤销案件或者其他处理意见。

第三十七条　食品药品监督管理部门在作出责令停产停业、吊销许可证、撤销批准证明文件、较大数额罚款、没收较大数额财物等行政处罚决定前，应当告知当事人有要求举行听证的权利。当事人要求听证的，应当按照法定程序组织听证。

较大数额罚款的标准，按照地方性法规、地方政府规章等有关规范性文件的规定执行。

第三十八条　拟作出的行政处罚决定应当报食品药品监督管理部门负责人审查。食品药品监督管理部门负责人根据不同情况，分别作出如下决定：

（一）确有应受行政处罚的违法行为的，根据情节轻重及具体情况，作出行政处罚决定；

（二）违法行为轻微，依法可以不予行政处罚的，不予行政处罚；

（三）违法事实不能成立的，不得给予行政处罚；

（四）违法行为已构成犯罪的，移送公安机关。

第三十九条　对情节复杂或者重大违法行为给予较重的行政处罚，应当由食品药品监督管理部门负责人集体讨论决定。集体讨论决定的过程应当有书面记录。

重大、复杂案件标准由各省、自治区、直辖市食品药品监督管理部门根据实际确定。

4. 最高人民法院、最高人民检察院《关于办理渎职刑事案件适用法律若干问题的解释（一）》（2013年1月9日施行）（节录）

第一条　国家机关工作人员滥用职权或者玩忽职守，具有下列情形之一的，应当认定为刑法第三百九十七条规定的“致使公共财产、国家和人民利益遭受重大损失”：

（一）造成死亡1人以上，或者重伤3人以上，或者轻伤9人以上，或者重伤2人、轻伤3人以上，或者重伤1人、轻伤6人以上的；

（二）造成经济损失30万元以上的；

（三）造成恶劣社会影响的；

（四）其他致使公共财产、国家和人民利益遭受重大损失的情形。

具有下列情形之一的，应当认定为刑法第三百九十七条规定的“情节特别严重”：

（一）造成伤亡达到前款第（一）项规定人数3倍以上的；

（二）造成经济损失150万元以上的；

（三）造成前款规定的损失后果，不报、迟报、谎报或者授意、指使、强令他人不报、迟报、谎报事故情况，致使损失后果持续、扩大或者抢救工作延误的；

（四）造成特别恶劣社会影响的；

（五）其他特别严重的情节。

第九条 负有监督管理职责的国家机关工作人员滥用职权或者玩忽职守，致使不符合安全标准的食品、有毒有害食品、假药、劣药等流入社会，对人民群众生命、健康造成严重危害后果的，依照渎职罪的规定从严惩处。

5. 最高人民法院、最高人民检察院《关于办理危害食品安全刑事案件适用法律若干问题的解释》（2013年5月4日施行）（节录）

第一条 生产、销售不符合食品安全标准的食品，具有下列情形之一的，应当认定为刑法第一百四十三条规定的“足以造成严重食物中毒事故或者其他严重食源性疾病”：

（一）含有严重超出标准限量的致病性微生物、农药残留、兽药残留、重金属、污染物质以及其他危害人体健康的物质的；

（二）属于病死、死因不明或者检验检疫不合格的畜、禽、兽、水产动物及其肉类、肉类制品的；

（三）属于国家为防控疾病等特殊需要明令禁止生产、销售的；

（四）婴幼儿食品中生长发育所需营养成分严重不符合食品安全标准的；

（五）其他足以造成严重食物中毒事故或者严重食源性疾病的情形。

第二条 生产、销售不符合食品安全标准的食品，具有下列情形之一的，应当认定为刑法第一百四十三条规定的“对人体健康造成严重危害”：

（一）造成轻伤以上伤害的；

（二）造成轻度残疾或者中度残疾的；

（三）造成器官组织损伤导致一般功能障碍或者严重功能障碍的；

（四）造成十人以上严重食物中毒或者其他严重食源性疾病的；

（五）其他对人体健康造成严重危害的情形。

第三条　生产、销售不符合食品安全标准的食品，具有下列情形之一的，应当认定为刑法第一百四十三条规定的"其他严重情节"：

（一）生产、销售金额二十万元以上的；

（二）生产、销售金额十万元以上不满二十万元，不符合食品安全标准的食品数量较大或者生产、销售持续时间较长的；

（三）生产、销售金额十万元以上不满二十万元，属于婴幼儿食品的；

（四）生产、销售金额十万元以上不满二十万元，一年内曾因危害食品安全违法犯罪活动受过行政处罚或者刑事处罚的；

（五）其他情节严重的情形。

第四条　生产、销售不符合食品安全标准的食品，具有下列情形之一的，应当认定为刑法第一百四十三条规定的"后果特别严重"：

（一）致人死亡或者重度残疾的；

（二）造成三人以上重伤、中度残疾或者器官组织损伤导致严重功能障碍的；

（三）造成十人以上轻伤、五人以上轻度残疾或者器官组织损伤导致一般功能障碍的；

（四）造成三十人以上严重食物中毒或者其他严重食源性疾病的；

（五）其他特别严重的后果。

第五条　生产、销售有毒、有害食品，具有本解释第二条规定情形之一的，应当认定为刑法第一百四十四条规定的"对人体健康造成严重危害"。

第六条　生产、销售有毒、有害食品，具有下列情形之一的，应当认定为刑法第一百四十四条规定的"其他严重情节"：

（一）生产、销售金额二十万元以上不满五十万元的；

（二）生产、销售金额十万元以上不满二十万元，有毒、有害食品的数量较大或者生产、销售持续时间较长的；

（三）生产、销售金额十万元以上不满二十万元，属于婴幼儿食品的；

（四）生产、销售金额十万元以上不满二十万元，一年内曾因危害食品安全违法犯罪活动受过行政处罚或者刑事处罚的；

（五）有毒、有害的非食品原料毒害性强或者含量高的；

（六）其他情节严重的情形。

第七条 生产、销售有毒、有害食品，生产、销售金额五十万元以上，或者具有本解释第四条规定的情形之一的，应当认定为刑法第一百四十四条规定的“致人死亡或者有其他特别严重情节”。

第十六条 负有食品安全监督管理职责的国家机关工作人员，滥用职权或者玩忽职守，导致发生重大食品安全事故或者造成其他严重后果，同时构成食品监管渎职罪和徇私舞弊不移交刑事案件罪、商检徇私舞弊罪、动植物检疫徇私舞弊罪、放纵制售伪劣商品犯罪行为罪等其他渎职犯罪的，依照处罚较重的规定定罪处罚。

负有食品安全监督管理职责的国家机关工作人员滥用职权或者玩忽职守，不构成食品监管渎职罪，但构成前款规定的其他渎职犯罪的，依照该其他犯罪定罪处罚。

负有食品安全监督管理职责的国家机关工作人员与他人共谋，利用其职务行为帮助他人实施危害食品安全犯罪行为，同时构成渎职犯罪和危害食品安全犯罪共犯的，依照处罚较重的规定定罪处罚。

第二十二章　非法批准征用、占用土地罪证据结构

第一节　非法批准征用、占用土地罪概述

根据刑法第四百一十条规定，非法批准征用、占用土地罪是指国家机关工作人员徇私舞弊，违反土地管理法、森林法、草原法等法律以及有关行政法规中关于土地管理的规定，滥用职权，非法批准征用、占用耕地、林地等农用地以及其他土地，情节严重的行为。其基本特征如下：

一、主体特征

非法批准征用、占用土地罪的主体是特殊主体，即国家机关工作人员。根据2006年7月26日最高人民检察院公布的《关于渎职侵权犯罪案件立案标准的规定》解释，“国家机关工作人员，是指在国家机关中从事公务的人员，包括在各级国家权力机关、行政机关、司法机关和军事机关中从事公务的人员。在依照法律、法规规定行使国家行政管理职权的组织中从事公务的人员，或者在受国家机关委托代表国家行使职权的组织中从事公务的人员，或者虽未列入国家机关人员编制但在国家机关中从事公务的人员，在代表国家机关行使职权时，视为国家机关工作人员。在乡（镇）以上中国共产党机关、人民政协机关中从事公务的人员，视为国家机关工作人员”。从司法实践看，此罪主体主要是各级政府中的主管人员和土地管理部门、规划部门的工作人员。从审批工作流程看，涉及乡镇、县市、省级三级土地管理、规划、环保和政府主管人员。各级政府及其部门负有征用占用土地审批管理职能的国家工作人员，均可构成此罪的主体。

二、客体特征

非法批准征用、占用土地罪侵害的客体系复杂客体。它既侵害了国家土地管理制度，破坏了土地管理机关的正常秩序，也对土地这个不可再生的国家稀有资源构成了损害。国家之所以确定了18亿亩耕地红线，是14亿人民生存的需要，是社会发展的需要，它直接关系国家的战略安全。为此，非法批准征用、占用土地犯罪，不仅仅是干扰了土地管理机关的正常活动，它还对土地资源保护构成了严重的威胁。

非法批准征用、占用土地的犯罪对象是土地。根据全国人大常委会《关于〈中华人民共和国刑法〉第二百二十八条、第三百四十二条、第四百一十条的解释》，“土地指耕地、林地等农用地及其他土地”。根据我国土地管理法的规定，“农用地是指直接用于农业生产的土地，包括耕地、林地、草地、农田水利用地、养殖水面等；建设用地是指建造建筑物、构筑物的土地，包括城乡住宅和公共设施用地、工矿用地、交通水利设施用地、旅游用地、军事设施用地等；未利用地是指农用地和建设用地以外的土地”。“农村和城市郊区的土地，除由法律规定属于国家所有的以外，属于农民集体所有；宅基地和自留地、自留山，属于农民集体所有。”

根据《全国土地分类及含义》，耕地是指种植农作物的土地，包括熟地、新开发复垦整理地、休闲地、轮歇地、草田轮作地；以种植农作物为主，间有零星果树、桑树或其他树木的土地；平均每年能保证收获一季的已垦滩地和海涂。耕地中还包括南方宽<1.0米，北方宽<2.0米的沟、渠、路和田埂。包括灌溉水田、望天田、水浇地、旱地、菜地。

根据国务院2011年1月8日修订的《森林法实施条例》规定，“林地，包括郁闭度0.2以上的乔木林地以及竹林地、灌木林地、疏林地、采伐迹地、火烧迹地、未成林造林地、苗圃地和县级以上人民政府规划的宜林地。”

根据草原法规定，“草原，是指天然草原和人工草地”。“天然草原包括草地、草山和草坡，人工草地包括改良草地和退耕还草地，不包括城镇草地。”该法第四十二条规定，国家实行基本草原保护制度。下列草原应当划为基本草原，实施严格管理：（1）重要放牧场；（2）割草地；（3）用于畜牧业生产的人工草地、退耕还草地以及改良草地、草种基地；（4）对调节气候、涵养水源、保持水土、防风固沙具有特殊作用的草原；（5）作为国家重点保护野生动植物生存环境的草原；（6）草原科研、教学试验基地；（7）国务院规定应当划为基本草原的其他草原。

上述土地是国家实行严格保护制度的对象，亦是刑法保护的重点对象，对非法批准征用占用上述土地构成犯罪的，应依法及时追究其刑事责任。从犯罪侵害对象看，此罪与非法低价出让国有土地使用权罪不同，后者的侵害对象仅指国有土地使用权，而非法批准征用、占用土地罪则几乎包括所有土地，既包括国有土地也包括集体土地，这是二者的一个关键区别点。

三、主观特征

非法批准征用、占用土地罪在主观方面表现为故意，即行为人明知批准征用、占用土地的行为违法，而故意非法批准，并对非法批准的发生持希望或放任的主观心态。从实践中看，这里的明知应包括四个内容：一是明知申请人不符合

征用、占用土地的资质条件；二是明知申请征用、占用的土地不符合国家征用、占用的对象条件；三是明知申报资料不符合国家相关审批规定条件；四是明知其审批行为违反国家相关审批程序规定。具有上述任何一个明知而违法审批的行为，均可构成非法批准的故意。

四、客观特征

非法批准征用、占用土地罪的客观方面表现为徇私舞弊，违反土地管理法规，滥用职权，非法批准征用、占用土地，情节严重的行为。

所谓征用土地，是指国家为了进行经济、文化、国防建设以及兴办社会公共事业的需要，依照有关法律规定的条件及程序，将属于集体所有的土地收归国有的一种措施。

所谓占用土地，是指对土地事实上的控制、管理与使用。为了使有限的土地资源能有效正确地利用，国家通过法律对土地征用、占用等作了一系列的规定，征用土地是国家为了社会公共利益的需要，将集体所有土地转变为国有土地的强制手段。

征用土地的基本条件是：第一，征地是一种政府行为，是政府的专有权力，其他任何单位和个人都没有征地权；第二，征地必须依法得到批准；第三，必须依法对被征地单位进行补偿，造成劳动力剩余的必须予以安置；第四，被征地单位必须服从，不得阻挠征地；第五，征地行为必须向社会公开，接受社会的公开监督。为了有效控制征用土地的数量和防止侵害被征用地单位的利益，土地管理法从法律上加强了征用土地的审批，上收了征地审批权。实行征用土地由国务院和省级人民政府两级审批。分别规定如下：

国务院的批准权：

1. 基本农田，即依照土地利用总体规划和《基本农田保护条例》划入基本农田保护区，禁止占用的耕地。将所有占用基本农田都由国务院批准，主要是为了切实加强对基本农田的保护，禁止一般性项目和城市、村庄、集镇建设占用基本农田。对于一些国家重点建设项目，确实无法避开而必须占用基本农田的，必须经过严格的审批，并按规定重新补划基本农田。这是严格管理基本农田的主要措施。

2. 基本农田以外的耕地超过 35 公顷的。比原规定占用耕地 1000 亩（66.7 公顷）的批准权缩小了一半。这里不包括同时征用基本农田的行为。

3. 其他土地超过 70 公顷的包括了耕地之外的所有土地，同时也包括征用耕地 35 公顷以下其他土地的总面积超过 70 公顷，都必须报国务院批准。其他都为省级人民政府的审批权。

根据中央确定的土地要实行集中统一管理的原则，土地管理法对农用地转为建设用地实行两级审批的原则，即国务院和省级人民政府，但考虑到我国的实际情况，将乡村企业、农村公共设施、公益事业和农民宅基地等占用农用地的，授权地（市）级人民政府审批。

（1）国务院批准的建设项目占用农用地的，包括按照国家基本建设程序规定，由国务院及国务院有关部门批准可行性研究报告的项目，并且是在城市建设用地区之外需要单独选址的项目。既包括国务院和国务院有关部门批准的能源、交通、水利、矿山等项目，也包括了中央军委批准建设的军事项目用地。

（2）省、自治区、直辖市人民政府批准可行性研究报告的铁路、公路、各种管线及大型的能源、交通、水利等基本设施需要在城市建设用地区外单独选址的项目用地。

（3）城市建设用地区内统一征地的，包括直辖市，省、自治区人民政府所在地城市、城区人口在100万以上的其他城市，以及国务院指定的其他城市的城市扩张用地。这里要说明的是这些城市只有城市本身扩张用地城市报国务院审批，而市辖县的县城扩张则由省级政府批准，市内农村集体建设用地扩张由地（市）办理农用地转用。但对一些市设的开发区、卫星城将按城市区扩张同样对待，需报国务院批准。

省级人民政府的批准权限：

（1）除了报国务院审批之外的其他城市的市区扩张占用农用地的。

（2）县和县级市所在的城镇及其他镇建设扩张占用农用地的。

（3）地、市以下政府批准可行性研究或建设项目需要占用农用地的。

授权设区的市、自治州批准的权限：

（1）乡镇土地利用总体规划确定的村庄、集镇建设用地区内的农民宅基地、乡村企业、乡村公共设施、公益设施建设占用农用地的。

（2）农村道路、水利及其他建设可以使用农村集体所有农用地的。

建设用地审批流程：申请人申请—实地踏查—办理项目预审手续—县级国土部门初审—部门会签—县市政府审核（审定）—省级国土部门审批—省级政府批准。

宅基地审批流程：申请人申请—村委会讨论通过—现场选址勘查—申请人申报—张榜公布—乡镇土地所审核—乡镇政府审批—县级政府批准—放线定界—验收发证。

非法征用、占用土地主要有以下几种形式：一是无权批准征用、占用土地而批准；二是超过批准权限征用、占用土地；三是不按照土地利用总体规划确定的用途批准征用土地；四是违反法律规定程序批准征用、占用土地；五是违反土地利用总体规划非法批准农用地转为建设用地；六是批准农村农民非法占用土地；

七是非法批准占用耕地采矿；八是非法批准占用农田发展种植养殖业。根据刑法的规定，非法批准征用、占用土地情节严重的，才能构成犯罪。最高人民检察院在2006年7月26日公布的《关于渎职侵权犯罪案件立案标准的规定》中规定，涉嫌下列情形之一的，属于情节严重的行为，应予立案：

“1. 非法批准征用、占用基本农田10亩以上的；

2. 非法批准征用、占用基本农田以外的耕地30亩以上的；

3. 非法批准征用、占用其他土地50亩以上的；

4. 虽未达到上述数量标准，但造成有关单位、个人直接经济损失30万元以上，或者造成耕地大量毁坏或者植被遭到严重破坏的；

5. 非法批准征用、占用土地，影响群众生产、生活，引起纠纷，造成恶劣影响或者其他严重后果的；

6. 非法批准征用、占用防护林地、特种用途林地分别或者合计10亩以上的；

7. 非法批准征用、占用其他林地20亩以上的；

8. 非法批准征用、占用林地造成直接经济损失30万元以上，或者造成防护林地、特种用途林地分别或者合计5亩以上或者其他林地10亩以上毁坏的；

9. 其他情节严重的情形。”

据2000年6月22日起施行的《最高人民法院关于审理破坏土地资源刑事案件具体应用法律若干问题的解释》，“造成耕地大量毁坏，是指行为人非法占用耕地建窑、建坟、建房、挖沙、采石、采矿、取土、堆放固体废弃物或者进行其他非农业建设，造成基本农田五亩以上或者基本农田以外的耕地十亩以上种植条件严重毁坏或者严重污染”。此罪在客观方面，需具有上述规定的行为和达到相关标准的结果，这是此罪客观要件的应然要求。

第二节　非法批准征用、占用土地罪的主体证据

非法批准征用、占用土地罪的主体证据，是指藉以证明行为人具有非法批准征用、占用土地犯罪主体资格的证据。

一、自然人情况证据

自然人情况证据。即证明行为人年龄、性别、民族、出生地、居住地、工作单位所在地、家庭成员情况等自然人情况的证据材料。主要包括：

1. 身份证明。居民身份证、护照等。

2. 户籍证明。居住地公安机关出具的户口证明、微机户口底卡等。

3. 违法违纪记录。公安机关、纪检监察等机关的证明材料等。

二、国家机关工作人员身份情况证据

国家机关工作人员身份证据。即证明行为人具有国家机关工作人员身份资格的证据材料。主要包括：

1. 工作证、人事档案、工作简历。

2. 专业或技术等级证、任职文件及所在单位出具的人事证明材料等。

如果行为人系国家机关正式聘用人员，应注意收集相关聘用、聘任证明文件；如果行为人虽为国家机关聘用人员，但未办理正式聘用手续，应注意收集相关的单位议定文件、会议纪要、工资发放标准等证明材料。

三、国家机关工作人员职权职责证据

国家机关工作人员职权职责证据。即证明行为人在国家机关中从事审查批准征用、占用土地公务，行使相应工作职权，履行相关工作职责的证据材料。主要包括：

1. 国家法律法规中有关国家机关工作人员在审查批准征用、占用土地工作中的职权、职责范围的明确规定。

2. 行业系统或者单位制定的有关审查批准征用、占用土地的工作程序、职责权限、岗位职责等行政规范。

3. 有关行为人的职务任命、职责分工、临时承办等相关证明材料。

证明意义： 非法批准征用、占用土地罪的主体证据，是此罪的前提性证据。不符合此罪主体资格的人，不能成为此罪的主体。其中，自然情况证据是证明行为人作为自然人所应具备的基本资格条件，国家机关工作人员身份证据，是确定其是否符合此罪主体身份的关键，区别于国家工作人员的基本要求，它对此罪的成立和诉讼管辖均有着重要的作用。国家机关工作人员职权职责证据，是判断行

为人是否拥有相关审查批准征用、占用土地的权利、职责以及相关义务的重要依据。可以说，它既是此罪主体资格的有效证明，也是行为人滥权渎职的有力证明。需要说明的是，“批准”不仅仅是最终决定，它还应当包括审查批准过程的初审、再审、会审、审核、批准各个环节。审批过程中任何环节的国家机关工作人员均可构成此罪的主体。为此，在查处此类案件时，既不能仅盯住基层干部不放，也不能机械地强调最终批准权，而放纵徇私舞弊滥用职权的“中梗阻”。

第三节　非法批准征用、占用土地罪的行为证据

非法批准征用、占用土地罪的行为证据，是指藉以证明行为人具有徇私舞弊，违反土地管理法规，滥用职权，非法批准征用、占用耕地、林地等农用地以及其他土地行为的证据。

1. 职权规范证据。即证明行为人具有违反正确履职规范的权责依据证据材料。如：

（1）反映行为人违反土地管理法规中确定的批准征用、占用土地的原则、权限、程序、条件等法规证据；

（2）反映行为人违反本行业系统的相关批准征用、占用土地的实施细则，地方的条例办法、行政权力操作规范、运行程序、审批权限、岗位职责等相关制度性证据。

2. 无资质审批证据。即证明行为人具有为无资质申请人非法审批征用、占用土地的行为证据。如：

（1）反映申请人不具备申请资质的资质证书、主管部门核定证明、虚假申报资料、原始审查意见材料等相关书证，以及知情人证言、申请人陈述、行为人供述等证明材料。

（2）反映行为人不顾事实、罔顾规则非法审查、批准的证人证言、相关审批书证以及行为人供述等证明材料。

（3）反映行为人在审查申请人资质过程中，弄虚作假、隐瞒真情、伪造材料的知情人证言、申请人陈述、相关书证、鉴定意见，以及行为人供述等证明材料。

3. 越权审批证据。即证明行为人具有超越职权非法审批征用、占用土地的行为证据。如：

（1）反映行为人无审查批准征用、占用土地权力的相关法律法规、相关审批书证、主管部门审核结论、证人证言以及行为人供述等证明材料。

（2）反映行为人超越职权审查批准征用、占用土地的相关该级审批权限规

定、相关审批书证、主管部门审核结论、证人证言以及行为人供述等证明材料。

（3）反映行为人不听劝告滥权审批征用、占用土地的知情人证言、劝告人证言、相关审批书证、主管部门审核结论以及行为人供述等证明材料。

4. 超程序审批证据。即证明行为人具有超越征用、占用土地审批程序的证据。如：

（1）反映行为人超越相关部门审查程序，非法批准征用、占用土地的相关审批书证、环保、文物等相关部门说明、主管部门审核结论、证人证言以及行为人供述等证明材料。

（2）反映行为人超越级别审批程序，非法批准征用、占用土地的相关审批书证、上级主管部门审核结论、知情人证言、劝告人证言、行为人供述等证明材料。

（3）反映行为人超越内部工作程序，弄虚作假、伪造材料、“一岗多责”等非法征用、占用土地的相关审批书证、主管部门审核结论、知情人证言、劝告人证言、行为人供述等证明材料。

5. 作假报批证据。即证明行为人与他人相互勾结伪造假申请人、假建设项目、假申报材料、假审查材料、假领导批示等虚假情况，骗取上级批准征用、占用土地的相关报批书证、合伙人陈述、主管部门核定结论、相关部门鉴别意见、证人证言以及行为人供述等证明材料。

证明意义：非法批准征用、占用土地罪的行为证据是该罪证据体系的核心。证明的重点在于滥用职权行为和徇私舞弊行为。其中，职权规范证据的证明作用，在于证明其审批行为的违法性。正确履职的行为规范，既是其侵害的直接客体，也是其非法批准行为的佐证，更是衡量其行为的标尺。这些证据在证据学中被称为法规证据，属于不必举证的法官应知范畴。但实事求是地讲，法官不是全能法律家，渎职罪涉及浩如烟海的行政法规、部门规章和行业规范，谁也不可能全部通晓。为此，收集和使用此类证据既是认定犯罪的需要，也是保障诉讼顺利进行的客观需求。无资质审批证据，针对的是没有申请资质而被非法批准的行为。此种情况实践中屡见不鲜，“以钱套地、以地套钱”，空手套白狼一夜暴富，其背后没有徇私舞弊、滥权渎职撑腰是万难实现的。故此组证据既是非法批准行为的有力证明，也是重要的查证方向。越权审批证据，是对滥用职权行为的典型证明。权力是如何在“笼子”里折腾的，证据是最好的答案，也是让滥权人付出应有代价的事实依据。超程序审批，是权力任性的突出表现。实践中，一些人打着“特事特办”、“上级项目”、“绿色通道”等旗号，无视环评程序、无视文物保护，甚至连本部门的内部程序都不顾非法批地，不仅严重破坏了国家“最严格的土地政策”，在社会上也造成了极为恶劣的影响。但是，靠情绪惩治不了

犯罪，高压反腐依靠的是如山铁证。故此组证据对依法惩治“任性权力”犯罪，有着十分重要的意义。作假报批行为，是非法批准征用、占用土地犯罪中最为恶劣的一种形式。有的是官商勾结，有的是部门“合作”，弄虚作假欺骗上级。河北就有一个县的土地局长，伪造“祖冲之纪念馆”申报批地，上级批准后建成了几个局长的私人别墅小区。对此类恶行，必须以铁证揭穿真相，并确保证据的确实、充分，以使腐败蛀虫得到严惩，使正义得到伸张，使法律人得到内心的宽慰。此外，反腐败的严峻现实告诉我们，由于批准征用、占用土地是一种政府行为，致使非法批准征用、占用土地的行为，对政府形象和政府公信力构成了致命性伤害，要挽回影响、重塑公信，就必须严惩此类犯罪，而惩治犯罪就必须依靠事实证据，其中行为证据是定罪证据中的核心证据，也是最基本的证据，每一个执法者都应该以强烈的证据意识，去认识它、重视它和对待它，以保证及时准确地惩治犯罪。

第四节　非法批准征用、占用土地罪的结果证据

非法批准征用、占用土地罪的结果证据，是指藉以证明行为人的行为造成了非法批准征用、占用土地结果的证据。主要有土地损失、林地损失、经济损失、土地毁损和恶劣影响五组证据。如：

1. 土地损失情况证据。即证明行为人的行为造成土地损失结果的证据。

（1）非法批准征用、占用基本农田 10 亩以上的证据。如：反映非法批准征用、占用基本农田结果的范围、面积、地块、地力等级的基本农田档案资料、现场勘查笔录、图例、影像资料、主管部门土地性质鉴定、证人证言、行为人供述等证明材料。

（2）非法批准征用、占用基本农田以外的耕地 30 亩以上的证据。如：反映非法批准征用、占用基本农田以外的耕地结果的现场勘查笔录、影像资料、图例、主管部门土地性质鉴定、证人证言、行为人供述等证明材料。

（3）非法批准征用、占用其他土地 50 亩以上的证据。如：非法批准征用、占用其他土地结果的现场勘查笔录、影像资料、图例、主管部门土地性质鉴定、证人证言、行为人供述等证明材料。

证明意义：我国人口多耕地少，耕地后备资源不足，维护国家粮食安全，保持社会稳定，始终是我国的一个重大问题。为此，国务院于 1998 年 12 月 27 日专门颁布了《基本农田保护条例》，划定基本农田保护区，根本目的就是为了对基本农田实行特殊保护，以满足我国未来人口和国民经济发展对农产品的需求，为农业生产乃至国民经济的持续、稳定、快速发展起到保障作用。《基本农田保

护条例》第三十条规定，“违反本条例规定，有下列行为之一的，依照《中华人民共和国土地管理法》和《中华人民共和国土地管理法实施条例》的有关规定，从重给予处罚：（一）未经批准或者采取欺骗手段骗取批准，非法占用基本农田的；（二）超过批准数量，非法占用基本农田的；（三）非法批准占用基本农田的；（四）买卖或者以其他形式非法转让基本农田的。”土地管理法还明确规定，“十分珍惜、合理利用土地和切实保护耕地是我国的基本国策。各级人民政府应当采取措施，全面规划，严格管理，保护、开发土地资源，制止非法占用土地的行为。”为此，国家编制土地利用总体规划，规定土地用途，将土地分为农用地、建设用地和未利用地。严格限制农用地转为建设用地，控制建设用地总量，对耕地实行特殊保护。国务院要求各级政府，“非农业建设必须节约使用土地，可以利用荒地的，不得占用耕地；可以利用劣地的，不得占用好地”。因此，对非法批准征用、占用基本农田、耕地等农用地的行为，必须严格执法，严密证据链条，严惩非法批准征用、占用土地犯罪行为。

2. 林地损失情况证据。即证明行为人的行为造成林地损失情况的证据。如：

（1）非法批准征用、占用防护林地、特种用途林地分别或者合计10亩以上的证据。如：反映被损防护林地、特种用途林地的现场勘查笔录、图例、影像资料、主管部门林地性质及损失鉴定、被损林地确权证、受害人陈述、证人证言、行为人供述等证明材料。

（2）非法批准征用、占用其他林地20亩以上的证据。如：反映被损林地的现场勘查笔录、图例、影像资料、主管部门林地性质及损失鉴定、被损林地确权证、受害人陈述、证人证言、行为人供述等证明材料。

证明意义：森林作为陆地生态系统的主体，对全球的生态环境、民族的兴衰和社会的发展均具有重要的战略意义。据中国林业科学院研究院可持续发展研究中心资料显示，我国有960万平方公里的国土，森林面积只有17491万公顷，仅占世界森林面积的39%。森林覆盖率只有18.21%，仅为世界平均水平的61.3%。我国人均拥有森林面积和蓄积面积仅排世界第134位和第122位。为发挥森林蓄水保土、调节气候、改善环境、提供林产品等功能作用，建设青山绿水、秀美山川，国家实行严格的森林保护制度。2000年1月29日国务院发布的《森林法实施条例》明确规定，“占用或者征收、征用防护林林地或者特种用途林林地面积10公顷以上的，用材林、经济林、薪炭林林地及其采伐迹地面积35公顷以上的，其他林地面积70公顷以上的，由国务院林业主管部门审核；占用或者征收、征用林地面积低于上述规定数量的，由省、自治区、直辖市人民政府林业主管部门审核。占用或者征收、征用重点林区的林地的，由国务院林业主管部门审核。”“林地，包括郁闭度0.2以上的乔木林地以及竹林地、灌木林地、疏林

地、采伐迹地、火烧迹地、未成林造林地、苗圃地和县级以上人民政府规划的宜林地。"《森林法》规定，"防护林：以防护为主要目的的森林、林木和灌木丛，包括水源涵养林，水土保持林，防风固沙林，农田、牧场防护林，护岸林，护路林。""特种用途林：以国防、环境保护、科学实验等为主要目的的森林和林木，包括国防林、实验林、母树林、环境保护林、风景林，名胜古迹和革命纪念地的林木，自然保护区的森林。"非法批准征用、占用林地的行为，正是对上述法律法规的严重侵害。为此，以扎实的结果证据精准确定其损害结果，不仅是惩治犯罪的需要，对保护国家森林资源，规制行政权力均有着重要的意义。

3. 经济损失情况证据。即证明行为人非法批准征用、占用土地、林地造成直接经济损失30万元以上的结果证据。如：反映经济损失的财务审计资料、司法会计鉴定、地上附着物评估结论、相关书证、有关核算说明、证人证言、行为人供述等证明材料。

4. 土地毁损情况证据。即证明行为人造成基本农田或其他耕地大量毁坏的结果证据。如：反映土地毁坏程度、面积、地块情况的主管部门的测评结论、土质鉴定、现场勘查笔录、影像资料、相关书证物证、证人证言、专家证言、行为人供述等证明材料。

5. 恶劣影响情况证据。即证明行为人非法批准征用、占用土地，造成恶劣影响或者其他严重后果的证据。如：反映造成群众生产、生活困难，引起土地、林地群体纠纷，社会影响恶劣、公众反响强烈的信访情况、媒体反映、纠纷处理情况报告、网络舆情、其他情况反映等证明材料。

证明意义：根据"两高"有关司法解释，行为人非法批准征用、占用土地的行为，土地（包括林地）面积损失虽未达到前述亩数，但造成直接经济损失30万元以上的，或者造成耕地大量毁坏的，亦应立案侦查追究刑事责任。2000年6月19日最高人民法院公布的《关于审理破坏土地资源刑事案件具体应用法律若干问题的解释》规定，"造成耕地大量毁坏，是指行为人非法占用耕地建窑、建坟、建房、挖沙、采石、采矿、取土、堆放固体废弃物或者进行其他非农业建设，造成基本农田5亩以上或者基本农田以外的耕地10亩以上种植条件严重毁坏或者严重污染。"也就是说，在土地损失、经济损失均达不到相关标准时，基本农田5亩以上，或者其他耕地10亩以上，种植条件严重毁坏或者严重污染的，即可构成犯罪。从上述司法解释可以看出，司法解释所列毁坏土地手段，均是破坏土地耕作层，致使土地失去种植条件的方法。为此，所谓严重毁坏和严重污染，实际是指致使土地失去种植条件的毁坏和污染程度。恶劣影响情况，是指非法批准征用、占用土地造成的非物质性损失。例如，严重影响群众生产、生活，引发群体性纠纷，引发较大规模群体访、越级访，引发舆论媒体炒作等严重不良社会影响的情形。由于土地审批是一种政府行为，非法批准征用、占用土地行为必然会给政府形象和政府公信力造成致命性破坏，“党群关系”、“官民关系”也会受到极大的伤害。这些后果虽然是非物质性的，但其社会危害的严重性丝毫不比物质性损失小。因此，对其后果的严重性务必给予应有的重视。

第五节　非法批准征用、占用土地罪的主观证据

非法批准征用、占用土地罪的主观证据，是指藉以证明行为人明知其批准征用、占用土地的行为违反法律规定，而希望或放任非法批准结果发生的证据。此组证据由主观明知证据、主观追求证据组成。

1. 主观明知证据。即证明行为人在主观认识上对其批准征用、占用土地的违法性具有明知的证据。如：

(1) 明知申请人违规申报的证据。即证明行为人在主观认识上，对申请人不符合申报资质条件、申报资料不符合规定条件具有明知的证据。如：反映行为人知道或者应当知道申请人不具备申报资质，或者申报资料不符合规定，或者申报资料虚假等情况的证明材料。

(2) 明知审批权力受限的证据。即证明行为人在主观认识上，对自己无权审批、超范围审批、越级审批等具有明知的证据。如：反映行为人知道或者应当知道自己没有审批权力，或者审批内容超出自己的审批范围、审批级别、审批权限等权限规定的证明材料。

(3) 明知审批程序违法的证据。即证明行为人在主观认识上，对本部门、本系统的审批程序，相关部门的审查程序，报批的级别程序等程序性规定具有明知的证据。如：反映行为人知道或者应当知道其审批行为违反本部门、本系统审批程序，违反相关部门审查程序，违反上级批准程序等运行规定的证明材料。

证明意义：明知，是主观故意的前提条件。每个故意犯罪的个案均须具备主观明知要件，只是明知的内容不同而已。非法批准征用、占用土地罪的主观明知，主要体现为以上三种情形。这三种情形，是针对三种非法批准行为而具有的明知。比如，明知申请人违规申报，包括明知申请人不符合相关资质条件规定，明知申报资料不合格，明知申报资料有假等申请人违法违规申报的情况。明知违规申报而滥权批准即构成了非法批准的主观故意。明知审批权力受限，包括明知本级、本部门、本人无权审批，或者超出本级、本部门、本人的审批范围、审批职责或者审批权限等。明知审批程序违法也是如此，明知违反本部门、本系统的审批工作程序，或者明知违反相关部门审查程序，明知应当报请上级批准决定程序等。这些明知属于行为人的职责性、义务性明知，属于主管土地审批工作的国

家机关工作人员基本的应知应会。为此，此类明知可结合其行为证据、职责证据进行事实推定。在其位谋其政，谋其政胜其任。应以权力义务相一致的原则，去要求其认知能力；以主客观相一致的原则，去推定其主观故意。这不仅是证实犯罪的需要，对揭露犯罪、教育犯罪也有着十分重要的意义。

2. 主观追求证据。即证明行为人在主观意志上，希望或放任非法批准结果发生的证据。如：

（1）隐瞒事实滥权审批证据。即反映行为人对不符合申报相关规定的条件事实予以隐瞒，希望或放任批准的心理态度的证明材料。

（2）不顾程序擅权审批证据。即反映行为人对违反相关审批程序无所畏忌，一意孤行擅自批准或放任自流等心态表现的证明材料。

（3）无视权限越权审批证据。即反映行为人对审批制度、审批权限置之不顾越权审批，希望或放任批准结果发生的心理反映的证明材料。

（4）弄虚作假弄权审批证据。即反映行为人不顾事实真相，弄虚作假、伪造材料并积极上报或擅自批准，希望或放任批准结果发生的心理态度的证明材料。

证明意义：主观追求，是故意犯罪在主观意志上的一种重要心理反映。不同的故意，有不同的主观追求目标。非法批准征用、占用土地罪，主观追求的直接目标是非法批准征用、占用土地的结果发生，而不是非法批准征用、占用土地后的再生后果。也就是说，对非法批准征用、占用土地其持希望或放任态度，而对是否会造成土地毁坏，是否会给单位、集体或个人造成经济损失，主观上不要求必须具有故意。实践中，此罪在主观追求方面有两种心态，一种是积极追求非法批准结果的发生，另一种是放任非法批准结果的发生。例如，有的人知法犯法徇私舞弊，把非法批准作为直接目标，千方百计地追求非法批准结果发生；有的人明知违法却不露声色心理暗合放任自流。无论希望还是放任，非法批准均是他们的内心目标。隐瞒事实真相、无视程序、超越职权、弄虚作假等行为，是他们心理反映的外在表现。所谓“思想是行动的指南，行动是思想的表象”，就是说的这个道理。为此，在收集、审查证据时，应注意从其外在言行证据中，挖掘、剖析行为人的心理态度，以正确判断其主观意志的真实反映，防止片面地依赖口供或误判口供。

第六节　非法批准征用、占用土地罪的情节证据

非法批准征用、占用土地罪的情节证据，是指藉以证明行为人具有影响定罪、量刑情节的事实证据。如：

1. 定罪情节证据。即证明行为人具有影响定罪情节的证据。如：

（1）损失数额情况证据。即证明行为人非法批准征用、占用土地面积、经济损失达到定罪标准的证据。如：达到基本农田、防护林地、特种用途林地10亩以上，其他耕地30亩以上，其他林地20亩以上，其他土地50亩以上，直接经济损失30万元以上的证明材料。

（2）徇私情私利证据。即证明行为人在非法批准征用、占用土地过程中，具有徇私情、私利情节的证据。如：反映行为人具有徇亲情、乡情、友情、同学情、战友情的证明材料。

2. 量刑情节证据。即证明行为人在非法批准征用、占用土地过程中，具有从轻、从重等影响量刑的情节证据。如：

（1）造成特别重大损失情节证据。即证明行为人非法批准征用、占用土地，致使国家和集体利益遭受特别重大损失的情况证据。如：非法批准征用、占用基本农田、防护林地、特种用途林地20亩以上的；其他耕地60亩以上、其他林地40亩以上、其他土地100亩以上的；造成基本农田5亩以上、防护林地、特种用途林地10亩以上、其他耕地10亩以上、其他林地20亩以上严重毁坏的；非法征用、占用土地、林地分别造成直接经济损失50万元和60万元以上的情况证据。

（2）自首、立功情节证据。即证明行为人在刑事诉讼过程中，具有自首、立功、坦白等法定、酌定从轻处罚的情节证据。

（3）徇私受贿情节证据。即证明行为人在非法低价出让国有土地使用权过程中，具有受贿犯罪情节的证据。如：反映行为人徇私利受贿数额较大已构成受贿罪的事实证据。

证明意义：根据刑法的规定，非法批准征用、占用土地罪有两个量刑幅度，“情节严重的，处三年以下有期徒刑或者拘役；致使国家和集体利益遭受特别重大损失的，处三年以上七年以下有期徒刑。”这样，损失数额就成为一个重要的量刑节点。2000年6月22日起施行的《最高人民法院关于审理破坏土地资源刑事案件具体应用法律若干问题的解释》中规定，“具有下列情形之一的，属于非法批准征用、占用土地‘致使国家或者集体利益遭受特别重大损失’：

（一）非法批准征用、占用基本农田二十亩以上的；

（二）非法批准征用、占用基本农田以外的耕地六十亩以上的；

（三）非法批准征用、占用其他土地一百亩以上的；

（四）非法批准征用、占用土地，造成基本农田五亩以上，其他耕地十亩以上严重毁坏的；

（五）非法批准征用、占用土地造成直接经济损失五十万元以上等恶劣情节的。”

2005年12月30日起施行的《最高人民法院关于审理破坏林地资源刑事案件具体应用法律若干问题的解释》中规定，“具有下列情形之一的，属于刑法第四百一十条规定的‘致使国家或者集体利益遭受特别重大损失’，应当以非法批准征用、占用土地罪判处三年以上七年以下有期徒刑：

（一）非法批准征用、占用防护林地、特种用途林地数量分别或者合计达到二十亩以上；

（二）非法批准征用、占用其他林地数量达到四十亩以上；

（三）非法批准征用、占用林地造成直接经济损失数额达到六十万元以上，或者造成本条第（一）项规定的林地数量分别或者合计达到十亩以上或者本条第（二）项规定的林地数量达到二十亩以上毁坏。”最高人民法院的上述规定与最高人民检察院2002年1月1日施行的《人民检察院直接受理立案侦查的渎职侵权重特大案件标准（试行）》基本一致，实践中注意相互参照应用。

此外，徇私情节构成受贿罪的，应适用数罪并罚，不应适用从一重处理原则。“两高”在2013年1月9日起施行的《关于办理渎职刑事案件适用法律若干问题的解释（一）》中规定，“国家机关工作人员实施渎职犯罪并收受贿赂，同时构成受贿罪的，除刑法另有规定外，以渎职犯罪和受贿罪数罪并罚。”为此，实践中应注意正确运用这一处罚原则，依法从严惩治徇私舞弊，滥用职权，非法批准征用、占用土地的犯罪行为。

附：法律法规

1.《中华人民共和国刑法》（1997年3月14日修订）（节录）

第四百一十条【非法批准征用、占用土地罪】　国家机关工作人员徇私舞弊，违反土地管理法规，滥用职权，非法批准征用、占用土地，或者非法低价出让国有土地使用权，情节严重的，处三年以下有期徒刑或者拘役；致使国家或者集体利益遭受特别重大损失的，处三年以上七年以下有期徒刑。

2.《中华人民共和国土地管理法》（2004年8月28日修订）（节录）

第四条　国家实行土地用途管制制度。

国家编制土地利用总体规划，规定土地用途，将土地分为农用地、建设用地和未利用地。严格限制农用地转为建设用地，控制建设用地总量，对耕地实行特殊保护。

前款所称农用地是指直接用于农业生产的土地，包括耕地、林地、草地、农田水利用地、养殖水面等；建设用地是指建造建筑物、构筑物的土地，包括城乡住宅和公共设施用地、工矿用地、交通水利设施用地、旅游用地、军事设施用地等；未利用地是指农用地和建设用地以外的土地。

使用土地的单位和个人必须严格按照土地利用总体规划确定的用途使用土地。

第八条 城市市区的土地属于国家所有。

农村和城市郊区的土地，除由法律规定属于国家所有的以外，属于农民集体所有；宅基地和自留地、自留山，属于农民集体所有。

第九条 国有土地和农民集体所有的土地，可以依法确定给单位或者个人使用。使用土地的单位和个人，有保护、管理和合理利用土地的义务。

第四十四条 建设占用土地，涉及农用地转为建设用地的，应当办理农用地转用审批手续。

省、自治区、直辖市人民政府批准的道路、管线工程和大型基础设施建设项目、国务院批准的建设项目占用土地，涉及农用地转为建设用地的，由国务院批准。

在土地利用总体规划确定的城市和村庄、集镇建设用地规模范围内，为实施该规划而将农用地转为建设用地的，按土地利用年度计划分批次由原批准土地利用总体规划的机关批准。在已批准的农用地转用范围内，具体建设项目用地可以由市、县人民政府批准。

本条第二款、第三款规定以外的建设项目占用土地，涉及农用地转为建设用地的，由省、自治区、直辖市人民政府批准。

第四十五条 征收下列土地的，由国务院批准：

（一）基本农田；

（二）基本农田以外的耕地超过三十五公顷的；

（三）其他土地超过七十公顷的。

征收前款规定以外的土地的，由省、自治区、直辖市人民政府批准，并报国务院备案。

征收农用地的，应当依照本法第四十四条的规定先行办理农用地转用审批。其中，经国务院批准农用地转用的，同时办理征地审批手续，不再另行办理征地审批；经省、自治区、直辖市人民政府在征地批准权限内批准农用地转用的，同时办理征地审批手续，不再另行办理征地审批，超过征地批准权限的，应当依照

本条第一款的规定另行办理征地审批。

第七十八条　无权批准征收、使用土地的单位或者个人非法批准占用土地的，超越批准权限非法批准占用土地的，不按照土地利用总体规划确定的用途批准用地的，或者违反法律规定的程序批准占用、征收土地的，其批准文件无效，对非法批准征收、使用土地的直接负责的主管人员和其他直接责任人员，依法给予行政处分；构成犯罪的，依法追究刑事责任。非法批准、使用的土地应当收回，有关当事人拒不归还的，以非法占用土地论处。

非法批准征收、使用土地，对当事人造成损失的，依法应当承担赔偿责任。

3.《中华人民共和国草原法》（2013年6月29日修订）（节录）

第四十二条　国家实行基本草原保护制度。下列草原应当划为基本草原，实施严格管理：

（一）重要放牧场；

（二）割草地；

（三）用于畜牧业生产的人工草地、退耕还草地以及改良草地、草种基地；

（四）对调节气候、涵养水源、保持水土、防风固沙具有特殊作用的草原；

（五）作为国家重点保护野生动植物生存环境的草原；

（六）草原科研、教学试验基地；

（七）国务院规定应当划为基本草原的其他草原。

基本草原的保护管理办法，由国务院制定。

第六十三条　无权批准征收、征用、使用草原的单位或者个人非法批准征收、征用、使用草原的，超越批准权限非法批准征收、征用、使用草原的，或者违反法律规定程序批准征收、征用、使用草原，构成犯罪的，依法追究刑事责任；尚不够刑事处罚的依法给予行政处罚。非法批准征收、征用、使用草原的文件无效。非法批准征收、征用、使用的草原应当收回，当事人拒不归还的，以非法使用草原论处。

非法批准征收、征用、使用草原，给当事人造成损失的，依法承担赔偿责任。

4. 全国人大常委会《关于〈中华人民共和国刑法〉第二百二十八条、第三百四十二条、第四百一十条的解释》（2001年8月31日通过）（节录）

刑法第二百二十八条、第三百四十二条、第四百一十条规定的“违反土地管理法规”，是指违反土地管理法、森林法、草原法等法律以及有关行政法规中关于土地管理的规定。

刑法第四百一十条规定的“非法批准征用、占用土地”，是指非法批准征用、占用耕地、林地等农业地以及其他土地。

5. 最高人民法院《关于审理破坏土地资源刑事案件具体应用法律若干问题的解释》（2000年6月22日施行）（节录）

第四条 国家机关工作人员徇私舞弊，违反土地管理法规，滥用职权，非法批准征用、占用土地，具有下列情形之一的，属于非法批准征用、占用土地“情节严重”，依照刑法第四百一十条的规定，以非法批准征用、占用土地罪定罪处罚：

（一）非法批准征用、占用基本农田十亩以上的；

（二）非法批准征用、占用基本农田以外的耕地三十亩以上的；

（三）非法批准征用、占用其他土地五十亩以上的；

（四）虽未达到上述数量标准，但非法批准征用、占用土地造成直接经济损失三十万元以上；造成耕地大量毁坏等恶劣情节的。

第五条 实施第四条规定的行为，具有下列情形之一的，属于非法批准征用、占用土地“致使国家或者集体利益遭受特别重大损失”：

（一）非法批准征用、占用基本农田二十亩以上的；

（二）非法批准征用、占用基本农田以外的耕地六十亩以上的；

（三）非法批准征用、占用其他土地一百亩以上的；

（四）非法批准征用、占用土地，造成基本农田五亩以上，其他耕地十亩以上严重毁坏的；

（五）非法批准征用、占用土地造成直接经济损失五十万元以上等恶劣情节的。

第九条 多次实施本解释规定的行为依法应当追诉的，或者一年内多次实施本解释规定的行为未经处理的，按照累计的数量、数额处罚。

6. 最高人民法院《关于审理破坏林地资源刑事案件具体应用法律若干问题的解释》（2005年12月30日施行）（节录）

第二条 国家机关工作人员徇私舞弊，违反土地管理法规，滥用职权，非法批准征用、占用林地，具有下列情形之一的，属于刑法第四百一十条规定的“情节严重”，应当以非法批准征用、占用土地罪判处三年以下有期徒刑或者拘役：

（一）非法批准征用、占用防护林地、特种用途林地数量分别或者合计达到十亩以上；

（二）非法批准征用、占用其他林地数量达到二十亩以上；

（三）非法批准征用、占用林地造成直接经济损失数额达到三十万元以上，或者造成本条第（一）项规定的林地数量分别或者合计达到五亩以上或者本条第（二）项规定的林地数量达到十亩以上毁坏。

第三条 实施本解释第二条规定的行为，具有下列情形之一的，属于刑法第

四百一十条规定的“致使国家或者集体利益遭受特别重大损失”，应当以非法批准征用、占用土地罪判处三年以上七年以下有期徒刑：

（一）非法批准征用、占用防护林地、特种用途林地数量分别或者合计达到二十亩以上；

（二）非法批准征用、占用其他林地数量达到四十亩以上；

（三）非法批准征用、占用林地造成直接经济损失数额达到六十万元以上，或者造成本条第（一）项规定的林地数量分别或者合计达到十亩以上或者本条第（二）项规定的林地数量达到二十亩以上毁坏。

第七条　多次实施本解释规定的行为依法应当追诉且未经处理的，应当按照累计的数量、数额处罚。

7. 最高人民检察院《关于渎职侵权犯罪案件立案标准的规定》（2006 年 7 月 26 日公布）（节录）

（二十一）非法批准征用、占用土地案（第四百一十条）

非法批准征用、占用土地罪是指国家机关工作人员徇私舞弊，违反土地管理法、森林法、草原法等法律以及有关行政法规中关于土地管理的规定，滥用职权，非法批准征用、占用耕地、林地等农用地以及其他土地，情节严重的行为。涉嫌下列情形之一的，应予立案：

1. 非法批准征用、占用基本农田 10 亩以上的；

2. 非法批准征用、占用基本农田以外的耕地 30 亩以上的；

3. 非法批准征用、占用其他土地 50 亩以上的；

4. 虽未达到上述数量标准，但造成有关单位、个人直接经济损失 30 万元以上，或者造成耕地大量毁坏或者植被遭到严重破坏的；

5. 非法批准征用、占用土地，影响群众生产、生活，引起纠纷，造成恶劣影响或者其他严重后果的；

6. 非法批准征用、占用防护林地、特种用途林地分别或者合计 10 亩以上的；

7. 非法批准征用、占用其他林地 20 亩以上的；

8. 非法批准征用、占用林地造成直接经济损失 30 万元以上，或者造成防护林地、特种用途林地分别或者合计 5 亩以上或者其他林地 10 亩以上毁坏的；

9. 其他情节严重的情形。

8. 最高人民检察院《人民检察院直接受理立案侦查的渎职侵权重特大案件标准（试行）》（2001 年 7 月 20 日公布）（节录）

十九、非法批准征用、占用土地案

（一）重大案件

1. 非法批准征用、占用基本农田二十亩以上的；

2. 非法批准征用、占用基本农田以外的耕地六十亩以上的；

3. 非法批准征用、占用其他土地一百亩以上的；

4. 非法批准征用、占用土地，造成基本农田五亩以上，其他耕地十亩以上严重毁坏的；

5. 非法批准征用、占用土地造成直接经济损失五十万元以上的。

（二）特大案件

1. 非法批准征用、占用基本农田三十亩以上的；

2. 非法批准征用、占用基本农田以外的耕地九十亩以上的；

3. 非法批准征用、占用其他土地一百五十亩以上的；

4. 非法批准征用、占用土地，造成基本农田十亩以上，其他耕地二十亩以上严重毁坏的；

5. 非法批准征用、占用土地造成直接经济损失一百万元以上的。

第二十三章　非法低价出让国有土地使用权罪证据结构

第一节　非法低价出让国有土地使用权罪概述

非法低价出让国有土地使用权罪，是指国家机关工作人员徇私舞弊，违反土地管理法、森林法、草原法等法律以及有关行政法规中关于土地管理的规定，滥用职权、非法低价出让国有土地使用权，情节严重的行为。其基本特征如下：

一、主体特征

非法低价出让国有土地使用权罪的为特殊主体，即国家机关工作人员。最高人民检察院2006年7月26日公布的《关于渎职侵权犯罪案件立案标准的规定》中解释，“国家机关工作人员，是指在国家机关中从事公务的人员，包括在各级国家权力机关、行政机关、司法机关和军事机关中从事公务的人员。在依照法律、法规规定行使国家行政管理职权的组织中从事公务的人员，或者在受国家机关委托代表国家行使职权的组织中从事公务的人员，或者虽未列入国家机关人员编制但在国家机关中从事公务的人员，在代表国家机关行使职权时，视为国家机关工作人员。在乡（镇）以上中国共产党机关、人民政协机关中从事公务的人员，视为国家机关工作人员”。实践中，主要是负有出让价格审查批准的政府主管负责人和土地、财政等部门工作人员。

二、客体特征

非法低价出让国有土地使用权罪侵害的客体是国有土地使用管理的正常秩序。土地资源是国民经济的重要物质基础，是关系国计民生的重要资源，且系不可再生性稀有资源。为此，改革开放以来，国家先后颁布了土地管理法、森林法、草原法、《土地管理实施条例》、《城镇国有土地使用权出让和转让暂行条例》等一系列法律法规，对出让国有土地使用权的批准权限、程序等作出了明确的规定，对加强土地资源的管理，合理开发利用国有土地，促进国家经济社会的快速发展，发挥了非常重要的作用。国家机关工作人员徇私舞弊，违反土地管理法规，滥用职权，非法低价出让国有土地使用权的行为，侵害了国家对国有土地的管理制度，扰乱了国有土地使用管理的正常秩序。

三、主观特征

非法低价出让国有土地使用权罪在主观方面表现为故意。即行为人明知违反土地管理法律法规，而故意徇私舞弊，低价出让国有土地使用权。徇私是此罪的动机。2003 年 11 月 13 日最高人民法院印发的《全国法院审理经济犯罪案件工作座谈会纪要》中规定，“徇私舞弊型渎职犯罪的‘徇私’应理解为徇个人私情、私利。”为此，为徇私情、私利而故意违法低价出让国有土地，是此罪的重要主观特征。

四、客观特征

非法低价出让国有土地使用权罪在客观方面表现为，徇私舞弊，违反土地管理法规，滥用职权，非法低价出让国有土地使用权，情节严重的行为。根据刑法第四百一十条规定，此罪在客观方面主要表现为以下行为：一是非法以划拨方式无偿给予用地者土地使用权；二是超越职权或违法行使本人职权，实施低价出让国有土地使用权行为；三是以隐瞒事实、伪造材料、弄虚作假等舞弊行为，非法低价出让国有土地使用权。区别是否低价出让国有土地使用权，现主要依据以下规定：1992 年原国家土地管理局《划拨土地使用权管理暂行办法》规定，“土地使用权出让金，区别土地使用权转让、出租、抵押等不同方式，按标定地价的一定比例收取，最低不得低于标定地价的 40%”；1995 年《协议出让国有土地使用权最低价确定办法》规定，“协议出让最低价根据商业、住宅、工业等不同土地用途和土地级别的基准地价的一定比例确定，具体适用比例由省、自治区、直辖市确定。确定协议出让最低价应当综合考虑征地拆迁费用、土地开发费用、银行利息及土地纯收益等基本因素”。由以上规定可以看出，协议出让国有土地使用权的土地出让金不得低于协议出让最低价，协议出让最低价是衡量是否低价出让国有土地使用权的标准。此外，土地出让金与新增建设土地有偿使用费是不同的，土地出让金是市、县人民政府土地行政主管部门将土地使用权出让给土地使用者，并由土地使用者按规定的标准向国家缴纳的土地出让的全部价款。而新增建设用地土地有偿使用费是指国务院或省级人民政府在批准农用地转用、征用土地时，向以出让等有偿使用方式取得新增建设用地的市、县人民政府收取的平均土地纯收益。虽然缴纳主体和性质不同，但由于新增建设用地征收标准的制定是由国土资源部按照全国城市土地分等和城镇土地级别、基准地价水平等情况确定的，其标准的制定办法与收取目的及土地出让金有相似性，因此，新增建设用地协议出让最低价的确定可以以此作为依据。根据《新增建设用地土地有偿使用费收缴使用管理办法》规定，各地征收标准的制定以新增建设用地中依法纳入有偿供地的比例约为 60%，从而确定平均纯收益征收定额标准，因此协议出让

最低价的确定可按以下公式计算：协议出让最低价＝新增建设用地土地有偿使用费征收标准÷60%。毛地和熟地具备建设条件的土地，其协议出让最低价的确定可以以基准地价和生地出让最低价加上相应的土地开发费等综合考虑。企业改制涉及划拨土地使用权协议出让最低价确定。根据国土资源部《关于改革土地估价结果确认和土地资产处置审批办法的通知》，企业改制时，划拨土地需转为有偿使用土地的，应按出让土地使用权价格与划拨土地使用权价格差额部分核算出让金。

非法低价出让国有土地的行为主要体现在招标、挂牌、拍卖国有土地使用权工作中。主要有以下几种形式：（1）采取伪造招标、挂牌、拍卖国有土地使用权形式，实际以协议方式出让国有土地使用权；（2）未经评估，擅自决定以低于土地价格评估结果和政府综合确定底价的标底或底价出让国有土地使用权；（3）不按照规定确定最后中标人、竞得人和最终地价，以低于最终地价的价格低价转让国有土地使用权；（4）采取违反规定的限制性措施，定向出让，低价出让国有土地使用权；（5）违反规定给予部分参与竞拍者、竞价者特殊优惠、返还等措施，实际导致招标、挂牌、拍卖国有土地使用权有失公平，低价转让国有土地使用权。根据最高人民检察院《关于渎职侵权犯罪案件立案标准的规定》，非法低价出让国有土地使用权，涉嫌下列情形之一的，应予立案：

1. 非法低价出让国有土地30亩以上，并且出让价额低于国家规定的最低价额标准的60%的；

2. 造成国有土地资产流失价额30万元以上的；

3. 非法低价出让国有土地使用权，影响群众生产、生活，引起纠纷，造成恶劣影响或者其他严重后果的；

4. 非法低价出让林地合计30亩以上，并且出让价额低于国家规定的最低价额标准的60%的；

5. 造成国有资产流失30万元以上的；

6. 其他情节严重的情形。

第二节 非法低价出让国有土地使用权罪的主体证据

非法低价出让国有土地使用权罪的主体证据，是藉以证明行为人具有此罪主体资格的证据。主要由国家机关工作人员的自然人情况、身份情况和职责情况三组证据组成。

一、自然人情况证据

自然人情况证据，即证明行为人年龄、性别、民族、出生地、居住地、工作单位所在地、家庭成员情况等自然人情况的证据材料。主要包括：

1. 身份证明。居民身份证、护照等。
2. 户籍证明。居住地公安机关出具的户口证明、微机户口底卡等。
3. 违法违纪记录。公安机关、纪检监察等机关的证明材料等。

二、国家机关工作人员身份证据

国家机关工作人员身份证据，即证明行为人具有国家机关工作人员身份资格的证据材料。主要包括：

1. 工作证、人事档案、工作简历。
2. 专业或技术等级证、任职文件及所在单位出具的人事证明材料等。

如果行为人系国家机关正式聘用人员，应注意收集相关聘用、聘任证明文件；如果行为人虽为国家机关聘用人员，但未办理正式聘用手续，应注意收集相关的单位议定文件、会议纪要、工资发放标准等证明材料。

三、国家机关工作人员职权职责证据

国家机关工作人员职权职责证据，即证明行为人在国家机关中从事出让国有土地使用权公务，行使相应工作职权，履行相关工作职责的证据材料。主要包括：

1. 国家法律法规中有关国家机关工作人员在出让国有土地使用权工作中的职权、职责范围的明确规定。
2. 行业系统或者单位制定的有关审批国有土地使用权出让工作程序、职责权限、岗位职责等行政规范。
3. 有关行为人的职务任命、职责分工、临时承办等相关证明材料。

证明意义：自然人情况证据是判断行为人刑事责任能力、确定办案单位具有诉讼管辖权的依据，是刑事诉讼法及诉讼规则要求的必要证明内容，也是自然人犯罪的应有主体资格。国家机关工作人员身份证据是确定其符合此罪主体身份的基本证据，对审查判断行为人是否具有主体资格具有重要意义。实践中，此类犯

罪虽然多系土地行政管理人员，但其并非特定主体，很多低价出让的决策者也并非土地行政管理人员，往往是政府领导人所为。为此，国家机关工作人员身份证据，对正确确定此罪主体，准确辨析渎职责任，均有着至关重要的作用。国家机关工作人员职权职责证据是判断行为人是否在国有土地使用权出让工作中享有相关权利、应否履行相关职责义务的关键。因为，行为人只有违反职责权限、不正确履行职责权限才能非法低价出让国有土地使用权。为此，职权职责证据可有效证明行为人的渎职内涵及其侵害的直接客体，故其在主体证据中有着关键性作用。

第三节　非法低价出让国有土地使用权罪的行为证据

非法低价出让国有土地使用权罪的行为证据，是指藉以证明行为人具有徇私舞弊，违反土地管理法规，滥用职权，低价出让国有土地使用权，致使国家或者集体利益遭受重大损失的证据。

1. 职责权限规范证据。即证明行为人具有违反正确履职规范的权责依据证据材料。如：

(1) 反映行为人违反土地管理法规中确定的国有土地使用权出让的原则、程序、标准、条件等法规证据；

(2) 反映行为人违反本行业系统相关实施细则，地方的实施办法、单位的行政权力规范、运行程序、审批权限、岗位职责等相关制度证据；

(3) 反映行为人违反国家对出让国有土地使用权地块规定的基础地价、协议出让最低地价，政府综合确定底价资料等证据；

(4) 反映行为人实际出让土地的土地出让金收取凭据、相关审批文件、会议记录，以及土地勘查丈量资料、土地价格评估资料、相关鉴定、核定结论、勘验检查笔录等证据材料。

证明意义：渎职罪的一个基本特点是有权可用和有职可守。作为非法低价出让国有土地使用权的行为人，其行为首先应违反国家有关土地管理法规、工作规章、行业规范以及单位的具体的权力职责运行规范；其次，作为非法低价出让，就应该有明确的底价标准及相关配套政策，以及其实际出让价格情况。这些既是诉讼证明内容，也是关系定罪的重要依据。为此，行为人的职责权限和其行为规范证据，构成了此罪的前提性证据，它对正确认定行为人的渎职责任意义重大，实践中务必对此给予应有的重视。

2. 招拍挂舞弊渎职证据。即证明行为人在招标、挂牌、拍卖国有土地使用权过程中，徇私舞弊，擅权渎职的证据材料。如：反映行为人伪造变造招标、挂牌、拍卖国有土地使用权形式，或未经评估擅自决定低于土地价格评估结果和政府综合确定底价标的，或违规采取限制性措施，或违规定向出让，或弄虚作假、串标泄密等擅权渎职的证明材料。主要包括：

（1）招标、挂牌、拍卖方式出让国有土地使用权的招标、挂牌、拍卖公告、文件；

（2）出让国有土地使用权协议合同；

（3）参与招标、挂牌、拍卖国有土地使用权的竞拍方、竞价方等证人证言；

（4）弄虚作假、伪造变造的相关资料、报批资料等书证；

（5）行为人关于对非法低价出让国有土地使用权的时间、地块、方式、过程、结果及串标过程的供述；

（6）国有土地使用权招拍挂过程的受让人陈述，参与人、知情人证人证言等相关证明材料。

3. 协议出让舞弊渎职证据。即证明行为人在协议出让国有土地使用权工作中，徇私舞弊，违规低价出让国有土地使用权的证据。如：反映行为人在协议出让国有土地使用权过程中，违规无偿划拨给他人国有土地使用权，或者擅权越权决定低价出让国有土地使用权，或者弄虚作假、伪造变造相关报批资料等行为的证明材料。主要包括：

（1）国有土地使用权出让协议及相关资料；

（2）决定出让的审批文件、相关呈报材料；

（3）弄虚作假、伪造、变造的相关资料、报批材料等书证；

（4）行为人关于对非法低价出让国有土地使用权的时间、地块、方式、过程、结果等情况的供述；

（5）协议出让国有土地使用权的受让方陈述，参与人、知情人的证人证言等相关证明材料。

证明意义：非法低价出让国有土地使用权罪行为的核心，是舞弊渎职。一个是招拍挂环节，另一个是协议出让环节。从实践中看，招拍挂环节的突出特征是擅权越权审批和私下串标；协议出让环节的突出特征是擅权越权决定和弄虚作假。上述证据的主要作用，一是证明国有土地使用权出让的标准、条件是什么，二是证明国有土地使用权出让的正常工作程序和正常的审批程序是什么，三是证明行为人的行为是擅自违规决定，还是违规越权审批，四是证明行为人在国有土地使用权出让过程中是否有舞弊行为。这些证据均是其舞弊渎职的重要客观依据。只要有徇私动机，即使没有作假，擅权、越权既是一种渎职行为，亦是一种舞弊行为，不影响此罪行为的成立。如有弄虚作假行为，说明其舞弊渎职行为更

加恶劣。为此，实践中我们既要重视行为的细节证据，也不要截然地把舞弊和渎职割裂开来，二者是一个行为整体。此外，还要注意真招拍挂和走过场的假招拍挂的区别。要用证据戳穿虚假真相，防止渎职者以假象蒙混过关。

第四节　非法低价出让国有土地使用权罪的结果证据

非法低价出让国有土地使用权罪的结果证据，是指藉以证明行为人非法低价出让国有土地使用权的行为，致使国家或者集体利益遭受重大损失结果的证据。根据最高人民检察院《渎职侵权立案标准》，此罪的结果证据主要有以下几种：

1. 土地损失结果证据。即证明行为人非法低价出让国有土地 30 亩以上，并且出让价额低于国家规定的最低价额标准的 60% 的证据。如：相关出让协议、实地勘察结论、缴费凭据、国家最低价额标准、核定报告等证明材料。

2. 资产流失结果证据。即证明行为人非法低价出让国有土地使用权，造成国有土地资产流失、造成国有资产流失 30 万元以上的证据。如：反映按当地、当时的国家最低价额标准核算的国有土地损失、地上附着物损失的价值鉴定、审计结论等证明材料。

3. 林地损失结果证据。即证明行为人非法低价出让林地 30 亩以上，并且出让价额低于国家规定的最低价额标准的 60% 的证据。如：相关出让协议、实地勘察结论、缴费凭据、国家最低价额标准、核定报告等证明材料。

4. 恶劣影响等结果证据。即证明行为人非法低价出让国有土地使用权，影响群众生产、生活，引起纠纷，造成恶劣影响或者其他严重后果的证据。如：反映造成群众生产、生活困难，引起土地、林地群体纠纷，社会影响恶劣、公众反响强烈的信访情况、媒体反映、纠纷处理情况报告、网络舆情、其他情况反映等证明材料。

证明意义：结果证据是此罪必要要件事实的重要依据。因其犯罪对象是国有土地使用权，故土地、林地的直接损失亩数是其主要损失后果。最高人民检察院在《渎职侵权立案标准》中，将土地、林地损失规定为 30 亩以上，同时要求，出让价额低于国家规定的最低价额标准的 60%。也就是说，即使土地、林地损失在 30 亩以上，出让价额在国家规定的最低价额标准的 60% 以上的，则不符合这一结果标准，即不能构成犯罪。但是，土地、林地既可以出让，就说明其有经济价值，土地、林地上的附着物也有经济价值，故《渎职侵权立案标准》还规定，造成资产流失 30 万元以上的，亦认为达到情节严重标准。为此，亩数损失未达到标准的，资产流失数额达到30万元以上的，即可构成非法低价出让国有土地使用权罪。恶劣影响等其他严重后果，属于非物质性损害结果，应结合行为人的主观恶性程度、行为本身恶劣程度及社会影响严重情形，与实际损失结果一起进行综合分析判断。实际损失结果，应当接近损失标准。一般掌握在标准的80%以上。这样，可使各条标准之间相对平衡，也有利于被社会公众所接受。为此，在收集、审查判断证据时，既要注意结果证明的精确性，也要注意证明的合理性，以保证执法的客观、公平和公正。

第五节　非法低价出让国有土地使用权罪的主观证据

非法低价出让国有土地使用权罪的主观证据，是指证明行为人明知自己低价出让国有土地使用权的行为违反国家土地管理法规，会给国家和集体利益造成重大损失，希望或者放任损失结果发生的证据。主要由主观明知证据、主观追求证据和徇私动机证据组成。

1. 主观明知证据。即证明行为人明知非法低价出让国有土地使用权违反相关国家土地管理法规和违反相关职责规范的证据材料。如：

(1) 明知国家最低出让价额标准的证据。即反映行为人知道或者应当知道国家最低价额标准的证人证言、相关书证、行为人供述等证明材料。

(2) 明知本人职责权限的证据。即反映行为人知道或者应当知道，本人在出让国有土地使用权中职责权限、履职要求的证人证言、相关书证、行为人供述等证明材料。

(3) 明知行使职权、履行职责的相关程序规定的证据。即反映行为人知道或者应当知道，本人行使职权、履行职责的证人证言、相关书证以及行为人供述等证明材料。

(4) 明知相关法律责任、纪律责任的证据。即反映行为人知道或者应当知道，国家土地管理法规中的相关法律责任和纪律责任的证人证言、相关书证以及行为人供述等证明材料。

证明意义：明知，是故意的前提条件。没有明知故意就不能成立。尤其是徇私舞弊类渎职犯罪，明知故犯是其重要特征。目前，国家机关工作人员都是成年人，又大都是大学本科文化程度，他们有能力、有义务学习相关国家法规和行业规范，通晓相关职责要求，故对自己的行为是否违法违规，他们是能够分辨的。一是他们有义务明知，二是他们能够明知。为此，根据司法通识和国际惯例，实践中既要注意收集其确切性明知的证据，也要注意从其行为证据中的明知内容，

并依据客观事实对其主观明知进行事实推定，以保证其主观表现符合主客观相一致的原则，符合正常的逻辑关系。

2. 主观追求证据。即证明行为人在主观心态上，表现为希望或者放任非法低价出让国有土地使用权的结果发生的证据材料。如：

（1）独断专行证据。即反映行为人在非法低价出让国有土地使用权过程中，违反工作程序、议事规则、职责权限独断专行的主观意志表现证明材料。如：参与人、知情人、合作人的证人证言、相关书证以及行为人陈述等证明材料。

（2）不纳良言证据。即反映行为人在非法低价出让国有土地使用权过程中，拒不接受反对意见、合理化建议和民主集中制原则的证人证言、相关书证以及行为人供述等证明材料。

（3）作假舞弊证据。反映行为人在低价出让国有土地使用权过程中，弄虚作假、伪造事实蒙骗同事、投标人、相关人员的证人证言、相关书证以及行为人供述等证明材料。

（4）弃职放任证据。反映行为人在低价出让国有土地使用权过程中，放弃职责、听之任之低价出让的相关证据材料。

证明意义：以上列举，仅是反映行为人希望或者放任非法低价出让国有土地使用权的常见主观意志的外在表现。我国宪法第三条明确规定，“中华人民共和国的国家机构实行民主集中制的原则。”公务员法第五十四条明确规定，“公务员执行公务时，认为上级的决定或者命令有错误的，可以向上级提出改正或者撤销该决定或者命令的意见；上级不改变该决定或者命令，或者要求立即执行的，公务员应当执行该决定或者命令，执行的后果由上级负责，公务员不承担责任；但是，公务员执行明显违法的决定或者命令的，应当依法承担相应的责任”。为此，国家机关工作人员在行使权力和履行职责时，独断专行、排斥正确意见的行为，本身即是违法行为，同时也反映出行为人在主观意志方面，所表现出的积极追求结果的心态。作假舞弊更是行为人积极希望的迫切心理反映。弃职放任的情况，实践中也有存在，尤其表现在那些没有最终决定权的人员身上，或需经其他部门、人员会签同意的时候，但其主观上的放任并不影响故意的成立。为此，行为人的客观表现是其内心冲动的必然的外在表现，而推定故意的依据即是相关证据材料。故行为人的主观追求证据，对认定行为人故意非法低价出让国有土地使用权，具有十分重要的地位和作用。

3. 徇私动机证据。即证明行为人在非法低价出让国有土地使用权过程中，具有徇私情、私利的动机证据。如：

（1）徇私情证据。即证明行为人非法低价出让国有土地使用权的内心起因系私人情感驱动的证据。如：反映行为人与请托人之间存在亲情、乡情、友情等情义关系证据，以及反映请托、承诺、交往、联系等情况的证明材料。

（2）徇私利证据。即证明行为人非法低价出让国有土地使用权的内心起因系个人利益促使的证据。如：反映行为人与请托人之间存在某些利益关系、交换关系、贿买关系等利益关系的证明材料。

证明意义：徇私舞弊是非法低价出让国有土地使用权罪的必要要件，其中的徇私动机是此罪的主观要件之一，如在主观上无法证实行为人的徇私动机，本罪的徇私舞弊则不能成立，进而影响本罪的成立。长期以来，理论界和实务界对徇私的内涵多有争议，主要反映在徇“小团体”利益是否构成徇私上。实践中，因“小团体”利益而渎职的屡见不鲜。但“小团体”有多小，如何衡量？实际上，小团体就是小集体，单位利益可以叫小团体利益，地方利益也可以叫作小团体利益，如果范围这样大，极容易公私不分。从社会公众常理看，私是指一己之私。《新华字典》就释义为个人的、自己的、与公相对的。为此，最高人民法院在2003年的《全国法院审理经济犯罪案件工作座谈会纪要》中规定，“徇私舞弊型渎职犯罪的‘徇私’应理解为徇个人私情、私利。”最高人民检察院在2006年的《渎职侵权立案标准》中也规定，“徇私舞弊，是指国家机关工作人员为徇私情、私利，故意违背事实和法律，伪造材料，隐瞒情况，弄虚作假的行为。”实践中，应遵循这一观点，着重收集徇个人私情、私利的证据，以社会公众常识去理解法律。对徇“小团体”利益之私而渎职的，一般可适用滥用职权罪。这既是徇私动机的证明要点，也是区别于滥用职权的关键点，实践中对此应给予注意。

第六节　非法低价出让国有土地使用权罪的情节证据

非法低价出让国有土地使用权罪的情节证据，是指藉以证明行为人具有影响定罪、量刑情节的证据。

1. 定罪情节证据。即证明行为人具有影响定罪情节的证据。如：

（1）损失数额证据。即证明行为人非法低价出让国有土地使用权，致使国家和集体利益遭受重大损失情况的证据。如：土地、林地损失亩数，资产流失价值数额的证明材料。

（2）徇私情、私利证据。即证明行为人在非法低价出让国有土地使用权过程中，具有徇私情、私利情节的证据。如：反映行为人具有徇亲情、乡情、友情、同学情、战友情的证明材料。

2. 量刑情节证据。即证明行为人在非法低价出让国有土地使用权过程中，具有从轻、从重等影响量刑的情节证据。如：

（1）徇私情、私利证据。即证明行为人在非法低价出让国有土地使用权过程中，具有徇私情、私利情节的证据。

（2）自首、立功情节证据。即证明行为人在刑事诉讼过程中，具有自首、立功、坦白等法定、酌定从轻处罚的情节证据。

（3）徇私受贿情节证据。即证明行为人在非法低价出让国有土地使用权过程中，具有受贿犯罪情节的证据。如：反映行为人徇私利受贿数额较大已构成受贿罪的事实证据。

证明意义：根据刑法的规定，非法低价出让国有土地使用权罪有两个量刑幅度，“情节严重的，处三年以下有期徒刑或者拘役；致使国家和集体利益遭受特别重大损失的，处三年以上七年以下有期徒刑。”这样，损失数额就成为一个重要的量刑节点。2000 年 6 月 22 日起施行的《最高人民法院关于审理破坏土地资源刑事案件具体应用法律若干问题的解释》中规定，“（一）非法低价出让国有土地使用权面积在六十亩以上，并且出让价额低于国家规定的最低价额标准的百分之四十的；（二）造成国有土地资产流失价额在五十万元以上的。属于非法低价出让国有土地使用权，‘致使国家和集体利益遭受特别重大损失’。”2005 年 12 月 30 日起施行的《最高人民法院关于审理破坏林地资源刑事案件具体应用法律若干问题的解释》中规定，“造成国有资产流失价额达到六十万元以上的，属于刑法第四百一十条规定的‘致使国家和集体利益遭受特别重大损失’，应当以非法低价出让国有土地使用权罪判处三年以上七年以下有期徒刑。”为此，损失数额情节证据十分重要，它既关系定罪，又关系量刑，实践中务必以扎实证据精准核定损失数额。自首、立功是法定的可以从轻、减轻处罚的情节，如实供述亦是法定的可以从轻处罚情节，实践中应注意全面收集证据，公平公正地对待犯罪嫌疑人。此外，徇私情节构成受贿罪的，应适用数罪并罚，不应适用从一重处理原则。“两高”在2013年1月9日起施行的《关于办理渎职刑事案件适用法律若干问题的解释（一）》中规定，“国家机关工作人员实施渎职犯罪并收受贿赂，同时构成受贿罪的，除刑法另有规定外，以渎职犯罪和受贿罪数罪并罚。”实践中应注意这一处罚原则的适用，从严惩治徇私舞弊类渎职犯罪。

附：法律法规

1.《中华人民共和国刑法》（1997年3月14日修订）（节录）

第四百一十条【非法低价出让国有土地使用权罪】 国家机关工作人员徇私舞弊，违反土地管理法规，滥用职权，非法批准征用、占用土地，或者非法低价出让国有土地使用权，情节严重的，处三年以下有期徒刑或者拘役；致使国家或者集体利益遭受特别重大损失的，处三年以上七年以下有期徒刑。

2.《中华人民共和国土地管理法》（2004年8月28日修订）（节录）

第二条 中华人民共和国实行土地的社会主义公有制，即全民所有制和劳动群众集体所有制。

全民所有，即国家所有土地的所有权由国务院代表国家行使。

任何单位和个人不得侵占、买卖或者以其他形式非法转让土地。土地使用权可以依法转让。

国家为了公共利益的需要，可以依法对土地实行征收或者征用并给予补偿。

国家依法实行国有土地有偿使用制度。但是，国家在法律规定的范围内划拨国有土地使用权的除外。

第五十四条 建设单位使用国有土地，应当以出让等有偿使用方式取得；但是，下列建设用地，经县级以上人民政府依法批准，可以以划拨方式取得：

（一）国家机关用地和军事用地；

（二）城市基础设施用地和公益事业用地；

（三）国家重点扶持的能源、交通、水利等基础设施用地；

（四）法律、行政法规规定的其他用地。

第五十五条 以出让等有偿使用方式取得国有土地使用权的建设单位，按照国务院规定的标准和办法，缴纳土地使用权出让金等土地有偿使用费和其他费用后，方可使用土地。

自本法施行之日起，新增建设用地的土地有偿使用费，百分之三十上缴中央

财政，百分之七十留给有关地方人民政府，都专项用于耕地开发。

3. 国土资源部《招标拍卖挂牌出让国有建设用地使用权规定》（2007年11月1日施行）（节录）

第二条　在中华人民共和国境内以招标、拍卖或者挂牌出让方式在土地的地表、地上或者地下设立国有建设用地使用权的，适用本规定。

本规定所称招标出让国有建设用地使用权，是指市、县人民政府国土资源行政主管部门（以下简称出让人）发布招标公告，邀请特定或者不特定的自然人、法人和其他组织参加国有建设用地使用权投标，根据投标结果确定国有建设用地使用权人的行为。

本规定所称拍卖出让国有建设用地使用权，是指出让人发布拍卖公告，由竞买人在指定时间、地点进行公开竞价，根据出价结果确定国有建设用地使用权人的行为。

本规定所称挂牌出让国有建设用地使用权，是指出让人发布挂牌公告，按公告规定的期限将拟出让宗地的交易条件在指定的土地交易场所挂牌公布，接受竞买人的报价申请并更新挂牌价格，根据挂牌期限截止时的出价结果或者现场竞价结果确定国有建设用地使用权人的行为。

第三条　招标、拍卖或者挂牌出让国有建设用地使用权，应当遵循公开、公平、公正和诚信的原则。

第十条　市、县人民政府国土资源行政主管部门应当根据土地估价结果和政府产业政策综合确定标底或者底价。

标底或者底价不得低于国家规定的最低价标准。

确定招标标底，拍卖和挂牌的起叫价、起始价、底价，投标、竞买保证金，应当实行集体决策。

招标标底和拍卖挂牌的底价，在招标开标前和拍卖挂牌出让活动结束之前应当保密。

第十三条　投标、开标依照下列程序进行：

（一）投标人在投标截止时间前将标书投入标箱。招标公告允许邮寄标书的，投标人可以邮寄，但出让人在投标截止时间前收到的方为有效。

标书投入标箱后，不可撤回。投标人应当对标书和有关书面承诺承担责任。

（二）出让人按照招标公告规定的时间、地点开标，邀请所有投标人参加。由投标人或者其推选的代表检查标箱的密封情况，当众开启标箱，点算标书。投标人少于三人的，出让人应当终止招标活动。投标人不少于三人的，应当逐一宣布投标人名称、投标价格和投标文件的主要内容。

（三）评标小组进行评标。评标小组由出让人代表、有关专家组成，成员人数为五人以上的单数。

评标小组可以要求投标人对投标文件作出必要的澄清或者说明，但是澄清或者说明不得超出投标文件的范围或者改变投标文件的实质性内容。

评标小组应当按照招标文件确定的评标标准和方法，对投标文件进行评审。

（四）招标人根据评标结果，确定中标人。

按照价高者得的原则确定中标人的，可以不成立评标小组，由招标主持人根据开标结果，确定中标人。

第十五条 拍卖会依照下列程序进行：

（一）主持人点算竞买人；

（二）主持人介绍拍卖宗地的面积、界址、空间范围、现状、用途、使用年期、规划指标要求、开工和竣工时间以及其他有关事项；

（三）主持人宣布起叫价和增价规则及增价幅度。没有底价的，应当明确提示；

（四）主持人报出起叫价；

（五）竞买人举牌应价或者报价；

（六）主持人确认该应价或者报价后继续竞价；

（七）主持人连续三次宣布同一应价或者报价而没有再应价或者报价的，主持人落槌表示拍卖成交；

（八）主持人宣布最高应价或者报价者为竞得人。

第十七条 挂牌依照以下程序进行：

（一）在挂牌公告规定的挂牌起始日，出让人将挂牌宗地的面积、界址、空间范围、现状、用途、使用年期、规划指标要求、开工时间和竣工时间、起始价、增价规则及增价幅度等，在挂牌公告规定的土地交易场所挂牌公布；

（二）符合条件的竞买人填写报价单报价；

（三）挂牌主持人确认该报价后，更新显示挂牌价格；

（四）挂牌主持人在挂牌公告规定的挂牌截止时间确定竞得人。

第二十六条 国土资源行政主管部门的工作人员在招标拍卖挂牌出让活动中玩忽职守、滥用职权、徇私舞弊的，依法给予处分；构成犯罪的，依法追究刑事责任。

4. 国土资源部《协议出让国有土地使用权规定》（2003年8月1日施行）（节录）

第二条 在中华人民共和国境内以协议方式出让国有土地使用权的，适用本规定。

本规定所称协议出让国有土地使用权，是指国家以协议方式将国有土地使用

权在一定年限内出让给土地使用者，由土地使用者向国家支付土地使用权出让金的行为。

第三条　出让国有土地使用权，除依照法律、法规和规章的规定应当采用招标、拍卖或者挂牌方式外，方可采取协议方式。

第四条　协议出让国有土地使用权，应当遵循公开、公平、公正和诚实信用的原则。

以协议方式出让国有土地使用权的出让金不得低于按国家规定所确定的最低价。

第五条　协议出让最低价不得低于新增建设用地的土地有偿使用费、征地（拆迁）补偿费用以及按照国家规定应当缴纳的有关税费之和；有基准地价的地区，协议出让最低价不得低于出让地块所在级别基准地价的70%。

低于最低价时国有土地使用权不得出让。

第六条　省、自治区、直辖市人民政府国土资源行政主管部门应当依据本规定第五条的规定拟定协议出让最低价，报同级人民政府批准后公布，由市、县人民政府国土资源行政主管部门实施。

第十一条　市、县人民政府国土资源行政主管部门应当根据国家产业政策和拟出让地块的情况，按照《城镇土地估价规程》的规定，对拟出让地块的土地价格进行评估，经市、县人民政府国土资源行政主管部门集体决策，合理确定协议出让底价。

协议出让底价不得低于协议出让最低价。

协议出让底价确定后应当保密，任何单位和个人不得泄露。

第十二条　协议出让土地方案和底价经有批准权的人民政府批准后，市、县人民政府国土资源行政主管部门应当与意向用地者就土地出让价格等进行充分协商，协商一致且议定的出让价格不低于出让底价的，方可达成协议。

第十七条　违反本规定，有下列行为之一的，对直接负责的主管人员和其他直接责任人员依法给予行政处分：

（一）不按照规定公布国有土地使用权出让计划或者协议出让结果的；

（二）确定出让底价时未经集体决策的；

（三）泄露出让底价的；

（四）低于协议出让最低价出让国有土地使用权的；

（五）减免国有土地使用权出让金的。

违反前款有关规定，情节严重构成犯罪的，依法追究刑事责任。

第十八条　国土资源行政主管部门工作人员在协议出让国有土地使用权活动中玩忽职守、滥用职权、徇私舞弊的，依法给予行政处分；构成犯罪的，依法追

究刑事责任。

5. 全国人大常委会《关于〈中华人民共和国刑法〉第二百二十八条、第三百四十二条、第四百一十条的解释》（2001年8月31日通过）

全国人民代表大会常务委员会讨论了刑法第二百二十八条、第三百四十二条、第四百一十条规定的“违反土地管理法规”和第四百一十条规定的“非法批准征用、占用土地”的含义问题，解释如下：

刑法第二百二十八条、第三百四十二条、第四百一十条规定的“违反土地管理法规”，是指违反土地管理法、森林法、草原法等法律以及有关行政法规中关于土地管理的规定。

刑法第四百一十条规定的“非法批准征用、占用土地”，是指非法批准征用、占用耕地、林地等农业地以及其他土地。

6. 最高人民法院《关于审理破坏土地资源刑事案件具体应用法律若干问题的解释》（2000年6月22日施行）（节录）

第六条 国家机关工作人员徇私舞弊，违反土地管理法规，非法低价出让国有土地使用权，具有下列情形之一的，属于“情节严重”，依照刑法第四百一十条的规定，以非法低价出让国有土地使用权罪定罪处罚：

（一）出让国有土地使用权面积在三十亩以上，并且出让价额低于国家规定的最低价额标准的百分之六十的；

（二）造成国有土地资产流失价额在三十万元以上的。

第七条 实施第六条规定的行为，具有下列情形之一的，属于非法低价出让国有土地使用权，“致使国家和集体利益遭受特别重大损失”：

（一）非法低价出让国有土地使用权面积在六十亩以上，并且出让价额低于国家规定的最低价额标准的百分之四十的；

（二）造成国有土地资产流失价额在五十万元以上的。

第九条 多次实施本解释规定的行为依法应当追诉的，或者一年内多次实施本解释规定的行为未经处理的，按照累计的数量、数额处罚。

7. 最高人民法院《关于审理破坏林地资源刑事案件具体应用法律若干问题的解释》（2005年12月30日施行）（节录）

第四条 国家机关工作人员徇私舞弊，违反土地管理法规，非法低价出让国有林地使用权，具有下列情形之一的，属于刑法第四百一十条规定的“情节严重”，应当以非法低价出让国有土地使用权罪判处三年以下有期徒刑或者拘役：

（一）林地数量合计达到三十亩以上，并且出让价额低于国家规定的最低价额标准的百分之六十；

（二）造成国有资产流失价额达到三十万元以上。

第五条　实施本解释第四条规定的行为，造成国有资产流失价额达到六十万元以上的，属于刑法第四百一十条规定的“致使国家和集体利益遭受特别重大损失”，应当以非法低价出让国有土地使用权罪判处三年以上七年以下有期徒刑。

第六条　单位实施破坏林地资源犯罪的，依照本解释规定的相关定罪量刑标准执行。

第七条　多次实施本解释规定的行为依法应当追诉且未经处理的，应当按照累计的数量、数额处罚。

8. 最高人民检察院《关于渎职侵权犯罪案件立案标准的规定》（2006年7月26日公布）（节录）

（二十二）非法低价出让国有土地使用权案（第四百一十条）

非法低价出让国有土地使用权罪是指国家机关工作人员徇私舞弊，违反土地管理法、森林法、草原法等法律以及有关行政法规中关于土地管理的规定，滥用职权，非法低价出让国有土地使用权，情节严重的行为。

涉嫌下列情形之一的，应予立案：

1. 非法低价出让国有土地30亩以上，并且出让价额低于国家规定的最低价额标准的百分之六十的；

2. 造成国有土地资产流失价额30万元以上的；

3. 非法低价出让国有土地使用权，影响群众生产、生活，引起纠纷，造成恶劣影响或者其他严重后果的；

4. 非法低价出让林地合计30亩以上，并且出让价额低于国家规定的最低价额标准的百分之六十的；

5. 造成国有资产流失30万元以上的；

6. 其他情节严重的情形。

9. 最高人民检察院《人民检察院直接受理立案侦查的渎职侵权重特大案件标准（试行）》（2001年7月20日公布）（节录）

二十、非法低价出让国有土地使用权案

（一）重大案件

1. 出让国有土地使用权面积在六十亩以上，并且出让价额低于国家规定的最低价额标准的百分之六十的；

2. 造成国有土地资产流失价额在五十万元以上的。

（二）特大案件

1. 出让国有土地使用权面积在九十亩以上，并且出让价额低于国家规定的最低价额标准的百分之四十的；

2. 造成国有土地资产流失价额在一百万元以上的。

附：法律法规

第二十四章　商检徇私舞弊罪证据结构

第一节　商检徇私舞弊罪概述

商检徇私舞弊罪，是指国家商检部门、商检机构的工作人员徇私舞弊，伪造检验结果的行为。其基本特征如下：

一、主体特征

商检徇私舞弊罪的主体为特殊主体，即国家商检部门、商检机构的工作人员。所谓国家商检部门，是指国务院商品检验部门，即国家进出口商品检验局。所谓商检机构，是指国家商检部门设在各地的进出口商品检验机构，即各省、市、自治区进出口商品检验局。根据全国人大常委会2002年12月28日通过的《关于〈中华人民共和国刑法〉第九章渎职罪主体适用问题的解释》，“在依照法律、法规规定行使国家行政管理职权的组织中从事公务的人员，或者在受国家机关委托代表国家机关行使职权的组织中从事公务的人员，或者虽未列入国家机关人员编制但在国家机关中从事公务的人员，在代表国家机关行使职权时，有渎职行为，构成犯罪的，依照刑法关于渎职罪的规定追究刑事责任”。2013年6月29日修正的进出口商品检验法第三条也曾明确规定，“商检机构和经国家商检部门许可的检验机构，依法对进出口商品实施检验。”为此，在国家商检部门或商检机构指定的检验机构组织中从事公务的人员，也可以构成商检徇私舞弊罪的主体。所谓国家商品检验部门或商检机构指定的检验机构，是指国家商检局指定的关于专门从事进出口商品检验的法人机构。如中国进出口商品检验总公司及其分公司，以及由于某些商品具有特殊性，一般检验机构很难从事这项检验工作，国家指定的专门负责对特殊进出口商品进行检验的有关机构，如进出口药品的检验由卫生部指定的药品检验部门办理；进出口食品的卫生检验和检疫由食品卫生检验机构办理；计量器具的检验由计量部门办理；进出口锅炉及压力容器的检验由劳动和社会保障部锅炉压力容器安全监察部门办理；船舶、主要船用设备及材料、集装箱的船舶规范检验由交通部船舶规范检验机构办理，等等。上述机构中从事商检工作人员，均可成为此罪的主体。

二、客体特征

商检徇私舞弊罪侵害的客体，是国家商检部门、商检机构对进出口商品检验

的正常管理活动。此罪的犯罪对象，是国家列入目录的进出口商品。经济的全球化是现代经济社会的突出特征。我国社会主义市场经济的蓬勃发展，与外贸经济的快速发展是分不开的。为解决贸易纠纷，保障国际贸易的健康发展，由国家商检机构对进出口商品实施检验，已成国际惯例。它对保障进出口商品质量，维护贸易各方合法权益，促进对外贸易关系的顺利发展，发挥着十分重要的作用。但是，如果负责商检工作的商检人员，徇私舞弊，使不合格的进出口商品检验为合格，或者使合格的进出口商品检验为不合格，或者伪造商检单据、出具不真实的商检结果等，不仅会损害国家正常的商品检验管理活动，还会破坏正常的对外贸易关系，损害国家经济利益和国际形象。为此，刑法规定商检徇私舞弊罪，既是国家机关正常管理秩序的需要，也是保证国家进出口商品检验制度、维护国家利益和国际形象的迫切需要。

三、主观特征

商检徇私舞弊罪在主观方面表现为直接故意。即明知商检结果不符合国家（国际）技术规范和标准，而徇私舞弊，故意伪造检验结果。从明知性质看，其既有义务性明知，也有客观性和专业性明知；从明知内容看，其主要具有三个明知，即对国家（国际）技术规范和标准具有明知，对检验的进出口商品是否合格具有明知，对伪造检验结果的违法性具有明知。此外，徇私是此罪的动机，即伪造检验结果的内心起因。最高人民检察院在 2006 年 7 月 26 日公布的《渎职侵权立案标准》中规定，“徇私舞弊，是指国家机关工作人员为徇私情、私利，故意违背事实和法律，伪造材料，隐瞒情况，弄虚作假的行为。”最高人民法院在 2003 年 11 月 13 日印发的《全国法院审理经济犯罪案件工作座谈会纪要》中解释，“徇私舞弊型渎职犯罪的徇私应理解为徇个人私情、私利。国家机关工作人员为了本单位利益，实施滥用职权、玩忽职守行为，构成犯罪的，依照刑法第三百九十七条第一款的规定定罪处罚。”为此，徇私动机，是指徇私情、私利。实践中，无论是徇从亲情、乡情，还是同学、战友等友情；也无论是徇从财产性利益，还是娱乐性、名誉性等非财产性利益，均可构成此罪的徇私动机。

四、客观特征

商检徇私舞弊罪在客观方面表现为，国家商检部门、商检机构的工作人员徇私舞弊，伪造检验结果的行为。所谓徇私舞弊，伪造检验结果，是指行为人明知我国进出口商品检验法等法律、法规有关商品检验的规定，为徇私情、私利，知法犯法、滥用职权，违背事实，作黑白颠倒的商品检验结果或者出具虚假的商品检验证单的行为。实践中，伪造商品检验结果的行为表现多种多样，概括起来主要有以下几种行为方式：

1. 伪造、变造标识，出具虚假证明。例如，采取伪造变造的手段对报检的商品的单证、印章、标志、封识、质量认证标志等作虚假的证明或者出具不真实的证明结论。

2. 黑白颠倒，出具虚假检验结果。例如，对送检的合格商品检验为不合格，或者将不合格商品检验为合格的。

3. 不经检验，即直接出具虚假的检验结果。例如，对明知不合格的商品，不检验而出具合格检验结果的。

4. 隐瞒检验真相，篡改检验结论。例如，明知经检验商品不合格，利用职权直接篡改检验报告相关数据或者检验证书等。

此外，商检徇私舞弊罪是行为犯，只要行为人实施了伪造检验结果的行为，就已经侵害了国家正常的进出口商检秩序，即可构成此罪的既遂。为此，最高人民检察院在《渎职侵权立案标准》中未规定损失后果数额标准，只要实施了徇私舞弊、伪造检验结果的行为，即应立案追究刑事责任。对造成严重后果的，应按照损失程度从重或者加重处罚。

第二节　商检徇私舞弊罪的主体证据

商检徇私舞弊罪的主体证据，是藉以证明行为人具有商检徇私舞弊罪主体资格的证据。根据刑法规定，此罪主体是国家商检部门、商检机构的工作人员。其主体证据主要由行为人自然人情况证据、国家机关工作人员身份证据两部分组成。

1. 自然人情况证据。自然人情况证据是指证明行为人年龄、性别、民族、出生地、居住地及家庭成员状况等自然情况的证明材料。如：身份证明、户籍证明、居住证明、违法记录证明等。

2. 负有商检职责的国家机关工作人员身份证据。负有商检职责的国家机关工作人员身份证据，是指证明行为人对进出口商品负有检查、检验职责的身份资格的证据。

（1）供职证据。即证明行为人在国家商检部门、商检机构任职的证明材料。如工作证、任命书、聘任书、职务级别、工作简历证明等。

（2）委托证据。即证明行为人在受国家商检部门或商检机构委托，代表其行使职权的组织中从事公务的证明材料。如委托书、授权书等相关证明文件。

（3）职责证据。即证明行为人在进出口商品检验活动中所负有的具体职责义务的证明材料。如负责、承办、分工进出口商品检验职责公务的行业规范、职务责任、岗位要求、流程管理等证明材料。

证明意义：此罪作为特殊渎职罪，它与一般渎职罪的主体不同，不是所有国家工作人员均可成为犯罪主体，此罪主体的特殊性在于，只有国家商检部门、商检机构的工作人员以及这些部门、机构指定的检验机构中的工作人员才能成为此罪主体。为此，它要求犯罪主体不仅应符合自然人承担刑事责任的能力条件，还应该具有国家商检部门、商检机构工作人员身份的资格条件。刑法在此罪的主体表述上，还有一个特殊之处，就是商检部门之前限制于“国家”二字，这是与其他特殊渎职罪不同的一个地方。这是因为，商检系统是一个统一的整体，上下垂直领导，地方没有专属的商检机构。目前地方的商检机构是国家商检机关的分支机构，属于国家机关“驻×单位”，其性质与海关大致相同。这也是此罪主体方面不同于其他渎职罪的一个特点。

第三节　商检徇私舞弊罪的行为证据

商检徇私舞弊罪的行为证据，是指藉以证明行为人具有徇私舞弊，伪造检验结果行为的证据。

1. 伪造标志虚假证明行为证据。即证明行为人伪造、变造相关标志、标识，出具虚假证明的证据材料。如：反映行为人采取伪造、变造的手段，对报检的商品的单证、印章、标志、封识、质量认证标志等作虚假的证明，或者出具不真实的证明结论的虚假证明、相关技术鉴定、相关书证物证、知情人证言、专家证言、报检人陈述、行为人供述等证明材料。

2. 黑白颠倒伪造结果行为证据。即证明行为人黑白颠倒，出具虚假检验结果的证据材料。如：反映行为人对送检的合格商品检验为不合格，或者将不合格商品检验为合格的“检验报告”、相关技术鉴定、相关书证物证、知情人证言、专家证言、报检人陈述、行为人供述等证明材料。

3. 不经检验直接造假行为证据。即证明行为人对不合格商品不经检验，直接出具合格检验结果的证据材料。如：反映行为人明知报检商品不合格，不经检验，即出具合格检验结果的“检验报告”、复检结论、相关技术鉴定、相关书证物证、知情人证言、报检人陈述、行为人供述等证明材料。

4. 隐瞒真相篡改结论行为证据。即证明行为人隐瞒不合格的检验结果，利用职权篡改相关检验数据或结论意见的证据材料。如：反映行为人明知经检验商品不合格，利用职权直接篡改相关检验数据或结论意见等结果情况的虚假结果书证、原检验情况书证、相关技术鉴定、相关书证物证、知情人证言、报检人陈述、行为人供述等证明材料。

5. 其他徇私舞弊伪造检验结果的行为证据。即证明行为人具有以上情形以

外的，徇私舞弊，伪造检验结果的行为证据。

证明意义：商检徇私舞弊罪的行为的突出特征是舞弊。也可以说，舞弊是此罪的本质特征，伪造检验结果是舞弊的行为表现。为此，收集、审查判断此罪的行为证据时，一是要熟悉相关商检法规。比如，国家商检部门根据国家统一的认证制度，对有关的进出口商品实施认证管理。据《进口商品质量监督管理办法》，国家对涉及安全、卫生、环境保护、劳动保护和检疫的商品，实行进口商品质量许可制度，“未获得《安全标志》或者注册的商品，不准进口”。《进境货物木质包装检疫监督管理办法》规定，进境货物使用木质包装的，应加施 IPPC 专用标识，“对未施加 IPPC 专用标识的木质包装，在检验检疫机构监督下对木质包装进行除害处理或者销毁处理。”《进出口商品免验办法》规定，“凡列入《商检机构实施检验的进出口商品种类表》的进出口商品，经收货人、发货人和生产企业提出申请，国家商检局审查批准，可以免予检验。”免予检验的进口商品，应取得评审《合格证书》；出口商品应取得 ISO9000 委员会认可，并经考核获得评审《合格证书》。不熟悉这些行政规章，就不知道这些标志、标识的评审程序、评审条件等要求，就会影响对伪造相关标志、标识舞弊行为的查处。二是要注意发挥技术鉴定的作用。对伪造检验结果的辨别，仅靠常规调查手段有所不足。因为，不仅商品种类庞杂，技术规范和标准也相应复杂多样，检察官基本上处于外行查内行的状态。故对进出口商品究竟合格与否，非专业技术人员鉴定不得解决。为此，实践中应注意取得商检部门的支持与配合，对相关技术问题及时委托鉴定，以保障证据的客观性和科学性。必要时，可请专家解答相关技术性疑难问题。三是要充分发挥证人的作用。进出口商品检验，需若干技术人员甚至若干机构实施完成，绝非一人之力便可完成的。为此，伪造检验结果的行为再隐秘，也会留下痕迹，并被人发现。伪造检验结果的参与人、知情人以及检验过程中的其他检验人员，即均是重要的见证人。依靠群众的力量，查清事实，弄清真相，既是群众路线在司法工作中的体现，也是证明犯罪的重要力量。因此，实践中应注意认真听取相关证人的证言，认真核实相关事实情节，使舞弊行为的“暗箱操作”，暴露于光天化日之下，使渎职腐败分子得到应有的法律制裁。

第四节　商检徇私舞弊罪的结果证据

商检徇私舞弊罪的结果证据，是藉以证明行为人的徇私舞弊行为发生了伪造检验结果的证据。由于此罪是行为犯，只要行为人为徇私情、私利实施了伪造检验结果的行为，就构成了犯罪既遂。故此罪的结果证据主要由伪造结果情况证据和结果延伸情况证据组成。

1. 伪造结果情况证据。即证明行为人伪造检验结果的商品性质、品种、数量和伪造次数等情况的证据材料。如：反映行为人伪造检验结果的商品性质属于有害人体健康的还是人身、财产安全的，伪造检验结果的品种属于免予检验、法定检验，还是抽查检验的，以及商品进出口数量的大小、伪造次数的多少等情况的证明材料。

2. 结果延伸情况证据。即证明行为人伪造的检验结果导致影响进出口贸易、引发外贸纠纷、造成经济损失等情况的证据材料。如：反映使不合格商品进出口或使合格商品不能进出口的情况，引起外贸纠纷损害国家利益的情况，给国家或者企业造成直接经济损失情况的证明材料。

证明意义：商检徇私舞弊罪虽系行为犯，但其伪造检验结果的实际情况仍是一个十分重要的结果情节。从伪造检验结果的性质看，影响人体健康和人身安全的危害性要大于影响财产安全的，有害人体健康和人身、财产安全的要重于无害人体健康和人身、财产安全的；从伪造检验结果的品种看，伪造免予检验结果的严重性要大于法定检验的，伪造法定检验结果的要大于抽查检验的；从伪造检验结果的延伸情况看，导致结果延伸扩大的，其社会危害性肯定要大于未发生结果延伸的。如此等等，均关系着定罪与处罚。尤其在区分犯罪情节是否“显著轻微危害不大”时，该犯罪结果证据的重要性就显得尤为重要了。这既是正确定罪的需要，也是正确分析论证犯罪的重要依据。为此，司法实践中不应因此罪系行为犯而忽视对其结果的证明。凡是发生伪造检验结果的，一定要深入收集证据，查明犯罪结果的实际损害情况，以保证正确地适用刑罚严惩商检徇私舞弊犯罪。

第五节 商检徇私舞弊罪的主观证据

商检徇私舞弊罪的主观证据，是指藉以证明行为人在主观认识上对伪造检验结果的违法性具有明知，并希望和积极追求该结果发生的证据。根据刑法要求，此罪主观证据应由主观明知证据、徇私动机证据和主观追求证据三部分组成。

1. 主观明知证据。即证明行为人对其违背事实出具虚假商品检验证单的行为在主观上具备明知的证据材料。如：

（1）对国家（国际）技术规范和标准具有明知的证据。即明知国家或国际技术规范和检验标准的证据。如：反映行为人知道或者应当知道国家或国际某项专业技术规范和检验标准的职务要求、职责规范、专业职称、技术等级以及相关单位评定、证人证言、行为人供述等证明材料。

（2）对检验的进出口商品是否合格具有明知的证据。即明知所检验商品是否合格的证据。如：反映行为人知道或者应当知道已经检验出具结果的相关检验单证、检验结果报告、检验流程记载、情况通报、会议记录、证人证言、行为人供述等证明材料。

（3）对伪造检验结果的违法性具有明知的证据。即明知其伪造检验结果行为是违法违规的证据。如：反映行为人知道或者应当知道伪造检验结果是违法违规行为的相关职业道德规范、职业纪律、证人证言、行为人供述等证明材料。

证明意义：明知是故意犯罪的主观要求和前提条件。商检徇私舞弊罪的以上三个明知，构成了其主观认识的主要内容。这些明知内容，基本上属于行为人义务性明知和专业性明知。比如违法性明知，是每一个商检工作人员基本的职业要求，商检部门的所有职业道德、职业纪律规范，就是其应当知道的铁证。对国家商检标准和检验结果的明知，是商检工作人员基本的应知应会内容，亦是其应当具有的专业性常识。从商检工作人员的入门考试也可以看出，没有一定的文化知识和专业知识从事不了此项工作。因此，根据商检工作职业规范就可以推定其义务性和专业性明知，如果说这些属于应然性明知，那么，结合其伪造检验结果的行为结果证据，亦可以客观地推定其实然性明知。而这些推定明知的事实依据，即是我们收集、审查的对象。但是，主观明知不是主观推定，它是结合实际的一种事实推定，是有本之木。为此，实践中应重视此类证据的收集、审查，以正确判断行为人的主观认识能力，保证依法正确地认定犯罪。

2. 徇私动机证据。即证明行为人在主观上具有徇私情、私利伪造检验结果的动机证据。如：

（1）徇私利证据。即证明行为人伪造检验结果行为的内心起因系私利驱动的证据。如：反映行为人与利益关系人之间客观存在的财物、名誉、地位等利益关系以及相互之间联系、请托、承诺等情况的书证物证、证人证言、利益关系人陈述、行为人供述等证明材料。

（2）徇私情证据。即证明行为人伪造检验结果行为的内心起因系私情驱动的证据。如：反映行为人与情义关系人之间客观存在的亲情、乡情、友情、恋情、奸情等情义关系以及相互之间联系、请托、承诺等情况的证人证言、相关书证、情义关系人陈述、行为人供述等证明材料。

证明意义：徇私动机是徇私舞弊的必要条件，如缺少徇私动机证据将会影响徇私舞弊的成立。那么，既然是徇私情、私利，就必然存在私情关系或私利关系。为此，证明私情关系的证据，或者证明私利关系的证据，就成为徇私证据的重要证明内容。其中，情义关系人和利益关系人是重要的证人，双方往来证据和请托证据是徇私动机的核心证据，也是启动行为人徇私舞弊犯意的重要依据。私情、私利关系证据，关系着徇私动机的客观性；双方往来和请托证据关系着徇私动机的实在性。它们决定着徇私动机的成立与否，这是此组证据的重要作用之所在，也是其关键性的证明意义。

3. 主观追求证据。即证明行为人在主观上具有希望并积极追求伪造检验结果发生的心理表现证据。如：

（1）积极伪造证据。即证明行为人对伪造检验结果持积极心态的证据。如：反映行为人主动修改、篡改检验结果，主动出具虚假检验结果，主动证明相关条件，主动编写检验报告，主动支持虚假结论等积极表现的证明材料。

（2）主动掩饰证据。即证明行为人伪造检验结果后积极掩饰舞弊行为的心理表现证据。如：反映行为人事后模仿相关技术人员签名，指使他人签名，毁损相关数据，伪造相关材料，伪装未曾经办等掩饰表现的证明材料。

证明意义：商检徇私舞弊罪作为一种直接故意犯罪，行为人的主观意志是希望并积极追求伪造检验结果的发生。一是行为上表现为积极主动。不主动，虚假检验结果不会自动完成。不主动，舞弊行为也不会发生。二是伪造检验结果以后行为上会表现为积极掩饰，以防止罪行暴露。这是徇私舞弊的一般规律和常规表现。一般情况下，作假舞弊者出于自我保护的需要，要为自己的伪造检验结果行为准备若干谎言来掩盖。为此，实践中，应注意从行为细节中发现其意志表现，以其不能自圆其说的伪证，戳穿其虚假的伪装，摧毁其心理防线，使主观追求证据成为证实犯罪的有力武器。

第六节　商检徇私舞弊罪的情节证据

商检徇私舞弊罪的情节证据，是指藉以证明行为人具有某些影响定罪、量刑情节的事实证据。司法实践中，影响商检徇私舞弊罪定罪量刑情节主要有以下三种：

1. 徇私舞弊情节证据。即证明行为人伪造检验结果的行为具有徇私舞弊情节的证据。此类证据在行为证据和主观证据中均有体现。

2. 从重处罚情节证据。即证明行为人徇私舞弊，伪造检验结果的行为具有法定从重处罚情节的证据。如：反映行为人徇私舞弊3次以上伪造检验结果，或者造成直接经济损失50万元以上的事实证据；徇私舞弊5次以上伪造检验结果，或者造成直接经济损失100万元以上的事实证据。

3. 从轻处罚情节证据。即证明行为人具有法定从轻处罚情节的证据。如：反映行为人具有自首、立功或者如实供述等从轻情节的事实证据。

证明意义：情节证据是直接关系商检徇私舞弊罪正确定罪量刑的重要事实依据。根据刑法第四百一十二条第一款的规定，此罪有两个量刑幅度，第一刑度为“处五年以下有期徒刑或者拘役”，第二刑度为“造成严重后果的，处五年以上十年以下有期徒刑”。根据《人民检察院直接受理立案侦查的渎职侵权重特大案件标准（试行）》的规定，商检徇私舞弊罪案，造成直接经济损失50万元以上或徇私舞弊3次以上伪造检验结果的，为重大案件；造成直接经济损失100万元以上的或徇私舞弊5次以上伪造检验结果的，为特大案件。司法实践中，达到重大案件标准的，一般在第一刑度考量把握；达到特大案件标准的，则应属于“造成严重后果的”，在第二刑度考量把握。具有自首、立功情节的，按照刑法的规定应从轻、减轻处罚。具有如实供述，有利于收集证据的，也可以从轻处罚。为此，无论从重情节，还是从轻情节，均应注意全面收集证据，以保证正确地适用刑罚，使其罚当其罪。徇私舞弊情节，是此罪的必要要件，不具有此情节的不能构成商检徇私舞弊罪。如确实缺少徇私舞弊情节，应按照“两高”《关于办理渎职刑事案件适用法律若干问题的解释（一）》的规定，“国家机关工作人员滥用职权或者玩忽职守，因不具备徇私舞弊等情形，不符合刑法分则第九章第三百九十八条至第四百一十九条的规定，但依法构成第三百九十七条规定的犯罪的，以滥用职权罪或者玩忽职守罪定罪处罚。”此外，根据上述司法解释，此罪如徇私舞弊情节构成受贿罪的，应以商检徇私舞弊罪和受贿罪数罪并罚。实践中，应注意认真考量和把握。

附：法律法规

1.《中华人民共和国刑法》（1997 年 3 月 14 日修订）（节录）

第四百一十二条【商检徇私舞弊罪】　国家商检部门、商检机构的工作人员徇私舞弊，伪造检验结果的，处五年以下有期徒刑或者拘役；造成严重后果的，处五年以上十年以下有期徒刑。

2. 最高人民检察院《关于渎职侵权犯罪案件立案标准的规定》（2006 年 7 月 26 日公布）（节录）

（二十四）商检徇私舞弊案（第四百一十二条第一款）

商检徇私舞弊罪是指出入境检验检疫机关、检验检疫机构工作人员徇私舞弊，伪造检验结果的行为。

涉嫌下列情形之一的，应予立案：

1. 采取伪造、变造的手段对报检的商品的单证、印章、标志、封识、质量认证标志等作虚假的证明或者出具不真实的证明结论的；

2. 将送检的合格商品检验为不合格，或者将不合格商品检验为合格的；

3. 对明知是不合格的商品，不检验而出具合格检验结果的；

4. 其他伪造检验结果应予追究刑事责任的情形。

三、附则

（五）本规定中“徇私舞弊”，是指国家机关工作人员为徇私情、私利，故意违背事实和法律，伪造材料，隐瞒情况，弄虚作假的行为。

3. 最高人民检察院《人民检察院直接受理立案侦查的渎职侵权重特大案件标准（试行）》（2001 年 7 月 20 日公布）（节录）

二十二、商检徇私舞弊案

（1）重大案件

1. 造成直接经济损失五十万元以上的；

2. 徇私舞弊，三次以上伪造检验结果的。

（二）特大案件

1. 造成直接经济损失一百万元以上的；

2. 徇私舞弊，五次以上伪造检验结果的。

4. 最高人民法院、最高人民检察院《关于办理渎职刑事案件适用法律若干问题的解释（一）》（2013 年 1 月 9 日施行）（节录）

第二条　国家机关工作人员实施滥用职权或者玩忽职守犯罪行为，触犯刑法分则第九章第三百九十八条至第四百一十九条规定的，依照该规定定罪处罚。

国家机关工作人员滥用职权或者玩忽职守，因不具备徇私舞弊等情形，不符合刑法分则第九章第三百九十八条至第四百一十九条的规定，但依法构成第三百九十七条规定的犯罪的，以滥用职权罪或者玩忽职守罪定罪处罚。

第三条 国家机关工作人员实施渎职犯罪并收受贿赂，同时构成受贿罪的，除刑法另有规定外，以渎职犯罪和受贿罪数罪并罚。

第七条 依法或者受委托行使国家行政管理职权的公司、企业、事业单位的工作人员，在行使行政管理职权时滥用职权或者玩忽职守，构成犯罪的，应当依照《全国人民代表大会常务委员会关于〈中华人民共和国刑法〉第九章渎职罪主体适用问题的解释》的规定，适用渎职罪的规定追究刑事责任。

5.《中华人民共和国进出口商品检验法》（2013年6月29日修正）（节录）

第二条 国务院设立进出口商品检验部门（以下简称国家商检部门），主管全国进出口商品检验工作。国家商检部门设在各地的进出口商品检验机构（以下简称商检机构）管理所辖地区的进出口商品检验工作。

第三条 商检机构和经国家商检部门许可的检验机构，依法对进出口商品实施检验。

第四条 进出口商品检验应当根据保护人类健康和安全、保护动物或者植物的生命和健康、保护环境、防止欺诈行为、维护国家安全的原则，由国家商检部门制定、调整必须实施检验的进出口商品目录（以下简称目录）并公布实施。

第五条 列入目录的进出口商品，由商检机构实施检验。

前款规定的进口商品未经检验的，不准销售、使用；前款规定的出口商品未经检验合格的，不准出口。

本条第一款规定的进出口商品，其中符合国家规定的免予检验条件的，由收货人或者发货人申请，经国家商检部门审查批准，可以免予检验。

第六条 必须实施的进出口商品检验，是指确定列入目录的进出口商品是否符合国家技术规范的强制性要求的合格评定活动。

合格评定程序包括：抽样、检验和检查；评估、验证和合格保证；注册、认可和批准以及各项的组合。

第三十八条 国家商检部门、商检机构的工作人员滥用职权，故意刁难的，徇私舞弊，伪造检验结果的，或者玩忽职守，延误检验出证的，依法给予行政处分；构成犯罪的，依法追究刑事责任。

6.《中华人民共和国进出口商品检验法实施条例》（2013年7月18日公布）（节录）

第四条 出入境检验检疫机构对列入目录的进出口商品以及法律、行政法规规定须经出入境检验检疫机构检验的其他进出口商品实施检验（以下称法定

检验）。

出入境检验检疫机构对法定检验以外的进出口商品，根据国家规定实施抽查检验。

第五条　进出口药品的质量检验、计量器具的量值检定、锅炉压力容器的安全监督检验、船舶（包括海上平台、主要船用设备及材料）和集装箱的规范检验、飞机（包括飞机发动机、机载设备）的适航检验以及核承压设备的安全检验等项目，由有关法律、行政法规规定的机构实施检验。

第六条　进出境的样品、礼品、暂准进出境的货物以及其他非贸易性物品，免予检验。但是，法律、行政法规另有规定的除外。

列入目录的进出口商品符合国家规定的免予检验条件的，由收货人、发货人或者生产企业申请，经国家质检总局审查批准，出入境检验检疫机构免予检验。

免予检验的具体办法，由国家质检总局商有关部门制定。

第五十七条　出入境检验检疫机构的工作人员滥用职权，故意刁难当事人的，徇私舞弊，伪造检验结果的，或者玩忽职守，延误检验出证的，依法给予行政处分；违反有关法律、行政法规规定签发出口货物原产地证明的，依法给予行政处分，没收违法所得；构成犯罪的，依法追究刑事责任。

第二十五章　商检失职罪证据结构

第一节　商检失职罪概述

商检失职罪，是指国家商检部门、商检机构的工作人员玩忽职守，严重不负责任，对应当检验的物品不检验，或者延误检验出证，错误出证，导致国家利益遭受重大损失的行为。其主要特征如下：

一、主体特征

本罪的主体为特殊主体，即国家商检部门、商检机构的工作人员。据通常理解，所谓国家商检部门，是指国务院商品检验部门，即国家进出口商品检验局。所谓商检机构，是指国家商检部门设在各地的进出口商品检验机构，即各省、市、自治区进出口商品检验局。根据全国人大常委会2002年12月28日通过的《关于〈中华人民共和国刑法〉第九章渎职罪主体适用问题的解释》，“在依照法律、法规规定行使国家行政管理职权的组织中从事公务的人员，或者在受国家机关委托代表国家机关行使职权的组织中从事公务的人员，或者虽未列入国家机关人员编制但在国家机关中从事公务的人员，在代表国家机关行使职权时，有渎职行为，构成犯罪的，依照刑法关于渎职罪的规定追究刑事责任”。2013年6月29日修正的进出口商品检验法第三条也曾明确规定，“商检机构和经国家商检部门许可的检验机构，依法对进出口商品实施检验。”为此，在国家商检部门或商检机构指定的检验机构组织中从事公务的人员，也可以构成商检失职罪的主体。所谓国家商品检验部门或商检机构指定的检验机构，是指国家商检局指定的关于专门从事进出口商品检验的法人机构。如中国进出口商品检验总公司及其分公司，以及由于某些商品具有特殊性，一般检验机构很难从事这项检验工作，国家指定的专门负责对特殊进出口商品进行检验的有关机构，如进出口药品的检验由卫生部指定的药品检验部门办理；进出口食品的卫生检验和检疫由食品卫生检验机构办理；计量器具的检验由计量部门办理；进出口锅炉及压力容器的检验由劳动和社会保障部锅炉压力容器安全监察部门办理；船舶、主要船用设备及材料、集装箱的船舶规范检验由交通部船舶规范检验机构办理，等等。上述机构中从事商检工作人员，均可成为此罪的主体。

二、客体特征

本罪侵犯的客体是国家进出口商品检验部门、机构的正常活动及国家其他有关机关的正常活动。进出口检验制度既是一种国际惯例，同时对于保证进出口商品的质量，维护对外贸易有关各方的合法权益，促进对外经济贸易关系的顺利发展具有重要作用。从事进出口商品检验工作的人员责任重大，如果商检失职，致使不合格的商品进口或出口，或者合格的商品不能进口或出口，就会损害我国的经济利益，破坏对外经贸关系，甚至影响我国的国际声誉。

三、主观特征

商检失职罪在主观方面表现为过失，即行为人应当预见或者已经预见，自己的失职行为可能导致国家利益遭受重大损失，因为疏忽大意或过于自信能够避免，以致国家利益遭受重大损失。其对自己失职行为导致“重大损失”的可能性，在主观认识上：一是具有应当预见的义务，即商检人员的法定职责。进出口商品检验法第三十条对商检人员的职业要求作出了明确规定，“国家商检部门和商检机构履行职责，必须遵守法律，维护国家利益，依照法定职权和法定程序严格执法，接受监督”。“商检工作人员必须忠于职守，文明服务，遵守职业道德，不得滥用职权，谋取私利”。二是具有预见的能力，即商检人员的从业素能要求。目前，国家实行的检验资格证书制度，即是职业素能的基本要求。此外，在主观意志上也并不希望发生“重大损失”，一是由于疏忽大意没有预见，二是虽已预见却轻信可以避免。这是商检失职罪与商检徇私舞弊罪在主观上的根本区别。

四、客观特征

本罪在客观方面表现为国家商检部门、商检机构的工作人员玩忽职守，严重不负责任，对应当检验的物品不检验，或者延误检验出证，错误出证，导致国家利益遭受重大损失的行为。

所谓玩忽职守，严重不负责任，是指不履行职守或者不正确、不认真履行自己的职守。其主要表现有三种情形：

1. 对应当检验的商品不检验。根据进出口商品检验法第五条规定，对于商检机构实施检验的《进出口商品目录》中所列的商品，除经国家商检部门批准免予检验的以外，一律由商检机构实施检验。《目录》规定的进口商品未经检验的，不准销售、使用；出口商品未经检验合格的，不准出口。应当检验而不检验，既包括根本不作检验，也包括虽然检验但只对部分物品及内容进行检验，即不对应当检验的进出口商品就其品种、质量、规格、数量、重量、包装以及是否符合安全、卫生要求等作全面的检验。对此应当检验而不检验致使国家利益遭受重大经济损失的，即构成了此罪的商检失职行为。

2. 延误检验出证。这是指虽然对应当检验的进出口商品进行了检验，但由于工作拖拉而致商品检验出具结果超出了法定的商品检验出证的期限。此时，只要超出了时间，不论其检验结果是否出错，都可构成客观失职行为。根据进出口商品检验法第十二条规定“本法规定必须经商检机构检验的进口商品的收货人或者其代理人，应当在商检机构规定的地点和期限内，接受商检机构对进口商品的检验。商检机构应当在国家商检部门统一规定的期限内检验完毕，并出具检验证单”。第十五条规定“本法规定必须经商检机构检验的出口商品的发货人或者其代理人，应当在商检机构规定的地点和期限内，向商检机构报检。商检机构应当在国家商检部门统一规定的期限内检验完毕，并出具检验证单”。也就是说，对进口商品，应当在对外贸易合同约定的索赔期限内检验完毕，并出具检验结果证明；对出口商品，则要求在不延误装运的期限内检验完毕，并出具检验结果证明。玩忽职守，延误出证，致使国家利益遭受重大经济损失的，就构成了此罪的商检失职行为。

3. 错误检验出证。是指在进出口商品检验过程中，由于对工作严重不负责任，致使所出具的检验结果证明内容错误，与被检商品的客观情况不相符合。例如，把合格检验为不合格，把不合格检验成合格等。其错误出证，既可以是检验的全部内容不符合事实，也可以是其中的部分内容，如规格、数量、包装等部分内容不符合事实。只要是对工作严重不负责任错误检验出证，并使国家利益遭受重大损失，即可构成商检失职行为。

商检失职罪是结果犯，即只有致使国家利益遭受重大损失的行为，才构成犯罪。所谓致使国家利益遭受重大损失，一般是指大批出口商品被退回，或者给予外商巨额经济赔偿；大批合同订单被取消；或者进出口不合格商品不能使用、销售；严重损害了对外贸易关系；使国家的声誉受到严重影响等。根据最高人民检察院《关于渎职侵权犯罪案件立案标准的规定》：

“商检失职罪是指出入境检验检疫机关、检验检疫机构工作人员严重不负责任，对应当检验的物品不检验，或者延误检验出证、错误出证，致使国家利益遭受重大损失的行为。

涉嫌下列情形之一的，应予立案：

1. 致使不合格的食品、药品、医疗器械等商品出入境，严重危害生命健康的；

2. 造成个人财产直接经济损失15万元以上，或者直接经济损失不满15万元，但间接经济损失75万元以上的；

3. 造成公共财产、法人或者其他组织财产直接经济损失30万元以上，或者

直接经济损失不满30万元，但间接经济损失150万元以上的；

4. 未经检验，出具合格检验结果，致使国家禁止进口的固体废物、液态废物和气态废物等进入境内的；

5. 不检验或者延误检验出证、错误出证，引起国际经济贸易纠纷，严重影响国家对外经贸关系，或者严重损害国家声誉的；

6. 其他致使国家利益遭受重大损失的情形。”

第二节　商检失职罪的主体证据

商检失职罪的主体证据，是藉以证明行为人具有商检失职罪主体资格的证据。根据刑法规定，此罪主体是国家商检部门、商检机构的工作人员。其主体证据主要由行为人自然人情况证据、负有商检职责国家机关工作人员身份证据两部分组成。

1. 自然人情况证据。自然人情况证据，是指证明行为人年龄、性别、民族、出生地、居住地及家庭成员状况等自然情况的证明材料。如：身份证明、户籍证明、居住证明、违法记录证明等。

2. 负有商检职责的国家机关工作人员身份证据。负有商检职责的国家机关工作人员身份证据，是指证明行为人对进出口商品负有检验职责身份的资格证据。

（1）供职证据。即证明行为人在国家商检部门、商检机构任职的证明材料。如工作证、任命书、聘任书、职务级别、工作简历证明等。

（2）委托证据。即证明行为人在受国家商检部门或商检机构委托，代表其行使职权的组织中从事公务的证明材料。如委托书、授权书等相关证明文件。

（3）职责证据。即证明行为人在进出口商品检验活动中所负有的具体职责义务的证明材料。如负责、承办、分工进出口商品检验职责公务的行业规范、职务责任、岗位要求、流程管理等证明材料。

证明意义：此罪作为特殊渎职罪，它与一般渎职罪的主体不同，不是所有国家工作人员均可成为犯罪主体，此罪主体的特殊性在于，只有国家商检部门、商检机构的工作人员以及这些部门、机构指定的检验机构中的工作人员才能成为此罪主体。为此，它要求犯罪主体不仅应符合自然人承担刑事责任的能力条件，还应该具有国家商检部门、商检机构工作人员身份的资格条件。在此罪主体资格上有两个问题需要注意：一是刑法在此罪的主体表述上，有一个特殊之处，就是商检部门之前限制于“国家”二字，这是与其他特殊渎职罪不同的一个地方。这是因为，商检系统是一个统一的整体，上下垂直领导，地方没有专属的商检机构。目前地方的商检机构是国家商检机关的分支机构，属于国家机关“驻×单位”，其性质与海关大致相同。这也是此罪主体方面不同于其他渎职罪的一个特点。二是国家商检部门、商检机构指定的商检机构工作人员，是指经国家质检总局审核许可，获得《进出口商品检验鉴定机构资格证书》，并依法履行工商登记的商检机构工作人员。根据2004年1月1日起施行的《进出口商品检验鉴定机构管理办法》第四条规定，“中资进出口商品检验鉴定机构应当经过国家质检总局的许可，并依法履行工商登记手续后，方可办理进出口商品检验鉴定业务”。“外商投资进出口商品检验鉴定机构应当经过国家质检总局和商务部的许可，并依法履行工商登记手续后，方可办理进出口商品检验鉴定业务”。“未经许可和登记注册的进出口商品检验鉴定机构不得承担委托的进出口商品检验鉴定业务”。第十一条规定，“中资进出口商品检验鉴定机构申请人凭国家质检总局签发的许可文件及《进出口商品检验鉴定机构资格证书》，依法向工商行政管理部门申请办理登记注册”。在上述组织机构中从事商品检验的工作人员，可以构成此罪的主体。

第三节　商检失职罪的行为证据

商检失职罪的行为证据，是藉以证明行为人在进出口商品检验工作中严重不负责任，不履行或者不认真履行职责行为的证据。根据刑法和最高人民检察院《渎职侵权立案标准》的规定，此组证据，一般由职责义务证据、严重不负责任证据两部分组成。

1. 职责义务证据。商检失职罪的职责义务证据，是证明行为人在进出口商品检验工作中负有并应当正确履行的职责义务的证据。根据其岗位职责的特点，实践中主要有以下几种职权证据：

（1）法定职责证据。即国家法律、行政法规中有关各类国家机关工作人员岗位职权的规定。如：进出口商品检验法、《进出口商品检验法实施条例》等法律法规及其他有关法规所规定的关于国家商检部门、商检机构工作人员职责义务等。

（2）行政职责证明。即由国家商检部门或本级商检机构制定的系统性、行业性、岗位性职责规定。如：国家商检部门、商检机构的职责规范、职业规章、岗位职责规定等。

（3）授权职责证据。即证明上级授予下属长期或临时性的某些权力及权力范围的证据。如：与委托派遣、分工等相关的授权性文件、记录等书证，授权人证言、知情人证言及行为人供述等证明材料。

证明意义：根据刑法的规定，违反进出口商品检验职责义务，严重不负责任是构成商检失职罪的前提条件。行为人的职责义务证据，则是证明行为人负有进出口商品检验职责的事实依据。所谓失职，首先应有职可失。这既是此罪侵害的直接客体，也是其失职行为的有力证明。此类职责义务证据专业性比较强，实践中应注意从其行业规范中寻找收集，并突出其岗位特点的职责义务证据。以鉴别其是否严重失职，是否不负责任的履行其应当履行的职责义务。为此，实践中应对此类证据进行认真全面的收集审查，以作为行为人玩忽职守的事实佐证，保证证据的系统性和完整性，正确及时地惩处犯罪。

2. 严重不负责任证据。严重不负责任证据，是证明行为人在应当正确履行进出口商品检验职责义务过程中，违反职责规定不予履行或不认真履行职责义务的证据。其中包括：

（1）应当检验而不予检验证据。即证明行为人对应当检验的商品而不检验的证据。如：反映行为人在进出口商品检验过程中，对应当法定检验或抽查检验的商品不予检验，对不应当免检的而予以免检的检验单证、相关书证、证人证言、行为人供述等证明材料。

（2）延误检验出证证据。即证明行为人未按规定时限检验，延误检验出证的证据。如：反映行为人在进出口商品检验过程中，无正当理由拖延检验或工作拖拉，并违反相关检验期限规定，延误检验出证的受理检验时间、检验出证时间的检验单证、相关书证、证人证言、行为人供述等证明材料。

（3）错误检验出证证据。即证明行为人在进出口商品检验过程中，对工作严重不负责任，导致出具错误检验结果的证据。如：反映行为人工作马虎，责任心不强，将不合格商品检验为合格，或者将合格商品检验为不合格的检验单证、相关鉴定、相关书证、证人证言、行为人供述等证明材料。

证明意义：不履行职责的特点是职责的放弃性，不认真履行职责的特点是职责的失效性，均是不作为的表现形式。进出口商品检验与一般检查、审查不一样，它是一种检验活动，而不是一般性检查。它既包括形式性和程序性检查，也包括实体性检验。根据相关规定，商品检验有一定的工作程序，每个环节又都有一定的内容。比如，一般检验程序是：接受检验—抽样—检验—签发证书。其各环节内容是：（1）接受报验：报验是指对外贸易关系人向商检机构报请检验。报验时需填写“报验申请单”，填明申请检验、鉴定工作项目和要求，同时提交对外所签买卖合同、成交小样及其他必要的资料。（2）抽样：商检机构接受报验之后，及时派员赴货物堆存地点进行现场检验、鉴定。抽样时，要按照规定的方法和一定的比例，在货物的不同部位抽取一定数量的、能代表全批货物质量的样品（标本）供检验之用。（3）检验：商检机构接受报验之后，认真

研究申报的检验项目，确定检验内容，仔细审核合同（信用证）对品质、规格、包装的规定，弄清检验的依据，确定检验标准、方法，然后抽样检验、仪器分析检验、物理检验、感官检验、微生物检验等。（4）签发证书：在出口方面，凡列入种类表内的出口商品，经检验合格后签发放行单（或在“出口货物报关单”上加盖放行章，以代替放行单）。凡合同、信用证规定由商检部门检验出证的，或国外要求签检证书的，根据规定签发所需封面证书；不向国外提供证书的，只发放行单。种类表以外的出口商品，应由商检机构检验的，经检验合格发给证书或放行单后，方可出运。在进口方面，进口商品经检验后，分别签发“检验情况通知单”或“检验证书”，供对外结算或索赔用。凡由收、用货单位自行验收的进口商品，如发现问题，供对外索赔用。对于验收合格的，收、用货单位应在索赔有效期内把验收报告送商检机构销案。免检放行程序是：提出申请—专家审查—批准发证—办理放行。其各环节内容是：（1）提出申请。凡要求免验并符合条件的进出口商品，由申请人向国家商检部门提出书面申请。申请时，须提交申请书；填写的免验申请表；附有关证件，包括获奖证书、认证证书、合格率证明、用户反映、生产工艺、内控质量标准、检测方法及对产品最终质量有影响的有关文件资料；以及所在地及产地商检机构的初审意见（限免验的出口商品）。（2）专家审查。国家商检部门受理申请后，组织专家审查组对申请免验的商品以及制造工厂的生产条件和有关资料进行审查，并对产品进行抽样测试。（3）批准发证。专家审查组在审查及对产品检验的基础上，提出书面审查报告，经国家商检部门批准，发给申请人免验证书，并予公布。（4）办理放行。获准免验进出口商品的申请人，凭有效的免验证书、合同、信用证及该批产品的厂检合格单和原始检验记录等，到当地商检机构办理放行手续，并交纳放行手续费。对需要出具商检证书的免检商品，商检机构可凭申请人的检验结果，核发商检证书。因此，商检失职行为证据要求，对具体失职环节、失职内容应予以充分的证明，以保证证明的客观性和定性的准确性。

第四节　商检失职罪的结果证据

商检失职罪的结果证据，是指藉以证明由于行为人严重不负责任，对应当检验的物品不检验，或者延误检验出证、错误出证，致使国家利益遭受重大损失的证据。根据刑法和最高人民检察院《渎职侵权立案标准》的规定，此罪主要有个人经济损失情况、公共财产或法人经济损失情况、危害生命健康情况、危害环境污染情况以及损害国家声誉情况五类结果证据。

1. 个人经济损失情况证据。即证明由于行为人失职而造成个人财产直接经济损失达15万元以上，或者直接经济损失不满15万元，但间接经济损失75万元以上的证据。如：反映行为人失职造成损失情况的主管部门出具的经济损失评估鉴定、资产评估报告、证人证言、受害人陈述、相关声像资料等证明材料。

2. 公共财产或法人经济损失情况证据。即证明由于行为人失职而造成公共财产、法人或者其他组织财产直接经济损失30万元以上，或者直接经济损失不满30万元，但间接经济损失150万元以上的证据。如：反映行为人失职造成损失情况的主管部门出具的经济损失评估鉴定、资产评估报告、证人证言、受害人陈述、相关声像资料等证明材料。

3. 危害生命健康情况证据。即证明由于行为人失职致使不合格的食品、药品、医疗器械等危害生命健康的商品出入境的情况证据。如：反映行为人失职致使出入境的商品对生命健康具有严重危害的科学鉴定、后果检验报告、对方情况反馈、专家证言、相关书证、声像资料以及出入境时间、数量等情况的证明材料。

4. 危害环境污染情况证据。即证明由于行为人失职致使国家禁止进口的固体废物、液态废物和气态废物等危害环境的商品进入境内的污染环境的证据。如：反映行为人失职致使固体、液态、气态废物等商品进入境内的进口商品检验鉴定、污染评估鉴定、废物数量及入境期限、相关书证、专家证言、证人证言、声像资料等证明材料。

5. 损害国家声誉证据。即证明由于行为人失职致使引起国际经济贸易纠纷、严重影响国家对外经贸关系，或者严重损害国家声誉的证据。如：反映引发国际经济贸易纠纷、严重影响国家对外经贸关系、严重损害国家声誉的情况反映、国际动态、网络舆情、媒体报道、主管部门的调查报告、相关声像资料等证明材料。

证明意义：根据刑法规定，商检失职罪系结果犯，只有导致严重的损害结果发生，行为人才能构成商检失职罪。如果没有损害结果发生，即使行为人对工作严重不负责任，也不能构成此罪。因此，结果证据在商检失职罪的证据系统中，有着至关重要的作用，它直接关系到罪与非罪的界限。根据损失情况，大体分为两类：一类是物质性损害结果，另一类是非物质性损害结果。对物质性损害结果，主要应注意结果核算的精确性。既要保证核算资料依据的客观性，又要保证核算方式的科学性。凡是能够做出专业技术鉴定和专业评估结论的，就应及时委托主管部门或者相关机构做出科学评定。对不能出具鉴定意见的，办案部门应对机构核实做出相关说明，以保障结果认定的合理性。对非物质性损害结果，主要应注意结果认定的客观性和严重性。非物质性损害结果，是一种建立在客观实际情况之上的主观认识。因此，应以进出口商品对生命健康的危害程度、对污染的危害程度以及对国家声誉损害的影响程度为主要依据，来认识和判断其结果的严重程度。其本身危害程度严重的，其结果必然严重。为此，在司法实践中应认真收集、审慎辨析损害结果证据，对于正确区分罪与非罪界限以及正确地适用刑罚，均具有十分重要的意义。

第五节　商检失职罪的主观证据

商检失职罪的主观证据，是指藉以证明行为人对其严重不负责任行为所导致的损害结果，在主观上具有疏忽大意、过于自信心理态度的事实证据。故商检失职罪的主观证据，主要由疏忽大意过失证据和过于自信过失证据两组证据组成。

1. 疏忽大意过失证据。疏忽大意过失证据，即证明行为人对损害结果的发生，在主观上具有疏忽大意心理态度的事实证据。如：

（1）应当预见的义务证据。即证明行为人对其商检失职行为的结果具有应当预见义务的证据。实践中，主要从职责义务证据与行为对象事实证据中予以综合和推定。

（2）能够预见的条件证据。即证明行为人在责任能力上和结果发生的客观现象中，具有预见的能力和条件的事实证据。此类证据亦可从主体证据、行为证据和结果证据中去综合、推定。

（3）疏忽大意的心理证据。即证明行为人对其行为可能产生的危害后果，持疏忽大意心理态度的事实证据。实践中，此类证据主要从行为证据中进行推定。

2. 过于自信的过失证据。过于自信的过失证据，即证明行为人对损害结果的可能发生，在主观上具有轻信能够避免的过于自信心理态度的事实证据。主要包括：

（1）已经预见的事实证据。即证明行为人对其商检失职行为可能产生的损

害结果已经预见的事实证据。如：反映行为人对其失职行为可能产生的后果，具有告知性、议论性、惶恐性等已经预见的言行表现的知情人证言、行为人供述以及相关行为证据等证明材料。

（2）过于自信的心态证据。即证明行为人对其商检失职行为可能产生的损害结果，持轻信能够避免心理态度的事实证据。如：反映行为人轻信不会发生、自信能够避免的言行表现的知情人证言、行为人供述以及相关行为证据等证据材料。

证明意义：无论是疏忽大意的过失，还是过于自信的过失，都反映的是行为人主观上的心理活动和心理态度。在判断其主观过失时，首先，应证明行为人具有对损害结果的预见义务。职责义务证据中的那些职业规范、职业纪律、职业道德均有明确规定。只有有了预见义务，才能具有相应责任。也就是说，只有具有预见义务的人才能构成商检失职罪的主体。刑法理论将其称作“应当预见”。这是职责义务一体化的应有内涵。其次，应证明行为人的预见能力。也就是行为人能够预见商检失职可能产生的损害结果。从司法实践看，进出口商品检验机构，应取得《检验机构资格证书》，检验人员应取得《检验资格证书》，无此资格的机构和人员无权进行进出口商品检验。可以说，这个预见能力是法定的能力。否则，将无法保障社会公众的生命健康和人身、财产安全。为此，预见能力是关系正确定性的重要证明环节。最后，应当清晰证明没有能够预见到损害结果发生的心理反映。疏忽大意没有预见较易判断，过于自信就容易和间接故意混淆。过于自信的轻信可以避免，核心还是最终认为损害结果不会发生，他也不希望发生。二者的区别，一是预见内容不同。过失预见的是结果发生的可能性，间接故意预见的是结果发生的必然性；二是对待结果的态度不同。过失认为结果不会发生，间接故意则放任自流任其发展，发生是你倒霉，不发生是你万幸。因此，在收集证据过程中，尤其在收集言词证据时，应审慎对待、精心辨析，正确地收集、审查、判断主观证据，以保证规范严肃执法。

第六节　商检失职罪的情节证据

商检失职罪的情节证据，是指藉以证明行为人具有某些影响定罪、量刑情节的事实证据。司法实践中，影响商检失职罪定罪量刑情节的证据主要有以下几种：

1. 从重处罚情节证据。即证明行为人商检失职的行为具有法定从重处罚情节的证据。如：反映行为人商检失职5次以上不检验或者延误检验出证、错误出证，或者造成直接经济损失100万元以上的事实证据；商检失职7次以上不检验或者延误检验出证、错误出证，或者造成直接经济损失300万元以上的事实证据。

2. 从轻处罚情节证据。即证明行为人具有法定从轻处罚情节的证据。如：反映行为人具有自首、立功或者如实供述等从轻情节的事实证据。

3. 从严处罚情节证据。即证明行为人具有法定从严处罚情节的证据。如：反映行为人不如实供述罪行的，曾因职务违纪违法受过行政处分的，致使不符合安全标准的食品、有毒有害食品、假药、劣药等流入社会，对人民群众生命、健康造成严重危害后果的事实证据。

证明意义：情节证据是直接关系到商检失职罪正确定罪量刑的重要事实依据。最高人民检察院《渎职侵权立案标准》中关于商检失职罪损失结果的规定，是商检失职罪的定罪标准和量刑起点标准。根据《人民检察院直接受理立案侦查的渎职侵权重特大案件标准（试行）》的规定，商检失职罪案，造成直接经济损失100万元以上或5次以上不检验或者延误检验出证、错误出证的，为重大案件；造成直接经济损失300万元以上的或7次以上不检验或者延误检验出证、错误出证的，为特大案件。这些应属于法定从重量刑情节。具有其他影响酌定从重、从轻情节事实的（如自首、立功等），也应注意收集证据予以佐证。近年来为维护国家机关正常工作秩序，依法惩治渎职犯罪，“两高”相继出台司法解释，如最高人民法院、最高人民检察院2012年8月8日颁布的《关于办理职务犯罪案件严格适用缓刑、免予刑事处罚若干问题的意见》中规定，“不如实供述罪行的”，“曾因职务违纪违法行为受过行政处分的”，“一般不适用缓刑或者免予刑事处罚。”最高人民法院、最高人民检察院2012年12月7日颁布的《关于办理渎职刑事案件适用法律若干问题的解释（一）》中规定，“负有监督管理职责的国家机关工作人员滥用职权或者玩忽职守，致使不符合安全标准的食品、有毒有害食品、假药、劣药等流入社会，对人民群众生命、健康造成严重危害后果的，依照渎职罪的规定从严惩处”。以上这些关系定罪量刑的情节，实践中应注

意及时收集、认真分析、正确运用，以保证定罪的准确和处罚适当。

附：法律法规

1.《中华人民共和国刑法》（1997年3月14日修订）（节录）

第四百一十二条【商检徇私舞弊罪】 国家商检部门、商检机构的工作人员徇私舞弊，伪造检验结果的，处五年以下有期徒刑或者拘役；造成严重后果的，处五年以上十年以下有期徒刑。

【商检失职罪】 前款所列人员严重不负责任，对应当检验的物品不检验，或者延误检验出证、错误出证，致使国家利益遭受重大损失的，处三年以下有期徒刑或者拘役。

2. 最高人民检察院《关于渎职侵权犯罪案件立案标准的规定》（2006年7月26日公布）（节录）

（二十五）商检失职案（第四百一十二条第二款）

商检失职罪，是指国家商检部门、商检机构的工作人员玩忽职守，严重不负责任，对应当检验的物品不检验，或者延误检验出证，错误出证，导致国家利益遭受重大损失的行为。

涉嫌下列情形之一的，应予立案：

1. 致使不合格的食品、药品、医疗器械等商品出入境，严重危害生命健康的；

2. 造成个人财产直接经济损失15万元以上，或者直接经济损失不满15万元，但间接经济损失75万元以上的；

3. 造成公共财产、法人或者其他组织财产直接经济损失30万元以上，或者直接经济损失不满30万元，但间接经济损失150万元以上的；

4. 未经检验，出具合格检验结果，致使国家禁止进口的固体废物、液态废物和气态废物等进入境内的；

5. 不检验或者延误检验出证、错误出证，引起国际经济贸易纠纷，严重影响国家对外经贸关系，或者严重损害国家声誉的；

6. 其他致使国家利益遭受重大损失的情形。

3. 最高人民检察院《人民检察院直接受理立案侦查的渎职侵权重特大案件标准（试行）》（2001年7月20日公布）（节录）

二十三、商检失职案

（一）重大案件

1. 造成直接经济损失一百万元以上的；

2. 五次以上不检验或者延误检验出证、错误出证的。

（二）特大案件

1. 造成直接经济损失三百万元以上的；

2. 七次以上不检验或者延误检验出证、错误出证的。

4.《中华人民共和国进出口商品检验法》（2013年6月29日修正）（节录）

第二条 国务院设立进出口商品检验部门（以下简称国家商检部门），主管全国进出口商品检验工作。国家商检部门设在各地的进出口商品检验机构（以下简称商检机构）管理所辖地区的进出口商品检验工作。

第三条 商检机构和经国家商检部门许可的检验机构，依法对进出口商品实施检验。

第四条 进出口商品检验应当根据保护人类健康和安全、保护动物或者植物的生命和健康、保护环境、防止欺诈行为、维护国家安全的原则，由国家商检部门制定、调整必须实施检验的进出口商品目录（以下简称目录）并公布实施。

第五条 列入目录的进出口商品，由商检机构实施检验。

前款规定的进口商品未经检验的，不准销售、使用；前款规定的出口商品未经检验合格的，不准出口。

本条第一款规定的进出口商品，其中符合国家规定的免予检验条件的，由收货人或者发货人申请，经国家商检部门审查批准，可以免予检验。

第六条 必须实施的进出口商品检验，是指确定列入目录的进出口商品是否符合国家技术规范的强制性要求的合格评定活动。

合格评定程序包括：抽样、检验和检查；评估、验证和合格保证；注册、认可和批准以及各项的组合。

第七条 列入目录的进出口商品，按照国家技术规范的强制性要求进行检验；尚未制定国家技术规范的强制性要求的，应当依法及时制定，未制定之前，可以参照国家商检部门指定的国外有关标准进行检验。

第八条 经国家商检部门许可的检验机构，可以接受对外贸易关系人或者外国检验机构的委托，办理进出口商品检验鉴定业务。

第九条 法律、行政法规规定由其他检验机构实施检验的进出口商品或者检验项目，依照有关法律、行政法规的规定办理。

第十条 国家商检部门和商检机构应当及时收集和向有关方面提供进出口商品检验方面的信息。

国家商检部门和商检机构的工作人员在履行进出口商品检验的职责中，对所知悉的商业秘密负有保密义务。

第二章　进口商品的检验

第十一条　本法规定必须经商检机构检验的进口商品的收货人或者其代理人，应当向报关地的商检机构报检。海关凭商检机构签发的货物通关证明验放。

第十二条　本法规定必须经商检机构检验的进口商品的收货人或者其代理人，应当在商检机构规定的地点和期限内，接受商检机构对进口商品的检验。商检机构应当在国家商检部门统一规定的期限内检验完毕，并出具检验证单。

第十三条　本法规定必须经商检机构检验的进口商品以外的进口商品的收货人，发现进口商品质量不合格或者残损短缺，需要由商检机构出证索赔的，应当向商检机构申请检验出证。

第十四条　对重要的进口商品和大型的成套设备，收货人应当依据对外贸易合同约定在出口国装运前进行预检验、监造或者监装，主管部门应当加强监督；商检机构根据需要可以派出检验人员参加。

第三章　出口商品的检验

第十五条　本法规定必须经商检机构检验的出口商品的发货人或者其代理人，应当在商检机构规定的地点和期限内，向商检机构报检。商检机构应当在国家商检部门统一规定的期限内检验完毕，并出具检验证单。

对本法规定必须实施检验的出口商品，海关凭商检机构签发的货物通关证明验放。

第十六条　经商检机构检验合格发给检验证单的出口商品，应当在商检机构规定的期限内报关出口；超过期限的，应当重新报检。

第十七条　为出口危险货物生产包装容器的企业，必须申请商检机构进行包装容器的性能鉴定。生产出口危险货物的企业，必须申请商检机构进行包装容器的使用鉴定。使用未经鉴定合格的包装容器的危险货物，不准出口。

第十八条　对装运出口易腐烂变质食品的船舱和集装箱，承运人或者装箱单位必须在装货前申请检验。未经检验合格的，不准装运。

第四章　监督管理

第十九条　商检机构对本法规定必须经商检机构检验的进出口商品以外的进出口商品，根据国家规定实施抽查检验。

国家商检部门可以公布抽查检验结果或者向有关部门通报抽查检验情况。

第二十条　商检机构根据便利对外贸易的需要，可以按照国家规定对列入目录的出口商品进行出厂前的质量监督管理和检验。

第二十一条　为进出口货物的收发货人办理报检手续的代理人办理报检手续时应当向商检机构提交授权委托书。

第二十二条　国家商检部门可以按照国家有关规定，通过考核，许可符合条件的国内外检验机构承担委托的进出口商品检验鉴定业务。

第二十三条 国家商检部门和商检机构依法对经国家商检部门许可的检验机构的进出口商品检验鉴定业务活动进行监督，可以对其检验的商品抽查检验。

第二十四条 国家商检部门根据国家统一的认证制度，对有关的进出口商品实施认证管理。

第二十五条 商检机构可以根据国家商检部门同外国有关机构签订的协议或者接受外国有关机构的委托进行进出口商品质量认证工作，准许在认证合格的进出口商品上使用质量认证标志。

第二十六条 商检机构依照本法对实施许可制度的进出口商品实行验证管理，查验单证，核对证货是否相符。

第二十七条 商检机构根据需要，对检验合格的进出口商品，可以加施商检标志或者封识。

第二十八条 进出口商品的报检人对商检机构作出的检验结果有异议的，可以向原商检机构或者其上级商检机构以至国家商检部门申请复验，由受理复验的商检机构或者国家商检部门及时作出复验结论。

第二十九条 当事人对商检机构、国家商检部门作出的复验结论不服或者对商检机构作出的处罚决定不服的，可以依法申请行政复议，也可以依法向人民法院提起诉讼。

第三十条 国家商检部门和商检机构履行职责，必须遵守法律，维护国家利益，依照法定职权和法定程序严格执法，接受监督。

国家商检部门和商检机构应当根据依法履行职责的需要，加强队伍建设，使商检工作人员具有良好的政治、业务素质。商检工作人员应当定期接受业务培训和考核，经考核合格，方可上岗执行职务。

商检工作人员必须忠于职守，文明服务，遵守职业道德，不得滥用职权，谋取私利。

第三十一条 国家商检部门和商检机构应当建立健全内部监督制度，对其工作人员的执法活动进行监督检查。

商检机构内部负责受理报检、检验、出证放行等主要岗位的职责权限应当明确，并相互分离、相互制约。

第三十二条 任何单位和个人均有权对国家商检部门、商检机构及其工作人员的违法、违纪行为进行控告、检举。收到控告、检举的机关应当依法按照职责分工及时查处，并为控告人、检举人保密。

第五章 法律责任

第三十三条 违反本法规定，将必须经商检机构检验的进口商品未报经检验

而擅自销售或者使用的，或者将必须经商检机构检验的出口商品未报经检验合格而擅自出口的，由商检机构没收违法所得，并处货值金额百分之五以上百分之二十以下的罚款；构成犯罪的，依法追究刑事责任。

第三十四条 违反本法规定，未经国家商检部门许可，擅自从事进出口商品检验鉴定业务的，由商检机构责令停止非法经营，没收违法所得，并处违法所得一倍以上三倍以下的罚款。

第三十五条 进口或者出口属于掺杂掺假、以假充真、以次充好的商品或者以不合格进出口商品冒充合格进出口商品的，由商检机构责令停止进口或者出口，没收违法所得，并处货值金额百分之五十以上三倍以下的罚款；构成犯罪的，依法追究刑事责任。

第三十六条 伪造、变造、买卖或者盗窃商检单证、印章、标志、封识、质量认证标志的，依法追究刑事责任；尚不够刑事处罚的，由商检机构责令改正，没收违法所得，并处货值金额等值以下的罚款。

第三十七条 国家商检部门、商检机构的工作人员违反本法规定，泄露所知悉的商业秘密的，依法给予行政处分，有违法所得的，没收违法所得；构成犯罪的，依法追究刑事责任。

第三十八条 国家商检部门、商检机构的工作人员滥用职权，故意刁难的，徇私舞弊，伪造检验结果的，或者玩忽职守，延误检验出证的，依法给予行政处分；构成犯罪的，依法追究刑事责任。

第六章 附 则

第三十九条 商检机构和其他检验机构依照本法的规定实施检验和办理检验鉴定业务，依照国家有关规定收取费用。

第四十条 国务院根据本法制定实施条例。

5.《中华人民共和国进出口商品检验法实施条例》（2013年7月18日公布）（节录）

第二条 中华人民共和国国家质量监督检验检疫总局（以下简称国家质检总局）主管全国进出口商品检验工作。

国家质检总局设在省、自治区、直辖市以及进出口商品的口岸、集散地的出入境检验检疫局及其分支机构（以下简称出入境检验检疫机构），管理所负责地区的进出口商品检验工作。

第四条 出入境检验检疫机构对列入目录的进出口商品以及法律、行政法规规定须经出入境检验检疫机构检验的其他进出口商品实施检验（以下称法定检验）。

出入境检验检疫机构对法定检验以外的进出口商品，根据国家规定实施抽查检验。

第五条 进出口药品的质量检验、计量器具的量值检定、锅炉压力容器的安全监督检验、船舶（包括海上平台、主要船用设备及材料）和集装箱的规范检验、飞机（包括飞机发动机、机载设备）的适航检验以及核承压设备的安全检验等项目，由有关法律、行政法规规定的机构实施检验。

第六条 进出境的样品、礼品、暂准进出境的货物以及其他非贸易性物品，免予检验。但是，法律、行政法规另有规定的除外。

列入目录的进出口商品符合国家规定的免予检验条件的，由收货人、发货人或者生产企业申请，经国家质检总局审查批准，出入境检验检疫机构免予检验。

免予检验的具体办法，由国家质检总局商有关部门制定。

第七条 法定检验的进出口商品，由出入境检验检疫机构依照商检法第七条规定实施检验。

国家质检总局根据进出口商品检验工作的实际需要和国际标准，可以制定进出口商品检验方法的技术规范和标准。

进出口商品检验依照或者参照的技术规范、标准以及检验方法的技术规范和标准，应当至少在实施之日6个月前公布；在紧急情况下，应当不迟于实施之日公布。

第八条 出入境检验检疫机构根据便利对外贸易的需要，对进出口企业实施分类管理，并按照根据国际通行的合格评定程序确定的检验监管方式，对进出口商品实施检验。

第九条 出入境检验检疫机构对进出口商品实施检验的内容，包括是否符合安全、卫生、健康、环境保护、防止欺诈等要求以及相关的品质、数量、重量等项目。

第十条 出入境检验检疫机构依照商检法的规定，对实施许可制度和国家规定必须经过认证的进出口商品实行验证管理，查验单证，核对证货是否相符。

实行验证管理的进出口商品目录，由国家质检总局商有关部门后制定、调整并公布。

第十一条 进出口商品的收货人或者发货人可以自行办理报检手续，也可以委托代理报检企业办理报检手续；采用快件方式进出口商品的，收货人或者发货人应当委托出入境快件运营企业办理报检手续。

第十二条 进出口商品的收货人或者发货人办理报检手续，应当依法向出入境检验检疫机构备案。

第十三条 代理报检企业接受进出口商品的收货人或者发货人的委托，以委托人的名义办理报检手续的，应当向出入境检验检疫机构提交授权委托书，遵守

本条例对委托人的各项规定；以自己的名义办理报检手续的，应当承担与收货人或者发货人相同的法律责任。

出入境快件运营企业接受进出口商品的收货人或者发货人的委托，应当以自己的名义办理报检手续，承担与收货人或者发货人相同的法律责任。

委托人委托代理报检企业、出入境快件运营企业办理报检手续的，应当向代理报检企业、出入境快件运营企业提供所委托报检事项的真实情况；代理报检企业、出入境快件运营企业接受委托人的委托办理报检手续的，应当对委托人所提供情况的真实性进行合理审查。

第二章　进口商品的检验

第十六条　法定检验的进口商品的收货人应当持合同、发票、装箱单、提单等必要的凭证和相关批准文件，向海关报关地的出入境检验检疫机构报检；海关放行后20日内，收货人应当依照本条例第十八条的规定，向出入境检验检疫机构申请检验。法定检验的进口商品未经检验的，不准销售，不准使用。

进口实行验证管理的商品，收货人应当向海关报关地的出入境检验检疫机构申请验证。出入境检验检疫机构按照国家质检总局的规定实施验证。

第十七条　法定检验的进口商品、实行验证管理的进口商品，海关凭出入境检验检疫机构签发的货物通关单办理海关通关手续。

第十八条　法定检验的进口商品应当在收货人报检时申报的目的地检验。

大宗散装商品、易腐烂变质商品、可用作原料的固体废物以及已发生残损、短缺的商品，应当在卸货口岸检验。

对前两款规定的进口商品，国家质检总局可以根据便利对外贸易和进出口商品检验工作的需要，指定在其他地点检验。

第十九条　除法律、行政法规另有规定外，法定检验的进口商品经检验，涉及人身财产安全、健康、环境保护项目不合格的，由出入境检验检疫机构责令当事人销毁，或者出具退货处理通知单并书面告知海关，海关凭退货处理通知单办理退运手续；其他项目不合格的，可以在出入境检验检疫机构的监督下进行技术处理，经重新检验合格的，方可销售或者使用。当事人申请出入境检验检疫机构出证的，出入境检验检疫机构应当及时出证。

出入境检验检疫机构对检验不合格的进口成套设备及其材料，签发不准安装使用通知书。经技术处理，并经出入境检验检疫机构重新检验合格的，方可安装使用。

第二十条　法定检验以外的进口商品，经出入境检验检疫机构抽查检验不合格的，依照本条例第十九条的规定处理。

实行验证管理的进口商品，经出入境检验检疫机构验证不合格的，参照本条例第十九条的规定处理或者移交有关部门处理。

法定检验以外的进口商品的收货人，发现进口商品质量不合格或者残损、短缺，申请出证的，出入境检验检疫机构或者其他检验机构应当在检验后及时出证。

第二十一条 对属于法定检验范围内的关系国计民生、价值较高、技术复杂的以及其他重要的进口商品和大型成套设备，应当按照对外贸易合同约定监造、装运前检验或者监装。收货人保留到货后最终检验和索赔的权利。

出入境检验检疫机构可以根据需要派出检验人员参加或者组织实施监造、装运前检验或者监装。

第二十二条 国家对进口可用作原料的固体废物的国外供货商、国内收货人实行注册登记制度，国外供货商、国内收货人在签订对外贸易合同前，应当取得国家质检总局或者出入境检验检疫机构的注册登记。国家对进口可用作原料的固体废物实行装运前检验制度，进口时，收货人应当提供出入境检验检疫机构或者检验机构出具的装运前检验证书。

国家允许进口的旧机电产品的收货人在签订对外贸易合同前，应当向国家质检总局或者出入境检验检疫机构办理备案手续。对价值较高，涉及人身财产安全、健康、环境保护项目的高风险进口旧机电产品，应当依照国家有关规定实施装运前检验，进口时，收货人应当提供出入境检验检疫机构或者检验机构出具的装运前检验证书。

进口可用作原料的固体废物、国家允许进口的旧机电产品到货后，由出入境检验检疫机构依法实施检验。

第二十三条 进口机动车辆到货后，收货人凭出入境检验检疫机构签发的进口机动车辆检验证单以及有关部门签发的其他单证向车辆管理机关申领行车牌证。在使用过程中发现有涉及人身财产安全的质量缺陷的，出入境检验检疫机构应当及时作出相应处理。

第三章 出口商品的检验

第二十四条 法定检验的出口商品的发货人应当在国家质检总局统一规定的地点和期限内，持合同等必要的凭证和相关批准文件向出入境检验检疫机构报检。法定检验的出口商品未经检验或者经检验不合格的，不准出口。

出口商品应当在商品的生产地检验。国家质检总局可以根据便利对外贸易和进出口商品检验工作的需要，指定在其他地点检验。

出口实行验证管理的商品，发货人应当向出入境检验检疫机构申请验证。出入境检验检疫机构按照国家质检总局的规定实施验证。

第二十五条 在商品生产地检验的出口商品需要在口岸换证出口的，由商品

生产地的出入境检验检疫机构按照规定签发检验换证凭单。发货人应当在规定的期限内持检验换证凭单和必要的凭证，向口岸出入境检验检疫机构申请查验。经查验合格的，由口岸出入境检验检疫机构签发货物通关单。

第二十六条　法定检验的出口商品、实行验证管理的出口商品，海关凭出入境检验检疫机构签发的货物通关单办理海关通关手续。

第二十七条　法定检验的出口商品经出入境检验检疫机构检验或者经口岸出入境检验检疫机构查验不合格的，可以在出入境检验检疫机构的监督下进行技术处理，经重新检验合格的，方准出口；不能进行技术处理或者技术处理后重新检验仍不合格的，不准出口。

第二十八条　法定检验以外的出口商品，经出入境检验检疫机构抽查检验不合格的，依照本条例第二十七条的规定处理。

实行验证管理的出口商品，经出入境检验检疫机构验证不合格的，参照本条例第二十七条的规定处理或者移交有关部门处理。

第二十九条　出口危险货物包装容器的生产企业，应当向出入境检验检疫机构申请包装容器的性能鉴定。包装容器经出入境检验检疫机构鉴定合格并取得性能鉴定证书的，方可用于包装危险货物。

出口危险货物的生产企业，应当向出入境检验检疫机构申请危险货物包装容器的使用鉴定。使用未经鉴定或者经鉴定不合格的包装容器的危险货物，不准出口。

第三十条　对装运出口的易腐烂变质食品、冷冻品的集装箱、船舱、飞机、车辆等运载工具，承运人、装箱单位或者其代理人应当在装运前向出入境检验检疫机构申请清洁、卫生、冷藏、密固等适载检验。未经检验或者经检验不合格的，不准装运。

第三十七条　在中华人民共和国境内设立从事进出口商品检验鉴定业务的检验机构，应当符合有关法律、行政法规、规章规定的注册资本、技术能力等条件，经国家质检总局和有关主管部门审核批准，获得许可，并依法办理工商登记后，方可接受委托办理进出口商品检验鉴定业务。

第三十九条　国家质检总局、出入境检验检疫机构实施监督管理或者对涉嫌违反进出口商品检验法律、行政法规的行为进行调查，有权查阅、复制当事人的有关合同、发票、账簿以及其他有关资料。出入境检验检疫机构对有根据认为涉及人身财产安全、健康、环境保护项目不合格的进出口商品，经本机构负责人批准，可以查封或者扣押，但海关监管货物除外。

第五十一条　进口可用作原料的固体废物，国外供货商、国内收货人未取得注册登记，或者未进行装运前检验的，按照国家有关规定责令退货；情节严重的，由出入境检验检疫机构并处10万元以上100万元以下罚款。

已获得注册登记的可用作原料的固体废物的国外供货商、国内收货人违反国家有关规定，情节严重的，由出入境检验检疫机构撤销其注册登记。

进口国家允许进口的旧机电产品未办理备案或者未按照规定进行装运前检验的，按照国家有关规定予以退货；情节严重的，由出入境检验检疫机构并处100万元以下罚款。

第五十五条 从事进出口商品检验鉴定业务的检验机构超出其业务范围，或者违反国家有关规定，扰乱检验鉴定秩序的，由出入境检验检疫机构责令改正，没收违法所得，可以并处10万元以下罚款，国家质检总局或者出入境检验检疫机构可以暂停其6个月以内检验鉴定业务；情节严重的，由国家质检总局吊销其检验鉴定资格证书。

第五十七条 出入境检验检疫机构的工作人员滥用职权，故意刁难当事人的，徇私舞弊，伪造检验结果的，或者玩忽职守，延误检验出证的，依法给予行政处分；违反有关法律、行政法规规定签发出口货物原产地证明的，依法给予行政处分，没收违法所得；构成犯罪的，依法追究刑事责任。

第二十六章　放纵制售伪劣商品犯罪行为罪证据结构

第一节　放纵制售伪劣商品犯罪行为罪概述

根据刑法第四百一十四条和最高人民检察院《渎职侵权犯罪立案标准》的规定，放纵制售伪劣商品犯罪行为罪是指对生产、销售伪劣商品犯罪行为负有追究责任的国家机关工作人员，徇私舞弊，不履行法定追究职责，情节严重的行为。其基本特征如下：

一、主体特征

放纵制售伪劣商品犯罪行为罪的主体是特殊主体，即对生产、销售伪劣商品犯罪行为负有追究责任的国家机关工作人员。主要是指负有法律规定的查处生产、销售伪劣商品的违法犯罪行为义务的，各级政府中主管查禁生产、销售伪劣商品的人员；有查禁职责的公、检、法机关中的司法人员；相关行业主管部门如技术监督部门和工商行政管理部门中的人员。实践中，对生产、销售伪劣商品负有查禁职责的政府部门还有很多，2010 年 10 月国务院办公厅在《打击侵犯知识产权和制售假冒伪劣商品专项行动方案》中，曾就源头治理和市场监管，分工新闻出版、公安、工商、质检、商务、农业、工业和信息化、食品药品监管八个部门各负其责。其中，在源头治理方面，“新闻出版（版权）、公安、工商、质检等部门要密切配合，加强对印刷复制各类出版物、印刷品、光盘、计算机软件及包装装潢、商标标识标签企业的监管，严厉查处非法印刷复制和非法加印、出售标识标签等印刷品的行为，情节严重的吊销印刷经营许可证。取缔无证照经营地下印刷复制窝点。工业和信息化、新闻出版（版权）、商务部门要加大对新出厂计算机预装正版操作系统软件的监督力度。质检、工业和信息化部门要加强产品质量监管，严格审查生产企业资质，坚决取缔无证生产，依法查处以假充真、冒用地理标志名称和专用标志的行为，依法查处伪造或冒用厂名、厂址、认证标志等质量标志行为。农业部门要强化从种子生产源头治理侵权假冒行为，在粮食主产区，针对玉米、水稻等重点品种，加强品种真实性鉴定，重点打击无证和‘套牌’生产、销售授权品种的行为。依法查处滥用、冒用、伪造农产品地理标志登记证书、产品名称、专用标志的行为”。在市场监管方面，“工商部门要加大市场巡查力度，严厉打击仿冒知名商品特有的名称、包装、装潢等行为；严厉查处侵犯注册商标和地理标志商标专用权的违法行为，制止恶意商标抢注行为；加强市场监管，明确市场开办者、经营者及经营管理者责任，加强监督和检查。新闻出版（版权）部门要会同有关部门深入开展版权执法专项行动，加强对图书、软件、音像制品的市场巡查，严厉打击侵权盗版行为。知识产权部门要加大对专利领域反复、群体、恶意侵权及假冒专利行为的打击力度。商务部门要加强商贸流通企业的管理和规范，要求企业加强配送商品管理，防止侵权商品进入流通领域。价格主管部门要加强市场价格监管，规范经营者价格行为，严肃查处价格欺诈等违法行为。食品药品监管部门要加大对制售假冒伪劣药品、扰乱药品生产经营秩序行为的打击力度。工业和信息化部门要为专项行动提供必要的技术支持，积极配合有关执法部门开展市场检查工作”。也就是说，上述政府主管部门中，对生产、销售伪劣商品负有查禁职责义务的工作人员，均可以构成放纵制售伪劣商品犯罪行为罪的主体。

二、客体特征

放纵制售伪劣商品犯罪行为罪侵害的客体，是国家对产品质量的监督管理制度。其犯罪对象，是生产、销售伪劣商品的犯罪行为。应当说，生产、销售伪劣商品，是市场经济条件下的一种损人利己恶行。一些人为了获得非法利润铤而走险，大肆生产、销售伪劣商品，已成为建立社会主义市场经济体制新形势下危害国计民生的一个突出问题。近年来，“地沟油”、“毒胶囊”、“毒奶粉”、“黑心肉”、“黑心棉”以及“苏丹红”、“三聚氰胺”等大行其道，严重危害了人民群众的人身、财产安全。这不能说与负有查禁职责的主管部门查禁不力无关。如果监管工作人员能够忠诚履职，假冒伪劣何以能够猖獗？因此，国家十分重视对生产、销售的商品质量的监督管理和对监管人员的监督，1997 年修订刑法时特意增加了放纵制售伪劣商品犯罪行为罪。其放纵的具体的犯罪对象包括刑法第一百四十条至第一百四十八条，生产、销售伪劣产品罪，生产、销售假药罪，生产、销售劣药罪，生产、销售不符合安全标准的食品罪，生产、销售有毒、有害食品罪，生产、销售不符合标准的医用器材罪，生产、销售不符合安全标准的产品罪，生产、销售伪劣农药、兽药、化肥、种子罪，生产、销售不符合卫生标准的化妆品罪等九个罪名。负有查禁职责义务的国家机关工作人员，徇私舞弊，不履行法律规定的追究职责，即必然妨害有关法律、法规的贯彻实施，破坏国家对产品质量的监督管理制度，严重妨害监督管理活动，故他们也必然要为此付出应有的代价。

三、主观特征

放纵制售伪劣商品犯罪行为罪在主观方面表现为故意。即明知系生产、销售

伪劣商品犯罪行为，而徇私舞弊，故意不履行法律规定的追究职责。从明知性质看，其既有义务性明知，也有客观性和专业性明知。从明知内容看，其主要具有三个明知，即对生产、销售伪劣商品行为具有明知，对生产、销售伪劣商品行为是否构成犯罪具有明知，对不依法履行法定追究职责的违法性具有明知。此外，徇私是此罪的动机，即放纵制售伪劣商品犯罪行为的内心起因。最高人民检察院在2006年7月26日公布的《渎职侵权立案标准》中规定，“徇私舞弊，是指国家机关工作人员为徇私情、私利，故意违背事实和法律，伪造材料，隐瞒情况，弄虚作假的行为。”最高人民法院在2003年11月13日印发的《全国法院审理经济犯罪案件工作座谈会纪要》中解释，“徇私舞弊型渎职犯罪的徇私应理解为徇个人私情、私利。国家机关工作人员为了本单位利益，实施滥用职权、玩忽职守行为，构成犯罪的，依照刑法第三百九十七条第一款的规定定罪处罚。”为此，徇私动机，是指徇私情、私利。实践中，无论是徇从亲情、乡情，还是同学、战友等友情；也无论是徇从财产性利益，还是娱乐性、名誉性等非财产性利益，均可构成此罪的徇私动机。

四、客观特征

本罪在客观方面表现为徇私舞弊，对生产、销售伪劣商品犯罪的行为不履行法律规定的追究责任，情节严重的行为。此罪在行为上表现为不作为，即不履行法定的追究职责。而这种不作为的前提是徇私舞弊，即为了徇私情、私利而故意违背事实和法律，不履行法律规定的追究职责，或弄虚作假，或应为而不为。这里所指不履行法律规定的追究职责，是指不履行行政法律法规规定的追究职责，不包括司法行为。司法人员在追究犯罪过程中徇私舞弊的，应适用徇私枉法罪的相关规定。由于行政执法部门多、种类多，目前尚无统一的行政执法程序规定，各行政执法机关的行政执法程序，由各主管机关依据行政处罚法和行政强制法作出相应的规定，如《工商行政管理机关行政处罚程序规定》等。实践中，不履行法律规定的追究职责的行为方式多种多样，概括起来主要有三种形式：

1. 该查不查。即接到群众举报或其他渠道有关生产、销售伪劣商品行为的反映后，应当进行调查，而不进行调查的；或者故意拖延，延误调查时机的；或者通风报信，致使调查扑空的；或者接到调查指令仍不予调查的，等等。

2. 该封不封。即在调查中应当采取行政强制措施予以查封、扣押的，不予查封、扣押。根据2012年1月1日起施行的行政强制法规定，“行政强制措施，是指行政机关在行政管理过程中，为制止违法行为、防止证据损毁、避免危害发生、控制危险扩大等情形，依法对公民的人身自由实施暂时性限制，或者对公民、法人或者其他组织的财物实施暂时性控制的行为”。行政强制措施共有五种，即“（一）限制公民人身自由；（二）查封场所、设施或者财物；（三）扣押财物；（四）冻结存款、汇款；（五）其他行政强制措施”。对依法应当采取上述行政强制措施而不依法履行职责的，应以不履行法律规定的追究职责论处。

3. 该罚不罚。即经调查应当予以行政处罚而不予行政处罚的行为。根据2009年8月27日修订的行政处罚法规定，行政处罚共有七种类型，即“（一）警告；（二）罚款；（三）没收违法所得、没收非法财物；（四）责令停产停业；（五）暂扣或者吊销许可证、暂扣或者吊销执照；（六）行政拘留；（七）法律、行政法规规定的其他行政处罚”。作出行政处罚决定的基本程序是，“调查终结，行政机关负责人应当对调查结果进行审查，根据不同情况，分别作出如下决定：（一）确有应受行政处罚的违法行为的，根据情节轻重及具体情况，作出行政处罚决定；（二）违法行为轻微，依法可以不予行政处罚的，不予行政处罚；（三）违法事实不能成立的，不得给予行政处罚；（四）违法行为已构成犯罪的，移送司法机关”。“对情节复杂或者重大违法行为给予较重的行政处罚，行政机关的负责人应当集体讨论决定”。对违反上述规定，应当作出处罚决定而作出不予处罚决定的，或者违反处罚程序不予研究、讨论决定处罚事项的，均是不履行法律规定职责的行为。

根据刑法的规定，放纵制售伪劣商品犯罪行为，情节严重的，才能构成放纵制售伪劣商品犯罪行为罪。2001年4月10日最高人民法院、最高人民检察院颁布施行的《关于办理生产、销售伪劣商品刑事案件具体应用法律若干问题的解释》第八条规定，“国家机关工作人员徇私舞弊，对生产、销售伪劣商品犯罪不履行法律规定的查处职责，具有下列情形之一的，属于刑法第四百一十四条规定的‘情节严重’：（一）放纵生产、销售假药或者有毒、有害食品犯罪行为的；（二）放纵依法可能判处二年有期徒刑以上刑罚的生产、销售伪劣商品犯罪行为的；（三）对三个以上有生产、销售伪劣商品犯罪行为的单位或者个人不履行追究职责的；（四）致使国家和人民利益遭受重大损失或者造成恶劣影响的”。实践中，放纵制售伪劣商品犯罪行为达到上述标准条件的，即可构成此罪。

鉴于此罪与有关犯罪相互交叉容易混淆，实践中应注意与以下几类犯罪的区别：

1. 放纵制售伪劣商品犯罪行为罪与滥用职权罪、玩忽职守罪的区别。二者的本质区别，一是徇私舞弊情节要求不同，前者徇私舞弊是犯罪构成的必要要件，后者徇私舞弊情节属于从重处罚条件。二是行为表现方式不同，前者系纯正的不作为，是一种不履行职责的行为，后者则既有不作为也有作为，即既有不履行职责的行为，也有不正确履行职责的行为。如果放纵制售伪劣商品犯罪行为具有作为的行为表现，则应适用滥用职权或玩忽职守犯罪的相关规定。

2. 放纵制售伪劣商品犯罪行为罪与食品监管渎职罪的区别。二者的本质区

别也在于徇私舞弊情节，食品监管渎职罪不具有徇私舞弊情节，是食品监管活动中的滥用职权或玩忽职守行为，属于特种渎职罪。如果食品监管渎职行为中具有徇私舞弊情节，则应适用放纵制售伪劣商品犯罪行为罪的规定。

3. 放纵制售伪劣商品犯罪行为罪与徇私舞弊不移交刑事案件罪的区别。二者具有徇私舞弊情节，也均有放纵犯罪的行为，但其行为方式不同。前者是纯正不作为，即不履行对制售伪劣商品行为的追究职责；后者则是不正确履行追究职责，表现为查而不交、以罚代刑，是一种不正确的作为形式。

4. 放纵制售伪劣商品犯罪行为罪与徇私枉法罪的区别。二者均是一种知法犯法的徇私舞弊行为，但二者有着明显的区别。一是犯罪主体不同。前者相对宽泛，后者仅限于司法人员；二是追究阶段不同。前者发生在行政执法阶段，后者则发生在刑事诉讼阶段；三是表现形式不同。前者表现为不予调查、查封、扣押、处罚，后者表现为有罪不究、重罪轻究或者轻罪重究。如果系公安人员在行政执法阶段犯放纵制售伪劣商品犯罪行为，则应适用放纵制售伪劣商品犯罪行为罪的有关规定。

第二节　放纵制售伪劣商品犯罪行为罪的主体证据

放纵制售伪劣商品犯罪行为罪的主体证据，是藉以证明行为人具有该罪主体资格的证据。根据刑法的规定，放纵制售伪劣商品犯罪行为罪主体证据，应由行为人的自然人情况证据和负有查禁制售伪劣商品行为职责的国家机关工作人员身份证据组成。

1. 自然人情况证据。即证明行为人年龄、性别、民族、出生地、居住地及家庭成员状况等自然情况的证明材料。如：身份证明、户籍证明、居住证明、违法记录证明等。

2. 负有查禁制售伪劣商品行为职责的国家机关工作人员身份证据。即证明行为人对制售伪劣商品行为负有调查、处理职责的身份资格的证据。

（1）供职证据。即证明行为人在负有查禁制售伪劣商品行为职能的某国家机关任职的证明材料。如工作证、任命书、聘任书、职务级别、工作简历证明等。

（2）委派证据。即证明行为人受某国家机关或职能部门委派，代表国家机关行使查禁制售伪劣商品行为职权的证明材料。如：委派机关的聘任书、任命文件、派遣公函等相关证明文件。

（3）职责证据。即证明行为人在查禁制售伪劣商品行为活动中所负有的具体职责义务的证明材料。如：反映行为人职责权限、管辖范围、负责事项、工作

分工、岗位职责等情况的证明材料。

证明意义：该罪主体证据的证明目的，是为证明行为人是适格的犯罪主体。自然人情况证据，即为证明行为人作为自然人所应具有的达到法定刑事责任年龄、具备刑事责任能力等条件，并为送达等诉讼程序依法进行提供基础。负有查禁制售伪劣商品行为职责的身份证据，则是证明行为人符合本罪特殊主体条件的依据。

在司法实践中，对于在工商行政管理部门、产品质量监督部门等行政机关工作的列入国家机关编制的行政执法人员的主体身份的证据，侦查人员一般都能按照要求予以搜集。在此需要着重指出的是，对于那些在上述机关中工作的未列入国家机关编制，从事行政管理行为的行为人，依照法律、法规履行行政职责的行为人和受国家机关委托从事公务的行为人，身份证据及工作职责证据收集就显得尤为重要。最高人民检察院渎职侵权厅编发的《反渎职侵权工作指导与参考》2014 年第 6 期刊发了上海市人民检察院反渎职侵权局撰写的侦查经验交流文章——《房地产交易领域渎职案件侦查经验总结》，该文中就列举了两起未列入国家编制的税务人员涉嫌渎职犯罪案件，一起案件因未提供犯罪嫌疑人工作职责书面职责的证明，导致法院对渎职犯罪未予认定；另一起因为相关税务部门出具了岗位职责说明，未影响法院对其主体身份的认定。该案例提示职务犯罪侦查人员，在办案过程中应注意主体证据的全面收集，尤其是那些边缘人员的身份证据。

在办理案件过程中可能会遇到个别部门内设机构职责与其他地区同部门设置不同的问题，遇到此类情况，也要注意工作职责证据的全面收集。比如，工商行政管理局的行政执法职责一般由执法机构来承担，但在实践中，执法机构无力单独承担监管任务，有很多地方采取各内设机构包片管理的执法监管模式进行监管，故在收集职责证据时，应注意那些临时性的授权职责证据。工商行政管理部门、产品质量监督管理部门、农业部门、卫生部门等行政机关对制售伪劣商品的查禁义务在相关法律法规中都有所规定。如产品质量法第八条规定：“国务院产品质量监督部门主管全国产品质量监督工作。国务院有关部门在各自的职责范围内负责产品质量监督工作。县级以上地方产品质量监督部门主管本行政区域内的产品质量监督工作。县级以上地方人民政府有关部门在各自的职责范围内负责产品质量监督工作。法律对产品质量的监督部门另有规定的，依照有关法律规定执行”。第七十条规定：“本法规定的吊销营业执照的行政处罚由工商行政管理部门决定。”又如种子法第四十三条规定：“农业、林业行政主管部门负责对种子质量的监督。”第七十一条规定：“种子行政管理人员徇私舞弊、滥用职权、玩忽职守的，或者违反本法规定从事种子生产、经营活动的，依法给予行政处分；

构成犯罪的，依法追究刑事责任。”工商行政管理部门、产品质量监督管理部门、农业部门等行政机关工作人员构成本罪的案件在司法实践中较为常见，实践中一定要全面收集行为人工作职责的相关法律法规、规定，因为本罪是纯正不作为犯罪，其外在表现就是“应为而不为”，所以行为人工作职责的证据不仅是犯罪主体的依据，也是其渎职行为的重要证据。

第三节　放纵制售伪劣商品犯罪行为罪的行为证据

放纵制售伪劣商品犯罪行为罪的行为证据，是指藉以证明行为人对生产、销售伪劣商品犯罪行为不履行法律规定的追究职责的证据。放纵制售伪劣商品犯罪行为罪的行为证据主要由制售伪劣商品犯罪行为的确认证据和不作为的放纵行为证据两组证据组成。

1. 制售伪劣商品犯罪行为的确认证据。即证明行为人放纵对象已达到生产、销售伪劣商品犯罪标准并被司法确认的证据。如：

（1）生产、销售伪劣商品犯罪行为的确认证据。如：认定生产、销售伪劣商品犯罪行为的相关检验报告、专家证言、物品评估鉴定、司法确认文书、司法解释规定标准等证明材料。

（2）生产、销售假药、劣药犯罪行为的确认证据。如：认定生产、销售假药、劣药犯罪行为的相关检验报告、专家证言、物品评估鉴定、司法确认文书、司法解释规定标准等证明材料。

（3）危害食品安全犯罪行为的确认证据。如：认定危害食品安全犯罪行为的相关检验报告、专家证言、物品评估鉴定、司法确认文书、司法解释规定标准等证明材料。

证明意义：此组证据系此罪行为证据中的前提性证据，即上游犯罪证据，也叫原罪证据。其中，相关检验报告、物品评估属于科学技术鉴定类证据，专家证言系必要时委托专家对相关疑难技术问题作出的科学解释，这些证据是认定上游犯罪的关键证据。司法解释规定标准，是认定上游犯罪的重要法律依据。司法确认文书，是刑事司法确认的重要凭证。根据最高人民法院 2009 年 11 月 11 日施行的《关于审理洗钱等刑事案件具体应用法律若干问题的解释》精神，“上游犯罪尚未依法裁判，但查证属实的，不影响刑法……（指下游犯罪）规定的犯罪的审判”。因此，上游犯罪的立案侦查决定文书、批准逮捕文书、通缉文书、起诉文书、一审判决文书等均可作为司法确认的证明依据。有关生产、销售伪劣商品犯罪行为的司法标准，以前主要依据最高人民检察院的《渎职侵权立案标准》，近年来“两高”相继出台了一些司法解释，当前的司法认定标准主要有以下几种：

一是生产、销售伪劣商品犯罪的标准。(1)根据刑法第一百四十条的规定，伪劣商品“销售金额五万元以上”即构成犯罪。(2)根据“两高”2001年4月10日施行的《关于办理生产、销售伪劣商品刑事案件具体应用法律若干问题的解释》规定，生产、销售不符合标准的医疗器械、医用卫生材料“对人体健康造成严重危害”的标准是，“致人轻伤或者其他严重后果的”。“后果特别严重”的标准是，“造成感染病毒性肝炎等难以治愈的疾病、一人以上重伤、三人以上轻伤或者其他严重后果的”。“情节特别恶劣”的标准是，“致人死亡、严重残疾、感染艾滋病、三人以上重伤、十人以上轻伤或者造成其他特别严重后果的。”(3)根据上述《解释》第七条的规定，“刑法第一百四十七条规定的生产、销售伪劣农药、兽药、化肥、种子罪中‘使生产遭受较大损失’，一般以二万元为起点；‘重大损失’，一般以十万元为起点；‘特别重大损失’，一般以五十万元为起点”。

二是生产、销售假药、劣药犯罪标准。根据“两高”2009年5月27日施行的《关于办理生产、销售假药、劣药刑事案件具体应用法律若干问题的解释》：假药“足以严重危害人体健康”的标准是：“（一）依照国家药品标准不应含有有毒有害物质而含有，或者含有的有毒有害物质超过国家药品标准规定的；（二）属于麻醉药品、精神药品、医疗用毒性药品、放射性药品、避孕药品、血液制品或者疫苗的；（三）以孕产妇、婴幼儿、儿童或者危重病人为主要使用对象的；（四）属于注射剂药品、急救药品的；（五）没有或者伪造药品生产许可证或者批准文号，且属于处方药的；（六）其他足以严重危害人体健康的情形”。“对人体健康造成严重危害”的标准是：“生产、销售的假药被使用后，造成轻伤以上伤害，或者轻度残疾、中度残疾，或者器官组织损伤导致一般功能障碍或者严重功能障碍，或者有其他严重危害人体健康情形的”。“对人体健康造成特别严重危害”的标准是：“生产、销售的假药被使用后，造成重度残疾、三人以上重伤、三人以上中度残疾或者器官组织损伤导致严重功能障碍、十人以上轻伤、五人以上轻度残疾或者器官组织损伤导致一般功能障碍，或者有其他特别严重危害人体健康情形的”。劣药“对人体健康造成严重危害”的标准是：“生产、销售的劣药被使用后，造成轻伤以上伤害，或者轻度残疾、中度残疾，或者器官组织损伤导致一般功能障碍或者严重功能障碍，或者有其他严重危害人体健康情形的”。“后果特别严重”的标准是：“生产、销售的劣药被使用后，致人死亡、重度残疾、三人以上重伤、三人以上中度残疾或者器官组织损伤导致严重功能障碍、十人以上轻伤、五人以上轻度残疾或者器官组织损伤导致一般功能障碍，或者有其他特别严重危害人体健康情形的”。

三是危害食品安全犯罪标准。根据“两高”2013年5月4日施行的《关于

办理危害食品安全刑事案件适用法律若干问题的解释》规定，生产、销售不符合食品安全标准的食品，“足以造成严重食物中毒事故或者其他严重食源性疾病”标准是：“（一）含有严重超出标准限量的致病性微生物、农药残留、兽药残留、重金属、污染物质以及其他危害人体健康的物质的；（二）属于病死、死因不明或者检验检疫不合格的畜、禽、兽、水产动物及其肉类、肉类制品的；（三）属于国家为防控疾病等特殊需要明令禁止生产、销售的；（四）婴幼儿食品中生长发育所需营养成分严重不符合食品安全标准的；（五）其他足以造成严重食物中毒事故或者严重食源性疾病的情形。”“对人体健康造成严重危害”的标准是：“（一）造成轻伤以上伤害的；（二）造成轻度残疾或者中度残疾的；（三）造成器官组织损伤导致一般功能障碍或者严重功能障碍的；（四）造成十人以上严重食物中毒或者其他严重食源性疾病的；（五）其他对人体健康造成严重危害的情形。”“其他严重情节”：“（一）生产、销售金额二十万元以上的；（二）生产、销售金额十万元以上不满二十万元，不符合食品安全标准的食品数量较大或者生产、销售持续时间较长的；（三）生产、销售金额十万元以上不满二十万元，属于婴幼儿食品的；（四）生产、销售金额十万元以上不满二十万元，一年内曾因危害食品安全违法犯罪活动受过行政处罚或者刑事处罚的；（五）其他情节严重的情形。”“后果特别严重”：“（一）致人死亡或者重度残疾的；（二）造成三人以上重伤、中度残疾或者器官组织损伤导致严重功能障碍的；（三）造成十人以上轻伤、五人以上轻度残疾或者器官组织损伤导致一般功能障碍的；（四）造成三十人以上严重食物中毒或者其他严重食源性疾病的；（五）其他特别严重的后果。”生产、销售有毒、有害食品，具有“其他严重情节”是：“（一）生产、销售金额二十万元以上不满五十万元的；（二）生产、销售金额十万元以上不满二十万元，有毒、有害食品的数量较大或者生产、销售持续时间较长的；（三）生产、销售金额十万元以上不满二十万元，属于婴幼儿食品的；（四）生产、销售金额十万元以上不满二十万元，一年内曾因危害食品安全违法犯罪活动受过行政处罚或者刑事处罚的；（五）有毒、有害的非食品原料毒害性强或者含量高的；（六）其他情节严重的情形。”“其他特别严重情节”主要是指“生产、销售有毒、有害食品，生产、销售金额五十万元以上”的情形。

上述司法追诉标准，既是判断生产销售伪劣商品犯罪的依据，也是认定放纵制售伪劣商品犯罪行为的重要依据，实践中应予严格遵照执行。

2. 不作为的放纵行为证据。即证明行为人对制售伪劣商品犯罪行为具有不履行法定追究职责行为的证据。如：

(1) 该查不查的行为证据。即证明行为人在获知应当查处的信息后，具有应当依法进行查处而不履行查处职责的行为证据。如：反映行为人受理举报、接到反映、接受指令等获知某处生产、销售伪劣商品犯罪行为信息，以及故意按兵不动、延误时机、通风报信等不履行查处职责的相关书证、情况记录、证人证言、行政相对人陈述、行为人供述等证明材料。

（2）该封不封的行为证据。即证明行为人在查处生产销售伪劣商品犯罪行为过程中，具有应当依法采取查封、扣押等行政强制措施而不予采取措施的证据。如：反映行为人在调查中已发现生产、销售的伪劣商品，应当依法采取查封、扣押等行政强制措施而不采取措施的书证物证、证人证言、现场情况资料、行政相对人陈述、行为人供述等证明材料。

（3）该罚不罚的行为证据。即证明行为人在对生产、销售伪劣商品犯罪行为调查终结后，依法应当作出行政处罚等处理决定而不作处理决定的证据。如：反映行为人在调查终结后对应当依法作出行政处罚或者移送司法的处理决定，而不作任何处罚和处理的相关案件材料、处理意见报告、证人证言、行政相对人陈述、行为人供述等证明材料。

证明意义：放纵制售伪劣商品犯罪行为罪是一种行为犯，其突出特征是不作为，故此组证据的证明核心亦是行为人不作为的放纵行为证据。从行政执法实际情况看，查处生产销售伪劣商品行为主要有三个阶段，即初期调查阶段、采取行政强制措施阶段、行政处罚阶段。发生在每一个阶段的放纵行为，均可构成放纵制售伪劣商品犯罪行为。该查不查的行为证据，是证明行为人在第一阶段初期调查中的放纵行为。这一阶段的放纵行为表现方式也呈多样性，有对群众举报置之不理不予查处的，有对相关部门移送线索吹毛求疵故意拖延而贻误战机的，有的视上级指令如儿戏就是按兵不动，甚至有的与被调查人相互勾结、通风报信破坏查处活动等。行为表现方式虽然多种多样，但不作为是其共性的本质特征，他们均是不履行法律规定的追究职责的行为。为此，行为证据要求既要证明其不作为的本质特征，又要反映其个性的行为表现。也就是说，要证明行为人究竟是怎样放弃查处制售伪劣商品犯罪行为的。第二阶段的行为表现主要是应当依法采取行政强制措施而不采取措施。查封和扣押是两种重要的行政强制措施，是获取实物赃证的必要手段。因为赃证一旦转移、销毁，将会导致执法失败。为此，这一阶段不作为的危害性亦很严重。这里所讲的该封不封，仅是一种典型表达，其主要含义应是不采取任何行政强制措施。根据行政强制法的规定，行政强制措施共有五种，即“（一）限制公民人身自由；（二）查封场所、设施或者财物；（三）扣押财物；（四）冻结存款、汇款；（五）其他行政强制措施”。这五种措施均不采取，才能构成不作为。采取了其中一种措施，也不能叫不作为。即使措施采取不当，也只能叫不正确的作为。这一点实践中应给予注意。第三阶段的该罚不罚也是这个意思。根据行政处罚法的规定，行政处罚共有七种类型，即

“（一）警告；（二）罚款；（三）没收违法所得、没收非法财物；（四）责令停产停业；（五）暂扣或者吊销许可证、暂扣或者吊销执照；（六）行政拘留；（七）法律、行政法规规定的其他行政处罚”。采取其中任何一种均不能叫不作为。对重责轻究的，如对生产销售伪劣商品犯罪行为只给“警告”罚不当罪的，应按滥用职权罪从重处罚，不能构成放纵制售伪劣商品犯罪行为罪。这也是二者的一个重要区别，实践中亦应注意。

第四节　放纵制售伪劣商品犯罪行为罪的结果证据

放纵制售伪劣商品犯罪行为罪的结果证据，是藉以证明行为人放纵制售伪劣商品犯罪行为具有情节严重的后果证据。主要由被放纵行为性质证据、多次放纵行为证据和重大损失情况证据组成。

1. 被放纵行为性质证据。即证明行为人放纵的生产、销售伪劣商品犯罪行为属于假药或有毒有害食品，以及可能判处二年有期徒刑以上徒刑等性质严重的情况证据。如：相关检验结论、物品评估结论、生产销售金额核算结论以及相关行为证据等证明材料。

2. 多次放纵行为证据。即证明行为人具有对三个以上有生产、销售伪劣商品犯罪行为的单位或者个人不履行追究职责的情况证据。此组证据，可从相关行为证据中得到反映。

3. 重大损失情况证据。即证明由于行为人的放纵行为致使国家和人民利益遭受重大损失或者造成恶劣影响的证据。如：反映损失情况的审计结论、相关书证，以及反映恶劣影响的社情、舆情的情况报告、信息反映等证明材料。

证明意义：放纵制售伪劣商品犯罪行为罪，要求具有情节严重的后果，仅有放纵行为，达不到情节严重情况的，不能构成此罪。“两高”在《关于办理生产、销售伪劣商品刑事案件具体应用法律若干问题的解释》第八条规定，“国家机关工作人员徇私舞弊，对生产、销售伪劣商品犯罪不履行法律规定的查处职责，具有下列情形之一的，属于刑法第四百一十四条规定的‘情节严重’：（一）放纵生产、销售假药或者有毒、有害食品犯罪行为的；（二）放纵依法可能判处二年有期徒刑以上刑罚的生产、销售伪劣商品犯罪行为的；（三）对三个以上有生产、销售伪劣商品犯罪行为的单位或者个人不履行追究职责的；（四）致使国家和人民利益遭受重大损失或者造成恶劣影响的”。上述证据即是证明情节严重后果的依据。这些证据在行为证据中基本上均能体现，故在审查判断证据时，应注意将“情节严重”所要求的证据，及时综合归纳，认真分析研判，以保证证据链条的严密完整。

第五节　放纵制售伪劣商品犯罪行为罪的主观证据

放纵制售伪劣商品犯罪行为罪的主观证据，是藉以证明行为人在主观上明知对某种生产、销售伪劣商品犯罪行为应当依法追究，为徇私情、私利，希望或放任不依法履行追究职责的主观意志证据。该罪的主观证据应由主观明知证据、徇私动机证据、主观追求证据三部分组成。

1. 主观明知证据。即证明行为人对放纵对象和放纵行为在主观上具有明知的认识因素证据。如：

（1）对象明知证据。即证明行为人明知对象是制售伪劣商品犯罪行为的证据。如：反映行为人在主观认识上，知晓应当查处的对象是生产销售伪劣商品犯罪行为的证据。此类证据主要从主体证据和行为证据中予以综合归纳。

（2）违法明知证据。即证明行为人对其不依法履行追究职责具有明知的证据。此证据可结合主体证据和行为证据予以推定。

证明意义：根据刑法和最高人民检察院《渎职侵权立案标准》规定，本罪要求行为人主观上知道或应当知道其所放纵的是制售伪劣商品犯罪行为。本罪主体对其行为对象和不作为的违法性具有明知是本罪主观要件成立的一个必要条件。在司法实践中，行为人往往以不知道行政相对人制售伪劣商品的行为已涉嫌刑事犯罪作为其抗辩理由。这就要求我们侦查人员在取证过程中，有针对性地收集行为人知道或应当知道行政相对人的行为系犯罪行为的证据。实践中，一是注意结合主体证据推定其应当知道的义务性明知，二是注意结合举报情况、行政调查情况及行为人的客观行为，推定其知道的客观性明知，并以客观实际和严密的逻辑推理，教育行为人如实供述其不作为的主观认知事实。但是，口供并不是主观认知的主要依据，客观实际才是其知道或者应当知道的关键凭据。为此，主观明知证据不能依赖口供，应实事求是地进行客观的科学的推定，这应是主观明知证据来源的主渠道。

2. 徇私动机证据。即证明行为人在主观上具有徇私情、私利放纵制售伪劣商品犯罪行为的动机证据。如：

（1）徇私利证据。即证明行为人放纵制售伪劣商品犯罪行为的内心起因系私利驱动的证据。如：反映行为人与行政相对人之间客观存在的财物、名誉、地位等利益关系，以及相互之间联系、请托、承诺等情况的书证物证、证人证言、行政相对人陈述、行为人供述等证明材料。

（2）徇私情证据。即证明行为人放纵制售伪劣商品犯罪行为的内心起因系私情驱动的证据。如：反映行为人与行政相对人之间客观存在的亲情、乡情、友

情、恋情、奸情等情义关系，以及相互之间联系、请托、承诺等情况的证人证言、相关书证、行政相对人陈述、行为人供述等证明材料。

证明意义：徇私动机是徇私舞弊的必要条件，如缺少徇私动机证据将会影响徇私舞弊的成立。根据最高人民检察院《渎职侵权立案标准》解释，“徇私舞弊，是指国家机关工作人员为徇私情、私利，故意违背事实和法律，伪造材料，隐瞒情况，弄虚作假的行为。”那么，既然是徇私情、私利，行为人与行政相对人之间就必然存在私情关系或私利关系。为此，证明私情关系的证据，或者证明私利关系的证据，就成为徇私证据的重要证明内容。其中，私情关系人和私利关系人是重要的证人，双方往来证据和请托证据是徇私动机的关键，也是启动行为人徇私舞弊犯意的重要依据。私情、私利关系证据，关系着徇私动机的客观性；双方往来和请托证据关系着徇私动机的实在性。它们决定着徇私动机的成立与否，这是此组证据的重要作用之所在，也是其关键性的证明意义。

3. 主观追求的证据。即证明行为人在主观上具有希望或放任放纵制售伪劣商品犯罪行为不被依法追究的心理表现证据。如：

（1）积极追求放纵行为发生的心态证据。即证明行为人对其放纵行为在主观意志上持积极追求发生的心态证据。如：反映行为人不作为态度坚决，或者为实现不作为伪造材料、弄虚作假等心理表现的行为证据及相关证明材料。

（2）消极放任放纵行为发生的心态证据。即证明行为人对其放纵行为在主观意志上持消极放任发生的心态证据。如：反映行为人面对应当查处的情况态度消极，或者无故拖延不作决策，或者虚以应付拖而不办等心理表现的行为证据及相关证明材料。

证明意义：由于放纵制售伪劣商品犯罪行为罪是一种行为犯，故其在主观意志上是故意放纵行为发生。理论界对其主观心态研究不多，此罪是直接故意还是间接故意很难定论。但从实践中看，此罪在主观意志上有两种心态，一种是积极追求并希望放纵行为发生，另一种是消极拖延放任放纵行为发生。比如，有的在接到举报或指令后徇私情私利，常常以人手不够、汽车正在修理等理由拖延查处，甚至对群众的催促、上级的催办虚言应付，能拖一天是一天，等等。这种情况下，他们在主观上对社会舆论和上级指令还是有一定心理压力的。为此，实践中有些人不敢说不作为的硬话，表现为没有借口找借口，或把小借口说成大借口，但始终没有表示不查处。如果将这种情况视为希望心态，恐怕要打折扣。我们认为，行为人此时的心理态度应该是一种放任心理，此罪在主观意志上表现为两种心态。但无论哪一种主观心态，均不影响其主观故意的认定。实践中对其主观意志心态的把握，应以行为证据为事实依据，以心理供述为参照，审慎地予以客观推定。

第六节　放纵制售伪劣商品犯罪行为罪的情节证据

放纵制售伪劣商品犯罪行为罪的情节证据，是指藉以证明行为人具有某些定罪、量刑情节的证据。主要包括：

1. 徇私舞弊情节证据。即证明行为人的放纵行为具有徇私舞弊情节的证据。如：行为证据中反映的有关徇私舞弊的事实证据。

2. 情节严重情节证据。即证明行为人的放纵行为具有情节严重的事实证据。此证据亦从行为证据和结果证据中能够得到反映。

3. 从重处罚情节证据。即证明行为人的放纵行为具有达到最高人民检察院"重大案件"或者"特大案件"标准情况的证据。此证据亦可从行为证据和结果证据中得到反映。

4. 从轻处罚情节证据。即证明行为人具有自首、立功或者如实供述等法定从轻、酌定从轻情节的证据。如：自首、立功材料、办案机关说明等证明材料。

证明意义：徇私舞弊情节和情节严重情节，是法定的定罪情节。不具有这两个情节的，不能构成此罪。这两个情节虽然在行为证据中能够有所体现，但为保证办案质量，实践中应对这两个情节给予重点关注。从重处罚情节十分重要，因为此罪与若干个罪相互关联，如严重危害、严重事故、严重情节，情节特别严重、后果特别严重等。相对应的犯罪情节，对此罪的量刑有着重要的影响。为此，最高人民检察院于2002年施行了《人民检察院直接受理立案侦查的渎职侵权重特大案件标准（试行）》。该标准规定，"重大案件"为："1. 放纵生产、销售假药或者有毒、有害食品犯罪行为，情节恶劣或者后果严重的；2. 放纵依法可能判处五年以上十年以下有期徒刑刑罚的生产、销售伪劣商品犯罪行为的；3. 五次以上或者对五个以上有生产、销售伪劣商品犯罪行为的单位或者个人不履行追究职责的"。"特大案件"为："1. 放纵生产、销售假药或者有毒、有害食品犯罪行为，造成人员死亡的；2. 放纵依法可能判处十年以上刑罚的生产、销售伪劣商品犯罪行为的；3. 七次以上或者对七个以上有生产、销售伪劣商品犯罪行为的单位或者个人不履行追究职责的。"上述标准是正确量刑的重要参考依据，故在收集、审查、判断证据时，应注意上述标准情节的证明质量，以保证正确地定罪量刑，依法惩治放纵制售伪劣商品犯罪行为。此外，根据"两高"《关于办理渎职刑事案件适用法律若干问题的解释（一）》第三条规定，"国家机关工作人员实施渎职犯罪并收受贿赂，同时构成受贿罪的，除刑法另有规定外，以渎职犯罪和受贿罪数罪并罚"。为此，在证明徇私舞弊情节时，应注意深挖渎职犯罪背后的腐败问题，认真收集行为人索贿或者受贿的证据，以严惩生产销售伪

劣商品犯罪行为背后的腐败保护伞。

附：法律法规

1.《中华人民共和国刑法》（1997年3月14日修订）（节录）

第四百一十四条【放纵制售伪劣商品犯罪行为罪】 对生产、销售伪劣商品犯罪行为负有追究责任的国家机关工作人员，徇私舞弊，不履行法律规定的追究职责，情节严重的，处五年以下有期徒刑或者拘役。

2.《中华人民共和国行政处罚法》（2009年8月27日修订）（节录）

第六十一条 行政机关为牟取本单位私利，对应当依法移交司法机关追究刑事责任的不移交，以行政处罚代替刑罚，由上级行政机关或者有关部门责令纠正；拒不纠正的，对直接负责的主管人员给予行政处分；徇私舞弊、包庇纵容违法行为的，依照刑法有关规定追究刑事责任。

3.《中华人民共和国行政强制法》（2012年1月1日施行）（节录）

第十八条 行政机关实施行政强制措施应当遵守下列规定：

（一）实施前须向行政机关负责人报告并经批准；

（二）由两名以上行政执法人员实施；

（三）出示执法身份证件；

（四）通知当事人到场；

（五）当场告知当事人采取行政强制措施的理由、依据以及当事人依法享有的权利、救济途径；

（六）听取当事人的陈述和申辩；

（七）制作现场笔录；

（八）现场笔录由当事人和行政执法人员签名或者盖章，当事人拒绝的，在笔录中予以注明；

（九）当事人不到场的，邀请见证人到场，由见证人和行政执法人员在现场笔录上签名或者盖章；

（十）法律、法规规定的其他程序。

第十九条 情况紧急，需要当场实施行政强制措施的，行政执法人员应当在二十四小时内向行政机关负责人报告，并补办批准手续。行政机关负责人认为不应当采取行政强制措施的，应当立即解除。

第二十条 依照法律规定实施限制公民人身自由的行政强制措施，除应当履行本法第十八条规定的程序外，还应当遵守下列规定：

（一）当场告知或者实施行政强制措施后立即通知当事人家属实施行政强制措施的行政机关、地点和期限；

（二）在紧急情况下当场实施行政强制措施的，在返回行政机关后，立即向行政机关负责人报告并补办批准手续；

（三）法律规定的其他程序。

实施限制人身自由的行政强制措施不得超过法定期限。实施行政强制措施的目的已经达到或者条件已经消失，应当立即解除。

第六十八条 违反本法规定，给公民、法人或者其他组织造成损失的，依法给予赔偿。

违反本法规定，构成犯罪的，依法追究刑事责任。

第七十条 法律、行政法规授权的具有管理公共事务职能的组织在法定授权范围内，以自己的名义实施行政强制，适用本法有关行政机关的规定。

4.《中华人民共和国产品质量法》（2009年8月27日修正）（节录）

第九条 各级人民政府工作人员和其他国家机关工作人员不得滥用职权、玩忽职守或者徇私舞弊，包庇、放纵本地区、本系统发生的产品生产、销售中违反本法规定的行为，或者阻挠、干预依法对产品生产、销售中违反本法规定的行为进行查处。

各级地方人民政府和其他国家机关有包庇、放纵产品生产、销售中违反本法规定的行为的，依法追究其主要负责人的法律责任。

第十八条 县级以上产品质量监督部门根据已经取得的违法嫌疑证据或者举报，对涉嫌违反本法规定的行为进行查处时，可以行使下列职权：

（一）对当事人涉嫌从事违反本法的生产、销售活动的场所实施现场检查；

（二）向当事人的法定代表人、主要负责人和其他有关人员调查、了解与涉嫌从事违反本法的生产、销售活动有关的情况；

（三）查阅、复制当事人有关的合同、发票、账簿以及其他有关资料；

（四）对有根据认为不符合保障人体健康和人身、财产安全的国家标准、行业标准的产品或者有其他严重质量问题的产品，以及直接用于生产、销售该项产品的原辅材料、包装物、生产工具，予以查封或者扣押。

县级以上工商行政管理部门按照国务院规定的职责范围，对涉嫌违反本法规定的行为进行查处时，可以行使前款规定的职权。

第五十七条 产品质量检验机构、认证机构伪造检验结果或者出具虚假证明的，责令改正，对单位处五万元以上十万元以下的罚款，对直接负责的主管人员和其他直接责任人员处一万元以上五万元以下的罚款；有违法所得的，并处没收违法所得；情节严重的，取消其检验资格、认证资格；构成犯罪的，依法追究刑事责任。

产品质量检验机构、认证机构出具的检验结果或者证明不实，造成损失

的，应当承担相应的赔偿责任；造成重大损失的，撤销其检验资格、认证资格。

产品质量认证机构违反本法第二十一条第二款的规定，对不符合认证标准而使用认证标志的产品，未依法要求其改正或者取消其使用认证标志资格的，对因产品不符合认证标准给消费者造成的损失，与产品的生产者、销售者承担连带责任；情节严重的，撤销其认证资格。

第六十五条　各级人民政府工作人员和其他国家机关工作人员有下列情形之一的，依法给予行政处分；构成犯罪的，依法追究刑事责任：

（一）包庇、放纵产品生产、销售中违反本法规定行为的；

（二）向从事违反本法规定的生产、销售活动的当事人通风报信，帮助其逃避查处的；

（三）阻挠、干预产品质量监督部门或者工商行政管理部门依法对产品生产、销售中违反本法规定的行为进行查处，造成严重后果的。

5. 最高人民法院、最高人民检察院《关于办理生产、销售伪劣商品刑事案件具体应用法律若干问题的解释》（2001 年 4 月 10 日施行）

为依法惩治生产、销售伪劣商品犯罪活动，根据刑法有关规定，现就办理这类案件具体应用法律的若干问题解释如下：

第一条　刑法第一百四十条规定的“在产品中掺杂、掺假”，是指在产品中掺入杂质或者异物，致使产品质量不符合国家法律、法规或者产品明示质量标准规定的质量要求，降低、失去应有使用性能的行为。

刑法第一百四十条规定的“以假充真”，是指以不具有某种使用性能的产品冒充具有该种使用性能的产品的行为。

刑法第一百四十条规定的“以次充好”，是指以低等级、低档次产品冒充高等级、高档次产品，或者以残次、废旧零配件组合、拼装后冒充正品或者新产品的行为。

刑法第一百四十条规定的“不合格产品”，是指不符合《中华人民共和国产品质量法》第二十六条第二款规定的质量要求的产品。

对本条规定的上述行为难以确定的，应当委托法律、行政法规规定的产品质量检验机构进行鉴定。

第二条　刑法第一百四十条、第一百四十九条规定的“销售金额”，是指生产者、销售者出售伪劣产品后所得和应得的全部违法收入。

伪劣产品尚未销售，货值金额达到刑法第一百四十条规定的销售金额三倍以上的，以生产、销售伪劣产品罪（未遂）定罪处罚。

货值金额以违法生产、销售的伪劣产品的标价计算；没有标价的，按照同类合格产品的市场中间价格计算。货值金额难以确定的，按照国家计划委员会、最高人民法院、最高人民检察院、公安部1997年4月22日联合发布的《扣押、追缴、没收物品估价管理办法》的规定，委托指定的估价机构确定。

多次实施生产、销售伪劣产品行为，未经处理的，伪劣产品的销售金额或者货值金额累计计算。

第三条 经省级以上药品监督管理部门设置或者确定的药品检验机构鉴定，生产、销售的假药具有下列情形之一的，应认定为刑法第一百四十一条规定的“足以严重危害人体健康”：

（一）含有超标准的有毒有害物质的；

（二）不含所标明的有效成分，可能贻误诊治的；

（三）所标明的适应症或者功能主治超出规定范围，可能造成贻误诊治的；

（四）缺乏所标明的急救必需的有效成分的。

生产、销售的假药被使用后，造成轻伤、重伤或者其他严重后果的，应认定为“对人体健康造成严重危害”。

生产、销售的假药被使用后，致人严重残疾、三人以上重伤、十人以上轻伤或者造成其他特别严重后果的，应认定为“对人体健康造成特别严重危害”。

第四条 经省级以上卫生行政部门确定的机构鉴定，食品中含有可能导致严重食物中毒事故或者其他严重食源性疾患的超标准的有害细菌或者其他污染物的，应认定为刑法第一百四十三条规定的“足以造成严重食物中毒事故或者其他严重食源性疾患”。

生产、销售不符合卫生标准的食品被食用后，造成轻伤、重伤或者其他严重后果的，应认定为“对人体健康造成严重危害”。

生产、销售不符合卫生标准的食品被食用后，致人死亡、严重残疾、三人以上重伤、十人以上轻伤或者造成其他特别严重后果的，应认定为“后果特别严重”。

第五条 生产、销售的有毒、有害食品被食用后，造成轻伤、重伤或者其他严重后果的，应认定为刑法第一百四十四条规定的“对人体健康造成严重危害”。

生产、销售的有毒、有害食品被食用后，致人严重残疾、三人以上重伤、十人以上轻伤或者造成其他特别严重后果的，应认定为“对人体健康造成特别严重危害”。

第六条 生产、销售不符合标准的医疗器械、医用卫生材料，致人轻伤或者其他严重后果的，应认定为刑法第一百四十五条规定的“对人体健康造成严重危害”。

生产、销售不符合标准的医疗器械、医用卫生材料，造成感染病毒性肝炎等难以治愈的疾病、一人以上重伤、三人以上轻伤或者其他严重后果的，应认定为“后果特别严重”。

生产、销售不符合标准的医疗器械、医用卫生材料，致人死亡、严重残疾、感染艾滋病、三人以上重伤、十人以上轻伤或者造成其他特别严重后果的，应认定为“情节特别恶劣”。

医疗机构或者个人，知道或者应当知道是不符合保障人体健康的国家标准、行业标准的医疗器械、医用卫生材料而购买、使用，对人体健康造成严重危害的，以销售不符合标准的医用器材罪定罪处罚。

没有国家标准、行业标准的医疗器械，注册产品标准可视为“保障人体健康的行业标准”。

第七条　刑法第一百四十七条规定的生产、销售伪劣农药、兽药、化肥、种子罪中“使生产遭受较大损失”，一般以二万元为起点；“重大损失”，一般以十万元为起点；“特别重大损失”，一般以五十万元为起点。

第八条　国家机关工作人员徇私舞弊，对生产、销售伪劣商品犯罪不履行法律规定的查处职责，具有下列情形之一的，属于刑法第四百一十四条规定的“情节严重”：

（一）放纵生产、销售假药或者有毒、有害食品犯罪行为的；

（二）放纵依法可能判处二年有期徒刑以上刑罚的生产、销售伪劣商品犯罪行为的；

（三）对三个以上有生产、销售伪劣商品犯罪行为的单位或者个人不履行追究职责的；

（四）致使国家和人民利益遭受重大损失或者造成恶劣影响的。

第九条　知道或者应当知道他人实施生产、销售伪劣商品犯罪，而为其提供贷款、资金、账号、发票、证明、许可证件，或者提供生产、经营场所或者运输、仓储、保管、邮寄等便利条件，或者提供制假生产技术的，以生产、销售伪劣商品犯罪的共犯论处。

第十条　实施生产、销售伪劣商品犯罪，同时构成侵犯知识产权、非法经营等其他犯罪的，依照处罚较重的规定定罪处罚。

第十一条　实施刑法第一百四十条至第一百四十八条规定的犯罪，又以暴力、威胁方法抗拒查处，构成其他犯罪的，依照数罪并罚的规定处罚。

第十二条　国家机关工作人员参与生产、销售伪劣商品犯罪的，从重处罚。

6. 最高人民法院、最高人民检察院《关于办理生产、销售假药、劣药刑事案件具体应用法律若干问题的解释》（2009 年 5 月 27 日施行）

为依法惩治生产、销售假药、劣药犯罪，保障人民群众生命健康安全，维护药品市场秩序，根据刑法有关规定，现就办理此类刑事案件具体应用法律的若干问题解释如下：

第一条 生产、销售的假药具有下列情形之一的，应当认定为刑法第一百四十一条规定的“足以严重危害人体健康”：

（一）依照国家药品标准不应含有有毒、有害物质而含有，或者含有的有毒、有害物质超过国家药品标准规定的；

（二）属于麻醉药品、精神药品、医疗用毒性药品、放射性药品、避孕药品、血液制品或者疫苗的；

（三）以孕产妇、婴幼儿、儿童或者危重病人为主要使用对象的；

（四）属于注射剂药品、急救药品的；

（五）没有或者伪造药品生产许可证或者批准文号，且属于处方药的；

（六）其他足以严重危害人体健康的情形。

对前款第（一）项、第（六）项规定的情形难以确定的，可以委托省级以上药品监督管理部门设置或者确定的药品检验机构检验。司法机关根据检验结论，结合假药标明的适应病症、对人体健康可能造成的危害程度等情况认定。

第二条 生产、销售的假药被使用后，造成轻伤以上伤害，或者轻度残疾、中度残疾，或者器官组织损伤导致一般功能障碍或者严重功能障碍，或者有其他严重危害人体健康情形的，应当认定为刑法第一百四十一条规定的“对人体健康造成严重危害”。

生产、销售的假药被使用后，造成重度残疾、三人以上重伤、三人以上中度残疾或者器官组织损伤导致严重功能障碍、十人以上轻伤、五人以上轻度残疾或者器官组织损伤导致一般功能障碍，或者有其他特别严重危害人体健康情形的，应当认定为刑法第一百四十一条规定的“对人体健康造成特别严重危害”。

第三条 生产、销售的劣药被使用后，造成轻伤以上伤害，或者轻度残疾、中度残疾，或者器官组织损伤导致一般功能障碍或者严重功能障碍，或者有其他严重危害人体健康情形的，应当认定为刑法第一百四十二条规定的“对人体健康造成严重危害”。

生产、销售的劣药被使用后，致人死亡、重度残疾、三人以上重伤、三人以上中度残疾或者器官组织损伤导致严重功能障碍、十人以上轻伤、五人以上轻度残疾或者器官组织损伤导致一般功能障碍，或者有其他特别严重危害人体健康情形的，应当认定为刑法第一百四十二条规定的“后果特别严重”。

第四条　医疗机构知道或者应当知道是假药而使用或者销售，符合本解释第一条或者第二条规定标准的，以销售假药罪追究刑事责任。

医疗机构知道或者应当知道是劣药而使用或者销售，符合本解释第三条规定标准的，以销售劣药罪追究刑事责任。

第五条　知道或者应当知道他人生产、销售假药、劣药，而有下列情形之一的，以生产、销售假药罪或者生产、销售劣药罪等犯罪的共犯论处：

（一）提供资金、贷款、账号、发票、证明、许可证件的；

（二）提供生产、经营场所、设备或者运输、仓储、保管、邮寄等便利条件的；

（三）提供生产技术，或者提供原料、辅料、包装材料的；

（四）提供广告等宣传的。

第六条　实施生产、销售假药、劣药犯罪，同时构成生产、销售伪劣产品、侵犯知识产权、非法经营、非法行医、非法采供血等犯罪的，依照处罚较重的规定定罪处罚。

第七条　在自然灾害、事故灾难、公共卫生事件、社会安全事件等突发事件发生时期，生产、销售用于应对突发事件药品的假药、劣药的，依法从重处罚。

第八条　最高人民法院、最高人民检察院以前发布的司法解释、规范性文件与本解释不一致的，以本解释为准。

7. 最高人民法院、最高人民检察院《关于办理危害食品安全刑事案件适用法律若干问题的解释》（2013 年 5 月 4 日施行）

为依法惩治危害食品安全犯罪，保障人民群众身体健康、生命安全，根据刑法有关规定，对办理此类刑事案件适用法律的若干问题解释如下：

第一条　生产、销售不符合食品安全标准的食品，具有下列情形之一的，应当认定为刑法第一百四十三条规定的“足以造成严重食物中毒事故或者其他严重食源性疾病”：

（一）含有严重超出标准限量的致病性微生物、农药残留、兽药残留、重金属、污染物质以及其他危害人体健康的物质的；

（二）属于病死、死因不明或者检验检疫不合格的畜、禽、兽、水产动物及其肉类、肉类制品的；

（三）属于国家为防控疾病等特殊需要明令禁止生产、销售的；

（四）婴幼儿食品中生长发育所需营养成分严重不符合食品安全标准的；

（五）其他足以造成严重食物中毒事故或者严重食源性疾病的情形。

第二条　生产、销售不符合食品安全标准的食品，具有下列情形之一的，应当认定为刑法第一百四十三条规定的“对人体健康造成严重危害”：

（一）造成轻伤以上伤害的；

（二）造成轻度残疾或者中度残疾的；

（三）造成器官组织损伤导致一般功能障碍或者严重功能障碍的；

（四）造成十人以上严重食物中毒或者其他严重食源性疾病的；

（五）其他对人体健康造成严重危害的情形。

第三条 生产、销售不符合食品安全标准的食品，具有下列情形之一的，应当认定为刑法第一百四十三条规定的“其他严重情节”：

（一）生产、销售金额二十万元以上的；

（二）生产、销售金额十万元以上不满二十万元，不符合食品安全标准的食品数量较大或者生产、销售持续时间较长的；

（三）生产、销售金额十万元以上不满二十万元，属于婴幼儿食品的；

（四）生产、销售金额十万元以上不满二十万元，一年内曾因危害食品安全违法犯罪活动受过行政处罚或者刑事处罚的；

（五）其他情节严重的情形。

第四条 生产、销售不符合食品安全标准的食品，具有下列情形之一的，应当认定为刑法第一百四十三条规定的“后果特别严重”：

（一）致人死亡或者重度残疾的；

（二）造成三人以上重伤、中度残疾或者器官组织损伤导致严重功能障碍的；

（三）造成十人以上轻伤、五人以上轻度残疾或者器官组织损伤导致一般功能障碍的；

（四）造成三十人以上严重食物中毒或者其他严重食源性疾病的；

（五）其他特别严重的后果。

第五条 生产、销售有毒、有害食品，具有本解释第二条规定情形之一的，应当认定为刑法第一百四十四条规定的“对人体健康造成严重危害”。

第六条 生产、销售有毒、有害食品，具有下列情形之一的，应当认定为刑法第一百四十四条规定的“其他严重情节”：

（一）生产、销售金额二十万元以上不满五十万元的；

（二）生产、销售金额十万元以上不满二十万元，有毒、有害食品的数量较大或者生产、销售持续时间较长的；

（三）生产、销售金额十万元以上不满二十万元，属于婴幼儿食品的；

（四）生产、销售金额十万元以上不满二十万元，一年内曾因危害食品安全违法犯罪活动受过行政处罚或者刑事处罚的；

（五）有毒、有害的非食品原料毒害性强或者含量高的；

（六）其他情节严重的情形。

第七条　生产、销售有毒、有害食品，生产、销售金额五十万元以上，或者具有本解释第四条规定的情形之一的，应当认定为刑法第一百四十四条规定的“致人死亡或者有其他特别严重情节”。

第八条　在食品加工、销售、运输、贮存等过程中，违反食品安全标准，超限量或者超范围滥用食品添加剂，足以造成严重食物中毒事故或者其他严重食源性疾病的，依照刑法第一百四十三条的规定以生产、销售不符合安全标准的食品罪定罪处罚。

在食用农产品种植、养殖、销售、运输、贮存等过程中，违反食品安全标准，超限量或者超范围滥用添加剂、农药、兽药等，足以造成严重食物中毒事故或者其他严重食源性疾病的，适用前款的规定定罪处罚。

第九条　在食品加工、销售、运输、贮存等过程中，掺入有毒、有害的非食品原料，或者使用有毒、有害的非食品原料加工食品的，依照刑法第一百四十四条的规定以生产、销售有毒、有害食品罪定罪处罚。

在食用农产品种植、养殖、销售、运输、贮存等过程中，使用禁用农药、兽药等禁用物质或者其他有毒、有害物质的，适用前款的规定定罪处罚。

在保健食品或者其他食品中非法添加国家禁用药物等有毒、有害物质的，适用第一款的规定定罪处罚。

第十条　生产、销售不符合食品安全标准的食品添加剂，用于食品的包装材料、容器、洗涤剂、消毒剂，或者用于食品生产经营的工具、设备等，构成犯罪的，依照刑法第一百四十条的规定以生产、销售伪劣产品罪定罪处罚。

第十一条　以提供给他人生产、销售食品为目的，违反国家规定，生产、销售国家禁止用于食品生产、销售的非食品原料，情节严重的，依照刑法第二百二十五条的规定以非法经营罪定罪处罚。

违反国家规定，生产、销售国家禁止生产、销售、使用的农药、兽药，饲料、饲料添加剂，或者饲料原料、饲料添加剂原料，情节严重的，依照前款的规定定罪处罚。

实施前两款行为，同时又构成生产、销售伪劣产品罪，生产、销售伪劣农药、兽药罪等其他犯罪的，依照处罚较重的规定定罪处罚。

第十二条　违反国家规定，私设生猪屠宰厂（场），从事生猪屠宰、销售等经营活动，情节严重的，依照刑法第二百二十五条的规定以非法经营罪定罪处罚。

实施前款行为，同时又构成生产、销售不符合安全标准的食品罪，生产、销售有毒、有害食品罪等其他犯罪的，依照处罚较重的规定定罪处罚。

第十三条 生产、销售不符合食品安全标准的食品，有毒、有害食品，符合刑法第一百四十三条、第一百四十四条规定的，以生产、销售不符合安全标准的食品罪或者生产、销售有毒、有害食品罪定罪处罚。同时构成其他犯罪的，依照处罚较重的规定定罪处罚。

生产、销售不符合食品安全标准的食品，无证据证明足以造成严重食物中毒事故或者其他严重食源性疾病，不构成生产、销售不符合安全标准的食品罪，但是构成生产、销售伪劣产品罪等其他犯罪的，依照该其他犯罪定罪处罚。

第十四条 明知他人生产、销售不符合食品安全标准的食品，有毒、有害食品，具有下列情形之一的，以生产、销售不符合安全标准的食品罪或者生产、销售有毒、有害食品罪的共犯论处：

（一）提供资金、贷款、账号、发票、证明、许可证件的；

（二）提供生产、经营场所或者运输、贮存、保管、邮寄、网络销售渠道等便利条件的；

（三）提供生产技术或者食品原料、食品添加剂、食品相关产品的；

（四）提供广告等宣传的。

第十五条 广告主、广告经营者、广告发布者违反国家规定，利用广告对保健食品或者其他食品作虚假宣传，情节严重的，依照刑法第二百二十二条的规定以虚假广告罪定罪处罚。

第十六条 负有食品安全监督管理职责的国家机关工作人员，滥用职权或者玩忽职守，导致发生重大食品安全事故或者造成其他严重后果，同时构成食品监管渎职罪和徇私舞弊不移交刑事案件罪、商检徇私舞弊罪、动植物检疫徇私舞弊罪、放纵制售伪劣商品犯罪行为罪等其他渎职犯罪的，依照处罚较重的规定定罪处罚。

负有食品安全监督管理职责的国家机关工作人员滥用职权或者玩忽职守，不构成食品监管渎职罪，但构成前款规定的其他渎职犯罪的，依照该其他犯罪定罪处罚。

负有食品安全监督管理职责的国家机关工作人员与他人共谋，利用其职务行为帮助他人实施危害食品安全犯罪行为，同时构成渎职犯罪和危害食品安全犯罪共犯的，依照处罚较重的规定定罪处罚。

第十七条 犯生产、销售不符合安全标准的食品罪，生产、销售有毒、有害食品罪，一般应当依法判处生产、销售金额二倍以上的罚金。

第十八条 对实施本解释规定之犯罪的犯罪分子，应当依照刑法规定的条件严格适用缓刑、免予刑事处罚。根据犯罪事实、情节和悔罪表现，对于符合刑法规定的缓刑适用条件的犯罪分子，可以适用缓刑，但是应当同时宣告禁止令，禁

止其在缓刑考验期限内从事食品生产、销售及相关活动。

第十九条　单位实施本解释规定的犯罪的，依照本解释规定的定罪量刑标准处罚。

第二十条　下列物质应当认定为“有毒、有害的非食品原料”：

（一）法律、法规禁止在食品生产经营活动中添加、使用的物质；

（二）国务院有关部门公布的《食品中可能违法添加的非食用物质名单》《保健食品中可能非法添加的物质名单》上的物质；

（三）国务院有关部门公告禁止使用的农药、兽药以及其他有毒、有害物质；

（四）其他危害人体健康的物质。

第二十一条　“足以造成严重食物中毒事故或者其他严重食源性疾病”“有毒、有害非食品原料”难以确定的，司法机关可以根据检验报告并结合专家意见等相关材料进行认定。必要时，人民法院可以依法通知有关专家出庭作出说明。

第二十二条　最高人民法院、最高人民检察院此前发布的司法解释与本解释不一致的，以本解释为准。

第二十七章 帮助犯罪分子逃避处罚罪证据结构

第一节 帮助犯罪分子逃避处罚罪概述

刑法第四百一十七条规定的帮助犯罪分子逃避处罚罪，是指有查禁犯罪活动职责的国家机关工作人员，向犯罪分子通风报信、提供便利，帮助犯罪分子逃避处罚的行为。此罪系1997年刑法增加的新罪名，其立法渊源来自1991年9月4日全国人大常委会通过的《关于严惩卖淫嫖娼的决定》的规定。该《决定》第九条规定："有查禁卖淫、嫖娼活动职责的国家工作人员，为使违法犯罪分子逃避处罚，向其通风报信、提供便利的，依照刑法第一百八十八条的规定处罚。"当时的刑法第一百八十八条是徇私枉法罪（原称徇私舞弊罪），其重要的意义是将徇私枉法罪的主体由司法工作人员扩大到有查禁卖淫、嫖娼活动职责的国家工作人员。1997年刑法修订时吸收了这一立法精神，规定了帮助犯罪分子逃避处罚罪这一新的罪名，使之有效地与徇私枉法罪区别开来，更加便于理解和执行。根据刑法和最高人民检察院《渎职侵权立案标准》的规定，此罪的基本特征如下：

一、主体特征

本罪的犯罪主体为特殊主体。即负有查禁犯罪活动职责的国家机关工作人员。也就是说，并非所有国家机关工作人员均能成为此罪主体，只有负有查禁犯罪活动职责的国家机关工作人员才能构成此罪主体。"负有查禁犯罪活动职责"是此罪主体的实质要件。据《现代汉语词典》解释，"查禁"是"检查、禁止"的意思，如"查禁赌博、查封黄色书刊"。"犯罪活动"，应指与犯罪行为相关的一切违法行动。因为所有犯罪都是违法的，很多犯罪也是由一般违法行为演变发展而来的。为此，犯罪活动本身就包括与之相关的其他违法行为。比如，查禁卖淫嫖娼活动，卖淫嫖娼是治安违法行为，达到定罪标准的才能追究刑事责任，但不查禁卖淫嫖娼怎能知道是否构成犯罪呢？能说治安警察不能成为此罪的主体吗？在传统的思维定式里，查禁犯罪活动只是公检法司的职责，与其他国家机关无关。其实这是一种误解，"打击传销违法犯罪活动"、"打击发票违法犯罪活动"、"打击赌博违法犯罪活动"、"打击暴力恐怖犯罪活动"包括查处腐败犯罪案件等，均有若干党政部门参与其内。其中，“依法严惩危害食品安全犯罪活动”除司法机关外，有六个政府部门共同参与并单独下发文件。实践中，一些专项治理活动，由行政执法与刑事司法联合执法开展的比比皆是，只不过工作中各负其责而已。这既是我国的国情，也是当前的执法实际情况。因此，“负有查禁犯罪活动职责”的国家机关工作人员，既不是所有国家机关工作人员，也不是仅限制于司法工作人员。如果仅为司法工作人员，立法机关为何不直接明确规定，何必为理论界带来无端的争议，为司法实践带来麻烦呢。据此，“有查禁犯罪活动职责的国家机关工作人员”，实践中主要有以下几类人员：

1. 司法工作人员。刑法第九十四条规定，“本法所称司法工作人员，是指有侦查、检察、审判、监管职责的工作人员。”刑事诉讼法第四条规定，“国家安全机关依照法律规定，办理危害国家安全的刑事案件，行使与公安机关相同的职权。”海关法第四条规定，“国家在海关总署设立专门侦查走私犯罪的公安机构，配备专职缉私警察，负责对其管辖的走私犯罪案件的侦查、拘留、执行逮捕、预审。海关侦查走私犯罪公安机构履行侦查、拘留、执行逮捕、预审职责，应当按照《中华人民共和国刑事诉讼法》的规定办理”。为此，负有上述职责的司法工作人员，均可成为此罪的主体。

2. 负有“查禁”腐败犯罪职责的纪检监察人员。纪检监察人员负有查处违反党纪、政纪的职责，但实践中往往违纪与违法交叉纠缠在一起，违纪案件中有犯罪行为，犯罪案件中又有违纪行为。就贪污腐败案件而言，违纪与犯罪的区别往往仅是数额之差。在违纪案件中发现犯罪、初核并控制犯罪、移送犯罪是纪检监察人员的基本职责。这也是刑法为什么不用“侦查”、“追诉”等法律术语，而使用“查禁”这一大众语言的要义所在。既然“查禁”包含“检查”，那么负有纪律“检查”职责的纪检监察人员就能够成为此罪的主体。如果是纪检和检察、公安联合办案，其应该是此罪的当然主体。

3. 负有“查禁”犯罪活动职责的行政执法人员。国务院《行政执法机关移送涉嫌犯罪案件的规定》第三条规定，“行政执法机关在依法查处违法行为过程中，发现违法事实涉及的金额、违法事实的情节、违法事实造成的后果等，根据刑法关于破坏社会主义市场经济秩序罪、妨害社会管理秩序罪等罪的规定和最高人民法院、最高人民检察院关于破坏社会主义市场经济秩序罪、妨害社会管理秩序罪等罪的司法解释以及最高人民检察院、公安部关于经济犯罪案件的追诉标准等规定，涉嫌构成犯罪，依法需要追究刑事责任的，必须依照本规定向公安机关移送”。第六条规定，“行政执法机关向公安机关移送涉嫌犯罪案件，应当附有下列材料：（一）涉嫌犯罪案件移送书；（二）涉嫌犯罪案件情况的调查报告；（三）涉案物品清单；（四）有关检验报告或者鉴定结论；（五）其他有关涉嫌

犯罪的材料”。上述规定表明，行政执法机关并非仅是发现犯罪就简单地移送，而是负有检查、取证、查封、扣押、鉴定、审查等很多“查禁”职责，这些职责的核心是对犯罪活动的先期调查和行政措施。因此，负有这些“查禁”犯罪活动职责的行政执法人员，可以构成此罪的主体。

4. 负有“查禁”犯罪活动职责的党委机关工作人员和依法从事公务的人员。司法实践中，阶段性、临时性的联合执法是一种重要的执法方式。其中，参与联合执法的既有司法机关，又有行政机关，而牵头单位往往是党委部门。如扫黄打非由宣传部负责，社会治安综合治理由政法委负责，反腐败由纪委负责，等等，这些对查禁犯罪活动负有领导、协调职责的党委机关工作人员，职权和责任比一线人员要大得多，危害也大得多，他们亦能够成为此罪的主体。由司法机关牵头行政执法机关参与的所谓联合办案，实际上是一种综合执法体制，体制内的国家机关工作人员均可成为此罪的主体。我国海关法第五条就曾明确规定，“国家实行联合缉私、统一处理、综合治理的缉私体制。海关负责组织、协调、管理查缉走私工作”。根据全国人大常委会《关于〈中华人民共和国刑法〉第九章渎职罪主体适用问题的解释》，“在依照法律、法规规定行使国家行政管理职权的组织中从事公务的人员，或者在受国家机关委托代表国家机关行使职权的组织中从事公务的人员，或者虽未列入国家机关人员编制但在国家机关中从事公务的人员，在代表国家机关行使职权时，有渎职行为，构成犯罪的，依照刑法关于渎职罪的规定追究刑事责任”。这一立法解释，解决了长期以来的争议，那些受委托代表国家机关行使职权和虽未列编但在国家机关中从事公务的人员，只要负有了查禁犯罪活动的职责，就可以成为此罪的主体。

二、客体特征

帮助犯罪分子逃避处罚罪侵害的客体，是国家机关正常的工作秩序和管理活动。打击犯罪是政府和司法机关的基本职能。帮助犯罪分子逃避处罚表面上看，仅是为个别犯罪分子通风报信、提供方便，实质上破坏的是国家机关正常的工作秩序，危害的是国家的社会管理活动。这也是此罪重于徇私舞弊不移交刑事案件罪的原因之一。

从行为对象看，此罪的行为对象是“犯罪分子”，即只有帮助对象是“犯罪分子”时此罪才能成立。据学界通常理解，“犯罪分子”包括犯罪嫌疑人、被告人和罪犯。这样理解看似很正确，但有失狭窄，与立法精神和实际不太相符。应当说“犯罪分子”不是一个法律概念，《法学词典》以及《世界法律词库》均未收录该词条。“犯罪分子”作为一个大众化的政治词汇，已广泛应用于社会生活之中，并成为刑法的一个通常用语。如“自首的犯罪分子”，“假释的犯罪分子”，“犯罪分子有揭发他人”等。因此，对“犯罪分子”应从通常的大众化的

社会用语去理解。据《现代汉语词典》解释，“分子”的含义是“具有某种特征的人”。犯罪与分子结合起来，应是触犯刑法应受刑事处罚的人。也就是犯罪的人。犯罪的人就不仅是犯罪嫌疑人、被告人和罪犯了，还应当包括虽然犯了罪但尚未被追诉的人。刑法第六十七条就规定，“对于自首的犯罪分子，可以从轻或者减轻处罚。”这里未分立案前后，均叫“犯罪分子”。刑事诉讼法第一百零八条第四款规定，“犯罪人向公安机关、人民检察院或者人民法院自首的”，更加明显地涵盖了立案前的情况，并将其称为“犯罪人”。刑法第三百一十条窝藏、包庇罪则明文规定，“明知是犯罪的人而为其提供隐藏处所、财物，帮助其逃匿或者作假证明包庇的……”犯罪的人与犯罪分子有何区别？这只说明犯罪的人和犯罪分子含义相同，而且均不能以立案追诉为界。否则，帮助犯罪分子逃避处罚罪和窝藏包庇罪，将对司法实践失去存在意义。因为，实践中大量的枉法帮助行为发生在追诉前，追诉后的枉法帮助则被徇私枉法所吸收，帮助犯罪分子逃避处罚罪很难单独成立。为此，此罪所指“犯罪分子”，应包括立案前的犯罪的人，立案后的犯罪嫌疑人，起诉后的被告人和审判后执行刑罚的罪犯。帮助上述对象逃避处罚的，可构成帮助犯罪分子逃避处罚罪。但在追诉帮助犯罪分子逃避处罚犯罪时，应注意对“犯罪分子”犯罪事实的司法确认。最高人民法院2009年11月11日起施行的《关于审理洗钱等刑事案件具体应用法律若干问题的解释》第四条规定，“……（下游犯罪）应当以上游犯罪事实成立为认定前提。上游犯罪尚未依法裁判，但查证属实的，不影响……（下游犯罪）犯罪的审判。”为此，上游犯罪事实成立至关重要，尤其对犯罪的人和犯罪嫌疑人，应查证属实，并进行必要的司法确认，以保证依法规范的正确定罪。

三、主观特征

帮助犯罪分子逃避处罚罪在主观上表现为故意，即明知自己的帮助行为会使犯罪分子逃避处罚，而希望或放任这一结果发生。行为人在主观认识上应具有四个明知：一是明知帮助对象是有犯罪事实的犯罪分子，即行为人知道或者应当知道帮助对象具有某些犯罪事实是犯罪的人；二是明知帮助对象将会受到刑事追究，即行为人知道或者应当知道帮助对象正在或者将要受到刑事追诉和刑事处罚；三是明知帮助行为会使其逃避处罚，即行为人明知自己帮助行为能够使帮助对象逃避刑事追诉或者刑事处罚；四是明知自己的帮助行为是一种违法行为，即行为人是知法犯法，知道或者应当知道帮助犯罪分子逃避处罚的违法性。此罪的犯罪动机多种多样，或徇私情，或徇私利，或同病相怜，或抱打不平等。行为人的何种动机，不影响此罪主观故意的成立。在行为人的主观意志上，此罪表现为两种心态：一种是行为人在其主观意志上，希望犯罪分子通过自己的帮助能够逃避处罚；另一种是虽然提供了帮助，但对犯罪分子能否逃避处罚持放任态度，反正我已提供了帮助，能否躲过这一劫，任其发展，放任自流，听天由命。无论哪一种心态，都反映了行为人的心理追求，其主观故意要件均可成立。

四、客观特征

帮助犯罪分子逃避处罚罪在客观上，表现为通风报信和提供便利两种行为。由于此罪是一种行为犯，只要实施了上述两种行为，帮助犯罪分子逃避处罚的行为即可成立。

1. 通风报信。据《现代汉语词典》解释，通风报信，是指“向别人暗中透露消息，多指把对立双方中一方的机密告知另一方”。据此，通风报信在此罪特定语境下的基本含义，应是暗中传递办案信息。其主要特点有三个：一是报信形式私密化，即秘密的、不公开的、私下地暗中传递。二是报信方式多样化，方法有打电话、发短信、上聊天、写微博、传纸条、带口信等；渠道有直接报信的，有通过亲友间接告知的；方式有暗语提示的，有明言相告的等不一而足。三是报信目的明确化，即通过向犯罪分子透露办案信息、案情信息等，使其做好相关应对准备。行为对象获知后，或隐匿罪证、毁灭证据、伪造证据、串供翻供、订立攻守同盟，或出走藏身、逃避追查，或跑路活动、寻求庇护等。无论行为对象如何作，行为人的目的十分明确，就是使犯罪分子能够自我保护、逃避处罚。

2. 提供便利。顾名思义，提供便利是指为犯罪分子提供能够逃避处罚的方便条件。如果无助于逃避处罚则不能称为提供便利。从司法实践看，犯罪分子逃避处罚一般只有两条路可走：一条是远走他乡，藏身匿迹；另一条是设障碍、施干扰，阻挠查处。行为人提供便利也是围绕这两条路进行的。比如，为藏身匿迹的提供隐居处所、财物资助、交通工具、通讯工具、车船机票、身份证明等物质方面的方便条件；为阻挠查处的提供查处进度、案情信息、证据要害、主办人情况、主管人情况以及案件来源渠道等应对查处、干扰查处所需要的非物质方面的方便条件。能够方便犯罪分子逃避处罚的一切物质性和非物质性条件，均可构成提供便利行为。而且，其帮助行为一旦实施，即构成此罪的既遂。根据最高人民检察院《关于渎职侵权犯罪案件立案标准的规定》，“涉嫌下列情形之一的，应予立案：

1. 向犯罪分子泄露有关部门查禁犯罪活动的部署、人员、措施、时间、地点等情况的；

2. 向犯罪分子提供钱物、交通工具、通讯设备、隐藏处所等便利条件的；

3. 向犯罪分子泄露案情的；

4. 帮助、示意犯罪分子隐匿、毁灭、伪造证据，或者串供、翻供的；

5. 其他帮助犯罪分子逃避处罚应予追究刑事责任的情形。”

由于帮助犯罪分子逃避处罚罪涉案范围较宽，容易与其他渎职罪相竞合，实

践中应注意把握此罪的本质特征，与其他渎职罪区别开来：

1. 帮助犯罪分子逃避处罚罪与包庇、纵容黑社会性质组织罪的区别。根据最高人民法院《关于审理黑社会性质组织犯罪的案件具体应用法律若干问题的解释》，“包庇，是指国家机关工作人员为使黑社会性质组织及其成员逃避查禁，而通风报信，隐匿、毁灭、伪造证据，阻止他人作证、检举揭发，指使他人作伪证，帮助逃匿，或者阻挠其他国家机关工作人员依法查禁等行为。”该规定与帮助犯罪分子逃避处罚罪条相竞合，由于该罪最高刑为15年有期徒刑，帮助犯罪分子逃避处罚罪最高刑为10年有期徒刑，按照择一重处理的原则，此种情况应以包庇、纵容黑社会性质组织罪定罪处罚。

2. 帮助犯罪分子逃避处罚罪与私放在押人员罪的区别。二者的主要区别：一是犯罪主体不同，前者主体范围较宽，或者仅限于司法工作人员；二是行为对象不同，前者行为对象是犯罪分子，或者仅限于在押的犯罪嫌疑人、被告人或者罪犯；三是处罚不同，前者最高刑为15年有期徒刑，或者最高刑为10年有期徒刑，实践中如有竞合，应适用私放在押人员罪定罪量刑。

3. 帮助犯罪分子逃避处罚罪与放纵走私罪的区别。二者的主要区别：一是主体不同，放纵走私罪仅限于海关工作人员；二是要件不同，放纵走私罪要求具有徇私舞弊前提性要件，帮助犯罪分子逃避处罚罪则对此没有要求；三是处罚不同，帮助犯罪分子逃避处罚罪最高刑为10年有期徒刑，放纵走私罪则为15年有期徒刑。为此，实践中如有竞合，应以放纵走私罪定罪处罚。

4. 帮助犯罪分子逃避处罚罪与放纵伪劣商品犯罪行为罪的区别。二者主体相同，行为近似，实践中竞合情况较多，但帮助犯罪分子逃避处罚罪最高刑为10年有期徒刑，放纵伪劣商品犯罪行为罪最高刑则为5年有期徒刑，故按照重罪优于轻罪的原则，在发生竞合时应适用帮助犯罪分子逃避处罚罪定罪量刑。

5. 帮助犯罪分子逃避处罚罪与徇私枉法罪的区别。二者主要区别点，一是主体不同，徇私枉法罪主体仅限于司法工作人员；二是发案阶段不同，帮助犯罪分子逃避处罚罪可以发生在刑事诉讼从审查立案到刑罚执行各个阶段，而徇私枉法罪则仅限于刑事追诉和审判活动之中；三是手段不同，徇私枉法罪的犯罪手段主要是枉法决定、处理案件，帮助犯罪分子逃避处罚罪则仅指通风报信、提供便利，其对案件实体不作任何处理；四是处罚不同，徇私枉法罪最高刑为15年有期徒刑，帮助犯罪分子逃避处罚罪则为10年有期徒刑。因此，实践中二罪如有竞合，应适用徇私枉法罪定罪处罚。

第二节 帮助犯罪分子逃避处罚罪的主体证据

帮助犯罪分子逃避处罚罪的主体证据，是藉以证明行为人具有该罪主体资格的证据。根据该罪主体的构成，其主体证据应由行为人的自然人情况证据、国家机关工作人员身份证据和查禁犯罪活动职责证据三部分组成。

1. 自然人情况证据。即证明行为人年龄、性别、民族、出生地、居住地及家庭成员状况等自然人所需情况的证据材料。如：身份证明、户籍证明、微机户口卡、居住证明、违法记录证明等。

2. 国家机关工作人员身份证据。即证明行为人具有国家机关工作人员身份资格的证据材料。如：反映行为人在某国家机关中所任职务、行政级别、分工负责事项、工作简历等职务身份证明材料。

3. 查禁犯罪活动职责证据。即证明行为人在查禁犯罪活动中所负有领导、主管、承办、协办、参办、保障等职责义务的证据材料。如：

(1) 法定职责义务证据。即证明行为人具有法定的检查、禁止犯罪活动的职责义务证据。如：反映行为人具有检查、发现、移送、侦查、起诉、审判、执行等查禁犯罪职责义务的相关法规证据，以及相关的职业规范、职业纪律等相关证明材料。

(2) 授权职责义务证据。即证明行为人具有上级授权参与查禁某类违法犯罪活动的职责义务证据。如：反映行为人被授权承办、协办、参办某类违法犯罪活动或者某专案的组织证明、相关书证、负责人证言、知情人证言、行为人供述以及其他相关证明材料。

(3) 岗位职责义务证据。即证明行为人在查禁犯罪活动中具体的岗位职责义务证据。如：反映行为人在查禁违法犯罪活动中所担负的工作职能、岗位分工、负责事项、职责权限等具体岗位职责义务的人证书证等证明材料。

证明意义：主体证据是犯罪主体身份资格的证明依据。在特殊主体的案件中，自然情况证据是必要的程序条件。该罪的主体只能是自然人，单位不能构成。根据刑法的规定，该罪的主体是“有查禁犯罪活动职责的国家机关工作人员”，而有查禁犯罪活动职责的国家机关工作人员首先是自然人，及时收集其自然情况证据，是保障刑事诉讼顺利进行的基本需求。国家机关工作人员身份证据，则是确定此罪主体资格的基本条件，也是作为此罪特殊主体必须具备的身份资格。不具有国家机关工作人员身份的，不能构成此罪的主体。根据全国人大常委会《关于〈中华人民共和国刑法〉第九章渎职罪主体适用问题的解释》，“在依照法律、法规规定行使国家行政管理职权的组织中从事公务的人员，或者在受

国家机关委托代表国家机关行使职权的组织中从事公务的人员，或者虽未列入国家机关人员编制但在国家机关中从事公务的人员，在代表国家机关行使职权时，有渎职行为，构成犯罪的，依照刑法关于渎职罪的规定追究刑事责任”。为此，对上述人员犯此罪的，应注意收集法律法规授权行使国家行政管理职权的法规证据，受委托代表国家机关行使职权的委托证据，代表国家机关行使职权的未列编人员的聘任、委派证据，以保证主体资格的适格有效。查禁犯罪活动职责证据，是此组证据的核心证据。不具有查禁犯罪活动职责的人员，即使具有国家机关工作人员身份，也不能构成此罪主体。在查禁犯罪活动职责证据中，法定职责散见于各部门法律法规之中。例如，人民警察法中规定，“预防、制止和侦查违法犯罪活动”，是公安机关的人民警察的首要职责，而且“泄露国家秘密、警务工作秘密；弄虚作假，隐瞒案情，包庇、纵容违法犯罪活动”，是人民警察的禁止性纪律。再如，行政监察法规定，“检查国家行政机关在遵守和执行法律、法规和人民政府的决定、命令中的问题，受理对国家行政机关及其公务员和国家行政机关任命的其他人员违反行政纪律行为的控告、检举”，是监察机关的首要职责，但“监察人员滥用职权、徇私舞弊、玩忽职守、泄露秘密的，依法给予处分；构成犯罪的，依法追究刑事责任”。一些行政规章中，还就行政执法各环节的职责义务作了具体规定。为此，实践中应注意收集到案。授权职责证据，是较机动的一类证据，实践中往往具有某些临时性。为此，有授权书证的一定要依法收集到案，口头授权的，应有授权人证言、知情人证言及其他书证人证相印证。岗位职责证据，是将查禁犯罪活动职责具体化。行为人在查禁犯罪活动中从事具体的工作、负责的具体事项、分管的具体事务等，均应有相关证据予以佐证，以保障主体资格的适格有效，保障刑事诉讼的顺利进行。

第三节　帮助犯罪分子逃避处罚罪的行为证据

帮助犯罪分子逃避处罚罪的行为证据，是指藉以证明行为人实施了向犯罪分子通风报信、提供便利，帮助犯罪分子逃避处罚行为的证据。如：

1. 通风报信行为证据。即证明行为人向犯罪分子泄露有关部门查禁犯罪活动情况的行为证据。如：反映行为人向犯罪分子泄露有关部门查禁犯罪活动的部署、人员、措施、时间、地点等情况的犯罪分子供述、传递人陈述、知情人证言、相关书证、电子数据、技术鉴定、行为人供述及其他相关证明材料。

2. 提供信息需求行为证据。即证明行为人向犯罪分子提供其所需求的有关办案信息、案情信息等情况的行为证据。如：反映行为人为使犯罪分子做好应对准备，向犯罪分子提供案件事实、查证方向、进展情况、手段措施等情况，以及示意隐匿、毁灭、伪造证据，或者串供翻供、订立攻守同盟等行为的犯罪分子供述、传递人陈述、知情人证言、相关书证、电子数据、技术鉴定、行为人供述及其他相关证明材料。

3. 提供隐藏便利行为证据。即证明行为人向犯罪分子提供其出逃、藏身方便条件的行为证据。如：反映行为人为帮助犯罪分子出逃或者藏身，为其提供金钱费用、日常用品、交通工具、通讯工具、隐藏处所、身份证明等方便条件的犯罪分子供述、参与人陈述、知情人证言、金融查询证明、消费电子记录、交通出行查询证明、酒店入住查询证明、身份证件书证、相关物品物证、行为人供述及其他证明材料。

4. 行为对象犯罪确认证据。即证明行为人帮助逃避处罚对象系犯罪分子的司法确认证明。如：反映行为人已被司法机关追诉、审判的立案决定书、逮捕证、通缉令、移送审查起诉意见书、起诉书、判决书等司法文书副本，以及办案机关的相关说明等证明材料。

证明意义：帮助犯罪分子逃避处罚的行为证据，是此罪的关键证据。它集中反映了行为人为帮助犯罪分子逃避处罚而通风报信、提供方便的行为表现。其中通风报信的证明要点是：（1）通风报信的时间、地点、手段、方式等，应客观明确，并能够以客观证据为主，主观证据为辅，相互印证；（2）通风报信的内容应清晰具体，还应有密级鉴定，以保证泄露内容能够帮助犯罪分子逃避处罚；（3）应注意收集、固定电子证据，及时提取、恢复相关数据，以增强证据的证明力。提供方便的证明要点是：（1）运用信息化手段及时收集、固定犯罪分子的行踪证据；（2）通过提审前案犯罪分子，查清其生活来源与行为人资助关系；（3）及时转化前案证据，以犯罪分子对抗查处手段与行为人所提供便利的因果

关系，佐证其帮助逃避处罚行为。行为对象的犯罪确认证据，在此罪中有牵一发而动全身之作用。如果行为对象不构成犯罪，那么作为下游犯罪的行为人亦很难构成犯罪。为此，实践中应当重视此类证据。对于尚未判决的犯罪而言，虽对帮助犯罪分子逃避处罚罪的审判影响不大，但其前提是确有犯罪事实。这就需要办案部门及时收集相关法律文书副本，并就前案认定情况要求办案机关作出相关说明，以保证帮助犯罪分子逃避处罚罪案的顺利查处。

第四节　帮助犯罪分子逃避处罚罪的结果证据

帮助犯罪分子逃避处罚罪的结果证据，是指藉以证明行为人帮助犯罪分子逃避处罚行为导致发生危害结果的证据。如：

1. 犯罪分子出逃结果证据。即证明行为人帮助犯罪分子逃避处罚行为导致犯罪分子出逃的结果证据。如：反映犯罪分子出逃境外、下落不明等情况的证明材料。

2. 犯罪分子逃避查处结果证据。即证明行为人帮助犯罪分子逃避处罚行为致使犯罪分子未能被及时查处的结果证据。如：反映由于行为人通风报信、提供便利，致使犯罪分子实施隐匿、毁灭、伪造证据，订立攻守同盟，干扰证人作证等阻挠查处行为，导致未能被及时查处的证明材料。

证明意义：帮助犯罪分子逃避处罚罪是行为犯，只要实施了帮助犯罪分子逃避处罚的行为，犯罪结果是否发生不影响此罪成立。但帮助犯罪分子逃避处罚产生结果与否，直接反映出犯罪的社会危害程度，是正确适用刑罚的重要情节。因此，在收集、固定证据过程中，不能忽视结果证据情况，凡已发生犯罪后果的均应及时收集相关证据。由于此类证据大都由前案侦查收集到案，实践中应注意及时协调前案侦查，相互转换、复制证据，必要时可重新提审复核相关事实情节，以保证结果证据的确实充分。其中，出逃结果证据，应重点核实出逃目的地和藏匿时间两个问题，以便根据境内、境外和时间长短判断其社会危害程度，正确地适用刑罚。

第五节　帮助犯罪分子逃避处罚罪的主观证据

帮助犯罪分子逃避处罚罪的主观证据，是藉以证明行为人在主观上明知被帮助对象为应予查禁的犯罪分子，为使其逃避处罚，故意向其通风报信、提供便利的心理表现证据。此罪的主观证据，应由主观明知证据和主观追求证据两部分组成。

1. 主观明知证据。即证明行为人在主观上，知道或者应当知道帮助对象是犯罪分子及其帮助行为会使其逃避处罚的主观认识证据。如：

（1）对象明知证据。即证明行为人在主观上，对其帮助对象为应予追究刑事责任的犯罪分子，具有知道或应当知道的认识证据。如：反映行为人由于工作便利而获知或了解其帮助对象某些犯罪事实情况和相关部门查处情况，已经知道或者应当知道帮助对象是犯罪分子的主观认知证据。此证据可依据行为事实证据及其口供予以客观推定。

（2）行为明知的证据。即证明行为人在主观上，对其帮助行为会使犯罪分子逃避处罚，具有知道或者应当知道的认识证据。如：反映行为人职责义务、素质能力等有认识义务和认识能力的相关证据材料。此证据可依据主体证据和行为证据进行事实推定。

2. 主观追求证据。即证明行为人在主观上具有希望或者放任犯罪分子逃避处罚的心理意志证据。如：

（1）希望逃避处罚意志证据。即证明行为人在主观意志上，积极追求使犯罪分子逃避处罚的心理表现证据。如：反映行为人为帮助犯罪分子逃避处罚，积极了解有关案情、查处部署、办案进度等情况，主动向犯罪分子通风报信、提供便利，甚至出谋划策、指导应对等行为意志表现证据。此证据可根据行为证据结合行为人供述予以事实推定。

（2）放任逃避处罚意志证据。即证明行为人在主观意志上，放任犯罪分子逃避处罚的心理表现证据。如：反映行为人碍于情面、碍于虚荣、碍于礼物等因素，被动向犯罪分子或其委托人泄露有关办案机密，甚至遭要挟无奈提供相关机密情况的行为意志表现证据。此证据亦可根据行为证据结合行为人供述进行事实推定。

证明意义：主观故意是外在行为表现的内心反映。可以说，外在行为是内在主观意思的客观化。黑格尔曾说过，“主观的或道德的意思的外化是行为。”高铭暄教授主编的高等学校法学试用教材《刑法学》中也强调，“我国刑法所指的行为是表现人的意识和意志，在客观上危害社会并为刑法所禁止的行为。”因

此，行为人的主观证据主要来源于行为证据，而并非来源于行为人供述。在判断行为人主观意识和意志时，行为人供述仅是参考依据之一。在明知证据中，行为人的义务性明知，决定了他对何为“犯罪分子”和通风报信所产生的后果具有应当知道的职责义务，并非取决于个人的知识能力程度。在意志证据中，行为人通风报信、提供便利等帮助行为也不是凭空而来的神经病，是其主观意志支配大脑而产生的外在表现。联合国《反腐败公约》就明确规定，“根据本公约确立的犯罪所需具备的明知、故意或者目的等要素，可以根据客观实际情况予以推定。”为此，此组证据应主要根据行为证据进行事实推定。但事实推定不是强行认定，应秉承主客观相一致的原则和综合判断原则，亦不能置口供于不顾。不轻信口供，不等于不要口供，实践中应注意行为证据与行为人供述的有机结合，以保证事实推定的准确无误。

第六节　帮助犯罪分子逃避处罚罪的情节证据

帮助犯罪分子逃避处罚罪的情节证据，是指用以证明行为人具有关系定罪和量刑的情节证据。如：

1. 重大对象情节证据。即证明行为人帮助对象为重大犯罪分子的事实情节证据。如：反映行为人帮助对象为重大刑事犯罪、暴力恐怖犯罪及重特大职务犯罪分子等情况的行为、结果证据。

2. 多人多次情节证据。即证明行为人多人多次帮助犯罪分子逃避处罚的事实情节证据。如：反映行为人三次或者使三人以上逃避处罚的行为、结果证据。

3. 从轻处罚情节证据。即证明行为人具有自首、立功，或者如实供述等法定从轻或酌定从轻的情节证据。如：反映行为人具有自首、立功、如实供述等从轻情节的相关书证、办案单位说明等证明材料。

4. 徇私舞弊情节证据。即证明行为人具有徇私舞弊情节的事实情节证据。如：反映行为人具有徇私情、私利，吃请受贿，隐瞒情况，弄虚作假行为的事实证据。

证明意义：上述情节系影响此罪定罪量刑的几个主要情节，该情节证据也主要体现在行为结果证据之中。根据最高人民检察院《人民检察院直接受理立案侦查的渎职侵权重特大案件标准（试行）》规定，帮助犯罪分子逃避处罚罪“重大案件”标准为：“1. 三次或者使三名以上犯罪分子逃避处罚的；2. 帮助重大刑事犯罪分子逃避处罚的”。“特大案件”标准为：“1. 五次或者使五名以上犯罪分子逃避处罚的；2. 帮助二名以上重大刑事犯罪分子逃避处罚的。”刑法第四百一十七条亦规定了两个量刑幅度，第一刑度为三年以下有期徒刑或者拘役，第二刑度为“情节严重的，处三年以上十年以下有期徒刑”。为此，多人多次情节和重大对象情节证据均系从重处罚的重要依据，并直接关系量刑幅度，意义重大。自首、立功是法定的从轻、减轻处罚情节，如实供述亦是可以从轻的酌定情节，从维护被告人合法权益出发，实践中应全面地实事求是地收集证据，以保证罚当其罪地正确适用刑罚。徇私舞弊，不是此罪的特别要件，但徇私舞弊是主观恶性的反映，是知法犯法的典型行为，一般情况下其为酌定从重处罚情节。根据“两高”《关于办理渎职刑事案件适用法律若干问题的解释（一）》第三条规定：“国家机关工作人员实施渎职犯罪并收受贿赂，同时构成受贿罪的，除刑法另有规定外，以渎职犯罪和受贿罪数罪并罚”。为此，行为人徇私舞弊情节如果构成受贿犯罪，应并案侦查，全面收集证据，以保证依法数罪并罚严惩帮助犯罪分子逃避处罚犯罪。

附：法律法规

1.《中华人民共和国刑法》（1997年3月14日修订）（节录）

第四百一十七条【帮助犯罪分子逃避处罚罪】 有查禁犯罪活动职责的国家机关工作人员，向犯罪分子通风报信、提供便利，帮助犯罪分子逃避处罚的，处三年以下有期徒刑或者拘役；情节严重的，处三年以上十年以下有期徒刑。

2. 最高人民检察院《关于渎职侵权犯罪案件立案标准的规定》（2006年7月26日公布）（节录）

（三十三）帮助犯罪分子逃避处罚案（第四百一十七条）

帮助犯罪分子逃避处罚罪是指有查禁犯罪活动职责的司法及公安、国家安全、海关、税务等国家机关工作人员，向犯罪分子通风报信、提供便利，帮助犯罪分子逃避处罚的行为。

涉嫌下列情形之一的，应予立案：

1. 向犯罪分子泄露有关部门查禁犯罪活动的部署、人员、措施、时间、地点等情况的；
2. 向犯罪分子提供钱物、交通工具、通讯设备、隐藏处所等便利条件的；
3. 向犯罪分子泄露案情的；
4. 帮助、示意犯罪分子隐匿、毁灭、伪造证据，或者串供、翻供的；
5. 其他帮助犯罪分子逃避处罚应予追究刑事责任的情形。

3. 最高人民检察院《人民检察院直接受理立案侦查的渎职侵权重特大案件标准（试行）》（2001年7月20日公布）（节录）

三十一、帮助犯罪分子逃避处罚案

（一）重大案件

1. 三次或者使三名以上犯罪分子逃避处罚的；

2. 帮助重大刑事犯罪分子逃避处罚的。

（二）特大案件

1. 五次或者使五名以上犯罪分子逃避处罚的；

2. 帮助二名以上重大刑事犯罪分子逃避处罚的。

4. 最高人民法院、最高人民检察院、公安部、国家工商总局《关于依法查处盗窃、抢劫机动车案件的规定》（1998年5月8日公布）（节录）

十、公安人员对盗窃、抢劫的机动车辆，非法提供机动车牌或者为其取得机动车牌提供便利，帮助犯罪分子逃避处罚的，依照《刑法》第四百一十七条规定处罚。

5. 公安部《关于打击拐卖妇女儿童犯罪适用法律和政策有关问题的意见》（2000年3月24日公布）（节录）

六、关于不解救或者阻碍解救被拐卖的妇女、儿童等渎职犯罪

（四）有查禁拐卖妇女、儿童犯罪活动职责的国家机关工作人员，向拐卖妇女、儿童的犯罪分子通风报信、提供便利，帮助犯罪分子逃避处罚，构成犯罪的，以帮助犯罪分子逃避处罚罪移送人民检察院追究刑事责任。

6. 国务院办公厅《关于继续深入开展严厉打击制售假冒伪劣商品违法犯罪活动联合行动的通知》（2001年5月7日）（节录）

对执法犯法、徇私枉法，与制假售假违法犯罪分子内外勾结、通风报信，不认真履行职责的国家机关工作人员，要严肃查处，涉嫌犯罪的移送司法机关处理。对立案查处的案件做到“五不放过”，即案情没有搞清的不放过；假冒伪劣商品的源头和流向没有查明的不放过；制假售假责任者没有依法处理的不放过；该移送司法机关没有移送的不放过；包庇、纵容、参与制假售假的国家机关工作人员没有受到追究的不放过。依法从重从快惩处违法犯罪分子。查处大案要案要排除一切阻力和干扰，不论涉及什么人、什么单位，都要查个水落石出，绝不手软。

第二十八章　非法拘禁罪证据结构

第一节　非法拘禁罪概述

根据刑法第二百三十八条和最高人民检察院《渎职侵权立案标准》的规定，“非法拘禁罪是指以拘禁或者其他方法非法剥夺他人人身自由的行为。”其主要特征如下：

一、主体特征

非法拘禁罪的主体系一般主体，即具有刑事责任能力的自然人均可构成此罪。根据刑事诉讼法第十八条的规定，一般主体的非法拘禁案由公安机关管辖，国家机关工作人员利用职权实施的非法拘禁案，由人民检察院立案侦查。

二、客体特征

非法拘禁罪的直接客体是对公民人身自由权利的侵害。公民的人身自由不受侵犯，是公民最重要、最基本的一项权利。它是公民参加社会生活和享受其他自由权利的基础和前提。如果人身自由没有保障，就根本谈不上享受其他自由和权利。为此，我国宪法第三十七条明确规定：“中华人民共和国公民的人身自由不受侵犯。”“任何公民，非经人民检察院批准或者决定或者人民法院决定，并由公安机关执行，不受逮捕。”“禁止非法拘禁和以其他方法非法剥夺或者限制公民的人身自由，禁止非法搜查公民的身体。”

国家机关工作人员利用职权实施的非法拘禁犯罪，由于其在侵犯公民人身自由权利的同时，还亵渎职守破坏了国家机关的正常工作秩序，故此类非法拘禁犯罪的客体系双重客体。这是从重处罚国家机关工作人员非法拘禁犯罪的内在主要原因。

三、主观特征

非法拘禁罪在主观方面表现为直接故意。即明知自己的行为会发生非法剥夺他人人身自由的结果，而故意为之，并希望这种结果的发生。从犯罪动机看，引起非法拘禁行为的内心起因是多种多样的，如挟嫌报复、索取债务、泄愤挟私等。在司法实践中也有一些系善意动机的，但无论何种动机，均不影响此罪的成立。需要指出的是，以索取债务为目的的非法拘禁，从行为角度讲，索取债务是

行为人的目的，非法拘禁是其达到目的的手段。从犯罪角度讲，非法拘禁是犯罪目的，索取债务是引起非法拘禁行为的动机。因此，我们称其为特殊动机的非法拘禁。将此种动机作为构成非法拘禁罪的特别现象，最早见于1990年10月26日最高人民检察院发布的《关于查处“人质型”侵犯公民人身权利案件的若干规定》。此后，1991年4月9日通过的民事诉讼法第一百零六条又明确规定，“任何单位和个人采取非法拘禁他人或者非法私自扣押他人财产追索债务的，应当依法追究刑事责任，或者予以拘留、罚款”。1997年修订后的刑法，吸收了上述规定精神，将“为索取债务非法扣押、拘禁他人的”行为，作为一种特别行为规定在刑法第二百三十八条第三款。为此，即使行为人存在合法债务，为索取债务而非法扣押、拘禁他人的，也可以构成非法拘禁罪。这是此罪主观方面的一个重要特点。

四、客观特征

根据刑法第二百三十八条罪状的表述，非法拘禁在客观方面表现为，“非法拘禁他人或者以其他方法非法剥夺他人人身自由”。这一规定表明，所谓非法拘禁实质上是一种强行限制他人人身行动自由的行为。据此，非法拘禁在客观方面具有以下五个突出特点：

1. 人身自由的限制性。人身自由权是公民的基本权利，其最基本的表现形式是公民的行动自由权。非法拘禁在客观上表现为使被害人失去人身行动的自由，一方面表现为使被害人在一定的时间内不能按照自己的意志进行自由行动，即时间上的限制性，如在一定时间内有家不能回、有事不能去办、行动受监视等；另一方面表现为，被害人只能按照行为人的意志在特定的空间内行动，即空间上的限制性，如禁闭于一特定房间、软禁于一特定环境内等。行动自由被剥夺、限制是其实质性特征。

2. 行为的非法性。刑法罪状在表述此罪客观特征时使用了两个“非法”，即“非法拘禁”和“非法剥夺”。这说明拘禁行为必须具有非法性，非法拘禁才能成立。根据我国宪法和法律的规定，司法机关对犯罪嫌疑人有依法采取拘传、拘留、逮捕等限制其人身自由的权力，任何公民对于正在实行犯罪或者在犯罪后即时被发觉的，通缉在案的，越狱逃跑的，都有权将其扭送司法机关。这些行为是法律的授权行为，因此是一种合法行为。而非法拘禁，一方面表现为拘禁主体不合法，即行为人不是执法机关工作人员无权行使拘禁权力；另一方面表现为程序不合法，即违反有关程序规定，滥用职权拘禁无辜。也就是说，无权单位或个人实施拘禁他人行为的是非法拘禁，有权单位的人员违反程序拘禁无辜的行为也可以构成非法拘禁。可以说，非法性特征是非法拘禁的前提性特征。

3. 手段的强制性。“拘禁”一词本身就体现出了强制性的特点。司法实践也

充分表明，没有强制性手段，拘禁他人的行为是不能发生的。被害人之所以被剥夺或限制了行动自由，决定性因素就是由于行为人实施强制手段所致。常见的强制手段有：扣押、关押、羁押、禁闭、隔离审查、捆绑、锁铐等。为此，手段上的强制性，是非法拘禁客观方面的一个重要特征。

4. 伤害后果的伴随性。行动自由不仅是公民的一种人身自由权利，它还是人的一种本能行为。人身自由的被剥夺，实际上还是对人的一种精神摧残。而且，在很多案件中被害人还要经受种种体罚。因此，致人伤残、死亡、精神失常的现象时有发生。因此，刑法将此罪的人身伤害后果作为从重、加重情节规定下来。凡在客观上具有殴打、侮辱情节的，或致人重伤、死亡的，均应从重或加重处罚。这既是此罪的一个重要情节，也是此罪在客观特征上的一个重要特点。

5. 特别主体的职权性。非法拘禁罪系一般主体。就一般主体而言在客观方面不具有利用职权的特征。但在国家机关工作人员实施的非法拘禁行为中，职权性就成为其重要的行为特征。利用职权，可以是利用司法职权滥拘无辜，也可以是利用行政职权拘禁他人，也可以是利用某种特权指使司法机关拘禁他人等。这种情况只体现于特别主体（即国家机关工作人员）实施的非法拘禁案件中。具有此种客观表现的非法拘禁案由检察机关负责查处，其他一般主体的非法拘禁案由公安机关负责查处。这是职务犯罪在客观方面的一个重要特征。

上述五个方面的特征，是构成非法拘禁罪的基本条件。在认真把握上述主要特征的基础上，司法实践中应注意将以下几种情况与非法拘禁罪区别开来：

1. 非法拘禁与错拘错捕的区别。错拘错捕是司法失误的一种重要表现，有关责任人应当承担相应的责任，决定机关也应当予以国家赔偿。但它与非法拘禁在性质上是截然不同的。首先，非法拘禁是一种未经司法机关依法决定的行为，行为人或不具有司法决定资格或权力，或系非法决定滥用职权，而错拘错捕则表现为系有权机关的依法决定，“错”在决定机关，系执法上的过错。其次，司法人员的非法拘禁行为，系行为人明知拘禁对象系无辜的人而予以非法拘禁，而错拘错捕则不具有明知是无辜的人这一条件。它可能是对事实证据的认识错误，也可能是对法律的认识错误，但绝不是对拘禁对象是否无辜的人具有主观明知。这一点在最高人民检察院《渎职侵权立案标准》中是较为明确的。《渎职侵权立案标准》规定，“司法工作人员对明知是没有违法犯罪事实的人而非法拘禁的”，应予立案。可以说，这一规定条件是区别司法工作人员非法拘禁与错拘错捕的主要界限。

2. 非法拘禁与刑讯逼供的区别。在司法工作人员实施的非法拘禁案件中，由于行为主体与刑讯逼供主体相同，手段相似，二者容易相互混淆，有必要分清二者的区别点：（1）犯罪目的不同。非法拘禁是以剥夺他人人身自由为目的，

刑讯逼供则是以逼取口供为目的。（2）行为手段不同。在行为手段上二者均具有强制性，但二者的表现形式不同。非法拘禁在行为手段上，可以是通过体罚性手段达到限制他人的目的，如殴打、捆绑，也可以是非体罚性的阻止手段来达到限制他人人身自由的目的。而刑讯逼供则不然，它必须是体罚性手段，即所谓肉刑，非体罚性手段根本就构不成“刑讯”。肉刑或变相肉刑是其突出的行为手段。（3）侵害对象不同。非法拘禁没有特定的对象，非法剥夺任何公民的人身自由都可能构成非法拘禁罪，而刑讯逼供则有着特定的侵害对象，即犯罪嫌疑人、被告人。也就是说只有刑讯对象系犯罪嫌疑人、被告人时刑讯逼供罪才能成立。这是区别于非法拘禁的一个重要特点。

3. 非法拘禁罪与一般非法拘禁的区别。就非法拘禁而言，有以犯罪处罚的非法拘禁行为，有以治安处罚的非法拘禁行为，也有以批评、训诫方式处罚的非法拘禁行为。而刑法中又没有“情节严重”的条件规定。为此，正确区分非法拘禁罪与一般非法拘禁行为就显得十分重要。从目前的法律规定看，区别二者界限的硬件条件，主要依据是最高人民检察院《渎职侵权立案标准》的规定。《渎职侵权立案标准》作为追究刑事责任的起点标准，对国家机关工作人员利用职权实施的非法拘禁案规定了七条标准：“1. 非法剥夺他人人身自由 24 小时以上的；2. 非法剥夺他人人身自由，并使用械具或者捆绑等恶劣手段，或者实施殴打、侮辱、虐待行为的；3. 非法拘禁，造成被拘禁人轻伤、重伤、死亡的；4. 非法拘禁，情节严重，导致被拘禁人自杀、自残造成重伤、死亡，或者精神失常的；5. 非法拘禁 3 人次以上的；6. 司法工作人员对明知是没有违法犯罪事实的人而非法拘禁的；7. 其他非法拘禁应予追究刑事责任的情形。”达到上述标准的应以非法拘禁罪立案追究刑事责任，达不到上述标准的应按一般非法拘禁行为由有关部门予以处罚。

第二节　非法拘禁罪的主体证据

非法拘禁罪的主体证据，是藉以证明行为人具有非法拘禁罪主体资格的证据。根据刑法的规定，此罪主体系一般主体，达到刑事责任年龄、具有刑事责任能力的自然人均可构成此罪主体。但在国家机关工作人员利用职权实施的非法拘禁案件中，行为人尚需具有国家机关工作人员身份证据。故此类非法拘禁案的主体证据，应由行为人的自然人情况证据和国家机关工作人员身份证据两部分组成。

一、自然人情况证据

自然人情况证据是指证明行为人年龄、性别、民族、出生地、居住地及家庭成员状况等自然情况的证明材料。如：

1. 身份证明。即《居民身份证》等个人自然情况的证明材料。

2. 户籍证明。即证明行为人户籍所在地及家庭户籍状况的证明材料。

3. 居住证明。即证明行为人居住地及居住状况的证明材料。

4. 违法记录。即证明行为人曾因违法违纪所受处罚、处分等情况的证明材料。

二、国家机关工作人员身份证据

国家机关工作人员身份证据，是指证明行为人具有国家机关工作人员身份资格的证明材料。如：

1. 供职证据。即证明行为人在党的领导机关、国家权力机关、行政机关、政协机关、审判机关、检察机关等国家机关中的任职证明材料，如任命书、聘任书、职务级别、工作简历证明等。

2. 委派证据。即证明行为人系受国家机关委派到非国家机关的单位从事公务的证明材料。如委派通知、委派决定等相关文件资料等。

3. 职权证据。即证明行为人在某一国家机关中所任职务的具体权限、职责情况证据。如职权范围、岗位职责及职权行使程序等情况的证明材料。

证明意义：非法拘禁罪系一般主体，即任何具有刑事责任年龄和刑事责任能力的自然人都可以构成该罪主体。这里所要求的国家机关工作人员身份证据，并非特殊主体意义上的要求，其作用：一是方便和明晰诉讼管辖。根据刑事诉讼法的规定，国家机关工作人员利用职权实施的非法拘禁案由人民检察院立案侦查。为此，国家机关工作人员身份证据既是主体资格证据的组成部分，也是检察机关受理侦查此类案件的依据，无此资格证据就有越权办案之嫌。它虽不是罪与非罪

的界限。但它是诉讼管辖是否合法的标志。二是正确适用刑罚的要求。刑法第二百三十八条第四款明确规定，“国家机关工作人员利用职权犯前三款罪的，依照前三款的规定从重处罚”。也就是说行为人的国家机关工作人员身份系此罪的一个重要情节，关系到正确地适用刑罚。如果行为人的非法拘禁行为，是利用其国家机关工作人员的职权实施的，就构成了法定的从重处罚情节。为此，在非法拘禁罪的主体证据中，其国家机关工作人员的身份证据，既是正确执行程序法的要求，也是正确执行实体法的要求。

第三节　非法拘禁罪的行为证据

非法拘禁罪的行为证据，是指藉以证明行为人具有以拘禁或者其他方法非法剥夺他人人身自由行为的证据。根据刑法的要求，非法拘禁罪的行为证据，主要由强制手段证据、拘禁空间证据、拘禁时间证据和非法实施证据组成。

一、强制手段证据

强制手段证据是指证明行为人所实施的具体的强制性方法手段的事实证据。司法实践中非法拘禁的强制手段虽然是多种多样的，但强制性是它们的共性特点，即以强制方法非法剥夺他人人身自由。现将几种较为常见的强制手段列举如下：

1. 扣押手段证据。即证明行为人以扣留关押手段非法拘禁他人的事实证据。如：被害人因公、因事或被骗到来的事实证据，行为人扣留被害人的事由证据，被害人返回的意志证据和行为人胁迫扣留证据，以及关押、变相关押、转移关押被害人的证据等。

2. 关押手段证据。即证明行为人以看管拘押手段非法拘禁他人的事实证据。如证明看管内容、看管强度及被害人起居、生活、行动、通信等自由受限情况的证人证言、被害人陈述、行为人供述及相关的书证、物证等。

3. 羁押手段证据。即证明行为人以司法羁押手段非法拘禁他人的事实证据。如反映羁押实施过程、羁押场所等情况的证明材料。

4. 禁闭手段证据。即证明行为人以将被害人囚禁关闭于禁室为手段非法拘禁他人的事实证据。如反映禁闭实施过程、禁闭地等情况的证明材料。

5. 隔离审查手段证据。即证明行为人以隔离审查手段非法拘禁他人的事实证据。如反映隔离审查事由、隔离实施过程、隔离看管等情况的证明材料。

6. 拘押手段证据。即证明行为人以捆绑、锁铐等拘押手段非法拘禁他人的事实证据。如反映拘押过程、拘押强度、拘押看管等情况的证明材料。

7. 押解手段证据。即证明行为人以扭送、强行带离等押解手段非法拘禁他人的事实证据。如反映押解起止地、押解经过等情况的证明材料。

证明意义：强制性，是非法拘禁行为的一个决定性因素。所谓强制，就是违背被害人意志强行限制其人身自由。上述所列几种手段，仅是实践中较为常见的几种手段。这些手段，有时是单独使用，有时是混合使用。行为人是以这些强制手段和方法实施或达到非法拘禁他人目的的。为此，在司法实践中，我们要在证据上能够突出地反映手段的强制性和具有个性特征的具体的行为手段。这里，一方面它是正确适用刑法准确定罪的需要，因为如行为不具有强制性特点就不能构成非法拘禁罪，强制性手段是构成非法拘禁罪的重要行为特征。另一方面，它也是全面衡量其社会危害性正确适用刑罚的需要。手段的强制程度不同，也反映着一定的社会危害程度，这对刑罚的适用也是很重要的一个参考方面。故强制手段证据在正确认定非法拘禁行为，正确地依法惩治犯罪方面，有着重要的意义和作用。

二、拘禁空间证据

拘禁空间证据是指证明行为人非法拘禁他人具体空间方位的事实证据。司法实践中，被害人被拘禁的空间方位不尽一致，可以说形式是五花八门，虽然这并不影响非法拘禁的成立，但空间方位的不同，反映着人身自由被限制、剥夺的程度。据司法实践，从拘禁空间方位情况看，大致有三种类型的空间方位证据。

1. 场所型拘禁地证据。即证明行为人将被害人拘禁于厂区、院落、宾馆等场所型地点的事实证据。

2. 居室型拘禁地证据。即证明行为人将被害人拘禁于特定房间、住所等居室型拘禁地点的事实证据。

3. 束缚型拘禁地证据。即证明行为人将被害人以捆绑、锁铐等束缚肢体的方式拘禁于一地的事实证据。

上述拘禁空间方位证据，除证人证言、被害人陈述、行为人供述外，应有相关的现场勘查笔录、现场图、现场方位、细目照片及相关书证、物证等证据材料。

证明意义：拘禁空间方位证据，是证明行为人实施非法拘禁的重要行为证据。因为，既是拘禁，就必然存在拘禁地。无论是拘禁于宾馆，拘禁于特定居室，还是拘禁于树干、塞压于车内、藏匿于地窖，虽不影响非法拘禁行为的成立，但直接反映着拘禁的强度和危害程度。这就要求我们对拘禁现场应有一个清晰的了解。它不但是一种证明要求，也是综合客观实际情况正确应用法律的必然要求。它对正确认定和分析罪名的成立及正确地适用刑罚，均有积极的作用。

三、拘禁时间证据

拘禁时间证据即证明行为人实施非法拘禁起止时间的事实证据。如反映拘禁起始时间的证据和解除、解救、终止拘禁的时间证据等。

证明意义： 拘禁时间证据，也是非法拘禁行为证据中不可或缺的证据之一。有的情况下，拘禁时限不影响非法拘禁罪的成立，但在有的情况下拘禁时限就可能成为构成非法拘禁罪的重要条件。为此，最高人民检察院在《渎职侵权立案标准》中规定，“非法剥夺他人人身自由24小时以上的”，是立案追究刑事责任的条件之一。从这一意义讲，准确地认定非法拘禁时限，是正确认定犯罪和正确区别罪与非罪界限的必然要求。因此，非法拘禁的起止时间是此罪行为证据中的必证内容。

四、非法实施证据

非法实施证据即证明行为人的拘禁行为系非法实施的事实证据。如主体违法证据、程序违法证据、越权擅权行为证据等。

证明意义： 在一般主体实施的非法拘禁行为证据中，由于行为人没有任何合法拘禁他人的依据，此组证据作用不大。但在国家机关工作人员实施的非法拘禁行为中，非法实施证据就显得十分重要。因为，判断行为人的行为是否非法拘禁，对国家机关工作人员尤其是对司法工作人员来讲，主要是分析判断其行为的合法性。一是拘禁行为是否是有权机关即司法机关做出的决定。二是拘禁对象是否是法定对象。三是决定拘禁的程序是否合法。只有通过大量事实证据来证明行为人系非法实施，非法拘禁行为才能成立。这一证据，不仅关系到罪名的成立，还关系到非法拘禁与枉法追诉的区别，关系到非法拘禁与错拘错捕的区别。为此，高度重视这一证据的收集和审查，对正确执法有着重要的意义。

第四节　非法拘禁罪的结果证据

非法拘禁罪的结果证据，是指藉以证明非法拘禁给被害人造成的实际损害的事实证据。根据刑法的规定，非法拘禁给被害人造成的实际损害，大致有三种情况：一是剥夺人身自由的实际情况，即剥夺人身自由的实际时间；二是导致被害人身体受损的实际情况，即由于非法拘禁而导致被害人的人身损害状况；三是暴力摧残被害人的实际伤害后果，即在实施非法拘禁过程中，使用暴力致使被害人身体受损的实际后果。针对这一实际特点，以确实充分的证据去固定和反映实际损害后果是非常必要的。鉴于拘禁时间证据已在行为证据中得到反映，故在此组证据中应以人身危害后果证据和暴力伤害后果证据为重点。

1. 人身危害后果证据。即证明由于非法拘禁造成被害人身体损害的事实证据。如医疗诊断证明、医疗病历、精神病鉴定、人体检查笔录、伤情司法鉴定、死因司法鉴定及相关人证物证等。

2. 暴力伤害后果证据。即证明行为人使用暴力致使被害人身体受损的事实证据。如人体检查笔录、医疗诊断证明、医疗病历、精神病鉴定、伤情、死因司法鉴定、凶器辨认笔录。被害人陈述、知情人证言、行为人供述及相关书证物证等。

证明意义：就非法拘禁罪的后果而言，通常情况下有无人身伤害后果一般不影响此罪的成立，只要拘禁时间达24小时以上，就可以考虑构成非法拘禁罪。但在有些情况下人身伤害和人身伤害原因又直接影响到定罪和量刑。例如，根据刑法第二百三十八条第二款的规定，非法拘禁“致人重伤的，处三年以上十年以下有期徒刑；致人死亡的，处十年以上有期徒刑”。也就是说，非法拘禁致人轻伤的量刑幅度在三年以下。当然，这里所指的伤害程度，是指非法拘禁导致被害人身体生命受损情况，如由于捆铐致人伤残，由于拘禁致使病情发作死亡等。这样，此种人身伤害后果就成为法定的从重、加重情节。及时收集、认真审查此类证据对于正确地适用刑罚有着重要的作用。此外，据前述刑法条款的规定，“使用暴力致人伤残、死亡的，依照本法第二百三十四条、第二百三十二条的规定定罪处罚”。这一规定说明，在非法拘禁过程中行为人使用暴力伤害被害人的，按牵连犯的处理原则择重处置。非法拘禁罪与故意伤害罪、故意杀人罪比较，显然后者重于前者。为此，在非法拘禁过程中，凡使用暴力致人伤害、死亡的，应以故意伤害罪或故意杀人罪定罪量刑。这样，由于人身损害的原因不同，罪名和处罚亦不相同。因此说，暴力伤害后果证据，既关系到正确地认定罪名，也关系到正确地适用刑罚。这一点，在非法拘禁结果证据中尤应注意。

第五节　非法拘禁罪的主观证据

非法拘禁罪的主观证据，是藉以证明行为人主观上具有直接故意特征的证据，即明知自己的行为会发生非法剥夺他人人身自由的结果，并希望和追求这种结果发生的证据材料。根据刑法的要求，此类证据主要由主观明知证据、主观动机证据和主观追求证据三组证据组成。

1. 主观明知证据。即证明行为人对被害人身份和其行为的后果具有明知的证据。被害人身份证据，一般从被害人陈述、行为人供述、参与人证言及相关书证、影像资料中能够得以证实。在谋划、实施非法拘禁过程的行为证据中也能得到反映。

2. 主观动机证据。即证明行为人非法拘禁他人的内心起因证据。如：报复动机证据、泄愤动机证据、索债动机证据、“为公”动机证据等。动机证据并非只体现于口供之中，它作为一种行为的内心起因，总是与一定的客观事实紧密相连，为此应注意从口供以外的证据中去予以佐证。

3. 主观追求证据。即证明行为人在主观上具有积极追求非法拘禁结果发生

的意志证据。如反映行为人指使授意、参与实施、不听劝阻、拒令解除等行为的证据，均可以使行为人希望、追求结果发生的主观意志得以佐证。为此，此类证据应注意从行为结果证据中予以综合归纳。

证明意义：非法拘禁罪的主观证据，主要是证明行为人在主观上呈直接故意和证明其主观恶性程度。就主观明知证据而言，一般情况下行为人对被害人的身份是明知的，否则就不会成为拘禁对象。但在有些情况下，被害人身份也会呈不明确状态，但在行为人应当知晓、能够知晓的情况下，无论行为人是否供认明知，只要有证据证明行为人应当知晓，且行为人具有正常的认知能力，就应当认定行为人具备明知。这一点虽不直接影响罪名的成立，但直接关系到刑罚的正确适用。最高人民检察院在《人民检察院直接受理立案侦查的渎职侵权重特大案件标准（试行）》中规定，“明知是人大代表而非法拘禁的，或者明知是无辜的人而非法拘禁的”，为“重大案件”。为此，对“人大代表”和“无辜的人”这两个特定身份，应从证据上给予充分的反映。行为人对其行为产生后果的明知，主要体现在行为证据之中。实践中有些行为人往往以“法盲”为由推脱罪责。非法拘禁作为国家宪法规定的禁止性行为，每一个正常的公民都应知晓，拘禁能够使人丧失人身自由，更是普通的社会常识，“法盲”不是理由，也不必查证，它不影响其主观罪过的成立。

再就主观动机证据而言，此类证据主要是证明行为人的内心起因，反映其动机属性。往往动机越恶劣，行为就越残忍。动机的恶劣程度已成为法官在自由裁量刑罚时的一个重要参考情节。为此，无论是泄愤、报复、索债，还是“为公”，它们均不影响罪名的成立，但对正确适用刑罚却有着重要的影响。

主观追求证据也是同理，行为人不希望剥夺他人人身自由结果的发生，就不会去积极地实施非法拘禁行为。而积极实施非法拘禁行为，也必然会反映出行为人的主观意志。可以说，行为是意志的外在表现，意志是行为的决定因素。尤其是那些不听劝阻一意孤行、不接受上级指示、不服从司法指令我行我素者，不仅更加证明了他的主观心理状态，还充分反映了他的主观恶性程度。总之，主观证据在刑事诉讼中是非常重要的，它既是证明犯罪构成的必要证据，也是关系到正确地认定、分析犯罪，正确地适用刑罚的事实依据和执法依据。

第六节　非法拘禁罪的情节证据

非法拘禁罪的情节证据，是指藉以证明行为人具有某些影响定罪量刑情节的事实证据。根据刑法和司法解释的有关规定，在非法拘禁案中主要有以下几种情节证据：

1. 殴打、侮辱情节证据。即证明行为人在非法拘禁过程中具有对被害人进行殴打、侮辱的情节事实证据。此类证据主要体现在行为证据之中。

2. 拘禁时限情节证据。即证明行为人非法拘禁他人具有时间较长情节的事实证据。这一证据在行为证据中亦有体现。

3. 多人多次情节证据。即证明行为人具有非法拘禁人数、次数在 3 人次以上情节的事实证据。此类证据在行为证据中也能够得到体现。

4. 人身伤害情节证据。即证明行为人具有非法拘禁致人重伤、死亡和暴力致人伤残、死亡情节的事实证据。此情节证据主要体现在行为证据和结果证据之中。

5. 特别对象身份情节证据。即证明非法拘禁对象是“人大代表”或“无辜的人”，且行为人具有明知而为之情节的事实证据。这一证据主要体现于行为证据和主观证据之中。

6. 特别主体身份情节证据。即证明行为人具有国家机关工作人员身份的事实证据。此证据体现于主体证据之中。

证明意义：上述情节证据，在主体证据、行为证据、结果证据和主观证据中均能有所体现，因此它们不是独立的情节证据。将其单列能够使这些情节更加明晰，使证据的证明内容更为具体化，以促进办案人员情节意识的增强。情节证据的证明意义，取决于情节本身的刑法意义。在上述 6 类情节中，殴打、侮辱情节、人身伤害情节、特别主体情节均是法定的从重处罚情节；拘禁时限情节、多人多次情节和特别对象情节系酌定从重处罚情节。如最高人民检察院《人民检察院直接受理立案侦查的渎职侵权重特大案件标准（试行）》中规定，“明知是人大代表而非法拘禁的，或者明知是无辜的人而非法拘禁的”，“非法拘禁持续时间超过一个月，或者一次非法拘禁十人以上的”为“重大案件”。这无疑是一个重要量刑参考依据。此外，拘禁时限情节、多人多次情节和暴力伤害情节，还关系到罪名的成立及此罪与彼罪的界限。据最高人民检察院《渎职侵权立案标准》规定，“非法剥夺他人人身自由 24 小时以上的”，“非法拘禁 3 人次以上的”，应予立案追究刑事责任。这样，在一般情况下 24 小时和 3 人次就成为构成非法拘禁罪的重要条件，不具有这一条件的就可能不构成此罪。而具有暴力伤害情节的，只要致人伤残（包括致人重伤及造成严重残疾）、死亡，就应以故意伤害罪或故意杀人罪定罪处罚。因此，上述情节证据对正确认定犯罪、有效区别罪与非罪和此罪与彼罪，以及正确地适用刑罚，均有着十分重要的理论意义和司法操作价值。

附：法律法规

1.《中华人民共和国刑法》（1997 年 3 月 14 日修订）（节录）

第二百三十八条【非法拘禁罪】 非法拘禁他人或者以其他方法非法剥夺他人人身自由的，处三年以下有期徒刑、拘役、管制或者剥夺政治权利。具有殴打、侮辱情节的，从重处罚。

犯前款罪，致人重伤的，处三年以上十年以下有期徒刑；致人死亡的，处十年以上有期徒刑。使用暴力致人伤残、死亡的，依照本法第二百三十四条、第二百三十二条的规定定罪处罚。

为索取债务非法扣押、拘禁他人的，依照前两款的规定处罚。

国家机关工作人员利用职权犯前三款罪的，依照前三款的规定从重处罚。

2. 最高人民检察院《人民检察院直接受理立案侦查的渎职侵权重特大案件标准（试行）》（2001 年 7 月 20 日）（节录）

三十四、国家机关工作人员利用职权实施的非法拘禁案

（一）重大案件

1. 致人重伤或者精神失常的；

2. 明知是人大代表而非法拘禁的，或者明知是无辜的人而非法拘禁的；

3. 非法拘禁持续时间超过一个月，或者一次非法拘禁十人以上的。

（二）特大案件

1. 非法拘禁致人死亡的。

3. 最高人民检察院《关于渎职侵权犯罪案件立案标准的规定》（2006 年 7 月 26 日）（节录）

（一）国家机关工作人员利用职权实施的非法拘禁案（第二百三十八条）

非法拘禁罪是指以拘禁或者其他方法非法剥夺他人人身自由的行为。

国家机关工作人员利用职权非法拘禁，涉嫌下列情形之一的，应予立案：

1. 非法剥夺他人人身自由 24 小时以上的；

2. 非法剥夺他人人身自由，并使用械具或者捆绑等恶劣手段，或者实施殴打、侮辱、虐待行为的；

3. 非法拘禁，造成被拘禁人轻伤、重伤、死亡的；

4. 非法拘禁，情节严重，导致被拘禁人自杀、自残造成重伤、死亡，或者精神失常的；

5. 非法拘禁 3 人次以上的；

6. 司法工作人员对明知是没有违法犯罪事实的人而非法拘禁的；

7. 其他非法拘禁应予追究刑事责任的情形。

第二十九章　刑讯逼供罪证据结构

第一节　刑讯逼供罪概述

根据刑法第二百四十七条和最高人民检察院《渎职侵权立案标准》的规定，“刑讯逼供罪是指司法工作人员对犯罪嫌疑人、被告人使用肉刑或者变相肉刑逼取口供的行为”。“严禁刑讯逼供和以威胁、引诱、欺骗以及其他非法的方法收集证据”，是我国刑事诉讼法的一贯精神，从1979年颁布第一部刑法典起，刑讯逼供罪就一直是我国刑法打击的司法侵权犯罪。随着我国人权事业的不断发展，20世纪80年代我国批准加入了国际《禁止酷刑和其他残忍、不人道或有辱人格的待遇或处罚公约》，并坚持此类犯罪由检察机关管辖。改革开放30多年来，我国检察机关依法查处了大量的刑讯逼供罪案，使刑事诉讼中的人权得到了有力的司法保障。1997年修订后的刑法，对刑讯逼供罪又作了相应的修改，使此罪的主体和对象更加明确，更具有司法可操作性。从现行刑法规定看，刑讯逼供罪的主要特征如下：

一、主体特征

刑讯逼供罪的主体系特殊主体，即司法工作人员。根据刑法第九十四条的规定，司法工作人员“是指有侦查、检察、审判、监管职责的人员”。现行刑法的这一规定，是对1979年刑法的重大修改。1979年刑法将刑讯逼供罪的主体规定为国家工作人员，现行刑法规定为司法工作人员，使该罪司法侵权的性质更为明确，也更便于实践中的司法操作。与此相对应，在我国法官法、检察官法、人民警察法、国家安全法、监狱法等专门法律中，也都明确规定法官、检察官、人民警察、国家安全机关工作人员和监狱的人民警察不得有刑讯逼供行为，构成犯罪的依法追究刑事责任。为此，在此罪的主体方面，非司法工作人员不能单独构成刑讯逼供罪。

二、客体特征

刑讯逼供罪的侵害客体为复杂客体，即犯罪嫌疑人、被告人的人身权利和司法机关的正常活动。需要指出的是，刑讯逼供作为司法工作人员利用职权实施的侵权犯罪，其实质是滥用职权，其特点是司法暴力。因此，刑讯逼供也是一种司

法腐败现象。它妨害司法机关正常活动的主要内容，是司法工作人员的职业规范和司法公正。刑讯逼供作为一种禁止性行为，它不仅体现在刑法和刑事诉讼法之中，还体现于各专门法律，它是司法工作人员职业规范的重要内容之一。同时，根据我国刑事诉讼法的规定，靠刑讯逼供获取的证据，不能作为定案的根据。而一旦依此定案势必影响司法的公正，理论界将其称为“毒树之果”。为此，司法工作人员的职业规范性和司法公正性是此罪客体的重要内涵。

此外，刑讯逼供罪的犯罪对象较过去刑法的规定也有较大变化。过去刑讯逼供的对象是“人犯”，现行刑法规定的是“犯罪嫌疑人、被告人”。刑讯逼供对象不具有犯罪嫌疑人、被告人身份的，不能构成此罪。

三、主观特征

刑讯逼供罪在主观方面表现为直接故意。即明知刑讯逼供行为会发生侵害犯罪嫌疑人、被告人人身权利和妨害司法活动的结果，而故意实施刑讯逼供，并希望这种结果的发生。从刑讯逼供这一概括性罪名看，刑讯是手段，逼供是目的。为此，此罪是以逼取口供为目的的职务犯罪。所谓“逼取口供”，是指通过刑讯逼使犯罪嫌疑人、被告人做出行为人所期望的供述。就口供而言，刑讯逼供所得之口供，可能有真实的口供，也可能有虚假的口供，还可能得不到口供，只要行为人以逼取口供为目的实施了刑讯，无论口供真假或有无口供均不影响此罪的成立。从此罪的动机看，大致有两种情况，一种是挟私泄愤、利用职权挟私报复，另一种是为破案、结案，因“公”施行。无论何种动机均不影响此罪的成立。而且，因“公”动机也不是可以从轻处罚的情节和理由。将此种动机作为酌定从轻情节的观点是错误的。

四、客观特征

根据最高人民检察院《渎职侵权立案标准》中关于刑讯逼供罪的定义，“刑讯逼供罪是指司法工作人员对犯罪嫌疑人、被告人使用肉刑或者变相肉刑逼取口供的行为”。这一定义较为全面地反映了刑讯逼供罪的客观特征，据此我们可以看出此罪在客观方面具有以下几个明显的特点：

1. 对象的特定性。即以犯罪嫌疑人、被告人为刑讯逼供对象。按照通常观点，所谓“犯罪嫌疑人”，是指在公诉案件中，人民检察院向人民法院提起公诉前刑事追诉的涉嫌犯罪的人，即因涉嫌犯罪正在被立案侦查和审查起诉的刑事诉讼当事人。所谓“被告人”，是指被指控涉嫌犯罪并由检察机关向人民法院提起公诉或被自诉人提起自诉的刑事当事人。刑讯对象的特定性，不仅反映了此罪的客体特征，同时也是此罪客观方面的一个重要特征。刑讯对象不具有犯罪嫌疑人、被告人身份资格的，不能构成此罪。这一点是区别于暴力取证罪、故意伤害罪等侵权犯罪的主要特点。

2. 手段的肉刑性。即行为人以肉刑或者变相肉刑为逼取口供的手段。这是刑讯逼供罪在客观方面的关键性特征。所谓“肉刑”，是指对犯罪嫌疑人、被告人的肉体进行暴力摧残，如捆绑吊打、刑具折磨、器械摧残等。所谓“变相肉刑”，是指对犯罪嫌疑人、被告人进行非暴力的肉体摧残或精神折磨，如罚跪、罚站、冻饿、烤晒、车轮战等。手段的肉刑性，是反映此罪侵害公民人身权利客观特征的重要方面，如果逼取口供的手段不具有肉刑性特点，则不能构成此罪。

3. 目的的逼供性。即刑讯的目的是逼取犯罪嫌疑人、被告人的口供。虽然这是行为人主观方面的一个特点，但它也是一种重要的行为表现。行为人要实现逼取其期望的供述，除刑讯手段外，还必须附着以逼供的言行，为此逼供行为也是此罪客观方面的一个重要表现。

4. 行为的职权性。即行为人的刑讯逼供行为是一种滥用职权的行为。行为与职权之间有着密切的关联。讯问犯罪嫌疑人、被告人，是司法机关在不同的诉讼阶段所采取的诉讼措施。因此，只有司法工作人员才负有这种职责。利用这种职务上的便利滥用职权，是此罪的一个重要行为特征。如果行为人不具有司法职权而刑讯逼供的，可考虑非法拘禁、故意伤害等犯罪，不能以刑讯逼供罪定罪科刑。为此，这一特点也是区别此罪与彼罪的一个重要方面。

最高人民检察院《渎职侵权立案标准》中，从客观行为方面规定了八条标准，作为立案追究刑事责任的条件：

1. 以殴打、捆绑、违法使用械具等恶劣手段逼取口供的；

2. 以较长时间冻、饿、晒、烤等手段逼取口供，严重损害犯罪嫌疑人、被告人身体健康的；

3. 刑讯逼供造成犯罪嫌疑人、被告人轻伤、重伤、死亡的；

4. 刑讯逼供，情节严重，导致犯罪嫌疑人、被告人自杀、自残造成重伤、死亡，或者精神失常的；

5. 刑讯逼供，造成错案的；

6. 刑讯逼供3人次以上的；

7. 纵容、授意、指使、强迫他人刑讯逼供，具有上述情形之一的；

8. 其他刑讯逼供应予追究刑事责任的情形。

第二节 刑讯逼供罪的主体证据

刑讯逼供罪的主体证据，是藉以证明行为人具有此罪主体资格的证据。根据刑法的规定，刑讯逼供罪的主体系司法工作人员，故其主体证据应由行为人的自然人情况证据、司法工作人员身份证据和司法职责证据三部分组成。

一、自然人情况证据

自然人情况证据是指证明行为人年龄、性别、民族、出生地、居住地及家庭成员状况等自然情况的证明材料。如：

1. 身份证明。即《居民身份证》等个人自然情况的证明材料。

2. 户籍证明。即证明行为人户籍所在地及家庭户籍状况的证明材料。

3. 居住证明。即证明行为人居住地及居住状况的证明材料。

4. 违法记录。即证明行为人曾因违法违纪所受处罚、处分等情况的证明材料。

二、司法工作人员身份证据

司法工作人员身份证据，是指证明行为人具有侦查、检察、审判、监管机关工作人员身份资格的证明材料。如：证明行为人在侦查、检察、审判、监管机关中所任行政职务、法律职务及警官、检察官、法官级别及工作简历等证明材料。

三、司法职责证据

司法职责证据是指证明行为人在刑事案件的侦查、检察、审判、监管活动中负有主管、主办、经办、协办、记录、看管等具体职责义务的证明材料。如：负有侦诉职责的主办警官、主办检察官及其助理人员在特定案件中的具体职责义务，负有审判职责的审判长、审判员及书记员在特定案件中的具体职责义务，负有监管职责的狱警人员在办理特定案件中的职责义务等。

证明意义：现行刑法对刑讯逼供罪的主体进行了限制，即只有司法工作人员才能具有此罪的主体资格。为此，在刑事诉讼中证明行为人主体资格的证据就成为此罪证据系统中的重要一环。自然情况证据，关系到诉讼的管辖、司法告知义务的履行和保障诉讼活动顺利进行。司法工作人员身份证据是此罪主体证据中的基本证据，不具有司法工作人员身份的人不能单独构成刑讯逼供罪。司法职责证据，关系到行为人的刑讯逼供行为与其职责义务的相互联系，缺少此类证据就无法认定刑讯逼供罪的职务犯罪性质。从具体职责而言，无论是何诉讼阶段，也无论是何种身份的司法工作人员，其最起码的职责应是“讯问”职责（包括协助讯问）。只有在其职责清晰的情况下，才能反映出行为人亵渎职务的实质。为

此，刑讯逼供罪的主体证据，对正确定罪科刑，正确区分罪与非罪、此罪与彼罪的界限，以及保障刑事诉讼的顺利进行，均具有重要的意义。

第三节　刑讯逼供罪的行为证据

刑讯逼供罪的行为证据，是藉以证明行为人在刑事诉讼活动中具有使用肉刑或者变相肉刑逼取口供行为的证据。根据刑法的规定，此组证据主要由对象证据、肉刑证据和逼供证据组成。

1. 对象证据。即证明行为人刑讯逼供的对象具有犯罪嫌疑人、被告人身份的证明材料。如：受案登记、立案文书、移送审查起诉文书、起诉书、讯问笔录、传唤、拘传文书、提押文书等证明对象身份的诉讼文书和相关的证人证言、供述等证据资料。

2. 肉刑证据。即证明行为人实施肉刑或者变相肉刑的证据材料。如：勘验笔录、检查笔录、现场勘查报告、法医鉴定意见、刑具物证及照片、刑讯人、刑具辨认笔录及反映审讯分工、刑讯过程、治疗过程等情况的被害人陈述、参与人证言、知情人证言、行为人供述等。

3. 逼供证据。即证明行为人向刑讯对象逼取口供的证据材料。如：反映讯问目的、讯问分工、讯问内容的讯问提纲、会议记录、原始讯问笔录及反映逼供过程、情节的被害人陈述、参与人证言、知情人证言、行为人供述等证据材料。

证明意义：刑讯逼供罪的行为证据，是此罪证据系统中的关键环节。此组证据几乎反映了刑讯逼供行为的全部内容。对象证据，是鉴别行为对象是否是刑法规定的特别对象的依据，它直接关系到刑讯逼供罪的成立，直接关系到刑讯逼供罪与暴力取证罪、故意伤害罪的区别。而在诸证据种类中，以诉讼文书等书证的证明力为最强。为此，应注意收集证明行为对象系犯罪嫌疑人、被告人的各类诉讼文书证据。肉刑证据和逼供证据，是刑讯逼供行为的核心证据，也是实践中较难获取的证据。为此，在收集证据时，应注意调查访问与现场勘查相结合、收集证人证言与相关技术鉴定相结合、人证与物证相结合，既不盲从口供，也不依靠口供，树立以客观证据为主的取证观念。同时，在收集证据的过程中，要注意实施肉刑或者变相肉刑逼取口供的各个事实要素，如刑讯逼供的起止时间、刑讯地点、施刑人、刑讯手段、刑具器械等，及它们之间的相互联系，使之明确地反映出行为人利用职权肉刑逼供的行为事实。这里，肉刑证据和逼供证据是反映刑讯手段和刑讯目的的关键证据，它直接影响到罪名的能否成立。如果肉刑或者变相肉刑的证据不足，刑讯就不好成立，逼供的行为证据不足，逼供的目的就得不到充分的反映。为此，无论行为人职务多高、反侦查能力多强，或者侦查阻力多

大，都要坚定信心严格执法，善于从细微之处寻找突破口，以坚强的毅力和恒心，以提高侦查的科技含量，去全面细致地收集证据，以保证高质量地认定犯罪。

第四节　刑讯逼供罪的结果证据

刑讯逼供罪的结果证据，是指藉以证明刑讯逼供给被害人造成的实际损害的事实证据。根据刑法的规定和此罪的特点，刑讯逼供罪的结果大致有三种情况，一是逼取口供结果，即行为人所期望获得供述的实现情况；二是致成冤假错案结果，即由于刑讯逼供而导致冤假错案发生情况；三是人身伤害结果，即因刑讯而导致被害人身体受损的实际情况。为此，刑讯逼供罪的结果证据，亦主要由逼供结果证据、错案结果证据和伤害结果证据组成。

1. 逼供结果证据。即证明因行为人刑讯而逼取的被害人的实际供述情况证据。就实际供述结果而言，有供无供、真供假供均是刑讯逼供结果的一种外在表现，不影响结果条件的成立。此类证据可从被害人的相关笔录及行为证据中得到反映。

2. 错案结果证据。即证明由于行为人刑讯逼供而导致冤假错案发生的事实证据。如反映导致被害人被错拘、错捕、错诉、错判等情况的诉讼文书及相关证据资料，反映导致牵连其他无辜人员受到错误刑事追究的诉讼文书及相关证据等。

3. 伤害结果证据。即证明因刑讯逼供造成被害人身体损害的事实证据。如医疗诊断证明、医疗病历、精神病鉴定、人体检查笔录、伤情司法鉴定、死因司法鉴定及相关的人证物证等。

证明意义：刑讯逼供罪的结果证据，是此罪证据系统中的一个重要方面。它直接关系到准确地认定犯罪和正确地适用刑罚。就逼供结果而言，有供无供、真供假供虽然不影响罪名的成立，但一旦逼取了虚假供述，就势必为致成冤假错案甚至牵连无辜埋下隐患，从而影响司法公正。为此，最高人民检察院《人民检察院直接受理立案侦查的渎职侵权重特大案件标准（试行）》中，将“造成冤、假、错案的”，规定为重大案件，将“致使无辜的人被判处十年以上有期徒刑、无期徒刑、死刑的”，规定为特大案件。可以说错案结果直接关系到刑罚的正确适用。伤害结果，是刑讯逼供的一般结果。伤害后果的轻重程度，不仅影响着刑罚的适用，也直接影响着定罪。根据刑法第二百四十七条的规定，“致人伤残、死亡的，依照本法第二百三十四条、第二百三十二条的规定定罪从重处罚。”也就是说，致人轻伤的以刑讯逼供罪定罪科刑；致人重伤及造成严重残疾或死亡的，以故意伤害罪定罪并从重处罚；故意剥夺他人生命的以故意杀人罪定罪并从重处罚。因此，此罪的结果证据在准确认定犯罪、正确适用刑罚方面，有着非常重要的意义。

第五节　刑讯逼供罪的主观证据

刑讯逼供罪的主观证据，是藉以证明行为人主观上具有直接故意特征的证据，即明知自己的行为会发生以肉刑或者变相肉刑逼取口供的结果，而故意实施并希望和追求这种结果发生的证据材料。根据刑法的要求，此类证据主要由主观明知证据、主观动机证据和主观追求证据组成。

1. 主观明知证据。即证明行为人对行为对象身份和行为的违法性具有明知的证据材料。对象身份明知，是指对行为对象系犯罪嫌疑人、被告人有明确的认识。行为违法性明知，是指对法律严禁刑讯逼供有明确认识。这两个明知，是司法工作人员的常识性事实认识。在行为证据中一般都能体现，故应属不必专门证明的内容。

2. 主观动机证据。即证明行为人实施刑讯逼供的内心起因证据。如：先入为主急于破案、久审无供急于结案、虚假供述义愤施刑、利用职权挟私报复等动机证据。一般情况下，无论何种动机均能从参与人、知情人、被害人的证人证言和行为人的供述、辩解以及原案的证据材料中得到反映。

3. 主观追求证据。即证明行为人对以肉刑或者变相肉刑逼取口供的结果持希望并积极追求的态度的证据。如追求方式证据（即行为手段证据）、追求过程证据（即行为实施过程证据）、追求目的证据（即行为的预期结果证据）等。

证明意义： 刑讯逼供罪的主观证据，相对而言比较容易获取。“坏人该打”、“坏人有罪打了无碍”是行为人的一般思维定式，一般情况下行为人都是千方百计强调对象有罪拒不招供，并以此为由替自己辩解。这恰恰证明了他们刑讯逼供的动机和主观认识上的明知。而策划、指挥、授意、分工、实施等行为则反映了他们积极追求通过刑讯逼供获取期望供述的主观意志。这就需要从行为结果证据中予以综合归纳，不明确充分的要专门予以调查收集，以充分证明行为人的主观认识因素和主观意志因素。从主观心态上讲，刑讯逼供是一种明知故犯的行为，但动机的不同，主观恶性程度也不相同。通过充分的证据反映行为人的主观恶性，对正确地惩处刑讯逼供犯罪有着重要的作用。因此，主观证据不仅是反映犯罪构成要件事实的必要证据，也是顺利进行刑事诉讼的必然要求，工作难度再大，主观证据也不能缺失。

第六节　刑讯逼供罪的情节证据

刑讯逼供罪的情节证据，是指藉以证明行为人具有某些影响定罪量刑情节的事实证据。根据刑法和司法解释的有关规定，在刑讯逼供案中主要有以下几种情节证据：

1. 致人伤残死亡情节证据。即证明行为人具有刑讯逼供致人重伤造成严重残疾或致人精神失常或致人死亡后果的情节证据。此类证据主要体现在结果证据之中。

2. 多人多次情节证据。即证明行为人具有刑讯逼供三人次以上情节的事实证据。此情节证据也可从行为证据中得到反映。

3. 冤假错案情节证据。即证明行为人之行为具有造成冤假错案后果的情节事实证据。这一点在结果证据中可以得到体现。

证明意义：上述三种情节证据，是关系到刑讯逼供罪定罪量刑的几种主要情节证据。致人伤残、死亡情节证据，关系到刑讯逼供罪与故意伤害罪、故意杀人罪的区别，同时也是从重处罚的法定情节。它既是一种犯罪结果，也是一种犯罪情节。多人多次情节证据，也是既关系到定罪又关系到量刑的重要情节证据。即使没有造成人身伤害或冤假错案，“刑讯逼供 3 人次以上的”，就达到了立案追究刑事责任的标准条件，而“五次以上或者对五人以上刑讯逼供的”，就构成了“重大案件”，“七次以上或者对七人以上刑讯逼供的”，就构成了“特大案件”，这些对酌定从重量刑具有重要的依据意义。冤假错案情节证据也是同理，“造成冤、假、错案的”，为“重大案件”，“致使无辜的人被判处十年以上有期徒刑、无期徒刑、死刑的”，为“特大案件”，这也是酌定从重处罚的重要情节。为此，凡具有关系到定罪量刑法定情节事实的，必须有充分的证据去证明情节事实的成立。具有其他影响酌定从重、从轻情节事实的（如自首、立功等），也应注意收集证据予以佐证，以保证定罪的准确和处罚适当。

附：法律法规

1.《中华人民共和国刑法》（1997 年 3 月 14 日修订）（节录）

第二百四十七条【刑讯逼供罪；暴力取证罪】　司法工作人员对犯罪嫌疑人、被告人实行刑讯逼供或者使用暴力逼取证人证言的，处三年以下有期徒刑或者拘役。致人伤残、死亡的，依照本法第二百三十四条、第二百三十二条的规定定罪从重处罚。

2. 最高人民检察院《人民检察院直接受理立案侦查的渎职侵权重特大案件标准（试行）》（2001年7月20日）（节录）

三十六、刑讯逼供案

（一）重大案件

1. 致人重伤或者精神失常的；

2. 五次以上或者对五人以上刑讯逼供的；

3. 造成冤、假、错案的。

（二）特大案件

1. 致人死亡的；

2. 七次以上或者对七人以上刑讯逼供的；

3. 致使无辜的人被判处十年以上有期徒刑、无期徒刑、死刑的。

3. 最高人民检察院《关于渎职侵权犯罪案件立案标准的规定》（2006年7月26日）（节录）

（三）刑讯逼供案（第二百四十七条）

刑讯逼供罪是指司法工作人员对犯罪嫌疑人、被告人使用肉刑或者变相肉刑逼取口供的行为。

涉嫌下列情形之一的，应予立案：

1. 以殴打、捆绑、违法使用械具等恶劣手段逼取口供的；

2. 以较长时间冻、饿、晒、烤等手段逼取口供，严重损害犯罪嫌疑人、被告人身体健康的；

3. 刑讯逼供造成犯罪嫌疑人、被告人轻伤、重伤、死亡的；

4. 刑讯逼供，情节严重，导致犯罪嫌疑人、被告人自杀、自残造成重伤、死亡，或者精神失常的；

5. 刑讯逼供，造成错案的；

6. 刑讯逼供3人次以上的；

7. 纵容、授意、指使、强迫他人刑讯逼供，具有上述情形之一的；

8. 其他刑讯逼供应予追究刑事责任的情形。

参考文献

1. 赵秉志主编：《贪污贿赂及相关犯罪认定处理》，中国方正出版社 1999 年版。

2. 何秉松著：《犯罪构成系统论》，中国法制出版社 1995 年版。

3. 王勇著：《定罪导论》，中国人民大学出版社 1990 年版。

4. 单民著：《贿赂罪研究》，中国政法大学出版社 1993 年版。

5. 张穹主编：《贪污贿赂渎职“侵权”犯罪案件立案标准精释》，中国检察出版社 2000 年版。

6. 胡云腾、刘生荣主编：《单位犯罪的认定与处罚全书》，中国人民公安大学出版社 1998 年版。

7. 朱丽欣、于泓著：《贪污贿赂案件侦查实务》，中国检察出版社 2001 年版。

8. 巫宇甦主编：《证据学》，群众出版社 1983 年版。

9. 黎宏：《论单位犯罪中“直接负责的主管人员和其他直接责任人员”》，载《法学评论》2000 年第 4 期。

10. 刘骁军：《一个单位犯罪、两个犯罪构成》，载《政治与法律》2001 年第 3 期。

11. 吴步钦：《论玩忽职守罪之特征》，载《人民检察》2001 年第 2 期。

12. 陈连福主编：《查办渎职侵权犯罪适用手册》，中国检察出版社 2006 年版。

后 记

本书稿写作于2000年，2002年出版了第一版，2009年出了第二版，至今已15年了。前两版仅写了11个罪名，而且刑法已出了八个修正案，司法解释也不断更新，本书确实该修改了。说实话，以前在岗工作真没有时间去咬文嚼字。2012年我退休后还在河北省检察官协会任常务副会长，2014年在带领省院研修组为高检院起草反渎职侵权岗位素能基本标准时，大家鼓励我将职务犯罪罪名都写上，为司法实践多一些参考，从此我开始动心。恰好年底责任编辑庞建兵同志来电，提出要再次修订再版本书，并也婉转提出再增加一些罪名。由于大家不谋而合，我爽快地答应下来。由于我刚刚学会电脑，写作速度一般，写了两个多月才完稿。这次再版主要增加了17个罪名，修改了受贿罪、滥用职权罪等几个罪名。在增加的罪名中，一是突出了新罪名，如利用影响力受贿罪、食品监管渎职罪等；二是突出当前工作重点，如涉及环保、土地、伪劣商品、减假保等渎职犯罪；三是突出实务性，对实践中的一些突出问题大胆进行了探索。如为方便反贪并案侦查增写了洗钱罪，对徇私舞弊不移交刑事案件主体是否包括纪检、公安人员等躲不掉绕不开的问题，在深入研究的基础上大胆提出了自己的见解。写作框架基本上是按照犯罪构成、证明内容、深度说理、法律依据的思路进行的。写作原则是，理论问题实务化、实务问题抽象化、复杂问题简单化、简单问题精细化，并与工作实际紧密结合，与实践需求紧密结合。虽然愿望很好，但因能力所限，很难达到广大基层检察干警的要求，更别说专家的要求了。我会根据大家的意见，不断修改不断完善。

在本书再版之际，我要感谢杨静、王会丽等同事对我的帮助，是她们在百忙中指导我运用电脑写作、查找相关资料、帮我制作模板等。同时，要感谢庞建兵同志，要不是他的力促也不可能有这50多万字的书稿。向所有给予我帮助和关心的朋友们，表示深深谢意！

郑广宇于石家庄
2015年7月26日